ANCHOR A 16

95¢
IN CANADA $1.10

The Lonely Crowd

A STUDY OF THE CHANGING
AMERICAN CHARACTER

Abridged by the authors

**DAVID RIESMAN
NATHAN GLAZER
REUEL DENNEY**

A Doubleday Anchor Book

《고독한 군중》(1950) 표지 데이비드 리스먼

▲데이비드 리스먼(1909~2002)

◀〈타임〉지 표지 얼굴로 실린 리스먼

▼하버드 대학교 옛 건물 매사추세츠 홀(1720)
리스먼은 이 대학에서 문학과 법학을 공부했
다. 1946~58년까지 시카고 대학에서, 이후
1980년 은퇴할 때까지 모교인 하버드 대학교
사회학 교수를 역임했다.

크빌(1805~1859) 프랑스의 정치학자. 1831년 교도소 조사를 위해 미국으로 건너갔다 귀국해 《미국의 민주주의》
를 저술했다. 특히 미국인이 광고의 발달 이전에도 경쟁으로 얻은 소유물을 과시하는 모습에 주목했다.

◀마거릿 미드(1901~1978)　미국의 문화인류학자. 뉴기니섬 등의 원주민들과 함께 생활하며 각 부족의 청소년기 문제, 성별 역할 등을 조사하여 남녀의 성격이 생리적 차이에서 오는 것이 아니라 문화적 차이에서 오는 것임을 밝혔다.

▼에리히 프롬(1900~1980)
유대인 독일계 미국인. 사회심리학자, 정신분석학자이다.
리스먼의 '타인지향형' 인간 묘사는 에리히 프롬의 '마케팅 오리엔테이션에 대한 연구'에서 자극받아 전개된 것이다.

세계사상전집045
David Riesman
THE LONELY CROWD

고독한 군중

데이비드 리스먼 지음/류근일 옮김

동서문화사

고독한 군중
차례

머리글

1947년 가을, 국가정책위원회 초청으로 예일 대학에 갔을 때, 나는 시카고 대학 교양과정에서 사회과학을 강의하면서 '문화와 퍼스낼리티(Personality)' 즉, 여러 학문의 교류를 바탕으로 한 교과를 펴 나가는 위원회의위원장을 맡고 있었다. 이 '문화와 퍼스낼리티'는 단순히 인류학자, 심리학자, 사회학자가 협력하는 데 그침이 아니고 경제학자, 정치학자, 역사학자 참여까지도 가능케 하는 것이라고 생각했다. 사회과학에 있어서 이렇게 부문으로 나뉘지 않은 '교육과정'을 만들어 본다는 것은 즐거운 시도로서, 많은 동료들이 참가했다. 그중에는 루엘 데니라는 나의 옛 친구도 있었다. 그는 인문과학과 문예비평 입장에서 '매스커뮤니케이션'에 대단한 흥미를 갖게 되었다.

예일 대학에 간 지 2, 3개월도 되지 않아 네이선 그레이저를 동료로 얻었다. 〈코멘터리〉지 '인간연구'에 실린 사회과학 주요 문헌에 대한 그의 날카로운 비평으로 그를 잘 알고 있었다. 나는 데니와 그레이저라는 두 협력자와 함께 여러 지적 접근을 통해 《고독한 군중》과 《군중의 얼굴》이라는 두 권의 책을 출간했다. 그러나 지금 신판 《고독한 군중》을 준비하면서 그와 같은 초기 단계를 회상할 때, 나는 1948년 이후 미국 지식인과 학문적 풍토에서 일어난 커다란 변화에 매우 놀랄 따름이다. 이런 변화는 부분적으로 미국 자체 또는 국제정세의 큰 변화로 말미암은 것이지만 한편으론 사회과학 자체에서 저절로 일어난 발전이기도 했다.

제2차 세계대전 전 나는 법학교수로서 명예훼손에 관한 사회심리학을 강의하고 있었다. 나는 거기서 여러 사회계층 또는 서구 국가들에서의 모욕, 악질적인 정치적 욕설이 갖는 의미를 이해하려고 노력했으며,[1] 또한 여론조사 발전에

---

1) "Democracy and Defamation", *Columbia Law Review*, XLII(1942), 727~780, 1058~1123, 1282~1318 참조. "The Politics of Persecution", *Public Opinion Quarterly*, VI(1942), 41~56.

도 가슴 부풀어 있었다. 나의 이 연구조사 과정에서 몇 가지 의문에 답하는 방법으로서, 또 이른바 의견이라고 하는 것을 보다 폭넓게 이해하기 위한 방법으로서 여론조사는 매력적이었기 때문이다. 실제로 여론조사가 체계적으로 쓰이기 시작한 1930년대에는 (커뮤니티 연구와 같이) 할 말을 다 못하는 비교적 무력한 민중을 사회과학 연구 대상이 되는 영역으로 들여오는 것을 약속하는 듯이 보였던 것이다. 이 여론조사라는 도구를 보다 잘 이해할 목적으로 나는 컬럼비아 대학 사회조사국이나, 전국 여론연구센터의 동부 사무소에 근무하고 있는 벗들에게 도움을 청했다. 그레이저 씨와 내가 우선 공동으로 시작한 것은, 정치적 조사에서 어떤 종류의 '커뮤니케이션'이 행해지고 있는가를 확실히 파악한 다음 '모른다'고 하는 반응이 대체 무엇을 뜻하는가를 살펴보는 일이었다.[2]

당시―15년도 안 되는 옛일이지만―사회과학 조사는 오늘날과 같은 세련된 방법으로 행해지지 못했고, 그 과정이나 결과도 소규모적이었다. 그것이 세련된 대규모 조사로 바뀌게 되었는데, 이러한 변화는 문화인류학에서 특히 두드러졌다. 그리고 이 문화인류학은 여론조사와 마찬가지로 우리의 관심 대상이 되었다.

로이드 워너는 근대 '커뮤니티(Community)' 연구에서 몇 가지 중요한 업적을 이룩하고 많은 자극을 남겼지만, 제2차 세계대전까지만 해도 대부분의 인류학자들은 문자도 없고 해군도 없고 문화라고 불릴 만한 것도 갖지 못한 종족에게서 모아 온 특권 없는 데이터를 대표하는 학계의 주변적 존재로서만 머물러 있을 뿐이었다. 게다가 인류학자는 단독탐사라는 연구방법이 갖는 기본적인 성질 때문에 한낱 '아마추어리즘'으로 간주될 수밖에 없었다. 즉 예술, 경제, 신화, 육아법, 법률체계, 혈연관계 등이 모두 체계화되어 있지 않았던 것이다.

인류학이 아직 빈약했을 때는 연구원 한 명을 고작 한 장소로 보내는 것이 최선의 방법이었다. 그리고 연구대상이 되는 부족 또한 빈약하기는 마찬가지였다. 그들은 백인과의 접촉에서 자기들을 지킬 수도 없었고, 일단 조사가 한 차례 끝나면 더 이상 효용 가치가 없는 것으로 간주되었기 때문이다. 또한 인류학 초기에 인류학자는 전제적이며 귀족적이었다. 마치 초기의 정신분석학자

---

2) "The Meaning of Opinion", *Individualism Reconsidered*(Glencoe, Illinois, Free Press, 1953), pp. 492~507 에 재록.

와 마찬가지로 그들은 적은 자료로부터 억지로 일반성을 끄집어내려고 시도했던 것이다. 그들은 관찰하고 기록하는 능력과 함께 확신과 상상력을 필수로 하는 하나의 기능을 실천했다. 마거릿 미드, 루스 베네딕트, 제프리 고러와 같은 용감한 모험가들은 전쟁이라는 상황 속에서 미국·일본·러시아에 대한 전체적·구성적 해석을 시도했던 것이다. 그들의 발견이 공표되자마자 곳곳에서 비판의 화살이 쏟아졌다. 그들의 업적에는 불가피하게 방법론적 개념적인 공백이 곳곳에 있으며 지나친 확대 해석이 붙어다녔기 때문이다. 그 비판들은 《고독한 군중》과 《군중의 얼굴》에 대한 일부 전문가의 비판과 비슷했으나, 그들에 대한 비판이 훨씬 냉혹했다.[3] 이러한 비판에도 불구하고 국민성과 문화와 퍼스낼리티에 대한 연구는 여전히 계속되었다. 그러나 젊은 인류학자들이 그렇게 논쟁적인 영역에 발을 들여놓으려 하지 않았기 때문에 그것은 이전만큼 야심적이지는 못했다. 현재의 인류학자들은 이미 지금까지 전혀 상상조차 하지 못했던 것을 알려 주는 밀교적(密敎的) '엘리트'는 아니다. 과거에 밀교적이었던 것은 이제 만인 공통의 이해 범주 안에 편입되었고, 인류학자들은 과거에 비해 확고하고 안정된 지위를 얻게 되었다. 즉, 그들은 한 사람의 답사로는 도저히 달성 불가능한 관찰적·분석적 목표를 세울 수 있게 된 것이다.

이와 같은 시기에 똑같은 전개가 정신분석학적인 사고방식 속에서도 일어났다. 인류학자를 비롯해 퍼스낼리티와 문화(또는 C. 클룩혼과 H. 머레이의 표현에 따르면 문화 속에서의 퍼스낼리티)에 관심을 가진 사회과학자들을 가장 강력하게 자극한 것은 바로 이 정신분석적 심리학이었다. 프로이트의 성심리학적 단계는 K. 에이브럼에 의해 다듬어져서, 모든 문화에 '구순적(口脣的) 또는 항문적(肛門的) 성격'[4]이라는 개념을 적용하는 것이 시도되었다. 즉 역사를 이해하는 데

---

3) "Culture and Personality" 학파의 업적과 그 비판에 관해 보다 상세히 알아보려면 Alex Inkeles and Daniel J. Levinson, "National Character : The Study of Model Personality and Sociocultural Systems", in Gardner Lindzey, ed., *Handbook of Social Psychology(Boston, Addison-Wesley, 1954), pp. 977-1020 : 및 Bert Kaplan. "Personality and Social Structure", in Joseph Gittler, ed., Review of Sociology, Analysis of a Decade*(New York, Wiley, 1957), pp. 87~126을 참고할 것. 《고독한 군중》에 대한 몇 가지 비판은 S.M. Lipset and Leo Lowenthal, eds., *The Sociology of Culture and the Analysis of Social Character : The Work of David Riesman*(Glencoe, Illinois, Free Press) 중에 나와 있다.

4) 구순적 성격 : 어린아이의 정신적·성적 발달이 구순기를 지나 성장해서도 그대로 구순기에 머물러 있는 사람의 성격. 항문적 성격 : 성본능 발달의 제2단계인 항문기에 고착됨으로써 생

있어 생물학적 보편주의를 그 중심에 두고 생각하려 한 것이다. 그런데 이와는 대조적으로 우리는 《고독한 군중》 속에서, 운명보다는 좁지만 생식성보다는 넓은 역사적인 문제를 다루고자 시도했다. 이런 까닭에 우리는 신(新)프로이트파, 그중에서도 내가 배운 에리히 프롬의 전통을 계승하고 있다. 에리히 프롬의 《자유로부터의 도피》와 《자아를 위한 인간》은 역사 변화의 여러 문제에 사회적 색채가 강한 정신분석적 성격학을 응용한 예로서, 우리에게 결정적인 영향력을 행사한 모델이었다. 인류학자와 마찬가지로 정신분석학자들도 과거에는 외면당하거나 부당하게 멸시받던 자료(거래하는 기억, 꿈, 어린이의 유희, 이유(離乳) 방법, 광고의 상징적인 내용, 대중소설이나 영화 등)의 중요성을 역설해왔다. 그것들은 사실상 역사의 소재였다. 그런데 정신분석학자들은 유아기 성격 구조의 유형이 성인사회에서의 생산이나 연애, 전쟁, 이야기 따위의 문화 전체와 밀접한 것처럼 믿어 무모한 노력을 기울이고 있었다. 이러한 업적 속에는 여러 가지 인과관계나 평형관계를 파헤치려는 노력이 내포되어 있으며, 나아가 인간의 성(性)과 공격성을 각 사회가 어떤 방법으로 해결하고 있는가에 대해 생각해 보려는 노력도 포함되어 있었다. 호프스태터 박사가 서술한 것과 마찬가지로[5] 이런 방식은 사실을 기술할 뿐만 아니라 역사상 어떤 시기의 유형을 결정 짓는 방법과 형태까지도 고려해 보려는 역사가들에게 큰 자극을 주었다. 물론 역사가들은 과거에도 어떤 시대를 바로크니 로맨틱이니 하는 일반적인 형용사로 설명하기도 했으나, 정신분석학이 도입되면서부터는 온갖 개인적 동기를 커다란 사회형태의 문제와 결부시키려는 노력이 한층 두드러지게 나타나게 되었다.

프로이트는 자료를 처리하는 데는 '고귀한' 기사와도 같은 인물이었다. 오늘날의 정통파인 '프로이트 학파'는 프로이트가 지닌 의연한 자세를 물려받기는 했으나 재능면에서는 프로이트에 훨씬 못 미치고 있다. 그러나 몇몇 다른 종류의 정신분석학자나 정신병리학자도 있는데, 그들은 사회과학과 깊은 관련을 갖게 되었다. 그들은 사회라는 것에 대한 깊은 이해를 가지고 있기 때문에 단순히 개인적인 사례를 일반화하지 않고, 개인사뿐 아니라 사회사를 더 연구할

기는 성격 유형.

5) *The Varieties of History, Fritz Stern*, ed., (New York, 1956) p. 362.

필요성을 느끼게 되었다.[6]

프로이트와 그 후계자 대부분은 특정한 문화 중에서 무엇이 기본적 또는 일차적으로 중요한 것인가 하는 문제를 너무 단순하게 생각하지 않았나 하는 것이 나의 생각이다. 그들은 유아기의 성심리적 경험이 인간의 운명을 결정해 버린다는 점을 너무 강조하고 있다. 《고독한 군중》도 성인이 된 뒤의 성격형성의 결정적인 요인 중 하나로서 동료집단이나 학교 등의 역할을 지나치게 강조한 경향이 있는 것 같다. 그리고 성인이 된 다음 어떠한 경험을 했느냐에 따라 성격이 변한다는 점을 과소평가하고 있는지도 모르겠다.

이 책은 전체적으로 보면 전통지향에서 내부지향을 거쳐 타인지향형에 이르는 역사적 변화를 논술한 것이다. 그러나 제3부에서는 원칙적으로 어떤 사회에서도 볼 수 있는 보편적인 양식, 즉 '적응형'과 '자율형' 및 '무규제형'의 문제를 다루고 있다. 그것은 역사적 또는 문화적이라기보다는 심리학적인 문제를 취급한 것이다.[7] 그런데 불행하게도 대부분의 독자들은 역사적인 차원과 보편적인 차원을 혼동하고 있다. 예를 들면 자율성과 내부지향형을 같은 것으로 이해하거나, 동조성(同調性)을 타인지향형만의 특징이라고 이해하는 식으로 잘못 알고 있는 것이다. 사실 동조성은 모든 사회에 존재하고 있다. 물론 우리가 논의의 중심에 두고 있는 동조성, 즉 적합과 적응의 문제 및 일탈과 무규제의 문제는 미국이라고 하는 대규모 다원사회가 가지고 있는 문제를 반영하고 있다. 더욱 일반적으로 말하면, 에이브럼 카디너 식(式)의 뚜렷한 정신분석학적 유형학이 개인으로부터 출발해서 사회로의 외향적 전개를 하고 있는 것과는 대조적으로 《고독한 군중》은 방향을 거꾸로 잡은 것이다. 즉, 우리는 공업사회로부터 출발하여 미국 사회 내부의 특수한 역사적 발전을 다루었다. 나아가 우리의 고

---

6) 큰 오류와 열광이 함께 통용되던 지난날의 좋은 시절(그렇다고 아주 오래된 옛날은 아니지만)을 회고하면서 필자는 최근 정신분석학적인 경향을 가진 많은 인류학자에 의해 행해진 치밀한 연구를 참작했다(그러한 연구활동을 전망하기 위해 존 J. 허니그먼의 *Culture and Personality* (New York, Harpers, 1956)를 참조). 그런데 인류학은 그 외의 인접 영역의 훈련이 강화되고 그 하부 영역이 경계선을 긋게 되자, 이 연구로부터 인접 영역으로의 침투가 줄어들게 되었다.

7) 이런 유형학은 그 구체적인 시사와 접근방법의 양면에서 로버트 머튼의 시론 "Social Structure and Anomie"와 *Social Theory and Social Structure*, rev. ed., (Glencoe, Illinois, Free Press, 1957)를 참조했다.

찰 대상은 사회의 상위층, 그중에서도 '신중산계급'이라는 전문직이나 관리직, 이른바 봉급생활자들에 한정되어 있다. 우리 생각으로는 생산과 개발의 '프런티어'라는 낡은 사회적 기능이 상실되거나 약화되고 소비와 인간관계의 영역에서의 새로운 프런티어가 발견되고 있는 오늘날, 거기에는 개인의 성격에 영향을 미치는 무엇인가가 있으리라고 믿는다.

우리는 개인이 그 사회적 역할의 모형이라고는 생각하지 않는다. 오히려 우리는 자기 충실을 추구하는 인간과 그가 참여하고 있는 여러 제도, 또는 그가 소외당하고 있다고 여기는 여러 제도 사이에는 상당한 긴장관계가 존재하고 있지 않을까 생각한다.

앞에서 밝혔듯이 대규모 사회변화를 이해하기 위한 유형학은 개인의 본성에 대해서는 잘 설명할 수가 없다. 개인의 본성을 논술하기 위해서는 심리학자들이 만들어 놓은 유형학에 따라 인간을 분류하는 편이 오히려 쉬울 것이다. 실제로 한 인간을 두고 그를 '구순적'이라든가 '수용형'이라든가 '사디·마조히즘적'이라든가 하는 등으로 분류하여 그 인간의 행위를 설명한다는 것은 결코 어려운 일이 아니다. 그런데 우리가 이 책에서 채택하고 있는 내부지향형이나 타인지향형이라는 유형을 개인에게 적용하는 것은 불가능한 일은 아닐지라도 매우 어려운 일이다.

이 유형학은 개인이 가지고 있는 사회적·직업적 역할을 설명하는 데는 유용할지 몰라도 그 인간 자체에 대해서는 아무것도 설명하지 못한다. 어떤 인간을 잘 알고 있다고 해도 우리는 그 인간을 내부지향형이라든가 외부지향형이라고 명확하게 규정할 수 없는 것이다. 그러나 《고독한 군중》과 《군중의 얼굴》에는 이상과 같은 단서가 달려 있음에도 사회과학자들을 포함한 여러 독자들은 인간을 이런 방법으로 분류할 수 있을 뿐만 아니라, 한 걸음 더 나아가 《고독한 군중》에서 제시한 사회적 성격에 대한 몇 가지 가설을 이미 확실한 것이라고 생각하여 단정해 버리는 경향도 종종 있었다.[8]

---

8) 엘레인 그레이엄은 우리의 용어를 주도면밀하게 정의해서 소수의 대학 신입생을 대상으로 사회적 성격에 관한 투영검사를 실시하여 《고독한 군중》과 《군중의 얼굴》의 여러 개념을 개인 대상의 관찰작업에 응용하려고 했다. 이는 내가 아는 한 가장 엄밀한 시도였다. 이러한 연구의 장점 및 단점은 그녀의 "Inner-Direction, Other-Direction, and Autonomy" in Lipset and

우리가 이 책에서 제시하고 있는 것은 미국인의 성격에 대한 잠정적인 사고 방식이다. 우리 스스로 이러한 결론에 대해 확신이 부족하고, 우리의 사고방식 자체가 항상 동요하고 있다. 그러나 독자는 이것을 확정적인 것으로 받아들였을 뿐만 아니라 지적으로도 너무 성급하게 받아들이고 말았다. 그러므로 사회과학이 가지고 있는 정밀한 수단은 단순히 지적인 낭비에 불과하다느니, 보편적으로 생각되고 있는 일이 진실인지를 확인하려는 열정적이고 성실한 노력이 단지 사회학자의 '현학성'에 불과하다느니 하는 따위로 독자들이 이 책을 잘못 받아들이고 있다는 것은 충분히 이해되는 일이다. 사실상 실증적·이론적 사회과학의 업적을 섭렵하고 난 다음에 《고독한 군중》을 다시 읽어 본 결과 이 책의 상당 부분에서 지나치게 일반화를 시도한 점이 눈에 띈다.

현재 나로서는 더한층 확고한 증거를 제시하든지 찾아내든지, 아니면 기다리든지 해야겠다는 생각을 하고 있다. 그러나 이제부터 말하려는 것은 전체적인 비평에 응답함과 동시에 미처 하지 못한 말을 보충하려는 데 그 목적이 있다. 오늘 이 시점에서 수정해야겠다고 생각되는 약간의 문제점에 대해서 지금은 언급하고 싶지 않다. 우선 강조해두고 싶은 것은, 이 책을 쓸 때 많은 연구자들이 남겨준 자료나 해석 등에 상당히 많은 도움을 받았다는 사실이다. 그리고 앞으로의 연구 발전을 위해 필요한 문제점과 구조를 시사함으로써 우리가 사회과학의 발전에 무언가 기여할 수 있기를 바란다. 한마디로 《고독한 군중》의 저자인 우리는 사회과학에 대해 다원주의(多元主義)적인 접근을 채택한 것이다. 즉, 우리는 과거의 사회과학이 전체를 통찰하는 것처럼 그 대범한 사고력에 새삼 동정적인 느낌을 가졌으며, 새롭고 엄밀한 노력에서도 많은 자극을 받았다. 예를 들면 조사나 인터뷰 기술에 대한 우리 자신의 관심은 전적으로 그와 같은 새로운 사회과학 방법론에서 터득한 것이었다.

앞에서 언급한 것과 같이 《고독한 군중》의 독자들 중에는 내부지향형과 자

Lowenthal, eds, *Sociology of Culture* 에 설명되어 있다. 또 이 연구에 의해 심리학 테스트로 자기 지향형이라고 판정된 사람들은 동시에 중력적 인간(men of gravity) 즉 심리학적으로는 '기울어진 방과 의자 실험'에서 똑바로 의자에 앉아 있을 수 있는 중력지향형 인간이며, 한편으로 타인지향형이라고 판정된 사람들은 중력과 방의 기울기 모두로부터 영향을 받는 외부 또는 환경지향형 인간이라는 매력적인 가설이 성립할 가능성이 밝혀졌다.

율성을 동일한 것으로 이해하는 경향이 있었다. 타인지향형이 가지고 있는 여러 가지 가치, 즉 그 자유로움이나 타인에 대한 관심, 변화에 항상 대응할 수 있는 성질 등을 너그럽게 받아들여 준 것은 극소수의 독자에 불과했다. 이 극소수의 독자는 주로 청교도적인 환경에서 성장한 사람들이었다. 확실히 《고독한 군중》은 타인지향형 인간이 가진 이러한 가치를 충분히 강조하고 있지는 않다. 아무튼 과거 10년 동안 대다수의 독자들은 타인지향형 광고제작자보다는 내부지향형 카우보이 쪽이 훨씬 좋다는 생각을 가지고 이 책을 읽었을 것이다.[9]

그러나 그것은 이런 독자들이 일반적으로 카우보이가 가지고 있는 문제에 직면한 일이 없고 항상 광고제작자가 가지고 있는 문제와 비슷한 문제에만 직면해 왔기 때문일 것이다. 자유기업을 역설하는 사업가로부터 사회주의자에 이르기까지 모든 인간들이 동조성에 반대하고 있다. 실제로 타인지향형의 전형이라 할 수 있는 학생들을 조사한 엘레인 그레이엄의 연구에 의하면, 학생들은 동료들과 함께 있는 것을 거부하고 오히려 이스라엘의 '키부츠'에 매료된 나머지 이스라엘로 이주해서 그곳에서 살고 싶다는 희망마저 품고 있다는 것이다.

성격구조와 그 행동상의 표현은 구별하기가 매우 어렵다. 게다가 내부지향형이든 타인지향형이든 그것은 추상적인 개념으로서, 《고독한 군중》과 그 자매편이라 할 수 있는 《군중의 얼굴》이 거듭 설명하는 것처럼 완전한 타인지향형 인간, 또는 완전한 내부지향형 인간이라는 것은 실상 존재하지 않는다. 어느 특정한 순간에 대해서 말한다면 물론 그런 구별을 할 수도 있겠지만, 그 인간의 삶 전체를 이와 같은 분류학으로 구별한다는 것은 도저히 불가능하다. 따라서 인간의 타인지향성과 내부지향성의 정도를 개인별로 비교하고 연구한다는 것은 비록 흥미 있는 일일지는 몰라도, 거기서 어떤 뚜렷한 결론을 얻을 수

---

9) 흥미 있는 일례로서 마이클 옴스테드의 "Character and Social Role", *American Journal of Sociology*, LXIII(1957), 49~57이 있다. 그에 의하면 일단의 스미스 대학 학생이 부모 및 남녀 양성의 친구들 또는 그 대학의 표준적인 여학생에 비해 자기를 더 내부지향형이라고 생각하는지, 아니면 그보다 더 타인지향형이라고 생각하는지를 묻자, 대부분이 '자기가 다른 학생보다 내부지향형'이라고 생각한다고 대답했다는 것이다.

는 없을 것이다. 내부지향, 외부지향 같은 특징을 미국인 전체에 대해서 대규모로 실증적 연구를 해 보면 어떨까 하는 사람도 있지만 그러려면 무서울 정도로 복잡하고 광범위한 이론적 분석과 실증적 연구가 필요하다. 이것은 거의 절망적이라 하겠다.

우리는 이 책 제1장에서 톨스토이의 작품 일부를 인용했고, 또 여러 곳에서 토크빌의 문장을 인용하기도 했다. 타인지향형이라는 것이 반드시 새로운 것은 아니라고 생각하기 때문이다. S.M. 립셋은 최근 논문에서, 미국을 방문한 유럽인들(토크빌도 포함해서)은 미국인이 예나 지금이나 항상 타인지향형이라 한결같이 말한다고 밝혔다.

립셋의 말에 의하면 미국 사회구조는 기존의 위계질서가 없는 대신 평등과 사회적 '모빌리티(mobility)'에 대한 매우 강한 욕구를 가지고 있으므로 당연히 그 심리학적 귀결로서 타인지향성을 보이게 된다는 것이다. 우리는 《고독한 군중》을 쓰기에 앞서 많은 영역에 걸쳐 우리가 필요로 하는 역사적 자료의 부족에 초조함을 느꼈다. 예를 들면 1830년대에 토크빌이 미국에 왔을 때 여러 사회계급에 속하는 미국인에게 있어 종교가 어떤 의미를 가지고 있었는지 증명할 수 있는 충분한 자료를 입수하지 못했다. 물론 당시의 여러 전도집회, 교회의 멤버와 그 활동, 신학적인 논쟁 등에 대해서는 자료를 수집할 수 있었다. 그러나 그 종교가 남녀노소, 상하 계급 또는 신구 세대에게 각각 얼마만큼의 감정적인 의미를 가졌는가를 확정 지을 정도의 충분한 자료는 전혀 없었다.

우리는 현대의 청년들에게 여러 질문을 던졌다. 같은 질문을 들었을 때, 19세기 청년들은 어떻게 대답했을까? 우리는 다만 나름대로 추측해 볼 수밖에 없다. 우리가 《고독한 군중》 및 《군중의 얼굴》에서 시도한 바는, 어떤 의미로는 19세기적 잔재를 간직하고 있는 개인(지역적·직업적인 이유로 인해 직접적으로 근대화의 물결에 휩쓸리지 않은 사람들. 그리고 신중산계급의 세계와 풍요한 사회에 참가하기 위한 준비가 되어 있지 않은 사람들)을 찾아내는 것이었다. 그러나 역사라는 것은 용서가 없다. 가령 오랜 전통을 계승해온 사람들이 있다고 해도 그들은 새로운 상황에 처해 있기 때문에 거기에 적응하고자 자기 자신을 변모시키고 마는 것이다.

그렇다고는 하지만 현재의 미국인을 아직 해방되지 않은 남미나 아시아나

아프리카 사람들과 비교해볼 때 미국인은 백 년 전과 거의 달라진 것이 없다[10]고 립셋을 비롯한 여러 학자들이 주장하고 있는데, 우리는 그들의 주장에 결코 반대는 하지 않는다. 토크빌이 미국을 방문했을 때만 해도 미국인들은 남부를 제외하고는 봉건적 전통을 고수하지 않았고, 교회로부터 강력한 어떤 규제도 받고 있지 않았다. 그리고 확대가족의 유대관계도 미약했다. 그들은 자신들을 '실용주의적(pragmatism)'이라고 생각하고 있었으며 실제로 종종 그러했다. 일반적으로 말해 그들은 (남부를 제외하고는) 자기 자신에 대해서나 아이들에 대해서, 또는 자기 마을이나 미국이라는 나라에 대해서 다분히 환락주의적인 경향을 가지고 있었다. 또 그들은 자기 자신이나 지역을 초월한 자유롭고 활동적인 인간들이기도 했다. 게다가 해리엇 마르티노가 미국을 방문한 뒤 그 인상에 대해 말했던 것처럼, 미국 부모들은 어린이들을 돌본다기보다는 오히려 그 어린이들에게 온갖 관심을 집중시키고 그들의 비위를 맞추기에 급급한 하인과 같은 존재였다. 그렇다고 19세기 미국의 양육법이 오늘날과 같이 '어린이 중심주의'였다고 단정적으로 말하는 것은 잘못일 것이다. 미국에서는 유럽보다 먼저 어린이는 자주적이어야 한다고 생각했고, 더 일찍 부모의 종속에서 벗어났기 때문에, 유럽에서 온 방문객은 그 차이점을 발견했을 따름이다.

물론 모든 역사적 변화가 순식간에 일어나는 것은 아니다. 우리가 타인지향형이라고 부르는 인간도 분명히 19세기 또는 그 이전에 선행자(先行者)가 존재했을 것이다. 그런데 '타인지향형'이란 다른 사람에게 잘 보이고 싶다는 생각을 유독 더 심하게 하는 사람이기는 하지만, 이를 지나치게 강조하는 것은 경계해야 할 일이다. 미국인은 이제까지 계속 다른 사람에게 잘 보이고 싶어 했고, 또 그들이 처한 환경은 신분제도나 귀족주의가 없는 불안정한 상태였다. 윌리엄 제임스는 외면적인 명성이나 의복이나 소지품 등과 내면적인 자질을 분별하도록 강조했으나, 그와 같은 분별 방법을 떠나서 우리가 타인지향형이라고 부르는 경우, 거기에는 자아에 대한 정의를 고치고자 하는 의미도 포함되어 있다. 타인지향형 인간은 존경받기보다는 사랑받기를 더 원한다. 그는 타인을 굴복

---

10) "A Changing American Character?" in Lipset and Lowenthal, eds., *Sociology of Culture*, 그리고 같은 책에 수록된 탈콧 퍼슨스와 윈스턴 화이트에 의한 "The Link between Character and Society" 중 '미국의 모든 가치는 처음과 다름이 없다'고 말한 부분을 참조.

시키려 하지 않음은 물론, 또 타인을 기만하려고도 하지 않으며, 오히려 자기와 타인을 결부시키려고 한다. 그는 타인들로부터 속물이라고 불리기보다는 타인들과 정서적으로 하나가 되기를 원한다. 즉, 그들은 유리로 만든 집에서 살고 있는 것이다. 그들은 레이스나 벨벳 커튼을 드리워 자기를 외부로부터 차단하는 짓을 하지 않는다.

자의식이 성행하는 오늘날 사회에서 《고독한 군중》의 독자 대부분은 타인지향형 인간이 가지고 있는 이와 같은 성질의 소극적인 면을 강조한 나머지 그 적극적인 측면을 과소평가하는 경향이 있다.[11] 그러나 우리 저자들은 급진적인 에머슨의 이상(理想)이었던 구시대적 무식한 개인주의의 세계로 돌아가라고 말할 정도의 완고한 보수주의자는 결코 아니다.[12] 두려움 없는 용기를 미덕으로 생각하는 것은 나쁘지 않겠지만, 동시에 타인지향형이 가지고 있는 배려나 감수성, 너그러움 등의 적극적인 가치를 잊어서는 안 된다. 교육수준이 높은 현대의 미국인들은 인생에서 과거의 사람들보다 더 많은 것과 색다른 것을 얻고자 갈망한다. 사회가 안정되고 풍부해진 덕분에 그들은 단순히 기아를 면하는 것에서 한 걸음 더 나아가 좀 더 '좋은 생활'을 갈망하게 되었다. 그러나 동시에 선택의 폭이 넓어짐으로써 좋은 생활이라는 것이 도대체 무엇인지에 대해서 의문이 생긴 것도 사실이다.

교육수준이 높아지고 인간의 사회적 이동이 고조되고 매스미디어가 발달함에 따라 자기가 속해 있는 혈연집단, 사회계급, 국가 등을 초월해서 더 넓은 범위의 사회에 감정이입을 하는 일반적인 경향이 생겨났다. 즉, 개인은 심리적으로 자기 동료의 존재를 의식할 뿐 아니라 여러 인간을 자기 동료로서 받아들이기 시작한 것이다. 그들이 자기와 가까운 사람이든 매스미디어를 통해서 아는 사람이든 상관없이 쉽게 자기 동료로 맞아들이게 되었다.

요즘 미국에서 흔히 말하는 인간의 문제라는 것은 바로 타인들에 대한 문제임에 틀림없다. 그리고 이 타인들은 수적으로도 전보다 훨씬 많고 그 성질도 훨씬 이질화되어 있으므로 사회적·심리적인 상황은 더욱 광범위해졌다. 그러

---

11) Eric Larrabee, *The Self-Conscious Society*(New York, Doubleday, 1960).

12) 개인주의 개념의 패러독스에 관한 짤막한 논구로서 존 W. 워드의 "Individualism Today", Yale Review(Spring 1960) pp. 380~392를 볼 것.

나 인간의 문제를 강조하게 된 나머지 자연이나 우주, 신(神)이라는 것은 이차적인 문제가 되든가 혹은 아주 사라져버리고 있다. 그 결과 인간 성격 속의 어느 부분은 후퇴하고 그 대신 어느 한 부분은 더욱 두드러지게 되어 버렸다.

　내부지향형 및 타인지향형의 개념은 사회적 상황과 사회적 성격을 동시에 나타내는 말로서 넓게 사용되고 있지만, 이 개념을 사용함으로써 그와 관련된 여러 역사적 사태의 발전을 정리해볼 수도 있을 것이다. 그러나 역사의 발전과정에서는 언뜻 보기에 영원하고 보편적인 듯 보이는 사회적·심리적인 구성도 얼마쯤 그 모습이 퇴색되고 새로운 구성으로 대치된다. 예를 들면 미국의 정당은 과거에는 제각기 다른 이해관계로 빛깔을 달리했으나 요즘은 서로 비슷한 경향을 보이고 있다. 이와 같이 내부지향형과 타인지향형이라고 우리가 묶어 생각해 왔던 몇 가지 행동상의 특징은 반드시 영구 보편적인 것이라고는 할 수 없다. 예컨대 1940년대에 '생활의 적응'을 학교에서 배운 상층 중산계급 사람들도 한국의 6.25전쟁이나 '스푸트니크(Sputnik : 국제 지구 관측년 계획의 일환으로. 1957년에 구소련에서 발사한 세계 최초의 인공위성)' 같은 새로운 국제정세 속에서는 오히려 '강경한' 인간에 속하게 되었을지도 모른다. 이런 이유 때문에 캘리포니아 교외 생활자들에 대해 최근 조사한 바에 의하면, 인기라든가 집단에의 적응성이라든가 하는 문제를 기꺼이 받아들이는 것은 하층 중산계급이었고 상층 중산계급은 오히려 그런 것들에 거부반응을 나타내고 있었다.

　《고독한 군중》에서 말하는 사회적 성격이라는 개념은, 요즘 사회에서 가장 활발한 집단에게는 어떠한 일이 가장 중요한가에 대해서 잠정적인 판단을 내린 것이다. 이러한 이유로 이 책에서 말하는 사회적 성격이라는 개념은 국민성이나 평균적 성격과는 개념이 다르다. 국민성이나 평균적 성격에 대한 논의는, 특정한 집단이나 국가 안에서의 퍼스낼리티 경향에 대한 보다 많은 무리한 논의를 포함한 것이다. 우리는 미국 전체에서 특수한 계급에 속하는 사람들의 몇 가지 성격적인 측면을 고찰해보고자 할 따름이다.

　그런데 그런 경우 우리가 흥미를 느끼는 것은 그 변화 모습이다. 그러나 우리는 성격, 행동, 가치 및 유형 또는 '에토스(ethos : 사회집단·민족 등을 특정짓는 기풍과 관습)'와 같은 여러 개념을 특정한 제도 속에서 명확하게 구분지어 고찰하지 않았다. 이런 문제를 구별하는 것은 앞으로의 우리에게 남겨진 과제이다.

《고독한 군중》을 집필하면서 우리는 과거의 사회과학, 즉 역사학·정치학·경제학 등이 사회변화에 대해서 충분히 고찰하지 못했음을 발견했다. 정신분석학적인 심리학을 쓰면 그 불충분한 부분이 보충될 것이다. 그러나 우리는 이책 속에서 근대사회의 사회적 성격과 주요한 사회제도에 대해서도 상당히 밀도 있게 다루었다고 생각한다. 우리는 사회제도를, 엄격한 어른들이 어린이에게 줄 수 있는 절대적인 것이라고 생각하지 않았을 뿐이다. 이 책의 초판이 발행되고 난 뒤에 살펴보니 근대적인 공업사회는 실로 다양한 사회적 성격 유형을 낳게 되는 것 같다.

예컨대 일본에서는 공업사회의 제도가 지나치게 강력해짐으로써, 보통 20년에서 30년 뒤에나 다가올 새 세대를 기다려야 할 것이 곧바로 현대인들 속에 깊이 침투하기 시작하고 있다는 것이다. 그 때문에 일본인이 하는 일이나 하는 말은 그들의 사회적 성격보다도 훨씬 빨리 변화해 버린 것이다.[13]

충분히 규모가 큰 사회에서는 여러 방향으로 다양하게 나아갈 가능성을 시사하는 다양한 심리적 유형들이 준비되어 있다. 예를 들면 미국은 파시스트 국가는 아니지만, 그것이 사디스트나 권위주의자가 전혀 없는 사회를 의미하는 것은 아니다. 감옥이나 정신병원으로 보내야 할 사디스트나 권위주의자들은 미국에도 얼마든지 있고, 남부의 많은 거리에서 세리프(sheriff : 보안관)가 되려고 안간힘을 쓰는 사람들도 그와 별로 다를 바가 없다. 이런 사람들이 정치운동에 뛰어드는 데 많은 어려움이 따르는 이유는 다만 제도적으로나 법률적으로 그것이 용납될 수 없도록 정해져 있기 때문이다.

분명 제도나 법률을 운영하기에 합당한 성격의 소유자가 없다면 미국 사회에서 자유를 유지하기란 실로 어려운 일일 것이다. 하지만 그 문제는 제쳐놓고 우리는 이렇게 말하고 싶다. 포괄적인 의미에서 볼 때 대규모 사회의 경우, 사회의 제도가 개인에게 그 사회에 적합한 성격을 심어주는 것이다. 더 엄밀하게 말하면, 인간은 다양한 반응을 나타낼 수 있으나, 사회제도가 그 다양한 반응 가운데 몇 가지만을 선정하여 특별히 중요시하여 힘을 들이는 것이다(그리고

---

13) 중국에서의 사회적·심리학적 변화에 관한 로버트 J. 립턴의 논문 *Thought Reform and the Psychology of Totalism*(New York, Norton, 1961)을 비교하라.

반역적인 충동은 각기 '도피'라는 방법으로 처리되는 것이다). 케네스 볼딩은 《조직의 혁명》이라는 책에서 전문직으로서의 '조직자'의 발생을 논하고 있으나, 그들이 만든 제도가 먼저 완성되면 저마다 가지고 있는 여러 측면은 어떻게든 시대의 흐름에 적응해갈 수가 있게 된다. 칼 마르크스는 산업혁명기의 공장을 관찰하고 그것을 노동자들의 희생을 통해 이룩한 거대한 힘으로 생각했다. 그리고 거기서의 노동의 '소외' 및 노동자의 소외에 대해서 관찰했다. 막스 베버는 후기 자본주의와 사회주의의 관료주의를 '철의 감옥'으로 규정하고, 거기서 도피할 방법은 오직 금욕주의밖에 없다고 생각했다. 그리고 오직 역사적인 안목을 가짐으로써 개인의 책임감이 솟아나는 것이라고 생각했다.

마르크스나 막스 베버 같은 사회과학자들의 주장에 따라 많은 사회과학자들은 근대사회에서 개인의 성격 또는 사회적 성격은 '생산의 요인'으로서의 중요성을 점차 잃어가고 있다는 결론을 내렸다. 이들은 사회를 해석하는 데 있어 인간의 동기보다는 그 인간이 처해 있는 상황이 점점 닮아간다는 사실에 주목하라고 말한다. 또 요즘에는 과학이나 기술, 경제조직, 이데올로기, 당파적 조직 등의 입김이 매우 강하므로 세계 어디를 가든 똑같은 유형의 사회가 출현할 것이라고 한다. 그 사회라는 것은 매우 능률적인 관료조직과 거대한 생산력을 가진 사회이며, 그 생산력에 의해서 국가적 권위를 높이고 또는 생활의 물질적 조건을 향상시킬 수 있는 사회를 말한다. 그런데 대다수의 미국인이 그러하듯이 우리(나를 비롯한 그레이저와 데니)는 이러한 결정론에 동의할 수가 없다. 오히려 우리는 개혁이 불가능하게 보이는 이 사회적 제도를 어떤 형태로든 부드럽게 만들 수 있는 방법을 생각해본다. 특히 확고한 목표를 세우고 소수의 엘리트가 운영해나가는 사회, 이른바 식물적인 형태로 발전하는 민주적 사회와의 사이에는 상당한 차이가 있다고 믿고 싶다.

또한 근대화와 공업화를 지향하는 개발도상국을 고찰할 경우, 각국이 가지고 있는 사회 성격과 사회제도의 특성을 무시한 채 세계 모든 나라가 똑같은 모습이 되어간다는 단순 소박한 사고에도 우리는 동의할 수가 없다.

대다수의 인간은 다양한 사회구조에 순응할 수 있는 성격적 유연성을 어느 정도 가지고 있지만, 거기에는 분명히 한계가 있다. 미국의 역사를 돌이켜보면,

아메리카 원주민은 노예로서 부적합했으며 아프리카에서 실려온 흑인들이 노예로서 쓸모가 있었다.

흑인이 노예가 될 수 있었던 것은, 스탠리 텔킹스가 그의 저서 《노예》에서 밝힌 것처럼 그들이 노예선에 실려 있는 동안 문화를 파괴당하고 정신조차 짓밟혔기 때문이라고 생각할 수도 있겠지만, 그 이유가 전부는 아니다.

사실 한마디로 노예라고는 하지만 종족별 유형에 따라 농장일에 적합한 노예도 있고 가사노동에 숙달된 노예도 있었다. 에스파냐 사람들이 서인도제도의 원주민을 살육하고 그 대신 아프리카에서 흑인을 데려온 것은 결코 이데올로기적 이유 때문이 아니고 전적으로 경험적인 이유 때문인 것이다. 흑인들은 사회적 성격상 혹독한 노동조건을 참고 견딜 만한 힘이 있었기 때문이다. 현재 아메리카 원주민 보호지역에서 생활하고 있는데, 그 여러 원주민 중에서도 푸에블로 인디언(Pueblo Indian : 애리조나·뉴멕시코주 등지에 분포하는 호피(Hopi)·아코파 주니(Zuni)·타노족 등의 총칭, 개인보다 사회의 조화를 중시하여 아폴로적인 문화의 대표로 지칭한다)은 다른 부족에 비해 활발하지는 못해도 한결 완강하고 강한 저항력을 가지고 있다.

미국 이민의 역사를 살펴보아도 비슷한 점이 발견된다. 여러 이민자들은 똑같은 상황에 직면하면서도 각각 다른 방법으로 미국 사회에 반응했다. 이를테면 동양인 중에서도 일본인 2세는 높은 교육열을 보였다. 그러나 중국인은 3세에 이르러서도 세탁소나 중화요리점을 경영하는 데 그치고 있다. 다양한 문화적 배경을 가진 이민자들이 미국 시민으로서 미국 사회에 융화되기 위해서는 3세 혹은 4세에 이르러야 한다.

역사 속에서 개인 및 그 성격이 차지하는 중요성 문제는 덮어두고라도 사회제도로부터 독립해 있는 사회적 성격의 역할은 종종 결정적인 영향을 미친다. 그뿐만이 아니다. 《고독한 군중》에서 지적했듯이 특정한 사회나 제도에서 서로 다른 종류의 사회적 성격이 전적으로 같은 일에 적용된다는 것은 충분히 있을 수 있는 일이다. 하지만 그 제도 속에 잘 융화되지 못하고 '무규제'를 드러내는 성격유형도 있을 것이며, 그 작업에 잘 어우러지는 성격유형도 있을 것이다. 바로 그러한 차이점이 중요한 것이다.

우리는 후진국은 근대화를 추진하면서도 고유의 문화적 인종적 전통을 유지할 것이라는 지도자들의 사고방식에도 의문을 갖는다. 실제로 많은 사람들이 공감하는 바와 마찬가지로 근대화의 수단은 그 자체가 하나의 목적이 되는 경향이 있다. 즉, 근대화가 진행됨에 따라 지난날 그 지역을 특징짓던 종교나 문화가 전혀 다른 사회적 성격의 소유자들로 말미암아 억압을 당할 가능성이 충분히 있는 것이다. 후진적인 사회를 근대화하려는 사람들은 그 나름대로 근대화를 위한 수단을 가지고 있을 것이며, 또 권력과 풍요에 대한 욕구도 가지고 있을 것이다. 또 때로는 과거의 지배계급에 대한 복수심을 가질 수도 있다. 그러나 이 같은 일련의 움직임에 대해 전통적인 가치가 곳곳에서 반발하고 있고, 붕괴에 직면해 있는 사회제도나 이미 방향을 잃고 방황하는 구세대의 사회적 성격들이 이러한 눈에 잘 보이지 않는 싸움을 적극적으로 지지하고 있다. 인간이란 본디 그런 것이라고 단정해버린다면 끝이다. 만약 그렇다면 인간을 구하는 길은, 공상과학소설 속에 나오는 방식이나 행동주의 심리학자들이 말하는 '제멋대로 변하는 인간'을 만들어내는 한 가지 방법 말고는 없을 것이다. 그리고 그와 같은 새로운 종류의 인간을 19세기적인 '경제인' 대신 사회 속에서 활동하게 하는 것도 재미있을지 모른다. 그러나 그와 같은 종류의 '인간 문제'는 이미 사회과학의 문제는 아닌 것이다.

사실 우리는 이미 절망적인 단계에 와 있는지도 모른다. 그러나 만약 인간이 이 시기를 극복할 수만 있다면, 우리는 이 제멋대로 변하는 인간을 중간 단계로 하여 통일되지 않은 사회의 여러 가지 '사회적' 성격으로부터 통일된 보다 더 자유로운 세계의 다양한 '개인적' 성격으로 역사적 발전을 해나갈 수도 있을 것이다.

이 책 제3부 제12장에서 우리는 역사를 거슬러 올라가 '전통지향형'의 시대를 살펴보았다. 그러한 사회에서 사회적 성격은 비교적 고정된 성격이었으며, 그 속에서는 집단끼리 충돌할 일이 생겨도 그것을 흔히 특수화되고 고정된 인간들의 충돌로 여겼다. 물론 이와 같은 말은 너무나 추상적이다. 이 같은 사회 속에서도 여러 집단은 서로에게 무엇인가 배우고 있었지만 거기에는 스스로가 타인처럼 되고 싶다는 생각이 전혀 없었던 것이다. 그런데 우리가 '내부지향형'이라 부르는 서양 역사상 매우 능률적이고 인상적인 새로운 사회적 성격이 생겨났다. 이 사회적 성격에 의해 포르투갈인, 에스파냐인, 네덜란드인, 영국인,

프랑스인, 러시아인, 미국인들은 지구상의 넓은 범위에 걸쳐 제각기 다른 목표를 추구하면서 그 세력을 확장해나간 것이다. 이들 식민지 정복자들의 기백은 매우 강렬한 것이었다. 한 예로서 16세기에 필리핀을 점령한 에스파냐의 한 지휘관은 본국에 보고서를 올려, 만약 병사 6000명만 보내준다면 중국을 정복할 수 있다고 했다 한다.[14]

이 책에서는 이런 내부지향형이라는 사회적 성격이 어떻게 생겨났는지 그 배경을 자세히 설명하지 않았다. 그러나 우리는 막스 베버가 주장한 대로 그리스적 합리성과 유대·기독교적인 현세적 도덕의 상호결합으로 생겨난 '프로테스탄트' 윤리가 어떠한 모습으로든 이 사회적 생활과 관련되어 있다고 생각한다. 그중에서도 결정적으로 중요한 것은 가족구조이다. 왜냐하면 핵가족 속에서 어린이들은 철저히 부모를 '모델'로 하기 때문이다. 그러나 내부지향성을 띤 한 개인의 성격을 가족구조의 측면에서만 설명한다는 것은 물론 어려운 일이다.

내부지향형 인간이 어떻게 태어나고, 그들이 왜 사라져가고 있는지 알기 위해서는 역사적 또는 비교문화적인 연구가 필요하다. 우리가 현재 추측할 수 있는 바로는, 개인의 운명은 처음부터 정해진 것이라는 생각이 사라지고 내부지향형 인간이 생겨난 것은, 내부지향형 인간 스스로가 만들고 조직하고 운영한 강력하고 능률 좋은 제도 때문이 아닌가 싶다. 이러한 제도 중 하나로 자유시장이라는 것이 있다. 그것은 후기 자본주의에서, 오직 화폐와 상품의 시장에만 머무르지 않고 개인이 자기를 파는 시장이라는 색채가 뚜렷해졌다. 에리히 프롬은 《자아를 위한 인간》에서 '시장지향'이라는 인간 유형을 설정한 다음 그러한 사정을 자세히 밝히고 있다. 우리의 '타인지향형'이라는 용어는 매스미디어까지를 포함한 특정 타인들의 역할을 다소 지나치게 강조한 느낌이 든다. 그리고 앞에서 설명한 퍼스낼리티 시장이라는 제도 역할을 충분히 설명하지 못한 것 같다. 이러한 문맥을 잘 살펴본다면 '타인들'이라는 것은 이 시장 속에서 거

---

14) 나는 장제스가 자기만 한 두뇌를 가지고 있었더라면 중국 전체를 장악할 수도 있었을 거라고 주장하는 일부 현대 미국인들을 떠올린다. 그러나 그런 미국인들은 오늘날 전 세계가, 지난날 백인의 비밀무기였던 그 성격과 가치관과 조직에 의해 이루어져 있다는 사실을 모르고 있는 것 같다.

래 상대로 생각되는 것인지도 모른다.[15]

그러나 확신을 가진 인간이 완전히 사라져버렸다는 것은 아니다. 그들의 수가 상대적으로 적은 까닭에 그들이 현재 담당하고 있는 역할은 상당히 중요하다. 특히 젊은이들 가운데 확신을 가진 인물은 매우 적다. 《군중의 얼굴》에서 소개한 우리의 인터뷰 기록에 의하면, 30세 이하의 면접자들은 대부분 타인지향형으로 분류된다. 30세 이하에서는 내부지향형 인간을 거의 찾아볼 수 없었다. 그들에 대해서는 여러 가지 할 말이 많을 것이다. 그러나 아무튼 그들이 타인지향형의 온순한 성격을 가지고 있었다는 점만은 분명했다. '군중의 여러 상(像)'에 필요한 면접을 끝내고 우리는 200명가량의 대학생에게 똑같은 방식의 인터뷰를 실시했다. 그 결과 이들 젊은이들이야말로 확실히 그 순응성과 순종성을 완벽하게 갖추고 있음을 알게 되었다.

다니엘 러너는 중동 근대화를 논하는 가운데 그곳에 '동적 감수성'을 지닌 젊은이들이 생겨나고 있음을 밝히고 있다. 이로 미루어 볼 때 우리가 미국 상층 중산계급의 사회적 성격이라고 생각한 타인지향형 인간이란 일반적으로 전 세계 청년들에게 공통된다는 것을 알 수가 있다. 물론 각 문화 사이에는 상당히 큰 차이점이 있다. 그러나 여러 나라에서 실시한 조사 관찰들을 살펴보면 세계 각국의 학생들은 그 표면적인 특징뿐 아니라 기본 구조에서 많은 유사점을 보이고 있었다. 따라서 이 학생들은 각자의 문화 속에서 구세대와 공통점을 지니고 있다기보다는 오히려 다른 문화 속에 있는 같은 세대 사람과 더 많은 공통점을 나누고 있다고 생각해도 좋을 것이다. 그들은 누구든지 얌전하게 순응해갈 수 있는 능력을 가지고 있고, 또 자기가 처한 상황이나 조건이나 제도에 크게 의존하고 있다. 그 정도로 세계의 청년들은 서로 닮아가고 있는 것이다. 실제로 세계의 청년들이 많은 유사성을 나타내기 때문에 많은 사람들은 세계 전체가 '미국화' 되고 있다는 인상까지 받고 있다.

그렇지만 유사성을 지나치게 강조하는 것은 곤란하다. 확실히 대다수의 고등교육을 받은 미국인의 특징인 특유의 행동, 불안, 감수성 같은 것은, 좋든 나

---

15) 탈콧 퍼슨스와 윈스턴 화이트의 "The Link between Character and Society" in Lipset and Lowenthal, eds., *Sociology of Culture*. 퍼슨스와 화이트는 목표와 동인(動因) 사이에 명확한 선을 긋고 있다.

쁘든 신분의 벽을 뛰어넘어 '풍요한 사회'를 만들려는 사람들 사이에서는 자주 볼 수 없는 것이기 때문이다. 미국은 지금 그러한 국가 목표를 찾고 있으나, 미국에 우호적인 나라든 적대적인 나라든 그들 나라에는 미국과의 공통성이 별로 없다. 그리고 물론 각 나라가 갖고 있는 지역적 특색이나 성격 등은 초문화적인 것으로 보이는 여러 제도에 영향을 미치고 있다. 미국이나 러시아의 공장이 이미 잃어버린 전통적 가치를 일본의 공장은 그대로 지니고 있는 것처럼, 거기에서도 많은 차이점이 생긴다.

그러나 이 차이점은 확정적인 것은 아니다. 왜냐하면 문화나 종교도 결코 절대적인 심리나 권위나 자명성을 갖고 있지는 않다고 하는 다원주의의 발견이 계속되고 있기 때문이다. 고정관념에 사로잡힌 인간만이 고정된 사회적 성격을 가질 수 있다. 고정된 사회적 성격과 깊은 관계가 있는 내부지향은 행동상으로는 어느 정도 융통성이 있으나 상대적 가치관을 갖는 것은 불가능했다. 역사적으로 말하면, 내부지향형 인간은 비교적 짧은 기간이었으나 중국인, 인디언, 말레이인, 아프리카인들을 자기들과 전혀 다른 인간인 양 생각하고 행동할 수가 있었다. 그들이 이 같은 행동을 취할 수 있었던 것은 실력이나 안정도에서 대부분의 경우 훨씬 우위에 있었기 때문이다. 그들이 선교사일 경우에는, 납득이 가지 않더라도 이런 나라 사람들을 향해서 백인과 똑같이 행동해야 한다고 설교했다. 그리고 놀랍게도 무수히 많은 원주민들이 그 가르침을 받고 기독교로 개종했다. 선교사들의 열정과 실력에 완전히 압도되고 말았던 것이다. 그러나 오늘날의 세계에서는 분별이 있는 서양인, 즉 편견이 없고 현명한 서양인은 자기가 가지고 있는 문화와 그 안에서의 행동을 절대적인 것으로 생각할 수는 없게 되었다. 오히려 그들은 자기들의 문화에 그다지 열렬하지도 않고, 또 그렇게 할 수도 없다. 오늘날 미국적 생활양식에 대한 논쟁이 고조되는 것은 이와 같은 경향이 나타나고 있기 때문이라고 생각한다.

이와 같은 변화를 또 다른 각도에서 생각해보자. 모든 문화 및 문화적인 절대가치는 그 저변에 기본적인 인간적 이율배반성을 담고 있다. 인류학자들은 백인들이 들어옴으로 인해서 많은 미개문화가 무너져버린 것을 안타까워하고 있다. 이와 같은 미개사회에 분명 미국 문화에는 존재하지 않던 가치가 있었다는 생각에는 우리도 동의한다. 그러나 서양의 힘에 억눌리거나 뿔뿔이 흩어진 일이 없는 여러 후진국 사람들은 자기들이 본디 가지고 있던 문화에는 무엇인가 부족한 점이 있다고 생각하고 있다. 그리하여 그들은 자기들의 문화에서 뛰쳐나와 근대화라는 커다란 소용돌이 속에 그 자신을 던져버린다. 그러나 서양 사람들은 반드시 그들과 나란히 나아가고 있는 것은 아니다. 다시 말하면 오늘날 세계에 남아 있는 가장 중요한 정열은 각자의 문화나 습관이나 신앙을 지키려는 정열이 아니라, 서양사회의 기술과 조직이라는 목표를 이루려는 정열인 것이다.

그러한 서양적 특징을 사회가 받아들임으로 인해 그 사회가 가지고 있던 특유의 문화나 습관이나 신앙들은 어느 사이엔가 모두 사라져버린다. 경우에 따라서는 국민성도 사라져버릴지 모른다. 인간은 단 하나의 가치에 얽매이는 것이 아니라 다양한 가치 속에서 자유롭게 선택할 수 있도록 되는 것이며, 인간을 에워싼 환경이 비슷해짐에 따라 여러 문화는 많은 특징을 공유하게 될 것이다. 그렇게 되면 각 나라의 고유한 특수성은 소멸할지도 모른다.

그러나 그와 동시에 각 나라 간에, 또는 한 나라 속에서 인간들은 차이점을 뚜렷이 드러내기 시작했다. 예컨대 공업사회에서의 직업적 가치 연구에서도 명백해진 바와 같이 경영자나 의사나 예술인 등 특정한 집단에 속하는 사람들의 집단적 성격은 가령 러시아나 미국이나 일본 같은 국적별 집단 성격보다도, 또는 그러한 사회가 지닌 의식적인 이데올로기의 차이보다도 훨씬 더 뚜렷한 특징을 가지게 되었다.

물론 국가라는 것이 이미 중요성을 잃었다고 보는 것은 잘못이다. 왜냐하면 국가는 인류 전체의 생사를 결정할 만한 막강한 힘을 가지고 있기 때문이다. 그리고 사회적 성격이나 국민성은 역사의 유산이기 때문에 국민성의 차이는 직업적·성적 차이나 생활방식의 차이와 마찬가지로 매우 중요하며, 앞으로도 오랜 세월 사라지지 않고 남아 있을 것이다. 또 각 지방이 가지고 있는 지방주의도 오래 지속될 것이 분명하다. 또한 그 지방주의도 살아가면서 얻을 수 있을 것임에 틀림이 없다. 그러나 특정한 집단이나 종족들이 그 고유한 역사적 유산을 토착주의적·복고주의적 운동에 의해 지키려고 할 때는, 그 노력 자체가 사실상 그때까지 당연한 일로 통용되던 문화적 습관의 종말을 의미하는 것이다. 대단히 역설적인 이야기이지만 이와 같은 복고주의적 전통을 지키려는 생각이 생겨남으로써 그 사회의 근대화는 가속화되고 전통은 이른바 사라지기 직전의 이데올로기가 되어버리는 것이다. 이렇듯 근대화는 모든 사회에 거의 돌이킬 수 없는 영향을 미친다. 모든 종족이나 국가들이 이미 숨을 장소를 잃은 것이다.

현대의 고등교육을 받은 많은 미국인들은 그들 자신이 처한 입장과 가치의 본질이 어떤 것인가에 대해 깊은 관심을 가지고 있다. 《고독한 군중》의 일반 독자는 자기들이 어떤 인간이며, 어떻게 살아야 할 것인가에 대한 해답을 이 책에서 구하려 했다. 실제로 많은 독자는 이 책을 자신의 성격을 시험하기 위한 것으로서 받아들였으며, '성격'이라는 어휘를 고풍적·비전문적으로 해석했다. 많은 사람들이 이러한 식으로 이 책을 읽을 줄은 생각도 못했다. 이 책의 초판이 나오고 또 처음으로 '고급 페이퍼백(paperback)'이 나왔을 때, 우리는 물론이고 출판사조차도 이 책은 대학생을 위한 사회과학 참고서 정도로나 읽힐 것이라고 생각하여 기껏해야 몇천 부만 찍으면 되리라 예상했다. 그러나 이 예상은 빗나가 엄청난 독자를 얻었다. 그런데 이 책을 읽은 학자나 학생은 이 책을 문화와 퍼스낼리티에 대한 활동의 하나로 받아들였으나, 일반 독자들은 우리에게 과분한 신뢰를 안겨주는 것 같았다. 일반 독자는 이 책이 틀림없이 훌륭한 사회학의 대저(大著)라고 생각한 것이다. 우리는 이 책의 페이퍼백 초판 서문에서 다음과 같이 설명한 바 있다. '우리는 원본을 약 5분의 4 정도로 줄였을 뿐 아니라 많은 부분을 고치기도 하고 순서를 뒤바꾸기도 함으로써 독자의 편의를 꾀하려 했다.' 그리고 지금 이 책도 마찬가지이다. 이 페이퍼백을 편집하면서 우리는 그저 우리의 주장을 좀 더 확고히 해두려 했다. 우리는 원본에 대한 비판적 반응에는 별로 신경을 쓰지 않았다. 따라서 원서에 대한 비판은 이 페이퍼백에도 그대로 들어맞는 이야기이다. 우리가 이 책의 페이지를 줄인 것은 이해를 돕기 위해서이며, 이 책에 대한 갖가지 비판과 논쟁을 피하기 위해서는 결코 아니다.

물론 사회과학자들은 이 책의 방법론과 해석과 가치판단에 대한 논쟁을 잘 알고 있을 줄 안다. 그러한 비판과 논쟁의 핵심을 알고자 하는 독자는 이미 말한 바와 같이 립셋 및 로웬살이 편집한 이 책의 비평서를 읽어주기 바란다. 그 문제에 대해서는 여기서 깊이 관여하지 않겠다. 이 책이 발행된 지 벌써 십 몇 년의 세월이 흘렀다. 그 세월이 흐르는 동안 지금까지 논술해온 것처럼 사회적 성격의 중요성에 대한 일반적인 사고방식은 물론 몇 가지 항목에 대한 필자 자신의 주장이 어쩌면 잘못되지 않았나 생각하게 됐다. 이하, 몇 가지 점을 들어 이 책에 나오는 순서에 따라 현재의 필자의 생각을 간단히 논술해 보기로 한다.

인구

《고독한 군중》을 발간하기 전부터 우리는 노테스타인 등 여러 인구학자에 의해서 제시된 인구 변동의 S형 곡선의 여러 단계를 역사 발전 단계와 연결시키는 것은 현명한 일이 못 된다는 것을 잘 알고 있었다. 그리고 출판하기 전에 초고를 읽어본 사람들은 우리의 '전통지향형'·'내부지향형'·'타인지향형'이라는 개념들은 이 책 제1장에 서술한 것처럼 결정론적인 역사 단계론을 굳이 내세우지 않더라도 충분히 의미를 가질 수 있다고 우리에게 말해주었다.[16] 그뿐만이 아니다. 인구 곡선에 대한 우리의 생각이 종합적으로 정의되어가기 시작했을 때, 그 생각은 실로 매우 의심스러운 것이 되어왔던 것이다.

1949년 《고독한 군중》이 인쇄되기 직전, 우리는 스탠퍼드 대학 식품 연구소의 조셉 데이비드가 쓴 논문을 읽은 적이 있었다. 이 논문은 우리가 신뢰하던 노테스타인을 비롯한 여러 인구학자를 통렬하게 비판한 것인데, 그에 의하면 제2차 세계대전 뒤의 '베이비 붐'으로 인해 초기적 인구감퇴론은 통용되지 않기에 이르렀다는 것이다(그러나 데이비드는 과거 인구학자의 잘못을 지적했을 뿐 그 대안을 제시하지는 않았다). 이 데이비드의 의견을 헤아려야 할 것인가, 또 '베이비 붐'을 단순한 1차적인 문제로서가 아니라 결정적인 변화의 증표로서 여길 것인가에 대해 우리는 논의에 논의를 거듭했다. 즉, 중산계급은 이제 생필품을

---

16) 많은 민족학 연구자 또는 농경사회 연구자의 지적에 따르면, 문맹이면서 출생률과 사망률이 모두 높은 문화는 무수히 많다고 한다. 민족학 보고서를 읽어보면 누구나 그 다양성에 놀라게 될 것이다. 다만 《고독한 군중》에서 전통지향성의 개념은, 주로 내부지향성과 타인지향성 사이에 '성격의 싸움'이라고 부를 만한 현상이 일어날 수 있는 비유적인 배경으로 쓰이고 있다.

구입하기보다는 아기를 많이 낳는 일에 큰 가치를 부여하게 되었다. 그것이 한때의 현상인가, 아니면 앞으로도 계속될 경향인가에 대해서 논의했다. 그러나 이윽고 우리는 다음과 같은 사항에 착안했다. 물품을 구입하는 것보다 아기를 바라는 현재의 경향은 소비에서 점차 인간관계에 큰 가치를 두는 쪽으로 바뀌는 크나큰 변화를 나타낸다는 점이다. 그리고 그것이야말로 토크빌이나 베블런 시대의 외향적 미국인과, 오늘날 내면적으로 조화되고 '유화한' 미국인을 뚜렷이 구별하는 것이 아닌가 하고 생각하게 되었다. 아무튼 1949년 당시로서는 이 같은 인구 곡선의 새로운 변화를 고려하지 않기로 결정했다. 그리고 인구 곡선에 관한 가설을 하나의 흥미 있는, 그러나 실증되지 않은 가설로서 제시해두자는 데 의견 일치를 보았다.

이미 언급한 대로 이 책의 초고를 읽어준 벗들은 인구 곡선 문제는 이 책에서 본질적이지 않다고 충고를 해주었고, 또 우리 스스로도 이 문제에 대해 충분한 의견을 제시할 만한 능력이 없었다. 그럼에도 의연히 인구 이론을 채택한 데에는 또 한 가지 이유가 있다. 이 책의 초고를 읽어준 이들의 의견에는 수긍할 만한 점이 많았다. 예를 들면 어느 인구학자는 우리에게 다음과 같은 의견을 제시했다. '한 나라의 출산율이나 사망률이 실제로 어떤가보다는 사람들이 그 현상에 대해 어떻게 생각하고 있느냐 하는 것이 문제가 된다. 그러므로 만약 루마니아인이 루마니아의 인구구조가 독일의 인구구조와 같다고 말한다면, 그러한 사고방식 자체가 성격구조에도 똑같은 영향을 줄 것이다.' 그러나 마거릿 미드의 말처럼, 인구학적인 가설은 '적어도 어느 정도까지는 인간의 성격학적 특징으로부터 독립해 있다. 예를 들면 기술의 진보라고 하는 대규모 역사적 경향의 의미를 명백히 해두기 위한 하나의 방법이라고 생각해도 좋다'는 것이다.[17] 우리가 이 책에서 펼치려고 한 것은, 현실세계가 존재하는 것과 함께 인간이 지각하는 세계도 존재한다는 것이다. 그러나 그와 같은 우리 입장을 명백히 하기 위해서는 인구의 주기(週期)를 사용하는 것보다는, 오히려 경제적인 발전이나 도시화나 교육 보급을 기준으로 하는 편이 더 적절한 방법이었을 것이다.

---

17) 마거릿 미드의 "National Character and the Science of Anthropology", in Lipset and Lowenthal, eds., *Sociology of Culture*를 참조.

우리는 인구구조가 특정한 사회적 성격을 일으키는 '원인이 되었다'고 말하려는 것은 결코 아니다. 이 점을 특히 유의해주기 바란다. 사회심리학적인 발전은 항상 제도를 매개로 해서 행해지기 때문이다. 그러나 카를 비트포겔[18]이 《동양적 전제주의》에서 서술한 것처럼 수자원이 없는 곳에서는 물을 확보하기 위한 상호의존적인 사회를 구성해야 한다. 그렇지 않고서는 인간은 살아갈 수가 없다(식량이 주기적으로 부족해지는 사회에서는 이 상호의존성은 그다지 중요하지 않으며 또 필요한 것도 아니다). 따라서 인구의 성장 또는 안정의 유형은 각 단계에서의 요구에 부응한 사회적인 유형과 반드시 명백한 인과관계로 맺어져 있는 것은 아니다. 기술적으로 진보된 현대 미국과 같은 사회는 호피인디언과 비슷한 상호의존적인 상황에 이르고 있다. 호피인디언은 공동작업으로 빗물을 확보할 수 없을 때는 전부 죽어버리는 것이다. 실제로 인간은 자기 자신이나 그 사회를 파괴할 수가 있다. 그렇게 생각하면 생태학적·기술적인 조건에 따라 사회적 성격이 형성되는 범위는 좁아진다고 할 수 있지만, '이렇게 하지 않으면 안 된다'는 단순한 반사작용에 의해 성립되는 사회는 결코 존재하지 않는다. 비트포겔이 말한 '수리사회(水利社會)'는 전부 공동체적인 사회이다. 그러나 공동이라고는 해도 호피인디언의 그것과 중국의 그것과 고대 이집트의 그것과는 전혀 다른 기구 및 사고방식에 의해 운영되고 있었던 것이다.

정치─거부권 행사 집단과 파워 엘리트

《고독한 군중》은 미국 사회생활에 대한 비판적인 사고방식에서 출발했다. 동시에 이 책에서 펼쳐지고 있는 주장들은 오늘날 대다수의 지식계급이 가지고 있는 견해와는 상반되는 입장에서 쓰인 바가 많다. 우리가 이 책을 집필하던 무렵은 미국이 냉전의 암흑 속에 빠져든 시대로, 아이젠하워 정부가 아직 구성되지 않은 시대였다. 또 반공과 관련된 맹목적인 미국 예찬 풍조도 아직 등장하기 전이었다. 당시 사람들은 미국을 극소수의 대기업가와 그 정치적 추종자가 지배하는 나라라고 생각하는 것을 별로 이상하게 여기지 않았다. 그때 미국에서는 그러한 사고방식을 바탕으로 한 핸리 월레스의 지지자들이 무려 100

---

18) Karl Wittfogel. 독일 태생의 미국 사회학자이자 동양학자. 1934년 미국으로 망명. 중국사회의 해명을 꾀하고, 독자적인 동양적 사회론과 정복왕조론을 내세웠다(1896~1988).

만 표를 행사할 수 있는 거대한 정치세력을 이루고 있었다. 1948년의 미국 공산당은 이미 전위적인 지식계급 사이에서 신뢰를 잃어가고 있기는 했지만 1만 5천 명쯤 되는 당원을 거느렸고 노동운동에 대한 영향도 오늘날과 같이 약하지는 않았다. 뿐만 아니라 미국이 월가(街)에 의해 지배되고 있다고 믿었던 많은 급진주의자들은 그것이 어떻게 지배되고 있는지 알려고도 하지 않는 보수주의자들과 합류했다. 그들은 미국 사회가 생필품이나 매스미디어에 의해 부패해가는 문화의 사막과 같다고 보고, 극소수의 고립된 인물들만이 개인적 '비전'을 가지고 있다고 생각했다. 이 책의 저자인 우리는 문화적으로나 정치적으로도 미국의 지배적인 생활양식에 결코 만족하고 있지는 않다. 그러나 미국이 안고 있는 문제를 마르크스주의적인 계급 분석이나 귀족주의적인 문화적 자만심으로 해석하는 것은 이미 사라져버린 과거로 미국을 후퇴시키는 일이라고 확신한다. (문화적 자만심과 귀족주의는 서로 다르다. 다만 우리가 하고 싶은 말은 이러한 전통적인 관점에 선 사람들이 미국 대중문화에 존재하는 창조적 요소―아직은 뚜렷하지 않지만―를 무시하고 있다는 것이다.) 우리가 품고 있는 회의적인 느낌은 오직 미국 현대생활에 대한 생생한 호기심에서만 생겨난 것이 아니라, 동시에 전통적인 해석을 '옳다고' 여겨서 많은 사람들이 조금도 의심하지 않는다는 사실 때문이기도 하다.

이런 까닭에 우리는 기업가들의 권력과 강압적인 태도 같은 사소한 고충을 늘어놓는 등의 일은 하지 않았다. 그리고 우리는 대부분의 현대 미국인이 천박하고 확신을 얻지 못하고 있는 것은 전통적이고 귀족주의적인 상층계급이 주도권을 잃었기 때문이라는 말에도 반대한다. 또 민주적인 절차가 문란해진 이유는 정치가들이 부패했기 때문이라는 의견에도 우리는 동의하지 않는다.

우리는 오늘날의 미국인은 소극적이고 무감각하고 또 불만족스런 가치에 순종한다는 점을 강조했는데, 그것은 에리히 프롬, K. 호나이, H. 라스웰, C.W. 밀스, J. 돌라드 같은 학자들의 저작물에서 자극을 받은 바가 컸기 때문이다. 문화적·심리적인 문제를 논술하면서 우리는 정치문제를 쉽게 해결하는 방법을 가지고 있지 않음을 명백히 했다고 생각한다. 그러나 사람들에게 '안심하라'고 한 부분에서는 우리는 우리가 가지고 있는 정치적인 절망감의 깊이를 다소 과소평가한 채 논술해두었다. 이것은 우리가 단순히 도덕적 명석함이 부족할 뿐 아니라 미국의 생활 속에 있는 온갖 모순된 경향에 의문을 갖고 있기 때문이기도 하다. 예를 들면 미국인은 아주 너그러운 동시에 인색하고 냉혹한 인간이기도 하다. 현대 미국에는 자유롭고 너그러우며 동정적인 태도가 널리 퍼지고 있다. 그것은 단순히 사람 눈에 띄는 것에 대한 선망과 공포에서 비롯된 평등감각이 아니라, 보다 인간적이고 배려 깊은 감수성에서 비롯된 것이기도 하다. 그리고 이와 같은 경향은 《고독한 군중》이 공격한 정치적 소극성이나 개인적 게으름과 대립하는 것처럼 보인다. 미국에는 이와 같이 여러 모순된 경향들이 한데 얽혀 있다.

《고독한 군중》은 독단주의나 열광주의를 배척하고 해방적 다원주의와 경험주의에 입각해서 쓰인 책이다. 라인홀트 니부어나 조지 케넌의 영향을 받은 많은 지식인은 전쟁과 정치에 대한 전면적인 참가를 뜻하는 비현실적인 도덕화의 경향에 맞서서 훌륭히 싸웠다. 우리는 《고독한 군중》에서 미국의 정치적 친분주의는 전면적으로 나쁜 게 아니라, 오히려 그것을 완전히 없애려고 하는 것이 더 나쁘다는 것을 설명하려고 했다. 또한 우리는 거부권 행사 그룹에 대해서도 생각해보았는데, 여러 그룹들 사이에 실은 자유에 이를 수 있는 길이 준비되어 있음을 알았다. 나 자신에 대해서 말하면 나는 매사에 두 가지 기준에서 함께 생각하는 것이 중요하다고 생각한다. 즉, 한편으로는 주어진 시스템 속에서의 가능성을 탐구하는 개혁자적 관심을 갖는 것이며, 또 한편으로는 기본적인 변화에 대한 장기간의 유토피아적 관심을 갖는 것이다. 이 두 기준을 한데 더해서 현상 유지에 대한 타협 없는 공격을 가하는 것이다. 그 편이 더 이해하기 쉽고, 거기서 생기는 행동도 더욱 단순화될 것이다. 그리고 그와 같이 사태를 단순화해서 고려하는 경향이 매우 강하기 때문에 우리는 《고독한 군중》 속에서 정치적 광신주의나 열정가 또는 도덕적 분개 등을 가혹하게 비평했다. 나는 어떤 경우에든 광신주의에는 반대한다. 그것이 미국 남부에서든 미국 전체에서든 전체주의 국가들에서든, 저마다 가지고 있는 이데올로기를 무분별하게 옹호하려는 광신주의가 도입되는 데 대해 나는 끝까지 반대한다. 그러나 광신주의와 어떤 종류의 도덕적 분개를 결합시킨 것은 잘못이었다. 어떤 종류의 도덕적 분개는 사디즘(sadism)과 권위주의의 돌파구와도 같은 것으로서, 부정과 억압과 짓밟힌 인생에 대해서 항의하는 사람들과 오로지 겉으로 봤을 때만 비슷한 특징을 갖춘 것이다. 이 책이 출간된 지 십 몇 년의 세월이 흘렀다. 그리고 우리는 아이젠하워의 시대가 막을 내리려는 시점에 서 있다. 거기서는 '극단적인' 정치감각은 위험한 것으로 여겨지고 있다. 그러나 그것을 두려워함 또한 위험한 일이다. 정치적인 극단주의가 개인주의나 집단생활을 황폐하게 만든다는 것은 누구나 잘 알고 있는 바이다. 정치에 대한 태도에서 《고독한 군중》은 주변적인 인간을 지나치게 강조한 경향이 있을는지 모른다. 그리고 당연한 일을 더욱 복잡하게 만든 문제점도 있다.

더욱 현실적인 문제로 바꾸어 말하면 우리는 이 책 속에서 '뉴딜'의 정치적 업적(즉 사회보장, 어느 정도의 완전 고용, 노동자의 단결권 등)만은 줄여서는 안 되며 오히려 늘려야 한다고 생각하고 있었다. 우리는 이 책 속에서 '뉴딜'로 인해 권력이 월가로부터 산업 경영자(우리 생각으로는 그들은 은행가만큼 총명하지는 못하다)들의 수중으로 넘어갔다고 생각했는데, 우리는 월가도 거대산업도 그리 튼튼하지는 못하다고 생각한다. 1939년 이후 미국은 암흑 속에 있었으나 쉽게 변하지 않는 하나의 발견을 하지 않았나 싶다. 즉, 전쟁경제야말로 불황을 극복할 수 있는, 정치적으로 실행 가능한 시기적절한 '치료법'이라는 사실을 발견한 것이다. 이러한 이유 때문에 우리는 그것이 어떻게 유지되든 간에 미국이 경제적으로 풍요를 누리게 되었음을 당연한 것으로 받아들였다. 이것들은 모두 자기만족적인 사고방식일지도 모른다. 스팀슨 브리트가 논술한 것처럼 전후(戰後) 중산계급의 규모와 풍요가 확대되었기 때문에, 사회 밑바닥에 깔린 빈곤하고 조직에 가입하지 않은 사람들이 정치적 영향력으로부터 더욱 멀어졌다. 전쟁경제가 가지고 있는 명백한 위험에 대해서는 이제부터 더 자세히 언급하려고 한다.

그러나 오늘에 와서 《고독한 군중》을 판단할 때 다음과 같은 점에 주의해야 한다. 즉, 이 책이 쓰인 1948년에는 조금이나마 정치적인 상상력과 유연성에 희망을 가질 수가 있었다. 예를 들면 릴리엔솔과 바루흐에 의한 원자력 관리의 계획이 제안됐고, 또 마셜플랜도 궤도에 올라 있었다. 그러나 이 둘의 정치적 가능성은 러시아에 의해 사라지고 말았다. 그리고 우리가 알고 있듯이 그 사실로 말미암아 이 문제는 국내에서 크게 논란의 대상이 되지는 않았다. 러시아에 '무엇인가를 주어버린다'는 제안은 국내적인 논쟁의 대상이 되지 않는 것이다. 그럼에도 불구하고 이 두 가지 계획은 다음과 같은 것을 명백히 밝혔다. 즉, 숭고한 정신을 가진 인간은 큰 목표를 가질 수 있다는 것이다. 그리고 마셜플랜(그것이 어떤 불성실하고 자기패배적인 냉전에 대한 논의 속에서 이용되었다고 해도) 밑에서 자금은 경제 원조에 국한되는 것으로 의회를 통과했었다. 그리고 물론 강경파 외교정책론자로부터의 압력은 있었지만, 한국의 6.25전쟁과 매카시 이전의 미국 외교정책은 여러 가지 가능성을 남기고 있었다. 당시에는 〈타임〉지나 〈뉴욕타임스〉지 등에 모로코라든가 파키스탄에 대한 기사가 실려도 우리는 그것들을 반드시 냉전과 연결시킨다든가 미국 군사기지 문제와 관련하여 생각하지는 않았다. 거기서는 여러 각도의 견해가 가능했다. 과거 10년간 미국은 세계 공산주의와의 전쟁이라는 이름 아래서 2대 정당도 꼼짝 못할 상태에 놓여 있었던만큼 국내 문제를 그다지 고려하지 않았지만, 1948년의 미국은 아직 이 단계에 들어서 있지는 않았다.

하지만 1948년의 정치적 상황이 비교적 유연하고 자유로운 것이었다 해도 미국 정치권력이 거부권 행사 집단에 의해 토막 나 있다는 사실, 그리고 미국인 대부분이 정치에 무관심하다는 사실은 큰 문제가 아니라는 식의《고독한 군중》의 숨은 전제는 아무래도 정당화하기 어렵다. 우리는 미국의 생활 가운데 중대한 문제는 개인적인 재능의 개발과 '사생활화'를 없애는 것과 도시계획을 추진하는 것이라고 논술했으나, 그것이 전적으로 정당한 것이라고는 할 수 없었다. 우리는 미국이라는 까다로운 나라 일로 몹시 분주했기 때문에 아시아나 아프리카나 라틴아메리카 등지의 나라들에 대해서는 그다지 신경을 쓰지 못했다(1948년에 인도는 많은 피해를 보면서도 독립을 이뤄가고 있었고, 중국 공산당도 기반을 다지는 단계에 올라서 있었다. 서양을 빼면 유일한 공업국인 일본은 미국의 점령하에 있었으며, 라이베리아와 에티오피아 말고는 아프리카의 독립국가는 하나도 없었다. 그리고 그럴 가망도 보이지 않았다). 미국이라는 풍요로운 나라의 도덕적 상황을 기술하기 위해《고독한 군중》은 먼저 미국을 이 세계로부터 따로 떨어뜨려 생각했다. 그러나 실은 바로 그때 세계가 미국에 대해 비난의 소리를 내기 시작했고, 또 미국 내에서도 감수성이 풍부하고 지적인 사람들은 이러한 외국의 여러 요구가 정당하고 현실적이라는 것을 잘 알고 있었으며 그 복잡성까지도 명확하게 인식하고 있었던 것이다.

이상 논술한 것은 이 책이 지니고 있는 기본적인 문제점과 그 상황과 기분에 대한 것이다. 그러나 《고독한 군중》 제2부에 대해서 행해진 가장 큰 논의의 쟁점은 누가 권력을 소유하고 있느냐 하는 문제이다. 즉, 미국에는 권력의 뚜렷한 위계질서가 없고, 거부권 행사 그룹으로부터의 압력 때문에 지도자들이 결단을 망설이고 있다고 생각하는데, 라이트 밀스[19]에 의하면 미국에는 '파워 엘리트(power elite)'가 존재하고 있다고 한다. 이 두 개의 사고방식 가운데 과연 어느 쪽이 옳은 것일까?

거부권 행사 그룹이라는 개념은 갤브레이스가 그의 저서 《미국의 자본주의》속에서 전개한 대항세력이라는 개념과 비슷하다. 갤브레이스의 이 견해는 권력이 지나치게 확대되면 반드시 그에 대립하는 권력이 생겨나게 되고, 그 결과 보다 많은 자유와 평등이 생긴다는 것이다(다만 거기에는 얼마쯤 인플레이션의 위험이 따른다). 그러므로 갤브레이스의 대항세력이라는 개념은 우리의 거부권 행사 그룹이라는 개념보다는 낙관적이다. 그러나 갤브레이스도 미국에는 응집된 자기의식적인 파워 엘리트는 존재하지 않고 그 대신 '엘리트 후보생' 무리만 존재하고 있다고 생각했다. 《고독한 군중》에서는 이와 같은 정치적 행위를 일으키기보다 정치적 상황에서는 국가적 문제에 대한 정치적 행위를 완전히 중단하는 편이 좋다고 논술했다. (물론 지방에는 우두머리나 엘리트가 존재하지만) 그러한 사태로 초래되는 것은 바로 지도자 없는 사회이다. 거기서는 사람들이 도저히 자기 힘으로는 감당할 수 없는 돌발사고에서 손을 떼게 되는 것이다.[20]

우리가 십 몇 년 전에 만든 이 일반적인 상황도는 현재 그다지 변하지 않았다고 생각한다. 하지만 조금의 변화는 있었다. 1948년에 우리는 전략공군부대를 가장 강력한 존재로 보고 있었다. 그로부터 얼마 뒤에 해군이 여기에 가세했다. 해군도 핵무장을 했기 때문이다. 그 결과 육군의 역할은 줄어들었으나, 그 대신 그것은 거부권 행사 집단으로 이따금 활발히 움직이게 됐다. 전략공군부대는 원자력관리위원회와 결탁하여 오펜하이머의 사문위원회(査問委員會)

---

19) Charles Wright Mills. 미국의 사회학자. 풍부한 조사 자료를 바탕으로 사회계급, 특히 중산계급에 대한 연구에 주력했다. 《화이트칼라》, 《파워 엘리트》 등의 저서가 유명하다(1916~1962).

20) Eric Larrabe and Rolf Meyersohn, *Mass Leisure*(Glencoe, Illinois, Free Press, 1958) 중의 리스먼에 의한 "Work and Leisure in Post-Industrial America"를 참조. pp. 363~388.

를 열고, 잠깐이지만 테러와 수소폭탄에 의해 외교정책에 반대하는 세력을 억눌렀다. 전략공군부대는 나아가 여러 업자들 및 노동조합, 그리고 그들의 상원의원들과 손잡고 미국 경제의 심장부에 전쟁경제를 설치하는 일에 성공했다. 그 결과 미소 정상회담이 결렬되었을 때 주식시장은 폭등했던 것이다. 이런 사태가 일어난 것은 전략공군부대가 그렇게 계획했기 때문이 아니며, 오히려 전략공군부대가 다른 군대보다 훨씬 뚜렷한 사명감을 가지고 있었기 때문이다. 전략공군부대의 지휘관은 놀라우리만큼 헌신적인 인물이었고 문민의 영향력 밖에서 종종 일을 계속해왔다. 하지만 그렇다고 전략공군부대가 독주한 것은 결코 아니다. 외교상의 교착상태와 도발행위는 전략공군부대의 힘을 증강시켰으나 미국을 상시 경계태세에 두려던 그들의 시도는 아이젠하워에 의해 거부되었다. 전략공군부대는 미국 의회에 무서운 영향력을 행사했음에도 종종 자금 부족이라는 위기에 봉착하기도 했다. 원자력관리위원회도(밀스에 의하면) 의외의 반대세력인 과학자들과 대결하지 않을 수 없었다.[21] 사실 밀스 입장에서는 텔러 같은 진취적인 인물도 결국 대기업과 대정치가의 시중꾼에 지나지 않을 것이다. 제2차 세계대전 뒤에 내려진 중요한 결단, 예컨대 인도차이나 문제에는 개입하지 않겠다는 결단, 또는 군비 축소와 핵실험 중지 등에 대한 결단을 돌이켜 보면[22] 우리는 다음과 같은 것을 깨닫게 된다. 즉, 자기들이 간절히 바라고 있는 바가 무엇인지를 확실히 파악하여 그 목적을 이루려는 끈기 있는 집단은 아주 드물다는 사실이다(물론 전략공군부대나 원자력관리위원회 중 몇몇 사람들은 확고한 목표를 가지고는 있지만). 오히려 각 집단 간에 끝없는 충돌만이 계속될 뿐이다. 그리고 이것은 개인적인 당파성 때문일 뿐만 아니라 그들이 저마다 다른 세계관과 경제적·이데올로기적 이해관계를 가지고 있었기 때문이다.

그렇다면 우리의 접근방식 중에서 가장 문제가 되는 것은 우리가 파워 엘리트의 존재를 무시해버렸다는 점이 아니다. 또 밀스의 말처럼 권력의 중간적인 수준에서 착오 있는 광적인 게임에 우리가 말려들었다는 점도 아니다. 우리의 이해가 부족했던 것은 다음과 같은 사실에 관해서이다. 즉, 미국 정부는 미국

---

21) 나는 밀스가 《제3차 세계대전의 원인》을 쓰게 된 동기, 즉 그의 불안에 공감한다.
22) 크리스천 사이언스 모니터의 Saville Davis, "Recent Policy Making in the United States Government", *Daedalus*(Fall 1960), Vol. 89, pp. 951~966의 설명을 참조.

인을 포함해서 전 세계를 좌우하리만큼 절대적인 권력을 소유하고 있는데, 한편으로는 그와 같은 세력을 제어하려는 자들에 대해 거부권을 행사하려는 집단의 힘을 저지할 도리가 없다는 사실이 그것이다. 지금 미국의 도시에는 불도저가 사정없이 들어와서 고속도로를 건설하고 있다. 그리고 이 고속도로가 완공되면 교통마비 현상이 일어나고 사람들은 도시에서 탈출하게 될 것이다. 자동차 산업은 평화시의 전략공군부대와도 같다. 이런 비유에서도 알 수 있듯이 미국 정부는 '방어'를 내세우는 자들을 물리치는 것이 고작이었다. 다만 오늘의 미국이 적어도 이만큼이나 균형을 이루게 된 것은 아이젠하워가 군 출신이었고, 따라서 평화를 매우 갈망했으며, 그가 자기의 골프 친구인 평화 산업 자본가들과 마찬가지로 인플레이션을 두려워했기 때문이다.

그러나 이미 논술한 것과 같이 정부가 소신껏 일관성 있는 정책을 펴지 못하고 행동능력마저 없기 때문에 국민에게는 아무런 보장도 못 주고 있다. 과거에 거부권 행사 집단은 서로 충돌도 하고 각자 간의 거리도 유지했기 때문에 거기엔 개인의 자유 영역이 조금이나마 남아 있었다. 그런데 요즘은 정부가 총체적인 무력감에 빠져 있으므로 국민도 심한 무력감을 느끼고 있다. 현대 세계에서는 한 인간이 명령을 내리거나 판단을 그르치면 그로 말미암아 지구 전체가 멸망하게 되어 있다. 그리고 이에 대항하는 세력은 미국의 전통적인 헌법상의 세력 균형이라는 사고와는 거리가 먼 것이 되었다. 전략적인 역할을 하는 집단이 만들어내는 기정사실은 때때로 정부 관료나 군대 장교 등을 쓸모없는 곳으로 보낸다. 그리고 그 기정사실이 민주적인 정치를 추방할지도 모른다. 이와 같은 상황 아래에서 사람들은 국가의 운영을 보다 강화하는 것만이 미국을 구하는 길이라고 생각하게 된다. 그런데 그와 같은 방법을 취하면 그 결과 국제적 무정부상태와 전면전 또는 거의 전면적인 전쟁을 일으키는 종류의 '내셔널리즘(nationalism)'과 배외주의가 나타날 뿐이다.

그러나 국내의 지방주의를 극복하고 범국가적인 긍지와 효율을 높이려는 종류의 내셔널리즘이든, 국제적 긴장 속에서 강경한 태도를 내보이려는 종류의 내셔널리즘이든 그것은 파워 엘리트가 조작하는 게 아니다. 내셔널리즘은 파워 엘리트에 의해 조작된 것이면서도 그 자체가 하나의 독립된 작용을 하고 있는 것이다. 이른바 엘리트들이란 내셔널리즘을 조작한 인간임과 동시에 내셔널리즘의 포로가 된 인간들이기도 하다. 1953년 스탈린이 사망했을 때 미국은 러시아에 다가설 기회가 있었지만, 그것을 실행하지 못했다. 이것은 엘리트들의 책임은 아니다. 그 이유는 더욱 뿌리 깊고 심각한 것이다.

이 문제를 생각해보면 거부권 행사 집단이라든가 대항세력 운운하는 사고방식으로 상황을 분석하는 데에는 한계가 있음을 알 수 있다. 왜냐하면 이들 집단은 각각 다른 경제적 이해관계를 가지고서도 필연적으로 산업사회의 문화 유형에 따라서 사고하고 행동하기 때문이다. 《고독한 군중》에서 말하듯이 낡은 자본주의적 가치는 쇠퇴했다. 그러나 이 낡은 가치로 만들어진 제도는 지금도 남아 있다. 그리고 이를 대신할 것은 아직 준비되어 있지 않다. 이 낡은 가치 속에는 물론 개인적인 이윤추구라는 사고방식도 포함되어 있다. 그러나 오늘날에는 그런 사고방식에는 무관심한 사람도 있고, 또 거기서 도피하고 있는 사람도 있다. 그러나 중요한 것은 이런 낡은 제도들이 여전히 살아남아 있으며 또한 바람직한 것으로 여겨지고 있다는 사실이다. 소유형태 문제와는 전혀 별개로, 산업사회는 어떤 종류의 심리적 욕구를 길러 왔다. 즉 그것은 팽창주의적 사고방식이다. 기업에 속한 사람들은 '자기들의' 회사가 성장이나 진보 같은 것을 하지 않으면 열등감을 느끼게 되어버렸다. 거기에 존재하는 것은 계산할 수 있는 '합리적인' 가치뿐이며 그 밖의 가치는 전혀 인정받지 못하고 있다. 여기서도 또한 이미 활발함을 잃어버린 내부지향적 인간들이 만들어낸 제도가 여전히 작용하고 있음을 알 수 있다. 그리고 이런 제도가 현존한다는 사실로 인해, 이를 대신할 가치가 좀처럼 태어나지 못하고 있다. 사람들은 더 이상 스스로를 열심히 소외시키려고는 하지 않는다. 그들은 종종 막연한 불만을 품고 있으나 다른 방법으로 일을 처리할 수도 있으리라는 확신이 부족하다. 그래서 그들은 극소수의 예외 말고는 현재 상황의 어디가 나쁜지 알지 못한다.

따라서 우리가 원자력 에너지를 평화적 이용에 전환할 수 있다고 말한다면 후세 사람들은 훌륭한 상상력이라고 생각하겠지만, 현재 이 시점에서는 원자력 문제의 그와 같은 해결에 대해서는 아무런 희망도 없으며 자랑스럽게 여길 수도 없다. 또한 사람들은 훌륭한 정열과 궁리에 의해 탄생한 공업사회의 제도를 자랑스럽게 여기지 못하고 있다. 오늘날 이러한 제도는 사람들의 정열을 불러일으키지 못하며, 인간이 앞으로 추구할 수 있는 새로운 비전을 제시하지도 못한다. 일반적으로 말해 지도자들이란 그저 조금 더 점잖고 열심히 일하는 사람에 불과할 뿐이다. 그들은 보통 사람과 마찬가지로 무력감에 사로잡혀 있는 것이다. 그들은 다른 사람들에 비해 보다 큰 권력을 '소유하고 있다'. 그러나 그것을 어떻게 사용해야 할지 모를 때가 많다. 그리고 모든 사람이 그런 무미건조한 모양으로 세상을 주시하고 있는 것이 일반적인 현상이 아닐까. 그러나 미국인들 속에는 아직도 풍부한 상상력과 책임감이 성립될 만한 희망이 충분히 있다고 우리는 믿고 있다. 다만 새로운 사고방식을 정치적으로 명확히 내세우기 위해, 조직되지 않은 대중을 정치운동의 기초로 삼고 거기서 지도력을 찾으려 하는 방식은 이제 더 이상 통용되지 않는다. 사회가 풍요로워짐에 따라 현대의 문제라는 것은 비특권적 인간들의 문제가 아닌 사회 상층부에 위치한 사람들의 문제라는 것이 점점 확실해져 왔기 때문이다.[23]

《고독한 군중》은 '……으로부터의 자유'를 '……으로의 자유'보다도 더 중요한 문제로 강조했다. 그리고 독자들도 이 점에 이의를 제기하지 않을 것이다. 물론 현대사회의 인간은 거부권 행사 집단 때문에 나약하고 무능력한 존재로 변했지만, 우리는 초기 자본주의자들과는 달리 국가를 적으로 보지 않고 같은 편으로 생각하고 있다. 그러나 우리는 주로 형식적인 정치 말고 다른 영역에 논의의 초점을 맞추고 있다. 즉 집단의 압력, 정치적인 참가, 강조성, 행동면뿐만 아니라 정서면에서도 사람들과 순응해가지 않으면 안 된다는 것 등등, 이러한 여러 요구에 대해서 논술한 것이다. 또한 우리는 동조성에 대한 고통스러운 공포에 관해서도 논했다. 그런데 이 공포감은 아주 복잡한 구조로 되어 있다. 왜냐하면 사람들은 공통의 목적을 추구하는 공동적인 행위와 다른 사람들로부터 미친 사람이라는 말을 듣기 싫어서 속마음과는 달리 준거집단(準據集圍 : reference group)의 가치를 묵인하는 것을 자주 혼동하기 때문이다.

이 책에서 논술한 또 다른 개념, 즉 '고립화' 문제에 대한 반향은 그다지 큰 것은 아니었다. 이 책의 독자들 대부분이 여러 관념으로부터 이탈하여 독립된 상태에 놓여 있는 사람들이 아니었던 것이다. 즉, 미국 내의 소수민족이나 종

---

23) 더 충분한 연구를 위해 데이비드 리스먼과 마이클 매코비의 "An American Crisis : Political Idealism and Cold War", *New Left Review*(January 1961), No. 5. pp. 1~12. Reprinted in Marcus Raskin, ed., *The Liberal Papers*(New York, Random House, 1961)를 참조.

속적 처지에 있는 여성, 가난뱅이나 노인들은 이 책의 독자가 아니었다. (확실히 고립화는 줄어들었다. 그도 그럴 것이 여성 근로자의 수가 계속 늘어나고, 또 고립되어 있던 농민들이 도시로 진출하고 매스미디어에 접촉할 기회가 많아졌기 때문이다. 또 읽고 쓰는 능력이 발달하고 여가 활동의 기회가 많아진 것도 이와 관련된다.)

미국인에게 주어진 공허한 무기로서의 삶 문제를 논하면서 우리는 '……으로부터 오는 자유'에 주안점을 두었다(여기서 '……으로부터 오는 자유'라는 것은 사회적 압력으로부터 오는 자유라는 과거의 자유주의적인 사고방식에서 기인하는 것도 되고, 또 현대의 '사적인' 압력으로부터 얻어지는 자유라는 뜻도 된다). 하지만 고립화를 논하면서 우리는 '……으로 가는 자유'를 강조했다. 그러나 우리로서는 이러한 자유와 청신한 감각을 기를 수 있는 사회에 대해 좀 더 많은 논의를 하고 싶었다. 즉, 오늘날 우리의 일상생활과는 달리 개개인이 저마다 능력을 개발하고, 인간이 자기 자신에 대해서 청신한 감각을 가질 수 있도록 자율성을 가능하게 하는 유토피아에 관해 우리는 보다 많은 토의를 벌여야 했을 것이다.

매스미디어

《고독한 군중》 속에서 매스미디어 문제를 논하면서, 우리는 폴 F. 라자스펠드 등의 연구가에 의한 다음과 같은 발견에서 많은 영향을 받았다. 즉 정치적 선전이나 캠페인이 고립된 무력한 익명의 대중에게 비양심적인 방법으로 아주 쉽게 영향을 미친다고 생각하는 것은 잘못된 일이고, 오히려 커뮤니케이션의 발신지에서 맨 아래 개인에 이르기까지 집단 또는 '세포'가 그것의 매개체로서 존재하며, 그 집단이 개인의 해석이나 선택 등을 결정한다고 생각하는 것이 옳다는 견해가 바로 그것이다.

즉 젊은이들의 사회화에서 매스미디어가 어떠한 역할을 하는가를 고찰할 경우, 우리는 그들이 '소비'하는 정보의 내용뿐 아니라 그 중간집단이 맡고 있는 역할에 대해서도 언급했다. 그리고 매스미디어 측도 또한 집단에서의 압력에 약하다는 사실을 논술했다. 그런 까닭에 매스미디어가 단순히 이윤추구에 그치지 않고 정치적인 뉴스를 특히 중요한 것으로 취급함으로써 사람들로부터 존경을 받으려 한다는 사실도 발견했다. 이러한 이유로 우리는 매스미디어가 미국인을 정치로부터 멀어지게 하는 역할을 한다고는 생각하지 않는다. 오히려 매스미디어는 미국인을 정치에 끌어들이고 있는 것이다. 물론 이런 경우에 정치라는 것은 정치가의 퍼스낼리티를 논하고 과격파들에게 '호소'하도록 만들어져 있기 때문에 크게 왜곡되어 있다.

우리는 매스미디어가 가지고 있는 커다란 힘을 단기적인 캠페인 즉 상품과 관념을 파는 캠페인이라는 형태로서는 그다지 중요하게 여기지 않았다. 거기서도 물론 거부권 행사 집단이 작용하고 있기는 하지만, 우리가 논의하고자 했던 바는 매스미디어가 민중에 대해서 가진 장기적인 영향이다. 예를 들면 미국의 매스미디어는 미소 짓고 관용을 베풀고 도회적이고, 스포츠나 정치를 제외하면 비교적 무표정한 생활의 이미지를 광고나 오락이나 뉴스 속에서 소개하고 있는데, 이 사실이 미국의 정치적 분위기에 어떤 영향을 주고 있는지 그 점을 생각해보고 싶었던 것이다. 매스미디어의 이 같은 상황은 과연 내막 정보가 오고가는 것을 강화하는 것일까? 즉, 몇몇 사람들만이 정치에 깊이 관여하고 그 이외의 사람들은 정치에서 멀리 떨어져 있는 상황을 만들어내는 것일까? 우리는 또 다음과 같은 것도 논의의 대상으로 삼았다. 매스미디어 속에서는 소비품만이 활발히 선전되고 그 이외의 가치는 비교적 적은데, 그와 같은 사실이 미국의 문화적 분위기에 어떤 영향을 가져올 것인가? 이것은 갤브레이스의 《풍요한 사회(The Affluent Society)》 속에서 비교적 확실히 드러난 문제이다. 즉 개인적인 소비품의 힘이 너무 강하기 때문에 공동적인, 눈에 띄지 않는 상품이나 욕구가 자취를 감춘다는 것이다.[24] 매스미디어는 인간관계를 강조하는데, 그것은 고급문화 전통에서 벗어나지 못하는 비평가들이 생각하는 것보다 더욱 복잡한 형태로 이루어지고 있다. 이런 인간관계의 강조는 미국 국민의 정서나 사생활에 어떤 영향을 주고 있는 것일까? 우리는 이러한 여러 의문이 있었다.

그러나 우리가 생각하는 한 현재 이와 같은 의문에 답하는 일은 이 책을 쓸 때보다 더 어려워졌다. (이 책이 최초로 출판되고 난 직후에 텔레비전이 홍수처럼 미국 문화 속에 밀려들었다. 텔레비전이 없었던 시대와 있는 시대의 집단생활이 어떻게 변했는지 그 과정을 밝히는 어려운 작업을 영국에서는 힐데 힘멜바이트와 그 밖에 여러

---

24) 토크빌은 미국인이 광고의 발달 이전에도, 뒷날 베블런이 한 관찰과 같이 경쟁을 통해 얻은 소유물을 과시하는 모습에 주목했다. 미국인은 자기들을 위한 매스미디어가 준비되어 있지 않았을 때 이미 매스미디어를 받아들일 준비를 하고 있었다.

사람이 시도했으나, 그에 대응할 만한 작업이 미국에서는 아직 시도된 바 없다.)[25] 물론 매스미디어를 그 문화적 문맥에서 따로 떼어내 생각하는 것은 불가능하다. 이는 매스미디어에서의 광고 메시지와, 상점에서의 진열 및 거리나 가정에서 볼 수 있는 상품 자체가 가지고 있는 메시지를 서로 구별하는 일이 어려운 것과 마찬가지이다. 그런데 우리는 사고방식이나 생활에 대한 이해(또는 몰이해)나 이상적인 미국인의 모습에 관해 매스미디어가 가지고 있는 장기적인 영향이라는 것이 아주 대단하다고 믿는다. 그리고 우리는 이 같은 장기적인 영향 쪽이 매스미디어가 지닌 단기적인 영향력보다 더욱 중요하다고 생각한다.

매스미디어 문제를 논하면서 실증적인 조사도 없이 사변에 몰두하는 것은 있을 수 없는 일이다. 그러나 이 영역에서도 우리는 《고독한 군중》 속에서 매스미디어가 전해 오는 저속한 메시지에 대한 무조건적인 공격에는 반대의 입장을 취해 왔고 현재도 그렇다. 확실히 미국인들은 엄청나게 많은 시간을 텔레비전을 보는 데 소비하고 있다. 그러나 텔레비전이 등장하기 이전에 미국인들은 드라이브를 한다든가 몽상을 한다든가 스포츠를 관람한다든가 트럼프를 하는 등 여러 활동을 했다. 이 같은 행위는 텔레비전과 비교해 더 '현실적'이라고는 할 수 없고, 그것도 텔레비전과 마찬가지로 시시한 것이었다.

그러나 《고독한 군중》은 지식인들에게, 매스미디어 속에 뛰어들어 그와 한패가 되라고 말하는 것은 결코 아니다. 우리는 지식인들이 중간적인 문화세계를 바꾸는 방법을 생각해주었으면 한다. 생각건대 이 책은 상당히 지적인 방법으로 매스미디어를 개혁하려는 사람들에게는 좀 도움이 될지도 모른다.

무엇보다도 우리는 매스미디어 속에서 여러 가지를 식별해야 한다는 주장을 제기했다. 가령 오늘날 우리는 이 책이 최초로 쓰였을 때보다 미국 영화가 더 용감해졌다고 생각한다. 텔레비전이 등장한 덕택으로 영화계 내부에 전체적으로 좀 더 자유로운 분위기가 조성되었기 때문이다. 미국의 방송망은 텔레비전에서도 각각 다른 임무를 가지고 있으며, 각 방송국은 때때로 드라마나 다큐멘터리 분야에서 훌륭한 프로를 방영하고 있다. 창조력에서 얼마간 부족한 면이 있지만 나름대로 열의를 보이고 있다. 루엘 데니는 이 문제를 《놀란 뮤즈》 속에

---

25) 힐데 힘멜바이트가 블루멘탈 등과 공동으로 행한 연구 *Television and the Child*는 Nuffield 재단을 통해 1958년 옥스퍼드 대학 출판부에서 발행되었다.

서 더 상세히 논술했다. 매스미디어의 영역 안에서도 거부권 행사 집단은 특징적인 능력을 가지고 있다. 즉, 방송망이나 스폰서나 국회의원들에게 보내진 투서 한 통에 의해 프로그램 전체가 영향을 받는 일이 가끔 일어나고 있는 것이다. 그러나 매스미디어에 관한 우리의 가장 큰 관심사는 매스미디어가 문화에 미치는 장기적인 영향이 아니다. 우리가 현재 가장 걱정하는 것은 1948년에 비해 오늘날 신문이며 잡지며 특히 뉴스영화가 훨씬 민족중심주의 성향을 띠게 되었다는 사실이다. 이런 매스미디어는 국제뉴스를 보다 많이 다루게 되었다. 그러나 이는 미국 중심적인 슬로건과 냉전에 대한 잘못된 표현으로 가득 차 있다. 이런 관점에서 본다면 상황 변화와 우리 자신의 사고방식의 발전 탓에, 우리의 매스미디어에 대한 생각은 1948년보다 훨씬 냉정하고 또 절망적임을 인정하지 않을 수 없다.

자율성과 유토피아

《고독한 군중》의 서평 속에서 R.L. 메이어와 E.C. 밴필드는 다음과 같이 논술했다.

타인지향형 사회에서의 자율적인 인간이라는 게 어떤 유형의 인간일까? 이 책의 저자들은 이 문제를 너무 단순하게 취급하고 있다. 생각건대 우리 아이들이나 학생들이 어떤 기준이 될 수 있다면, 새로운 자율적인 유형의 인간이란 자신에게 주어진 수많은 정보와 그가 할 수 있는 신속한 행동과, 비교적 타당한 여러 제도에 의해서 매우 많은 영향을 받을 것이다. 그와 기계와의 관계는, 노예 관계가 아니라 디자이너 또는 진단(診斷) 기사 관계이다. 그가 가진 논리는 다치논리학(多値論理學)이며 흔히 구체적인 통계적 공식이 뒤따를 것이다. 그리고 확률론적인 조건이 동등한 이상 그는 자발적으로 그중 하나를 선택하게 된다. 그의 충성심은 그다지 열렬하지는 않을 것이다.

이상(理想)으로서의 국제주의는 그에게 호소력을 갖는다. 상상력의 장난은 극히 다양한 것이겠지만 미래에 대한 계획이 그들에게는 더 소중할 것이 분명하다(오늘날 공상과학소설의 유행이 그 증거이다). 도덕적으로 말하면 그들은 호기심이 많고 대체로 실용주의적이다. 그러나 불행에 빠지면 그는 반사회적인 행동을 취할 것이다. 따라서 죄의식은 그 원인을 알기만 하면 완전히 해명이 된다는 것이다. 그러나 반사회적인 행동만은 이 독립된 인간들에게 별로 좋지 않은 결과를 남긴다. 먼저 사회적으로 좋은 일로서 인정받은 일은 전과 다름없이 신성한 일로 지속될 것이다.[26]

위의 서평은 이 책에 대한 다른 대부분의 서평과는 현저히 다르다. 앞서 말했듯이 내가 아는 한 《고독한 군중》의 대부분의 독자들은 내부지향형과 자율성을 동일한 것으로 알고 있다. 메이어와 밴필드는 타인지향형 인간이 가진 감수성을 적극적으로 알아들었으나 대부분의 독자들은 그것을 어떤 공포감을 가지고서 읽었다. 많은 독자가 자율성과 내부지향형을 똑같이 생각해버린 까닭은 우리가 자율성의 개념을 좀 더 생생하고 부드럽게 소개하지 못한 탓일 것이다. 내부지향형을 논할 때 모든 사람들이 다 알고 있는 역사적인 사례를 예로 들었더니 누구나 쉽게 이해해주었다. 그러나 우리는 자율성에 대해서는 그와 같은 예를 들지 않았다. 이것은 우리 능력이 부족했기 때문이지만, 이유는 사실 그뿐만이 아니다. 즉 미국 사회에는 활력주의와 진보적인 낙관주의가 강한 반면 언제나 회고주의적인 사고방식이 함께 존재했던 것이다.

이미 논술한 바와 같이 1950년대 미국 젊은이들은 대체로 자기들이 나아갈 길은 두 갈래밖에 없다고 생각하는 경향이 있었다. '조직적 인간(타인지향형)'이 될 것인가 '카우보이(내부지향형)'가 될 것인가 하는 게 그 선택이다. 그리고 이 시대에 '함께한다'는 것과 '우등생'이라는 말이 경멸스런 말이 되었다. 선택의 폭을 이처럼 축소한 탓에 그들은 타인을 냉담하게 얕잡아 대하든지 좀 거칠게 행동하는 것이 자율성인 양 잘못 이해하게 되었다. 그리하여 개성이 잘못된 길로 빠진 상태에서 자기중심주의나 변태적인 기인(奇人)이 생겨나게 되는데, 그것은 어쩌면 당연하다 할 것이다.

《고독한 군중》을 집필할 때 우리는 이런 일이 생길지도 모른다고 생각했다. 그래서 '자율성과 유토피아'라는 제목의 마지막 장을 쓸 적에 우리는 '……으로부터 오는 자유'를 지나치게 강조하지 않고, 오히려 너무 딱딱하지 않고 감상적

---

26) *Ethics, January* 1952.

이지도 않은 형태로 이상적인 사람들끼리의 상호관련에 대해 생각해보았던 것이다. 그러나 창조력이 부족한 탓에 우리 분석의 연장선상에서 유토피아를 만들어내기란 어려웠다.

이 책 속에 논술한 유토피아적 사고방식 중에는 매우 불충분한 것이 하나 있다. 그것은 공업화가 완성된 뒤의 문화 속 자율성이란 노동의 영역이 아니라 놀이와 레저의 영역을 가리킬 뿐이라는 생각이다. 기아와 욕망이라는, 자고이래의 생존을 위한 동기가 오늘날에는 사라져가고 있다고 한 우리의 결론은 정당한 것이었다. 또한 노동자들로 하여금 자기들이 하고 있는 일을 의미 있는 것이라고 믿도록 하기 위해 직장의 근무조건을 개선하고, 직장을 행복한 가정처럼 꾸밈으로써 능동적 참가를 시키는 것에 대해 반대했는데, 그것도 정당했다고 생각한다. 틀림없이 많은 사람들, 특히 주부에게 일이란 반드시 '의미 있는' 것일 필요는 없다. 작업시간이 짧고 편리하며 교통기관에 아무런 문제도 없고, 심지어 일 자체가 그렇게 힘들지도 않고 불쾌하지도 않기 때문이다. 실제로 많은 사람들의 경우에 인생 문제의 중심은 일 이외의 장소에 준비되어 있다. 그러나 우리는 이런 의미의 치환을 할 때, 일에 정력을 쏟는 사람들뿐만 아니라 이후의 젊은 세대도 상당한 희생을 치르게 된다는 사실을 충분히 인식하지 못하고 있었다. 다니엘 벨[27]이《노동과 그 불만》속에서 우리를 가리켜 '노는 예언자'라고 했는데, 그것은 참으로 정당한 지적인 것 같다.[28]

여기서 우리가 당면한 문제는 또한 상상력의 문제이며 용기의 문제이다. 노동의 세계에서 레저의 세계로 옮긴다는 것은 사회적으로 중요하지 않은 일에 종사하고 있는 많은 사람들에게는 아주 심대한 노동의 재편성을, 나아가서는 사회의 재편성까지도 의미한다. 그런 일은 거의 일어날 수가 없다. 그렇게 될 경우 사회적으로 불필요한 기생적인 노동은 전부 없애버려야 하고 또한 직장의 규모를 축소한 다음 그 경영을 공동경영으로 바꿔야만 한다. 사회적인 부(富)

---

27) Daniel Bell. 미국의 사회학자로, 산업 고도화에 의한 사회구조의 변화를 중심으로 하여 산업사회론을 전개했다. 현대 미국의 가장 영향력 있는 지식인으로 평가받고 있으며, 신보수주의의 대표적 사상가(1919~2011).

28) *Work and Its Discontents*(Boston, Beacon Press, 1956)는 다니엘 벨의 *The End of Ideology*(Glenco. Illinois, Free Press, 1960), pp. 222~262에 재록됨.

와 조직에 대한 지식이 늘어난 덕택에 그와 같은 방향으로 이동해가는 것도 가능하게 되었다. 이 경우 일은 더욱 중요하고 다양한 것이 되며 인간은 거기에 깊이 참가할 수밖에 없다. 그리고 교육이나 정치에 의한 세분화는 점차 줄어들 것이다. 실제로 길드(guild)적 사회주의의 목표라는 것이 이와 비슷한 면이 있다. 그 요소는 전적으로 이데올로기적이나 유고슬라비아의 공장에서 볼 수 있는 성질의 것이다. 이와 비슷한 것이 미국의 몇몇 회사에서도 생겨나고 있다. 예컨대 폴라로이드 카메라 회사가 한 예이다. 하지만 어쨌든 우리는 폴 굿맨이 《졸렬한 성장》 속에서 논술한 '인간은 자신이 적절한 존재라는 인식을 필요로 하고 있다'는 견해에 전적으로 공감한다. 다만 노동과 소비를 통해서만 인생을 생각한다는 것은 인간의 처지에서 결코 충분한 것은 아니다. 실제로 우리는 노동의 세계가 붕괴함으로써 레저의 세계가 더욱 무거운 짐을 지게 되었다는 점을 인정하지 않을 수 없다. 레저 그 자체는 노동을 구할 수 없다. 레저가 인간에게 의미 있는 것이 되기 위해서는 노동 또한 의미 있는 것이어야 한다. 따라서 우리가 레저에 요구하는 여러 조건을 현실화하려면 사회적으로나 정치적으로나 노동과 레저의 양면작전을 시도해야만 하는 것이다.

《고독한 군중》에서는 전문직이나 관리직에 종사하는 사람들의 근로가 점점 더 어려워지고 있다는 객관적인 압력을 그다지 크게 다루지 않았다. 농장 근로자나 서비스업 종사자나 공장 근로자의 경우 근로시간은 줄어들고 근로조건도 향상되고 있으나, 반대로 관리직에 종사하는 사람은 일이 더 어려워진 게 현실이다. 의사나 최고 경영자나 고급 관료들이 개인적인 리듬을 희생하며 매주 70시간씩 무의미한 근무를 하면서 가능한 한 근로시간을 줄여 돈만 벌면 일찌감치 퇴직하려고 하는 경향을 분업의 이상이라고 할 수는 없다(대학교수나 예술가도 근로자이지만, 그들의 경우 외부의 압력은 별로 없다).[29]

《고독한 군중》을 비평해준 사람 가운데 확고하고 주관적인 견해를 가진 몇몇은 이 책이 미국의 레저와 물질적인 풍요에 대해 너무 낙관적이라고 비판했

---

29) 근로 일수가 적은 사람은 경제적인 압박 때문에 부업을 찾게 되며, 때로는 애크런의 경우와 같이 야간에 할 수 있는 부업을 찾는 경우도 있다. 다만 이와 같은 야간 근로는 급료가 매력적이기 때문이지, 그 일 자체가 마음에 들기 때문은 아니다.

다. 그러나 미국인의 생활이 여러 방면에서 향상된 오늘날, 이 책이 노동과 가족생활에서의 소외를 지나치게 강조했다는 비평도 있었다. 특히 탈콧 퍼슨스의 비평이 그러하다.[30]

《고독한 군중》이 논술한 사회 변화는 한마디로 의식(衣食)의 자유를 마음껏 누리게 된 많은 미국인들이 인생에 대해 거는 기대가 갈수록 커져 왔다는 것에 불과하다. 이것은 '기대 상승의 혁명'의 미국적인 형태라고 해도 좋을 것이다. 미국인들은 언제나 '현재보다 더 좋은 것이 있을 것이다'라고 생각한다. 이 혁명이 일어나는 장면을 가장 먼저 목격한 사람이 토크빌이다. 거기서 이미 사람들은 가혹한 억압을 받고 있지 않았다. 미국인의 생활수준은 향상되고 있었으며 정치적인 압력도 점점 줄어들고 있었다. 미국에서는 이 혁명이 19세기에 시작되었다. 이와 비슷한 것이 최근에도 일어났는데, 예를 들면 헝가리의 혁명과 1956년의 폴란드 혁명이 그것이다. 케네스 케니스턴은 최근 미국 상층계급 젊은이들 사이에서 점차 일어날 조짐을 보이고 있는 소외현상에 대하여 논하고 있다.[31] 많은 젊은이들이 어떤 사회운동에 참가하고 싶다거나 도박을 하고 싶다는 생각을 가지고 있다. 이것을 더러는 미국 밖의 장소에서 찾고 있다. 공산주의 국가에 가고 싶어 하는 일은 드물지만, 가령 인도나 아프리카나 쿠바나 이스라엘 등에 가서 어떤 의미 있는 일거리를 찾으려 하는 것이다. 그러나 변화도 없고 이데올로기도 없는 조용한 세계 즉 거부권 행사 집단과 온건하고 상식적인 태도로 자족하는 세계 속에서 오랫동안 살아온 인간에게 그런 일은 불가능할 것이다. 또한 아무리 사회가 안정되어 있다 해도, 더 좋은 일을 하려고 들면 더 나쁜 결과만 생긴다고 젊은이들에게 말하는 것도 결코 현명한 일은 아니다. 공포 탓에 희망이 파괴되는 일도 있을지 모르나, 그것은 변화가 없는 사회에서는 매우 단기간에 한정된 일일 것이다.

오늘날 개발도상국 국민들은 빈곤과 착취로부터 벗어나려는 목표를 향해

---

30) 탈콧 퍼슨스의 "A Tentative Outline of American Values", unpublished manuscript, 1958을 참조. 또 Clyde Kluckhohn, "Has There Been a Change in American Values in the Last Generation? Elting Morison, ed., *The American Style : Essays in Value and Performance*(New York, Harper, 1958)를 볼 것.

31) Kenneth Keniston, "Alienation and the Decline of Utopia", *American Scholar*, ⅩⅩⅨ(Spring 1960), 1~40.

곧장 나아가고 있다. 그런데 '지나치게 발전된' 나라에서는 복잡미묘한 욕구불만과 간접적인 소외 때문에 고민하고 있다. 그들은 의미 있는 노동, 참된 인간관계, 비군국주의적인 외교정책이라는 하나로 이어지는 정치적 계획을 각자의 개인적인 요구에서 만들어나갈 방법을 모른다. 오늘날 미국 내에서는 관용의 정신이 개인적으로 실천되고, 친구와 정신적으로 하나가 되고, 분별력 있는 젊은이들이 그들의 사고를 명확하고 효과적으로 표명할 수 있는 영역이라고는 인종문제 영역에만 한정되어 있다. 외교정책 영역에서는 관용적인 사람들은 여전히 완고한 과격파 사람들에게 압도되어 있다. 많은 미국인들은 시어도어 루스벨트(Theodore Roosevelt : 미국 제26대 대통령) 시대로 복귀하는 것 말고 다른 유토피아적 사고는 가지고 있지 않다. 그런데 루스벨트 시대로 복귀하는 것은 과거의 미국과 소련을 헛되이 흉내 내는 일에 지나지 않는다. 그리고 이런 사람들은 미국을 다시 내부지향의 시대로 되돌리는 일이 가능하다고 생각하고서 '국가 목표'라는 명분 아래 국민들의 마음속에 군비 경쟁을 심어주려 한다. 만약 이 세력이 미국 정치의 주도권을 쥐게 될 경우 미국이 다른 나라에 대해 갖가지 기술과 물질적 풍요로 기여하게 될 조금의 기회까지도 사라질 것이 분명하다.

여기서 우리는 다시 국가의 문제를 생각하지 않을 수 없다. 앞에서 사회적 성격을 논하는 가운데 우리는 앞으로의 세계가 더욱더 비슷해져 갈 것이라는 전제하에, 이 지구상에 남아 있는 국가적 또는 지역적인 공백은 점차 메워지게 될 것이라고 말한 바 있다. 그러나 많은 회고주의자들의 생각과는 달리 고정된 계층이나 신분이나 국가 등의 구분을 허물어뜨린다는 것은 반드시 개인적인 생활양식의 발전 방식에서 세계가 완전히 똑같아져 버리는 것을 의미하지는 않는다. 이국적인 차이점이 지구상에서 사라져버리는 것을 못마땅하게 여기는 사람은 여행자들뿐일 것이다. 과거에 지리적 조건에서 생겨났던 차이점은, 지금까지 알지 못했던 인간의 기질이나 관심이나 호기심 등의 가능성에서 생겨나는 차이로 충분히 대체될 것이다. 현재 미국에서는 자기 자신을 확인하려는 시도가 왕성한데, 그것은 인간을 성격학적인 필연성으로부터 해방하려는 움직임의 한 반영이 아닐까? 우리가 쓴 자율성의 개념은 개인이 여러 가지 모델이나 경험들을 스스로 선택해서 제각기 성격을 만들어가는 인간의 힘을 의미하는 것이었다. 어떤 부류의 인간은 자기 가족이나 또는 태어난 장소와 같은 한정된 범위 내에서만 인생을 보낼 것이다. 또 어떤 사람은 이와 같은 조건 밑에서 뿌리 없는 풀처럼 무규제를 향해 힘차게 나아갈지도 모른다. 그러나 보다 희망에 찬 어떤 부류의 인간은 혈연, 지연이라는 것과는 무관한 의식적인 인간 관계를 바탕으로 새로운 세계를 만들어갈 것이 분명하다.[32]

---

32) Erich Fromm, *The Sane Society*(New York, Rinehart, 1955), p. 362.

감사의 말

《고독한 군중》은 예일 대학 국가정책위원회의 도움으로 완성되었다. 위원회는 나를 예일 대학으로 초빙해 자유로운 조건 아래 일할 수 있도록 해주었다. 그리고 그 자금은 카네기재단에서 마련해 주었다. 이에 카네기재단에 감사를 표한다. 특히 내 일에 가장 깊이 관계했던 위원회 회원 해롤드 D. 라스웰과, 현재 예일 대학 법학부 부장인 내 친구 E.V. 로스토에게 감사 인사를 바친다.

이 책을 쓰면서 나는 두 공저자에게 많은 도움을 받았다. 내가 십 대 청소년 및 그들의 음악이나 문학이나 영화에 관한 기호를 연구하기 시작한 것은 루엘 데니의 조력 덕분이었다. 제4장, 제5장, 제7장, 제9장에 나오는 문학의 사회화 기능과 도피적 기능에 대한 논의는 전적으로 데니가 쓴 비망록에 의지했다. 제14장부터 제16장까지 전개된 오늘날 중산계급의 노동과 여가에 대한 논의도 그의 조언에 크게 힘입었으며, 또한 이런 문제에 대해서는 나와 공동작업을 해준 학생들의 도움도 컸다. 1949년 데니는 나와 함께 이 책의 최종 초고를 고쳐써주었다. 네이선 그레이저는 예일 대학에서 보낸 첫 학기에 정치와 성격구조의 관계에 대한 공동 토의에 참가해주었고, 또 우리의 맨 처음 인터뷰를 계획하고 실행하는 데 협조했다.[1] 그의 호기심 넘치는 성격과 관대한 정신 덕분에 우리의 우정은 깊어졌다. 제1장에서 전개된 성격구조의 역할과 역사에 대한 논의, 제2부에서의 성격과 정치와의 관계에 대한 논의, 그리고 제13장에서의 자율성 개념은 그가 쓴 초고에 바탕을 둔 것이다. 게다가 더블데이판(版) 페이퍼백 및 이 판을 제작할 때 원저를 얼마쯤 수정하면서 페이지 수를 줄인 사람도 그레이저였다. 또한 이 개정판 서문도 그와 공동으로 집필한 것이다.

이 책을 쓰면서 그레이저와 나는 다양한 사회계층에 속하는 다양한 연령의

---

1) Riesman and Glazer. "Criteria for Political Apathy", Alvin Gouldner ed. *Studies in Leadership*(New York, Harper, 1950).

미국인들에게 면접조사를 실시했다. 그리고 미국의 다른 지방 친구들이나 협력자들에게서 얻은 인터뷰 결과도 사용했다. 이런 인터뷰는 미국의 복잡한 인구구성 속에서 대표적인 예를 모으려고 실시한 것은 결코 아니다. 그것은 오히려 예증에 쓸 자료를 모으기 위한 것이었다. 그러나 그 인터뷰 결과는 《고독한 군중》에서는 부분적으로밖에 쓰이지 않았다. 사실 이 책은 미국에서 살고 있는 우리의 경험에서 탄생한 책이다. 즉 우리가 만난 온갖 사람들, 우리가 경험한 온갖 직업, 우리가 읽은 온갖 책, 우리가 본 영화, 풍경, 이 모든 것이 이 책의 소재인 것이다. 그러나 우리는 면접조사를 계속하는 한편 몇 가지 커뮤니티 연구 계획도 세우고 있었으므로 우리 자신들의 생각을 종합할 필요가 생겼다. 그리고 생각이 종합되어감에 따라 인터뷰 방식도 명확해지고, 또 인터뷰 결과 분석에도 도움이 되었다. (이런 면접조사들 가운데 꽤 나중에 실시된 것에 관해서는, 1952년 예일 대학 출판부에서 발행된 《군중의 얼굴》에서 보고한 바 있다.) 《군중의 얼굴》에서 간단히 보고된 버몬트주의 커뮤니티 연구는 마틴과 머지 메이어슨이 실시한 것이다. 그리고 그 연구에는 로잘리 행키가 조수로 참가했다. 그녀 또한 우리에게 많은 인터뷰 결과를 제공해주었다. 제네비에브 크누퍼 박사는 메이어슨 부부와 협력해서 뉴욕 할렘과 그 밖의 지구 몇 군데에서 인터뷰를 했다. 이런 인터뷰들의 결과는 R.L. 코저가 정리했다. 또 E. 에크혼은 버몬트의 마을에서 실시된 로르샤하 테스트 결과를 정리하고 분석해주었다. 미국 역사와 인구 주기 이론에 대한 연구는 S. 스폴딩의 큰 도움을 받았다. 그리고 이 책의 초고 및 그 일부를 읽어준 친구들 중에서도 특히 L. 덱스터, H. 파이너, E. 프롬, E. 휴즈, N. 라이츠, E. 리스먼, J.R. 시디, M. 싱어, M.B. 스미스, M. 울펜슈타인에게 감사 인사를 올린다.

D.R.

매사추세츠주 케임브리지, 1960년 11월

제1부

성격

1장
성격과 사회유형

흔히 한마디로 '인간성'이라 말해버리지만, 그것은 놀라우리만큼 무궁무진한 의미를 함축하고 있는 말이다. 만약에 이 세상의 여러 동식물을 하나하나 요리한다고 가정하면 그것은 엄청난 일일 것이다. 그런데 인간성이라는 광범위한 주제를 다룬다는 것은 그것보다 더욱 어려운 일이다. 양식 있는 독자라면 그 점을 충분히 이해할 것이다.

필딩, 《톰 존스》에서

나는 미국인이라는 단수형을 쓴다. 그러나 실제로 미국인은 수백만 명이다. 그들에게는 사는 지역의 차이나 남녀노소의 구별, 여러 인종, 여러 직업이 존재한다. 고로 내가 여기서 말하는 미국인이란 신화적 존재이다. 그러나 이와 같은 주제를 다룰 때는 우화적인 표현을 쓸 수밖에 없다. 그리고 어차피 그렇게 할 바에야 솔직하게 말하는 것이 오히려 나을 것이다.

산타야나, 《미국의 성격과 의견》에서

이 책에서 논술하려는 것은 사회적 성격이다. 서로 다른 지역과 시대와 집단에 속하는 인간이 지닌 사회적 성격의 차이점을 다뤄보고자 한다. 우리는 이미 기성사회의 사상을 이루고 있는 각기 다른 사회적 성격유형이 그 사회의 노동과 오락과 정치, 그리고 육아 등 여러 사회적 활동면에서 펼쳐지는 과정을 고찰하게 될 것이다. 특히 19세기 미국의 사상을 이뤄온 사회적 성격이 그와는 전혀 다른 종류의 사회적 성격으로 점차 대치되어가는 과정을 고찰 대상으로 삼았다. 어째서 그와 같은 변화가 일어났으며 어떻게 일어났는가, 그리고 그러한 변화가 생활의 중요한 영역에 어떤 영향을 가져왔는가. 그 점을 고찰하는 것이 이 책의 주제이다.

　그런데 여기서 우리가 말하는 '사회적 성격'이란 무엇일까? 먼저 그 뜻부터 밝혀보자.

　이것은 물론 '퍼스낼리티'와는 다른 말이다. 우리는 현대 사회심리학에서 총체적 자아(인간의 선천적인 기질과 재주, 인간의 생물학적·심리학적 구성 요소, 그 밖에 얼마쯤 영원한 속성과 한때의 속성까지 다 포함한 것)를 형용하는 '퍼스낼리티'를 일부러 쓰지 않았다. 여기서 말하고자 하는 사회적 성격은 또한 '퍼스낼리티' 가운데 선천적이 아닌 후천적인 것을 가리키는 '성격(캐릭터)'과도 다르다(선천적인 것과 후천적인 경험에서 형성된 부분을 명확히 구분하여 말할 수는 없지만). 그런 의미에서의 성격이란 어느 정도 차이는 있지만, 결국 항구적으로 사회적·역사적으로 조건지어진 한 개인의 욕망과 만족의 구성이다. 다시 말해 한 개인이 세계와 타인들과 교섭하는 데 이용되는 자세를 말하는 것이다. 그러나 우리는 이런 뜻의 용어는 쓰지 않는다.

　'사회적 성격'이란 '성격' 속에 포함되어 있는 온갖 사회집단 사이에 공통된 성격을 가리키며, 그것은 대부분의 현대 사회과학자들이 규정짓듯이 그러한 사회집단들의 경험에서 나온 산물이다. 사회적 성격이란 온갖 계급, 집단, 지역, 국가의 성격을 가리킨다. 우리가 이 책에서 쓰는 것은 바로 이런 말이다.

　우리는 여기서 사회적 성격의 개념이 갖는 각종 모호한 점에 대해 더 이상 논의할 생각은 없다. 말하자면 사회적 성격의 생성 원인을 선천적이 아니라 후천적 체험에 두는 것이 과연 타당한지, 또는 이것이 정말로 존재한다는 경험적인 증거가 있는지, 또는 이것이 온 인류의 공통적 성격 또는 퍼스낼리티의 요소보다도 중요한지, 또 반대로 한 사람 한 사람의 개별적인 성격 및 퍼스낼리티보다도 더 중요한지 어떤지 하는 따위의 논의에 더 개입할 생각은 없다.

　사회적 성격이 존재한다는 것은 얼마쯤 차이는 있으나 이미 상식의 범주에선 은연중에 드러나는 전제로 인정되고 있으며, 오늘날에 와서는 점차 사회과학의 분명하게 드러난 전제로까지 인정되고 있다. 그리하여 사회적 성격 일반 또는 여러 시대 여러 국민의 사회적 성격에 대해서 저술한 에리히 프롬, 에이브럼 카디너, 루스 베네딕트, 마거릿 미드, 제프리 고러, 카렌 호나이 등의 저서를 읽은 독자라면, 표현 차이는 다소 있을지라도 누구나 이 개념을 친근하게 여기고 깊이 이해하게 되리라 생각한다.

이상 열거한 학자들은—나 자신도 그렇지만—유년기야말로 성격형성에 가장 중요한 시기라고 판정하고 있다. 그리고 그들 대부분은 유년기 경험이라는 것은, 아이들을 키우는 부모 및 그 아이들 자신에게 직접적인 영향을 미치는 그들 주변의 사회구조와 따로 나누어 독립적으로 고찰할 수는 없다는 점을 한결같이 주장하고 있다. 나 자신도 그들의 견해에 동감한다.

나와 이 책의 공동 저자들은 이처럼 넓은 의미에서 입장을 같이하고 고찰해나갈 것이다. 위의 여러 학자들 간의 차이점이나 그들과 우리 사이의 차이점이 무엇인가 하는 것 등은 굳이 따지지 않겠다.

1. 성격과 사회

사회적 성격과 사회와의 관계는 어떤 것이며, 각 사회마다 정도의 차이는 있으나 모두 거기에 '필요'한 사회적 성격을 습득하게 되는 까닭은 무엇인가? '유록 인디언(Yurok Indian)'의 사회적 성격을 논하는 가운데 에릭 에릭슨은 이렇게 말하고 있다.

> 유아기의 훈련체계는…… 인간이라는 소재에서, 그 부족 특유의 자연조건과 경제 및 역사적 필요에 일치된(또는 과거에 일치됐던) 태도의 구조적 배치를 산출해내려는 무의식적 노력을 반영해준다.[1]

'경제 및 역사적 필요'에서 '유아기의 훈련체계'에 이르는 과정은 매우 멀고 상당히 비약적이라고 할 수 있다. 사회적 성격을 연구하는 사람들 대부분은 바로 그와 같은 간격을 좁혀주고, 한 사회의 커다란 '요구'가 다소 신비한 방식으로 그 사회의 가장 익숙한 관행을 통해 어떻게 충족되는지 그 방법을 밝히는 일에 온갖 노력을 쏟는다.

---

1) "Observations on the Yurok : Childhood and World Image", *University of California Publications in American Archaeology and Ethnology*, ⅩⅩⅩⅤ(1943), ⅳ.

에리히 프롬은 사회와 성격형성 훈련 사이의 연결을 더듬어갈 수 있는 실마리를 아주 간단명료하게 제시하고 있다.

한 사회가 제대로 그 기능을 발휘하기 위해서는 그 구성원들은 그 사회 또는 그 사회 내부의 특정 계층에 속하는 자로서 마땅히 취해야 할 행동양식에 따라 움직이고 싶어 하도록 만드는 성격유형을 습득하지 않으면 안 된다. 그들은 그들에게 객관적으로 요구되는 행동을 스스로 원해서 할 수 있어야만 한다. 외부적 힘은 내부적 강박으로 바뀌고, 또 그것은 인간 에너지의 특수한 요소에 의해 성격의 한 특성으로 유입되는 것이다.[2]

이처럼 성격과 사회의 연결—본디 유일한 연결이 아니라 가장 중요한 연결 중 하나로서 필자가 여기서 중점을 두고자 하는 연결—은 사회가 그 구성분자 개개인의 마음속에 어느 정도 순응 태도를 심어주는 데서 발견할 수 있다. 어떤 사회에서든 그런 확립된 순응 태도는 그 사회에서 성장하는 어린이들의 체질에 깊숙이 배어들게 마련이며, 뒷날 그 어린이가 성년이 된 다음에는 그가 쌓은 경험에 따라 그것이 더욱 북돋아지기도 하고 좌절되기도 한다(어떤 사회라 할지라도 그것이 마련해준 순응방식으로 사회 구성원들이 일생토록 그저 자족하기만 바란다는 것은 무리이다).

필자는 여기서 '순응방식'이라는 용어와 '사회적 성격'이라는 용어를 같은 뜻으로 번갈아 사용하겠다. 물론 순응만이 사회적 성격의 전부가 아니며, '창의력의 양상' 또한 사회적 성격의 일부이기는 하지만. 그런데 사회나 개인은 창의력을 잃어버린 채 살아갈 수는 있어도(비록 권태롭기는 하겠지만), 어떤 '순응방식' 없이 살아갈 수는 없을 것이다(심지어 반항적 생활태도에도 그 나름의 순응방식은 있게 마련이다).

필자는 이 책에서 중세 이래 서구 역사상의 두 혁명과 그것이 서구인의 '순응방식' 또는 '사회적 성격'에 미친 영향에 관해서 언급하고자 한다.

---

2) "Individual and Social Origins of Neurosis" *American Sociological Review*, IX(1944), 380 ; Clyde Kluckhohn and Henry Murray의 공동 편집에 의한 *Personality in Nature, Society and Culture*(New York, Alfred A. Knopf, 1948)에 재록.

첫 번째 혁명은 지난 400년에 걸쳐 일어난 혁명이다. 그 혁명은 인류가 역사상 거의 대부분의 기간 동안 굳게 지켜왔던 가족 또는 민족 중심의 전통적 생활양식으로부터 우리 서구인을 결정적으로 외따로 떨어뜨려 놓았다. 그중에는 르네상스, 종교개혁, 반(反)종교개혁, 산업혁명, 그리고 17세기부터 19세기까지에 걸친 여러 정치혁명들이 포함된다.

이러한 혁명은 물론 아직도 진행 과정에 있다. 그러나 꽤 많은 선진국들, 특히 미국에서는 이 첫 번째 혁명이 막을 내리고 새로운 형태의 또 다른 혁명이 시작되고 있다. 그것은 생산의 시대로부터 소비의 시대로 옮아가는 변혁과 관련된 전면적인 사회의 온갖 변화를 말한다.

첫 번째 혁명에 관한 한 우리는 그 실체를 어느 정도 파악하고 있다. 그것들은 갖가지 이름을 지녔지만, 이 혁명에 대한 책은 많이 있고 또 용어체계도 풍부하기 때문이다. 따라서 이 책에서는 그 혁명에 관해 특별히 덧붙여 설명할 것이 없으며 그저 그 평가에 관해서만 조금 기여할 수 있으리라 본다.

두 번째 혁명은 이제 막 시작되어 진행해가고 있다. 이것은 현대 사회과학자와 철학자, 언론인 등 많은 관찰자들의 흥미를 불러일으키고 있는데, 지금도 그러한 혁명에 대한 설명과 평가를 둘러싸고 격렬한 논쟁이 이어지고 있다. 그리고 많은 사람들이 여전히 첫 번째 혁명에 몰두하고 있는 나머지 아직 두 번째 혁명에 관해서는 논쟁의 범주조차 설정하지 못하고 있는 실정이다.

필자는 이 책에서 오늘날 두 번째 혁명으로부터 가장 큰 영향을 받고 있는 사회계층의 상태 및 성격이, 첫 번째 혁명에서 이에 대응하던 사회계층의 상태 및 성격과 어떻게 서로 날카로운 대조를 이루고 있는지 명확히 밝혀보려 한다.

이런 관점에서 보자면 첫 번째 혁명으로 인해 뒤집힌 전통적·봉건적 사회는 그 뒤에 일어난 사회변화를 밝히는 데 쓰이는 배경이라고 할 수 있겠다.

필자가 여기서 사용해보고자 하는 범주는 인구통계학이다. 인구통계학이란 출생률과 사망률을 다루는 학문이다. 그리고 한 사회의 절대인구와 상대인구 또는 연령, 성별, 그 밖의 변수에 따른 인구분포도 아울러 취급한다. 필자는 시험적으로나마 특정한 사회적 발전과 성격학적인 변화를, 중세 이후 서구사회의 특정한 인구변동과 인과적으로 관련지어볼 생각이다.

근세 초기 서구사회의 인구에 대한 정확한 통계자료는 부족하지만, 이 시기의 인구증가 양상이 아주 독특한 S자 곡선을 그렸다는 것은 거의 단정할 수 있는 사실이다(다른 나라들도 서구문명권에 근접할수록 이 같은 S자형 곡선의 인구증가 추세를 나타낸다).

S자의 밑바닥을 이루는 수평선 부분은 전체 인구가 전혀 증가하지 않거나 아주 완만하게 증가하는 상태를 나타낸다. 이 경우 출생률과 사망률은 거의 같으며 이 둘은 매우 높은 지수(指數)를 나타낸다. 이러한 사회에서 인구의 높은 구성비율을 차지하는 것은 청년층이며, 예상 수명은 짧고 세대교체는 대단히 빠르다.

그러한 사회는 '잠재적 고도성장' 단계에 있다고 일컬어진다. 그 까닭은 만약 높은 사망률을 끌어내리기 위한 조치가 취해지기만 한다면(식품생산 증대, 새로운 보건설비 도입, 의학의 발전 등), '인구폭발' 현상이 일어나 인구가 신속하게 증가할 것이기 때문이다.

서구사회에서는 17세기를 기점으로 바로 그와 같은 변화가 일어났다. 그러한 인구폭발 현상은 유럽에서 가장 뚜렷했으며, 19세기에 이르러 유럽인들이 개척한 나라들에서도 같은 일이 일어났다. S자의 중심을 이루는 수직선은 바로 이런 급속한 인구증가를 나타낸다. 통계학자들은 그것을 '과도적 성장'이라고 부른다. 이 상승곡선은 무한히 계속되는 것이 아니며, 이윽고 출생률도 사망률의 감퇴 추세에 따라 감퇴해가기 때문이다. 이 단계가 지나면 다시 인구증가율은 점차 낮아져 전체 인구 중에서 중년층과 노년층의 구성비율이 증가하는 경향을 보인다. 이러한 국면을 통계학자들은 '초기적 인구감퇴'라고 부른다.

S자의 윗부분을 이루는 수평선은 바로 이러한 단계에 이른 사회를 나타낸다. 이 단계에도 첫 번째 단계와 마찬가지로 전체 인구증가 비율은 낮다. 그러나 이 경우에는 출생률과 사망률이 다 같이 낮다.

이러한 S자 곡선은 물론 인구증가에 관한 원리적 이론이라기보다는 서구 및 서구의 영향을 받은 다른 곳에서 일어난 현상의 경험적 기록이라고 보는 편이 타당하다. 그런데 이 S자 곡선이 다음에는 어떻게 변할 것인가?

미국과 기타 서구 국가에서의 최근 인구동태를 보면, 이 S형 곡선의 행방은 그렇게 간단히 요약할 수가 없다.

'초기적 인구감퇴'는 '인구감퇴' 그 자체가 되지는 않았고 출생률은 다시금 증가하는 추세를 나타내고 있는 것이다. 상당수의 통계학자들은 그러한 현상을 한때의 것으로 보고 있지만 말이다.[3]

그런데 이와 같은 인구통계학 자료는 재생산, 생계, 생존의 기회, 다시 말해서 인간의 수요와 공급, 개개인의 생활공간의 변화, 시장의 규모, 어린이들의 역할, 그 사회의 활기 또는 무기력의 정도, 그 밖에 눈에 보이지 않는 요소 등 기본적인 조건의 온갖 형태를 보여주는데, 그러한 조건들은 당연히 그곳에 사는 인간의 성격에 영향을 주게 마련이다.

필자가 여기에 내놓고자 하는 명제는, 인구증가 곡선의 세 단계에 해당하는 각 사회가 서로 다른 방식으로 그 주민들에게 순응성을 강요하고 또 사회적 성격을 형성해준다는 것이다.

첫째로 잠재적 고도성장 사회가 그 안에 사는 전형적인 주민에게 심어주는 사회적 성격의 순응성은 그들의 전통 추종 성향에 의해 보장된다. 이런 사람들을 필자는 '전통지향형'이라고 부르기로 한다. 그리고 그들이 사는 사회는 '전통지향에 의존하는 사회'라고 부르겠다.

둘째로 과도적 인구성장기 사회가 그 안에 사는 전형적인 주민에게 심어주는 사회적 성격의 순응성은 유아기에 일련의 목표를 가슴속에 존재하게끔 만드는 경향에 의해 보장된다. 이런 사람들을 필자는 '내부지향형'이라고 부르기로 한다. 그리고 그들의 사회는 '내부지향에 의존하는 사회'라고 부르겠다.

끝으로 초기적 인구감퇴 사회가 그 전형적인 주민에게 심어주는 사회적 성격은 다른 사람들의 기대와 선택에 민감한 반응을 일으키는 경향에 의해 그 순응성이 보장된다. 이런 사람들을 필자는 '타인지향형'이라고 부르기로 한다. 그리고 그들의 사회를 '타인지향에 의존하는 사회'라고 부르겠다.

그런데 성격과 사회의 이 세 가지 '이상형'에 관해 자세한 설명을 하기에 앞서 먼저 밝혀둘 일이 있다. 즉, 인구변동의 각 단계와 성격유형 사이에 일정한 연관성이 존재한다는 것을 증명하려면 세밀한 분석이 필요한데, 그 분석을 여기서는 생략하기로 한다는 것이다.

---

3) 여기서 사용되고 있는 용어는 프랭크 노테스타인에 따른 것이다. 그의 "Population-The Long View", *Food for the world*, edited by Theodore W. Schultz(University of Chicago Press, 1945)를 볼 것.

필자의 입장에서 인구곡선 이론은 이를테면 '산업주의', '민속사회', '독점자본주의', '도시화', '합리화' 등의 말로 상징되는 복잡다단한 제도적 요소들을 간단히 지적하기 위한 편의적 수단에 지나지 않는다.

따라서 필자가 인구의 과도적 성장이니 초기적 감퇴니 하는 용어를 성격 및 순응성의 변동과 관련지어 사용할 경우, 그러한 문구를 행여 독자를 기만하기 위한 교묘한 수단이나 현혹 수단으로 악용한다고 오인하는 일이 있어서는 안 되겠다.

필자가 고려하는 것은 인구통계학적인 사실 그 자체보다는 인구변화에 대해 인과적인 관련을 갖고 있는 기술적·제도적 요인의 복합이다. 이와 같은 관점에서 생각할 때 인구변화의 세 국면이 다다른 각 사회를 경제발전의 단계로 바꿔보는 것도 만족스러운 일이다. 즉 콜린 클라크의 경제 3분법인 1차산업, 2차산업, 3차산업론(1차산업은 농업·수렵·어업·광업을 지칭하며, 2차산업은 제조업, 3차산업은 상업·통신·서비스업을 말한다)은 인구통계학적 특징에 기초한 사회 분류와 매우 밀접하게 대응한다.

'잠재적 고도성장' 사회에는 1차산업이 지배적이고(인도), '과도적 성장' 사회에는 2차산업이 지배적이며(러시아), '초기적 인구감퇴' 사회에는 3차산업이 지배적이다(미국). 물론 인구학적 특징으로 보든 경제로 보든 이 세상 어떤 나라도 어느 유형에 딱 맞아떨어질 수는 없다. 같은 나라 안에서도 집단과 지역에 따라 발전단계가 서로 다르기 때문에 그 사회적 성격도 저마다 다를 수가 있다.

잠재적 고도성장─전통지향

잠재적 고도성장 사회는 세계 인구의 절반 이상을 차지하고 있다. 인도, 이집트, 중국(중국은 최근에 이미 인구가 급격히 증가했지만), 중앙아프리카의 미개부족, 중남미 일부 국가 등 세계 대부분의 지역에는 아직도 공업화의 물결이 비교적 미치지 않고 있다. 이런 지역의 사망률은 매우 높기 때문에 출생률도 그만큼 높지 않으면 아마 인간은 멸종되고 말 것이다.

이러한 인구동태는 미개부족이 사는 지역이나 중남미 일부 지역처럼 인구밀도가 아주 낮은 곳에서도 발견되고, 인도, 중국, 이집트처럼 밀도가 매우 높은 곳에서도 발견된다.

그러나 어떤 경우든 그러한 사회는 식량공급의 부족을 '맬서스적인 방식'으로 해결한다. 다시 말해 어떤 방법으로든 사망을 웃도는 잠재적 출생을 억제하는 것이다.

일찍이 맬서스는 식량부족을 자연이 인간에게 부과하는 거대한 올가미 같은 것이라 판단했고, 그것으로부터 평화롭게 탈출할 수 있는 방법은 효율적인 토지 경작과 결혼을 미루는 일뿐이라고 역설했다.

결혼 시기를 늦추거나 피임을 하여 출산을 억제하지 않는다면 살아 있는 사람들의 생명을 빼앗아 인구 증가를 막는 도리밖에 없다. 그래서 이 단계에 있는 사회는 식인풍습과 인공유산, 조직적인 전쟁, 인신공양, 영아살해(특히 여아) 같은 방법을 '고안'하여 주기적인 기아와 질병을 모면해보려 했던 것이다.

식욕과 성욕이라는 서로 모순된 두 가지 충동을 이런 방식으로 해결하고자 하면 때로는 전쟁이라는 비싼 대가를 치러야 하지만, 이러한 잠재적 고도 성장 단계의 사회들은 인구감퇴를 위한 여러 '범죄'를 포함한 사회적 관행들을 제도화하고 생활양식화한다는 점에서는 안정화 경향을 보여준다. 세대교체를 거듭함에 따라 새로운 인구가 태어나 도태되기도 하면서 이윽고 사회 전체에 빈자리를 좀 만들어주기 위해 죽어간다. 인구의 자연증가율은 폭넓은 범위 안에서 변화한다. 그러나 그 변화의 장기적인 경향을 간파한다는 것은 매우 곤란한 일이다. 그 점에서는 초기적 감퇴기 사회와 비슷하다. 그러나 초기적 감퇴기 사회와는 달리 잠재적 고도성장 사회에서는 예상 수명이 낮은 것이 특징이다. 인구는 젊은층에 집중적으로 몰려 있고 세대교체는 초기적 감퇴기 사회보다 빠르고 훨씬 '비능률적'이다.

이러한 사회를 고찰하면서 우리는 인간과 토지와의 비율(그것이 높든지 낮든지 간에)의 상대적인 안정성을 습관과 사회구조의 강렬한 정도와 관련지어 바라보게 된다.

그러나 기나긴 역사적 시간을 전제로 한 사회구조의 안정성을, 한 개인의 일생을 전제로 한 심리적 안정성과 똑같이 봐서는 안 된다. 한 개인은 주관적으로 엄청난 격동과 더 큰 혼란을 체험할 것이기 때문이다. 그렇더라도 이런 사회에서 개인은 결국 개혁보다는 적응이라는 방식으로 현실생활에 익숙해져 갈 것이다.

　이 경우에는 조금의 예외를 제외하고는 순응성이란 '자명'한 사회적 상황에 의해 주어져 있다. 물론 인간생활 속에서 정말로 자명한 것이란 있을 수 없다. 그러나 이들 사회에서는 그 사회의 문화적 조건으로 인해 지각 범위가 좁아져 있으므로 몇몇 사항은 사람들 눈에 자명해 보이는 것이다.

　식량공급에 대한 불안한 관계가 문화 속에 존재하게 되면 그곳에서는 일정한 인습적 순응성의 정형(定型)이 생겨나는데, 전부는 아닐지라도 그중 많은 부분이 잠재적 고도성장 단계의 사회에 반영된다.

　이것이 필자가 말하는 '전통지향'이다.

'전통지향'의 정의

　우리가 지금까지 검토해온 사회질서 유형은 비교적 변동이 없는 것이기 때문에 그 안에서의 개인의 순응성은 특정한 연령층과 혈연, 계층 등 고정된 집단의 일원으로서 지니는 순응성이라는 형태를 띤다. 그는 과거 몇 세기에 걸쳐 아주 조금밖에 고쳐지지 않은 채 오랫동안 유지되어온 행동양식을 이해하고 이에 만족하는 법을 배운다. 거기서는 생활 속의 중요한 관계는 세심하고 엄격한 '예의'에 지배되고, 개인은 성인이 되기 전 어린 시절에 그 예의를 교육받는다. 더욱이 이 문화는 경제적인 작업 말고도―또는 그 일부로서―온갖 의례와 일상적인 관습과 종교까지 마련해 놓았다. 모든 사람은 이에 따르고 거기서 벗어나선 안 된다. 해묵은 여러 가지 문제, 이를테면 농업기술이니 의학이니 하는 문제는 사람들이 이미 당연한 것으로 여기고 있으므로, 이런 문제에 대해 새로운 해결책을 찾으려는 노력은 거의 하지 않는다.

　이 같은 사회에서 개인의 활동은 이미 성격학적으로 전통에 복종하는 방향으로 결정되어 있다. 그러나 그런 사회에서는 이 같은 순종성 탓에 개인에 대한 칭찬이 전혀 없다든가, 또는 한 개인의 능력개발이나 창의력 발산 혹은 한정된 범위 안에서의 소망 추구가 전적으로 묵살된다고는 볼 수 없다. 실상 어떤 미개사회에서는 한 개인의 능력이 근대사회의 어느 한 곳에서보다 훨씬 더 높이 평가받고 존중되는 경우가 있다.

　왜냐하면 전통지향에 의존하는 사회의 개인은 자기가 속한 집단의 다른 사람들과 명확한 기능적 관계를 맺고 있기 때문이다. 죽임을 당하지 않는 한 그 개인은 어디까지나 그 사회에 '소속'되어 있다. 그는 결코 근대사회의 실업자처럼 '잉여' 신세가 되지 않으며, 오늘날의 미숙련 노동자처럼 소모되는 것도 아니다. 그러나 바로 그렇게 '소속'된 탓에 '그'가 주관적인 차원에서 의식적으로 선택하는 인생 목표는 범위가 매우 한정되어 있다. 이런 집단에서는 진보의 개념 또한 매우 한정된 의미를 띨 뿐이다.

순응성을 확보함에 있어 전통지향성이 지배적인 영향력을 행사하는 사회에서는 일탈자가 거의 나타나지 않지만, 그런 자가 나타나면 그를 제도화된 역할 속에 끼워 넣음으로써 사회의 상대적 안정을 유지한다. 뒤의 역사에서는 개혁자나 반역자가 되었을 사람이 그런 사회에서는 샤먼이나 마술사로 흡수되는 것이 보통이다(그들의 소속은 물론 한계적이고 의혹적인 것이다). 다시 말해서 그 개인은 사회에 그 나름대로 공헌할 수 있는 역할을 하도록 이끌어지며, 어느 정도 안주할 만한 소속처를 얻는 것이다. 가령 중세기 수도원의 질서 같은 것은 많은 성격학적 '돌연변이'들을 흡수하는 하나의 방법이었는지도 모른다.

개중에는 어렸을 때부터 저마다 창의성을 발휘할 수 있도록 해주는 사회도 있다. 특히 신분이 높은 집안의 자녀일수록 더욱 그러하다. 그러나 제아무리 신분이 높다 하더라도 선택의 폭 자체가 매우 제한되어 있고, 개성화된 성격유형에 대한 사회적 요구도 최소한으로 한정되어 있게 마련이다. 따라서 이와 같은 사회에서는 대부분의 사람들이 사회제도를 따르고 있는 만큼 그 사회적 성격유형은 대체로 잘 '적응되어 있다'는 말로 표현하는 것이 정확할 것이다. 그런 사회에서는 일부 '일탈자'까지도 어느 정도 환경에 맞춰져 있다. 그리고 누군가 그 사회로부터 축출되는 일은 극히 드물다.

그렇다고 해서 그런 사회의 사람들이 모두 행복하기만 하다는 말은 물론 아니다. 그들이 적응하고자 하는 전통사회는 불안과 학대와 질병 때문에 황폐해진 비참한 사회일 수도 있다.

그러나 중요한 것은 분자운동이 저온에서 매우 완만해지는 것처럼, 그러한 사회에서는 변화(변화란 인간사회에서 결코 사라지지 않지만)가 아주 느리게 진행된다는 것이다. 그리하여 그런 곳에서 사회적 성격은 사회적 형식의 거푸집 그 자체와 거의 같은 모양으로 만들어지는 것이다.

서양사에서는 중세기를 전통지향적인 시대였다고 볼 수 있다. 그러나 전통지 향이라는 용어는 매우 보편적인 요소를 지칭하는 것이다. 그것은 자본주의 전 단계(前段階)의 유럽뿐만 아니라 힌두인이나 호피인디언, 줄루족, 중국인, 북아 프리카의 아랍인과 발리인처럼 유럽과는 전혀 다른 유형의 민족사회에서도 볼 수 있는 공통요소이다.

이러한 견해는 다른 많은 학자들의 학설에 의해서도 뒷받침된다. 그들 또한 다양한 현상들 가운데 존재하는 공통요소를 필자의 전통지향과 대응하는 용 어로써 표현하고 있다. 그것이 바로 '민속사회(문명의 반대어)'니, '신분사회(계약사 회의 반대 개념)'니, 또는 '공동사회(이익사회의 반대 개념)'니 하는 용어들이다.

이들 용어가 표현하는 사회는 제각각 다르지만 사회 변동의 속도가 비교적 완만하다는 점에서는 서로 비슷하다. 그리고 그 뒤의 시대에 비해 가족과 혈연 집단에 대한 의존도가 높고 가치체계가 매우 엄격하다는 점에서도 비슷하다.

그런데 잠재적 고도성장 단계에 있는 이런 사회의 높은 출생률은 그들이 단 순히 피임 지식이나 방법을 알지 못했기 때문만은 아니다. 이 사회에서는 생활 방식 전체—즉 생식활동을 할 기회, 자녀, 여성의 지위, 성(性), 그리고 존재 자 체의 의미에 대한 견해 등등—가 인간의 번식력을 있는 그대로 드러내도록 방 치하고, 그 대신 앞서 이야기한 갖가지 인구조절 방법을 실행하는 방향으로 굳 어져 있다. 즉 이 사회는 번식력을 계산적으로—그리고 프로이트를 비롯한 여 러 연구자들이 말하듯이 성적 욕구를 저하시켜서—억제하는 사회와는 애초 에 기본적인 사고방식 자체가 다른 것이다.

과도적 성장–내부지향

작은 변화들이 거듭된 결과 전통지향적 사회가 붕괴되고 마침내 인구의 잠 재적 고도성장이 실현되는 역사는 세계 곳곳에서 나타났지만, 우리는 서구가 아닌 다른 지역에서 있었던 그 역사에 대해서는 잘 모른다. 그러나 서구의 경 우를 보면 봉건주의가 점차로 쇠퇴하자, 내부지향적 생활방식이 순응성 확보 의 지배적인 수단으로 대두한 사회형태가 뒤이어 출현했음을 알 수 있다.

르네상스를 중세기까지 거슬러 올라가 바라보려는 역사학자들은 종종 역사 에 그와 같은 결정적 변화가 있었다는 사실을 부정하는 것 같다. 그렇지만 전체적으로 보자면 근세 최대의 사회적·성격학적 변동은 인류가 서구 중세기적인 전통지향 사회에서의 혈연적인 속박으로부터 벗어났을 때를 기점으로 일어났을 것이다.

내부지향으로부터 타인지향으로의 최근의 변화를 포함해서 그 뒤에 일어났던 모든 다른 변화들은 그에 비한다면 오히려 중요성이 덜하다고 할 정도이다. 타인지향으로의 변화는 아무래도 현재 진행중이고 언제 끝날지도 모르는 상황이니 당장은 비교대상이 될 수 없다.

잠재적 고도성장 시대의 특징은 사망자 수에 대한 출생자 수의 비율이 상대적인 안정성을 유지하고 있다는 점이다. 이러한 안전성의 변화는 다른 많은 사회적 격변의 원인이 되기도 하고 또는 그 결과로 나타나기도 한다.

지금까지 알려진 바에 따르면 이러한 사회의 경우 출생률 감퇴가 일어나기에 앞서 사망률 감퇴현상이 먼저 일어나고, 그리하여 그 사이 일정 기간 동안 인구가 급속히 팽창한다.

사망률이 줄어들기 시작하는 이유에는 여러 복합적인 요인들이 있다. 그중에서도 특히 위생보건의 발전, 교통통신의 발달(그 결과 정부는 좀 더 넓은 지역을 다스릴 수 있게 되었으며, 식량이 넘치는 곳에서 부족한 곳으로 수송할 수 있게 된다), 영아살해나 식인행위처럼 동족에게 가하는 폭력의 자발적 또는 강제적 감소 등을 들 수 있을 것이다. 영농기술의 개선도 인구증가를 촉진하는 원인이 된다. 영농기술이 개선됨으로써 농토의 수확능력이 확대되어 이전보다 많은 식량을 공급할 수 있기 때문이다.

노테스타인은 이러한 역사적 변화를 단순히 '과도적 성장'이라고 말했는데, 그것은 지나치게 온건한 표현이다. 실제로 그 '과도기'는 격렬하게 진행됐다. 그 결과 전통지향의 방식으로 순응성을 확보하던 기존사회의 안정된 생활양식은 완전히 붕괴되어버렸다.

출생률과 사망률의 불균형은 그 사회의 관습적인 생활양식에 견디기 힘든 압박을 가해온다. 그리하여 새로운 성격구조가 요구된다. 또는 급속한 사회 변화와 그 이상의 변화에 대한 요구에 발맞춰서 새로운 성격구조가 대두된다.

'내부지향'의 정의

서양사에서 르네상스와 종교개혁을 기점으로 일어난 사회(오늘날에 와서 차츰 사라져가고 있지만)는, 내부지향 방식으로 순응성을 확보하는 사회형태의 전형으로 여길 만하다. 그런 사회의 특징을 살펴보면, 사회 구성원의 유동성이 갈수록 증대되고 급속한 자본축적(기술혁명의 결과로)이 진행되는 동시에 끊임없는 팽창일로를 달린다는 점이라 할 것이다.

이 팽창이란 개념은 내적으로는 상품의 생산증가와 인구증가, 외적으로는 탐험과 식민과 패권주의까지 포함한다. 이러한 사회에서는 선택의 폭이 단숨에 넓어지고 또 이 새로운 문제 상황은 훨씬 강력한 진취성을 요구하므로, 이제 새로운 성격유형을 지닌 사람들이 등장하게 된다. 그것은 완고하고 자명하기만 한 전통지향적 생활태도로부터 벗어나 바깥 사회와의 관계 속에서 이 세상을 살아갈 줄 아는 성격유형이다. 이것을 필자는 내부지향이라고 정의한다. 그런데 내부지향이란 말의 개념은 매우 폭넓은 유형들을 포괄한다. 그래서 프로테스탄트 국가의 성격유형과 가톨릭 국가의 성격유형의 차이점을 밝히고, 종교개혁의 영향과 르네상스의 영향을 구별하며, 북구와 서구의 청교도적 윤리와 남구 및 동구의 향락주의 윤리를 비교해 그 차이점을 밝히는 따위의 작업은 저마다 매우 중요하기는 하겠지만, 이 책에서 필자는 순응성의 방식이 어떻게 발전해왔는지 그 문제만을 집중적으로 다루기로 하고, 그와 같은 이런저런 구별은 논의의 대상에서 제외하겠다.

필자는 앞에 늘어놓은 서로 다른 사항들을 하나로 묶어 취급하는 경우도 더러 있을 것이다. 왜냐하면 그것들 사이에 한 가지 공통점이 있기 때문이다. 즉 그 모든 사회에서 개인의 지향성이 근거로 삼는 바는 한결같이 '내부'라는 점이다. '내부'라고 말하는 까닭은, 유년시절에 이미 어른들에 의해 그 지향성이 마음속 깊이 심어져서 일반화되고 결코 외면할 수 없는 특정 목표들을 향해 곧장 나아가도록 되어 있기 때문이다.

이 특징은 앞서 설명한 전통지향형과 비교해보면 뚜렷이 판별할 수 있다. 전통지향에 의해 순응성을 확보하도록 되어 있는 사회에서는 모든 관심이 외적인 형태상의 순응성에만 집중되어 있다. 다시 말해 행동규범은 세밀한 면에 이르기까지 정해져 있다. 그와 같은 규범에 들어맞도록 행동하기 위해 유달리 개성을 드러낼 필요는 없는 것이며, 설사 필요하다 하더라도 종교 의식이나 예의범절의 형태로 객관화되어 있는 규범을 주의 깊게 살펴 그에 따를 줄 아는 정도의 사회적 성격이면 충분한 것이다.

그와는 대조적으로 내부지향이 중요시되는 사회에서는 행동상의 순응성도 중요하지만 그것만으로는 부족하다. 그런 사회에서는 온갖 새로운 상황이 일어나기 때문에 기존의 규범 하나만으로 도저히 그 모든 사태를 미리 대비할 수 없는 노릇이다. 그래서 과거 잠재적 고도성장 사회에서는 개인의 주체적인 취사선택 문제를 엄격하게 짜인 사회조직 속으로 끌어들여 해결했으나, 과도적 성장단계의 사회에서는 엄격하고도 고도로 개성화된 성격을 통해 해결하게 되었다.

그런데 이러한 엄격성은 매우 복합적인 것이다. 내부지향에 의존하는 사회는 그것이 어떤 사회든 주민들에게 인생목표를 선택할 기회를 폭넓게 주는 듯 보인다. 가령 돈, 재산, 권력, 지식, 명성, 선량 따위가 그런 것들이다. 그러나 사실 이러한 목표들은 이념적인 차원에서 서로 얽혀 있으며, 한 개인이 택한 인생목표는 비교적 평생 변하지 않게 마련이다.

더군다나 그러한 목표를 이루기 위한 수단들은 비록 전통지향 사회에서처럼 엄격한 사회조직을 통해 일일이 지시받은 것은 아니라 할지라도, 여전히 사람들이 스스로 귀속하는 새로운 형태의 자발적 단체—가령 퀘이커 교단, 프리메이슨, 기술자 조합—에 의해 상당히 제한받는다. 그래서 내부지향의 성격은 전통의 압력을 전혀 받지 않는다는 식으로 경솔하게 단정한다면 그것은 잘못된 생각이다. '전통지향'이란 용어는 여기서 그런 좁은 뜻으로 사용된 것이 아니다.

오히려 그와는 반대로 내부지향의 인간이야말로 전통으로부터 상당히 속박받는 유형이다. 전통은 그 사람의 인생 목표를 제한하고 그 실현수단을 마음대로 선택할 수 없게 만든다. 아니, 어쩌면 내부지향 사회에서 전통은 무력해지는 것이 아니라 노동의 분업화나 사회의 계층화가 진행됨에 따라 여럿으로 갈라지면서도 여전히 살아 있다고 말하는 편이 옳을 것이다.

대부분의 경우 어떤 개인은 그 가족의 영향을 받아 여러 전통의 맥락 가운데 하나를 선택하게 되는데, 그 사람은 점차 이 세상에는 참으로 다양한 전통들이 서로 겨루고 있다는 사실을 알게 된다. 그로 인해 끊임없이 변화해가는 갖가지 요구에 적응하는 유연성을 드러낼 수 있게 된다. 그리고 그 자신도 환경에 대해 더 많은 변화를 요구하게 된다.

1차 집단—과거에 어린이를 사회화하고 그 초기 경험을 통해 어른들도 거느렸던 집단—의 통제권이 완화되는 것과 함께 새로운 개방사회에 적합한 심리적 메커니즘이 '발명'된다. 이것을 필자는 심리적 '자이로스코프(나침반)'라고 부르기로 한다.[4]

이 장치는 먼저 부모나 다른 권위에 의해 개인의 내부에 설치되어 그 내부지향형 개인을 나아갈 방향 위에 세워놓는다. 그렇게 되면 전통이 그를 방해해도 그는 아랑곳하지 않고 방향을 바꾸지 않는다. 내부지향형 인간은 자신의 인생 목표가 제기하는 요구와 외부환경으로부터 오는 충격의 틈새에서 미묘한 균형을 맞춰나가는 일에 익숙해진다.

그러나 자이로스코프라는 것은 어디까지나 비유일 뿐이므로 이것을 문자 그대로만 해석해서는 곤란하다. 내부지향형 인간은 외형적인 순응성을 기하는 데 있어 경험이나 여론으로부터는 아무것도 배울 수가 없다는 식으로 생각한다면 큰 잘못이다. 내부지향형도 그가 가진 자이로스코프가 허용하는 기동력 범위 안에서는 얼마든지 외부로부터의 신호를 수신하고 이용할 줄 안다. 그의 나침반 교정장치는 결코 자동형이 아니다.

하위징아의 《중세의 가을》은 새로운 생활양식을 낳는 모태가 된 그 시대의 고통과 혼란과 가치관의 부딪힘을 잘 묘사하고 있다. 실제로 중세기 후반에 이르러 사람들은 이미 새로운 의식상태에서 살 수밖에 없었다. 그들의 자의식과 개성이 발전해감에 따라 그들은 새로운 현실에 적응하며 살기 위해 그때까지 생각조차 못했던 새로운 방법을 생각해야만 했다. 그리고 그 점은 지금도 마찬가지인 것이다.

초기적 인구 감퇴–타인지향

과도적 성장단계의 사회가 직면한 문제는 급속한 자본축적을 가능케 할 만

---

4) 이 문장을 쓴 뒤 필자는 머피 가드너가 그의 저서인 *Personality*(New York, Harper, 1947)에서 이와 똑같은 비유를 쓰고 있음을 발견했다.

큼 충분한 자원을 확보하고 또 그것을 효율적으로 이용할 수 있는 단계에 다다르는 일이다.

이 같은 급속한 자본축적은 반드시 필요한 일이다. 이런 사회에서는 점점 증가하는 인구를 부양하고, 새로이 도입된 생활양식에 뒤따르는 소비에의 욕구를 충족시키기 위해 사회적 생산물의 소비는 가속도가 붙어 점점 증가하게 마련이다. 그러나 그런 희생을 치러서라도 신속한 자본축적은 반드시 이뤄야만 한다.

실제로 대부분의 경우 어떤 나라에서든 인구변동 곡선의 후기에 와서 자본과 기술을 외국으로부터 수입해 들이지 않는 한, 나라의 경제력을 최대한 나아가게 하기 위해서는 생활수준을 낮추지 않을 수가 없다. 과도적 성장단계에 와 있는 오늘날 러시아가 바로 그런 경우이다.

서구에서는 이 과도기가 장기적으로 계속되었을 뿐 아니라 매우 고통스러운 세월이기도 했다. 미국, 캐나다, 오스트레일리아는 유럽의 기술과 저마다의 자연 자원 덕분에 그 과도기가 비교적 견디기 쉬웠고 빨리 지나갔다.

전통지향형 인간은 이미 말한 것처럼 자신을 개성화된 한 개인으로서 의식하지 않는다. 자기 운명을 스스로 정한 개인적 인생 목표에 따라 만들어나간다든지, 또는 자녀들의 운명을 가족집단으로부터 분리해 개척하게 하는 것은 그들로서는 생각조차 할 수 없는 일이다. 전통지향형 인간은 그런 생각을 할 수 있을 만큼 자신과 가족과 집단사회로부터 심리적으로 충분히 분리되어 있지 못한 것이다(즉 '자아'와는 거리가 먼 상태이다).

그러나 과도적 성장단계의 내부지향형 인간은 자신의 생애를 자기가 지배하고 있다는 느낌을 갖게 되며, 자신의 자녀들도 저마다의 인생을 펼칠 독립된 개인으로 여긴다. 아울러 농경생활을 청하지 않아 아동 노동의 필요성이 사라짐에 따라 아이들은 더 이상 둘도 없는 경제적 자산으로 취급받지 않게 되었다.

그리고 과학적 사고방식이 고개를 들면서부터 인구가 늘어남에 대한 종교적·마술적 관념(인구가 늘어나는 것 자체가 인구곡선 초기단계 문화에서는 어떠한 의미를 가졌다)은 점차 '합리적'이고 개인주의적인 관념으로 바뀌어 갔다.

사실상 몹시 빠른 생산적 자본의 축적이 '프로테스탄트 윤리(여기서 말하는 내부지향형의 한 특징으로 막스 베버가 지적한 것)'의 전파를 필요로 했던 것과 마찬가지로 자식을 낳고자 하는 욕구의 감퇴 또한 심대한 가치관의 변화를 요구하게 되었다. 그 변화는 너무나 심대한 것이라서 성격구조 자체에 깊숙이 뿌리박힐 수밖에 없는 것이었다.

사망률 감퇴에 이어 출생률도 감퇴하기 시작하면, 사회는 점차 초기적 인구 감퇴기로 변해간다. 농업·임업·수산업 종사자뿐만 아니라 심지어 제조업에 종사하는 사람들조차 갈수록 줄어들고, 노동시간도 짧아진다. 생활은 물질적으로 풍요해지고, 사람들은 긴 여가를 갖게 된다. 그러나 물론 그러한 것들에 대해 적당한 대가를 치러야만 한다. 언제나 그렇듯이 한 가지 문제가 해결되면 또 다른 문제점이 생기는 것이다. 즉 사람들은 이제 중앙집권적인 관료제 사회에서 살아가야 하며, 또 공업화에 의해 점점 더 빠르게 축소되는 세계에서 온갖 인종과 국가와 문화와 접촉하게 된 것이다.

이러한 조건 아래에서 내부지향형의 인내와 창의력 따위는 별로 필요없게 된다. 점점 더 문제가 되는 것은 오히려 물질적 환경이 아니라 '다른 사람들'의 존재이다.

많은 사람이 한데 섞여서 북적대고 서로가 서로에 대해 민감해지는 세상인 만큼 그나마 남아 있던 잠재적 고도성장사회 때의 전통의 잔재는 더욱 무기력해져 버린다(그 잔재는 공업화의 격동으로 인해 이미 산산조각이 난 것이지만). 자이로스코프적인 통제 원리도 이제는 별 쓸모가 없어졌고 새로운 심리적 '메커니즘'이 요구되기에 이른다. 게다가 과도적 인구성장과 함께 자본축적 시기의 사회에 적응하기 위해 형성되었던 내부지향형의 '궁핍의 심리'는, 여가와 잉여상품의 '낭비적'인 소모를 능히 감당할 수 있는 '풍요의 심리'에게 자리를 물려주어야만 한다.

전쟁을 일으켜서 잉여상품을 파괴해버릴 수도 있지만(전쟁을 하려면 막대한 자본을 들여 장비를 갖추어야 한다), 그러지 않는 한 사람들은 시(詩)나 철학같이 자본력보다는 인간력이 많이 드는 일에 탐닉하는 길을 익혀야만 할 입장에 놓여 있다.[5]

---

5) 이러한 실례는 Allan G.B. Fisher, *The Clash of Progress and Security*(London, Macmillan, 1935)에서 찾을 수 있다.

사실상 초기적 인구감퇴기 사회에서는, 점점 더 증가하는 노년층과 점점 더 감소하는 미숙한 젊은층들을 모두 포함하는 비생산적 소비자들이 전체 인구 가운데서 높은 비율을 차지한다. 그들은 경제적으로는 향락을 누리고 또 그렇게 살기에 적합한 성격구조를 지닌다.

이런 사태에서 생겨난 새로운 성격유형은 과연 현실세계에서 조금이라도 발견된 적이 있는가? 여러모로 살펴본 결과, 필자는 이런 유형이 미국에서는 분명히 나타나고 있다고 믿는다.

'타인지향'의 정의

필자가 타인지향형이라고 부르는 성격유형은 최근에 미국 대도시의 상층 중산계급에게서 두드러지게 나타나고 있는 것 같다.

그들의 출현 조짐은 보스턴 같은 식민지 도시보다는 뉴욕 같은 현대적 도시에서 더 뚜렷하고, 스포캔 같은 중소도시보다는 로스앤젤레스 같은 대도시에서 더 뚜렷하게 나타난다. 이러한 '유형'은 또한 독립혁명 전에 토크빌 등 호기심에 가득 찬 유럽 방문객들이 미국의 새로운 인간상으로 여겼던 그때의 '미국인'과 신기하리만큼 비슷하다. 미국을 다녀간 외국 여행자들의 보고는 놀랄 정도로 한결같다. 그들은 모두 입을 모아 미국인은 유럽인에 비해 경박하고 돈을 잘 쓰며 또한 친절하다고 말한다. 그리고 자기 자신의 가치에 대한 확신이 없으며, 남들로부터 인정을 받고 싶어 한다고 말한다.

유럽인이 관찰한 미국인의 이런 면을 종합하면, 많은 사회과학자들에 의해 고도로 공업화되고 관료화된 현대 미국 사회의 새로운 성격유형으로 묘사되는 인간성이 절로 떠오른다. 가령 프롬이 말하는 '시장적(市場的) 성격'이라든가 밀스가 말하는 '틀에 박힌 인간'이라든가 그린이 말하는 '중산계급의 남자아이'라는 것들이 그것이다.[6]

그러나 토크빌의 책이 오늘날에도 여전히 유효하다는 점은 분명 인상적이지

---

6) Erich Fromm, *Man for Himself : C. Wright Mills, "The Competitive Personality", Partisan Review*, XIII (1946), 433 : Arnold Green, "The Middle Class Male Child and Neurosis", *American Sociological Review*, XI(1946), 31을 볼 것. 그 밖에 '유아기의 퍼스낼리티'에 관한 Jurgen Ruesch, Martin B. Loeb와 그 공동 연구자의 업적을 볼 것.

만, 그가 묘사한 미국인과 오늘날 미국인 중산계급 사이에는 결정적인 차이가 있다는 것이 필자의 견해이다. 이 책에서 중점적으로 언급하려는 것도 바로 그와 같은 차이점에 대해서이다.

필자가 보기에는 또 타인지향형 인간을 만들어내는 조건들은 미국에만 존재하는 것이 아니며, 기타 선진 공업사회의 도시에서 갈수록 많은 사람에게 영향을 끼치고 있는 것 같다. 따라서 타인지향형에 대한 필자의 분석은 미국인의 인간성에 대한 분석이며 또한 일반적인 현대인에 대한 분석이라고도 할 수 있다. 그런데 이따금 필자는 어디까지가 미국인만의 문제이고 또 어디서부터가 일반적인 현대인에 관한 것인지 경계선을 명확히 긋기가 어렵다고 느꼈다. 그래서 타인지향형이란 먼저 미국을 근거로 하는 인간상이라고 규정해 놓고 시작하기로 하겠다.

미국은 유럽을 모태로 삼고 있으면서 봉건사회를 경험하지 못했다는 점을 비롯하여 몇 가지 독특한 조건을 갖추고 있으므로 필자가 그렇게 생각할 만한 충분한 이유가 있는 것이다. 그리고 필자는 미국 사회의 많은 성격형성 요인들 가운데서도 특히 자본주의, 공업화, 도시화(이런 것들은 이미 국제적인 추세이지만)에 중점을 두어 접근하려 한다.

그렇다면 이상과 같은 전제 아래 현대 미국의 도시사회를 타인지향형에 의지해서 순응성을 확보하는 사회의 전형(아마 아직까지는 거의 유일한 전형이라 할 수도 있을 것이다)으로 여겨도 좋으리라 생각된다.

물론 그것이 미국 전체의 지배적인 양상이라고는 말할 수 없다. 그러나 타인지향형이 주로 대도시의 젊은층과 상류계층에서 뚜렷하게 보이는 만큼, 그러한 추세가 달라지지 않는 한 타인지향형이 미국 전체의 주도권을 쥐게 되는 것은 시간문제일 듯하다.

그런데 필자가 분류한 사회적 성격유형을 사회계급의 틀 속에 넣고서 본다면 내부지향형은 구시대 중산계급, 예컨대 은행가, 상인, 중소기업가, 기술자 등의 전형적인 성격인 데 반해 타인지향형은 새로운 중산계급, 예컨대 공직자, 기업체의 봉급생활자 등의 전형적인 성격이 되어가고 있다.

최근 '신중산계급'의 성장과 관련된 많은 경제적 요인들에 관해서는 이미 많은 연구가 이루어져 있다. 특히 제임스 버넘, 콜린 클라크, 피터 드러커 등 여러 학자들이 이 문제에 대해 많은 연구와 검토를 시도했다. 즉, 오늘날 농업, 중공업, 운송업 등 생산업과 천연자원개발 부문에 종사하는 인구와 그 비율은 감소하고 있는 반면 사무직과 서비스업에 종사하는 인구와 그 비율은 갈수록 증가하고 있다. 사람들이 더 나은 교육을 받고 문자를 깨치며 기계화가 발달하면서 생활의 필수요건이 고루 갖춰지게 되자, 점점 많은 사람들이 3차산업 부문으로 직업을 바꾸는 경향을 보이고 있다. 서비스업은 이제 특권집단 사이에서뿐만 아니라 모든 사람들 사이에서 크게 번성하고 있는 것이다.

교육, 레저, 서비스 등의 확대는 새로운 매스미디어 수단에 의한 언어 및 이미지의 대량 소비현상과 직업을 바꾸고 있다. 과도적 인구성장기 사회에서는 '심벌'이 대도시를 중심으로 퍼져나가는 과정이 점차로 형성되고 있었는데, 초기적 인구감퇴 사회에 이르러서 이 심벌의 유통은 엄청난 급류가 된다. 물론 문맹률이나 언어습관의 차이가 국가적 또는 계층적 차이와 관련되고, 이런 미묘한 차이로 인해 심벌의 유통 형태도 달라진다. 그러나 그 과정 자체는 공업화된 지역 어디에서나 발생하고 있다. 또 이와 더불어 외부세계와 자기 자신과의 관계에서 '매스 커뮤니케이션'은 점점 더 강력한 매개 역할을 하게 된다. 그리하여 타인지향형 인간은 정치적 사건을 '심벌'을 통해서 경험한다. 이 경우 정치적 사건이란 원자화되고 개인화된, 또는 사이비 개인화된 사건일 뿐이다. 이러한 시대에 이르러서도 아직까지 얼마쯤 남아 있는 내부지향형 인간은 이와 같은 심벌의 홍수를 체계화하고 윤리화하는 경향을 보인다.

그런데 이런 변화에 따라 대부분의 사람들은 성공에 다다르는 길, 그리고 성공 및 혼인이나 대인관계 적응을 위해 좀 더 '사교적'인 행동에 몸을 익히는 길을 과거와는 다른 방향에서 찾게 된다. 그러한 변화에 발맞추어 가족제도와 육아법에서도 새로운 변화가 일어난다.

도시생활에서 가족은 점점 축소되고 '방임적인 육아법'이 여러 사회계층에 보급된다. 그리고 그와 더불어 구시대적인 '구속력'은 점차 완화되어 간다. 이런 상황에서는 어린이에게 '피어그룹(또래집단)'이 훨씬 더 중요한 의미를 띠게 되며, 부모들도 내적인 가치기준의 해악보다는 인기를 잃거나 다른 동료들과 관계가 원만하지 못한 점 등을 더 큰 잘못이라고 여겨 자녀들을 꾸짖는다. 게다가 학교나 피어그룹의 압력은 매스미디어의 지속적인 도움을 받는다(이러한 매스미디어의 존재방식이 지닌 역설적 현상은 나중에 논하기로 한다). 이 경우 매스미디어란 영화, 라디오, 만화 등 대중문화 매체 일반을 가리키는 것이다. 이런 상황에서 필자가 말하는 이른바 타인지향형의 성격유형이 생겨나는 것이다. 이 유형에 관해서는 앞으로 이 책에서 자세히 검토하게 될 텐데, 요점만 정리하면 다음과 같다.

타인지향형 인간의 공통점은 개인 지향성의 근원이 동시대 타인들이라는 점이다. 그 타인들이란 자기가 직접 아는 사람일 수도 있고, 친구나 매스미디어를 매개로 하여 간접적으로 알게 된 사람들일 수도 있다. 그리고 그 지향성의 근원은 어린 시절부터 이미 마음속에 깊이 새겨져 있다는 점에서 '내재화'된 근원이라 말할 수 있다. 그것은 그 사람의 인생을 인도하는 하나의 안식처이며 근거로서 작용한다.

타인지향형 인간이 추구하는 인생목표는 타인들이 인도하는 대로 바뀐다. 다만 일생토록 변하지 않는 것이 있다면, 그 개인이 이런 식으로 어떤 목표를 이루기 위해 노력한다는 사실과, 그것을 위해 타인들이 퍼뜨리는 신호에 끊임없이 주의를 기울인다는 사실뿐이다. 이렇듯 타인과의 접촉을 줄곧 유지하는 행위는 철저한 행동상의 순응성을 낳는데, 그것은 전통지향형의 경우처럼 그러한 행동을 거듭 연습함으로써 얻어지는 것이라기보다는 타인의 행동과 요구에 극도로 민감하게 반응함으로써 저절로 습득되는 것이다.

여기서 그 '타인'이 누구인가 하는 것은 물론 대단히 중요한 문제이다. 그 '타인'은 자기 주위 사람일 수도 있고 아니면 '윗사람'일 수도 있다. 또는 매스미디어가 알려준 무명의 목소리일 수도 있다. 또 그 내부지향형 인간은 우연히 알게 된 사람의 적대감을 두려워할 수도 있고 아니면 오직 '중요한' 사람의 적대감만을 두려워할 수도 있다. 그러나 어쨌든 그런 인간형이 타인들의(그것도 선조가 아닌 동시대인들의) 동의와 지도를 필요로 하는 것은 매우 특징적이다. 남이 자기를 어떻게 평가할 것인지에 이토록 신경을 쓰는 시대는 지금까지 달리 없었다.[7]

---

7) 타인지향형 인간의 묘사는 에리히 프롬의 *Man for Himself*, pp. 67~82의 '마케팅 오리엔테이션'에 대한 연구에 자극받아 전개된 것이다. 또 필자는 "The Cash Customer", *Common Sense*, XI (1942), 183에 나의 의견을 말한 바 있다.

우리가 지금 타인지향형이라고 부르는 미국 대도시의 상층 중산계급이 과거의 다른 주요 도시와 과거의 다른 사회계급 속에서 목격되었던 비슷한 성격 유형과 결정적으로 다른 점은, 바로 이와 같은 승인을 기대하는 강렬한 심리적 욕구가 아닌가 한다. 여기서 과거의 다른 주요 도시와 과거의 다른 사회계급으로는 중국 청나라 때의 광둥이나 18, 19세기의 유럽 도시, 또는 고대 아테네와 알렉산드리아, 로마 등을 손꼽을 수 있을 것이다. 이런 곳에서 유행은 도덕과 풍습 대신 일상생활을 지배했는데 그것은 늘 신속하게 바뀌는 것이었다. 그 이유를 살펴보면, 그때 매스미디어는 비록 미숙한 단계에 있었다고는 하지만, 미국 중산계급에 견줄 수 있는 그 당시 사회집단의 규모는 비교적 작고 지식계층의 영향력은 극도로 강했기 때문이다.

　　예를 들면 18세기 끝머리에 잡지 〈스펙테이터(The Spectator)〉는 오늘의 〈뉴요커(The New Yorker)〉보다 훨씬 많은 독자를 끌어들일 수 있었다. 실제로 18, 19세기 영국, 프랑스, 러시아 소설 속에서는 고위 관직으로 일하면서 외부의 신호가 바뀌는 데 따라 재빨리 처신을 바꾸는 인간형들을 매우 많이 볼 수 있다. 《안나 카레니나》에 등장하는 스테판 아르카디예비치 오블론스키가 그 전형이다. 톨스토이가 그려낸 도덕군자이자 내부지향형 인물인 레빈과 비교해볼 때, 스테판은 레빈과는 대조적으로 매우 사교적이고 훨씬 더 약삭빠른 인물이다. 스테판은 어떤 모임에서든 탁월한 사교술을 뽐내고 그의 정치적 처세 또한 뛰어난 사교성을 띤다.

　　스테판 아르카디예비치는 극단적인 주장을 펴는 신문 대신 자유주의적 신문을 구독한다. 요컨대 다수의 의견을 반영하는 신문을 읽는 것이다. 그리고 과학이니 예술이니 정치니 하는 것들에 대해 별다른 흥미를 갖고 있지 않으면서도 그런 문제들이 화제에 오를 때면 언제나 그런 신문의 논조와 대다수 사람들의 통설을 자기 의견인 양 내세우곤 한다. 그러다가 대중의 의견이 바뀌면 비로소 자기 생각도 바꾸는 것이다. 아니, 그가 바꾼다기보다는 차라리 자기도 모르는 사이에 저절로 바뀌는 것이라고 말하는 편이 옳을 것이다.

　　스테판 아르카디예비치는 주장도 견해도 스스로 선택하지 않았다. 그저 그것들이 저절로 그의 마음속에 스며든 것이다. 그것은 마치 그가 모자나 외투 모양새를 스스로 선택하지 않고서 그냥 보통 남들이 쓰는 기성품을 사다가 쓰는 것과 다를 바 없다. 그에게 있어 한 사회에 몸을 붙이고 살면서 어떤 견해를 취한다는 것은(살다 보니 그 정도 일은 필요하다고 여겨졌기 때문이지만) 마치 반드시 모자를 사 써야 하는 일과 비슷한 의미를 갖는다. 만약에 그가 주위 사람들 대부분이 품고 있던 보수적인 주장보다도 자유주의적인 주장을 더 존중하는 데에 무슨 이유가 있었다면, 그것은 그가 자유주의를 훨씬 합리적이라고 판단했기 때문이 아니라 오로지 그것이 그의 생활방식에 더 잘 맞았기 때문이다. ……이리하여 자유주의는 스테판 아르카디예비치의 생활습성이 되었고, 그는 식후 담배를 즐기는 기분으로 머릿속을 연기로 자욱하게 만들기 위해 신문을 구독하고 있었던 것이다.

스테판은 그 사람 좋은 사교성만으로 판단할 때는 현대 미국의 중산계급을 많이 닮았으나, 그렇다고 해서 완전한 타인지향형은 아니다. 그의 사교성은 다른 사람들의 기분을 민감하게 살핀다거나 거기에 의지하려는 행동을 하지 않는다는 점에서 타인지향형과는 다르다. 바로 그 점에서 우리는 19세기 미국인과 오늘날 등장하고 있는 타인지향형 미국인을 구별해야만 한다.

토크빌이나 브라이스 등이 제아무리 19세기 미국인을 사교적이고 여론에 약한 인물로 보았다 해도 그들은 현대의 미국인과 차이가 있다. 오늘날 미국인은 일할 때나 놀 때나 타인과의 민감한 대응관계를 유지하는 일에 훨씬 더 유능하고 관심이 많다. 이 차이는 잘못 이해되기가 쉬우므로 각별히 강조해두지 않으면 안 되겠다.

내부지향형 인간은 때때로 여론이나 주위 사람의 눈치를 살피는 일에서 벗어나 상대적인 독립성을 유지하려 애쓰기도 하지만 보통은 자기의 대외평판이 좋기를 바라며, 적어도 미국에서는 '다른 사람과 보조를 맞춘다'는 데 무척이나 신경을 쓰고 있었다. 그러나 이러한 순응성은 의복이나 커튼, 은행의 신용 등 외부적인 겉치레에 나타났을 뿐이다. 왜냐하면 실제로 이런 순응성은 자기 주변의 '최고의 인물'을 전제로 한 일정한 기준에 순응하는 것이기 때문이다.

이와는 대조적으로 타인지향형은 다른 사람과 보조를 맞추기는 하되 겉치레보다는 그의 내적 체험의 질적(質的)인 측면에 중점을 두려고 한다. 다시 말하면 놀랍도록 감수성이 예민한 그는 겉치레나 소유물보다는 그 이상의 차원에서 타인과의 접촉을 유지하려 하는 것이다. 그리고 독립의 이상(理想)이나 신에 대한 귀의도, 어떤 경험을 추구해서 어떻게 그것을 해석할 것인가 하는 문제에 관해 타인의 지도를 받고자 하는 욕구만은 어쩌지 못한다. 그때 '타인'이란 이른바 '좋은 사람'일 수도 있고 '최고의 인물'일 수도 있다.

세 유형의 비교

세 가지 성격유형의 구조적 차이점을 구분하는 방법 가운데 하나는 각 유형이 지닌 감성적 승인 형태 및 통제의 차이를 고찰하는 것이다.

전통지향형은 그가 속한 문화의 충격을 통합된 하나의 단위로서 느끼는 사람이다. 그렇지만 그 충격은 어디까지나 그가 일상적으로 접촉하는 소수의 특정 개인을 매개로 해서 전달될 뿐이므로 상당히 약해져 있을 것이다. 이들은 그 사람에 대해 어떤 특정한 유형의 인간이 되도록 요구하는 것이 아니라 자신들이 너그러이 참아낼 수 있는 무난한 방식으로 행동해주기를 기대할 뿐이다. 따라서 여기서는 '수치감'에 대한 두려움이 개인의 행동을 통제한다. 내부지향형 인간은 유년기 때부터 부모들이 심어준 심리적 자이로스코프(gyroscope)를 가지고 있으며, 성장한 뒤에도 부모를 대신할 만한 어떤 권위가 드러내는 신호를 민감하게 받아들인다. 그래서 그의 삶은 보기보다 독립적이지 않다. 그는 내부적인 힘의 조종에 순응하며 살아가게 된다. 그래서 이따금 자기의 내적인 충동이나 동료들의 변덕스런 중론에 이끌려 탈선하게 되면 죄책감을 느낀다.

인생의 지침을 가정이라는 사적인 공간에서 몇몇 일가붙이들로부터 배웠고, 행동의 세세한 규범보다는 전체적인 원칙이 마음속에 새겨져 있기 때문에 내부지향형 인간은 뛰어난 안정성을 유지하는 일이 가능하다. 게다가 자기 동료들이 똑같은 속도로 똑같은 방향을 향해 도는 자이로스코프를 가지고 있는 경우라면 더더욱 그러하다. 그러나 그의 행동에 대한 사회적 승인이 부족할지라도 내부지향형 인간은 대부분 마음의 안정을 유지할 수 있다. 이를테면 전형적인 영국 신사가 열대지방에 혼자 고립되어도 당당하게 살아가는 것을 보라.

이와는 대조적으로 타인지향형은 부모의 통제권을 훨씬 벗어나 아주 넓은 세계로부터 외부의 신호를 받아 반응하는 법을 배운다. 가족은 이미 그가 속하는 밀집집단(密集集團)으로서의 힘을 잃게 되며, 오직 그가 어릴 때부터 큰 관심을 쏟는 넓은 사회환경의 일부에 지나지 않게 된다. 이 점에서 타인지향형은 전통지향형과 비슷하다. 다시 말해 이 둘은 다 같이 집단이라는 틀 속에서 살아가고 있으며, 내부지향형이 보여주는 바와 같은 독립성은 부족하다.

그러나 이 둘의 집단환경은 근본적으로 서로 다르다. 타인지향형은 이른바 세계시민이다. 전통사회에서는 지인(知人)과 타인을 구분하는 장벽이 명확했지만 타인지향형 사회에서는 이미 허물어져 있다. 가족이란 것이 계속 외부인들을 받아들임으로써 그 모양이 변해 감에 따라 외부인 또한 자꾸만 지인이 되어버리기 때문이다.

내부지향형은 타인에 대한 감수성이 비교적 부족하여 외부세계에 나가서도 마음의 안정을 유지한다고 했는데, 타인지향형은 누구와도 매우 빨리(그러나 때로는 겉으로만) 가까워질 수 있기 때문에 어느 곳에서든 편안한 마음으로 지낼 수 있다. 뒤집어 말하자면 어디에도 자리잡을 곳이 없다고 할 수도 있지만.

전통지향형 인간은 타인들로부터 신호를 받기는 하지만 그것은 문화적인 단조성을 띠기 때문에 신호를 받기 위해 특별히 복잡한 수신장치가 필요한 것은 아니다. 반면에 타인지향형은 먼 곳의 신호든 가까운 곳의 신호든 모두 받아야만 한다. 신호를 보내는 곳도 많을 뿐 아니라 그 변화도 빠르다. 그래서 그 사람이 마음속에 가지고 있는 것은 행동 규범이 아니라 그와 같은 '메시지'에 민감히 대응하고 때로는 그것을 널리 퍼뜨릴 수 있는 정밀한 장치인 것이다.

죄와 수치에 의한 통제도 물론 남아 있기는 하지만, 그와는 전혀 별도로 타인지향형 인간이 가지고 있는 가장 중요한 심리적 레버는 부정(不定)한 '불안'이다. 이 제어장치는 자이로스코프와 같은 것이라기보다 '레이더'와 같은 것이다.[8]

아테네의 경우

고대 헤브라이, 그리스, 로마 등 다른 문명의 경우에도 인구동태의 각 발전단계에 따라 전통지향, 내부지향, 타인지향의 성격유형을 구분하는 일이 가능

---

8) 레이더의 비유는 카를 비트포겔로부터 암시를 얻었다.

할까?

1650년 이후 세계 인구가 급속히 증가하기 시작한 것(즉 S자형 인구성장)은 인류 역사상 매우 독특한 일이다. 그것은 새로운 공업적 기술과 새로운 경제·사회조직의 결과인 것이다. 그러나 어떤 사회든지 그것이 혹시 비과학적인 의식에 불과하다 하더라도 그 나름대로의 '기술'과 조직을 가지고 있는 이상, 사망률을 억제하고 생활수준을 동물적 생존수준 이상으로 끌어올리려는 노력은 예나 지금이나 어디든지 있었다고 말할 수 있다.

그리고 고대 아테네 제국을 잘 연구해보면 거기에도 근대 유럽에 대해 우리가 논한 것과 같은 인구성장과 사회적 성격유형 사이의 상관관계가 있음을 알 수 있다.[9]

아테네 제국의 장기적인 인구성장 경향에 관한 입증 자료들은 부족하지만, 현대 인구학자들의 끈기 있는 연구와 고대 그리스 작가들의 글을 통해서 어느 정도 단서를 얻을 수는 있다.

호메로스의 서사시를 보면, 사유재산제도가 생겨남으로써 전통지향형 종족, 씨족, 혈연사회의 공동체 조직이 허물어지는 혼란한 과도기에 대해 언급한 부분이 나온다.

한곳에서 오랫동안 머물러 있음으로써 가능하게 된 농경방식의 혁명적 개선으로 말미암아 생활수준이 향상했고, 그에 따라 사회는 여러 세기에 걸친 인구성장 국면에 접어들었다.

사유재산제도와 교환경제의 발달, 그리고 재산의 가부장적 상속제도는 부의 집중화와 경제적·사회적 불평등을 가져왔다. 그러자 새로운 3중(三重) 사회계층이 전통적인 사회조직을 잠식했다. 그것은 혈연집단의 결속을 약화시켰을 뿐만 아니라, 같은 경제적 지위에 있는 서로 다른 부족 및 씨족 출신 사람들을 한데 모아 새로운 경제적 신분계층을 형성해 나갔다.

이후 수 세기에 걸쳐 '솔론'을 시작으로 개혁자들이 취한 조치들에 비추어 볼 때 여가와 물질적 부의 획득이라는 새로운 경제적 목표를 이루는 데에, 그 당시 개인적으로나 씨족적으로나 심한 불균형을 드러냈음을 짐작할 수 있다.

---

9) 이하의 논구는 아직 출간되지 않은 논문 Sheila Spaulding, "Prolegomena to the Study of Athenian Democracy"(Yale Law School Library, 1949)에서 인용한 것이다.

아테네에는 국가 건설 이후 500년 동안 이른바 '프런티어' 경제의 확대가 존재했다고 추정된다. 그것은 어느 정도 기술개선과 노예제도를 기반으로 한 국내 자원의 개발에 힘입은 것이기도 했지만, 주로 타민족을 정복하고 그 부를 국내 경제에 편입함으로써 가능했던 일이었다.

이 기간 동안 사람들의 가족관(家族觀)과 육아법이 많이 변했는데, 이는 그때에 내부지향적 성격유형이 출현했다는 증거가 될 것이다. 그뿐만 아니라 그때는 개인의 자유를 강화하는 법률들도 꽤 많이 제정되었다. 이를테면 재산의 자유로운 양도가 허가되고 '제삼자'에 의한 형사소추제도가 도입됐다. 상업·농업·공업 등 각종 영리를 목적으로 한 직업에 종사할 수 있는 기회가 늘어났다. 농촌 인구의 도시 진출이 왕성해지고 미개지 개발과 정복에의 열기가 놀랍도록 고조되었다. 철학적 사유와 과학에 대한 관심도 한층 높아졌다. 이 모든 것들이 이 시기의 내부지향적 경향을 보여준다.

기원전 5세기로 접어들 무렵 아테네 제국은 번영의 절정에 이르러 있었다. 그리고 이 시기의 그리스인들은 이미 인구팽창이란 말이 귀에 익어 있었다. 그래서 플라톤과 아리스토텔레스는 한목소리로 인구를 일정한 수준에 붙들어 매야 한다고 주장했다.

그러나 2세기 뒤에는 이미 문제가 근본적으로 달라져서 인구과잉에 대한 두려움은 지나친 인구감소에 대한 우려로 바뀌게 되었다. 그 무렵 폴리비우스는 그의 저서를 통해 그리스 인구가 영아살해 풍조로 인해 사멸 직전에 이르렀다고 경고하고 있다. 이 말은 물론 과장이다. 그때 영아살해는 요즘의 피임법처럼 주로 상류계급이나 상층 중산계급에서만 일어나던 일이었기 때문이다. 그러나 이 말은 그 시대에 이미 가족 규모를 인위적으로 제한하려는 풍조가 있었음을 암시하며, 또한 사회의 인구가 단순한 초기적 감퇴가 아닌 실질적 감퇴기에 이르러 있었음을 시사한다. 즉 인구팽창 추세가 절정에 다다름에 따라 그와 함께 타인지향적 성격유형을 기반으로 한 순응성 확보의 생활양식이 아테네에 출현했을 것이다.

예컨대 폭군이 생기지 않도록 하기 위해 도입되었던 '오스트라시즘(도편추방제(陶片追放制) : 고대 아테네에서 시민투표에 의하여 장차 폭군이 될 염려가 있는 자를 가려내 나라 밖으로 10년간 추방하던 제도)'은 기원전 5세기에 이르러 무시할 수 없는 여론의 무기로 변했으며, 그것은 나아가 사회적 취향의 획일성을 확보하기 위한 수단으로까지 발전하여 멋대로 남용되기에 이르렀다. 그래서 심지어는 남보다 뛰어난 능력을 가진 정치가나 작가 또는 변론가를 '규격화하는' 수단으로도 사용되었다. 게다가 민중 가운데서는 밀고자 무리가 생겨나서 대중의 불만을 해소하기 위해 도시국가 내의 출중하고 영향력 있는 사람들을 끊임없이 고소하는 풍조가 일어났다.

스벤드 라눌프는 그의 저서 《제신(諸神)의 질투와 아테네의 형법》에서 '형벌을 부과하는 데 무관심한 경향'의 전개를 자세하게 묘사하고 있는데, 그것은 바로 부정형(不定形)의 성격학적 불안을 근거로 한 것이다. 이는 '동료집단'의 위력이 그만큼 월등하게 커졌음을 말해준다.

이러한 현상은 정치 영역에서의 내부지향적 의무감의 쇠퇴를 뒤따르게 했다. 많은 저자가 기원전 5세기의 아테네 민주주의를 한결같이 칭송하지만, 또 다른 입장에서 보면 사실 그때 유권자들의 정치적 무관심은 참으로 놀랄 만한 것이었다. 예전에는 하층계급이 힘들여 싸워야만 비로소 얻을 수 있었던 특권(가령 민회나 기타 공공집회의 참여권)들이 그때 민주정치 시대에서는 하나의 의무사항이 되었다. 집회 정족수를 확보하기 위해서 각종 처벌규정까지 제정되었고, 이런 시도마저 실제로 효과를 거두지 못하자 '투표권'은 한낱 국가에 대한 유급(有給) 봉사활동으로 전락하고 말았다.

이처럼 아테네 제국의 역사에는 좀 더 자세한 연구와 분석을 시도한다면 매우 유익한 성과를 올릴 만한 소지가 많다. 여기서 우리가 설명한 것은 그런 본격적인 연구를 위한 조금의 연구 실적에 지나지 않는다.

마찬가지로 아우구스투스가 다스린 로마의 평화시대 또한 초기적 인구감퇴기에 다다름에 따라 타인지향형 성격유형이 나타났음을 보여주고 있다. 알렉산드리아 문화의 영향을 받은 것으로 보이는 카툴루스나 갈루스 같은 시인들의 새로운 시적 언어들은 인간의 주관적 감정상태를 예리하게 묘사함으로써 그 중요성을 부각시켰는데, 그런 경향들도 그때 지배계급의 성격유형이 타인지향적으로 기울고 있었음을 입증하는 것이다.

좀 더 갖춰야 할 필요조건

지금까지 필자는 사회가 항상 그 자신의 존속을 위해서 성격유형과 사회구조를 만들어나간다는 식으로 논술했다. 그러나 필자의 의도는 아직 충분히 표현되지 못했다.

만약 그런 식으로만 생각한다면, 사회란 그 주민들에게 끊임없이 무엇인가를 요구하고 여러 가지 방식을 시험하는 독립된 개체라고 여기게 됨으로써 사회변동을 마치 어떤 목적 달성의 과정인 양 착각하게 만들기 쉽다. 그리하여 주어진 어떤 사회에서 성격론적인 순응성을 확보해나가는 방법은 무수히 많은 셈이 되고, 그중 무슨 방법이 선택되는가는 순전히 '우연한' 현상인 것처럼 보이게 된다.

어떤 성격론적 순응성 유형은 무의식적으로 사회에서 생겨나 사회의 안정과 질서를 유지해나가며, 또 그것은 무의식적으로 전달되어 간다. 그러나 그러한 유형들이 역사적으로 하나의 성공을 기록한 만큼 학문적인 연구대상이 되지 않을 수 없으므로, 외면상으로는 마치 사회의 이익을 위해 봉사하는 어떤 목적에 맞는 힘이 존재하여 그것이 순응성 확보의 한 양식을 이끌어내는 듯이 보이는 것이다. 그러나 실제로 역사상의 모든 사회들은 어느 일정한 사회적 성격이 유지되어 몹시 성공적으로 나아가는 듯하다가도 결국은 붕괴되어 해체되고 만다. 또 거꾸로 강한 압력을 지닌 채 계속 분열하는 사회, 사회적 성격과 사회적 요구가 양립하지 않는 사회라 해도 전면적인 붕괴현상이 일어나지 않는 경우도 더러 있음은 부인할 수 없다.

그 때문에 사회발전 과정에서 성격이 담당하는 역할을 과대평가해서는 안 되겠다. 가령 어떤 학자가 주장한 것처럼 독일군이 그처럼 막강한 단결력을 과시할 수 있었던 까닭은 '독일민족'이 권위주의적인 성격을 가졌기 때문이라는 식의 논리는 성립할 수 없는 것이다. 전투와 보급 면에서 일정한 조건만 갖추어지면 다른 성격유형의 군대라도 얼마든지 훌륭한 단결력을 발휘할 수 있기 때문이다.

그리고 일부 미국의 적성검사 전문가들이 그러하듯이 어떤 직종에는 어떤 성격유형을 가진 사람만이 종사할 수 있다는 식의 주장도 옳지 않다. 이를테면 판매원이나 관리자는 '외향적' 또는 '구강적(口腔的)'이어야 된다느니, 혹은 화학자나 회계사는 '내향적', '항문적(肛門的)'이어야 된다느니 하는 따위가 그것이다.

이렇게 직업과 성격을 결정적으로 묶어서 생각하는 태도는 옳지 않다. 실제로는 놀랍도록 다양한 유형의 사람들이 온갖 복잡한 작업에 충분히 잘 적응해나가고 있다. 바꾸어 말하면 사회제도란, 얼마든지 서로 다른 성격유형에서 나오는 수많은 동기를 지닌 인간들을 골고루 받아들여 같은 직종에 투입함으로써 그 사회가 요구하는 합당한 과업을 성취하게 할 수 있다는 것이다.

그렇다고 해서 헤겔 학파가 말한 것처럼 성격이 역사상 별 의미가 없는 사소한 요인이라는 의미는 아니다. 성격이란 정치적·경제적 분석으로는 나타나지 않지만 그래도 업무수행의 '스타일'과 심리적 '보상'을 결정할 때에는 분명한 영향력을 행사한다.

결국 사람이란 자기 성격이 지향하는 바와는 반대로 행동할 수밖에 없는 경우가 얼마든지 있다는 점을 우리는 기억해야만 할 것이다. 사회는 성격보다 훨씬 더 신속하게 변화할 수도 있고, 또 그 반대일 수도 있다. 실제로 이처럼 사회적으로 요구되는 행동양식과 성격적으로 합당한 행동양식 사이에 존재하는 불일치가 때로는 사회변동의 큰 요인으로 작용하기도 하는 것이다.

올더스 헉슬리의 《멋진 신세계(A Brave New World)》에서는 모든 사회적 성격유형들이 한결같이 각자의 사회적 역할에 전적으로 만족하고 있으므로 돌발적인 사고도 전혀 일어나지 않고 조금도 사회변동이 없는 세계가 우울하게 그려진다. 그러나 다행히도 아직 우리는 그런 사회를 겪어본 적이 없다.

마지막으로 사회적 성격유형이란 결국 하나의 추상에 불과한 것임을 지적해둘 필요가 있겠다. 물론 사회적 성격유형이란 살아 있는 구체적 인간을 지칭하는 데 사용되는 개념이다. 하지만 사회적 성격유형에 이르기 위해서는 앞에서 이미 언급한 것처럼 먼저 실제로 살아 있는 개인으로부터 그의 퍼스낼리티를 추상해내어 그것으로부터 다시 그의 캐릭터를 추상해낸 다음, 거기서 '사회적 성격'을 형성하는 공통요소들을 추상해내는 과정을 밟는 것이 바람직하다.

사실 사려 깊은 독자라면 이미 이런 사정을 충분히 파악하여, 전통지향, 내부지향, 타인지향 따위의 유형에만 전적으로 의존하는 사회나 개인은 없으리라는 점을 간파했을 것이다. 그러한 세 가지 순응방식들은 저마다 나름대로 보편성을 띠고 있기 때문에, 중요한 것은 개인 또는 사회집단이 그 가운데 어떤 메커니즘에 얼마나 의존하느냐 하는 점이다.

그래서 모든 인류는 자신보다 나이가 많은 사람들에 의해 키워졌으며 그들로부터 배운 어떤 지침들을 마음속에 새기고 있다는 점에서는 한결같이 내부지향적이라고 할 수 있다. 그와 반대로 또한 모든 인류는 동료집단의 기대에 따라 일정한 방향성을 지니게 되었으며, 자기 동료들의 영향에 의해 생겨난 '장(場)의 상황(K. 레빈)' 또는 '상황의 정의(W.I. 토머스)'에 따라 방향성을 갖게 된다는 점에서는 한결같이 타인지향적이다.[10]

그뿐 아니라 인간은 이러한 세 가지 순응방식 모두에 각각 적응해 나갈 수 있기 때문에 한 개인의 사회적 성격도 인생을 살아가면서 한쪽에서 다른 한쪽으로 바뀌기도 한다. 즉, 한두 가지 순응방식을 취하면서 다른 방식으로 옮겨 인생을 설계하는 일도 있을 수 있는 것이다. 물론 이 경우에 주변 상황이 제아무리 그러한 변화를 재촉한다 해도 근본적인 전환이란 극히 드물다.

이처럼 인간이 성격을 바꾸는 이유는 어느 누구든 완전히 광기에 사로잡히지 않은 이상(실제로 사람이란 완전한 광기에 사로잡히는 법은 없지만) 주변 사회환경의 신호를 받아 정리하고 그 신호에 충실히 따르기 때문이다. 따라서 그 성격상 주로 타인지향적인 인물이라도 동료집단이 하나도 없는 상황에 처하게 되면 그 성격이 달라질 수가 있을 것이다. 마찬가지로, 이 세상 어떤 개인이나 사회라 할지라도 전통에 깊숙이 의존하지 않고서는 존재할 수가 없다. 설사 새로운 유행이 끊임없이 찾아와 전통이 사라져버린 듯이 보이더라도 말이다.

이러한 각 성격유형들이 서로 겹칠 수 있다는 가능성은 특별히 중요하게 다루어야 한다. 왜냐하면 독자는 세 가지 성격들을 따로따로 나눠놓은 다음 그 각각에 대해서 별개의 가치판단을 하는 경향이 있기 때문이다. 그래서 많은 사

---

10) 이 점에 관해 프로이트와 해리 스택 설리번이 설정한 사회화 과정의 제개념을 비교하는 것은 매우 의미 있는 일이다. 프로이트는 초자아를 생활의 내면화된 지도원리로 보고 있으며, 그것은 위압적인 부모의 모습으로 나타나고 그 뒤 신·지도자·운명 등과 같은 부모의 대리자로 바뀌게 된다. 설리번은 이러한 일이 일어나는 것은 부정하지 않으나 동료집단의 역할, 즉 미국에서 아동의 사회화 훈련에 결정적인 역할을 하는 동급생과 그 집단의 역할을 더 중요시한다. 설리번은 개인간의 관계의 중요성을 주장했고, 그 결과 프로이트 이상으로 인간의 적응성과 사회적인 평화와 조화의 가능성에 신뢰를 보내고 있는데, 그 주장 자체가 타인지향성으로 바뀌는 경향을 예고하는 것인지도 모른다.

람이 독립성을 존중하는 나머지 내부지향형을 한층 좋아한다. 그리고 그 때문에 두 가지 사실을 대강 보아 넘기기가 쉽다.

첫째로 내부지향형 인간은 그의 자이로스코프적인 메커니즘에 의해 독립성이 두드러져 보이지만, 실은 그렇게 독립적이지도 않다. 그 또한 타인지향과 마찬가지로 현실에 순응하는 스타일이다. 오로지 그가 귀를 기울이는 목소리가 먼 곳에서 들려오는 옛 세대의 목소리이고, 그가 지침으로 삼는 자료가 유년기 때부터 이미 내재화해 있다는 것뿐이다.

둘째로 방금 지적했듯이 그런 종류의 순응방식이란 비록 다른 것보다 훨씬 주도적인 역할을 하기는 하지만 내부지향형 인간이 지닌 갖가지 순응 기술의 하나에 불과하다는 것을 알아야만 한다. 내부지향형은 그의 동료들이 그를 어떻게 생각하는지에 대해서 그렇게 둔감한 사람이 아니며, 오히려 상당히 기회주의적일 수도 있다. 그래서 그는 다른 사람들을 오직 부모의 대체물인 양 바라보지만은 않는다. 말하자면 내부지향형 인간은 오로지 타인지향형에 비해 동시대인들(또는 그 대체물인 매스미디어)로부터 끊임없이 지도, 승인, 기대를 받는 일에 얼마쯤 덜 예민하다는 것뿐이다.

거듭 말하거니와 이 책에서 말하는 성격유형과 사회유형은 어디까지나 '유형'에 지나지 않는다. 사실상 그런 것들은 존재하지 않는다. 그것들은 어떤 역사적 연구와 조사를 위해 선택된 하나의 구축물이다. 만약에 유형의 종류를 늘리고 그 아래 다시 여러 종속적인 유형들을 설정하여 문제에 접근한다면 좀 더 많은 사실을 설명할 수가(또는 한 가지 사실을 훨씬 설득력 있게 설명할 수가) 있을 것이다. 그러나 우리 '연구팀'은 최소한의 한정적 개념들만을 가지고 연구하기로 이미 결심한 바이다.

연구 전체에 걸쳐 우리의 한결같은 관심사는 사회와 그 전형적인 개인 사이의 상호관계를 기술하는 것이었다. 우리는 이 둘을 관련짓는 특징을 탐구했다. 그리고 이러한 연구 주제에서 벗어난 인간행동 측면들은 아무리 흥미로워도 논의의 대상에서 제외했다.

2. 성격의 갈등

지난 수백 년의 서양사는 두 성격유형—내부지향형과 타인지향형—이 잇달아 우위를 차지해나가는 점진적인 과정의 연속으로 바라볼 수 있다.

먼저 전통지향형이 내부지향형으로 대체되었고, 내부지향형은 다시 타인지향형으로 대체되었다. 물론 사회유형의 변동과 성격유형의 변동은 같은 때에 일어나는 게 아니다. 한 문화 안에서도 인구곡선의 모든 국면을 대표하는 집단이 뒤섞여 존재하며, 그 모든 국면에 적응하기 위한 여러 성격유형들도 뒤섞여 존재하고 있다.

이러한 혼잡은 여러 민족의 혼혈, 제국주의 그리고 그 밖에 서로 다른 성격을 가진 사람들을 끊임없이 한곳으로 끌어들이는 여러 역사적인 사태 발전에 의해 더한층 다양하게 펼쳐진다. 그러한 역사적 사태는 인구곡선의 온갖 지점에 위치하는 다양한 사람들을 한곳으로 모으는 것이다.

이러한 성격유형의 퇴적은 마치 지질학이나 고고학적 지층처럼 서로의 위에 차곡차곡 쌓여 있으며, 간혹 밑에 깔린 성격층이 겉면 여기저기에 드러나 있는 모습도 눈에 띈다.

마찬가지로 특정한 시점에서 사회의 단면도를 만들어보면 거기서는 이전에 있던 성격유형과 그 뒤에 생겨난 성격유형이 함께 발견될 것이다. 또한 낡은 유형이 새로운 유형의 압력을 받아 성질 변화를 일으킨 모습도 볼 수 있다.

오늘날 라틴아메리카, 유럽 남부 농경지대, 아시아, 아프리카에는 전통지향형이 지배적이다. 미국이나 캐나다의 농촌과 소도시, 유럽 북서부와 중부 어느 한 지역에서는 내부지향형이 우세하다. 유럽 동부와 아시아 일부에서는 내부지향형을 도입하기 위해 노력을 쏟고 있다. 미국 대도시와 다소 불확실하기는 하지만 유럽 북서부에서는 타인지향형이 지배적인 사회적 성격으로 나타나기 시작함을 볼 수 있다.

타인지향형은 말하자면 가장 최근에 출현한 새로운 성격유형인데, 그것은 여전히 내부지향형이 지배하고 있는 지역을 향해 점점 퍼져가고 있으며, 그와 마찬가지로 내부지향형은 아직도 전통지향형이 지배하고 있는 미개척지를 향해 줄곧 퍼져나가고 있다. 이러한 관찰에 의해 우리는 좀 더 쉽게 미국인의 성격구조를 파악할 수 있을 것이다.

현재 미국에도 남부 농경지대에는 흑인과 백인 빈민집단 사이에 잠재적 고도성장 단계의 사회가 남아 있는데, 여기서 우리는 전통지향적인 사회적 성격의 잔재를 찾아볼 수 있다.

또한 유럽 농촌이나 소도시로부터 이주해온 사람들은 그들의 높은 출생률과 성격유형을 미국 대도시와 지방에 그대로 옮겨 왔다. 이들 가운데 일부는 전통지향형이 지배적인 사회에서 타인지향형이 지배적인 사회로 두 단계를 단번에 뛰어넘는 비약을 경험한 셈이다. 그러나 대부분 이런 비약은 두 세대에 걸쳐서 이뤄진다. 즉, 미국으로 건너온 이주 농민이 전통지향형에서 내부지향형으로 모습을 바꾸고 다시 그 자녀들이 타인지향형으로 비약하는 것이다.

서로 다른 성격유형을 가진 사람들의 혼잡은 인종적·종교적 혼잡과 마찬가지로 공업화와 식민화의 결과인데, 이는 세계 곳곳에서 찾아볼 수 있는 현상이다. 지금까지 주변상황에 그런대로 제법 잘 적응해오던 성격유형은 이윽고 그보다 훨씬 적응력이 강하고 우수한 새 유형의 압력에 짓눌린다. 그렇게 되면 낮은 성격유형은 종속적인 지위에 그대로 머물지도 모른다. 그러나 어쩌면 그 유형은 새로운 인생목표를 발견하자 그것에 매혹되어, 이제까지 자기가 익혀온 문화적 유산이 가르치는 목표 달성 수단을 무시하고 무작정 목표를 향해 돌진할지도 모른다.

예컨대 오늘날 미국 도시에 사는 내부지향형 주민들이 새로운 세대에 대해 적개심과 반발을 드러낼 수도 있다. 그들은 초기적 인구감퇴기에 합당한 생활태도와 행동양식을 취하도록 요구하면서 끊임없이 전달되어 오는 외부의 레이더 신호를 받아들일 만한 민감한 내부장치가 없기 때문에 새로운 현실에 적응할 수가 없다. 또는 그 신호가 전해오는 내용을 도덕적으로 불신하는 까닭에 의식적으로 새로운 현실에 적응을 거부하는 경우도 있다. 또 어떤 경우에는 그 신호가 마음에 들기는 해도 그것이 자기와는 아무런 상관이 없다고 생각한 나머지 용기를 잃고 체념하는 사람들도 있다. 이를테면 얼굴 생김새나 피부색 때문에 관리직이나 전문직 또는 매스미디어가 높게 평가하는 직종에 진출할 길이 막혀 있는 소수집단의 경우가 그러하다. 또한 혈통은 좋으나 성격상 타인에 대해 부드럽지 못하고 민감하지도 못한 탓으로 특정 직종으로부터 배척당하는 사람들도 마찬가지이다.

아메리카 원주민들을 연구해보면 낡은 성격유형이 새로운 성격유형으로부터 압력을 받을 경우 어떤 일이 일어나게 되는지 어렴풋이나마 알 수 있을 것이다.

에릭 H. 에릭슨에 따르면, 수족(Sioux族 : 북미 원주민의 한 종족) 아이들은 백인 문화에 대해 두 가지 반응을 나타낸다고 한다. 하나는 적대적인 반발이며 또 하나는 일종의 순응적인 반발이다.

백인 교육자가 보기에 전자는 도저히 좋아질 가능성이 없지만, 반면 후자는 지나치게 무심하고 순종적이라고 한다. 그러나 양쪽 모두 한 가지 공통점이 있다. 양쪽 아이들은 모두 그 부모나 수족 성인들의 묵시적인 허락을 받고 있는 만큼, 겉으로 보기에는 백인 문화에 젖어 있든 그렇지 않든 간에 수족의 특성과 전통을 제 안에 간직하고 있다. 그러나 이 문화적 갈등은 아이들의 감정적 에너지를 메마르게 하여, 그들은 종종 아주 나태하게 보인다. 반항적인 아이들이나 순응적인 아이들이나 한결같이 백인 문화와 그 정치에 대해서 무관심하다.

백인들 가운데도 타인지향형이 지배해가는 현대 미국 사회에서 그에 대한 가치 인정을 아메리카 원주민과 마찬가지로 완강하게 거부하는 인물들이 헤아릴 수 없이 많을 것이다. 그들의 적개심은 원주민들에 비해 훨씬 의식적이고 또 직접적인 항변으로 드러나기도 한다. 그러나 수족과 마찬가지로 그 적개심은 구세대 어른들과 농촌 및 소도시에 남아 있는 긴 역사의 구습에 의해 문화적으로 지탱되는 것이다. 그 구습은 노인들의 옛날이야기 속에 전해지기도 하고, 한편으로는 아직까지도 부분적인 세계에 의해 지워지지 않고 있는 지방 언론의 사설 속에서 드러나기도 한다.

그로 인해 그 적개심은 얼마든지 밖으로 드러날 수가 있으며, 타인지향형에 대해 지역적인 승리를 거둘 수도 있다. 그러나 그 '도덕군자(앞으로 이 말을 사용하기로 하자)'들의 지위는 결코 안전하지 않다. 외부에 있는 도시적인 세계의 거대한 중압이 그들과 대립하고 있기 때문이다. 그리하여 그들의 적개심은 갈수록 안으로 움츠러들고 굳어져서, 마침내 그 내부지향적 성격의 잔재는 타인지향형이 활개치는 세상 속에서 한낱 조롱거리로 전락하게 된다.

수족 아이들과 비슷한 반발 및 적개심은 미국으로 이주해온 사람들 가운데 남아 있는 전통지향형들 속에서 발견된다. 하기야 그런 이민자들은 점점 줄어들고 있다. 그런데 여기서 말하는 이민자는 미국 식민지에서 오는 이민자도 포함한다. 가령 '푸에르토리코'와 미국 남부 오지에서 온 이민자들, 그리고 옛날의 필리핀 사람들과 멕시코, 이탈리아 및 동양 사람들이 바로 그러하다. 이 부류에 있어서는 이른바 '미국화(Americanization)'라고 불리는 타율적 신호 교대에 대한 개인의 반발을 지지해 주는 문화적 버팀목이라곤 찾아보기가 힘들다. 미국 남부에서 북부로 이주하는 백인 빈민층과 흑인들은 물론 새로운 언어를 배워야 할 필요는 없지만, 외국 이민자들이나 다를 바 없이 참으로 무력하다. 불량한 스타일의 옷을 입고 다니는 사람들의 복식과 매너는, 아직까지도 도시 공립학교의 공인된 문화양식인 내부지향적 생활규범에 대한 반항과 말쑥한 도시적 생활양식을 접목해보려는 슬픈 노력의 한 예라고 할 수 있다.

이와 비슷한 반발은 광부, 벌목꾼, 목부(카우보이), 도시 공장노동자들 사이에서도 엿볼 수 있다. 다른 많은 사회에서와 마찬가지로 지배적인 문화양식에 대한 이런 노동자들의 혐오감은 흔히 말끔하고 부드러운 도시문화에 대한 경멸감과 관련되어 있게 마련이다. 이들은 수족이 그들의 용감한 목부와 빛나는 지난날을 간직하고 있는 것과 마찬가지로 그들 나름대로 자랑스러워할 만한 사연들을 가지고 있다. 그러나 이윽고 그러한 전시대적 집단들은 마치 수족이 그러했듯이 타인지향형 양식이 점차 사회계층의 사다리를 타고 하류계급까지 내려오고 또 도시에서 농촌으로 침투함에 따라 사라져갈지도 모른다. 그나마 수족에게는 다행히도 인디언 보호구역이 있었다. 하지만 이 노동자들에게는 가정이라는 테두리도 없고 거주지도 없다. 그래서 선택의 폭이 제한되어 있으며, 선택을 한다 해도 완전히 유랑자가 되거나 타인지향 문화에 재빨리 편승하는 도리밖에 없다.

이른바 '성격의 갈등'은 비단 한 나라 안에서만 일어나는 것은 아니며, 그 나라의 인구곡선 변동과정의 각 단계를 대표하는 서로 다른 집단들 사이에서만 벌어지는 것도 아니다.

전체적으로 초기적 인구감퇴기에 속하는 나라는 과도적 인구성장기의 다른 나라로부터 가해지는 인구팽창이라는 압력에 위협을 느끼며, 아직까지도 잠재적 고도성장기에 있는 아시아 국가들에 대해서는 더욱 큰 위협을 느낀다. 이러한 국제적 긴장은 악순환을 거듭하는데, 그러면서 초기적 인구감퇴기 국가 내부에서 과도적 인구성장기에 알맞은 내부지향적 성격유형과 그 궁핍한 시대적 사회심리를 보존하는 데 기여한다. 이런 국제적 긴장 덕분에 내부지향형이 여전히 가치를 지니는 것이다.

그리하여 인류가 오랫동안 간절히 바라왔던 풍요로운 사회가 다가왔는데도 이에 알맞은 성격유형은 역사적으로 당분간 아직 등장할 수 없는 형편이다. 거기에는 성격구조와 경제구조의 잠재성 사이의 간격이 문제로 남아 있다.

이 간격에 대해서는 여러 태도를 취할 수 있을 것이다. 그 한 가지는 제3차 세계대전—이번에는 극도로 양극화된 초강대국 사이에서 일어나는 전쟁—이 발발할 수도 있고 게다가 그 확률이 매우 높기 때문에, 풍요로운 사회니 그에 맞는 성격유형이니 또는 그에 따라 예상되는 문제점이니 하는 따위를 논한다는 것은 어리석은 짓이라는 식의 태도이다.

또는 다른 식으로도 같은 결론을 내릴 수가 있다. 즉, 세계 대부분의 농업인구와 도시 거주자들이 굶주림과 비참한 상황에 놓인 채 허덕이는 마당에 그것이 아무리 정치적으로 현실과 서로 들어맞는다 하더라도 미국에서의 풍요로운 사회를 논하는 일은 부도덕하다는 것이다.

이런 것들은 물론 현실적으로 중대한 문제이다. 그러나 필자는 먼저 전자에 대해서, 즉 제3차 세계대전의 가능성과 절박성에 대해서 이렇게 지적하고 싶다. 모든 국가는 신경과민자와 마찬가지로 어느 정도 스스로 위험을 불러들이는 경향이 있다. 그 위험들은 참다운 생명력이나 성장 대신에 어느새 그 나라들의 운명을 만들어가는 주된 요인이 되고 만다. 전쟁이냐 평화냐를 결정짓는 것은 물론 미국만의 일은 아니지만 말이다.

그다음 후자에 대해서는 이렇게 말하고 싶다. 필자의 판단으로는 세계적인 참상을 구실 삼아서 앞으로 다가올 풍요로운 사회에 대한 논의를 거부한다는 것은, 참상 그 자체의 산물이며 또한 참상을 영원케 하는 원인이기도 한 궁핍의 심리학을 오히려 넓히는 결과를 낳을 뿐인 것 같다. 극단적으로 말하면, 그와 같은 주장을 고집한다면 인간 세계를 다루는 '지도권'은 오로지 가장 비참한 상황에 있는 사람들만이 얻을 수 있다는 논리마저 나올 지경이다. 그렇다고 또 반대로 가장 잘사는 사람들이 모델이 될 수 있느냐고 하면 그 대답은 부정적이다. 그들은 너무나 풍요로울 뿐만 아니라 어떤 절망상태에 빠져 있기 때문이다. 19세기 상황과는 전혀 딴판으로 비관주의야말로 오늘날 세계를 혼미하게 하는 마약이 되고 있다. 분명 오늘날 세계는 무시무시한 위험에 처해 있다. 그러나 그 공포감을 구실 삼아 우리가 절망에 빠지거나 금욕주의를 내세우는 것을 합리화해버린다면, 세계를 위험에서 구해낼 얼마간의 기회는 갈수록 적어질 것이다.

근본적으로 볼 때 '비현실적인' 고드윈의 주장이, 그의 논쟁의 적수였던 맬서스의 주장보다 옳았다고 필자는 생각한다. 고드윈은 그때 이미 언젠가는 전 세계를 먹여 살릴 만큼 충분한 식량을 분재로 재배할 수도 있을 거라 생각했던 것이다. 그리고 오늘날 기술적으로나마 그러한 분재가 가능하게 되었다.

2장
도덕률에서 규율로

성격형성 요인의 변화 1

질문 학생이 화장하고 등교한다면 교사는 그 학생을 처벌해야 한다고 생각합니까?

답 처벌해야 한다고 생각합니다. 그러나 나는 근대적인 어머니입니다. 딸에겐 엄격하게 대하지만, 그래도 요즘 아이들은 지나치게 처벌할 수가 없습니다. 너무 엄격하게 대하면 아이들은 부모를 나쁜 사람이라고 생각하게 되고, 다른 아이들 사이에서도 그런 소문이 퍼질 테니까요.

어떤 '인터뷰'에서

인구곡선과 경제구조는 성격형성 생태학의 일부분에 지나지 않는다. 이 두 가지 조건과 그 결과로 나타나는 사회적 성격 사이에는 성격형성의 인간적 요인이 매개체로서 존재하는데, 부모와 선생, 동료집단의 구성원, 그리고 이야기꾼들이 그러한 존재이다.

이런 사람들은 사회적 유산의 전달자들로서, 아이들의 인생은 물론 사회 전체에 커다란 영향을 끼친다. 왜냐하면 아이들이란 연속적으로 나타나는 인구 변동 단계의 전면에 처해 있으며 또한 미래의 사회적 성격을 신축성 있게 받아들이는 수용자들이기 때문이다.

먼저 이 장에서는 인구변동의 세 단계 가운데 아이들을 사회화하는 과정에서 부모와 교사의 역할이 어떻게 변화하고 있는지에 관해 고찰하겠다. 제3장에서는 동료집단의 사회화 기능을 살펴보고, 제4장에서는 이야기꾼들의 역할 변화, 즉 오늘날 매스미디어의 역할 변화에 대해 고찰할 것이다.

여기서 우리는 미국 도시 중산계급의 사회적 순응성 확보 양식이 내부지향으로부터 타인지향으로 어떻게 바뀌어 갔는지를 집중적으로 검토해보겠다. 그러나 넓은 시야에서 고찰하기 위해서는 전통지향이 순응성 확보의 주요 양식이 되는 사회를 한번 살펴보는 일도 필요할 것이다.

그런데 미국에서는 전통지향적 성격유형이 매우 미미한 존재이므로, 부득이 이에 관한 예증 자료는 미개사회와 중세사회에서 구해야 할 것 같다. 앞으로 이런 식으로 사회화의 여러 방법들을 비교 검토하면서 우리는 새로운 유형의 어떤 점이 새로우며, 특히 타인지향형의 새로운 점이란 과연 무엇인가를 살펴보게 될 것이다.

1. 부모의 역할 변화

최근의 사회 연구는 정신분석학의 영향을 크게 받아 성격형성 과정에서 유년기 경험의 역할을 지나치게 강조하고 또한 지나치게 일반화하는 경향이 있다. 더구나 이 초기 경험 가운데서도 수유와 배변훈련 등 육아법의 초기적인 세부사항에 대해 거의 기술적인 관심만이 집중되어 있다. 그러나 이러한 편중된 경향은 낙관주의를 옹호하는 동시에 경우에 따라서는 사람을 비관적인 입장으로 몰고 간다.

이 견해에 따르면 부모가 행하는 사소한 기술적인 변화가 어린아이의 성격을 금방 바꿀 수 있다. 이 점에서 이 견해는 낙관적이다. 그러나 이 견해는 인간의 성격구조가 이를테면 이유기에 결정돼 버린다고 생각하며, 어지간한 정신분석학적 간섭을 가하지 않는 한 그 성격은 변하지 않는다고 생각한다. 따라서 한 인간의 인생 경향은 일찍부터 정해진다고 해석할 수 있다. 이 점에서 이런 견해는 비관적이다.

그러나 최근, 사람의 성격은 이런 유아기 경험을 마치고 나서도 변할 수가 있으며, 문화적 요인이 인간의 성격형성에 중요한 영향을 미친다는 사실이 널리 인식되기 시작했다. 사람은 자라나면서 그 성격이 얼마든지 변할 수 있으며, 그때마다 서로 다른 문화의 영향을 받아 새로운 성격을 이루게 된다. 그리고 마찬가지로 그 단계마다 새로운 문화를 이어주는 사람들의 종류도 달라진다.

인구곡선을 관찰해보면 그 변동과정은 여러 역사 단계로 나뉘어 있는데, 새로운 역사 단계로 접어들 때마다 주민의 평균 수명이 전보다 늘어나고 있음을 알 수 있다. 뿐만 아니라 역사적으로 볼 때 사회화 기간, 즉 성인으로서 사회적·경제적 역할을 담당하게 될 때까지의 기간이 점차 늘어나고 있다. 그리고 그에 따라 가정이나 부족이나 마을 같은 소규모 집단의 외곽에 있는 온갖 성격형성 요인의 책임도 갈수록 커졌던 것이다.

전통지향 단계에서 부모의 역할

전통지향에 의존하는 사회에서 아이들은 아주 일찍부터 어른의 역할을 담당할 준비를 하게 된다. 이 경우 어른의 일이란 세대가 바뀌어도 달라지는 법이 거의 없다. 물론 기술이나 수공예 분야의 훈련 같은 것은 열심히 이루어지는 일이 많지만, 이를 제쳐놓는다면 대체로 어른의 일이란 그리 복잡하거나 전문적인 교육을 필요로 하는 것은 아니다. 그래서 이 사회의 아이들은 주위 어른이 하는 일을 유심히 관찰하고 연습을 거듭하면 이내 어른으로서의 역할을 터득할 수가 있다.

잠재적 고도성장 단계에서는 시범을 보일 성인들의 수에 비해 보고 배워야 할 아이들의 수가 훨씬 많다. 그 단계의 아이들은 보통 대가족제도의 범위 안에서 생활하게 마련이다. 어른들이 하는 일이란 아주 간단한 것들이어서 아이들이 손쉽게 터득할 수 있다. 그 일들이란 너무 쉽기 때문에 아이들은 대개 그런 일을 맡아 할 만큼 육체적으로 충분히 자라기도 전에 이미 그 방법을 터득하고 흉내 내기도 한다. 요컨대 아이들의 사회적 성숙이 생리적 성숙에 앞서는 셈이다.

그러나 대부분의 경우 아이들에게 성인의 생리적 활동은 그리 요원한 일이 아니다. 어린이의 유희나 어린이다운 호기심에 대한 억압은 거의 없으므로 아이들은 섹스라든가 기타 어른들이 하는 일이 무엇인지를 대충 알고 있다. 물론 거기에도 예외는 있다. 가령 몇몇 신비로운 의식 같은 것만은 어른의 권위와 어린이의 무력을 입증하는 특징으로서 여전히 어른들의 전담으로 남아 있는 것이다.

이런 사회에서는 생활공간의 물리적인 구조도 매우 주요한 요소로 여겨진다. 보통 가족의 주거 공간은 하나뿐이며 세대를 구분하고 그 기능의 차이를 구분할 만한 벽이라곤 찾아볼 수가 없다.

또한 한 세대는 한 개의 경제단위이기도 하다. 남자는 사무실이나 공장에 나가는 일이 없다. 어디를 가더라도 결코 멀리 가는 법이 없다. 사람들은 아직까지 생활이 그리 분주하지 않아서 시간을 절약해야 할 이유가 없으며, 아이들 또한 귀찮기만 한 존재가 아니다. 실제로 이런 사회에서는 어른도 자신과 아이들 사이의 차이점을 별로 의식하지 않는 경향이 있다.

게다가 잠재적 고도성장 단계의 사회에서는 사회적인 유동성이 매우 낮다. 그래서 부모들이 아이들을 교육할 때도 어디까지나 자기들의 대를 잇도록 가르치는 것이지 사회조직에서 두각을 나타내어 '출세'를 하도록 가르치는 것이 아니다. 또 계급적 차이를 막론하고 전 사회가 나이에 따라 서열이 정해져 있기 때문에 한 개인의 지위는 마치 코르크 마개가 물에 떠오르듯이 가만히 있어도 저절로 올라가게 마련이다. 그러므로 모든 것은 시간문제일 뿐이며 개인 자체의 '내부적인' 변화 따위는 필요하지 않다.

그런 사회의 상층계급이나 하층계급 아이들은 거의 똑같은 속도로 성숙해진다. 두 계급의 아이들이 배워야 할 사회적 기능은 별로 다를 것이 없으며 상층계급의 기능이 그저 좀 더 복잡할 뿐이다. 그러나 역사적으로 볼 때 초기 단계에서는 하층계급보다 상층계급에서 개인의 분화 또는 개성의 분화 현상이 더 많이 일어난 것만은 명백한 사실이다. 그 점은 중세 유럽을 보면 금방 알 수 있다. 그때는 귀족, 음유시인, 성직자들이 전통지향적인 농노들에 비해 훨씬 더 내부지향적인 유형에 가까웠다. 하기야 이 경우 사회 지도층의 훈련 기간이 좀 더 길고 그 성격도 조금 더 개성적인 특징을 갖게 되었다는 정도의 차이에 불과하지만. 일반적으로 모든 사회계층의 청소년들은 비교적 신속하게 자기의 할 바가 무엇인가를 깨우쳐 노동과 의식, 성적 역할을 쉽게 찾아 맡는다.

요컨대 전통지향에 의존하는 사회에서 성격형성의 주요 요인으로 작용하는 것은 대가족과 부족 또는 주변 생활집단이다. 어린이가 모방하는 상대는 성인 집단 전반으로 일반화되어 있으며, 부모에 제한되지는 않는다. 그리고 모방 내용은 겉으로 드러난 행동규범과 용기 또는 '태만' 따위의 구체적인 습성이다. 아이들은 어른들의 안색을 살피기는 하지만 이거냐 저거냐 하는 선택의 문제에 직면하는 일은 없다. 그리고 아이의 성장은 단순히 나이를 먹어 어른이 되는 과정으로서 이해되며, 어른이 된다는 것은 곧 더욱 현명해짐을 뜻한다. 그것은 또한 전통의 계승자가 되어간다는 뜻으로도 통한다.

내부지향 단계에서 부모의 역할

성격과 사회적 유동성

인구곡선상에 과도적 성장단계가 출현함에 따라 사회적·지리적 유동성은 눈에 띄게 높아진다. 사람들은 물리적 생산, 식민 활동, 지적 발견 등 새로운 '프런티어'를 향해 개척의 깃발을 높이 든다. 물론 이러한 변화는 소수 부류에게만 직접적으로 영향을 주지만, 1차 집단을 매개로 하는 사회는 이미 그 주민에게 순응을 위한 분명한 행동양식을 요구할 수 없게 된다. 그리고 이 사회에서 아이들은 여러 풍습과 인생행로가 하나로 이어져 있다는 것을 알게 되고, 원칙적으로는 그 가운데서 원하는 것을 자유롭게 선택해야 한다는 의식을 갖게 된다.

부모와 집안은 여전히 많은 사람에게 결정적인 요소로 작용하지만 여러 가지 가능성과 요구들이 전보다 폭넓게 펼쳐지게 된다. 그리하여 여기서 좀 더 일반화되고 좀 더 추상적으로 규정된 목표를 추구하는 성격이 탄생한다. 이 새로운 성격은 이런 일반적인 목표 달성에 적합한 수단을, 그 자체의 동기가 되는 힘에서 스스로 만들어나가야 한다.

당연한 이야기지만 아이들에게 권장되는 인생목표와 이상(理想), 그리고 부모들 자신의 목표와 이상은 시대에 따라 다르다. 이를테면 르네상스 시대의 일반 사람들은 빛나는 개성을 자랑하며 구습의 멍에로부터 해방되었고, 뒤이어 등장한 청교도적인 금욕주의자들은 신(神)을 두려워하며 자신의 구원을 열망하고 내부의 양심에 따라 움직였다.[1]

---

1) 이 분야 전체에 걸쳐 공헌을 한 마거릿 미드는, 프로테스탄트 교도인 부모가 자신의 이상에 따라 살고 싶다는 욕구를 충족시키지 못한 채 그것을 자식에게 물려주는 경우를 잘 설명하고 있다. 그리고 그러한 이상 자체가 밝히고 있는 바가 변화하지 않았는데도 그것이 사회 진보 및 변화에 어떤 자극을 주었는지 지적했다.
"Social Change and Cultural Surrogates" Journal of Educational Sociology, 14(1940), 92 ; Personality in Nature, Society, and Culture, ed. Kluckhohn and Murray, p. 511에 기록, 특히 pp. 520~521 참조.

그러나 이들은 모두 개성적이며 내부지향적인 동시에 개척자적인 특성을 가졌다는 점에서는 공통된다. 이렇듯 많은 사람이 내부지향적인 사회—그리고 부나 권력과 같이 본질적으로 한계가 있는 가치에 대한 욕구가 많은 사회—는 그 자체가 품고 있는 여러 경쟁적인 세력들로 인해 강력한 변화의 힘을 지니게 마련이다. 더 높은 지위를 얻기 위한 경쟁에 무관심한 사람들이라도 갈수록 나이나 출신 따위에 의존하지 않게 되는 개방적 사회체제로부터 낙오되지 않으려면 어느 정도 경쟁을 하지 않을 수 없다.

분업화가 진행되고 사회 기능이 더욱 복잡해짐에 따라 그러한 경향들은 더한층 강화된다. 분업화가 진행된다는 것은 아이들이 갈수록 부모의 사회적 역할을 모델로 삼을 수 없게 됨을 의미한다. 이 점은 남자아이들일수록 더욱 심하다. 실제로 서구에서 성격적 변화는 남자들 사이에 먼저 일어난 것으로 보인다. 딸들에게는 최근까지도 그 어머니와 할머니가 전통을 기초로 하여 여성의 도리에 대해 가르쳐왔던 것이다.

이러한 현상은 〈이방인의 집(House of Strangers)〉이라는 영화에 잘 묘사되고 있다. 이탈리아 태생의 은행가인 주인공은 지아니나 폰치 같은 입지전적 인물처럼 이민 가정 출신으로서, 그 아버지와 같은 생활양식을 벗어나 권력과 금력이라는 야심적인 인생 목표를 세우고 이에 매진한다. 그것이야말로 전형적인 미국인의 특징이라고 보았던 것이다. 그러나 그의 아내는 여전히 어린 시절 그대로 전통지향적인 생활양식을 고집하는 구세대 여성의 전형이었다.

그러나 과도적 인구성장단계의 부모들은 자녀들이 성장하여 과연 어떤 일을 하게 되며 어떤 생활양식을 취하게 될지 도무지 알 수가 없다. 그렇다고 그러한 역할에 종사할 수 있도록 적응하는 길을 우연이나 기회주의에 맡긴 채 그냥 둘 수도 없다. 그들은 복잡한 상황에 놓여 있는 것이다. 사회적으로 수요가 늘어가는 직종을 수행할 만한 추진력을 갖추기 위해서는 형식적인 성격훈련 과정에 더한층 관심을 집중시켜야만 한다.

특히 프로테스탄트 국가에서는 성격훈련이 교육에서 중요한 부분을 차지한다. 그렇다고 해서 부모들이 오로지 새로운 사회적 요구에 부응하기 위해 의식적으로 아이들을 이끈다는 뜻은 아니다.

사회적 유동성이 커지면 커질수록 그러한 새로운 상황 아래에서는 아이들이 부모의 역할과는 맞지 않는 방식으로 사회화되는 경우가 많아진다. 그리고 이 아이들이 적응해나가는 역할이 과연 어떤 것인지는 확실히 알 수 없다.

전서구(傳書鳩)는 제집으로 다시 날아오도록 훈련받는다. 그러나 내부지향적 아이들은 집을 떠나 목적지가 어디인지 알 수도 없는 곳을 향해 멀리 날아가도록 훈련받는다. 따라서 많은 아이들이 그리스 신화의 '이카로스' 신세가 되기도 한다. 그는 하늘로 끝없이 날아가 땅 위로 돌아올 줄을 몰랐다.

그러나 그 아이들의 마음속에 주입된 추진력은 '목표를 향해 계속 나아가려는' 의지를 나타내며, 맹목적으로 전통에 따르는 대신 끊임없는 훈련을 통해 자기 힘으로 이 세상을 개척할 능력이 있는지 시험함을 나타내는 것이다.

의식적인 과제로서의 성격훈련

전통지향에 의해 순응성을 확보하는 사회에서 부모들의 역할이란 대부분 어린아이들이 어른들을 방해하지 못하도록 단속하는 일이라 할 수 있다. 그리고 이러한 일은 아이들의 형이나 누나 또는 다른 어른들에게 위임되기도 한다. 아이들은 겉보기에 어른의 뜻에 따라 행동하기만 하면 그 대가로 사회적 평화를 보장받는다는 사실을 차츰 깨닫게 되고, 주위 사람들을 괴롭혀선 안 된다는 것을 배우며 그들의 안색을 살필 줄 알게 된다. 그런 반면 내부지향에 물든 부모는 점점 더 아이들에게 요구하는 것이 많아진다. 하기야 그들은 자기 자신한테도 그렇게 하는 사람들이다. 혈통적인 대가족제도가 붕괴됨에 따라 부모는 더한층 자녀들에 대한 독점적인 통제와 강력한 감시를 할 수 있게 됨으로써 그런 요구가 가능해진 것이다. 그쯤 되면 부모는 아이에게 단순한 행동상의 순응성만을 강요하는 데 만족하지 않고 좀 더 세밀한 부분에서까지 순응성을 보여주도록 요구하기에 이른다. 그러한 순응성을 드러내어 성격적인 적성과 자기훈련 능력을 입증하기를 바라는 것이다. 특히 청교도 부모들은 자기 자신과 자녀들 모두 신께 운명을 부여받은 선택된 자들이라고 생각한다. 그리고 이 선택된 자들이라는 관념은 세속화되면서 사회적 유동성의 관념으로 바뀐다. 이는 곧 사람이 지옥에서 천국으로 간다기보다는 신분 질서의 세계에서 점점 '남을 추월해' 올라간다는 관념이다. 그런데 부모들은 이런 세계 속에서 실패 가능성도 찾으려 한다. 그러한 노력은 자신에 대한 불안감과 죄책감으로부터 생겨나는 것이다. 그러나 다른 한편으로는 자기와 자녀들이 갖추고 있는 재능을 발굴해내려 한다. 이것은 절대로 허비해서는 안 될 자산이라고 보는 것이다.

이와 같은 부모의 태도를 보여주는 극단적인 예가 있다. 철학자며 경제학자인 존 스튜어트 밀은 마찬가지로 철학자이자 역사학자인 아버지 제임스 밀의 엄한 감시 아래 채 열 살도 되기 전부터 고전을 공부하고 긴 논문을 써야만 했다.

그런데 제임스 밀처럼 이런 열성적인 교육열은 없다 할지라도 내부지향적인 부모들이란 자신도 의식하지 못하는 사이에 강제력과 엄격성을 일상화함으로써 그것만으로도 이미 자녀들에게 무언가를 강요하고 있다. 사실 내부지향적 인간들은 가볍게 사람을 사귀는 능력이 부족하다. 그들은 늘 자기의 관심사에만 집착하고 있기 때문에 다른 일로 시간을 낭비하고 싶지 않은 것이다. 그리고 거꾸로 시간낭비를 하지 않음으로써 자기 자신에 대해 불안한 마음을 없앨 수도 있게 된다.

그가 타인에게 이런 태도를 보이는 데에는 또 한 가지 이유가 있다. 그가 자녀를 포함한 타인과의 관계가 필요한 건 오로지 자신을 시험해보고 단련하기 위한 경우이기 때문이다. 이것은 내부지향형의 성격 자체에서 나오는 욕구이다.

우리는 르네상스와 종교개혁 시대의 이러한 사회적 성격을 내부지향형이라 부르는데, 여기에도 어느 정도 지역차가 존재한다. 즉 이런 성격의 추세는 프로테스탄트나 얀센파의 북구(北歐)보다는 라틴계의 남구(南歐)에서 다소 약하고, 칼뱅파나 경건주의자들보다는 루터파와 앵글리칸파가 훨씬 더 약하다. 그러나 내부지향형이 중산계급 대부분에서 우위를 차지하고 있는 곳이라면 어디서나, 후속 세대의 성격구조를 만들어내는 일은 갈수록 합리화되게 마련이다. 마치 가내공업이 공장제공업으로 바뀌어 가듯이 말이다.

이런 사회에서는 성격구조의 산출과 상품 생산 모두 외부집단의 규제나 주변 상황의 압력에 맡겨지지 않고, 그 개인 스스로의 내부적 추진력에 맡겨진다. 그리고 그 과정에서 물질적·사회적·지적 환경의 변화와 자기 자신의 변화를 이루기 위해 막대한 에너지가 동원된다.

앞서 우리는 전통지향형 사회의 생활공간을 살펴보았다. 그런데 내부지향형 사회 중산계급의 생활공간이란 사회적으로나 공간적으로 이와 대조적이다. 여기서 아이들은 그 자신에게 가해지는 압력을 피하는 것은 물론이고 바깥 세계를 보는 것조차 여간 어려운 일이 아니다. 아이들은 결국 내부지향적이 될 수밖에 없다.

많은 미개부족의 농경생활자들과는 달리 그들의 주거는 방이 여러 개며 그 구조도 이른바 '긴 집'이 아니기 때문에 내부지향형 아이는 벽 속에 갇혀서 살 수밖에 없다. 이 벽이야말로 부모의 '프라이버시'를 상징하는 물리적인 증표이다. 모든 벽은 아이들을 부모로부터 격리하고 직장과 가정을 분리한다.

그래서 아이들은 부모나 다른 어른의 명령을 '적나라하게' 비판하는 게 불가능하지는 않지만 매우 힘들다. 부모의 명령은 행동으로보다는 말로 하는 편이 훨씬 더 현실적으로 효과가 있다.

내부지향적 사회에서는 행동보다도 말이 훨씬 더 중요한 상호 교류와 지시와 통제의 수단이다. 그것은 이 사회의 특징적인 교육방법이다. 부모와 자녀의 대화는 그들을 막는 사회적 격리 탓에 끊어진다. 그래서 자녀는 부모와의 대화를 자신 내부에서 계속해나가게 된다.

엄격한 육아법에 의한 아이의 사회화 과정에 가해지는 압력은 전에 비해 사회화 기간을 연장시킨다. 프로이트는 이른바 초자아(超自我)라는 감시적인 요소를 설정함으로써 그와 같은 상태를 훌륭하게 설명했다. 초자아는 부모가 자녀의 마음속에 심은 사회화의 집행대리인이며, 일평생 자신에게 끊임없이 새로운 지시를 내리는 존재이다. 이 초자아 개념을 다른 사회에 적용하면 뚜렷한 성과를 기대하기 어렵지만 내부지향이 압도적인 서구사회 중산층에는 아주 잘 들어맞는 개념이다. 심지어는 내부지향형 인간의 성격구조는 초자아와 자아와 이드(id) 사이의 긴장으로 이루어진다고 해도 좋을 정도이다.

딱 잘라 말한다면 아이들은 '사랑을 받는다'기보다는 문자 그대로 '키워진다.' 그리고 그런 아이들은 일정한 나이가 돼서 집에서 떠나더라도 자신을 끊임없이 키워나간다. 그들은 일생토록 자기 성격은 늘 가꿔야 하는 것으로 생각하게 된다.

내부지향적인 새로운 성격유형의 중요한 징후 가운데 하나는 일기 쓰는 습관인데, 그것은 말하자면 자신의 내면생활에 대한 시간동작 연구로 볼 수 있다. 그는 일기에 날마다 자신의 행위를 적고 평가하는 것이다. 그것은 자신의 행위 및 그것을 성찰하는 자아가 따로따로 나뉘어 있음을 말해주는 것이다.

가정에서의 이탈

아이는 성장하면서 부모로부터 자신에 대한 성찰과 성격훈련의 의무를 이어받는다. 그리고 새로운 상황을 맞아 그에 대처할 준비를 한다. 실제로 이 준비는 완벽하다. 만약 그가 과도적 인구성장기에 따르는 정교하고 치밀한 직업적인 위계질서 속에서 성장하거나 각종 새로운 프런티어를 향해 움직이는 경우라면, 그는 자신의 성격을 근본적으로 고칠 필요는 없기 때문에 행동으로만 신축성을 발휘해서 적응해나간다.

역사적으로 새로운 자의식을 갖추고 있는 개인인 그로서는 그러한 행동과 성격의 분리가 얼마든지 가능하다. 이 같은 자의식은 1차적 사회집단의 사회설정에 의해 살아가는 방식이 자동적으로 주어져 있다―아니, 오히려 자유를 빼앗겼다―는 식의 상황이 이제는 사라져버렸다는 사실과 서로 인과관계를 맺고 있다.

이런 새로운 상황 아래에서는 개개인이 모두 자기가 할 바를 스스로 결정해야 하며, 또 자기 자신에 대해서 어떻게 해야 할 것인가 결정해야 한다. 이와 같은 개인적 책임감과 자신이 개인이라는 인식, 가족과 부족의 지배로부터 벗어났다는 인식은 그로 하여금 자신 속에 내재화된 이상(理想)이 내뿜는 신호에 민감한 반응을 일으키게 만든다.

만약에 그 이상이 청교도에서처럼 '좋은 사람'이 되는 데 있다면, 또는 르네상스 시대처럼 '위대한 사람'이 되는 데 있다면, 그러한 명령을 수행하기 위해서는 어떻게 해야 할 것인가? 그리고 그러한 어려운 자신의 요구에 부응하여 그것을 수행했다는 증거를 어떻게 확보할 수 있을 것인가? 막스 베버와 R.H. 토니가 청교도에 대한 서술에서 명확하게 묘사했듯이, 그와 같은 질문을 던지는 사람들은 보통 휴식을 취하지 않고 끊임없이 일했다.

내부지향적인 가정일수록 그 분위기는 편안하지 못하다. 자녀를 대하는 데 다소 감정적인 면이 부족하고 또 자연스럽지 못하기 때문이다. 그런 가정에서 자란 아이들은 고독을 견딜 줄 안다. 그리고 앞서 말한 것과 같은 스스로에 대한 질문이라든가 그가 직면하는 사회적 상황 등에서 생겨나는 심리적인 불편함도 견딜 줄 안다. 아니, 좀 더 정확히 말한다면 아이들은 애초에 그런 상황을 불편하다고 느끼지 않는다. 내부지향적인 아이들은 자기 집과 마찬가지로 무엇을 끊임없이 요구해오는 상황, 그리고 끊임없이 극복할 대상을 제시해주는 상황에서 오히려 마음의 평안을 느낀다.

결국 내부지향적인 부모는 자녀들의 마음속에 심리적인 자이로스코프를 심어주어 계속 작동하도록 하는데, 그 자이로스코프는 부모나 다른 권위가 원하는 세밀한 지침에 따라 움직인다. 그리하여 운이 좋은 아이라면 바늘이 너무 빨리 돌아가 생기는 신경과민을 일으키지도 않을 것이며, 또 너무 느릿느릿 돌아가 생기는 사회적인 실패를 겪지도 않을 것이다.

타인지향 단계에서 부모의 역할

성격과 사회적 유동성

초기적 인구감퇴기에 이르면 앞으로 전진하는 데 적합한 조건이 큰 변화를 일으킨다.

과도적 인구성장기에 내부지향형 인간은 공업적·상업적으로 무한한 가능성을 발견하고서 프런티어를 더욱 확대하는 데 필요한 열정과 맹목성을 가지고 쉼 없이 일할 수 있었다.

그러나 초기적 인구감퇴기에 이르러서는 그와 같은 열정은 물론 특별한 독립성도 필요하지 않다. 사업이나 행정 또는 그 밖의 모든 직업은 오늘날 프랑스가 그러하듯이 고도로 관료화되어 버린다. 그러한 사회는 공업화 과정의 완고한 잔존물, 즉 관료기구라고 하는 기계를 움직이는 인간들에게 점점 더 의존케 된다.

이러한 새로운 조건 아래에서도 사회적 유동성은 계속 존재하나 그 성질은 상당히 변한다. 이 사회에서 좀 더 중요한 것은 개인이 어떤 사람이며 무슨 일을 하고 있는가가 아니라, 타인이 그를 어떻게 평가하며 또한 그가 남을 얼마나 잘 조종할 줄 알고 또 조종당할 줄 아는가 하는 점이다. 이것을 좀 다른 각도에서 바라보자. 사회의 기본적인 물리적 설비가 이미 구축되어 있다고 여겨질 때, 또는 그 건설이 경영계획에 따라 작업 순서가 다 결정된 일처럼 여겨질 때, 그러한 단계에 이른 사회에서 인간환경이 제공하는 여러 복잡하고 미세한 활동 분야와 기회를 포착할 줄 아는 타인지향형 인간은 쉽사리 사회의 상층부가 되는 것이다.[2]

이제 기술적으로 물질적인 풍요가 가능한데도 사람들은 계속해서 일만 한다. 아예 일을 만들어서 한다. 그리고 그 속도는 과도적 인구성장기의 상황과 보조를 맞추려는 듯 매우 정력적이다. 그만큼 입신출세 욕구는 여전히 사람들의 성격구조 안에 깊숙이 뿌리 박혀 있다. 그러나 전과는 큰 차이점이 있다. 현재 요구되고 있는 것은 원료도 기계도 아닌, 퍼스낼리티인 것이다.

타인지향적 퍼스낼리티의 유형과 그것들이 발판으로 삼아 서 있는 경제적인 배경을 아울러 관찰하면 아주 재미있는 대응을 볼 수 있다. 즉, 퍼스낼리티의 생산에도 독점적 경쟁의 일반적 특징이라고 할 수 있는 일종의 '제품차(製品差)'가 존재한다는 점이다.

경제학자들이 흔히 쓰는 용어인 제품차란, 어떤 회사가 상품의 가격은 다르게 책정하지 않고 광고를 이용하는 등 지극히 사소한 방법적 차이를 통해 다른 회사 제품과 구별을 둠으로써 비슷비슷한 상품 간에 경쟁을 벌이는 것을 말한다. 담배를 예로 든다면 조금 더 길게도 만들어 보고, 단면을 좀 타원형으로 만들어도 보고, 끝부분에 코르크 처리를 해보거나 아니면 녹색 갑 속에 넣어보는 방법이 고안되는 것이다.

〈타임(Time)〉지라든가 〈뉴스위크(News Week)〉지도 예외없이 그와 같은 제품차 경쟁에 열중하고 있다. 그뿐 아니라 자동차, 유선형 열차, 칫솔 제작자들도 마찬가지이며, 호텔이나 대학 경영자들도 비슷한 일을 하고 있다. 사업이나 공직, 전문직에 종사하기 위해 경쟁을 벌이는 사람들도 예외는 아니다. 그들은 그들의 기술적인 재능이 어떠한지는 상관없이 퍼스낼리티의 제품차를 보이려고 애쓴다. 그러나 그 차이는 아주 조금이어야 한다. 차이가 너무 심하면 곤란한 입

---

2) 물론 초기적 인구감퇴기 사회는 본디부터 관료주의적이어야만 한다는 법은 없다. 레저와 레저용품을 생산하는 산업을 대규모로 발전시켜 인구 및 그 밖의 지원을 재빨리 제3차 서비스로 전환함으로써 새로운 가능성을 개척할 수도 있다. 제3부에서 우리는 이 문제를 다시 살펴볼 것이다.

장에 빠지게 된다. 가령 1934년에 발명된 상자형 '크라이슬러' 자동차 경우에는 그 아이디어가 지나치게 앞서나갔다고 하겠다.

이러한 경쟁적 과정의 사회적인 측면은 상품뿐만 아니라 인간이나 서비스에도 확대해서 적용될 수 있다. 이 책에서는 이와 같은 넓은 의미를 채용해서 이를 '한계적 특수화'라고 부르겠다. 그런 용어를 붙이는 까닭은 경제학자들이 사용하는 '제품차'라는 개념과 구별하기 위해서이다.

개인이나 집단 또는 국가가 다른 개인과 집단 및 국가로부터 자신을 구별하는 작은 차이에 대해 갖는 긍지를 가리켜 프로이트는 '근소한 차이에 대한 나르시시즘'이라고 불렀다. 한계적 특수화는 이처럼 어떤 긍지를 불러일으키며, 베블런이 말하는 것처럼 '불쾌한 차별'을 일으키기도 한다.

그러나 여기서 필자가 염두에 두고 있는 현상은 '긍지'라기보다는 불안이며, 공공연한 경쟁심의 노출보다는 베일에 감춰진 경쟁이다. 나중에 자세히 살펴보겠지만 나르시시즘은 다른 좀 더 강력한 요인들에 의해 완전히 침묵당하거나 또는 그것들과 뒤섞여 있다.

이런 상황에서 내부지향적인 방식으로 자녀들에게 뚜렷한 인생목표 추구를 내면화하도록 훈련시킨다는 것은 위험이 따르는 일이다. 그렇게 하다가는 자칫 자녀들을 퍼스낼리티 시장에서 동떨어진 유형으로 만들어버릴 수도 있기 때문이다. 이 사회는 퍼스낼리티의 신속한 적응을 요구하건만 자이로스코프 방식의 인생 지도에는 그런 요구에 부응할 정도의 충분한 신축성이 부족하다. 그리고 새로 등장한 다른 경쟁자들은 자이로스코프를 가지고 있지 않다.

그래서 오늘날 부모들은 자녀들에게 명확한 사회관과 자아관을 심어주지 않고, 그 대신 자녀들이 최선을 다해 분발하도록 도와줄 뿐이다. 다만 무엇에 최선을 다해야 할지는 모른다. 최선의 것은 부모의 손안에 있는 게 아니라 학교와 동료집단에 맡겨지며, 그들이야말로 아이들을 사회의 위계질서 안에 자리잡게 하는 실질적인 요소라 할 수 있다.

그러나 학교나 동료집단 또한 매우 추상적으로 지도할 뿐이다. 지난날 내부지향적 사람들에게 그처럼 명확한 지도를 해주던 원칙들은 이미 통용되지 않게 된 것이다. 예컨대 사회적 승진 같은 것도 그 자체로는 공적인 문제로 제기되지만 그 주체인 개인의 사적인 소망이라는 점에서는 이미 중요성을 잃어버렸다.

〈포춘(Fortune)〉지가 조사한 바에 의하면, 오늘날에는 고도의 위험 부담을 안은 투기적 대업보다는 안전하고 확실성 있는 직종이 더 환영을 받는 것으로 드러났다. 뿐만 아니라 더 어려운 문제들도 많다. 가령 한 인간이 입신출세를 바라더라도 과연 무엇이 출세와 입신의 길인지 그 자체도 명확하지가 않다. 왜냐하면 새로운 중산층이 성장함에 따라 과거의 위계질서가 무너짐으로써 현존하는 여러 위계질서 가운데 어떤 것을 우위에 두어야 할지 가려내기가 어렵기 때문이다. 가령 육군 대령은 국제적인 노동조합의 사무장보다 지위가 높은가? 물리학 교수와 은행 부총재 가운데 누가 더 높은가? 라디오 해설자와 석유회사 사장 중에서는 누가 더 높은가?

이렇다 보니 부모들은 점점 자신을 잃고 자녀를 어떻게 키울 것인가 하는 문제로 고심하게 된다. 그래서 다른 동시대인들로부터 조언을 구하려 한다. 또는 매스미디어에서 해답을 찾으려고도 하고, 또 이 장 첫머리에 인용한 인터뷰에 나오는 어머니처럼 결국 아이들 자신에게 물어보려고도 한다.

간혹 어쩌다가 아주 융통성 없는 육아법에 집착해서 외곬으로 나가는 부모도 분명히 있을 것이다. 그러나 대개 그들은 육아문제에 불안을 느끼는 나머지 자녀들에게 자기들이 남에게 의존해서 그들을 키울 수밖에 없다는 사실을 드러내게 된다.

부모들이 자녀들에게 가르치는 내용은 그럴싸해 보이겠지만, 결국 그들은 자녀에게 자신의 막연한 유행성 불안감을 옮겨주게 마련이다. 부모들은 자녀가 선행을 하면 칭찬하고 인정해준다. 또 그럼으로써 자기 자신도 인정한다. 이것은 타인지향형 사회에서 부모의 자식교육을 강화하는 힘이다.

물론 내부지향형 부모들도 외부세계에서 좋은 일을 한 자식만을 '사랑'했다. 그러나 적어도 외부세계에서의 성공 기준은 꽤 명확했다. 이에 반해 타인지향적 어린이는 훌륭한 성과를 이루는 데 그치지 않고 도대체 훌륭한 성과란 무엇인지 그 자체를 규정해야만 할 처지에 놓여 있다.

결국 그는 자신에 대한 정의나 평가는 자기와 함께 살아가는 동료들의 힘을 빌려 내릴 수밖에 없음을 알게 된다. 가령 학교 친구와 교사 그리고 나중에는 동료와 선배들에게 의존하게 되는 것이다. 그러나 그 사람들 자체가 올바르다는 보증은 어디 있는가? 그래서 그는 매스미디어 속에 흩어져 있는 수많은 집단들 사이를 이리저리 헤매게 된다.

이런 상황에서 타인의 인정 그 자체는 내용이 어떠하든 상관없이 유일하다시피한 명백한 성과가 되어버린다. 즉, 누구라도 타인에게 인정을 받으면 그만큼 잘한 셈이 되는 것이다.

그래서 타인지향형 사회에서는 거의 모든 권한이 어떤 실제적인 또는 가상적인 승인자 집단의 손안에 들어 있는 셈이다. 아이들은 부모의 눈치를 살피며 아주 중요한 사실을 배우게 된다. 즉, 자기 자신의 성격이나 소유물, 재능이나 집안 또는 업적 따위는 그 자체로선 아무런 평가대상이 되지 못하며, 오로지 그것이 남에게 어떤 영향을 미칠 수 있는가 하는 것만이 유일한 평가자료가 된다는 점이다.

친구를 사귀는 것, 그것도 좋은 친구를 가려 사귀는 것이 곧 훌륭한 일이다. 이는 '인정한 사람은 더 많이 인정해준다'는 뜻이다.

자녀 교육에서 아버지 교육으로

전형적인 타인지향형 어린이는 도시나 교외의 소가족 가운데서 자라난다. 그전 시대에도 아버지는 으레 집을 떠나 직장으로 갔다. 그러나 이제 직장은 멀리 떨어져 있기 때문에 그는 점심을 먹기 위해 가정으로 돌아올 수도 없다.

그리고 가정은 이미 견고한 '프라이버시' 영역은 되지 못한다. 가족 규모와 주거공간이 모두 줄어들고 구세대와 더불어 사는 생활방식도 사라져감에 따라 자녀들은 부모의 정서적 긴장을 직접적으로 대면하게 된다. 이런 조건 아래에서는 타인들과 맺는 관계에서 자의식의 강도가 점점 세지게 마련이다. 특히 부모들의 자의식이 강할수록 자녀들의 자의식도 더욱 강해진다.

이러한 새로운 사회적·경제적 조건 아래에서는 아이들의 지위가 오른다. 아이들은 더 이상 궁핍과 어려움에 시달리지 않는다. 과거에 아이들은 궁핍과 어려움에 대한 보상심리로 흔히 안락하고 쾌적한 삶을 추구했지만, 이제는 그것도 필요 없게 되었다. 과거 사회에서 여자아이는 집 안에 틀어박혀 힘들게 일만 하다가 사춘기를 맞이하면서 자기한테는 자기 육체라는 유일한 '자본'밖에 없다는 사실을 깨닫고, 이후에는 그 자본을 이용해 수입을 얻거나 또는 그냥 끝까지 다 써버릴 수밖에 없었다. 그러나 오늘날 여자아이들은 그럴 필요가 없다. 한편 최근까지만 해도 부유한 가정의 남자아이들도 새벽부터 일어나 신문 배달을 하거나 다른 경제적 보수가 따르는 작업을 하며 성격형성을 했으나 지금은 이러한 습관도 점차 사라져가고 있다. 오늘날의 부모들은 과거 성공했던 내부지향적 부모들과 같은 자신감도 없으며, 과거 실패했던 내부지향적 부모들이 취하던 전술적 후퇴도 할 줄 모른다.

일이나 사회적 관계에서 지난날의 세대가 가지고 있었던 확신이 사라진 오늘날에 와서 부모들은 자녀를 키우는 방법에 회의를 느낄 수밖에 없다. 게다가 부모들은 자신들이 자녀들보다 우월하다는 자신감조차 없다.

아이들은 더 이상 즉각적인 경제적 가치를 지니고 있지 않다. 그리고 그들의 수는 절대적으로도 상대적으로도 점점 줄어들고 있다. 따라서 아이를 배면 모두 낳고, 낳은 아이들은 전부 키우겠다는 노력이 필요하다. 객관적으로 이는 가능하다. 지난날에는 많은 아이가 채 성숙하기도 전에 죽어버렸지만 요즘에는 대부분의 아이들이 무사히 성장한다. 또 과거에 비해 아이들 하나하나가 다 많은 기대를 받고 있다.

또한 미국 아이들은 인종적으로나 사회적으로나 부모들보다 훨씬 더 미국인다운 미국인이라는 통념이 지배적이다. 그 점은 〈아버지 교육〉이라는 연재만화를 보면 알 수 있다. 여기서는 아버지 지그스보다 그 딸이 더 잘 적응된 미국인이다. 그러나 그 이유 말고도 오늘날 모든 형태의 대중문화를 관통하여 흐르는 청년층의 일반적 강세에는 그만한 이유가 있다(다만 이 문제는 여기서 깊이 다루지 않을 것이다).[3]

청소년 생활양식에 나타난 큰 역사적 변화의 모습은, 엄한 부모의 위선적 포학성에 저항하는 자녀의 삶을 묘사한 19세기 성장소설을 읽어보면 잘 알 수 있다. 그런 소설의 전형인 새뮤얼 버틀러의 《만인의 길(The Way of All Flesh)》과 현대사회 소설의 대표작인 라이오넬 트릴링의 《또 하나의 마거릿(The Other Margaret)》을 비교해보면 그 차이를 아주 명료하게 알 수 있다.[4] 트릴링의 소설

---

3) 이것도 마거릿 미드가 그 중요성을 강조한 발전이다. *And Keep Your Powder Dry*(New York, William Morrow, 1942)를 참조.

4) *Partisan Review*, XII(1945), 381.

에는 지식이 있고 도시문화에 물든 상층 중산계급의 한 조숙한 소녀 마거릿이 주인공으로 나온다. 진보적인 학교에 다니는 마거릿은 흑인들이 착취당하고 있다고 생각하고 '또 다른 마거릿'인 흑인 하녀의 열등한 지위에 분개한다. 이 집에서 자존심을 가지고 있는 사람은 딸인 마거릿이지 그녀의 부모가 아니다.

마거릿의 학교가 그녀의 주장을 지지해준다. 그녀는 학교의 권위를 등에 업고 부모님을 당당히 비판한다. 그래서 스스로 제법 진보적이라고 자처하던 부모들은 수세에 몰리게 된다. 그들은 딸이 무엇을 어떻게 생각하는지, 부모를 어떻게 생각하는지에 매우 관심을 쏟고 긴장한다.

결국 세 어른, 즉 부모와 하녀 마거릿은 공모를 한 끝에 '또 다른 마거릿'의 고결한 덕성에 관한 마거릿의 환상을 깨뜨려버리기로 한다. 부모는 이성적 설득으로, 그리고 또 다른 마거릿은 스스로 옳지 못한 행동을 하여 마침내 그 환상을 깨뜨려버린다. 그러나 부모들은 결정적인 순간에 이르러 그들의 승리에 불안을 느낀다. 그것이 딸의 예민한 감정을 상하게 하지나 않을까 염려한 것이다. 그만큼 그들은 버틀러의 소설 《만인의 길》에 나오는 테오발드의 부모와 같은 확신과 안정감이 없었다.

이와 같은 부모의 태도 변화에 있어 매스미디어는 이중 역할을 한다. 라디오나 영화나 만화 등의 매스미디어로부터, 그리고 동료집단으로부터 아이들은 부모들이 모름지기 취해야 할 행동이 무엇인가를 알게 되며, 그렇게 배운 행동규범을 자기 부모들 앞에 제시한다. 과거에 전통지향형 사회에서도 아이들은 늘 어른들의 행동을 관찰해 익혔는데, 타인지향형 사회에서는 자기 재산으로서 이러한 일종의 사실적인 생활태도를 훨씬 쉽게 자기 내부에 쌓을 수 있게 되었다. 요컨대 타인지향적인 아이들은 부모들보다 한층 더 세상물정에 정통하다. 마치 이야기 속 하버드 대학 졸업생이 그러하듯이 부모가 자녀에게 해줄 만한 이야기가 별로 없는 것이다.[5]

---

5) 그러나 특히 중산층에서는 지식이 전통지향적 가족에게는 별로 중요한 것이 못 된다. 그곳(전통지향적 사회)에서 예컨대 성에 대해 이해하고 있는 아이는 주변에 있는 어른들의 일상생활에서 그 반영을 보게 된다. 가령 숙부가 일할 때 특히 즐거워한다거나 우울해할 경우, 그것이 어젯밤에 침실에서 벌어진 일과 관계있다는 것을 알아차릴 수가 있는 것이다. 그러나 타인지향형 아이는 성에 관해 그저 추상적으로만 알고 있다. 그는 밤의 생활이 있다는 것은 알고 있으나 그것을 학교나 상점이나 가정에서 만나는 성실한 어른의 생활과 제대로 연결지어서 생

이미 지적된 바와 같이 부모들도 매스미디어에서 나름대로 생활지침을 얻는다. 자녀들을 양육하는 데 따르는 불안 때문에 부모들은 갈수록 책이나 잡지, 정부 간행물, 라디오 프로그램에서 육아법을 배우려고 한다. 그러면 미디어들은 그렇잖아도 초조해하는 어머니들에게 자녀들은 별문제 없으니 원하는 대로 해주라고 말한다.

어머니는 매스미디어를 통해 급기야 '문제 아동'이 있는 것이 아니라 오히려 '문제 부모'가 있다는 것을 깨닫기에 이른다. 그리고 맹목적으로 쏟아붓는 사랑을 포함해 무엇이든 자녀에게 부정적인 태도를 취하고 싶은 충동이 일어날 때면 으레 자기 자신의 정신상태가 이상해지지 않았나 성찰해보게 되는 것이다. 그것이 매스미디어의 가르침이다. 만일 자녀가 화를 내면 어머니는 그저 물러서야 한다. 그리고 매스미디어라는 선생들이 어머니를 향해 '마음을 편안히 하라'든가 '자식 재미나 보라'든가 하고 타이르면, 그런 교훈은 새로운 불안을 더하는 원인이 되어버린다.

오늘의 아이들은 어른들—이미 내부지향적이 아닌 어른들—이 잃어버린 힘을 얻을 수 없을지도 모른다. 물론 그 힘이란 새뮤얼 버틀러가 꿰뚫어 보았듯이 허세였다고 말할 수 있다. 그러나 아무리 허세였다 하더라도 그것은 아이들의 자발성을 파괴하고 그들의 막연한 불안감을 마취시키기에는 충분한 힘이 있다. '자라나는 아이들의 머리 위에 감옥의 그림자가 드리워진다'는 옛말이 있다. 여기서 포로가 된 청소년들은 압박감을 느꼈고 죄책감마저 느꼈다. 그러나 철창에 갇혔을망정 그다지 불안해하지는 않았다. 그와는 대조적으로 현대의 타인지향적 아이들이 부모들로부터 '배우는 것'은 바로 불안감이다. 그것은 말하자면, 그의 타인지향적 적응방식에 알맞은 정서적 기분인 것이다.

각할 줄은 모른다. 그는 프로이트가 동시대 젊은이들 사이에서 찾아낸 성의 신화로부터 벗어나 있으면서도 여전히 정열이 이어져서 만화나 영화 속에서, 그가 관찰할 수 있는 생활 속에서 발견되는 것 이상의 역할을 수행하고 있는 것을 보게 된다. 그가 관찰할 수 있는 한계 내의 생활에서는 어른들은 일상생활에서 정열을 감추고 육체적으로 초탈해 있는 것처럼 생활하도록 훈련되어 있다. 이 점이야말로 타인지향형 어른의 경우 성이 그의 지식이나 환멸이나 체험과 무관한 채 하나의 알쏭달쏭한 수수께끼로 머물러 있는 원인일 것이다. 그리고 보통 타인지향형 아이의 현실 이해는 빅토리아 왕조풍의 금기에 바탕을 둔 것이 아니라 좀 더 교묘한 성인사회 자체의 분할에 의해서, 다시 말해 노동과 휴양의 미묘한 분할 등에 의해서 제한되고 있다.

설득의 원리

부모의 권위가 약화되기는 했으나 그래도 부모는 자녀들을 통제하려고 애쓴다. 그러나 이전만큼 자신감을 가질 수 없으므로 그 방법은 두드러지게 달라질 수밖에 없다. 부모는 이제 자신을 본받으라는 식으로 내세우지도 못한다. 그들이 모범이 되지 못한다는 것을 부모도 자녀도 점점 알게 되었기 때문이다. 부모들은 양심에 따라 자녀들에게 심한 체벌을 가하지도 못한다. 고작해야 머리를 쥐어박는 정도이며, 신체적인 폭력을 휘두르는 일 따위는 하층민에게만 남아 있을 뿐이다.

상류 중산계급에서 부모가 의지할 유일한 방법이란 '인사관리법(人事管理法)' 같은 것이다. 설득 또는 더 정확하게 말하면 정당화 방법을 통해 상대를 조종하는 것이다. 이런 부모의 태도에 아이들 또한 똑같은 방식으로 대응해온다.

결국 부모 자식 관계의 역사적 변천상은 다음과 같이 표현할 수 있다. 전통지향형 아이들은 부모의 표정을 살피고, 내부지향형 아이들은 부모와 다투거나 굴복하며, 타인지향형 아이들은 부모를 조종하면서 또 조종당하기도 한다.

1944년 〈캣 피플의 저주(The Curse of the Cat People)〉라는 영화가 나왔다. 이 영화는 미국 사회의 육아법에 대한 한 견해를 예증하는 것으로서도 흥미롭긴 하지만, 여기서 우리가 주목하는 것은 이 영화가 부모와 자녀들 간의 상호 조종 관계를 흥미롭게 그리고 있다는 점이다. 영화는 교외에 살고 있는 중산층 가정이 배경인데, 거기 나오는 소녀는 중산층 특유의 환경, 곧 깔끔한 집과 정원, 그리고 흑인 하인 틈에서 자라난다. 《또 하나의 마거릿》과 같은 설정이다. 그리고 이 영화 속에 등장하는 소녀에게 부모나 하인 등 어른들은 자기들의 정서적 감정을 가지고 참기 어려운 압박을 가한다.

소녀는 자기 생일에 친구들을 초대해 파티를 열려고 한다. 그러나 마당 한구석에 있는 커다란 나무가 우체통이라고 한 아버지의 농담을 곧이듣고 거기다가 편지를 넣어두었기 때문에 초대장이 발송되지 않는다.

생일날이 되자 전에 소녀에게서 초대될 거라는 말을 들은 아이들은 그녀를 괴롭히고 따돌린다. 아버지는 농담도 못 알아듣는 딸의 고지식함을 나무랐고, 딸도 다른 아이들과 잘 어울리지 못하는 것 때문에 고민을 한다. 그러나 어쨌든 부모와 하인은 파티를 열기로 하고 일을 진행한다. 마치 아무 일도 없었다는 듯이. 그것은 '생일파티 흉내 내기' 비슷한 것이었지만 어떤 식으로든 '파티'는 열렸다. 그러자 부모는 속상할 일이라고는 하나도 없으며 이 파티는 애초에 열리던 파티와 조금도 다를 바 없는 멋진 파티라고 말하면서 딸을 설득하려 든다.

이 영화 속 부모는 소녀가 형식적인 에티켓은 몰라도 하여간 무엇이 '진짜'이고 무엇이 '가짜'인지는 분간할 수 있다고 생각한다. 즉 가짜 우체통에 편지를 넣어봤자 진짜 파티를 열 수는 없다. 그 정도는 딸도 잘 알고 있으리라고 생각한다.

소녀는 망연해지고 고독감에 휩싸인다. 마음을 알아줄 사람도, 함께 있어 줄 사람도 없다고 느낀 소녀는 어느 커다란 저택에 은거하고 있는 이상한 부인을 알게 되고 그 부인에게서 참된 우정을 느낀다. 부모들은 이 '친구'를 못마땅하게 여기고 그 부인이 딸에게 준 작은 반지도 싫다고 말하면서 돌려주고 오라 한다. 그래서 소녀는 할 수 없이 정원 한구석에서 상상의 친구를 만들어낸다. 나이도 많고 아름다운 부인이다. 소녀는 환상의 세계에서 그 상상의 친구와 이야기도 나누며 재미있게 지낸다. 그러나 아버지는 그녀를 도무지 볼 수가 없다. 그는 환상의 세계에서 사는 딸을 '이해'하지 못한다. 그래서 거짓말을 한다고 딸을 나무란다.

이 영화 속 주인공 소녀의 사정을 보고 그녀가 당해야 했던 사생활의 박탈을 살펴보자. 소녀가 이상한 부인에게서 선물받았던 반지가 아버지의 눈에 띄었다는 것은, 소녀에 관한 아주 사소한 일조차 이내 부모의 감시망에 포착됨을 의미한다. 또 아버지가 딸에게 '나무 우체통'이라는 허구의 존재를 말한 사실은, 그가 자기 지식을 일방적으로 강요한다는 것을 단적으로 보여준다. 딸은 자신의 허구를 가져서는 안 되며 오로지 아버지가 정해주는 허구만을 가져야 한다. 무엇이 허구인가를 결정하는 것은 오로지 아버지의 몫이다. 그래서 마지막에 아버지와 딸이 정면충돌을 벌이게 되는 것은 필연적으로 예상되는 일이다. 결국 딸은 자기 방에 자물쇠를 채워 틀어박혀 버리고, 자기 마음의 문에도 자물쇠를 채워버린다(하층민 가정에서는 집이 좁다는 이유만으로도 사생활의 자유를 더욱 찾아보기 어려운데, 부모가 아이들에게 별로 관심을 두지 않기 때문에 심리적 '프라이버시'는 오히려 더 보장되고 있을지도 모른다).

이 영화에서 다음으로 주목해야 할 점은 부모와 자녀 사이의 '합리적' 또는 교묘한 상호 조종관계이다. 애초에 딸을 위해 파티를 열고 아이들을 초대하기로 한 것은 부모가 생각해낸 계획이다. 이 계획이 틀어지자 초조해진 사람도 바로 부모이다. 그리고 더욱 흥미로운 점은, 문제의 가짜 우체통 때문에 서로 간의 소통이 끊기자 그 가족이 나타낸 대응방식이다. 가짜 우체통은 딸과 그녀의 동료집단 사이의 통신을 막음으로써 위기상황을 불러왔다. 그런데 그 실패담은 어디까지나 딸과 부모 사이에 진짜와 가짜에 대한 공통 인식이 전혀 없었기 때문에 생긴 사건이다. 그러므로 그 잘못은 분명히 곧바로 바로잡아야 하는 문제이다. 이런 처지에서 부모는 마땅히 무슨 조치든 취했어야만 한다. 그러나 이 영화 속 부모는 아무런 조치도 취하지 않은 채 그 문제를 슬쩍 묻어버리고, 파티가 열린다는 사실 자체에 대한 형식적인 환상만을 받아들이도록 딸의 심리를 조작하려고 한다. 타인지향형 인간은 부모 자식 관계에서뿐만 아니라 인간관계 전반에서 언제나 타인을 조작하고 타인에게 조작당하는 방법을 택하는데, 이 영화는 그런 사정을 극단적인 형태로 보여주고 있다.

그러나 이와는 대조적으로 내부지향적 부모들은 자녀들의 적대감이나 반발에 대해 특별히 염려하지 않는다. 그들은 그런 점을 알지 못할 뿐만 아니라 알려고도 하지 않는다. 부모나 아이들은 모두 서로를 갈라놓는 큰 간격에 의해 오히려 보호받는 것이다. 그러나 타인지향적 부모는 자녀의 행실을 옳은 방향으로 이끌어야 할 뿐만 아니라 자녀의 호감도 사야 할 처지이다. 그래서 부모는 늘 자녀를 '설득'하기 위해 논증기술(論證技術)을 구사하게 된다. 그러나 이윽고 자녀는 민감한 수신장치를 통해 부모 못지않은 논쟁기술(論爭技術)을 익히게 된다. 그러면 부모는 그에게 투항할 것이냐 아니면 불안하기는 하나 내부지향적인 엄격한 부모의 권위로 되돌아갈 것이냐의 갈림길에 서게 된다.

영화 〈캣 피플의 저주〉에 등장하는 아버지는 환상 속의 친구에 대한 딸의 신뢰감을 무너뜨리기 위해 처음에는 설득을 시도하지만, 아무리 설득해도 소용이 없자 나중에는 딸을 체벌하고 만다. 그러나 그런 장면은 이내 딸과 어떻게 해서든 화해하려 애쓰는 장면으로 바뀐다. 체벌 자체도 전체적인 조작행위의 한 단계로 바꿔보려는 속셈이다.

끝으로 우리는 부모와 자녀 관계에서 논의의 쟁점이 되는 대상의 내용 변화를 주목할 필요가 있다. 좀 더 활력이 넘치고 완강했던 내부지향적 부모들은 자녀들에게 일하고, 저축하고, 청소하고, 공부와 기도를 하라고 명령한다. 좀 더 덜 청교도적인 내부지향적 부모들은 아들들에게 남자다워야 한다고 말하고, 딸들에게는 여자답고 정숙해야 한다고 말한다. 과도적 인구성장기에 그러한 요구는 경제학적·이데올로기적 의미를 띤다. 큰 가정은 막대한 노동력을 요구하고 있었다. 오늘날 작은 마당이 딸린 작은 집에서조차 마음만 먹으면 해야 할 일은 얼마든지 있으니, 과거 사회의 큰 가정에서 많은 노동력이 요구된 것도 당연한 일이다. 이런 상황에서 부모들은 앞장서서 일하고 공부하며 자신을 하나의 모범으로 내세우는데, 그들의 시범은 학교 교육의 충분한 지지를 받는다. 이렇게 열심히 일하는 것이 지금과 다음 세계에 있어 모두 사회적 입신에 이르는 길이라고 여겨진다.

반면 타인지향적인 가정에서는 부모와 자녀 간의 문제점이 노동과 관계없는 측면을 둘러싸고 일어난다. 왜냐하면 초기적 인구감퇴기 단계에서는, 특히 미국이 그렇지만 그외 다른 지역에서도 도시의 가정 안에서는 아이들이 할 일이라곤 전혀 없으며, 밖에서도 할 만한 일이 별로 없기 때문이다. 아이들은 자기 몸단장이나 하면 되지, 집 청소는 할 필요가 없다. 그들보다는 진공청소기가 훨씬 더 효과적이기 때문이다. 그리고 돌봐주어야 할 어린 동생들이 줄줄이 있는 것도 아니다.

오늘의 미국 어머니들은 고등교육도 받고 일도 매우 능률적으로 하기 때문에 아파트나 소규모 주택의 관리 수준도 매우 높아졌다. 그녀가 직업을 가졌다면 또 몰라도, 만약 아이들이 집안일을 돕는다면 그녀는 일자리를 빼앗긴 것 같은 기분을 느낀다. 구세대 여성들이 참고 견뎌야 했던 예속과 궁핍에서 벗어난 것은 다행스러운 일이지만, 그 대신 오늘의 어머니들은 모든 미국인들의 문제인 여가라는 문제에 직면하게 되었다. 그리하여 집안일을 하고 아이들을 보살피는 것을 가끔 자신의 처지를 정당화하거나 도피하려는 구실로 삼기도 한다.

그래서 자녀들이 어릴 때 부모와 자녀들은 식사시간이나 취침시간 등의 문제를 놓고 입씨름을 벌인다. 또 자녀들이 크면 나아가 자가용을 사용하는 문제를 두고 말다툼을 벌인다. 그리고 〈캣 피플의 저주〉에서 보았듯이 그들은 자녀와 '다른' 아이들 간의 교제에 관해 격렬한 언쟁을 하고, 언쟁 자체의 과정에 대해서도 논쟁을 벌인다.

그러나 이러한 논쟁은 그 성격상 부모에게 아주 힘든 판정승을 안겨줄 뿐이다. 과도적 인구성장 단계에서는 부모들은 반드시 해야 할 명백한 본분이 무엇인지 자녀에게 보여줄 수 있었다. 여기서 명백한 일이란 전통지향 단계에서부터 이어져 내려오는 통념에 비추어 옳다고 인식되는 사항을 말한다. 그러나 초기적 인구감퇴기에 생기는 소비나 여가 문제 같은 것은 명백한 사항이 아니다. 그런 사항에 관해 어떤 결정을 내려야 할 경우에는 가정이라는 범위를 벗어나서 모델을 찾아야만 한다.

현대 부모들은 자기들이 속해 있는 집단의 변화무쌍한 규범에 늘 주의를 기울이면서 결정을 내려야만 하는 것이다. 실제로 라디오와 인쇄물 같은 매스미디어는 많은 모델들을 가정으로 배달해주며, 그것이 마치 재판소의 판례집이나 된다는 듯 부모와 자녀는 그것을 참고해서 자기들 나름대로 처신한다.[6]

간단히 요약해보자. 타인지향형에 의존하는 사회에서 부모들은 자녀의 마음속에 어떤 심리적 수신장치를 심어준다. 그 장치는 개인을 내면으로부터 지도하고 추진해나감으로써 그의 동작을 특정한 방향으로 고정하는 장치가 아니다. 그것은 오히려 다른 사람들의 행위, 특히 상징적인 행위를 탐지하는 장치이다. 그리하여 부모들이 자녀들의 성격형성에 어떤 영향력을 미치기 위해서는 오직 다음과 같은 세 가지 길이 있을 뿐이다.

① 부모의 신호가 자녀의 레이더망에 포착된 다른 사람들의 신호와 화합하는 경우.

② 아주 조금이나마 자녀들이 받게 될 신호를 다른 것으로 바꾸어주기 위해 자녀를 특정한 사회환경 속에 두는 경우.

③ 아주 조금이나마 자녀가 받아들이는 신호 내용에 대해 부분적이고도 별

---

6) 모리스 야노비츠는 내부지향성이 우세한 가정과 타인지향성이 지배적인 가정을 구별하는 지침을, 〈라이프(Life)〉, 〈룩(Look)〉, 만화잡지, 영화잡지 등을 구독하는 가정과 〈새터데이 이브닝 포스트(Saturday Evening Post)〉나 〈콜리어스(Collier's)〉 같은 잡지를 구독하는 가정을 구별함으로써 얻을 수 있다고 말했다. 전자는 가족 전원을 상대로 한 것으로서 아이들에게도 즐겁게 읽힌다. 오히려 어른들보다는 아이들한테 적합하다. 그러나 후자는 순전히 어른을 위한 잡지라서 아이들은 함께 읽기 어렵다.

의미 없는 검열을 굳이 해주는 경우.

이렇듯 내부지향적인 부모와 비교해볼 때 오늘날 부모의 역할이 갖는 중요성은 눈에 띄게 줄어들고 있다.

2. 교사의 역할 변화

사회가 내부지향에서 타인지향으로 바뀜에 따라 부모의 역할이 변하는 것은 이미 살펴본 바와 같은데, 그 밖에 일반 성인의 권위도 점점 모습이 달라지고 있다. 주로 경제적인 이유로 인해서 오늘날 중산계급과 상층 중산계급 가정에서는 가정부나 유모 또는 가정교사 같은 존재들이 거의 자취를 감추어가고 있다. 이런 변화가 아이들 세계에 큰 영향을 미쳤다. 집안이나 계급이라는 가치 기준에 맞춰 그들을 교육하는 교육자가 이제는 사라진 것이다. 내부지향 단계에서 그런 확실한 기준은 사회의 일반적 목표를 터득하는 좋은 훈련자료가 될 수 있었다. 그리고 그러한 어른들의 존재는 동료집단에게서 받는 무차별적 영향력을 어느 정도 완화하기도 했다.

뿐만 아니라 그런 어른들의 존재는 또 다른 복잡한 사태를 낳는다. 가정교사에 의해 길러진 아이는 가정에 있을 때와 외부 사회에 있을 때의 힘이 너무도 다르다는 사실을 민감하게 알아차린다. 그는 뒷날 학교 기숙사에 들어가거나 대학에 다니게 되어도 교사에게서 별로 강한 인상을 받지 않는다. 상류계급의 한 어머니는 교장에게 이런 불만을 터뜨리기도 했다.

"왜 우리 아이는 선생님들이랑 친하게 지내지 못하는지 모르겠어요. 다른 하인들과는 괜찮은데."

전에는 바로 이런 일이 있었다. 이렇게 길러진 아이는 자기 교우관계나 감정 문제에 대해 선생님과 상담하려 하지 않는다.

게다가 집 안에 이런 가정교사 같은 성인들이 있으면 마치 옛날의 대가족제도처럼 부모와 자녀 간의 정서적 긴장을 완화시키는 역할도 한다. 집안의 가장 높은 어른이 누구라는 것은 알지만, 아이들은 그와 같은 다른 '직원'들을 방패로 삼아 부모의 권위에 대항할 수 있었다. 실제로 내부지향적 부모는 자녀에게서 따뜻한 애정을 그다지 애타게 바라지 않기 때문에 자녀가 하층계급 사람들과 어울려 정을 나누는 것을 용인하곤 했다. 이러한 조건 아래에서 길러진 내부지향적 젊은이는 때로는 매춘부와 같은 하층계급 여자들과 어울려 감성적인 발산을 꾀한다. 그는 그런 사람들과 어울림으로써 지극히 비인격적인 관계를 맺을 수 있으며, 그 밖의 다른 관계는 전혀 맺을 줄 모르는 경우도 가끔 있다. 이것은 동료집단의 요구나 소망에 응하지 않고 살아가기 위해서 그가 지불하지 않으면 안 될 대가이며, 그가 꿈꾸는 어떤 인생목표를 추구하는 과정에서 다른 사람의 무관심이나 적대감에 대해 의연할 수 있는 침착성을 발휘하도록 도와주는 힘이 된다.

할머니도 가정교사와 마찬가지로 손자들에게서 권위를 잃어가고 있다. 현대식 아파트에는 이미 할머니가 머물 공간이라고는 없으며, 경제적인 면에서도 그녀는 어린 손자들과 마찬가지로 쓸모없는 존재이다. 그러면서도 초기적 인구감퇴 단계에서 평균 수명이 늘어남에 따라 그녀들은 끈질기게 살아남는다.

두루 알다시피 타인지향형은 갈수록 많은 사람을 인간관계 속에 끌어들이므로 '외부인'이 한 공간에 함께 사는 일은 점점 줄어든다. 할머니도 예외는 아니다. 시어머니와 며느리 관계는 고금동서를 막론하고 언제나 숱한 문제를 낳아 왔지만 현대라는 새로운 시대, 곧 감수성이 강하고 고도로 개인화된 인간들이 서로 성격적으로 부딪지 않고 함께 어울려 살아가는 사회에서는 새로운 의미를 지니게 되었다.

가정에서 할머니가 중심적인 역할을 잃게 된 것은 우리가 지금 여기서 문제 삼고 있는 사회변화의 가속화를 상징하는 현상이기도 하다. 현재 우리가 직면하고 있는 것은 이른바 '소비 프런티어'인데, 할머니는 이 문제로부터 두 세대나 떨어져서 살아가고 있다. 부모는 젊게 살고 싶다는 소망과 자녀에게 영향을 주고 싶다는 소망 때문에 자녀들과 보조를 맞추려고 노력한다. 그러나 할아버지나 할머니는 그렇게 할 수 없다. 그래서 타인지향적 성격을 이루는 데 있어 할아버지와 할머니의 비중이란 하찮은 것이다. 과거에 그들은 엄연히 부모 뒤에 자리잡고서 아이들에게 일관된 '가풍'을 가르쳐주었다. 그러나 현대의 조부모들은 아무 힘이 없다. 그들은 현대생활의 주요 문제에 관해 어른에게서 배울 게 거의 없다는 사실을 아이들에게 알려주는 존재일 뿐이다.

비슷한 변화가 과거 한때에는 상당히 중요한 역할을 수행했던 부모 대리자들에게도 일어나서, 그들의 비중 또한 빛이 바래가고 있음을 볼 수 있다. 바로 형과 누나들이다. 그들은 부모 곁에서 영향력을 발휘하며, 2학년 학생들이 신입생들에게 그러듯이 동생들을 휘어잡아 가족적인 규율의 틀 속에 복속시키던 존재들이었다. 그러나 오늘날 그런 형과 누나들은(그 수는 점점 줄어들고 있는데) 동생들을 감독하기보다 차라리 다른 아이들을 돌보며 돈을 벌려고 한다. 용돈을 벌 수 있다는 점에서 아이들은 집 밖으로 나가 일하는 데 여전히 매력을 느끼는지도 모른다. 그리고 그것은 나름대로 의미가 있다. 그러나 그들은 집에서 이류 호텔의 특등 손님처럼 행동한다. 그 싸구려 호텔의 지배인인 부모들은 끊임없이 손님들에게 시달리면서도 미소를 잃지 말아야 하며, 손님 대접을 더 융숭하게 해주지 않는다고 불평하는 아이들의 계속되는 압력에 눌려 살아야만 한다.

내부지향 단계에서 교사의 역할

그러나 아주 중요한 권위 하나는 그대로 남아 있다. 세상이 타인지향적으로 바뀌면서 그 위력이 오히려 전보다 강화된 부모 대리자들이 바로 그런 존재이다. 여기서 부모 대리자란 학교 교사를 말한다.

중산층의 순응성 확보가 내부지향적인 방식으로 수행되던 시대에는 아동 취학 시기가 비교적 늦었다. 게다가 그때에는 유치원이나 보육원이 몇 군데 되지도 않았다. 그 당시 교사의 임무는 아이들한테 바른 품행을 가르치고 글공부나 시키는 것이었다. 여기서 바른 품행이란 기껏해야 남자아이들이 교실에서 공부할 때 질서를 지키도록 하는 최소한의 규율을 말하는 것이었고, 또한 상류층 여자아이들에게 맵시 내는 법을 가르치는 교양을 뜻하는 정도였다.

그러나 학교가 점점 많아지고 입학이 쉬워진 데다가 '민주적'으로 변하면서부터 아이들에게 중산층에 알맞은 화술과 매너를 가르치는 의무가(아이들이 자기 부모들의 수준 이상으로 발전할 수 있기 위해) 이들 교사들에게 맡겨졌다. 그러나 교사들은 그저 훈련만 시킬 뿐 아이들의 정서적 생활에는 참견을 하지 않는다. 게다가 교사는 학교 교육과 가정교육을 명확히 구별하고, 자신이 지극히 한정적인 직무만을 수행하는 것임을 스스로 알고 있다.

학교의 물리적인 구조와 환경 자체가 이와 같은 사정을 잘 반영하고 있다. 좌석만 해도 아주 공식적이어서, 모두가 교사와 마주하여 앞만 바라보도록 되어 있다. 그리고 책상은 이름의 알파벳 순으로 배치되어 있다. 벽에는 폼페이 유적의 모습이나 시저의 흉상 따위가 걸려 있다. 그 많은 아이들 가운데서 그와 같은 장식물을 통해 시대를 초월한 고전적인 배움을 느끼고 얻는 학생은 거의 없을 것이다. 이런 그림이나 조각품은 결국 학교라는 것이 아이들의 정서 문제와는 아무런 상관도 없음을 상징한다.

교사 또한 그러한 정서 문제에 대해서는 이해하지 못할 뿐만 아니라 하나하나 신경쓸 시간도 없다. 어린이 간의 관계란, 그것이 학교 규율에 위배될 때에만 교사의 관심사가 될 뿐이다. 게다가 교사가 권위를 잃어버리는 경우도 아주 많다. 그는 수많은 어린이를 거느린 하찮은 잔소리꾼에 불과한 존재로 전락한다. 그렇지 않으면 엄한 감독과 징벌에 의해 규율을 유지하는 것으로 만족할 따름이다. 그러나 아이들은 이러한 교사의 존재와 태도에 정서적으로 반응한다. 이는 그들로 하여금 교사의 권위를 적대시하도록 만든다.

스웨덴 영화 〈고통(Torment)〉을 보면 그러한 양상이 지금도 나타나고 있음을 알 수 있다. 교사들과 부모들은 아이들에게 내부지향적 가치관을 주입하는 일에 공동의 책임을 진다. 이 영화에서 악역을 맡은 사람은 가혹하고 위압적이며 신경질적인 예비학교 교사이다. 학생들 모두가 그를 미워한다. 두려워하는 학생들도 있다. 조금이라도 자존심이 있는 학생이라면 그 교사가 아이들과 가까워지고자 아무리 노력을 해도 그와 가까워질 생각조차 하지 않는다.

그 교사에게 반항하는 소년이 주인공으로 등장한다. 그러나 소년이 반항을 하는 것은 자발적이 아니며, 교사 자신이 그렇게 하도록 만들기 때문이다. 그 소년과 친구들은 많은 고통을 받는다. 그러나 그들의 부모와 교사들은 자녀들의 생활을 침범하려 하지 않기 때문에 그들은 그들만의 프라이버시를 유지할 수가 있었다. 심각한 탈선만 없다면 그것은 언제까지나 가능한 일이다. 반항한다는 것 자체가, 반항이 성공하느냐 실패하느냐와는 상관없이 바로 내부지향적 성격이 형성되어 가는 과정의 일부인 것이다.

안토니아 화이트의 소설 《5월의 서리(Frost in May)》도 마찬가지로 내부지향형 인간의 감동적인 모습을 보여준다. 소설의 무대는 한 수녀원 학교이다. 학교에서 학생들을 가르치고 있는 수녀들은 '성격형성'을 위한 수양교육에 많은 노력을 기울이면서 여주인공의 마음속에 깃든 창의성과 개방성을 가차없이 꺾어버리는데, 그녀들이 의지하고 있는 것이라고는 오직 회개와 구원이라는 낡은 금욕주의뿐이었다. 그녀들의 억압으로 인해 학생들은 교회 규율을 깨뜨리거나 이에 굴복하고, 또는 거기서 달아나거나 교회의 일원이 된다. 그러나 학생들은 절대로 수녀들에게 마음의 문을 열어 가까워지려 하지 않는다. 전교생이 똑같이 입는 교복도 사관학교나 마찬가지로 교사들과 학생들 사이의 뚜렷한 신분 차이와 구속력을 상징하는 것이다.

우리는 결국 이 모든 이야기를 다음과 같이 요약할 수 있을 것이다. 곧 내부지향 시대의 학교는 주로 비인격적인 문제들만을 관심사로 삼았다고.

남학생과 여학생은 엄격히 격리되었고, 교육은 아이들이 아무런 정서적 매력도 느끼지 못하는 지적(知的)인 내용에만 집중되어 있었다. 화술까지도 여성의 화장과 마찬가지로 지극히 비인격적이었다. 학생들은 주관을 가진 '자기 자신'이 될 것을 요구받지 않았으며, 학교 자체도 '참된 생활'의 터전이 되고자 하는 열의가 없었다.

교사들은 독신형이든 모성형이든 취미생활이나 교우관계 분야에서 학생들의 사회화를 도울 생각은 거의 하지 않았다. 부모들은 검소한 복장이니 정직한 수험태도니 하는 따위의, 학교생활과 직접적인 관련을 갖는 특정 규율에 관해서는 선생들이 강제력을 행사할 수 있도록 허락했다. 또 사회적인 출세와 직접 관련되는 특정 처신방법을 강제하는 것까지도 허락했다. 그러나 부모들은 인종적 평등과 경제적 민주주의를 확보하기 위해서라 할지라도 교사들이 학생의 사교생활에 간섭하는 것만은 절대로 허용하지 않았다. 교사들은 오직 학생들에게 교과과정을 가르치는 일만을 담당했을 뿐 그들이 그 과목을 좋아하는지 싫어하는지, 또는 친구들과 잘 지내는지 그렇지 않는지에 관해서는 관여할 입장이 못 되었다. 그래서 오늘날 진보주의 교육에서처럼 먼저 학생을 일정한 집단 속에 넣고 그가 환경에 잘 적응하는지 알아본 다음에 정식 입학 여부를 결정하는 그래머 스쿨(grammar school) 제도란 내부지향 시대의 교사로서는 상상조차 못할 일이었다.

그러나 교사와 학생들 간의 사회적 거리가 아무리 멀더라도 학교 교육이 지적 능력 개발을 무조건 중요시하고 있다는 사실은 내부지향적 성격을 형성하는 과정에 매우 중요한 역할을 한다. 그런 교육은 아이들이 무엇을 성취할 수 있느냐에 초점을 맞출 뿐 아이들이 얼마나 귀여우며 얼마나 협동심을 발휘하느냐 하는 점 따위는 문제가 아님을 강조한다. 물론 그러한 기능과 능력을 판정하는 기준의 객관성에 관해서는 현재 많은 의문이 제기되고 있다. 예컨대 지능 테스트와 필기시험 등에 계층적인 편차가 있다는 문제가 그렇다. 그러나 내부지향 시대의 학교에서는 그러한 편차를 당연한 것으로 여겼다. 그리고 그런 기준들을 무조건 받아들였으며 달리 바꿀 수 없는 것으로 생각했다. 이런 이유로 성공하는 자나 실패하는 자 모두 그들 마음속에 이와 같은 기준들이 새겨졌다. 그들은 그 기준을 진실로 주어진 것으로 받아들였으며, 절대로 강제에 의한 것이라고는 생각하지 않았다. 그리하여 학교는 개인의 삶의 방향을 결정짓는 목표이자 아주 명백한 인생관을 아이들에게 심어주었다. 이는 정확히 가정의 요구와 일치하는 것이었다.

아이들은 성적 순위에 따라 자신들의 위치를 확실히 알고 또 안정감을 얻을 수 있었다. 그런 안정감은 현대의 타인지향적 진보주의 학교에서는 얻기 어렵다. 하지만 위치나 안정감이야 어떻든 간에 이런 교육제도가 낙제생을 비참한 처지에 빠뜨린다는 사실을 잊어선 안 된다. 여기서 성적이 나쁜 아이들은 대부분 낙오자가 된다. 그들을 심리적으로 구할 방법은 거의 없다. 학교 성적은 두뇌와 신분과 올바른 품행으로만 올릴 수 있다. '퍼스낼리티'나 '문제'가 중시되는 현대 학교와는 대조적인 모습이다.

때때로 몇몇 실패한 자들이 반항으로 응수하는 경우도 있다. 그러나 그것마저 학교 당국의 가차없는 조치에 의해 일정한 틀 안에 맞춰진다. 그 틀은 보통 볼품없는 모양을 하고 있다. 간혹 프런티어 같은 사회적 유동성의 기회들이 낙제생들에게 빠져나갈 구멍을 주기도 한다. 또 때로는 반항하던 문제아들이 전설 속 주인공처럼 자신의 문제점들을 극복하고 돌아와 다른 문제아들의 고통을 덜어주고 그들에게도 미래에 대한 희망을 품게 해주는 경우도 있다. 그러나 대개는 그렇지 못한다.

아이들에게 안정감을 심어주는 학교 교육의 표준은 그야말로 절대적이기 때문에, 설사 실패하는 아이들이라 할지라도 그 표준만은 뒤처진 마음속 깊이 자리잡게 된다. 뒤처진 아이들은 뒤떨어졌을 때 정서적 충격을 받는다. 그 충격의 파괴력은 놀라울 정도이며 가끔 돌이킬 수 없는 결과를 낳기도 한다.

타인지향 단계에서 교사의 역할

어린이들을 내부지향적 학교 교육의 폐단에서 해방시키기 위해 시작된 것이 이른바 진보적 교육이다. 내부지향적 방식은 어린이의 재능을 파괴하고 의지를 꺾는다는 것이다. 그리고 그런 폐단은 내부지향적 성격이 확고하게 뿌리를 내림으로써 누가 봐도 안정적이고 건강해 보이는 아이들에게도 나타난다.

진보적 교육의 목표와 성과는 어린이의 개성을 길러내는 것이다. 그리고 그 교육방법은 교사들이 어린이의 지적 능력만을 중요하게 생각하지 않고 그 밖에 여러 개성적인 면들을 더 중요시해서 관심을 기울이는 것이다. 그러나 오늘날 그 진보적이라는 교육은 이미 더 이상 진보적이라 말할 수 없게 되어버렸다. 사람들이 날이 갈수록 더욱 타인지향적으로 변화해감에 따라, 한때 어린이들을 속박에서 해방해준다던 교육방법은 이제 어린이의 개성을 향상하고 보호하기는커녕 오히려 점점 더 좌절시키는 역기능을 드러내게 되었다.

그 사정을 짧게 설명하자면 다음과 같다. 진보적 교육방법의 결과 어린이들의 취학 연령이 낮아졌다. 두 살이나 다섯 살 정도의 아이들도 학교에 다니게 됐다. 그들은 학교를 예전처럼 무서운 어른들이나 따분한 공부와 연결짓는 것이 아니라 재미있는 놀이와 자애로운 어른들과 연결짓게 되었다. 자애로운 어른들, 즉 교사들은 점차 젊은 대학 졸업생들로 바뀌어 가고 있다. 그들은 대학 교육과정을 통해, 아이를 가르치면서 지식 향상보다는 사회적·심리적 적응성 계발에 더 관심을 두도록 배운 사람들이다. 그들은 심지어 머리 좋고 성적이 우수하다는 것을 일종의 사회적인 부적응을 나타내는 증거로 생각하기에 이른다. 이들 신식 교사들은 전에 비해 상당히 전문화된 사람들이다. 그들은 아이들을 '이해한다'고는 말하지 않지만 심리학자 게젤의 '5세 아동연구'니 '9세 아동연구'니 하는 따위의 전문서적을 공부했음을 자랑스럽게 생각한다.

교사들이 이런 폭넓은 학식을 갖춘 덕분에 아이들은 학교에 대해 불신감을 품거나 자기들끼리 뭉쳐 반역을 일으키는 일도 없어졌다. 또 신식 교사들은 과거의 교사들이 생각도 못 했던 일까지 해낸다. 즉 아이들의 사회화를 돕는 일이다. 이를테면 신식 교사들은 소비나 우정이나 환상 같은 영역에서도 아이들과 함께 어울린다. 오늘날 미국이 누리는 풍요로운 사회는, 이 정도의 개인주의와 '불필요한' 학교 교육은 얼마든지 용납할 수 있는 것이다.

교실 안의 물리적인 사물 배열, 이를테면 좌석 배치나 나이에 따른 구분 또는 실내 미화도 교사의 기능 변화를 잘 나타내고 있다. 먼저 남녀를 따로 떼어 놓지도 않는다. 좌석 배열도 매우 '불규칙적'이다. 예전과 같은 이름 알파벳 순의 배열은 사라지고, 그 대신 같이 노는 친구들을 한곳에 모아주는 '사회측정 (sociometric)' 형식이 도입되어 있다. 그러나 이러한 배열은 곧 새로운 문제를 일으킨다. 즉 어느 자리에 앉느냐가 문제이다. 앉는 자리에 따라 사교와 우정에서 그가 차지하는 위치가 정해지기 때문이다. 게젤의 심리학적 등급 분류는 과거 내부지향 시대의 성적에 따른 구분만큼이나 엄격하다. 지적인 수준이 높든 낮든 상관없이 아이들은 자기들의 사회적 동료집단이라고 여겨지는 아이들 사이에서 놀아야 한다.[7]

아이들이 쓰는 책상도 모양이 달라지고 있다. 책상은 대부분 무엇인가를 숨길 수 있게 만들어진 고정된 것이 아니라 겉으로 드러난, 책꽂이가 달린 채 이리저리 움직일 수 있는 것이다. 교사도 이제는 칠판을 등지고 교단 위에 떡 버

---

7) 하워드 베커("Role and Career Problems of the Chicago Public School Teacher", 미출간 박사논문, University of Chicago, 1951)는 월반이나 낙제·유급 등의 처분이 취해지지 않게 된 뒤 교실에서 어떤 결과가 일어났는지 관찰했다. 교사들은 나이는 같지만 능력과 의도가 다른 각각의 학생들을 사고방식의 유형에 따라 두세 그룹으로 나누었다. 그룹 간의 이동은 바람직하지 않은 것으로 여겨졌고 아이들은 그룹 친구들을 모방하도록 교육받았다. 아마 교사 본인은 내부지향형 인간이었을 테지만 입장상 그녀는 이처럼 학생들의 타인지향성을 장려하게 되었다. 다음에 인용한 베커의 인터뷰 내용은 아이들의 주말을 좀 더 재미있게 만들어주기 위해 한 교사가 어떻게 타인지향성을 조장했는지 잘 보여주고 있다. "나는 담임을 맡으면 먼저 조사를 하며 한 학기를 시작한다. 아이들 한 명 한 명에게 주말에 무엇을 했느냐고 묻는 것이다. 최근 2, 3년 동안 아이들은 점점 더 이런 대답을 하기 시작했다. '토요일에 쇼 구경을 갔습니다. 일요일에도 쇼 구경을 갔습니다.' 나는 25년 동안 교사생활을 했지만 전에는 이런 현상을 본 적이 없었다. 아이들은 좀 더 재미있는 일을 하고 있었다. 쇼만 구경하는 게 아니라 여기저기 돌아다녔던 것이다. 그래서 나는 그러지 말고 좀 더 재미있는 일을 하라고, 박물관이나 야구장 같은 곳에 가라고 타일렀다. 그러자 학기가 끝날 무렵에는 토요일, 일요일에 쇼 구경을 갔다고 말하는 것을 아이들이 다소 창피하게 여기는 것 같았다. 그런 곳에 갔다고 말하면 남들이 비웃을까 봐 염려하는 것이었다. 그래서 아이들은 재미있는 일을 하려고 노력하게 되었다."

티고 서 있는 것이 아니라 학생들 틈에 섞여 있다.

무엇보다도 벽 모양이 완전히 바뀌었다. 요즘 초등학교 교실 벽에는 아이들의 그림이나 사회 과목에서 배운 그래프 또는 도표 등이 잔뜩 붙어 있다. 이같은 전시물은 오늘날 아이들의 경쟁적인 문제를 경쟁적·현대적으로 상징한다. 그것들은 비인격적인 존재에서 벗어난 교사들과 마찬가지로 이제는 인격적인 존재가 되어 있다. 진보적인 방식처럼 보이기도 하고 창의성과 개성에 대한 존중의 표현처럼 보이기도 한다. 그러나 여기에는 역설이 있다. 학교는 물론 성적이나 성적표 같은 것을 중요하다고 강조하지는 않는다. 그러나 벽에 붙여놓은 아이들의 작품은 아이들을 향해 이러한 질문을 던지고 있을지도 모른다. "거울아, 벽에 걸린 거울아, 우리 중에 누가 제일 잘났니?"

벽에 걸린 아이들의 그림이나 도표들은 사춘기를 맞이하지 않은 아이들의 놀랍도록 풍부한 상상력을 드러내 보이는 데 반해 학교 자체는 아직도 과거와 마찬가지로 아이들의 꿈을 파괴하는 한 요인으로 작용하고 있다. 그 아이들이 사춘기에 다다를 무렵이면 상상력은 거의 메말라버린다. 남는 것이라고는 예술적 재능이나 예술적 상상력이 아니라 취향과 관심의 사회화일 뿐이며, 그러한 변화는 어린이가 그리는 그림이나 지어내는 이야기에서 나타나는 감각의 획일화와 유형화 경향에서 보이고 있다.

이른바 진보적인 학교의 고학년층에 이르면, 그들이 지어내는 이야기는 대부분 '현실주의적' 특성을 띤다. 이 현실주의는 진보적 교육이념의 여러 이상들에게서 복잡하게 영향받은 것이다.

시저와 폼페이는 상점과 목장 견학으로 바뀌고, 또는 〈라이프(Life)〉지에서 잘라낸 지도나 〈위클리 리더(Weekly Reader)〉로 바뀐다. 그리고 아이들은 동화 대신 기차·전화·잡화상에 관한 현실적인 이야기를 읽고, 더 자라서는 인종 문제나 유엔, 라틴아메리카에 관한 책을 읽는다. 다만 거기에는 언제나 현실주의가 존재한다.

이러한 교실 안의 물리적 배열 변화와 학과 주제의 변화는 교사와 학생 사이의 장벽을 허물어버리는 데 도움을 준다. 나아가 학생과 학생 사이의 장벽도 무너뜨림으로써 타인지향적 사회화의 전주곡이라 할 신속한 취향의 순환과 교류를 가능하게 한다.

내부지향적인 아이들은 자신의 작문과 그림을 자기 혼자서만 즐기고 몰래 침대 밑에 감추지만(마치 어른들이 일기를 써서 감추듯), 타인지향적인 아이들은 자기의 작문을 친구들한테 읽어주고 자기 그림을 벽에 붙여 놓는다. 놀이에 대해 살펴보자면, 과거에는 과외로 즐기거나 개인적인 취미로서만 소규모로 행해지던 놀이가 요즘에는 아예 학교 행사로까지 여겨져 일종의 현실주의적인 교육목표를 위해 봉사하도록 되었다.

이런 상황 아래에서 교사의 역할이란 결국 '여론 지도자(opinion leader)'라 해도 괜찮을 것이다. 선생은 좀 더 선진적인 도시문화권에서 전해오는 취향에 관한 메시지를 아이들에게 전파하는 사람이다. 선생은 아이들을 향해, 정말로 중요한 것은 흔히 말하는 근면이나 학습이 아니라 집단에 대한 적응력과 협동심, 그리고(세심하게 규격화되고 한정된) 창의력과 리더십이라는 점을 전달해준다.

특히 중요한 점은, 교사가 아이들에게 주입하고 또 요구하는 협동심과 리더십은 보통 내용이 없다는 사실이다. 유치원에서 아이가 트럭을 가지고 노느냐 모래를 가지고 노느냐는 그리 중요하지 않다. 그러나 무엇을 가지고 놀든지 간에 그 물건을 매개로 해서 다른 아이와 노느냐 안 노느냐 하는 것은 중요한 문제가 된다.

물론 아주 소수이기는 하지만 정말로 진보주의적인 학교가 전혀 없는 것은 아니다. 그런 학교에서는 아이들은 돌턴 플랜(Dalton-plan)이나 그와 비슷한 플랜에 따라 자기가 좋아하는 일을 할 수 있다. 그들은 자기가 받고 싶은 교육을 마음대로 선택할 수 있고 교사의 도움을 받을 수도 있다. 이런 경우에는 진지한 목표 달성을 위한 작업을 둘러싸고 정말로 필요하고 의미 있는 협력이 가능하다.

그러나 이런 예는 극히 드물다. 대부분은 교사가 권위를 손에 쥐고 휘둘러대는 것이 보통이다. 오로지 그 동료라 할 수 있는 타인지향적 부모와 마찬가지로 권위를 설득이나 조작술이라는 복면 뒤에 감추고 행사할 뿐인 것이다.

교사는 수업 계획을 마음대로 결정한다. 그러나 이는 대체로 아이들의 능력을 과소평가해서 세워진 계획이다. 아이들은 가만히 내버려두면 고도로 추상적인 문제에 강한 호기심을 느끼게 마련인데, 교사는 아이에게 그런 능력이 있다는 것을 모른다. 교사들은 수학을 '구체적'인 문제로 설명해주고 어학을 재미있게 가르치며 역사 대신 사회생활 과목을 가르치는 등 여러모로 애쓰는데, 이는 아이들의 진도를 늦출 뿐이다. 이런 상황이 극단적으로 확대되면 아이들이 교사와 협력하여 이룰 수 있는 일은 아무것도 없게 된다. 교사들이 다 해주기 때문이다. 그래서 교사들이 아이들을 향해 협동심을 가지라고 말하는 것은 결국 얌전한 아이들이 되라는 말과 다를 바 없다.

언뜻 보기에 그런 요구는 아주 단순한 것 같지만 그렇다고 해서 무심결에 내뱉는 농담은 아니다. 교사들은 그 문제를 아주 엄격하게 다룬다. 지난날처럼 엄격한 처벌방식을 취하지 못하는 교사들은 부모와는 비교도 할 수 없을 만큼 무력한 신세에 놓여 있다. 앞에서도 말했듯이 부모들은 난처한 입장에 놓이게 되면 조금의 죄책감과 비능률적임을 느끼면서도 궁여지책으로 낡은 방식인 체벌을 택한다. 그러나 교사들은 감히 그런 방식을 취할 용기도 없고 행동으로 옮길 생각도 없다. 왜냐하면 아이들이 옳지 않은 행동을 하는 것은 전부 교사의 책임이라고 대학에서 배웠기 때문이다. 더욱이 교사는 수업의 지적 내용에 대해서는 흥미가 없으며, 그런 내용은 교사들의 교무회의나 사친회에서도 논의되지 않는다. 교사나 학부모 등 성인들은 언제나 인종적 관용과 사회적·경제적 차별의 시정 같은 문제에만 관심을 쏟는다. 그리고 공부도 주로 사회생활 과목에 더 치중해야 한다는 식으로 주장하기 때문에 지적 내용이나 재능은 점점 낮아져 가는 것이다.

결국 교사들의 정서적 에너지는 모두 아이들의 집단생활과 인간관계에만 쓰이게 마련이다. 교사의 사교술은 더할 수 없을 만큼 개발되고, 그는 아이들 사이에 존재하는 이른바 파벌을 가려내어 가능한 한 그러한 파벌이 생겨나지 않도록 노력한다. 교사는 또 특정한 아이만 편애하는 일이 없게 스스로를 훈련해야 한다. 선생 노릇을 하려면 모든 아이들의 일반적인 협조가 필요하기 때문이다. 그런 협조만이 교사에게 안심을 줄 수 있다. 교사는 늘 겉으로 상냥하게 대해주고 친근감을 보여주지만 마음속으로는 학생들이 어떤 반응을 보일지 항상 불안해한다. 이러한 태도는 아이들을 매우 당황하게 만든다. 그리하여 아이들은 협조를 하지 않는 것이야말로 세상에서 가장 나쁜 일이라고 생각하게 되지 않을까.

교사는 아이들이 아주 작은 문제에 대해서도 잘 협조하도록 요구한다. 가령 페루에 관해 공부할 것인가 아니면 콜롬비아에 관해 공부할 것인가 하는 일에서부터, 현대국가의 위대한 의식인 선거와 의회정치를 일찍부터 습득하기 위한 반장의 지명이라든가 적십자 모금운동 따위의 사소한 일에 대해서까지 협동심을 발휘하라고 요구하는 것이다. 이를 통해 아이들은 민주주의를 배우는 것처럼 보인다. 그러나 곰곰이 생각해보면 아이들은 결국 재능이나 지능을 희생하여 오히려 생각없이 남의 의견에 따라 행동하기 위한 처세술과 사교술만을 익히는 것이 아닐까. 실제로 무엇인가를 성취할 능력으로서의 재능이 민주주의적으로 발휘될 수 있는 영역은 오늘날 운동경기만으로 한정되어가고 있는 듯 보인다.

현대 학교는 진보적인 사립학교에서 출발해 많은 공립학교로 확대되었다. 이런 학교에서의 소규모 반 편성 가운데 교사가 맡은 역할은 근대적인 공장의 인사관리 부서가 맡은 역할과 비슷한 점이 많다. 그런 부서는 사원과 사원, 사원과 경영자 사이의 협조 문제에 대한 관심을 고조시켜 가고, 기술적인 문제는 오히려 주된 관심의 대상에서 제외하고 있다. 좀 더 선진적인 공장기업에서는 주요 쟁점을 논의하기 위한 민주적인 의사결정 방식을 도입하고 있다. 그것은 임금이나 연공서열제를 결정하기도 한다는 점에서 때로 중요한 의미가 있기도 하지만, 보통은 초등학교에서 아이들이 결정하는 사항처럼 하잘것없는 것일 경우가 많다. 요컨대 타인지향형 아이가 학교에서 배우는 것은 현대사회에서 잘 살아가는 기술이다. 그리고 현대사회에서는 어떤 집단이 무슨 일을 성취하느냐보다 그 집단 내부의 인간관계 즉 규율이 훨씬 중시된다.

동료에 의한 심판

성격형성 요인의 변화 2
개인주의는 두 사회조직 유형 사이의 과도적 단계이다.

W.I. 토머스, 《적응 못 한 소녀》에서

1. 내부지향 단계에서의 동료집단

대가족제도(조부모나 사촌들, 그 밖의 다른 친족을 포함한 전통지향형 가족)의 쇠퇴와 더불어 아이들은 내부지향적 가정에서 이상주의적인 부모의 숨막힐 듯한 억압에 맞닥뜨리게 된다. 이런 가정에서 아이들은 부모의 사랑을 얻기 위해, 또는 부모의 꾸중을 듣지 않기 위해 형이나 누나 또는 동생들과 경쟁해야 한다. 이론상으로는 아이들끼리 단합해서 독재적인 부모에게 대항하는 것이 가능할지도 모른다. 그러나 소설에 나타난 가족생활에서 판단해보면, 부모는 아이들을 상대로 이른바 분할통치를 하고 있다. 한 가정의 형제자매들끼리는 서로 나이가 다르기 때문에 동료집단으로서 행동할 수가 없다. 그래서 어떤 아이든 어떤 시점에서나 자기만의 문제에 부딪히게 되고 그 문제들을 혼자서 감당할 수밖에 없으며, 운이 좋아 봤자 아주머니나 하녀가 그를 편들어줄 뿐이다.

그러나 이런 곤란을 경험하는 덕택에 내부지향적인 아이들은 연령적으로 단계가 정해진 동료집단 없이도 성장·성숙할 수 있는 것이다. 부모들은 아이들이 어떤 일을 시작하려고 할 때 아직 어리니까 안 된다고 말하지는 않으며, 그곳에는 부모에게 그러한 말을 가르칠 '권위자'도 없다.

체스터필드(Chesterfield) 경이 아들에게 보낸 편지에서는, 아이라는 존재는 다만 나이가 어리고 경험이 부족한 어른에 불과하다는 사고방식을 발견할 수 있다. 그리고 이와 같은 생각은 초기 공업사회 문학에서 흔히 볼 수 있다. 체스터필드 경은 열다섯 살 난 아들을 성적으로나 지적으로 충분히 성숙한 사람으로 여기고 편지를 쓰고 있다. 그는 아들에게 필요한 것은 오직 지혜를 쌓고 어른들과 능숙하게 교제하는 기술을 익히는 것뿐이라는 식으로 생각했다.

내부지향적 부모들은 자녀들이 가정 밖에서 사교성 및 협동심을 키우는 일은 부모의 의무가 아니라고 생각한다. 때문에 내부지향적인 어른들 사이에서 자라나는 아이들은 지극히 비합리적인 요구에 부딪히는 경우가 많다. 아이라고 특별히 견제를 받지 않는 대신에 감당하기 힘든 일과 마주해야 하는 것이다.

아이는 이러한 요구와 마주하면 죄의식을 느끼고 어른이 요구하는 대로 살려고 필사적으로 노력하거나 또는 어른에게 반항한다. 그는 타인지향형 아이들이 그러하듯, 어른들이 불합리한 요구나 기대를 할 경우 자기 동료집단을 방패로 삼아 그 요구가 지나치다고 이의를 제기하지는 않는다.

그래서 내부지향 단계에서는 자녀들을 동료집단으로부터 얼마쯤 떼어놓아 고립 속에 키울 수가 있다. 자녀들은 학교에서 친구들과 접촉을 하지만 이는 형식적인 일일 뿐이다. 이른바 가여운 부잣집 귀공자나 귀공녀라는 이미지는 바로 이 시대의 산물이다. 이 당시 아이들은 부모나 가정교사의 감시를 받는 사회적인 포로였다 해도 과언이 아니다.

인구곡선의 각 단계에서 한 가족이나 가정 또는 세대가 차지하는 지리적 위치는 각각 다른 의미를 나타낸다. 잠재적 고도성장 단계에서 가정은 수렵민이나 유목민을 제외하고는 한곳에 고정되어 있다. 그 경우 가정은 사회화 과정의 주요 활동 본거지이며, 그런 위치는 사회화 과정에서 확대가족이 지니는 압도적인 중요성을 상징한다고 할 수 있다.

과도적 성장 단계에서는 청년기에 다다르면 누구나 집을 떠나 다른 곳에 새로운 가정을 꾸려야만 한다. 젊은이는 대체로 미개발 개척지나 신흥도시로 발길을 옮겨 그곳에서 결혼을 하고 정착한다. 그러면 그곳에서 태어나 자라는 아이들의 사회화 과정에서 이 새로운 가정은 결정적인 영향력을 행사한다. 물론 학교나 그 밖의 성격형성 요인들도 가정 밖에서 큰 역할을 담당하며, 그 비중은 갈수록 늘어난다.

초기적 인구 감퇴기에서도 사람들은 여전히 이리저리 이동하지만, 그것은 생산의 신개척지는 물론이고 소비의 신개척지를 찾기 위한 것이다. 자녀들이 좋은 사람들과 만나 사귈 수 있는 곳을 찾아 이동하는 것이다. 오늘날 미국에서 일어나는 인구 이동은 도시에서 다른 도시로 가는 것이든 한 도시 안에서의 이동이든 주로 좀 더 나은 일자리를 얻기 위한 것이지만, 좀 더 좋은 환경과 좀 더 좋은 학교를 찾아가기 위한 것이기도 하다.

오늘날 이처럼 많은 사람이 좀 더 좋은 환경에서 살려고 하기 때문에, 이 압력은 미국 도시 주택의 지역적 가치와 재빠른 유행의 변화와 겹쳐 어느 누구도 한곳에서 안심하고 여생을 보낼 수만은 없게 만든다. 예컨대 아이들이 자라서 자기 집을 구입하여 독립하면 부모는 햇볕 잘 드는 곳에서 건강하게 여생을 보내고 싶은 소비주의적 가치관에 따라 다른 곳으로 이사하려 한다.

이처럼 타인지향형 부모들은 사는 곳을 옮겨 아이들이 접촉하는 환경을 질적으로 향상시키려고 노력한다. 더구나 요즘 부모들은 자식 한두 명만 데리고 도시나 교외에서 살고 있으므로 주거공간은 당연히 좁다. 그러므로 부모는 자라나는 아이들의 활동을 돕기 위해 집 밖에서의 물리적·정서적 공간을 필요로 하게 된다(그동안 노동자층 가족은 공업화 초기 단계에 비해 훨씬 넓은 생활공간을 갖게 되었다. 다만 여기서는 중산계급 가족의 역사만을 다룰 것이다).

다시 내부지향적 아이의 상태로 되돌아와 생각해보자. 그 아이는 형제자매나 나이 차이가 있는 집 밖의 여러 아이들과 어울려 논다. 시골에 가면 아직도 이런 모습을 볼 수 있다. 개울이나 야구장 같은 곳에서 놀고 있는 한 무리의 아이들을 보면 나이가 모두 다르다. 나이에 따라 끼리끼리 뭉쳐서 어울릴 만한 놀이터도 없다. 하지만 '사회적 분별'을 할 수 있는 나이에 이르면 내부지향적인 아이들은 자신이 속한 사회계층의 아이들하고만 어울리게 된다.

그때만 해도 오늘날의 교외 주택지와는 달리 주거지역이 사회계층이나 인종에 따라 구별되어 있지 않았기 때문에 계층의식이란 매우 의식적인 것일 수밖에 없었다. 오늘날에도 남부에서는 백인과 흑인이 공간적으로 매우 맞붙어 살고 있다.

내부지향적 아이에게 5세 이상 15세 이하까지는 성별도 하나의 장벽이 되었다. 왜냐하면 남녀공학이란 그리 흔하지 않았고, 형식적으로 공학 형태를 띤 곳에서도 남녀 구별은 계층 구별보다 더욱 엄격하게 이루어졌기 때문이다. 오늘날에는 6학년이나 7학년 아이들에게 무도회를 열어주는 일이 아주 흔하지만 과거에는 상상조차 할 수 없었던 일이다. 내부지향적 아이들은 이처럼 친구를 선택하는 일이나 자신의 신분 및 선망하는 신분에 대해서 너무나 뚜렷한 한정성을 띠고 있었기 때문에, 오늘날 타인지향적 아이들의 입장에서 보면 너무 '까다로운' 아이로 여겨지기 쉽다.

내부지향적 아이들은 그 지리적 한정성과 금기의식 때문에 10대에 이르면 고작 한두 명 정도 친구를 사귈 뿐이다. 그들도 경우에 따라서는 나이 많은 친척이나 친구 중에서 본받을 만한 인물을 발견할 수 있을지 모른다. 그러나 대개는 비슷한 놀이나 취미에 대해 공통의 흥미를 갖는 친구를 선택한다. 그리고 그 취미는 대체로 매우 개성적인 것이며 어른이 되고 나서도 보통 지속된다.

지금도 영국 남학교에서는 이런 풍조를 찾아볼 수 있다. 이런 학교를 가보면 취미가 없는 아이는 한 명도 없다. 어떤 아이는 오로지 취미생활에만 몰두한다. 취미가 곧 그의 친구인 셈이다. 조류(鳥類) 동호인이니 모터사이클 팬클럽이니, 또는 광물 수집가니 시문학 동인이니 하는 그룹을 지어 우정을 키우는 일도 흔하다.

제15장을 보면 자세히 알게 되겠지만, 취미나 재주 자체가 내부지향을 나타내는 것만은 아니다. 타인지향적인 아이들도 취미를 가질 수 있기 때문이다. 겉으로 보기에는 두 유형의 아이들이 똑같은 취미를 가지는 일도 얼마든지 가능하다. 그러나 똑같은 취미일지라도 그것이 갖는 의미와 사회적 맥락은 전혀 다르다.

내부지향적 아이는 많은 동료들과 어울려서 취미생활을 즐기는 일이 아주 드물다. 물론 우표수집 같은 것은 예외로 하더라도 말이다. 이 경우 같은 취미를 지닌 아이들이 서로 만나는 것은, 목장 경영자들이 저마다 좋아하는 품종에 관해 열심히 논의하는 것과 마찬가지로 매우 전문적인 세부 정보를 나누기 위한 행위일 따름이다. 그리고 그들은 그런 만남 자체도 절실하게 바라지 않는다. 그들은 앞서 설명한 '한계적 특수화'를 유지하는 문제에 대해서는 전혀 신경 쓰지 않는다. 타인지향적 취미생활에서는 바로 그렇게 타인을 의식하는 일이야말로 중요한데 말이다. 내부지향적인 아이들은 남이 자신과 다른 취미를 갖고 있다 해서 동요를 일으키는 일이 없으며 오히려 자신의 특이성에 자신감을 갖는다. 그 특이성은 널리 존중을 받을 수도 있었다.

그런데 여기서 독자들에게 해둘 말이 있다. 이 말을 지나치게 회고하는 투로 받아들인 나머지 《펜로드(Penrod)》나 《허클베리 핀(Huckleberry Finn)》에 나오는 아이들 세계나 독자 자신의 이상화된 소년시절 따위와 연결지어 생각해서는 안된다. 이는 내부지향적 아이들의 한 단면에 불과하기 때문이다. 스포츠나 학문 분야에서 동료집단 내부의 아이들은 코치나 교사 또는 다른 어른들의 도움과 감독 아래 심한 경쟁을 하게 된다. 초등학교나 중학교에서 상위권에 있던 소년 소녀들도 고등학교에 올라가 좀 더 심한 경쟁에서 이기지 못할 때는 완전히 좌절하고 만다. 그런 경쟁에는 참으로 많은 위험이 도사리고 있다. 그러나 내부지향적인 아이들은 자기들이 옛날부터 주입받은 인생 목표를 도저히 이루지 못하리란 생각이 들어도 좀처럼 체념하지 못한다. 더욱이 부모나 교사는 심리적으로 단순 소박한 탓에, 일만 열심히 하고 몸가짐이 단정하고 태도가 공손하면 무조건 모범적인 청소년이라고 치켜세우기 쉽다.

그런데 이보다 더 중요한 점이 있다. 대다수 내부지향 소년들의 생활이란 외롭고 쓸쓸하게 마련이다. 그것은 가정에서나 바깥에서나 마찬가지이다. 가정과 학교, 그리고 그 중간 지점들은 한결같이 괴롭고 고통스럽고 오해받는 곳이다. 외로운 아이에게 가까이 다가와서 이해심을 발휘하거나 말을 걸거나 충고를 해줄 만한 어른은 찾아볼 수가 없다. 애초에 어른들이란 아이들의 유희 따위는 대수롭지 않게 여긴다. 오히려 아이가 장난에 너무 열중하면 꾸중을 하고, 일을 게을리해도 꾸중을 한다. 사회성을 중시하는 요즘 교사라면 학생들의 그룹 편성에 세심한 주의를 기울일 것이다. 행여나 외톨이 학생이 생기지 않을까 염려스럽기 때문이다. 그러나 내부지향 사회에서 그런 교사는 없다. 따라서 청소년들이 놀랍도록 속물로 변하는 예는 얼마든지 있다.

린드의 《미들타운(Middletown)》이란 소설을 보면 주인공인 소녀가 실크 양말을 신고 싶어 하지만 가정형편이 어려워 사지 못하자 가출을 하고 학교도 뛰쳐나가는 장면이 나온다. 이처럼 아이들이란 우정이나 따뜻한 이해심 또는 재미있는 놀이 상대를 가질 충분한 자격이 있는데도 그 권리를 깨닫지 못한다. 아니, 실제로 그런 문제에 어른들이 신경을 써줘야 한다는 것조차 깨닫지 못한다. 그들은 그저 침묵한 채 혼자 고민하고 자포자기해서 엄격한 어른들에게 복종할 수밖에 없다.

우리는 현대사회에서 살아가고 있기 때문에 내부지향의 이러한 결점을 오히려 미덕이라고 생각할 수 있는 것이다. 내부지향성이 우세한 사회에서는 외로움이나 심지어 박해까지도 최악의 것으로는 여겨지지 않기에 이르렀다. 곧 내부지향 사회에서는 부모나 경우에 따라서는 교사들도 엄청난 도덕적 권위를 내세워 아이들을 대했다. 그러나 동료집단은 그것이 매력적이든 또는 반대로 귀찮은 존재이든 아이들에 대한 도덕적 권위는 거의 없었다.

어른들은 아이들의 생활에 끼어들어 지도를 하거나 도와주려 하지 않는다. 그런 한편 아이들에게 군중의 일부가 되어 마음껏 즐기라는 식으로 요구하지도 않는다.

2. 타인지향 단계에서의 동료집단

타인지향이 지배하는 시대에 이르면 부모는 한때 절대적이던 그 역할을 잃게 된다. 아버지는 더 이상 '통치자'로 군림하지 못하며 아이들의 지도자를 선임할 권리마저 없다. 가정교사나 할머니 같은 권위적인 어른들 또한 흔적도 없이 사라져버리거나, 존재하더라도 그 역할은 전혀 달라진다. 그들의 새로운 역할이란 그저 아이들의 동료집단 교제를 촉진하거나 조정하는 것이 고작이다. 그것은 마치 교사들의 역할과 다를 바가 없다. 그리고 그 역할은 오늘날 어른들의 교회 모임에서 대부분의 목사들이 맡는 역할과 비슷하다. 그들은 주로 권위적인 도덕률을 논하는 것이 아니라 규율 문제를 논하고 있는 것이다.

게다가 앞서 말한 것처럼 타인지향적인 아이가 성장하는 도시란 지역적으로 드넓고 사회적으로 계층화되어 있기 때문에(도심과 교외 주택지가 하나의 원을 그리며 계열화되어 있는 그대로) 자연히 뚜렷한 연령별·계층별 등급사회가 형성된다. 그래서 아이들을 같은 또래와 같은 사회계층의 아이들과 함께 학교에 보내고 놀이터에서 놀게도 하며, 여름에는 캠프에 보내기에 안성맞춤이다.

만약 어른들을 판사에 비유한다면 그런 동료집단은 배심원이라 할 수 있을 것이다. 그리고 판사는 배심원의 권한을 늘리는 여러 규칙 때문에 위축되어 있다. 이런 제도는 관습법을 채택하고 있는 다른 나라에서보다 특히 미국에서 더 두드러진다. 이와 마찬가지로 미국의 동료집단들이 휘두르는 위력은 다른 어떤 곳의 중산층 경우보다도 막강하다.

재판

내부지향적인 부모는 자녀에게 청결 유지와 화장실 청소 등 집안일을 하나의 '의무'로서 훈련시킨다. 반면에 타인지향적인 부모는 그런 의무는 강요하지 않는 대신, 그와 똑같은 극성스러움으로 의식적이든 무의식적이든 사교생활에 대해 자녀를 훈련시킨다.

오늘날 부모들은 옛날 부모들이 결혼을 중개하듯이 3, 4세 꼬마들의 모임을 마련해주는 무대 연출가나 다를 바 없다. 유아를 기를 때에는 '요구에 따라주는 방식'이 바람직하다고 여겨지지만, 아이의 요구대로만 해주는 방식은 그 아이가 가정 밖에서 사회화 과정을 밟기 시작할 무렵에는 더 이상 통용되지 않는다. 어머니는 이제 운전사 겸 매니저 역할을 한다. 그리고 부모는 현대사회에서 중요시되는 자녀의 재능, 특히 친구들과 잘 사귀는 재능을 개발하기 위해 매일 노력을 기울인다. 본디 아이들은 자기가 좋아하는 친구를 고르며 때로는 친구로서 한 사람만 고르기도 한다. 하지만 감독자인 어른들은 아이들의 이런 점을 전혀 이해하지 못하는 경우조차 있다.

이리하여 자녀들은 공통의 기질이나 성향 등 눈에 보이지 않는 사항을 토대로 한 동료집단이 아니라 어디까지나 사회성을 공통 요소로 한 동료집단 틈에 끼게 된다. 그러나 두 동료집단 사이에 눈에 띄는 차이점이란 존재하지 않기 때문에, 아이들은 이런 눈에 보이지 않는 차이점을 스스로 깨닫거나 정당화하기가 매우 어려워진다. 표면적인 행동의 차원에서는 대부분의 경우가 일정한 유형으로 규격화되어 있다. 어떤 아이든 육아법이나 놀이 방법의 '유행 주기'의 특정 단계에 있어 이를테면 5살 또는 6살배기 아이의 문화라는 식으로 세분화된 문화에 참가하게 된다. 이미 살펴본 바와 같이 바로 이와 같은 규격화 현상이 있기 때문에 부모들의 힘은 약해진다. 어떤 부모들이 그 규격에서 일탈하는 경우에는 그것이 부모 자신이나 자녀들에 의해, 그들의 경험 부족과 부적격을 드러내는 행위로 낙인찍히는 것이다.

이런 분위기 속에서 어른들은 자녀가 동료집단 사이에서 모든 일을 잘해 나가기를 안타깝게 바랄 수밖에 없으며, 주변환경에 잘 '적응'해나갈 수 있도록 항상 배려하는 것이다. 부모 또한 자기 자녀와 다른 아이들 사이의 눈에 보이지 않는 차이점 같은 것은 무시하기까지 한다. 만약 차이점을 인정하게 되면 그것은 아이의 적응이 잘 이루어지지 않고 있으며 부모가 사회의 일반적 육아법을 정확히 알지 못함을 입증하는 것이기 때문이다.

이런 사회환경 속에서 자라나는 아이들 대부분은 놀랄 만큼 빠르게 세상 일을 배워나간다. 아이들의 지능개발을 지도하는 권한을 지닌 어른들 자신조차(그들은 실제로 아이들의 지능발달을 지연시킨다) 현대사회의 온갖 일에 부딪치는 과정에서 타인지향형 아이들이 실제로 얼마나 세속화되었는지 느끼지 못할 정도이다. 아이들은 도무지 수줍어할 줄 모른다. 그들은 어른이나 이성 앞에서 전혀 머뭇거리지 않는다. 그들은 이성친구와 같이 무도회나 파티에 가고 학교 안에서나 밖에서나 거침없이 함께 어울린다. 나아가 이런 적응력은 아이들로 하여금 어떤 사회적 유동성에 대비하도록 한다. 그런데 이 유동성은 내부지향 시대의 입신출세에 따른 유동성과는 사뭇 성질이 다르다.

내부지향적 입신출세의 경우 사람들은 계단을 한 계단씩 올라갔다. 그들은 거기서 만나는 새로운 친구들의 지식과 사교성 수준을 좀처럼 따라잡지 못하거나, 또는 거꾸로 자신이 얻은 새로운 지위에 어울리는 말과 행동을 익히려고 어설프게 애를 썼다. 그들은 사회적 지위가 올라감에 따라 때로는 자신의 거친 매너와 천박함을 그대로 고수하기도 하고, 또 때로는 고통을 참으면서 새로운 지위에 어울리는 새로운 매너를 익히려고 노력했다. 그런데 어떤 쪽이든 그 사람에게 요구되는 규준 또는 행동규범은 매우 뚜렷한 것이었다. 그러나 이와는 대조적으로 타인지향적인 아이들은 새로 사귀는 모든 동료들과 보조를 잘 맞추면서, 온갖 사회적 지위 사이의 복잡한 차이가 존재하는 세계에 거의 자동적으로 적응할 줄 안다.

이와 같은 타인지향적 사교성의 적극적·긍정적인 측면을 염두에 두고, 동료집단이 아이에게 무엇을 가르치고 어떤 영향을 주는지보다는 무엇을 억누르는

지 관찰해보자.

오늘날 아이들은 6, 7세만 되면 으레 '저 애는 너무 우쭐거리는데!'(또는 '쟤 좀 잘난 척하는데!') 하는 따위의 말을 곧잘 쓴다. 이것은 타인지향적 성격을 형성하는 데 있어 동료집단의 역할을 잘 상징하는 말이다.

동료집단은 한 구성원이 지나치게 돋보이거나 표준에서 벗어날 경우, 그를 어떻게든 틀에 맞추려고 한다. 유년기에서 소년기에 이르기까지 지나치게 튀는 것은 최악의 실례로 여겨진다. 이것은 마치 내부지향 시대에 부정직한 태도를 악덕으로 여겨 물리친 것과 마찬가지이다. 오늘날 특별하다는 것은 용납되지 않는 것이다.

동료집단의 행동규범에 비춰본다면 원만하지 못한 성격이나 질투 또는 침울한 성격 등도 죄악이다. 그래서 모든 고집스러운 부분이나 독특한 자질 또는 나쁜 성격들은 배척을 당하거나 억제된다. 그런데 동료집단의 인물평이나 판정이라는 것도 순전히 그때그때의 주관적 취향에 따른 것이기 때문에 그 판정 표현은 지극히 모호한 형태로 나타날 수밖에 없으며, 표현방식이 끊임없이 변덕을 일으키게 된다. 가령 인간을 나타낼 때는 다음과 같은 온갖 말들이 임의로 사용된다. 귀엽다, 야비하다, 미련하다, 멋지다, 좋은 녀석이다, 최고다, 몹쓸 녀석이다 등 구체적 내용이 없는 말들이 그것이다.

이것이 사회생활에도 그대로 적용된다. 우리는 아이들에게 '너는 누구 옆에 앉고 싶으냐?'라든가 '누구 옆에 앉기 싫으냐?'라는 질문, 또는 '누구를 친구로 사귀고 싶으냐?'라든가 '누구를 리더로 뽑고 싶으냐?'라는 식의 질문을 곧잘 하는데, 그렇게 질문해보면 여기서 이야기한 판단 기준의 모호성이 금세 드러난다. 그러나 표현은 확실치 못하다고 해도 동료집단의 판정은 매우 단순한 취향을 바탕으로 하고 있으며 그에 따라 아이들은 서로에게 등급을 매기고 있으므로, 그들의 이러한 판정은 일관된 척도에 따라 의미를 지닌다.

동료집단의 판정이라는 것은 취향 문제이다. 그러나 그 판정 규준이 제아무리 도덕률이나 우연성과는 무관한 취향의 문제라 할지라도, 어떤 아이도 그와 같은 판정을 쉽사리 무시하지는 못한다. 아니, 과거 어느 때보다 그런 판정에 크게 좌우된다고 해도 과언이 아니다.

만약 동료집단이(도시중산층의 경우에 한해서) 거칠고 못된 악동들이라면, 아이는 그들의 지배에 저항하며 도덕적인 분노를 폭발시킬 수도 있다. 그러나 대부분의 동료집단은 다정하고 관대하다. 마치 타인지향적 사회에서 자녀 훈련을 맡은 어른들과 마찬가지로. 그 동료집단은 어디까지나 정정당당한 대결을 강조한다. 집단의 가입 조건도 합리적이고 이해할 만한 것들이다. 그러나 그렇지 않은 경우일지라도 도덕적 분노란 이미 시대에 뒤떨어진 것이 되어버렸다. 그래서 아이들은 자신의 도덕관이나 다른 어른들의 도덕기준에 의한 어떤 변론도 없이 그대로 배심원들의 심판에 맞닥뜨리도록 방치된 셈이다.

오늘날 도덕이라는 것이 있다면 그것은 개인이 아닌 집단의 독점물이다. 또설사 그런 도덕이 있더라도, 그것은 집단의 기능이 오로지 재미를 추구하고 즐겁게 노는 데에 있을 뿐이라는 관념에 밀려 흐지부지 감춰지고 있다. 그래서어쩌다가 어떤 아이가 정색을 하고 도덕에 대해 거론한다 해도 그것 또한 흐지부지 묻혀버리고 만다.

사람들 사는 곳의 이야기, 선호의 사회화

동료집단은 아이에게 판정을 내리는 배심원 역할을 하는데, 그 판정은 시시각각 변한다. '좋은 친구'라고 불리던 사람도 하루아침에 '싫은 친구'로 뒤바뀌는 경우가 있다. 그래서 유연성이나 리더십이란 그때그때의 유행이나 풍조에 민감하게 반응하느냐 못하느냐에 좌우된다. 이런 능력을 가질 수 있는 방법은 여러 가지가 있다.

하나는 판정과 취미의 독립성을 인정하고서 그에 대한 자기 주장을 아예 포기해버리는 방식이다. 형사재판에서 반론도 하지 않거니와 유죄도 인정하지 않는 방식과 비슷하다. 또 한 가지 방법은 소비자로서의 의무를 다함에 있어 남다른 자질을 발휘하여 특례로 인정받기를 바라는 방식이다. 이것은 유희적 재능을 발휘함으로써 가능하다. 이런 아이는 운에 따라서는 취향을 선도하고 '여론 조정자'까지 될 수 있으며, 그렇게 될 경우 배심원들에게 막강한 영향력을 미칠 수 있을 것이다.

모든 동료집단마다 특수한 습관과 은어(隱語)를 가지고 있다. 그 집단에서 자신의 안전을 꾀하기 위해서는 어떤 어려운 기술이 필요한 게 아니며, 다만 동료집단의 취향과 표현양식을 배우면 된다. 특히 관심의 대상이 되는 것은 물건이나 소비의 '영웅들'일 수도 있고 동료집단의 구성원 자신일 수도 있다. 거기서 적절한 표현양식을 익히려면 다른 동료들이 어떤 취향을 가지고 있는지 재치있고 민감하게 느낄 줄 알아야 한다. 그리고 서로의 관심사와 취향을 자유롭게 교환하여 점점 친해지는 것이다.

물론 이와 같은 현상은 내부지향적 사회에서도 일부 발견할 수 있다. 오직 다른 점이 있다면 예의범절에 관한 훈련이 소비취향에 관한 훈련으로 대체되었다는 것이다. 형식적인 예의는 깊이 친해지고 싶지 않은 사람을 다루는 수단이라고 생각할 수 있다. 그것은 특히 젊은이와 노인, 남자와 여자, 상층계급과 하층계급 사람들이 뚜렷하게 구분되어 있을 때 그들이 서로 교류하기 위해 어떤 행동규범이 필요한 경우 아주 유용하다. 그처럼 예의는 어떤 사람과 가까워지고자 할 때나 그를 멀리하고자 할 때 모두 이용할 수 있는 수단이 된다.

어떤 사람에게 예의는 아무런 정서적 비중이 없는 단순한 겉치레일 수도 있다. 또 어떤 사람에게는 예의를 통한 인간관계가 고도의 정서적 부담을 가져오기도 한다. 성격이 강박적인 사람이라면 그럴 수밖에 없을 것이다. 그러나 어떤 경우든 예의란 독립된 개인들 간의 관계라기보다는 그 개인이 속해 있는 세밀한 계층적 역할의 대표자들 사이의 관계 문제이다.

이와 비교해볼 때 타인지향형 사이에서 예의 대신 대두되고 있는 소비취향 훈련은 나이와 사회계층이 제각각인 집단들 사이를 연결하는 데는 그다지 효과가 없다. 그것은 오히려 한 개인의 동료집단이나 동년배들 사회의 배심원단 내부에서 더욱 쓸모 있는 도구가 되어가고 있다. 그래서 아이 어른 상관없이 현대 집단 속 사람들은 '캐딜락'이 좋은지 '링컨'이 좋은지, 아니면 '포드'가 좋은지 '시보레'가 좋은지 등의 사소한 논쟁을 벌이는 것이다.

그 경우 중요한 문제는, 다른 사람들의 취향을 끊임없이 알아내고 흉내 내보는 것이다. 그것은 예의가 요구하는 친절과 재미의 상호교환 이상으로 훨씬 간섭이 심한 일이다. 물론 아이들은 늘 동료들과 서로 취향을 말하고 확인하는 것은 아니며, 단순히 상품에 관한 잡담을 나누는 정도일 뿐이다. 하지만 이 상호교류 과정에 일종의 정서적 에너지와 흥분이 따르는 것은 사실이다.

특히 한 가지 확실한 것은 그 과정에서 타인지향형 인간은 '타인'의 변덕스런 한때의 취미에 강렬한 흥미와 관심을 갖게 된다는 것이다. 이것은 전통지향형이나 내부지향형 아이들에게는 생각조차 할 수 없는 일이다. 그런 아이들의 사회화는 이렇게 세밀하게 특수화되어 있지는 않았기 때문이다. 그리고 또 한 가지 사실은, 이 같은 상호관계를 통해 타인지향형 아이는 자신의 레이더 장치가 제대로 움직이고 있는지를 점검할 수 있다는 점이다.

유행의 물결에서 밀려나는 것을 피하기 위해서는 재빨리 새로운 유행을 택할 줄 알아야 하는데, 이러한 현상은 유행에 지배당하는 사회계층 일반의 숨길 수 없는 실태다. 여기서 '타인'과 차이가 두드러지는 것은 위험한 일이다. 그런 위험을 피하기 위해서는 겉모습이나 화술, 매너에 있어서 어제까지의 자기 자신과는 뚜렷이 구별되는 다른 사람으로 빠르게 변신할 줄 알아야 한다. 여기서 우리는 역사적으로 어떤 변화가 일어났는지 알아볼 필요가 있겠다.

유행 전파의 일반적인 형태를 살펴보면, 그것은 사회계층별로 점차 폭을 넓혀 가는 동시에 시간에 비례해서 점진적으로 전파됨을 알 수 있다. 초기적 인구감퇴기의 소비경제나 레저 산업사회에서는 소득 분배나 상품 분배에 관한 유통기구가 훌륭하게 정비된다. 그래서 유행을 빨리 변화시키거나 아주 작은 차이로 상품을 특수화하는 일도 가능하게 된다. 왜냐하면 후기 단계의 대량생산과 대량공급은 생산품의 양적 차이뿐 아니라 질적 차이를 크게 증대시키고 또 그것을 필수적으로 요구하기 때문이다.

이는 한계적 특수화에 대한 독점적인 노력의 결과라고 볼 수도 있지만, 더 나아가 갖가지 상품의 디자인과 생산 및 분배를 가능케 하는 기계와 조직이 생겨난 덕분이기도 하다. 그리고 이에 따라서 오늘날 소비자는 공업화 초기의 소비자들보다 훨씬 많은 것을 배워야만 한다.

한 가지 실례를 들어보자. 오늘날 미국을 방문하는 외국인들은, 사회적 신분에 따라 옷을 다르게 입는 유럽과는 달리 미국에서는 백화점 여직원이나 사교계 귀부인이나 영화배우나 모두 같은 옷을 입는다는 사실을 알게 될 것이다. 그러나 미국인들 입장에서 보면 그러한 판단은 잘못된 것이다. 아니, 미국인이 미국 사회에서 잘 살아가려면 그것이 잘못된 판단임을 알지 않으면 안 된다. 왜냐하면 똑같아 보이는 그 복장들 사이에도 실은 질적 차이가 존재하기 때문이다. 실제로 상류층 미국인의 복식에는 어딘가 자연스러움을 나타내려고 애쓴 흔적이 있다. 노동자 등 하류층의 옷에는 그와 반대로 어딘가 격식을 갖추려고 애를 쓴 흔적이 엿보인다. 그러나 이와 같은 차이는 예의가 중요시되던 시대에 비해 거의 눈에 띄지 않게 되었다.

현대 미국 사회에서는 아주 나이 어린 아이들까지도 텔레비전 모델이나 자동차 디자인, 또는 각종 기차의 성능 등 아주 사소한 일로 열띤 이야기를 나누는 모습을 곧잘 볼 수 있다. 이런 이야기는 자기들이 얼마나 능숙한 소비자인가를 확인하려는 것이며, 실제로 구매력을 발휘할 나이에 이르기 훨씬 전부터 그들은 그런 잡담을 즐기는 것이다. 그리고 그들 자신에게는 구매력이 없을망정, 가정에서는 이 어린아이들의 의견이 상당한 영향력을 발휘하는 경우도 많다. 부모가 도저히 그런 물건을 구입할 능력이 없더라도 아이들은 그런 식의 상품평가를 즐기는 것이다. 또 실제로 돈 있는 사람만 소비자 훈련을 받는다면 경제도 침체될 것이 분명하다.

취미의 사회화 폭이 넓어졌다는 사실은 내부지향 시대에서 현재로 넘어오는 동안 일어난 또 다른 결정적인 변화를 예로 들어서 증명할 수도 있을 것이다. 과거 내부지향 시대에는 예의와 계층질서에 따라 생활의 어느 특정 분야는 사생활이라는 고유의 영역으로 인정되었다. 그래서 그 분야를 침해하거나 그런 침해를 허용하는 것은 예의에 어긋나는 일로 여겨졌다. 그러나 오늘날에는 자신의 생활 가운데 동료집단이 흥미를 가지고 있는 분야라면 그게 어떤 분야이든지 상대와 의견을 나누면서 사생활을 공개해야 한다. 그래서 〈레이디스 홈 저널(Ladies Home Journal)〉의 '젊은 세대의 초상'이란 연재기사처럼 젊은 여성들은 친구들과의 대화를 통해 자기 연인과 어떤 식으로 애무를 즐기고 있는지 털어놓아야만 유행에 뒤떨어지지 않는 것이라고 인식되기에 이르렀다.[1]

이처럼 연애편지를 주고받는 것은 이미 구시대의 낡은 방식이 되어버린 데 반해 진지한 정사(情事)에 관한 사생활 공개는 오히려 새로운 유행이 되어버린

---

1) 어떤 학생이 나에게 이런 편지를 보내온 적이 있다. '남자들끼리 모이면 성적인 경험을 숨길 수 없게 됩니다. 상대 여자의 이름에서부터 그 날짜, 그 여자를 정복했을 때의 온갖 사소한 일까지도 전부 자세히 털어놓아야만 합니다. 동료집단 안에서 문제가 발생하는 것은, 상대 여자에게 진지한 감정을 가지고 있는 사람이 억지로 자백을 강요받을 경우입니다. 동료집단의 세력과 타인지향성의 수준은, 그들이 억지로 자백을 받아낼 수 있느냐 그렇지 않느냐에 따라 그 기준이 설정됩니다.'

것이다. 12, 3세만 되어도 아이들은 '데이트'를 시작한다. 그리고 때로는 상품의 소비뿐 아니라 정서생활에 관한 취향까지도 철저히 사회화된다. 그 결과 아이들은 남과 의미 없는 잡담하는 법을 배우게 된다.

과거에는 예의가 사람들 사이에 장벽을 쌓아놓았다면 소비취향 사회화라는 새로운 경향은 사생활을 포기하게 하거나 또는 그것을 마치 자유주의 신학자들이 그리는 하느님처럼 알쏭달쏭한 것으로 만들었다. 이렇듯 동료집단이라는 배심원들 앞에서는 유죄판결을 모면할 특권이란 없는 것이다.

이리하여 취향의 사회화는 완성되어 가는데, 이를 추진하는 힘은 행위의 사회적 기준을 더욱 많이 만들어내는 요인이 되기도 한다. 가령 피아노를 배우는 타인지향형 아이들은 직업적인 '스타' 피아노 연주가들을 상대로 경쟁의식을 가진다. 동료들이나 어른들이 항상 그 아이의 연주 솜씨를 그런 대가들의 솜씨와 비교하기 때문이다. 아이가 무엇을 하든지(예술활동이든 마술이든 웅변이든) 동료집단은 늘 관심을 보인다. 그리고 그들은 그 행위에 대해 '매스미디어'의 시청자들과 똑같은 품평을 한다. 그래서 아이는 이내 그런 평가에 익숙해진 나머지 주위에 아무도 없을 때조차 자신을 에디 듀친이나 호로비츠와의 경쟁 속에서 의식하게 된다. 그래서 타인지향적인 아이들이 고도의 개성적 재능을 개발하기란 쉽지가 않다. 기준이 너무 높게 설정되어 있을 뿐 아니라 내적 성숙을 기할 사적인 시간도 없기 때문이다.

현재 사회에서는 인기를 끌 수 있는 요건도, 악기를 잘 연주하는 능력보다는 당시의 인기곡을 잘 연주할 수 있느냐 없느냐 하는 것으로 결정되어 버린다. 1947년 가을, 필자는 이런 생각이 옳은지 확인하려고 10대의 대중음악 취향에 관해 청소년들과 음악인들을 면담하고, 주크박스의 신청곡 리스트와 기타 자료들을 조사한 바 있다. 젊은이들이 동료집단에의 적응 과정에서 그 음악적 재능과 흥미를 어떻게 활용하는지 알아보려 한 것이다.

8세에서 11세가량의 아이들이 소비경쟁의 상징으로서 앞다투어 이런저런 카드를 교환하려는 것과 마찬가지로 청소년들은 음반을 수집하는 걸 동료집단과의 연결을 맺는 한 가지 수단으로 삼는다. 또 인기를 유지하려면 그 당시의 인기곡을 흥얼댈 줄도 알아야 한다. 유행가에 대한 이런 관심은 소년들보다 소녀들이 더 강했지만 소년들 또한 예외는 아니었다.

여러 곡은 자기 동료들을 의미한다. 또한 자신이 그 집단의 일원임을 뜻하는 것이며 타인을 기억하는 수단이기도 하다. 또한 10대 청소년들은 '올바른' 취향을 가져 적절한 곡을 연주하고 흥얼거리기 위해 무수한 노력을 기울이고 있었다. 인터뷰에 응하는 청소년들은 어떤 대답을 하기에 앞서 주위를 둘러보고 다른 사람들의 눈치를 살피는 것을 잊지 않았다. 특정한 곡이나 음반의 이름을 말할 때는 물론이고 이를테면 심포니나 힐빌리 같은 일반적인 음악의 종류를 말할 때조차 그들은 자기 동료들이 어떤 반응을 보일지 계속 신경을 썼다.

어쩌면 이러한 내 말에 대해서 독자들은 젊은이란 언제나 동료집단과 잘 어울리려고 신경 쓰게 마련이라고 반론할지도 모른다. 그러나 적어도 이 인터뷰에서 살펴본 바로는, 자신이 동료들과 동떨어진 유별난 존재가 돼버릴지 모른다는 그들의 공포심은 참으로 엄청났다. 독자들의 반론도 물론 옳지만 동료들한테 신경 쓰는 것도 정도가 있다. 생각건대 요즘 청소년들이 음악적인 취미에서 동조성을 띠려 하는 경향은 지난날보다도 훨씬 특수하고 집요한 구석이 있다. 과거에는 극히 일부 청소년만이 스스로 또는 부모의 압력에 의해 음악에 몰두했을 뿐, 상당수 청소년들은 음악과는 아무 상관없이 살아갔던 것이다.

인터뷰에 응한 아이들 중에 피아노 교습을 받는 아이들도 몇몇 있었는데, 그들에게조차 진정한 의미의 음악적 취미란 찾아볼 수 없었다. 고전음악을 배우는 피아노 교습생인 14세 소년만이 진정한 음악적 취미를 가진 것처럼 보였다. 그런데 그 어머니의 말이 의외였다. 다른 아이들에게 따돌림당할지도 모르니까 애한테 피아노 공부에 너무 열중하지 말라고 타이른다는 것이다. 애가 그보다는 스포츠에 재능을 보인다는 것이 그녀의 주장이었다.

"나는 우리 아이가 모든 면에서 평범한 아이가 되기를 바랍니다." 이것이 그녀의 결론이었다. 이러한 조사를 통해 우리는 다음과 같은 사실을 알 수 있다. 오늘날 소비생활의 대상 선택이나 선호(選好)는 개인이 개성적으로 문화활동에 열중하는 인간적 능력의 개발과는 전혀 무관하다는 사실이다. 문화활동이 다른 사람들과 관계를 맺는 수단으로써 극단적으로 쓰이는 한, 거기서 사적·개인적 가치를 발견하기란 몹시 어렵기 때문이다. 그러나 실은 문화활동이란 그것이 어떤 성질을 지녔든지 순수하게 개인적·개성적인 애착에 의한 것이어야 하지 않을까.

사태는 거기서 그치는 것이 아니다. 단순한 취미의 교환을 넘어서 취미에 대한 재판과 판정을 주도하는 사람들이 있는 것이다. 그것이 바로 '여론 조정자'[2]가 하는 일이다. 그들은 배심원들의 표결에 영향을 미치며 그것을 번복할 수도 있다. 사실 이것은 매우 위험한 게임이 아닐 수 없다. 그러나 판결 대상을 한계적 특수화의 범위에 한정함으로써 그 위험을 줄일 수 있다.

그런 까닭에 필자가 실시한 인터뷰 결과에 의하면, 특정 지역의 특정 계층에 속하는 여러 연령집단은 서로 다른 음악적 기호를 가지고 있음이 드러났다. 나이가 어린 그룹은 '달콤한' 음악을 즐기고, 그보다 나이가 많은 그룹은 그 음악을 평범하다는 이유로 좋아하지 않는 것이다. 이와 같은 일반적 경향의 범위 안에서 여자아이들은 본 몬로가 좋다느니 또는 페리 코모가 최고라느니 하는 식의 판단을 내린다. 그리고 그 여자아이가 이런 가수에 대해 성의껏 자신의 의견을 주장하는 경우에는 그녀는 이미 여론 조정자가 되었거나 또는 되기를 원하는 것이다. 젊은이들 대다수는 음악에 관해 딱히 강한 선호도 보이지 않거니와 극단적으로 어떤 음악을 싫다고도 하지 않는다. 고작해야 음악을 크게 구분하여 예컨대 핫재즈나 힐빌리 같은 종류에 전체적으로 강한 반응을 나타낼 뿐이다. 이처럼 의견을 확실히 표명하지 못하는 사람들은 바로 여론 추종자이다. 그들에게는 한계적 특수화를 할 능력조차 거의 없다.

타인지향형 인간이 분출하는 엄청난 에너지는 끊임없이 확대되는 소비생활의 프런티어로 투입된다. 그와는 달리 내부지향형 인간의 에너지는 한없이 생산활동에 투입된 바 있다. 내부지향형 인간은 아이들뿐만 아니라 어른들에게도 지나친 소비취향을 억제하라고 가르쳤다. 그러나 때때로 청교도적 금욕주

---

2) '여론 조정자'의 개념 및 그를 어떤 지역사회 속에서 바라보기 위한 관찰수단은 특히 콜롬비아 대학 사회학 조사부의 폴 라자스펠드, 로버트 K. 머튼, C. 라이트 밀스에 의해 발전되었다. 이 개념은 우리의 연구에서 아주 중요하다. 주요 도시 중심부를 벗어난 곳으로 타인지향적 '유형'이 확대되는 것은, 고등학교·대학교·직장 같은 곳에서 그런 유형을 배우고 또 매스미디어를 통해 새로운 가치와 계속 접촉하는 여론 조정자의 영향에 의하는 경우가 많기 때문이다. 반대로 매스미디어 쪽에서도 지방에서의 그의 역할을 증대시킨다. 콜롬비아 대학 그룹은 태도 및 기호가 보급될 때 일어나는 그와 같은 과정을 관찰했다. 또 이런 것들이 어떻게 성격을 형성하는가를 관찰하는 것은 좀 더 복잡하며 아직까지 미완성 작업으로 남아 있다. 이 문제에 관해서 월터 배젓은 많은 흥미 있는 관찰을 한 바 있다. *Physics and Politics*, ed. Barzun(New York, Alfred A. Knopf, 1948), pp. 91 et seq.

의의 교화를 덜 받은 사회의 상류층 사람들은 내부지향적이라 해도 그 자신이나 하인이 하는 생산에 비례하는 만큼 소비생활에도 몰두했다.

전통지향적인 속박이 사라져감에 따라 그들 상류층의 내부지향형 인간들은 강렬한 재산 소유욕과 과시적 욕구를 나타냈다. 그들은 맹렬한 개인주의에 의거해서 명확한 부의 축적과 소비를 목표로 추구했다. 그들이 추구하는 목표가 사회적인 규범에 의해 결정되었다는 것은 분명한 사실이다. 그러나 오늘날과 같이 극성스러운 소비자 집단에 의해 지배당한 것은 아니었으며, 그저 인습화된 욕망의 형식에 의해서만 지배를 받았을 뿐이다. 그리고 그 욕망은 돈에 대한 욕구와 마찬가지로 뚜렷한 것이었다. 좋은 집이나 멋진 말(馬), 아름다운 여자, 또는 값진 예술품에 대한 욕망이란 소비자 기호에 따른 가치의 상실이나 변화가 생기는 순수 소비라기보다는 일종의 투자와 다름없기 때문이다.

이와 같이 비교적 안정된 개인주의적인 욕망 추구는 오늘날에 와서 동료집단이 부여하는 변덕스러운 타인지향적 소비취향으로 대체되고 말았다. 나아가 내부지향적 사회에서 사람들을 일심불란한 노동과 광기(狂氣) 속에 몰아넣었던 많은 욕망들을 오늘날에는 비교적 손쉽게 충족시킬 수 있게 되었다. 그 정도는 이미 수백만 명이 당연한 듯 누리고 있는 생활수준과 생활양식 자체의 일부가 되어버렸기 때문이다. 그러나 어떤 갈망은 여전히 남아 있다. 그것은 다른 사람들이 이룬 듯 보이는 만족에의 갈망이다.

말하자면 그것은 목표 없는 '맹목적 욕망'이다. 오늘날 소비자들은 소비자 연맹에 속함으로써 자신의 잠재적 개성 대부분을 잃어버렸다. 그들의 소비생활은 한정되고 소비자적 선호는 자신의 목표가 아닌 다른 사람들의 취향에 따라 그 방향이 결정된다. 그들은 다른 사람들의 질투심을 불러일으킬까 봐 너무 많이 소비하지도 못하고, 또 다른 사람에 대한 질투심 때문에 소비를 지나치게 억누르지도 못한다.

오늘날의 이와 같은 소비양상에서는 어른과 아이들 사이에도 별다른 차이가 없다. 차이가 있다면 소비하는 대상이 다르다는 것뿐이다. 아이들이 만화와 장난감을 소비하는 데 반해 어른들은 신문 사설이나 자동차를 소비한다. 그러나 그 둘은 갈수록 비슷한 방식으로 소비생활을 즐기게 된다.

동료집단이라는 소비자 연맹에서 아이가 소비자로서 받는 훈련은 매우 일찍부터 시작되며 거의 평생에 걸쳐 계속된다. 과거 내부지향적인 아이들은 직업에의 지향성이 다분히 강했다. 그것이 어떤 직업인지 뚜렷이 아는 바는 없었지만 분명히 그러했다. 그러나 오늘날 모든 아이들의 장래 직업은 능숙한 소비자가 되는 것으로 미리 정해져 있다.

이 점은 아이들 사회에서 볼 수 있는 소비취향의 유희물, 특히 어린이용 장난감의 종류가 급격히 증가하는 현상에서 뚜렷하게 목격된다. 가령 남자아이들의 장난감에는 트럭이나 동력삽, 장난감 병정과 전차와 군함같이 생산에 관한 것들이 있었는데, 이에 더해 서비스 산업을 모방한 새로운 장난감들이 많이 생겨나고 있다. 세탁용 트럭, 장난감 전화, 주유소 등이 그것이다. 그리고 여자아이들의 장난감에는 옛날부터 있었던 인형이나 인형옷 말고도 장난감 화장도구나 소형 축음기 같은 것들이 생겨나게 되었다. 그러나 이러한 장난감들도 아이들이 소비자로서 선택을 하는 데 보여주는 놀라운 합리성에 비하면 그다지 놀라운 일이 아니다.

내부지향 시대의 아이들은 그저 식탁에 올려져 있다는 이유만으로 그게 어떤 상표든 간에 그 시리얼을 먹었다. 그러나 요즘에는 '휘티스(Wheaties)' 같은 아침식사용 식품을 스스로 선택해서 먹는다. '휘티스를 먹으면 챔피언이 된다'는 소문을 의식하는 것이다. 또 왜 만화책을 읽는지 물으면 아이들은 "재미있기 때문에"라고 대답한다. 이런 식으로 타인지향형 아이들은 무엇을 소비하는 경우 거기에는 반드시 그럴 만한 이유와 그래야만 할 이유가 있어야 한다는 것을 빠르게 배우고 있다.

그런 이유 가운데 하나는 그가 소비하는 상품이 비슷한 상품들 중에서 가장 좋다는 것이다. 그리고 어린이가 소비자 훈련을 쌓아가노라면 단순히 어떤 상품이 최고임을 주장하는 상품광고 행위는 더 이상 설득력을 지니지 못하게 된다. 왜냐하면 아이들이 최고의 상품이라고 여기는 것은 주위 사람들 대다수가 인정한 상품이거나 자기 동료집단이 인정한 상품이기 때문이다. 상품은 이런 식으로 판정을 받고 있으므로 결국 가장 인기 있는 상품이란 많은 사람들이 우연히 쓰고 있는 상품에 지나지 않는다. 그리고 이런 경향을 결정짓는 선구적 역할 담당자도 보통 그들 나름의 충분한 이유를 제시하고 있으며, 그런 명분은 광고에서 인용한 것은 아니라 하더라도 대개는 매스미디어로부터 얻어들은 것이다. 이런 명분을 찾아내려는 노력은 끊임없이 되풀이된다.

과거에 블레이크는 이렇게 말한 적이 있다. "어린이의 장난감과 어른의 이성은 두 계절의 열매이다." 그런데 소비자 집단 사이에서 장난감과 이성은 하나로 합쳐져 있으며, 앞서 말한 대로 아이와 어른의 구별은 갈수록 애매해지고 있다.

이러한 양상은 여자아이들에게 한층 더 무거운 부담을 안겨준다. 현재 미국 사회에서 여자는 소비의 주도자로 여겨지며, 남자들에게 인정받은 특정한 사회적 역할을 남자인 그들보다 더 많이 수행하도록 압력을 받기 때문이다. 남자아이들은 사회적으로 모든 면에서 여자아이들보다 훨씬 공격적이고 진취적인 행동을 취할 수 있다. 그리고 어떤 일에 대한 선택의 폭도 훨씬 넓다. 취미의 교환 과정에서도 공격적인 반항을 시도하여 자기의 주장을 관철할 소지가 많다.

끝으로 또 한 가지 지적해야 할 사항이 있다. 소비자 훈련을 받는 아이들은 가정에서 교사 역할을 한다는 사실이다. 그리하여 자기 어머니나 아버지를 '가르치는' 것이다. 〈라이프〉지는 언젠가 '10대의 즐거움'이라는 제목의 기사를 실은 적이 있다. 몇몇 미국 도시 사회를 풍미하고 있는 예의와 오락을 소개한 내용이었다. 그런데 이 기사에서 소개된 오락들은 심지어 갓 고등학교를 졸업한 이들에게조차 낯선 것이었다. 오늘날 10대 아이들은 성인들의 지도를 받기보다는 오히려 어른들을 지도한다. 그래서 덴버의 어느 고등학교에서는 교사가 '가장 인기 있는' 학생의 인사법을 흉내 내는 일까지 있었다고 〈라이프〉지는 보도하고 있다.

동료집단의 적대적 협력자

그 인기 있는 학생이 여론 조정자로서 한계적 특수화의 재능을 그의 독특한 인사법으로서 발휘하려 한 것은 상당히 의미심장하다. 왜냐하면 소비취향의 사회화 훈련이나 소비자 집단에 의한 상품 평가 교환을 뛰어넘어, 집단의 구성원이 집단 자체를 소비하고 있기 때문이다. 다시 말해서 사람과 사람 사이의 교우관계야말로 소비 중 최고의 소비생활이 되었다는 말이다.

동료집단은 그 자체가 소비의 주된 대상이며 소비취향의 주요 경쟁상대이다. 동료집단 내부에서 구성원들이 서로를 평가하는 사회적인 교류는 끝없이 계속되고, 사적인 세계에서 자기 자신에 대해 하는 이야기 또한 끝없이 계속되어

서로 얽히고설킨 채 사회의 밑바닥에 흘러다닌다. 그래서 가장 좋은 친구니, 두 번째로 좋은 친구니, 가장 싫어하는 사람이니 등의 순위가 정해진다. 사람이란 타인지향성을 추구해갈수록 점점 더 자신의 선호에 대해 거침없이 순위를 매겨 그것을 다른 사람의 선호와 비교하는 데 능숙해진다. 실제로 타인지향적인 아이들은 내부지향적인 지난날의 아이들에 비해 인기 순위가 어떻게 정해져 있는지에 매우 민감하다.

노동자 계층의 남자아이들 사이에서는 신체적인 건강이나 체력이 옛날만큼은 아니어도 여전히 인기를 얻는 방법으로 통한다. 상층 중산계급 자녀들 사이에서 인기가 있고 없고를 판단하는 기준은 그보다 훨씬 추상적인 경향이 있다. 그래서 어른들이 한눈에 알아보기 힘들 때가 많은데, 자기들끼리는 뚜렷이 알아볼 수가 있다는 것이다.

내부지향적인 인간들이 생산, 그다음에는 소비 부문에 사용했던 막대한 경쟁적 에너지가 오늘날에는 동료집단의 승인이라는 모호한 안보를 확보하기 위한 경쟁에 투입되고 있다. 그러나 그 경쟁은 어디까지나 다른 사람의 승인을 받기 위한 경쟁이며 그 성질상 개인의 노골적인 경쟁심은 가능한 한 억누르지 않으면 안 된다. 그래서 이른바 '적대적 협력'이란 말이 어울리는 상황이 생겨난 것이다.

이 변화는 매우 중요하기 때문에 앞으로 제6장에서 자세히 살펴볼 예정이며, 여기에서는 몇 가지 문제점만을 지적하는 것으로 그치겠다. 부모들은 이미 살펴봤듯이 여차하면 구시대적인 성격구조로 돌아가려 하므로 그 나름대로의 경쟁심을 가지고 있다. 그들의 경쟁은 오히려 아이들보다 더 노골적인 데가 있다. 우선 우리가 가지고 있는 이데올로기들, 즉 자유경쟁이나 개인주의 등 여러 가지가 경쟁심을 바탕으로 하고 있는 것이며, 이는 부모와 교사와 매스미디어에 의해 다음 세대에 전해지고 있다. 하지만 그와 동시에 집단에의 복종을 고취하는 이데올로기적 방향전환이 대대적으로 수행되고 있다.

이 전환은 매우 두드러지게 일어나고 있는데도 낡은 이데올로기의 유형이 여전히 번성하고 있기 때문에 실제로는 별로 부각되지 못하고 있다. 시간이 지날수록 동료집단이 모든 평가의 기준으로 등장하고 있으며, 개인은 집단의 위력 앞에 자신을 방어할 만한 평가 기준을 가지고 있지 못하다.

이러한 상황에서 부모들 마음속에 남아 있는 내부지향적 가치관에 의해 아이들에게 주입된 성취에의 경쟁심과, 동료집단에 의해 주입된 순응성이 충돌하여 딜레마를 낳는다. 그리하여 궁지에 빠진 아이들은 불가피하게 부모가 심어준 경쟁적인 욕구를, 동료들의 승인을 얻으려는 욕구로 바꿔가는 것이다.

부모와 자녀 그리고 동료집단도 이와 같은 과정을 거의 의식하지 못한다. 그 결과 이 과정에 참여하는 그들 세 부류는 오늘날 새로운 집단주의적 성격구조를 형성하는 에너지를 공급하는 데 구시대적 개인주의가 얼마나 많은 기여를 하는지 알지 못하는 것이다.

4장

기술 교사로서의 이야기꾼

성격형성 요인의 변화 3

답 : 나는 '슈퍼맨'을 제일 좋아합니다. 슈퍼맨은 뭐든지 다 할 수 있거든요. 배트맨도 좋지만, 배트맨은 날 수가 없잖아요.

질문 : 당신은 날고 싶습니까?

답 : 다른 사람들이 모두 난다면 나도 날고 싶어요. 그렇지 않고 나만 날아다닌다는 건 곤란해요. 너무 눈에 띄니까.

12세 소녀와의 인터뷰에서[1]

앞에서도 말했듯이 언어는 동료집단의 세련되고 강력한 도구가 된다. 언어란 그 집단 속에 있는 사람에게 그때그때의 취향과 분위기를 결정하는 주요한 도구 역할을 하고 있으며, 그 집단 밖에 있는 사람에게는─아이들을 관찰하는 어른들도 포함해서─신비롭고 모호한 대상이다. 동료집단의 언어는 집단 속에서 항상 구체적인 의미로 널리 쓰이고 있지만, 외부인은 도저히 해석할 수가 없다.

아이들이 동료집단에서 사용하는 언어를 자세히 관찰해보면, 그 말이 가지고 있는 뜻이 얼마나 많고 다양한지 알게 된다. 그 세계에서 언어 자체는 이미 하나의 소비상품이 되어 있는 것이다.

그곳에서 말은 작업을 지시하기 위해 사용하는 것도 아니며, 타인과 깊은 관계를 맺기 위해 사용하는 것도 아니다. 그렇다고 과거를 회상하기 위해 사용하는 것도 아니고, 또 단순히 언어유희를 위한 도구로 사용하는 것도 아니다. 그

---

1) Katherine M. Wolfe and Marjorie Fiske, "The Children Talk About Comics", *Communications Research* 1948~1949, ed. Paul F. Lazarsfeld and Frank Stanton(New York, Harper, 1949), pp.26~27.

보다는 오늘날 동료집단 속에서 말이란 꼭 유행가와 같은 용도로 쓰인다고 보는 편이 옳을 것 같다. 거기서는 한 인간이 자신의 동료집단 속에 포함되어 있다는 것을 증명하는 도구로서 말이 쓰이며, 이를 통해 그 사람은 동료집단 속에서 자기의 사회화를 위한 '일'에 참여하게 된다. 그런데 동료집단은 언어의 구사를 통해 일찍이 볼 수 없었던 힘을 과시하고 있지만, 한편으로는 유례없는 말의 희생자가 되고 있다. 그들은 언어에 필사적으로 의존하는 법을 배우는 동시에—신호는 대부분 언어의 형태로 나타난다—언어를 불신하도록 배운다.

앞서 말한 바와 같이 동료집단에서의 판결은 대체로 매우 애매하다. '잡놈'이니 '짜증나는 놈'이니 하는 따위의 옛날식 어투가 아직도 남아 있기는 하지만 그 단어의 의미는 아주 모호해졌다. 입가에 미소를 띠면서 그런 말을 예사로 내뱉게 된 것이다. 그리고 말의 의미는 불과 2, 3년만 지나면 전혀 달라져서 사전을 개정해야 할 정도이다.

동료집단은 이를테면 매스미디어에서 흘러나오는 메시지와 개인 사이의 중간 지점에 위치해 있는 존재이다. 매스미디어가 커뮤니케이션 산업의 도매상이라면 동료집단은 소매상이라고 말할 수 있다. 그러나 유통의 방향은 물론 일방통행만은 아니다. 동료집단은 새로운 취미나 기술 및 어휘들이 그들 안에서 생겨났을 경우, 그중에서 무엇을 쓸 것인지 스스로 어느 정도 결정할 수 있다. 게다가 그들은 이웃해 있는 여러 집단을 통해서 좀 더 일반적으로 통용될 만한 온갖 가치를 생산하며, 결국 궁극적으로는 매스미디어에 의존하여 그것을 더욱 넓게 퍼뜨리기에 이른다.

이 과정을 잘 살펴보면 특별한 표현방식이나 유형을 개발하는 개인은 동료들에게 무시를 당하거나 아니면 그대로 받아들여진다. 일단 받아들여질 경우에 그가 개발한 말은 이미 개인의 사사로운 말이 아니라 집단 전체의 말이 되어버린다. 그러나 마찬가지 현상이 동료집단 자체에 대해서도 일어날 수 있다. 앞 장 끝부분에서 우리는 교사가 한 소년의 인사법을 흉내 내는 예를 살펴보았는데, 이 경우 한 그룹이 가진 표현방식이 다른 그룹에도 파급되고 있다. 바로 이런 식으로 매스미디어는 한 개인이나 집단이 개발한 개성적인 방식을 받아들여 그것을 탈개인화한 다음 널리 퍼뜨리는 데 주도적인 역할을 하게 된다.

여기서는 미디어 자체나 그 작용 및 여론조작에 대한 이야기는 뒤로 미루고 먼저 어린이 시청자에게 영상과 '이야기'가 어떤 효과를 미치는지 중점적으로 살펴보기로 한다. 그런데 이 효과 또한 부모나 교사, 동료집단 등 갖가지 성격형성 요인들과 따로 떨어뜨려 생각할 수 없음은 물론이다. 혹시 어떤 아이가 사람들보다도 책에서 더 큰 영향을 받는다면, 그건 사람들의 압력이 너무 심해서 아이가 책 속으로 도피하려 하기 때문일 것이다. 뿐만 아니라 아이들에게 이미지나 인간을 생각할 때의 기본 틀을 가르쳐주는 방법이란 문화에 따라 저마다 다르지만, 일반적으로 보아 매스미디어와 같은 '이야기 전달자'가 어린이의 사회화 과정에서 무시할 수 없는 요인임에는 분명하다. 매스미디어는 어린이를 위해 세계를 묘사함으로써 어린이의 기억력과 상상력에 틀과 한계를 부여한다.[2]

이 문제를 다룰 때 우리는 문학의 장르와 사회심리학적 효과의 문제를 혼동해서는 안 된다.

필자가 여기서 사용하고 있는 '이야기'란 용어는 단순히 시나 소설만을 지칭하는 것이 아니라 온갖 황당무계한 이야기나 놀랍도록 과장된 이야기도 다 포함되는 넓은 의미의 개념임을 밝혀둔다. 예컨대 '사실적인' 뉴스영화도 이 범주에 속할 수 있다.

초기적 인구감퇴기 사회에는 도시의 대중전달 중심에서부터 홍수처럼 쏟아져 나오는 이미지들을 퍼뜨릴 수 있는 능력과 여유와 기술, 그리고 필요성이 충분히 존재하고 있다. 생각건대 공업화와 대중적인 읽기 및 쓰기 능력은 더불어 발전하는 것이다. 더구나 이런 사회는 과거의 어떤 사회보다도 가정 이외의 성격형성 요인에 더 많이 의존한다. 때문에 오늘날 매스미디어의 이야기꾼들은 타인지향적 어린이에게 막대한 영향력을 끼치게 되었다. 최근 수십 년 사이에 일어난 이와 같은 변화는 오늘날 아이들의 체험과 전통지향 및 내부지향 사회 아이들의 체험을 대조해보는 것만으로도 충분히 파악할 수가 있다.

---

2) Ernest Schachtel에 의한 주목할 만한 논문을 볼 것. "On Memory and Childhood Amnesia", *Psychiatry*, X(1947), 1 또는 Evelyn T. Riesman, "Childhood Memory in the Painting of Joan Miró", ETC, VI(1949), 160.

1. 전통지향 단계에서의 노래와 이야기

화롯가의 매체

그 정의(定義)에서도 알 수 있듯이, 전통지향 사회는 상대적으로 통일된 그 사회의 가치체계를 퍼뜨리는 데 구전이나 신화, 전설, 노래 따위를 매체로 사용한다. 이러한 형식에는 물론 애매한 점이 있다. 그렇지만 이 사회에서 이야기는 어디까지나 가족이나 친척들이 아이에게 들려주는 것이기 때문에 얼마든지 조절이 가능하며, 아이들도 비판과 질문을 던질 수 있기 때문에 얼마든지 자신의 주체적인 관리와 통제 속에서 이야기를 충분히 이해하고 받아들일 수 있다. 따라서 전통지향 사회에서 '이야기해주기'는 가내 수공업과도 같은 것이며, 집 안에서 이뤄지는 다른 사회화 훈련과정과 함께 수행되는 것이다.

이런 상황에서 친한 사람들이 아이에게 직접 들려주는 노래나 이야기가 대개 단조롭고 훈계와 권선징악의 성격을 띤다는 것은 결코 놀라운 일이 아니다. 이런 이야기는 대부분 공동사회의 규범과 초자연적 권위에 따르지 않을 경우 어떤 벌을 받게 되는지 경고하는 것들이다. 그렇지 않으면 각종 예화를 통해 이상형을 제시하고 용기, 인내 등의 덕목들을 북돋음으로써 아이들에게 마땅히 그런 사람이 되라고 요구하기도 한다.

그러나 전통지향 사회의 많은 문화에서 상당수의 이야기는 이런 직접적인 의미에서의 교훈적 성향을 띠지는 않는다. 가령 성서를 보더라도 현존 권력에 대한 반역(그것이 성공했든 실패했든)을 이야기하고 있는 것이다. 물론 대부분의 경우 반역이라는 주제는 감춰져 있다.

규범과 반규범의 이야기

이와 같은 이야기에 숨겨져 있는 반항성으로 미루어볼 때 전통지향 사회일지라도 완전히 사회화되지 않은 투쟁적 욕구가 어느 정도 존재한다는 사실을 알 수 있다. 주어진 문화의 멍에를 순순히 받아들이고 다른 문화는 전혀 알지 못하는 사람이라도, 그들이 받고 있는 구속 자체만은 느낄 수 있는 것이다. 그들의 노래나 꿈은 어떤 의미로는 그와 같은 불만에 대한 도피나 구제책이며, 이런 안전장치 덕분에 일상생활이 원활하게 이루어질 수 있는 것이다.

공통의 수치감이나 죄의식은 '참회'라는 흔한 방법으로 완화된다. 이러한 참회는 보통 신화에서도 허용된다. 그래서 여러 신화 속에는 사회화되지 않은 인간 본성에 대한 '리얼리즘'이 매우 생생하게 나타나 있다. 그렇기 때문에 그 신화들은 여러 세기가 지나서도 문화의 차이를 초월하여 우리의 감정에 호소하는 바가 있는 것이다.

신화는 사람들을 보기보다 진취적이고 야심적이며 반항적인 존재로 묘사하고 있다. 그 이유는 무엇일까? 만약 사람들이 잘 '적응'만 하고 있다면, 만약 문화적으로 금지된 제도의 울타리 밖으로 나갈 생각을 전혀 하지 않는다면, 생활은 그 문화체계를 위태롭게 할 만큼 지루한 것이 될 것이다.

전통지향을 기반으로 한 문화는 이단적인 탈선자들뿐만 아니라 그 밖의 모든 사람에게 어느 정도 반항적인 탈선을 허용해주는 방식을 특별한 형식으로 제도화하고 있는 경우가 많다. 그리고 때때로 이런 작업은 인생 주기를 기준 삼아 수행되었다. 즉 어떤 사회에서는 아이들이 건방지게 어른들보다 위에 서는 일이 허용됐고 심지어 그것이 장려되기도 했다. 또 어떤 사회에서는 나이 든 여성이 젊은 여성들에겐 금지된 칠칠치 못한 습관을 지녀도 괜찮았다. 또 축제 기간처럼 특별한 날에는 갖가지 규율을 무시해도 된다는 관습이 자리잡은 사회도 있었다.

이처럼 반역적인 주제가 문화적으로 인정된 환상 속에 일종의 통풍구로서 마련되어 있었는데, 그런 의미에서 오늘날 매스미디어의 전신이라 할 수 있는 이런 이야기의 사회적 기능은 이중적이다. 나이 많은 사람들은 아이에게 이야기를 들려주면서 이렇게 타이른다. "너희는 이러이러하게 행동해야만 남들에게서 존경을 받게 되고 이 집안이나 고장의 높은 기상과 전통을 영원히 빛낼 수가 있다." 그러나 아이는 같은 이야기에서 전혀 다른 것도 발견한다. 이를테면 다음과 같은 것이다. "예전에 한 사람이 있었는데, 그는 세상의 법도를 깨뜨리고 너희가 상상조차 못할 나쁜 일을 저질렀단다. 그가 존경받았는지 어쨌는지는 덮어두고, 적어도 그런 사람이 '전에 있었고' 지금도 이렇게 사람들 입에 오르내리고 있단다."

이와 같은 이중성은 아이들로 하여금 그들의 억압된 충동을 조정할 수 있게 해준다. 그들은 이런 충동이 인간적인 유산임을 먼저 확인하고, 신화를 통해 어른들의 세계에 존재하는 억압과 아이들 자신의 그 충동을 관련지어 생각할 수 있게 되기 때문이다. 또한 이 같은 이야기를 통해 아이들은 자신들의 일상경험과는 다른 세계를 생각하게 된다. 이야기 속 행동은 그 문화에서 인정받는 행동일 수도 있고 또는 인정받지는 못하지만 실제로는 일어난 행동일 수도 있다. 요컨대 이야기는 현실에서 직접 볼 수 없는 행동의 '모델'을 제시하는 것이다.

그러나 사태는 그보다 훨씬 더 복잡하다. 여러 사회집단 중에서도, 문자를 깨친 사람이 늘어나는 등의 이유로 인해 인생의 진로와 방향이 여러 가지로 설정될 수도 있다는 일종의 애매성을 획득하는 집단이 가장 먼저 전통지향을 탈피하여 내부지향으로 접어들게 된다.

커뮤니케이션에 관한 수학적 이론에는 잡음(noise)이라고 불리는 것과 정보라고 불리는 것이 여러 회로 가운데 얽혀 있어서, 그로 말미암아 신호를 보내는 사람의 자유는 제한되는 거라고 보고 있다. 그와 마찬가지로 아이들을 사회화하는 것처럼 보이는 메시지 속에도 거의 필연적으로 전혀 다른 효과를 지닌 잡음이 포함되어 있어서, 그 효과는 그들의 사회화를 방해하기도 한다.

2. 내부지향 단계에서 인쇄물의 사회화 기능

사회가 과도적 인구성장 단계에 이르면 학교 교육이 확대된다. 새로운 공업과 농업의 전문분야에 종사할 수 있는 사람들을 길러내고, 또 한편으로는 사회의 생산이 향상된 결과 농촌에서 남아도는 인력을 흡수하여 그들을 교육하기 위해서이다. 물론 이 젊은이들은 읽는 법부터 배우게 된다. 그러나 젊은이들뿐만 아니라 나이 든 세대도 문자를 깨친다는 새롭고 고상한 혜택에 흥미를 느끼게 된다. 그리하여 인쇄물과 책자에 대한 왕성한 욕구가 일어난다.

새로운 기술과 분배 설비가 낮은 이러한 욕구는 절대로 만족할 만큼 충족되는 법이 없다. 이러한 흥분과 욕구야말로 산업혁명과 더불어 생겨난 성격학적 혁명의 특징이 아닐 수 없다. 이른바 기타 초기적 인구감퇴기 국가들과 마찬가지로 미국 사회에서는 이와 같은 욕구는 감소되고 말았다. 그 욕구는 충실한 내용의 인쇄물이 홍수처럼 쏟아져 나오면서 해소되었으나, 그 대신 대중문화나 오락에 대한 새로운 욕구가 생기게 되었다.

인쇄물에 대한 욕구가 아직 남아 있는 나라로는 멕시코나 러시아 등을 들수 있다. 거기서는 현재 공업화가 진행되고 있는데 노인들도 젊은이들도 인쇄물을 목마르게 찾아 헤매는가 하면 열심히 배우려 해서 다른 사람의 칭찬을 듣는다. 이와 같은 현상은 미국에도 존재한다. 즉 아직도 문맹자가 남아 있는 시골의 흑인 독학자들 사이에서 찾아볼 수 있다.

이러한 글 읽는 습관이 전통지향 사회에서 내부지향 사회로의 전환과정에 어느 정도나 영향을 미쳤는지는 토머스와 즈나니에츠키의 공저 《폴란드 농민》[3] 속에 잘 나타나 있다. 이 저서는 19세기 끝에 폴란드 농촌에서 발간되는 한 신문으로 인해 농민들의 의식구조와 가치관이 어떻게 변했는지 잘 그리고 있다. 이 책에 따르면, 글을 배운 한 농민은 신문을 통해 기능을 익혔다. 그리하여 그는 성격이 달라졌다기보다 전통지향적인 1차집단과 과감히 결별하게된다. 이 점에서 신문은 그의 새로운 세계를 열고 1차집단을 벗어나는 그의 불확실한 인생설계를 지지해주었던 것이다. 신문은 농민들이 속해 있던 집단의 가치를 비판하고, 익명이기는 하지만 이런 전통에서 벗어나는 농민에게 아군이 있다는 의식을 심어주었다.

그리하여 그 신문을 매개로 해서 새로운 개인과 새로이 형성되는 사회가 연결된다. 그 신문은 절제나 근검 같은 덕목을 장려하여 구체적인 '성격형성'에 기여했으며, 마치 미국의 농업지도관이 그러했듯이 과학적 영농법을 도입하는 데도 한몫을 했다. 과학은 전통지향이 남아 있는 농민사회의 미신적 풍조에 비해 일종의 내부지향적 도덕률처럼 여겨졌다. 신문기사라고 하는 '논픽션'에도 이런 경향은 잘 나타났지만 그 밖에 고도의 도덕성을 포함한 신문의 '픽션' 또한 비슷한 기능을 수행했다.

이리하여 독자는 이웃사람들의 비난으로부터 인쇄물 속으로 도피할 수 있으며, 신문이 제시하는 모델에 비추어서 자신의 내부지향적 생활태도를 검토할 수도 있게 되었다. 그뿐 아니라 가끔 통신원의 자격으로 신문에 직접 투고를

---

3) W. I. Thomas and Florian Znaniecki, *The Polish Peasant in Europe and America* (New York, Knopf, 1927), II, 1367~1396.

함으로써 인쇄물을 어떤 마술적 경이로움을 가지고 바라보는 많은 관측자들 앞에서 자신의 행위를 과시하고 승인을 얻을 수 있게 되었다. 그것은 과거 지방 신문 문예란에 자작시를 투고하던 19세기 미국인들에게서도 볼 수 있었던 일이다.

그 농민은 이와 같은 공적인 발언을 통해, 직접 볼 수 없는 많은 관중들을 상대로 자신이 취한 내부지향적 진로를 확인할 수 있었던 것이다.

언어의 회초리

전통지향형 인간은 전통지향적 생활기준을 가진 것만이 아니며, 일을 얼마나 열심히 오랫동안 할 것인가에 대해서도 전통지향적인 기준을 가지고 있다. 그런데 인쇄물은 다른 사회화 요건들과 더불어 그 기준들을 모두 파괴해버렸다.

내부지향형 인간은 인쇄물을 매개로 하여 이른바 '이성(理性)'이라는 것을 받아들이고 새로운 성격구조를 형성해갔다. 그리고 그 성격구조는 그로 하여금 과거 사람들보다 훨씬 더 오래 쉬지 않고 일하도록 만들었다. 그는 여가나 휴식에는 돈도 시간도 거의 투자하지 않았다. 그는 자기를 끊임없이 내달리게 하는 추진력을 자기 내부에 지니고 있었으므로 이런 생활방식을 취할 수 있었다.

언어는 인간에게 한동안 영향력을 미칠 뿐만 아니라 우리를 변화시키기도 한다. 언어란 인간을 사회화할 수 있고, 그 반대로 사회화하지 않을 수도 있다. 의심할 여지없이 인쇄물 하나만으로는 어느 특정한 사회적 방향으로 인간을 이끌 수 있다고 단언하지는 못한다. 그리고 중산층일지라도 모든 어린이가 인쇄물 독자는 아닌 것이다.

그러나 인쇄물은 분명히 사람들에게 마땅히 본받아야 할 '모델'을 강렬히 제시해주기는 한다. 지난날 과거지향형 사회에서는 공동체적인 화롯가에서 사회화가 이루어졌으나, 인쇄물이 출현하면서 아이들은 이제 부모 및 교사와 더불어 인쇄물과도 직접 접촉하게 되었다. 인쇄물은 신흥중산층 가정의 사적인 침실과 서재로 파고든다. 그리하여 아이들은 서재의 등불이나 촛불이 던지는 조그만 불빛 아래에서 책을 읽으며 인생의 싸움터에 임할 만한 갑옷을 입게 되는 것이다.

이런 사정을 좀 더 충분히 이해하기 위해서는 다음과 같은 사실을 인식할 필요가 있다. 즉, 문자를 깨친 사람이 늘어나면 문학이나 언론의 내용과 형식의 변화만을 가져오는 것이 아니라 나아가 독자의 수용태도까지 바꿔놓는다는 것이다.

엄청난 양의 온갖 인쇄물이 쏟아져나오자 아이들은 지난날과는 비교가 되지 않을 정도로 폭넓은 선택권을 행사할 수 있게 되었다. 그 결과 독자들은 갈수록 그 인쇄물의 메시지들이 자신들만을 위한 것이 아님을 깨닫고 그것과 거리를 두게 되었다. 과거 사회에서 언어와 접촉하는 행위는 화자에 의해서 또는 청자 본인의 참가에 의해서 구성되고 제어됐지만, 이제 사람들은 그런 상황에서 해방된 것이다. 이처럼 메시지의 양적 증대와 그 다양성 및 '송신자'의 증가는 인쇄물 일반의 비인격화 현상과 더불어 사회변화의 강력한 요소로 새로이 등장하게 된다. 그와 같은 현상은 4세기에 편찬된 라틴어 성서를 구어체로 번역해서 썼던 지난날의 유럽 언어사(言語史)에 전형적으로 나타났었다. 그로 인해 일반 국민들도 과거에는 성직자들만이 읽을 수 있었던 성서를 손쉽게 읽을 수 있게 된 것이다.

전통지향 사회에서 내부지향 사회로의 전환 과정을 이야기할 때 한 가지 어려운 점이 있다면, 그것은 우리가 흔히 언어를 목적론적인 경향과 관련지어 생각한다는 것이다. 예를 들어 어느 특정한 미디어는 보통 처음부터 의식적으로 특정 부류의 청중만을 목표로 하기 때문에 그들 말고도 또 다른 청중이 있다는 사실을 대강 보아 넘기기 쉽다. 그러나 실제로 미디어라는 것이 그렇듯 정확하게 목표로 한 청중에게 메시지를 전달한다는 보증은 없다. 앞서 살펴봤듯이 인쇄물이 독자들에게 받아들여지고 소화 흡수되는 상황 자체의 비인격성으로 인해 메시지의 수용은 불가피하게 조금씩 오차와 과부족이 있게 마련이며, 한 치의 오차도 없는 적중이란 생각하기 어렵다. 그래서 귀족주의적인 인간들은 이를테면 인간의 유동성이라는 주제가 과잉효과를 일으키는 것도 별로 좋아하지 않았다. 그들은 사람들이 '저마다 제자리에' 차분히 머물러 있는 게 바람직하다고 여겼기 때문이다.

그런데 여기서 필자가 주의하고 싶은 과잉효과가 있는데, 그것은 인쇄물이 흔히 갖는 도덕적 압력으로 인해 유독 죄의식과 결벽성이 강한 독자가 받는 충격이다. 그들은 성격구조상 내부지향 사회가 가해오는 과중한 압박과 요구에 잘 대처하지 못하는 사람들이다. 그들의 마음속 자이로스코프는 제멋대로 거칠게 회전한다. 인쇄물 속에서 자기들을 정당화해줄 만한 어떤 근거를 발견하지 못하는 그들은 인쇄물이란 그들의 사회적 부적응을 입증하는 강력한 증거라고 생각한다. 실제로 많은 독자는 과거까지 거슬러 올라가지만 '죄인들의 동맹'이나 '인류의 대연합' 같은 것을 끝내 발견하지 못하는 것이다. 식민지 시대의 성직자들은 인쇄물로 무장하고 있었다. 그래서 그들은 오직 일요일에만 직접 사람들에게 설교했지만, 평일에도 인쇄물을 통해 사람들을 언제나 지옥불 속에 던져 놓아둘 수 있었다.

이미 살펴보았듯이 전통지향 사회의 신화나 '심벌리즘'은 주민의 반항적 기질을 문화의 틀 속에 흡수 통합함으로써 그 전통적 가치와 규범을 유지할 수 있었다. 그에 반해 인쇄물이 지배하는 내부지향형 사회에서 인쇄물은 그 청중으로서의 주민을 길들일 수 있기도 하고 길들일 수 없기도 하다. 이 점은 대중이 점점 더 문자를 깨쳐가는 것과 아울러 검열제도의 필요성이 강조되는 사실에서 명백히 입증되고 있다. 그리고 여기서 요구되는 검열제도란 단순히 형식적인 것에 그치지 않았다. 과거 미국에서는 인쇄물이 오늘날보다 훨씬 더 존경을 받았는데, 이런 현상은 문자를 깨친 사람이 점점 늘어남에 따라 편집자들이 스스로 책임의식을 갖게 된 데서 생긴 일이다. 그래서 큰 신문의 편집자들은 어쩌다가 신문기자들이 외설스러운 내용을 입에 담으면 이렇게 말했다. "여러분, 이 신문은 가정의 안방으로 배달된다는 사실을 잊지 마십시오." 또는 〈뉴욕 타임스〉의 표현을 빌리자면 신문은 '보도할 가치가 있는 뉴스만 보도하는' 것이다.

초기 자본주의 사회의 미디어가 과연 어느 정도로 역기능을 발휘했는지—그리하여 뜻밖의 방법으로 뜻밖의 독자들에게 뜻밖의 메시지가 얼마나 많이 전달되었는지—필자로서는 정확하게 말할 수 없다. 그러나 적어도 인쇄물을 통한 의사소통이 얼굴을 맞대고 지껄이는 구두전달보다 훨씬 더 큰 잡음을 품고 있으리라는 점만은 지적해둘 수 있을 것이다.

인쇄된 모델

내부지향에 의존하는 사회에서 인쇄물은 아이들에게 그들이 앞으로 하게 될 여러 가지 성인의 역할에 대해 가르쳐주고, 그것을 꿈속에서나마 시험해보 도록 하는 중요한 기능을 수행했다. 과도적 인구성장 단계의 사회생활은 이전 의 단계와 많이 달라졌다. 어른들이 종사하는 여러 활동을 아이들이 도저히 제대로 관찰할 수도 없고 이해할 수도 없게 된 것이다. 아이들은 인쇄물을 통 해 얻는 풍부한 간접경험을 필요로 하게 되었으며, 생소한 장소와 상황에서 자 기들을 지도해줄 전통 이외의 새로운 내부적 지침을 필요로 하게 되었다.

인쇄물이라는 미디어나 그 밖의 대중문화들은 바로 그와 같은 필요에 부응 하는 것들이다. 그것들은 부모와 함께 청소년들에게 야심을 가지라고 격려하 며, 성공에 이르는 여러 새로운 길을 알려준다. 그런데 이러한 새로운 길에 대 한 것이 르네상스 이후 북구에서나 남구에서나 대체로 어른들의 말로 파악되 고 묘사되었다. 왜냐하면 인구성장 초기단계에서는 평균적으로 성인기간(成人 期間)이란 그리 길지 않았기 때문이다. 다시 말해서 그때 문자를 깨친 아이와 성년기 어른 사이의 나이 차이 또는 성숙도의 차이는 초기적 인구감퇴기에 비 해 훨씬 적었다. 그런데 영상이나 인쇄물의 유통은 갈수록 확대되고 그 비용도 적게 들게 되었지만, 또 한편으로는 아직도 많은 사람들이 가난했기 때문에 '이 야기꾼'들의 시장으로부터 제외된 채 남아 있기도 했다. 그들 가운데 상당수는 과중한 노동을 하던 청소년들이었다. 그런 사회에서는 성인용 이야깃거리나 성 인식 화법이 종종 아동용으로 쓰이게 됐다.

그 뒤에 보편화된 일이지만, 여기에 아이들의 용어를 사용하는 방법이 시도 되었을 때에도 '이야기꾼'들은 그렇게 하면 어른의 이야기를 오히려 더 잘 주입 할 수 있으리라는 생각을 가지고 있었다. 초기 단계에는 신앙과 종교적 교육이 간접적으로 사람들을 성공으로 이끌었는데, 그 밖에 인쇄물이라는 형태로 성 공하는 길을 명확하게 보여준 것은 예의에 대한 온갖 책이었다. 예컨대 카스 틸리오네의 《정신론(廷臣論)》 같은 것은 어디까지나 어른을 위한 책이었다. 미 처 성인이 되지 않은 청소년이 이 문제에 대해 읽을 만한 것이라곤 별로 없었 다. 그래서 그들도 이 같은 어른용 책을 읽을 수밖에 없었다. 그리고 사람들은 마치 체스터필드 경이 그랬던 것처럼 젊은 10대들은 예의를 필요로 하는 상황에 성공적으로 적응하여 살아갈 태세를 이미 갖추었다고 전제하고 있었다. 그러나 1600년대 이후 프로테스탄트 국가나 프로테스탄트 계층에서 인쇄물의 존재 의의란, 사랑이나 교제상의 성공비법보다는 어떻게 하면 사업에 성공하는지 그 방법을 직접적으로 가르치는 데 있었다. 영국 빅토리아 시대에 이르러서는 그것이 절정에 달해서 고도의 상업주의적 충동을 일으키는 문학서적이 많이 나타나게 되었다. 새뮤얼 스마일스의 《자조론(自助論)》이나 미국의 허레이쇼 앨저 문집 같은 것이 바로 그런 책들이며, 이것들은 10대 독자들의 취향에 맞는 것이었다.

막스 베버는 프랭클린의 《가난한 리처드의 달력(Poor Richard's Almanac)》을 프로테스탄트 윤리가 풍미하던 시대의 대표적인 문헌으로 지목한 바 있다. 그리고 그 직전에 나온 책이 바로 존 버니언의 《천로역정(The Pilgrim's Progress)》과 디포의 《로빈슨 크루소(Robinson Crusoe)》였는데, 그것은 기업가가 되고자 하는 사람들이 본받아야 할 행동의 명백한 교본이라고까지는 할 수 없어도 적어도 본질적으로 그와 비슷한 교훈을 주는 요소를 지니고 있었다.

그래서 우리는 《천로역정》에서 세속화되기 쉬운 사회적 선택과 구원 사상의 의도를 읽을 수 있으며, 《로빈슨 크루소》에서는 경제적인 자립 의지가 전형적으로 묘사되어 있는 것이다. 이 두 책은 다 같이 내부지향적인 청년의 야심과 활력과 모험정신을 북돋우는 데 초점이 맞춰지고 있다. 이처럼 시민계급의 시장경제가 확대되어감에 따라 공업화 이전 단계인 전통지향적 시대와는 뚜렷이 구별되는 새로운 신화의 스타일이 대두했던 것이다.

중세기 사람들은 현실주의와는 거리가 먼 서술을 통해 인간의 본성에 대해 배워야 했다. 왜냐하면 기독교 서적이든 그리스·로마 고전이든 민화(民話)든 모든 것이 상징적인 문체로 표현되고 있었기 때문이다. 잘 알려진 대로 그런 글들은 마치 대성당의 스테인드글라스나 대리석 조각에 담겨 있는 메시지처럼 구어체가 아닌 것이다.

당시 아이들은 그런 상징적 메시지를 이해할 수 있도록 훈련을 받았다. 아니, 이해를 못하게 하는 훈련을 받지 않았다고 말하는 편이 더 정확할 것이다. 그러나 이와는 대조적으로 내부지향 사회의 신흥 중산계급은 상징주의가 철저하게 배제된 새로운 리얼리즘 스타일을 확립했다.

이 다큐멘터리 방식은 갈수록 내부지향에 의존하는 사회와 그 시대의 한 문학적 표지라고도 할 만한 것이었다. 그런 시대에는 허구적 소설은 쓰이지만 환상은 존재하지 않는다. 디포 같은 작가가 바로 그 대표적 전형이다. 그는 매우 다양한 기법을 두루 활용하고 있다. 1인칭 서술방식이나 의식주에 대한 세밀한 묘사, 거래나 입회인에 대해 거의 일기처럼 생생하게 서술하는 방식 등을 다채롭게 활용하여 자신의 모험심 가득 찬 소설의 현장을 사실적으로 장식하고 있다.

이 점에서 그는 분명히 만화의 선구자라고 할 만하다. 있을 수 없는 상황의 허구성을 감추기 위한 수단으로 정밀묘사라는 '리얼리즘'을 멋지게 활용했기 때문이다. 그러한 문학적 처리방식은 바로 내부지향적 중산층 프로테스탄트교도라는 그 시대의 대표적 인간상이 일반적인 생활체험을 처리하던 방식과 미묘하게 연관되어 있다. 그들에게 인생이란 미세한 현실적인 것들을 중심으로 구성되는 것이다. 거기서 상징적인 의미는 모두 생생한 구체적인 것으로 바뀌어야 한다.

그런데 디포 등이 대표하던 초기 자연주의는 그 뒤 영국에서나 유럽 대륙에서 점차 쇠퇴해 갔다. 그 대신 많은 인구가 도시로 유입되었던 과도적 인구 성장기에 볼 수 있는 것과 같은 소도시 사회생활의 복잡한 인간관계를 자세하게 묘사하는 문학이 새로 나타났다. 근대적인 의미의 사회계급이 형성되어감에 따라 소설도 개인 상호 간의 미묘한 계급 차이에서 그 소재를 찾기 시작했다. 그래서 한 개인의 사회적 성공과 실패 및 신분적 갈등이 그 시대 소설의 주된 관심사였다 해도 무방할 정도이다.

어린이는 그가 훗날 성장하여 참여하게 될 모호한 사회적 환경에 둘러싸인 채 훈련을 받는다.[4] 즉 자신의 사회적 신분과 그 신분의 도덕적 규범을 나타내는, 세세히 개성화된 습성을 분별할 수 있도록 훈련받는 것이다. 그래서 소설이든 연감이든 편람이든 무엇이든 간에 모두가 직업훈련 수단이나 다름없다.

오늘날 우리가 볼 때 빅토리아 시대의 미국 소설, 예컨대 《이스트 린(East Lynne)》이라든가 《불관용(Intolerance)》 같은 것은 그 전형적인 형태가 아니었나 여

---

4) Lionel Trilling의 "Art and Fortune", *Partisan Review*, XV(1948), 1271을 비교해 볼 것.

겨진다. 프랑스 작가 발자크의 소설도 마찬가지이다.

그 작품들은 과거 독자들에게 변동이 심한 그때 사회—인구가 증가하고 인구이동이 심한 사회—의 인간상과 사회계층 등을 연구하는 데 큰 공헌을 했다. 독자들 입장에서 이러한 소설들은 혼란스러운 사회를 고찰하는 수단이었지 결코 이해를 막는 방해물은 아니었다. 그리고 독자들은 이런 소설을 통해 나름대로 그 세계를 이해할 수 있었다.

요즘에도 시골 고등학교에서는 간혹 〈펑킨 크릭의 애런 슬릭(Aaron Slick of Punkin Crick)〉 같은 희곡을 상연한다. 그런데 그 연극을 보면 아직까지도 내부지향성을 지닌 시골 관중들이 옛날식 계급이나 야망 또는 덕목을 염두에 둔 채, 이런 연극의 성격론적인 '사실주의'에 얼마나 진지하게 반응하는지 살펴볼 수가 있다.

소설뿐만 아니라 자서전 같은 것도 내부지향 사회 아이의 상상의 날개를 펼쳐주어 그로 하여금 가정을 떠나 좀 더 합리화된 현실세계로 날아들게 한다. 부모들이 아이에게 내면적·자율적 장치를 심어준 덕분에 이런 상상은 커다란 자극이 될 수 있다. 예컨대 아이는 조지 워싱턴의 전기 같은 신화적 작품을 읽으면서 자기도 크면 대통령이 될 수 있다는 꿈을 키우게 되며, 소년기에 이미 대통령이 되는 데 필요한 조건과 자기훈련의 기초를 익힐 수도 있다. 그래서 만약 거짓말을 하지 않고 열심히 일하면—즉 전설적인 워싱턴과 똑같은 소년기를 보낸다면—마치 조지 워싱턴이 그랬듯 자신들도 커서 성공할 수 있다는 생각을 갖게 된다. 그런데 여기서 성공하는 인물이 맡는 역할은 그 성질상 연속적이다. 대통령이 될 수 있는 사람은 언제나 한 명뿐이다. 따라서 지난날 신화나 전설 속에 등장하는 인물들과는 달리 내부지향형 시대 아이들이 동경하는 인물들은, 모든 사람이 한 번쯤 경험할 수 있는 것이 아니다. 워싱턴 전기를 읽는 아이들은 공상 속에서 자기 자신이 프랑스군 또는 인디언과 싸우는 워싱턴이 되는 꿈을 꾼다. 그러나 그뿐만이 아니다. 그들은 대통령 된 자신을 꿈꾸기도 한다. 다만 그 어떤 꿈이든 그를 가정에서 멀리 떠나게 만들며, 사회적으로나 지리적으로 자유로이 날아다니게 만든다.

백인 소년들에게 조지 워싱턴 이야기가 감동을 준다면, 흑인 소년들에게는 부커 T. 워싱턴 이야기가 감동을 준다. 부커 워싱턴의 생애는 이를테면 흑인 소년들을 전통지향에서 내부지향으로 바꾸려는 부단한 노력이었다고 말할 수 있다. 그가 흑인들을 위하여 지은 저서 가운데 하나는 《성격형성(Character Building)》이라는 책이다. 그리고 터스키기(Tuskegee)에서 발행하는 〈흑인 노동자(The Negro Worker)〉라는 잡지는 흑인에게 근검과 예의를 갖추도록 요구하고 있는데, 이런 잡지는 '퍼스낼리티' 향상이라는 당세풍 목표가 아닌 '인격' 도야를 목표로 삼는 과거의 숱한 인쇄물들과 똑같은 길을 걷고 있다고 생각해도 좋을 것이다(물론 이 잡지는 도시화된 현대 북부 흑인들로부터 공격을 받고 있다).

과잉 지도와 어린이

그러나 그와 같은 모범적인 인물이나 역할을 다룬 진지한 자서전들은 아이들에게 위험한 요소도 포함하고 있다. 왜냐하면 아이들은 그 책을 어른이나 동료집단의 간섭 없이 전적으로 혼자 동떨어진 상태에서 읽기 때문이다. 그래서 아이는 '지나치게' 앞서 가버린다. 실제로 밟을 수 없는 인생항로에 발을 들여놓는 것이다.

인쇄물 속에 제시된 이상적인 인물을 본받아서 자신의 성격을 형성하려고 노력하는 내부지향형 소년은 소설 속 모델들을 부모처럼 일상적으로 자연스레 마주하지 못한다. 과거 전통지향형 사회에서는 청자가 구전되는 신화 속 영웅들은 물론이고 신(神)들에게조차 친밀감을 느꼈는데, 내부지향형 아이는 자신의 모델들에게서 그와 같은 친밀감을 느끼지 못한다. 그리하여 워싱턴이나 크롬웰, 가리발디, 비스마르크, 에디슨, 포드 같은 영웅들은 마치 칼뱅파의 하느님처럼 어딘가 두려운 존재로 둔갑해 있는 것이다. 그 결과 아이들은 자기들이 성장하여 과연 그런 숭고한 영웅처럼 될 수 있을지 불안한 의구심을 갖게 마련이다. 이 불안감은 부모일지라도 풀기 어렵다. 아니, 오히려 어떤 부모는 스스로 그런 영웅의 본보기가 되려는 바람에 사태를 더욱 악화시키기도 한다.

그러나 성공과 명성을 추구하기 위한 그와 같은 내부지향적 활동에의 가차 없는 압력은 대체로 잘 '적응된' 인간상을 만들어내는 데 성공했다. 왜냐하면 사회적인 여건 자체가 그러한 압력과 불안에 대해 반드시 보상을 해주었기 때문이다. 반면에 내부지향적인 이상과 그 사람의 실제 능력 사이의 격차가 너무나 컸기 때문에 도중에 좌절하는 사람도 많았다. 그러한 갈등이 생길 때는 한

걸음 물러나 사태를 해결해보려 하지만, 본디의 정서적 중압감이 되살아나 그는 한없이 추락하고 마는 것이었다.

여기서 필자는 아이들을 사회화하는 훈련 과제를, 매일같이 아이들과 직접 얼굴을 맞대는 사람이 아닌 다른 사람 또는 인쇄물 등에 맡기는 일이 얼마나 위험한지 경고하지 않을 수 없다. 호피 인디언은 카치나 가면을 쓰고 여러 의식을 행한다. 아이들을 처벌하는 것도 이들 카치나 가운데 한 사람이다. 이 카치나는 아이들을 처벌하거나 성년식에서 매질을 할 때, 아이들 한 명 한 명을 잘 파악하여 적절하게 다룬다. 이와 마찬가지로 전통지향 시대의 어른들도 그들이 들려주는 이야기가 아이들에게 과중한 부담을 주지 않도록 그들을 살펴서 배려할 수 있었다. 그러나 내부지향 시대의 아이는 가정을 벗어나 학교와 책, 다른 매스미디어의 작품들을 찾아간다. 이 경우 전통지향 시대와 같은 배려나 조절은 불가능하다.

더욱이 학문의 보급률이 상승하는 시대의 아이는 오히려 부모보다 지적 수준이 높을 수도 있다. 그래서 어떤 아이들은 책이나 연극을 통해 자기 부모들의 생애와는 전혀 다른 인생항로에서 어떻게 대처할 것인가를 배운다. 그리고 실제로 그들은 부모와 다른 인생을 살아갈 수 있다. 그러나 한편으로 어떤 아이들은 성격상 그런 일을 추구하기가 어렵고 자기훈련도 불충분한데, 책이나 연극을 통해 자기들이 얼마나 절망적인 상태에 빠져 있는지 알게 된다. 특히 부모가 적절한 에토스를 가지지 못했고 아이들에게 내부지향적인 훈련을 제대로 시켜주지 못했을 경우에는 이런 절망감에 휩싸인 아이들이 생겨나고 만다. 실제로 책 한 권은 아이들에게 갖가지 영향을 미친다. 가정의 엄격한 요구에 응할 수 없는 이질적인 성격을 지닌 아이들은 독서를 통해, 자신과 부모가 잘 안 맞는다는 느낌을 더욱 강하게 받게 된다.

이처럼 인쇄물은 여러 위험성을 지니고 있지만, 반면에 아이의 부담을 덜어주는 경향도 있다. 이는 신권통치 사회에서도 있을 수 있는 일이다. 인쇄물 중에는 이른바 악한소설이라는 게 있어서, 소녀들은 몰라도 최소한 소년들은 그 안에서 도피처를 찾을 수도 있다.

물론 내부지향 시대의 부모들은 아이들이 그런 좋지 못한 책을 접하지 못하도록 노력했다. 또 청교도가 지배하는 나라의 목사들도 그런 좋지 못한 책을 추방했다. 그러나 그들도 인쇄물 자체가 가지고 있는 피난처로서의 기능만은 파괴할 도리가 없었다. 더욱이 그 시대의 주요 독서물은 '성서'였으며, 그것은 '한 권의 책'이라기보다는 놀랍도록 다양한 메시지를 포함한 '많은 책'임을 잊어서는 안 된다. 그런 도피처는 아이를 가정과 1차집단에서 떼어놓는다. 그리고 그는 그가 내버린 구습을 어떻게 비판해야 할 것인가도 배우게 된다. 그것은 마치 앞서 인용했던 폴란드 지방신문 독자들의 경우와 마찬가지라고 할 수 있다.

인쇄물은 아이에게 새로운 인생 모델을 폭넓게 제시해준다. 마치 폭이 1.5미터쯤 되는 옷장 문을 열어놓고 마음대로 옷을 선택하여 입으라는 식이다. 르네상스야말로 그러한 인쇄된 말의 잠재력을 생생히 보여주는 증거라 할 수 있다. 인쇄물과 연극 속에 묘사된 다양한 인생항로를 통해 그것을 추구하는 개인은 박수갈채를 받기도 하고 질타를 당하기도 한다. 책을 홀로 읽는다는 것은 곧 새로운 길을 홀로 개척해나간다는 것이다.

3. 타인지향 단계에서의 매스미디어

어린이 시장

이미 살펴본 바와 같이 초기적 인구감퇴기의 아이는 아주 어릴 때부터 소비자로서 훈련을 받는다. 미국 중산층 가정의 아이는 4, 5세만 되어도 벌써 용돈을 받는다. 뿐만 아니라 여론 조정자로서 가계 편성의 발언권까지 갖는다. 그리고 그 용돈은 당연히 소비하는 것이었으며, 전처럼 절약의 대상으로 여겨지지는 않는다. 게다가 타인지향적 시대의 특징인 독점적 경쟁은 아이들에게 어른이 되고 나서 보이게 될 소비습관을 미리 심어줄 수 있으며, 또한 그런 일에 큰 관심을 쏟고 있다. 실제로 독점이란 바로 이런 식으로 앞날을 예측하여 미리 계획을 세울 수 있다는 점에 그 특성이 있다. 독점이란 전문가들로 하여금 계획을 세우게 할 수도 있으며, 또 그에 합당한 자금이나 그 계획 완성에 필요한 자금을 이윤을 통하여 얻을 수도 있기 때문이다.

이 모든 이유로 인해 오늘날 직업적인 이야기꾼들이 아이들을 대상으로 한 시장에 집중적으로 매달리는 건 매우 가치 있는 장사가 되었다. 그리고 매스미디어는 전문가에 의한 시장조사를 통해 특정 나이와 특정 계층의 문화적 취향을 파악하게 되었다. 그리하여 아이들 세계는 어른들의 손으로 유례없이 개척돼버렸다. 내부지향 시대에는 교육을 담당하는 어른들이 아이들의 언어를 사용하여 어른의 메시지를 전달했지만, 오늘날 어른들은 그것을 사용하여 아이들이 어떤 존재인지에 대한 광고제작자와 이야기꾼의 관념을 전달한다.

이제 아이들은 더 이상 어른의 세계를 어른의 눈을 빌려 이해할 의무나 필요가 없어졌다. 이는 오늘날 어른이 바라보는 세상이란 전보다 훨씬 더 복잡해졌기 때문일지도 모른다.[5] 매스미디어는 아이들에게 '아이들'—정확히는 다른 아이들—의 눈으로 세상을 바라보도록 유도한다. 마거릿 오브라이언 같은 아역 스타가 영화에 등장하고 하디 알드리치 같은 아역 탤런트가 라디오 프로그램에 출연하는 것처럼, 그것은 어떤 의미로는 기술적 진보의 결과라고도 할 수 있다. 직업적인 어린이 모델을 등장시키는 잡지 표지도 그와 마찬가지이다.

매스미디어는 올바른 청소년상(像)을 만들어냈다(제2차 세계대전 때 미디어는 바람직한 군인상을 만들어내고 군대에서 쓰는 용어를 자주 사용했는데, 이는 방금 소개한 아이들 세계에서 일어난 변화와 똑같다). 그리고 아이들에게 그 청소년상을 받아들이거나 아니면 적극적으로 거부하라고 강요한다.

아이들은 타인의 말을 알아듣고 글자를 읽을 줄 알게 되는 그 순간부터 라디오와 만화의 홍수와 같은 집중 공격을 받는다. 이 홍수는 오차는 좀 있어도, 나이에 따라 자세하게 등급을 정해놓고 그에 따라서 쏟아진다. 예컨대 만화책만 해도 많은 아이들은 일종의 규칙적인 단계에 따라 여러 만화를 읽는다. 예컨대 그들은 《벅스 버니(Bugs Bunny)》 같은 동물만화에서 출발하여 그 단계가 끝나면 《슈퍼맨(Superman)》 같은 무적의 영웅이 나오는 만화를 본다. 그다음에는 《배트맨(Batman)》을 읽게 되는데, 배트맨은 슈퍼맨과 달리 인간적이며, 마지막에 가서는 이기지만 때로로 그를 좌절케 하는 인간다운 약점도 지니고 있다. 이렇듯 만화책 시장에도 나이에 따른 서열이 이미 정해져 있는 것이다. 이

---

5) 성인용 문학은, 지난날 가장 신랄한 마크 트웨인의 작품도, 가장 조야한 디킨스의 작품도, 가장 복잡한 H.G. 웰스의 작품도 아이들과 어른들이 다 함께 읽었던 시대에 비해 오늘날 한층 복잡해졌다. 아니, 정확히 말해 한층 선정적으로 변했다.

장 첫머리에서 나는 열두 살 난 아이와 했던 만화책에 대한 인터뷰 기록을 인용했는데, 이 인용문을 보자면 아이들 자신도 그런 서열과 점진적 발전을 알고 있는 듯하다. 말하자면 거기서는 아기용 책이니 어린이용 책이니 하는 단계에 따라 책을 읽으려는 의식이 엿보인다.

미국에서 내부지향적인 과거로부터의 이탈과 변화는 급격하게 이루어지지 않았다. 그런 급격한 변화란 원칙적으로는 있을 수도 없다. 과거의 매스미디어는 3개 부문에 걸쳐 아이들을 대상으로 한 시장에 상품을 공급했다. 즉 학교 교과서 및 교훈서와 어린이 잡지와 싸구려 소설이 그것이다. 이것을 오늘날의 아동용 미디어와 비교해보면 바로 그 차이를 느낄 수 있다. 먼저 이런 초기 아동용 저작물 작가에 의한 시장조사는 오늘날의 시장조사에 비해 너무나 비전문적이다. 게다가 그런 초기 인쇄물의 일반적인 목적은 아이들의 근로를 고취하고 활동을 권장하는 것이지, 소비취향의 사회화를 일으키는 것은 아니었다.

조지 오웰이 일찍이 간파했듯이[6] 영국의 소년 주간지는 대부분이 술과 담배를 물리치는 것이었다. 마치 학교나 교회에서 설교하는 성직자들과 같은 말투로 떠들어댔던 것이다. 그러한 권고는 요즘 만화의 주제들이라 할 '죄를 지으면 반드시 벌을 받는다'는 이야기를 떠올리게 한다. 그러나 만화의 권고는 사실 표면적인 것일 뿐이다.

영국의 소년 주간지나 그와 비슷한 미국 잡지들은 아이들에게 생산활동(전쟁도 포함된다)에 종사할 태세를 갖추도록 훈련시키는 역할을 담당했다. 그리고 그 훈련 결과, 성실한 아이들은 술과 담배를 스스로 멀리하게 되었다. 그러나 오늘날 청소년용 미디어들은 아이들에게 소비를 가르친다. 가령 펩시콜라와 코카콜라의 차이라든가, 올드골드와 체스터필드의 차이를 가르치는 것이다. 이러한 변화는 다음과 같은 옛날 동요를 들어보면 더 자세히 알 수 있다.

이 새끼돼지는 시장으로 갔고
또 한 새끼돼지는 집에 있었네
시장에 간 새끼돼지는 로스트비프를 먹었는데

---

6) George Orwell, *Dickens, Dali&Others*(New York, Reynal&Hitchcock, 1946), p.76.

집에 남은 새끼돼지는 아무것도 못 먹었네
고기 먹은 돼지는 꿀꿀꿀 노래하며
집으로 왔다네

이 동요는 지난날 아이들 사이에 나타났던 얼마쯤의 개인화와 폐쇄적인 경향을 단적으로 드러내고 있다. 그러나 오늘날에는 모든 새끼돼지들이 시장으로 달려가고 아무도 집에 남아 있지 않는다. 그리고 누구 하나라도 로스트비프를 먹고 있으면 다들 로스트비프를 먹으려고 한다. 그러고는 다 같이 꿀꿀꿀 노래 부르는 것이다.

승자는 모든 것을 독점할 수 있는가?

그러나 여러 변화 가운데서도 '듣기'와 '읽기'를 둘러싼 상황의 변화가 가장 중요하다. 오늘날에는 내부지향 시대의 고독한 독자와는 대조적으로 많은 아이들이 무리를 지어 바닥에 배를 깔고 엎드려서 만화를 읽고 서로 바꿔보기도 하며 대화를 통해 취향을 교환하고, 또는 〈론 레인저(The Lone Ranger)〉와 같은 방송에 귀를 기울이는 광경을 볼 수 있다. 사실 책을 읽거나 라디오를 듣는 것은 공동체적인 행동이 아닐지도 모른다. 하지만 아이들은 자기들이 하나라는 기분에 사로잡혀 있다. 동료집단의 그림자가 그들을 늘 뒤따르는 것이다.

그리하여 이 장 첫머리에 인용한 《슈퍼맨》 팬은 동료들의 놀림감이 될까 봐 자기를 슈퍼맨과 동일시하지는 못한다. 그러나 적어도 날아다니는 것이 매우 중요하다고 생각하는 것만은 비웃음거리가 되지 않을 것이다. 전통지향 사회의 아이들은 어른 이야기꾼들을 통해서 이야기를 듣고 알게 된다. 어른 이야기꾼들은 아이들에게 전혀 경쟁의식을 느끼지 않는다. 따라서 그들은 그들이 들려주는 이야기에 대한 아이들의 순박한 놀라움이나 흥분을 더욱 부추기거나 최소한 보호해줄 수 있는 입장에 놓여 있다. 그리고 그들은 아이들 스스로가 그 이야기를 각색하거나 조금씩 꾸며가는 일종의 준창작 행위를 하도록 격려해줄 수도 있다.

그러나 타인지향형 동료집단끼리 모여서 책을 읽고 라디오를 듣는 현대 사회에는 그런 보호자로서의 어른들이 존재하지 않는다. 아이들은 "자, 얘들아,

내 이야기를 잘 들어봐라" 하는 어른과의 편안한 관계를 더는 가질 수 없게 된 것이다. 동료들은 아이를 해방해주지 않는다. 슈퍼맨을 예로 들자면, 그들은 저희 마음대로 날아다니는 일이 불가능하다. 동료들이 허락하지 않기 때문이다. 이에 관해 중요한 점을 하나 살펴보자. 현대 만화와 옛날 동화는 몇 가지 점에서 다르다. 동화에서 중요한 사람이나 주인공은 종종 생존경쟁에 뒤떨어진 패배자들이다. 가령 막내둥이나 미운 오리새끼 또는 서민들이 주인공으로 등장하는 경우가 많다. 그리고 악역으로는 왕이나 거인, 계모 등 힘이 강한 사람들이 등장한다. 그 반면에 만화에서는 무패의 용사들이 주인공으로 등장한다. 그들은 초인적인 능력을 갖고 있거나 적어도 쌍권총을 차고 있는 멋지고 강한 사람들이다. 설사 약자가 주인공으로 등장하더라도 이들은 항상 강자의 마술적인 힘의 도움을 받는다.

그리하여 동화《잭과 콩나무(Jack and The Beanstalk)》에 등장하는 잭은 그 자신의 용감성과 호기심과 행운으로 마술적인 힘을 얻는 데 반해 만화 속의 잭은 주로 전능한 힘의 소유자로부터 도움을 받는다. 물론 로빈후드나 갤러해드의 이야기에도 비슷한 주제가 나오지만, 그래도 만화 속에서 강력한 영웅이 차지하는 역할은 전보다 훨씬 많아지고 있다.

그런데 이와 같은 이야기 내용의 상대적 변화를 오로지 '만화의 탓'으로만 돌릴 수는 없다.[7] 오늘날의 만화는 오직 동료집단끼리의 공동 독서 경향에 보조를 맞추고 있을 뿐이다. 실제로 만화를 좋아하는 타인지향형 아이들은 만화가 아닌 이야기를 읽거나 들어도 그것을 만화처럼 받아들일 게 틀림없다. 결국 그들은 도덕적 갈등과 같이 내용상 복잡한 이야기는 접어두고 오로지 누가 이기느냐 하는 데에만 관심을 둔다. 그리고 매스미디어가 제공하는 온갖 이야기 속에서 '좋은 사람'과 '나쁜 사람'을 구별하는 기준이 무엇인지 물으면, 아이들은 단순히 이기는 자가 곧 좋은 사람이라고 대답한다. 그래서 이기는 사람은

---

[7] 여기서도 내부지향성으로부터의 변화를 과장해서는 안 된다. 엘리엇 프라이드슨은 아이가 동화를 암기하는 능력을 연구해서 다음과 같은 사실을 확인했다. 예컨대《황금 머리칼》이나《세 마리 새끼돼지》같은 옛날 이야기가 '골든 북스'나 만화 또는 영화 이야기보다 훨씬 암기하기 쉽다는 걸 발견한 것이다. "Myth and the Child : an Aspect of Socialization"(Masters thesis, University of Chicago, 1949).

좋은 사람이라는 정의가 성립한다.

그런데 아이들은 물론 이야기가 어떤 식으로 결론이 나는지 궁금해하고 알고 싶어 한다. 그래서 이야기 가운데 최후의 승자가 누구인지를 암시하는 열쇠를 찾아보려 한다. 만화에서 그것을 알아내는 방법은 그리 어렵지 않다. 좋은 사람은 선량하게 생겼기 때문이다. 눈이 샛별처럼 빛나고 키가 크고 얼굴이 단정하다. 한편 악당도 한눈에 알아볼 수 있다. 악당은 매우 험상궂게 생겼다. 어느 나라 사람인지 알아보기 힘든 지저분하고 추한 모습을 하고 있을 뿐 아니라 수염투성이에 창백하고 마르고 음흉한 느낌을 준다. 그러나 영화에서는(또 미인이 나오는 몇몇 만화책에서는) 선인과 악인을 그리 쉽게 가려낼 수 없다. 만화에서는 착한 인물로 나올 법한 사람이 나중에 보니 악당으로 결말나는 경우가 많다. 필자는 그 실례를 하나 본 적이 있다. 〈삼총사(The Three Musketeers)〉라는 영화의 윈터 공작부인의 모습이 바로 그것이다. 만화를 즐겨 읽는 어린 관중은 라나 터너가 윈터 공작부인으로 분장한 모습을 보고 매우 당황하는 것 같았다. 그렇게 예쁘게 생긴 여자가 왜 나쁜 사람으로 나오느냐는 것이다.

여기에 역설이 있다. 타인지향적 아이는 미묘한 인간관계에 눈치 빠르게 적응하도록 훈련되어 있으며, 때로는 내부지향적 시대의 어른들보다도 더 세련된 방식으로 인간관계의 속사정을 예민하게 파악한다. 하지만 그러면서도 이야기꾼들이 들려주는, 이야기 속 인물들이 제기하는 문제에 대해서는 놀랍도록 둔감하다. 그래서 많은 아이들이 흔히 이야기 마지막 부분으로 성급하게 달려가서 마지막을 먼저 읽으려 한다. 그리고 그런 독서법 탓에 작중 인물의 인격적 개발이나 발전 등에는 관심을 두지 않게 된다.

동료집단끼리의 공동 독서라는 새로운 상황은 말하자면 배심원들 사이에서 일종의 여론조사가 실시되고 있는 것과 같다. 그로 인해 타인지향형 아이들의 생활이 결정돼버린다. 아이들은 이야기 중간의 그다지 중요하지 않은 내용은 대충대충 넘어가서 곧바로 마지막 승부에만 집착하고 주인공에 대한 상상 따위는 하지 못한다. 그래서 독서와 라디오 청취에 관한 취미를 서로 교환할 때도 그 주인공에 관해서는 알 필요가 없어진다. 그것은 마치 우표 수집가가 그 우표의 인쇄소가 어딘지 알려 하지 않는 것과 마찬가지이다.

그런데 옛날 동화나 프랭크 메리웰 전집들도 그 나름대로 승리를 강조하고 있다. 우리는 지금까지 독자 측의 관심 변화에 대해 살펴봤는데, 여기서 새로이 현대의 미디어와 옛 미디어의 엄밀한 내용적 차이점을 알아봐야 할 것이다. 그 중에서도 가장 두드러진 차이점은 과거의 야망과 오늘날의 이른바 '적대적 협력' 사이에 존재하는 차이이다. 야망이란 내부지향 시대의 특징으로서, 어떤 뚜렷한 목표를 이루려는 추진력과 노력을 말한다. 그 노력은 명예와 부를 추구하기 위한 것일 수도 있고, 직업을 얻고 전쟁에서 이기고 다리를 건설하기 위한 것일 수도 있다. 어쨌든 그 모든 노력에는 뚜렷한 목표가 있다. 내부지향 사회에서의 경쟁은 무자비할 때가 많으나, 그 대신 사람들은 그 경쟁에서 저마다의 입장을 확실히 알고 있었으며 자기들이 경쟁한다는 의식을 가지고 있었다. 만약 그들이 어떤 죄책감을 느낀다면, 그것은 그들이 성공할 경우가 아니라 실패할 경우이다.

그러나 그와는 대조적으로 '적대적 협력'이란 다른 사람에 의해 주입되고 권유받은 목적의 추구라고 정의할 수 있으며, 그것은 타인지향적 집단의 특징이다. 이 경우 목표는 타인들과의 관계 자체보다 훨씬 덜 중요하다. 이러한 새로운 경쟁 속에서 사람들은 종종 자기들이 과연 정말로 경쟁하고 있는지, 혹시 그렇다면 그 목표가 과연 무엇인지 의아하게 생각하는 일이 많다. 그리고 그들은 서로 경쟁하기보다는 협력하도록 요구받아 왔기 때문에 자기가 성공하게 되면 어떤 죄책감을 느끼며, 다른 사람이 실패를 하면 공연히 책임을 느끼기도 한다.

내부지향 단계에서는 야망이 아동문학 주인공들의 두드러지는 특징으로 파악되었다. 그리고 야망이야말로 어린 독자가 스스로를 그와 비교하고 싶어 하는 기준이었다. 설사 그 목표가 인디언과 싸운다거나 보물을 찾는다거나 북극을 탐험한다거나 범죄를 파헤치기 위해 얼음덩이가 떠다니는 강에 뛰어든다거나 하는 특수한 목표일지라도 아이들은 그 야망에 공감할 수 있었다. 그들은 주인공의 용기와 인내력 등 도덕적 자질을 상상 속에서나마 모방하고 그와 경쟁하려 했다. 그리하여 이야기 주인공은 오늘날 주인공처럼 대부분 최후의 승리자가 되는데, 아이들은 그의 마지막 승리에만 흥미를 느끼는 게 아니라 그 승리를 얻기까지 주인공 자신이 겪는 내적인 갈등에도 깊은 관심을 가졌던 것이다.

어떤 사람들은 오늘날의 만화는 과거와 똑같은 주제를 새로운 매개형식으로 전달하는 것일 뿐이라고 생각한다. 그러나 실제로는 주제 자체가 달라지고 있으며, 독자와 주인공과의 관계 또한 크게 바뀌고 있다. 만화 속 주인공이 인간적 영웅이 아니라 슈퍼맨이나 플라스틱맨으로서 초능력을 쓰는 경우, 아이들이 그 주인공에 대해 느끼는 일체감은 그리 강하지 않다. 아무리 의지력이 강하고 또 통신교육으로 이것저것 배워도 결코 자신이 슈퍼맨이 될 수는 없기 때문이다. 공상에 빠져 본들 그런 일은 불가능하다. 실제로 요즘에는 이렇게 공상 속으로 도피하기가 점점 더 어려워지고 있다. 현대의 정교한 미디어에 익숙해진 오늘날의 아이들은 황당무계한 비현실적 공상의 내막을 너무나 환히 들여다보기 때문에, 가령 어떤 영화를 보더라도 즉시 그 허점을 파악하고 비판할 줄 아는 것이다. 그래서 그들은 서부활극 주인공이 6연발 권총으로 7발이나 쏘았다고 지적하면서 서로들 웃는다. 한편 미디어는 정교한 컬러 효과와 음향 효과를 구사하여 과거에 디포와 같은 사람들이 작품을 통해 추구했던 현실성을 몇 배 더 능가하여 발휘하고 있다.

내부지향 시대의 소설 속 주인공은 말하자면 다들 노력가였다. 예컨대 쥘 베른은 작품에서 주인공의 인물 됨됨이가 아닌 모험과 기계에 관한 것을 더 자세히 서술했다. 주인공들은 대부분 느슨한 옷처럼 묘사되었기 때문에 독자들은 누구든지 그 옷을 스스로 입어볼 수가 있었다. 더욱이 하워드 파일이 그린 음침하고 환상적인 삽화 덕분에 독자들은 쉽사리 주인공 자리에 자기를 앉혀 놓고 상상의 날개를 펼칠 수 있었다.

그러나 오늘날의 독자나 시청자는 그와 같은 상상을 할 틈이 없다. 채우고자 해도 그럴 여백이 없는 것이다. 만화나 만화영화는 주인공 설정은 허술할망정 그 겉모습만은 세밀하게 나타낼 뿐만 아니라 대화 내용도 한마디 빠짐없이 자세하게 드러내고 있다. 이처럼 이미지를 확실하게 잡아놓는 이유는 분명하다. 수많은 매스미디어들이 앞다투어 각종 주인공들을 돋보이게 하려고 치열하게 경쟁을 하는 판국인만큼 그 제작자들은 부득이 '한계적 특수화' 수법을 쓰지 않을 수가 없기 때문이다. 그들은 한계적 특수화를 통해서만 사람들에게 인정받을 수 있다. 예컨대 한 만화가가 그리는 선과 다른 만화가가 그리는 선은 각각 분명히 구별될 만한 미묘한 개성을 가지고 있어야만 한다.

그런데 이와 같은 리얼리즘의 수용 자세에는 역설적인 현상이 가로놓여 있다. 만화가가 붓 한 번 움직였을 뿐인데 때때로 몇 백만 독자와 주인공과의 일체감이 사라져버린다. 가령 만화 속 여성의 가슴이 작게 그려진다면 그녀는 주인공이 될 수 없을지 모른다. 그런데 또 한편으로는 그러한 리얼리즘으로 말미암아 앞에서 말한 바와 같이 남의 눈에 두드러지게 드러날까 봐 염려하는 사태가 생겨난다. 만약 자신이 정말로 슈퍼맨이 된다면 즉시 남의 눈에 띌 것이다. 그러면 내부지향 시대의 독자처럼 자기가 비도크나 셜록 홈스가 되는 상상을 하면서 남몰래 즐길 수 있는 나르키소스적 재미를 못 느끼게 된다.

이와 같은 설명은 물론 지나치게 일반화해서는 안 될 것이다. 그중에는 자기가 슈퍼맨 같은 만화 주인공이 된 것처럼 공상하는 아이들도 있다. 또 자신을 주인공에 비유하는 동시에 다른 한편으로는 그 주인공이 구출하는 인물과 자신을 동일시하는 경우도 있을 것이다. 그리고 만화 속 주인공은 불로불사인만큼, 자꾸만 나이를 먹어가는 어린 독자는 나이에 따라 자신의 욕구와 이상에 더 적합한 주인공을 바꾸어가며 선택할 수도 있다.

이러한 경향은 슈퍼맨의 망토 등과 같은, 아이들과 라디오·영화·만화 주인공들을 연관시키는 여러 소도구에 의해 더욱 고무되기도 한다. 그러나 슈퍼맨의 망토를 걸쳤다고 해서 그 아이가 스스로 슈퍼맨이 된 듯이 상상한다고 단정할 수는 없는 일이다. 그는 슈퍼맨을 동경하는 단순한 팬일 수도 있기 때문이다.

오늘날의 만화가 예전 같으면 몇 백 페이지나 할애해야 할 긴 이야기를 불과 몇 분짜리 독서물로 압축하고 있다는 것에는 상당한 의미가 있다.

가령 《몬테크리스토 백작(Le Comte de Monte-Cristo)》의 이야기를 예로 들어보자. 감옥에서의 오랜 고생과 인내, 근면한 노력과 노신부의 많은 가르침, 그리고 부의 축적과 복수 등이 긴 이야기를 통해 그럴듯한 도덕적 호소력을 발휘하고 있다. 그리고 마지막에 가서 그가 승리를 거두었을 때 그는 이미 늙어 있었다.

그러나 만화 속 주인공들이나 라디오 연속극 주인공들은 별다른 노력을 기울이지 않고도 쉽게 이긴다. 게다가 시간적 제약으로 인해 그와 같은 경향은 더욱 두드러지게 나타난다. 물론 그런 주인공들도 영화 주인공들처럼 종종 지독한 일을 당하기도 한다. 그러나 그런 장면은 독자나 시청자를 흥분시키기 위한 것이다. 그 장면은 도덕성이나 내적인 혁신을 부추기는 것이 아니라 악당에 대한 좀 더 가혹한 보복을 정당화하기 위해 삽입되고 있다.

그 밖에도 눈여겨볼 만한 변화가 또 한 가지 있다. 만약 독자가 승리하는 자와의 일체감에만 집착하기보다는 그 이야기의 내용 파악을 위해 그가 승리하기까지의 과정에 대해서도 관심을 쏟는다면, 그 독자는 결국 다른 사람들의 승부를 보고 즐기는 소비자적 역할을 맡게 된다는 점이 그것이다. 다시 말해 그 경우는 경마장에서 말이나 기수나 그들의 노력에 대해서는 전혀 흥미나 지식을 갖지 않고 오로지 우승할 것 같은 말에 돈을 거는 것과 마찬가지이다. 그래서 독자와 주인공 사이의 유대라는 것은 점점 사라지고 독자의 관심은 오로지 그 주인공의 승패에만 집중된다. 독자는 이른바 관중인 셈이다. 관중은 자신이 보는 경기가 나름의 의미를 갖도록 하기 위해서 승자에게만 관심을 두려고 한다. 이러한 점은 퀴즈나 운동경기 또는 정치적 논쟁에도 해당된다. 결과적으로 게임이나 경쟁이나 이야기는 그 자체로서 감상되는 것이 아니라 오로지 승부만이 흥분을 자아내는 꼴이 되고 만다.

때문에 주인공의 승리란 오직 표면상으로만 도덕성을 띨 뿐이다. 과거와 같은 도덕성은 검열 또는 검열에 대한 두려움에서 기인된 하나의 강제된 인습으로서만 그 잔재가 남아 있는 정도이다. 더구나 작품에서 주인공이 인격적으로 성장하여 몸에 익히는 도덕성이란 전혀 눈에 띄지 않고, 오로지 법규와 규범으로서의 도덕성만이 강조되어 있다. 따라서 도덕이란 곧 승부에서 이기는 것을 뜻할 뿐이다.

추리소설에서 등장인물들은 진짜 범인이 밝혀져 그들의 결백이 거슬러 올라가 증명되기 전까지는 모두가 용의자로 간주된다. 이와 마찬가지로 마지막에 이루어지는 주인공의 승리는 그 이전의 잘못된 행위까지도 모두 정당화해주게 마련이다. 이것이 바로 '승자독점'의 이치이다.

《기관차 삐삐호(Tootle)》의 현대적 교훈

부모들은 때때로 가장 값싸고 광범위한 미디어인 만화와 라디오야말로 위와 같은 새로운 태도와 가치관을 아이들에게 전파하는 주된 전달자라고 생각하는 경향이 있다. 그래서 그들은 로이 로저스나 스티브 캐년과 같은 만화물을 물리치는 가정에서는 그와 같은 시청자 반응 형태는 없을 거라고 생각하기도 한다.

그러나 오늘날 중산계급 또는 상층 중산계급 가정의 아이들이 읽는 만화 외의 서적에서도 타인지향적 주제들이 상당히 많이 도입되고 있는 실정이다. 뿐만 아니라 그런 '교육적'인 책자들은 많은 라디오 제작자와 만화가들에 대해 큰 영향력을 행사한다.

이러한 책들은 아이의 정신발달에 대한 최근의 연구 성과에 따라 아이들에게 많은 것을 가르쳐준다. 그것이 어떤 성향을 지니고 있는지는 오늘날 교사들과 학부모 육성회가 즐겨 사용하는 책자의 한 구절을 인용해보면 금방 알 수 있다.

아이에게 일반적이고 바람직한 것은, 아이 개인의 자제심이 증대되고 사교술과 유희기술이 순조롭게 발달하며 사춘기나 청년기에 고도의 협조심을 익히는 것이다. 청소년은 집단활동에 적극적으로 참가할 줄 알아야 하며 완전하지는 않더라도 어느 정도 발달한 자제심을 갖추고 있어야 한다. 그리고 다른 모든 사람들의 필요와 요구에 부응할 만한 참된 통찰력을 가져야 한다.[8]

《기관차 삐삐호》(글 : 거트루드 크램프턴, 그림 : 티보 저글리)는 '리틀 골든북스'라는 아동용 그림책 시리즈 가운데서도 가장 인기 있고 재미있는 책이다. 이 책은 얼핏 보기에는 트럭이나 소방차나 택시나 예인선 같은 탈것을 의인화한 별다른 특징 없는 이야기처럼 보인다. 그러나 사실 교훈적인 이야기다.

'삐삐'는 어린 기관차 엔진인데, 학교에 가서 두 가지 중요한 일을 배운다. 빨간 깃발이 나부끼면 무조건 정지하라는 것과, 무슨 일이 일어나도 결코 선로에서 이탈해서는 안 된다는 것이다. 그 가르침대로 열심히 따르기만 하면 삐삐는 나중에 커서 멋진 유선형 기관차가 되는 것이다. 삐삐는 한동안 충실히 그 가르침에 따랐다. 그러나 어느 날 선로를 이탈해 들판의 예쁜 꽃들과 노는 것에

---

8) M.F. Breckenridge and E.L. Vincent, *Child Development*(Philadelphia, W.B. Saunders, 1943), p. 456.

재미를 느끼게 된다. 이러한 규칙위반은 곧 들통이 난다. 선로를 벗어났다는 명확한 증거가 차체에 남아버렸기 때문이다. 그러나 삐삐는 점점 더 제멋대로 굴며 계속 선로를 벗어나 들판으로 놀러 갔다. 아무리 주의를 주어도 소용없었다. 기관차 학교 교장은 애가 타서 야단이었다. 그래서 급기야 학교가 있는 엔진마을 촌장과 상의했다.

촌장은 집회를 소집하여 삐삐의 문제를 논의했다. 물론 삐삐는 그런 줄은 꿈에도 모르고 있었다. 어른들은 마침내 한 가지 대책을 마련했다. 바로 삐삐가 또 혼자서 선로를 벗어나 들판을 제멋대로 달리고 있을 때 그의 앞에 갑자기 빨간 깃발을 들어 올리는 것이었다. 깃발을 본 삐삐가 즉시 다른 방향으로 고개를 돌렸더니, 그곳도 빨간 깃발이 나타나 가로막았다. 다시 방향을 바꿔보았다. 이번에도 빨간 깃발이 나타났다. 아무리 주위를 둘러봐도 빨간 깃대가 꽂히지 않은 곳은 찾아볼 수 없었다. 마을 주민 전체가 삐삐를 훈계하려고 빨간 깃발을 가지고 들판에 숨어 있었던 것이다.

그는 당황하고 두려운 마음으로 멀리 선로를 돌아다보았다. 거기엔 선생님이 든 초록빛 깃발이 어서 돌아오라며 펄럭이고 있었다. 연이은 정지신호(빨간 깃발)에 대한 조건반사적인 위축감 때문에 어쩔 줄 모르던 삐삐는 기꺼이 그곳으로 돌아가서 눈물 날 만큼 행복을 느꼈다. 그리고 앞으로 다시는 선로를 벗어나지 않기로 다짐했다. 학교로 돌아온 그는 선생님들과 마을 사람들에게 박수를 받는다. 그는 자신이 좀 더 성장하면 반드시 멋진 유선형 기관차가 될 수 있으리라는 보장을 받는다.

이 이야기는 아이들을 타인지향적으로 순응시키는 육아법의 매우 적절한 예가 아닐 수 없다. 아이들은 이 이야기를 읽으면서 궤도를 벗어나 꽃을 탐하는 것은 옳지 못한 일이고, 안전신호를 따르는 것은 성공과 승인과 자유에 대한 보장임을 배우는 것이다.[9]

---

9) 이 이야기에서는 엔진 학교에서 삐삐의 친구들에게 무슨 일이 일어났는지 나와 있지 않다. 삐삐의 동료집단에 대한 관계는, 다른 엔진에 대한 경우나 엔진 마을의 주민에 대한 경우나 사랑을 받을 수밖에 없는 것이었다. 또한 삐삐가 승리했다고 해서 그로 말미암아 다른 누군가가 실패했다고 할 수는 없을 것이다. 만약 다른 사람들이 유선형 기관차가 되고 싶어 하지 않았다면, 그래도 과연 삐삐가 유선형 기관차를 꿈꿨을지는 의문이다.

이와 같은 도덕률은 《빨간 두건》이라는 옛날 이야기의 경우와는 매우 다르다. 그 주인공 소녀 또한 할머니를 만나러 가는 도중에 길에서 벗어난다. 그리고 이리에게서 자연의 아름다움에 대해 여러 이야기를 듣는다. 자연의 아름다움이란 곧 성(性)에 대한 어렴풋한 상징일지도 모른다. 그런데 알다시피 마지막에 가서 소녀는 이리한테 잡아먹히고 그녀의 할머니마저 잡아먹히는데, 그 뒤 한 나무꾼의 도움을 받아 그들은 이리 배 속에서 벗어나 다시 살아난다.

이 이야기는 언뜻 듣기에는 마치 교훈담인 것 같지만 실제로는 성적 욕망과 공격성 등 지극히 인간적인 감정을 다루고 있다. 가령, 좋은 일을 하면 반드시 보상을 받는다는 식의 도덕강좌를 늘어놓는 것도 아니고, 어른들의 세계를 따뜻한 측면에서 조명하는 것도 아니기 때문이다. 빨간 두건 이야기는 결국 지극히 현실주의적이며, 그것이 표면적인 환상성으로 감추어져 있을 뿐이다. 아니, 오히려 그 환상적 분위기 때문에 현실성이 더 두드러져 보이는 것이다.

물론 삐삐의 이야기에도 그와 비슷한 현실성이 전혀 없는 것은 아니다. 그 이야기 속 어른들은 이미 앞에서 말한 바와 같은 역할을 수행하고 있다. 즉, 동료집단과 함께 어울려 살아가도록 아이들을 조종하면서, 그들이 어른의 의사에 따라 행동할 경우에는 그만큼 상을 주는 것이다. 더군다나 엔진 마을 사람들은 삐삐에게 매우 너그럽다. 삐삐의 모든 것을 이해하려 할 뿐 아니라 절대로 화를 내는 일이 없다. 그들이 다 같이 합심해서 삐삐에게 빨간 깃발을 내보이는 것도 그를 위해서이며, 그가 말을 잘 듣게 되자 그것이 마치 자기들의 수고 덕분이 아니라 삐삐 자신의 선행이었다는 듯 삐삐를 칭찬하는 것이다.

그러나 그렇다고는 해도 이 이야기에는 지나치게 미화된 부분이 있음을 간과할 수 없다. 어른의 세계(선생들)라는 것은 사실 그리 자비롭지는 않다. 또 동료집단(주민들)이란 그렇게 아이를 생각하는 마음이나 협동심이 강하지도 않다. 이 이야기에는 빨간 깃발과 초록 깃발이 등장하지만 실제 사회에는 그처럼 명확한 신호는 없다. 또 아이가 유순하게 굴자 어른들은 그에게 상으로 유선형 기관차를 주겠다고 약속하는데, 이는 실제보다 너무나 크고 확실한 상이다. 하지만 그럼에도 어린 독자들은 이 이야기에 매우 큰 감동을 받는다. 이야기가 몹시 근사하기 때문이다. 거기에는 《빨간 두건》과 같은 우울함은 조금도 없다. 그래서 이 이야기는 어쩐지 현실성 없는 속임수같이 느껴진다. 예컨대 주민들이 한 일이 삐삐의 이익을 위해서였다는 것도 영 현실성이 없어 보인다.

이야기 마지막에 삐삐는 꽃들을 좋아했다는 사실을 깨끗이 잊어버린다. 기차와 신호와 선로, 그리고 집회가 대표하는 어른들의 화려한 세계에 비해 꽃들은 유치하다는 것이다.

자유의 영역

지금까지 우리는 아이들이 현대의 매스미디어를 접하는 사회적 상황에 대해 이야기했다. 그리고 그런 사회적 상황이, 아이들이 이야기 속 주인공 및 그 역할과 스스로를 동일시하는 과정에 어떤 영향을 미치는지 분석해보았다. 또한 우리는 특히 이런 동일시가 띠고 있는 애매한 경쟁적 성질에 무게를 뒀다. 그 애매한 경쟁성은, 한편으로는 승리를 강조하면서도 다른 한편으로는 동료집단의 규율에 따라 정서적인 동일시를 엄중히 제한함으로써 생겨나는 것이다.

그렇다면 아이들의 독서생활과 라디오, 텔레비전 시청을 중개하는 대리자로서의 동료집단은 직업적인 이야기꾼들의 조작에 좌우될 우려가 많다고 할 수밖에 없다. 그러나 필자는 여기서 또 하나의 가능성을 지적해보려 한다. 즉, 동료집단은 그 자신의 비교적 독립된 기준을 설정해서 한계적 특수화를 꾀할 뿐만 아니라 미디어와의 관계에서 얼마쯤 자유를 행사하는 일이 가능할 수도 있다는 점이다. 그처럼 매스미디어에 여러 유형과 가치관을 제공할 수 있는 동료집단으로서는 자기들의 성과를 인정받았다는 성취감을 만끽할 수 있을 것이다. 물론 개인은 인기가 있느냐 없느냐 하는 세속적인 원리가 자신의 고유 영역을 침해하고 또 자신을 내몰고 있다는 데서 다소 불쾌감을 느낄 것이다. 그러나 전체적으로 보아 어떤 동료집단이나 매스미디어를 그런 감정으로 보는지 어떤지, 또는 그 그룹이 매스미디어를 지도자로 삼아 그에 따라 노는 것을 좋아하는지 어떤지에 따라 결과는 상당히 다를 것이다.

아이들의 동료집단—이는 곧 온갖 동료집단을 뜻하는데—이 매스미디어를 이끈다는 것은 거의 불가능한 일이다. 하지만 어떤 동료집단을 비평하는 독자적인 기준을 세우는 일은 실제로 어느 정도 가능하다. 예컨대 핫재즈를 좋아하는 젊은이들은 유행가를 평하는 자기 나름대로의 만만찮은 기준을 가지고 있으며, 그 기준은 수준도 매우 높고 정확하다. 그렇다면 한 가지 더 따져 볼 만한 사항이 있다. 즉, 아이들은 겉으로는 동료집단과 매스미디어에 동화하려 하겠지만, 속으로는 자신만의 사생활 영역을 발견할 수는 없는지 하는 문제이다. 다시 말해서 타인지향형 아이는 으레 혼자 독립해 있지 못하고 6, 7세만 되어도 자기 자신과의 내면적 대화를 하지 않고 노래를 지어 부르지도 않으며 자유로이 꿈도 꾸지 않는다는 지금까지의 전제를 다시 생각해보지 않으면 안 된다는 말이다.

라디오와 더불어 성장한 아이들은 라디오로부터 흘러나오는 잡음을 차단하는 법을 알고 있다. 이를테면 상업광고를 자동적으로 꺼버릴 수는 없을까 하는 생각을 할 줄 아는 것이다. 우리는 이 점을 주목해봐야 한다. 그런 아이들은 동료집단의 요구에 응하면서도 다른 한편으로는 그 잡음을 차단할 줄 안다고 말할 수 있다. 나아가 만화책이란 것도 동료집단의 소비형태의 일부에 그치는 것이 아니라 그로부터의 도피이기도 하며, 만화를 싫어하는 성인 세계에 대한 반항이기도 한 것이다. 그러므로 우리는 제3부에서 이 점을 다시 한 번 검토하면서 매스미디어가 단순한 적응 도구가 아니라 동시에 자주성을 키우는 도구가 될 수 있지 않을까, 즉 그것이 동료집단에 대한 동조성뿐만 아니라 거기서 독립할 힘을 길러주지는 않을까 하는 문제를 고찰해 볼 것이다.

5장
내부지향형 인생

토머스 달링 씨—1789년 11월 30일 사망—를 추모하여
강한 정신력을 가졌던 신사
과학과 문학에 정통하고
철학을 연마하고
명상과 독서를 즐겼으며
도덕적 판단력을 지니고
심오한 통찰력과 공정한 판단으로써
치우침 없이 공평했으며
자애로우면서 자제력이 강했고
다른 사람에게 성실하고 겸허하며
사회생활에서는 명랑하고
일에 충실한 위엄 있는
정치가, 판사로서 유능함을 발휘했고
그리스도교의 스승으로서
신앙의 벗이요 긍지요, 수호자로서 신과 구세주를 굳건히 믿고
그것 말고는 아무것도 알지 못했던 자
여기에 잠들다.

뉴헤이븐 묘지의 묘비명

이 책에서 제시한 분류에서 가장 오래된 역사적 유형, 곧 전통지향형에 속하는 미국인은 매우 적다. 그들은 동북부의 프랑스계 캐나다인과 남부 델타지대의 흑인들, 그리고 텍사스의 멕시코계 밀입국자들이다. 얼마쯤 전통지향

적인 부분을 간직한 이 집단에서는 인구의 잠재적 고도성장 단계에 확립된 동조성의 양식이 아직 남아 있다. 그다음으로 오래된 유형은 바로 내부지향형인데, 이들은 인구의 과도적 성장단계의 잔존이다. 이들은 미국 이외의 나라에도 남아 있으며, 수많은 지역, 수많은 직업 집단, 그리고 도시에서도 아직 지배권을 장악하고 있다. 어쩌면 이 내부지향형은 미국 사회에서 가장 많을지도 모른다. 자신이 내부지향적이라는 것을 명확히 깨닫고 있는 사람들뿐만 아니라 내부지향형을 동경하지만 현실적으로는 내부지향형도 타인지향형도 될 수 없는 노동자 계급의 많은 사람들까지 포함한다면. 끝으로 새로운 유형인 타인지향형은 앞에서 이미 설명했듯이 '성격형성 요인'의 변화에 따라 나타난 집단이다. 이 같은 변화는 대도시의 고소득 집단에서 특히 눈에 띈다.

이 장과 다음 두 장에서 우리는 성인의 일과 놀이의 성질이 미국의 초기적 인구감퇴 단계에 대응하여 어떻게 변해가는지 자세히 살펴보기로 하겠다. 타인지향적 성격유형은 부모와 기타 유년기의 성격형성 요인들에 의해서만 나타나는 것이 아니고, 과거 내부지향적인 환경 속에서 살아왔던 어른들의 성격을 재구성하는 여러 제도에 의해서도 나타난다. 아이들이 현재 미국에서 사회적 성격의 미개지를 개척하는 존재라면, 어른들은 구체적으로 그런 아동문화에 시동을 걸어주고 신호를 보내며 책과 만화를 만들어내고 정치를 비롯한 모든 '성인용 게임'을 하는 존재이다.

앞에 인용한 묘비명의 주인공은 말하자면 내부지향적 사회의 전형적인 이상형이라 할 수 있다. 그 시대 사람들 모두가 한결같이 달링 씨처럼 훌륭했던 것은 아니다. 다시 말하면 내부지향형을 곧 양심적 인간형과 동일시할 수는 없다. 뚜렷한 목표를 향해 나아가는 악인은 하느님을 믿는 청교도와 전혀 다를 바 없는 명백한 내부지향형인 것이다. 그러나 아무튼 여기서는 하느님밖에 모르는 사람을 대표적인 예로 들어 분석해보겠다. 그들은 우리에게 꽤 친근한 존재이면서도 어느 정도는 이미 이해할 수 없게 된 인간 유형이다.

먼저 우리는 19세기 미국의 내부지향형 인간의 경우, 노동이라는 것이 과연 무엇을 의미하는지 살펴볼 것이다. 다음으로는 그가 여가를 어떻게 활용하는지 살펴보겠다. 이러한 분별은 물론 편의적인 방편일 뿐이다. 왜냐하면 노동과 오락은 흔히 한데 얽혀 있기 때문이다. 더욱이 앞으로의 서술 자체도 다소 변증법적으로 전개될 것이다. 또 내부지향형이나 타인지향형 모두 종종 극단적인 형태로 거론될 텐데, 그것은 그 둘의 차이와 대조를 명백하게 드러내기 위해서이다. 그리고 현재 우리가 직면하고 있는 문제들 가운데 상당수는 이미 내부지향형의 문제가 아닌만큼, 독자나 필자는 내부지향형을 지나치게 미화하거나 타인지향형을 지나치게 비판하는 것을 전적으로 피해야 한다.

1. 작업의 의미

경제적 문제-소재의 견고함

이 장과 다음 장에서 시도하려는 과제는 내부지향적 사회와 타인지향적 사회에서 작업이 지닌 의미를 각각 비교 분석하는 것이다. 작업의 의미 변화는 모든 역사적 변동과 마찬가지로 정도의 문제일 따름이다.

내부지향형 인간은 노동을 인간외적(人間外的) 대상을 기준으로 해서 바라본다. 즉 인간도 사회조직도 전부 대상화해서 보는 것이다. 반면 타인지향형 인간들은 그것을 사람과의 관계 속에서 바라본다. 그 경우 사람이란 작업의 기술이나 작업의 질에 그치는 것이 아니라 그 이상의 무엇이다. 따라서 내부지향형에 있어 생산이란 인간의 협동이라는 점보다도 기술적·지적 처리과정이라는 점에서 고찰된다. 산업 내부에서의 인간관계와 여러 산업 사이의 관계, 그리고 사회와 산업과의 관계는 내부지향형의 경우 '보이지 않는 손'을 통해 저절로 구성되고 운영되니 굳이 신경쓸 필요가 없는 것으로 여겨졌다. '보이지 않는 손'이란 물론 애덤 스미스가 자유로운 시장경제를 통한 경제계획을 이야기할 때 사용한 말이다.

하기야 내부지향형이 가장 강했던 때의 사람들도 작업 조직에서 협동이 저절로 이루어지는 것은 아니라는 점을 알고 있었다. 그리고 노동에서의 훈련과 침착성, 원만성의 필요가 거듭 강조되기도 했다. 그러나 노동에서 인간 정서의 중요성은 아무래도 가벼이 보고 넘겼다고 말할 수밖에 없다. 노동력만 해도 차고 넘쳤다. 노동자들은 미성년일 때부터 자유자재로 이동할 수 있었으므로 농촌의 잉여 노동력이 공장으로 대거 유입됐다. 게다가 그런 노동자들의 훈련은 새로 성립된 가치 아래에서 이루어졌을 뿐만 아니라 과거 전통지향적 시대의 잔존물에도 영향을 받았다. 또한 선진공업국에서는 복음신앙이 이에 가세했다.

한편으로 경영자들도 인간관계를 별다른 문젯거리로 취급하지 않았다. 그 시대에는 경영진 규모가 작았고, 또 내부지향형들은 서로 호의적이든 적대적이든 상관없이 지적으로나 육체적으로 너무나 뚜렷한 과제 앞에서는 앞장서서 협력하는 사람들이었기 때문이다. 내부지향형은 그들의 협동심 때문이라기보다는 그 자신의 내적인 규범으로 인해 절대로 태업 같은 것은 일으키지 않았다.

그 결과 대규모로 관료화된 기구 안에서도 사람들은 생산품—상품이든 결정사항이든 보고서든 과학적인 발견이든 상관없이—자체에만 주된 관심을 보였으며, 인간적 요소들은 관심의 대상이 아니었다. 실제로 거기서 중요시된 것은 제품 그 자체였다. 소비자가 그것을 어떻게 쓰는지는 그다지 문제가 되지 않았다. 마르크스가 '상품의 물신화(物神化)'라고 하든 말든 내부지향형들은 스스로 좋은 소비자가 되지는 않고 생산품에만 모든 관심을 기울였다. 그들은 고객의 눈을 통해 자신을 볼 필요를 느끼지 않았다. 생산품을 파는 일은 물론이고 판매의 의미조차 별로 중시되지 않았다. 기술적 과제 자체의 일차적인 관심사항이 워낙 컸기 때문에 그런 것은 자연히 뒤로 밀려날 수밖에 없었다. 그와 같은 기술적 과제의 견고함을 일러 '소재의 견고함'이라 할 수 있을 것이다.

열린 프런티어는 공업과 무역 및 지리적·과학적 발견에 기인하는 물질적 소재의 과잉 공급을 불러왔다. 특히 지리적 프런티어의 경우 이런 현상은 명백했다. 그리하여 프런티어주의는 주택 건설이나 질서 유지 등 좀 더 넓은 상호협력을 일으키기는 했으나, 사람들의 주된 관심사는 인간적인 것이 아니라 물리적 자연에 대한 집착이었다.

일찍이 토크빌이 미시간에서 발견했던 프런티어적 인간상은, 비록 친절하기는 하지만 인간이라는 존재에 대해서는 매우 무관심한 사람이다. 그들은 물리적인 자연을 상대하는 데 정신이 팔려 있었던 것이다. 그것을 변화시키고 이용한다는 것은 매우 어려운 일이었으며, 그렇게 하기 위해서는 자기 스스로 견고하고 자립적인 인간형이 되어야만 했던 것이다.

그런 점은 다른 사업이나 개척 활동에서도 마찬가지였다. 인도, 중국, 태평양 제도 등 저 멀리 떨어져 있는 지역으로 가서 복음을 전파하려는 선교사들의 열정이야말로 19세기 개척자 정신을 여실히 반영하는 것이며, 그런 확고한 열망은 단순한 종교적 형제애를 초월하는 것이었다. 선교사와 그 가족은 종종(하와이 경우가 그러했듯이) 그 지역 서구적 요소들의 핵심체였으며, 그것이 나중에는 그곳의 경제적·재정적 지배권을 장악하곤 했다.

근대 역사상 명멸했던 무수한 공산주의적 실험 또한 그런 선구자들이 지닌 창의력의 산물이었다. 그와 마찬가지로 지적 탐구자들은 정열적인 호기심으로 지식의 영역에 몸을 던져 자연의 비밀들을 새로이 발견해내기도 했다. 그들은 뉴턴만큼 경쟁의식이 높았던 탓인지 동료 간의 교제는 매우 사무적이고 냉정했다. 그들은 논문과 회의 등 지극히 간단한 통로로써 접촉을 가졌을 뿐 팀을 이루어 공동연구에 종사하기 위한 공식적인 기구 같은 것은 드물었다.

여기서도 앞에서 말한 '보이지 않는 손' 관념이 지배적임을 알 수 있다. 노동이란 자기 자신과 물리적인 대상 또는 관념과의 관계에서만 파악되었으며, 거기서 인간관계란 어디까지나 간접적으로만 맺어지는 것이었다.

오늘날에 와서 관찰하건대 최소한 경제 분야에서 '보이지 않는 손'이란, 역사의 어느 특정 시기에 대한 한 반은 신화적이고 또 반은 분명한 사실이었다.[1] 중상주의가 사라진 뒤에도 정부는 경제에 직접 관여하여 많은 계획을 세웠다. 다만 그 계획은 비교적 관료화되지 않는 종류였고, 관세나 법적 제약이나 운하 및 철도에 대한 보조금 등을 통해 간접적으로 이루어지기는 했으나 그렇게 체계적인 것은 아니었다. 그리고 토머스 모어나 R.H. 토니 같은 도덕가와 사회주의자들이 경제생활의 비인격성에 대해 비난했다지만 사실 그런 비인격성은 아주 미약했다. 사업 자체도 가부장적인 경우가 많았다. 토마스 만의 소설 《부덴브로크가의 사람들(Buddenbrooks)》을 보면 그 점이 정확하게 묘사되어 있다. 그 작품에는 봉건주의의 잔재에 근거를 둔 구시대적 가치관이 그대로 나타나 있

---

1) Karl Polanyi의 *The Great Transformation*(New York, Farra & Rinehart, 1944)에 잘 논구되어 있다.

다. 현대적 이데올로기와 자유경쟁 원칙에도 불구하고 전통지향적 인격화 방식은 여전히 남아 있는 것이다. 그리고 이러한 인격화 경향 덕택으로 내부지향적 개인주의의 남용과 가혹성이 상당히 완화되었다.

그러나 오늘날과 비교해볼 때 그때의 경제는 매우 서툴게 조직되어 있었으며 비인격적이었는데, 실제보다도 관념상 훨씬 비인격적인 것으로 나타났다. 그로 인해 점점 증가하는 자본재산업과 농업·임업·어업·제조업에서의 기술적 장애를 해결하고자 하는 사람은 야심적으로 노동력을 투입할 수 있었다. 특히 생산재공업은 대단히 중요했다. 생산재 증산은 대내적으로 인구증가와 생존수단 사이의 공백을 메우는 데 필요했으며, 대외적으로는 전쟁 수행과 식민지 개척에 필요했다.

그 시대 사람들은 실로 지나칠 만큼 진취적이었으며, 특히 청교도주의나 얀센주의가 전파된 곳일수록 단순한 경제적 요청이나 거기서 생겨나는 반대급부를 능가하는 무엇인가를 인생에서 추구하며 돌진해나간 것이 사실이다. 그들은 지나치게 부지런하고 일하는 데만 몰두했기 때문에 오히려 가정이나 친구 및 인류 전반과 관계가 끊어지게 되었다.

그뿐 아니라 일이란, 그 당시 지배적이던 이상적 성품의 모든 요건대로 살 수 없었던 부류의 인간들에 대해 전략적 보호막 구실도 했다. 사실 그 시대에 가장 성공한 사람들도 그들에게 요구된 사회적 성격에 온전히 들어맞는다고 딱 잘라 말할 수는 없다. 지난날 미국의 내부지향 시대에 겉보기에는 그 생활에 잘 적응한 듯 보이는 사람들도 상당수가 그들 자신의 피나는 노력으로 그렇게 되었음을 감안한다면, 그들의 동조성이라는 것도 절대 저절로 형성된 것은 아님을 알 수 있다.

자유경쟁적인 자본주의 시대에 노동과 재산의 연결성은 개인을 다른 사람들로부터 고립시키는 경향이 있었다. 이는 벌과 민스가 《근대기업과 사유재산 (The Modern Corporation and Private Property)》이란 저서에서 분석한 후기 자본주의 상황과는 대조적이다. 내부지향형 인간의 경우 재산이란 얼마든지 이리저리 형태를 바꿀 수 있는 것이었다. 개인은 그 이전 시대에서처럼 전통적·감상적인 애착 때문에 어느 한 형태의 재산에 매여 있지 않게 되었다. 그와 반대로 내부지향형들은 재산을 자기에게 종속시키고 자기 마음대로 처분하는 사람들이다.

그리하여 재산이란 이미 대가족에 속한 것이 아니라 개인의 자아에 속하며 그를 위한 갑옷 노릇을 하게 된 것이다.[2]

이러한 성격의 사유재산은 비록 내부지향적인 개인의 자기방어 수단인 동시에 능력의 시험대이기는 하나 현재로선 그의 출세를 보장하는 본질적인 조건은 아니다. 그러나 가령 초기 5개년 계획 시대의 러시아에는, 서구와 미국에서 몇십 년 전에 있었던 것과 비슷한 성격의 이런 내부지향적 기업 경영자들이 많이 등장했다. 야심만만하고 정력적이며 자신감 넘치는 행동으로 물리적 자연을 변화시키고 거대한 기구를 제도화하며 기술을 혁신적으로 개발하는 인간형들이다. 일부는 미국과 독일에서 유입된 전형적인 내부지향형 인간들이 러시아 방방곡곡 철도건설 등 온갖 분야에서 일하는 모습이 목격되었던 것이다.

오늘날에도 그런 인간형들이 인도의 산업 부문과 정부기관에 속속 나타나고 있다. 이처럼 규모가 크고 다양한 인구구성 속에는 잠재적인 내부지향형 인간이 항상 존재하는 것 같다. 그리하여 서양식 공업화가 진행되는 순간에 그 잠재력은 기다렸다는 듯이 전면에 떠오르는 것이다.

별에게 소원을 빌다

과도적 인구성장 단계에서 내부지향형 인간은 야심에 불타고 있었다. 그들의 노동관은 '별에게 소원을 빈다'는 속담에 잘 나타나 있다. 별은 멀리 떨어져서 빛나고 있는데도 개인은 일생토록 그것에 다다르고자 애쓴다. 그가 그것을 그토록 오랫동안 추구할 수 있었던 까닭은 그 목적이 지닌 보편성 때문이다.

내부지향형 인간은 늘 돈이나 권력이나 명성 또는 예술 및 전문직 분야에서도 변치 않는 가치가 있는 사업 등, 매우 추상적인 것을 노렸다. 그들은 뉴잉글랜드의 고약한 기후에도 150년 동안이나 생생하게 남아 있는 달링 씨의 묘비명처럼, 자신이 죽은 뒤에도 분명한 명성과 기념물 같은 것을 남기고 싶어 했다. 그러나 이런 장기적인 야망이 있을 수 있었던 원인에 큰 역할을 한 사실이 또 하나 있다. 바로 식민지 개척과 공업화 또는 학문적 발견 등의 프런티어에는 장기적인 투자가 필요하다는 사실이다.

---

2) 윌리엄 제임스의 *Principles of Psychology*(New York, Henry Holt, 1896), I, 291~292에 나와 있는 자아의 정의 및 에리히 프롬의 *Man for Himself*, pp. 135~136의 논구 참조.

철도를 부설한다든지, 인도에 행정관료제도를 수립한다든지, 또는 콩트나 클러크 맥스웰이나 마르크스처럼 웅대한 학문체계를 세운다든지 하는 일들은 결코 한두 달 만에 이루어지는 것이 아니다. 게다가 어느 한 분야에서 경쟁자는 그리 많지 않았다. 그러므로 누구나 우수하고 열정적이면 자신의 발명이나 자본투자나 관리기술이 쉽게 빛이 바래지는 않을 것임을 기대할 수가 있었다.

왜냐하면 과학기술이나 학문 분야에서 일어나는 변화가 과거의 잠재적 고도성장 시기에 비해 훨씬 빨라졌지만 오늘날에 비해서는 아직 느렸기 때문이다. 그 시대 사람들은 자신의 일생이라는 기나긴 척도를 기준으로 변화를 바라볼 수 있었다. 즉 개인은 다른 사람들의 움직임에 특별히 신경 쓰지 않아도 그들보다 뒤떨어질 염려가 없다고 생각했던 것이다. 그래서 그들은 하룻밤 사이에 자기의 지식이나 행위를 뒤집거나 고치는 일은 거의 없었다.

1920년 무렵만 해도 미국 중산층 소년들은 자신의 진로를 별로 신경 쓰지 않았다. 명문 출신이라면 연고관계만 잘 이용하면 되었고, 그렇지 않을 경우에도 그 자신의 내부지향적인 사회적 성격에 자신을 가질 수 있었기 때문이다. 또 그들은 취직이나 자리보전 등 단순한 문제는 그다지 심각하게 여기지 않았기 때문에 얼마든지 장기적인 인생목표를 꿈꿀 수가 있었다. 오래도록 직장도 못 얻고 고생하리라는 생각은 꿈에도 하지 않았던 것이다. 그리고 어떤 직업을 골라도 자기가 마치 그 분야의 스타가 된 것처럼 상상해볼 수 있었다.

이를테면 젊은 의사 지망생은 한 번쯤 오슬러를 꿈꿔볼 수 있었으며, 변호사 지망생은 초트나 엘리후 루트 또는 홈스 판사를, 과학자 지망생은 아가시나 파스퇴르를, 화가나 소설가 지망생은 르누아르나 톨스토이를 꿈꿔볼 수 있었던 것이다. 그러나 물론 내부지향형 인간들에게도 비극은 예고되어 있었다. 그가 자신이 그리던 원대한 꿈을 성취하지 못하고, 주변의 여건 때문에 장애에 부딪히든가 아니면 자신의 능력 부족 탓에 아무리 애써도 소용이 없을 때 비극은 일어난다. 그런 상황에서 그 자신이 호언장담했던 공약과 선서는 그를 옴짝달싹 못하게 붙들어 맬 것이다. 그래서 세르반테스를 비롯한 수많은 풍자가들이 돈키호테처럼 별을 향해 달리다가 흙더미 속으로 고꾸라지는 이상과 현실의 크나큰 불일치를 즐겨 꼬집었던 것이다.

2. 이차적인 것으로서의 향락

내부지향 시대에 향락과 소비란 삶에서 한낱 부차적인 것에 불과하며, 어디까지나 노동만이 일차적인 것이었다. 그리고 이 점은 여자보다도 남자의 경우 더욱 그러했다. 어떤 남자들은 향락 따위에는 아예 눈도 돌리지 않고 소비생활은 아내에게 모두 맡기기도 했다. 요컨대 그들은 돈 버는 기계였다. 또 어떤 남자들은 소비 자체를 하나의 작업이 되도록 만들었다. 즉 재산가가 되려고 했다. 그런가 하면 대다수 남자들은 노동으로부터의 간헐적인 도피처로서 소비를 활용하기도 했다.

이처럼 노동과 향락을 나눠 생각하는 방식은 전통지향 사회에는 없었던 것으로 내부지향 시대만의 독특한 것이었다. 전통지향형 인간은 일을 할 것인지 아니면 놀 것인지 어느 한쪽을 선택하려 들지 않는다. 또 일과 놀이를 특별한 방법으로 합치려고 하지도 않는다. 모든 것은 전통에 의해서 타율적으로 결정되므로 그 자신은 노력할 필요가 없는 것이다. 때때로 논다는 것은 언어상으로 또는 특수 의상이나 축제상으로 일하는 것과 구별되기도 한다. 그러나 일과 놀이는 어느 정도 뒤섞여 있었다. 예를 들어 일상용품을 만드는 작업에는 수공예 요소가 보태졌으며, 사회적·경제적으로 실용성 있는 활동에는 어떤 행사 같은 색채가 더해졌다.

그런 반면 내부지향형 인간은 전통에서 완전히 해방되어 있기 때문에 노는 것과 일하는 것을 의식적으로 확연히 구별할 줄 알았다. 적어도 엄격한 종교적 통제가 완화된 상황에서는 노는 데 시간을 얼마만큼 쓸 것인지 스스로 결정할 수 있었다. 시간상으로 말한다면 물론 충분한 여가를 즐길 수 있는 것은 아니었다. 노동시간이 워낙 길고 일 자체도 매우 힘들기 때문이었다. 그리하여 이른바 피로에 지친 기업인이라는 인간상이 생겨난 것이다.

그러나 우리는 이 시대 사람들을 크게 둘로 분류할 수 있을 것 같다. 즉, 재물을 얻으려는 정열로써 일하듯이 소비를 하는 사람과, 오로지 간헐적인 도피와 휴식으로서 소비를 하는 사람이 그것이다. 이 두 유형의 사람들을 이제부터 살펴보자.

재산가의 소비생활

내부지향 시대에 일에 열중하는 사람들은 놀랍도록 생산성이 높으며 소비생활에 상당한 자의성을 발휘할 수 있다. 예컨대 19세기 미국의 몇몇 백만장자들이 그러했다. 그들은 먼저 그 사회가 원하는 정도의 생산성을 발휘하여 최고는 아닐망정 꽤 높은 사회적 신분을 얻은 뒤부터는, 나름대로 쾌락을 한껏 추구하는 게 가능했다.

그들은 일하거나 놀 때 걸핏하면 '방해하지 마시오'라는 팻말을 문에 걸어놓곤 했다. 막대한 재산을 소유하고 있는 그들은 그 힘을 이용하여 아내와 딸의 봉사를 마음대로 받았을 뿐 아니라, 소비생활이나 취미생활에 대해 전문가의 조언을 받을 수 있었다.

이 시대는 화려한 소비생활이 절정에 달했다. 재산가들은 노동에 들이는 만큼 여가생활에도 에너지를 쏟아부었다. 생산자들이 자원을 개발하고 완제품이나 반제품을 널리 나눠주기 위해 정력적으로 수송망을 넓히고 개척하는 순간에 소비자들은 그와 똑같은 열정으로 시장에서 쇼핑에 열을 올렸던 것이다. 생산자와 소비자는 대립하지 않고 한 방향을 추구하며 서로 협력을 한 셈이다. 이와 같은 소비생활에서 첫째 단계는 물건들을 자기 소유로 만들려는 열정적인 욕망 추구라 할 수 있다.

재산가 소비자는 집 한 채를 짓는 데 막대한 에너지와 돈을 투자하여 백화점만 한 호화저택을 짓기도 했다. 〈시민 케인(Citizen Kane)〉이나 〈유령, 서쪽으로 가다(The Ghost Goes West)〉와 같은 영화를 보면 그런 모습이 묘사되어 있다. 또 그는 유럽의 보물을 수집하는 데 열을 올리고 유럽 명문가의 자제를 사위로 얻기도 했다. 또는 모터보트를 사거나 보석을 모으거나 엄청난 장서를 수집하기도 했다. 공공 정신이 강한 친구를 사귀고 그와 함께 극장이니 플라네타륨이니 동물원이니 하는 공공시설을 건설하기도 했다. 이 모든 일들은 거의 북극탐험처럼 어떤 목적성을 갖는 일로 정당화되어 상품생산과 마찬가지로 주저없이 추구되고 기꺼이 수행되었다. 이때만 해도 대부분의 소비상품은 일과 마찬가지로, 금방금방 낡은 물건으로 변하는 게 아니라 일생토록 가치를 지니는 것이었기 때문에 그런 일이 가능했던 것이다.

사유재산을 쌓거나 개인적인 취미생활에 탐닉하는 일에는 관심이 부족하고 그 대신 꾸미는 데 관심이 많은 부유한 소비자는 언뜻 보기에 타인지향형처럼 보일 것이다. 그러나 베블런의 고전적인 저서를 보면, 그가 그리고 있는 소비자들은 오로지 겉으로만 타인지향적일 뿐이다. 베블런이 말하는 과시적 대량소비자는 자신의 현재 지위나 꿈꾸는 지위가 요구하는 역할에 스스로를 맞추려고 그런 소비를 하는 사람이다. 그러나 이와 반대로 진짜 타인지향형 소비자는 물건 자체보다 그와 관련된 생활체험을 더 중요시하며, 남에게 자랑을 해서 그들을 부럽게 만들려 하기보다는 남의 지시대로 따라가려고 하는 사람이다.

과시적인 소비자들은 다른 사람의 재산을 곧바로 잴 수 있는 일정한 기준을 가지고 있다. 바로 돈이다. 이 기준은 갖가지 대상물에 적용될 수 있다. 어떤 대상물은 본질적으로 독특해서 판단하기 애매한데도 돈이라는 기준이 적용된다. 이를테면 집터는 그 넓이로 측정되고, 미인은 돈으로 살 수 있는 가장 좋은 것이라는 표현으로 가치가 매겨지는 식이다. 이런 기준이 있기 때문에 내부지향형 인간의 소비생활은 비교적 비인격적인 성격을 띠게 마련이며, 그것은 마치 그의 생산활동이 비인격성을 띠는 것과 마찬가지이다. 사실 그의 소비라는 것은 생산활동의 한 여분에 불과한 것이다.

게다가 내부지향형 인간은 옛 거장들의 작품을 수집할 때 단순히 자기 신분에 맞는 표준적인 소비경향을 드러낼 뿐만 아니라, 유리한 투자나 유리한 도박을 하는 것과 같은 기분에도 젖는다. 사실 어느 면에서는 그 자신 또한 어엿한 '거장'이다. 즉 그는 기술자로서 르네상스 예술 작품의 기법을 한껏 칭찬할 만한 위치에 있었다. 그에 비해 오늘날의 타인지향형 소비자는 비록 예술에 대해 아는 것이 많을지라도 추상파 예술품의 모호한 기법을 저 혼자 안다는 양 감히 근사하다고 칭찬하지는 못한다.

지난날 부를 자랑하는 사치성 소비자들은 어디까지나 겉치레에 불과한 사치경쟁에 몰입해 있었다고 할 수 있다. 이런 상태를 묘사하면서 베블런은 '겉치레'니 '경쟁적'이니 '과시적'이니 하는 멋지고도 냉소적인 용어들을 총동원했던 것이다. 오늘날 타인지향적 소비자들도 겉으로 보기에는 그와 똑같은 방식으로 경쟁하고 있는 듯하지만, 그것은 다른 사람들이나 동료집단이 강요하는 정도까지만 그러하다. 이미 시사했듯이 타인지향적인 인간은 자기 혼자서 튀고 싶어 하지는 않는 것이다.

정확히 말해 이 모든 변화는 결국 정도의 차이라 할 수 있다. 베블런이 강조하는 여가와 소비—그리고 전혀 다른 이야기이기는 하나 케인스가 강조하는 '무제한적 소비'—란 성격학적 변화를 유발 또는 동반하는 사회적 변동의 한 지수(指數)라 할 수 있는 것이다.

완전한 도피

부유한 소비자는 생산면에서의 행위의 동기와 이상을 소비 영역에서도 그대로 지니고 있다. 그러나 그와 대조적으로 도피성 소비자는 노동과 오락을 정서적으로 양극화시켜 생각한다.

그런데 이 도피라는 개념 자체가 모호한 것이어서 도대체 무엇에서부터의 도피이며 어디로의 도피인지 묻지 않을 수 없다. 내부지향형 인간은 일정한 종류의 도피를 즐길 만한 바탕이 되어 있다. 왜냐하면 그의 성격 자체가 자기분열을 일으키는 일 없이 상상의 날개를 마음껏 펼칠 수 있는 충분한 자립성을 갖고 있기 때문이다. 그는 어린 시절부터 이미 학교와 가정에서 강요받는 답답한 의무를 벗어나 도피하는 법을 배운다.

앞 장에서 우리는 《기관차 삐삐호》 이야기를 보았다. 그런데 삐삐호와는 달리 내부지향적인 아이는 강가의 들꽃을 따라 다니다가 낙제하지는 않을까 걱정하지 않았다. 하기야 그때만 해도 학생들에게 놀 권리가 허용되지 않았기 때문에 야단을 맞을 가능성은 있었다. 그래서 어떤 죄책감 같은 것을 느낄지는 모르지만, 그 대신 오히려 모험심이 생겨서 도피를 한다는 구실로 엉뚱한 장난을 탐하기도 쉬웠다. 가끔씩 매춘부의 집에 드나드는 것으로 가정생활을 유지할 수 있었던 빅토리아 시대의 가장처럼 내부지향형 인간은 이따금 스스로 탈선적인 방향으로 나아갈 수 있었다. 내부지향형 인간에게 가장 중요한 것은 노동이며 그의 노동생활은 완전히 사회화되어 있기 때문이다. 따라서 부분적으로 탈선해도 그는 일상의 노동생활로 돌아갈 수 있었다.

물론 그는 이러한 탈선행위에 대해 금기의식을 느끼기도 했다. 중세기에는 교회 첨탑의 종이 시간을 알렸다. 내부지향적인 사람들이 등장한 공업 시대에는 회중시계가 시간을 알린다. 그리고 그는 이 회중시계처럼 자신의 행동을 엄밀하게 미리 정해놓는 습관이 있었다. 그는 인생을 처리할 때 언제나 같은 가치

척도만 사용했고 역할도 단 하나만 맡고 있었다. 그리하여 그는 자기보다 신분이 낮은 사람과 상대하는 데에도 자신의 고정된 가치와 역할을 바꾸지 못할지도 모른다.

그는 무엇보다도 여러 상황에서 자기 자신을 억제하고 감시하는 습관이 몸에 배어 있으므로, 도덕적으로 인정되지 않은 실험을 스스로 실행하지는 못한다. 그는 자신의 성격을 내면적이든 외면적이든 간에 하나의 자본이라고 여긴다. 그리고 그 자본을 거의 파국적인 도박에다 거는 데 두려움을 느낀다. 이는 그가 발을 들여놓은 평생의 인생목표와 관련해서 볼 때 위험천만한 것이 아닐수 없다. 이러한 복잡한 과정을 청교도들은 '자기구제'라는 형태로 정당화했다. 청교도들은 자신을 마치 하나의 기업체인 양 또는 그 기업체의 감사인 양 여긴것이다.

그러나 여기서 우리는 내부적 또는 외부적 금기의식에도 어떤 방식으로든 도피를 감행할 수 있는 사람들에 대해 생각해볼 것이다. 도피라 함은 거의 절대적으로 보이는 노동의 범주에서 벗어나 생활의 자세를 바꾸는 행위를 말한다. 앞으로 구체적으로 설명하겠지만 이는 일상 업무나 직장생활보다 '더 높은' 차원으로의 도피와 그보다 '더 낮은' 차원으로의 도피라는 두 종류로 구별된다.

예술과 더불어 앞으로 위로

여가에서 '위로의 도피'는 종종 일어난다. 예컨대 하계대학, 유랑극단, 대기업 규탄 설교를 하는 주일예배, 책 외판활동 따위가 그것이다. 그런 활동에 참가한다는 것은 조금 힘을 들여야 하는 일이며, 그런 수고를 한다는 것 자체가 하나의 덕성 표시가 된다. 그럴 때는 옷차림부터 달라진다. 역할이 달라졌음을 나타내는 것이다. 일요일 외출복이나 실크해트 등이 그런 것이다.

그뿐 아니라 위로의 도피에는 많은 아마추어 작업도 포함된다. 집에서 하는 간단한 목공작업도 그런 예겠지만, 그 이상으로 피아노를 사들이고 연주 솜씨를 익히는 일은 중산층이 존경을 얻기 위한 조건이기도 했다. 또한 노동자 출신의 다재다능한 청소년들을 위해서는 기술전문강좌와 다양한 강연회가 있어서 그들에게 교도소 개혁론에서 세금에 이르기까지 여러 과목을 가르쳐준다.

이런 현상은 벨러미의 《돌이켜보면》이라는 책을 소재로 한 각종 토론회가 놀랄 만큼 많이 열렸다는 사실로도 충분히 알 수 있다. 물론 그런 활동에 참가한 사람들의 동기 전부가 도피적이라고 단언할 수는 없다. 사회적으로 더 높이 올라서려는 욕망도 크게 작용하고 있을 것이기 때문이다. 그리고 가령 종교적인 부흥집회나 성경연구 클럽에 참가하는 경우에는, 개인은 지금 이 세상에서부터 도피하기보다 내세의 두려움에서 도피하는 것일 수도 있다. 일상생활은 고달프고 단조롭다. 그래서 그들은 여가를 통해 가끔씩 기분전환을 해보는 것이다.

　문화에 대한 동경은 사람들이 지난날 영웅적인 시절의 이미지 속으로 도피하도록 만든다. 우리는 19세기 이전 상류계급에게서 그런 습관을 이어받았다. 그래서 19세기 교양 있는 부르주아는 페리클레스 시대의 아테네나 르네상스 시대의 이탈리아 등 과거의 영웅적인 준(準) 부르주아 시대를 회고하며 즐겼다. 일에 얽매이고 일상생활의 틀에 박힌 일과에 매여 있는 그들은 벤베누토 첼리니나 레오나르도 다빈치의 예술적 멋과 재기를 자기와 견주면서 상상 속에 빠져드는 것이다. 하기강좌 순회여행에 힘입어 관광여행과 탐험이 점점 성행한다. 그리고 거기서 고대세계와 르네상스 시대의 위업에 관해서 준 대중문화 같은 것이 생겨나는 것이다. 이를테면 〈벤허(Ben Hur)〉 같은 영화가 그토록 많은 인기를 끌었던 것을 보면 알 수 있다. 그 시대의 천직이란 워낙 딱딱하기만 했기 때문에 휴가 때만은 감상적인 취미로 보상을 받으려 했던 것 같다.

　물론 고대사 연구나 유럽여행 또는 기타 도피적인 향락 추구가 인기를 끌게 된 것은 한때의 현상이라고도 할 수 있다. 그러나 필자의 생각에 내부지향적인 인간은 이런 영역으로 도피함으로써 노동에서 멀어질 뿐만 아니라 자신이 직면한 사회적 과제로부터도 멀어질 수 있었다. 고대 그리스에 관한 책을 읽거나 플로렌스를 방문하는 동안 그들은 자신이 살고 있는 시대나 자기 자신에 대해서 현실적으로 생각하지 않아도 되었다. 그들이 고대 영웅들과 자신을 동일시했다고 생각하는 것은 어리석은 일이다. 다만 여기에는 예외가 있다. 헨리 제임스나 E.M. 포스터가 쓴 빅토리아 시대와 에드워드 시대의 이야기에 대해서는 그런 생각도 가능하리라 본다. 그 당시 앵글로색슨 신사 숙녀들에게 이탈리아를 여행한다는 것은 단순한 '위로의 도피' 이상의 정서적 문제를 지니고 있었기 때문이다. 이러한 허구 속 여행자들은 자기들이 추구하는 문화적 대조와 새로운 감각을 충분히 만끽할 수 있을지 끊임없이 궁금해하는 가운데 타인지향형의 도피의 전형적 특징인 '애매성'이라는 징후를 서서히 드러내는 것이다.

땅에 발을 딛고서

내부지향형 인간은 위로 도피할 수 있을 뿐 아니라 아래로도 도피할 수 있다. 가령 값싼 통속소설을 읽거나 닭싸움 구경에 몰입하거나 경마에 푹 빠지거나 대중가요를 부를 수도 있다는 말이다. 이처럼 그들은 노동생활에서 그들이 맡은 역할과는 다른 갖가지 활동에 몸을 던진다. 앞에서 보았듯이 유럽여행을 가는 사람도 있었지만 한편으로 흥행물을 즐기러 가는 사람도 있었던 것이다. 청교도들과 여자들이 이와 같은 중세기 오락의 잔재를 없애고자 아무리 애를 써도 19세기 중산계급 남자들은 그런 일에 끈질기게 집착했다.

셔우드 앤더슨의 소설은 한밤중에 살금살금 집에 기어들어오는 어느 남자의 이야기를 들려준다. 이런 남자의 습관이 지금도 얼마나 잘 남아 있는지 알고 싶으면 〈몰래카메라〉라는 앨런 펀트의 방송프로그램만 떠올려봐도 충분하다. 펀트는 새벽 3시에 길거리에 나가서 지나가는 남자를 붙들고 사정을 한다. 제발 자기와 함께 집에 가달라는 것이다. 아내한테 이 사람과 한잔하느라 늦었다고 거짓말을 하려는 속셈이다. 실제로 그의 부탁을 들어준 사람은 없었지만, 그 대신 다들 자신의 경험에 비추어 효과적인 방법을 충고해줬다. 어떤 사람은 먼저 아내에게 전화를 걸라고 했고, 어떤 사람은 부상을 당한 것처럼 꾸미기 위해 붕대를 감고 가라고 했으며, 또 다른 사람은 선물꾸러미를 들고 가라고 알려주기도 했다. 또한 거짓말을 하라거나 용기를 가지라고 말하는 사람들도 있었다. 그런데 그들 대부분은 모두 중년이었다.

결국 이 이야기의 핵심은 미국의 엄격한 여성상위 풍조가 구세대에게는 이처럼 어떤 죄의식을 불러일으킨다는 사실인 듯하다. 그리고 여성상위라는 사고방식에는 한계가 없는 것이다.

그런데 내부지향형 인간의 도피란 어떤 것인지 고찰하는 과정에서 빅토리아 시대의 향락이나 악덕 또는 죄스러운 환상 추구같이 인습을 깨뜨리는 도피방식만 지나치게 중요히 생각해서는 안 된다. 인습이 없거나, 있더라도 매우 희박한 경우라 해도 거기엔 또 다른 문제가 가로놓여 있다. 그것은 바로 레크리에이션의 향락과 그에 대한 판단력의 문제이다.

미국의 내부지향형 남자들은 그의 도피행위가 마땅히 예술 애호를 통한 '위로의 도피'가 되지 않으면 안 된다는 압력을 점점 더 강하게 받아왔다. 어떤 남자들은 그 자신의 지혜로써 이 같은 위로의 도피를 시도했다. 그러나 대부분의 남자들은 신분상승을 위한 노력이나 여성의 영향으로 인해 자기 분수에 맞지 않게 억지로 예술을 애호해야 했다. 가령 사업가가 마지못해 외국어 오페라 공연을 보러 가서 졸기만 하는 경우가 바로 그런 것이다. 그러나 다른 한편으로 그는 단순한 수동적 소비자가 되는 데에 반발하여 술을 퍼마신다든가 포커놀이를 한다든가 미녀와 외도를 한다든가 허영을 잔뜩 부리는 식의 '아래로의 도피'도 시도하는 것이다.

그렇게 그는 일이라는 주된 영역뿐만 아니라 놀이라는 부차적인 영역도 지켜낸다. 그리고 그런 식으로 삶을 영위하면서 스스로를 유능하다고 생각하며 만족하는 것이다. 그런데 이와 같은 '아래로의 도피'와 관련된 그의 개인적 능력이란 그의 사회적 신분이나 가정생활에 대해서는 아무런 이득이 없을 뿐 아니라 오히려 나쁜 결과만을 불러오기 때문에 자연히 일과 놀이는 엄격히 분리되게 마련이다. 제아무리 향락적인 일에 유능해도 그것이 경제적인 생산과는 아무런 관계가 없기 때문에 내부지향형 인간은 타인지향형 인간에 비해 스스로 향락을 개발하는 데 훨씬 덜 민감하다. 그는 자기 힘으로 향락한다는 의식이 없다. 예를 들면 그는 야구 구경을 가더라도 자신이 '팀의 일원'이라는 생각은 하지 못한다(그런데 야구야말로 자기한테 야구 경험이 있다는 이유만으로도 보는 즐거움이 배가되는 몇 안 되는 타인지향적인 스포츠다).

그러나 내부지향적 도피와 타인지향적 도피의 그런 차이점을 지나치게 과장해서는 곤란하다. 내부지향형 인간도 자기들의 오락적인 수완을 뽐내려고 무척 애쓴다. 엔디코트 피바디라는 유명한 목사는 스스로 야구팀을 결성하여 서부 일대에서 이름을 날린 적이 있다. 전통지향적인 시대에도 그런 식으로 성공한 사람들이 있었다. 그 시대 신부나 수녀들이 스포츠 부문에서 이름을 날려 오늘날 영화에까지 등장하는 경우도 있다. 빙 크로스비의 〈나의 길을 가련다〉라는 영화가 바로 그런 종류이다.

그리고 많은 내부지향적인 미국의 기업가들이 과거에도 지금처럼 사교생활의 한 방편으로서 여가를 활용했다. 예를 들어 그들이 골프를 즐기는 것은 하나의 도피였지만 사교생활에 도움이 되기도 했다. 또 그 부인들의 정원 가꾸기 또한 그러한 출세욕이 얽힌 활동의 일부였다. 그런 사람들은 경제면에서 할 일이 너무나 많았다. 그 대신 타인지향형 인간에 비해 심리적으로는 별문제가 없었다.

그러나 심리적 문제점이 전혀 없었던 것은 아니다. 사회적인 억압을 떨쳐 버리지도 못하고 받아들이지도 못했던 그 시대 남자들이 오직 사생활 속으로 움츠러든다고 해서 자신을 방어할 수 있었던 것은 아니다. 그들은 선술집이나 매음굴에서 능력 있는 남자라는 소리를 들어도 구역질이나 불감증을 겪곤 했다. 타락한 생활을 하려고 아무리 애를 써봐도 정신이 육체를 뛰어넘어 압박했던 것이다. 그러나 대체로 내부지향형 인간은 오늘날처럼 오락이나 탈선행위를 통하여 타인의 호감을 사려는 욕구를 그다지 느끼지 않는다고 말할 수 있다.

3. 자기 시인을 위한 투쟁

내부지향형의 중요한 특징을 요약해 말한다면 다음과 같다. 즉, 내부지향이 우세한 사회에서 개인은 다른 사람으로부터 자신을 지나치게 방어하려다가 오히려 자기 자신을 부정하게 되었다는 것이다. 그 점은 내부지향 시대부터 있던 이른바 무관심한 생활태도에 대한 광범위한 두려움과 규탄에서 잘 입증되고 있다.

금욕적인 질서 안에서는 권태와 나태가 인생설계에서의 심리적 위험요소로 여겨졌다. 성 아우구스티누스가 내적인 갈등을 느낀 것도 바로 이런 위기감 때문이었다. 막스 베버가 지적했듯이 청교도주의는 전 세계를 수도원 같은 금욕주의 속으로 몰아넣었고, 그런 내부적인 위기감은 수도사들뿐만 아니라 모든 사회계층을 사로잡게 되었다. 청교도 신앙에 심취한 내부지향형 인간은 언제나 정신을 바짝 차리고 있어야 한다고 생각했으며 또 실제로 그렇게 했다. 끊임없는 경각심이 없다면, 또 스스로 경각심을 가지려는 노력을 그만둔다면 자기 자신이 어찌 될지 모른다는 것이었다.

청교도들은 겉으로 보기에는 안정되어 있는 듯했지만 그들 스스로는 불안에 시달렸다. 실제로 청교도들은 그런 내면적인 감각을 목적론적으로 비춰가며, 신에게 선택받은 자신의 위치에 대한 회의감과 끊임없이 싸워야 했다.

그들은 나태를 적으로 여기고 계속 싸웠다. 그 결과 그들은 무관심에 대해 병적인 염려증 증세를 보이기에 이르렀다. 그들은 하나의 신화를 구축했다. 그 신화란 현대의 우리와도 꽤 공통된 것인데, 즉 전통지향형 인간은 전적으로 무사안일주의에 빠져 있으며 '일어나서 뛰는' 정신이 부족하다는 것이다.

이처럼 다른 사람들을 무관심하다고 공격하는 것은 요즘에도 볼 수 있는 현상으로, 예컨대 사람들은 언제나 정치적·공적인 무관심을 비난한다. 그리고 이런 태도는 때때로 자기 자신의 내부에 있는 무관심과 싸우는 형태로도 나타났다. 실제로 내부지향적인 사람은 무의식적으로, 자신의 자이로스코프는 자기 것이 아니라 남이 심어준 것이며 언젠가 회전을 멈춰버릴지도 모른다는 공포를 느끼곤 했다. 말하자면 그는 그 자신이 엄밀한 의미로는 스스로 움직이고 있는 것이 아니며, 인생이란 진행해나가는 과정이나 새롭게 변화하는 것이 아니라 오로지 심리적 죽음을 간신히 모면하는 과정일 뿐일지도 모른다고 생각한 것이다.

나아가 내부지향형 인간은 무관심을 막기 위한 편리한 방편으로서 종종 그의 생활을 몇 부분으로 나누고 각 부분에서 적절한 심리적인 자기방어를 시도한다. 그 자신의 안에서 그는 늘 한 아이로 남아 있다. 그리고 자기 능력 밖의 목표와 이상을 추구하는 자세를 지켜내는 것이다. 만약 이 같은 충동이 지나치면 세상이 그에게 아무리 박수갈채를 보낸다 해도 그의 불만은 해소될 수 없게 된다. 다른 사람의 박수는 자기 자신을 만족시키려는 그의 노력의 한 부산물에 불과하기 때문이다.

자신의 내면에서 그는 자기가 무엇을 하고 있는가 하는 문제뿐 아니라, 현재 자기가 어떤 존재인가 하는 문제에 대해서도 어떤 명분을 발견해야만 한다. 그 시대의 신앙에 따른다면 행위보다는 믿음에 의해 구원을 받기 때문이다. 그는 예리한 성찰을 통해 노동을 믿음으로 바꿀 수도 있었다. 그러나 자기 비판은 완전히 사라지는 법이 없었다. 단순한 행동상의 순응성만으로는 성격적인 이상주의와 부합할 수가 없었던 것이다.

내부지향형 인간은 이처럼 내적인 기준을 가지고 있으므로 다른 사람들 앞에서 실패해도 별로 신경 쓰지 않는다. 그런 실패가 곧 다른 사람들 앞에서 자신의 불완전함을 드러내는 일이라고 생각하지는 않는 것이다. 그래서 마치 에디슨이 그랬던 것처럼 그는 자신의 가치에 대한 자기만의 평가를 간직한 채 몇 번이고 시행착오를 거듭할 수 있다. 다른 사람들은 그를 자기비판에서부터 보호해주지 못하는데 거꾸로 자기비판은 그를 다른 사람들에게서 보호해주는 것이다.

또한 내부지향형 인간은 그가 무엇을 했는지보다 무엇을 하려고 하는가로 자신의 존재를 정당화한다. 다만 이것에는 한계가 있다. 만약 계속해서 실패를 한 탓에 장래의 희망을 잃는다면 그의 내적인 힘은 더 이상 뚜렷한 외적인 실패를 이겨내지 못하게 된다. 그는 자신의 실패와 부족함을 근거로 스스로를 업신여기고 얕잡아볼 것이다.

외적인 사태로 일어난 자기 모멸의 심판은 그 자신의 내부에 더욱 가혹한 벌을 가하게 된다. 이 점과 관련하여 뒤르켐은 매우 타당한 견해를 피력한 바 있다. 선진 공업사회에 문화적 전통의 통제를 받지 않는 심리적 질환이 존재하며 그 질환은 마침내 높은 자살률로 나타나고 있다는 것이다.

6장

타인지향형 인생 (1)

보이지 않는 손에서 기쁨의 손으로

사교성은 그 순수한 형식에 있어서 궁극의 목표와 궁극의 내용을 갖지 않으며, 그 자체가 아닌 다른 결과도 갖지 않는다. 말하자면 사교성은 완전히 퍼스낼리티를 지향하고 있는 것이다. ……하지만 그렇기 때문에 퍼스낼리티는 그 개인성을 지나치게 강조해서는 안 된다.

게오르그 지멜, 《사교성의 사회학》에서

내부지향형 인간은 생산 부문의 끊임없는 요구에 얽매일 뿐만 아니라, 그 자신의 성격을 만들어내는 내적인 생산에도 평생을 바쳐야 한다. 그가 지닌 내면적 개척정신의 불안은 노동 그 자체의 개척정신의 불안과 마찬가지로 끝이 없다. 그는 경제생활에서의 은퇴나 실직에 공포를 느끼고, 자신의 내적·외적 인생의 많은 부문에 대한 무관심을 자신의 성격적인 재질의 고갈처럼 느끼는 것이다. 내부지향형 인간은 자신이 관계하는 모든 분야에서 스스로 자원 개발을 이끌고 싶어 하는 일반적인 욕구를 가지고 있다. 요컨대 그는 일에 몰두하는 유형이다.

타인지향형 인간에게 개척의 프런티어란 곧 인간이다. 내부지향형은 일에 몰두하지만 그는 인간과의 접촉에 몰두하는 것이다. 그래서 그는 직업과 오락 모두 인간과 관련된 활동으로 파악한다. 그런데 오늘날 존재하는 많은 직종들이 과거에도 있었다. 게다가 오락들도 별로 새로운 발명품은 아니다. 따라서 여기서는 성격 변화라는 것을 염두에 두면서, 똑같은 것을 추구하는 경우 그 의미의 변화를 생각해볼 필요가 있다. 물론 새로운 시대와 더불어 새로운 목표를 추구하는 경우도 있으나, 옛날부터 있었던 것의 의미가 변하는 경우도 적지 않기 때문이다.

1. 경제적 문제-인간적 요소

미국에서 과도적 인구성장 단계가 끝나갈 무렵이던 1890년에 프런티어는 사라졌다. 실제로는 남은 토지가 있었으나 적어도 기분으로는 광활한 평원이 사라진 듯했다. 그러다가 1924년에 이르러 미국은 실질적으로 유럽 이민을 받아들이지 않게 되었다. 이 결별사와 더불어 서방세계에서의 희망과 감동의 큰 상징도 미국에서 사라지고 말았다. 이민 제한과 출산율 감소가 한데 합해져 결국 미국의 인구구조는 바뀌었으며, 아울러 이미 지적된 바와 같이 미국인의 성격구조도 바뀌었다. 재능을 요구하고 사회적 이동의 새로운 길목을 트이게 하는 것은 오늘날 '견고한' 물질성이 아니라 인간적인 '유연성'이라 하겠다.

초기적 인구감퇴 단계에서는 생산의 개척지와 토지의 개척지까지도 실제로 아직 여유가 있다 해도 한편으로는 만원인 느낌이었다. 그리고 과거와는 달리 미국 사회는 이미 황무지나 정글 같은 것을 생각할 수 없게 되었다.

이 점은 특히 공업과 전문직에서 뚜렷하게 나타났다. 한 가지 예로 현장감독의 지위를 살펴보자. 그는 이젠 혼자 의연히 서 있는 게 아니라 명확한 조직체의 많은 사람에 둘러싸인 한 인간에 불과하다. 그는 자기 아래 있는 부하들과 자기 위나 좌우에 있는 전문가들 사이를 잇는 연락망 구실을 하는 것이다. 그 위나 좌우에 있는 전문가들이란 인사과 직원들, 안전요원, 생산부 기술자들, 관리부서 직원들 등 간접적인 경영·실무 담당자들을 말한다.

또한 공장장은 제 마음대로 움직일 수 있는 여유가 별로 없다. 회사 내의 복잡한 위계질서뿐 아니라 외부의 인사들과도 여러 가지로 얽혀 있기 때문이다. 동업조합이나 노동조합, 소비자, 원료 공급자, 정부, 여론 등 복합적인 인자들이 바로 그것이다. 그와 마찬가지로 전문직 종사자들도 교육제도의 급격한 발달로 인해 지적인 노동자들이 엄청나게 많이 생겨나는 바람에 경쟁자들 속에 파묻혀 살다시피 한다. 사회가 풍요로워져서 국민소득의 상당 부분을 서비스 부문이나 전문직 및 교육 부문에 투입할 수 있게 된 것이다. 실제로 이런 변화는 피할 수 없었다. 그 때문에 사람이야말로 산업의 주된 문제점으로 떠오르게 되었다.

그렇다고 해서 생산설비와 공정, 공장조직에서의 혁명적 발전이 끝났다는 뜻은 아니다. 오히려 그런 부문의 발전은 갈수록 일상화되고 있다. 생산력의 부단한 증대는 이미 그와 같은 제도적 개선의 부산물이다. 그러나 최근 미국에서 일어난 기술혁명은 영국 등 다른 나라에서도 나타나고 있지만, 주로 통신과 제어장치 부문에 대한 것일 뿐 생산이나 공장시설에 대한 것은 아니었다. 그 점은 전화와 서보 조종장치와 IBM 기계, 전자계산기, 생산품 품질관리를 위한 통계학적 방법들의 발명에 상징적으로 나타나 있다. 아울러 이른바 호손 (Hawthorn)식 카운슬링과 작업분위기 개선 기술에서도 그 점은 두드러지게 나타나고 있다.

경제적으로 풍요한 사회, 그리고 초기적 인구감퇴 시대는 상징이라는 수단을 써서 군중을 조종할 줄 아는 사람들을 필요로 한다. 물론 이러한 대중 조작의 명수들은 성격적으로 꼭 타인지향형일 필요는 없다. 내부지향형 사람들 중에서도 능숙한 대중 조작가로 성공하는 사례는 얼마든지 있다. 오히려 내부지향적 성향이 강한 까닭에 자신이 남을 얼마나 조종하고 착취하는지를 모르는 수가 많다. 그러나 다른 사람을 본격적으로 조종하려면 역시 타인지향적 성격이 강해서 남의 복잡한 욕구를 민감하게 포착할 줄 알아야 할 것이다. 이 점을 좀 더 명확하게 파헤치기 위해 우리가 면담한 사람 가운데 한 명을 소개한다.

그는 서해안에서 기계 판매와 선전을 담당하는 대기업 부사장이자 그 업계 동업조합을 이끄는 간부였다. 그의 아버지는 중서부 소도시에서 조합교회 목사를 하던 사람이다. 그의 출신이나 출세욕이나 첫 포부 등은 내부지향형 인간의 전형이었다고 할 수 있다. 그러나 현재 직책상으로 보면 그는 능숙한 사교술과 대인접촉 기술을 필요로 하는 사람이었고, 그것은 타인지향형에게 더 잘 맞는 성격적 특징이었다. 그러한 두 생활방식의 갈등으로 인해 그는 고민에 빠졌다. 최근에 그는 어떤 정치문제에 대해 견해를 바꾸었는데, 필자의 질문에 다음과 같이 답변했다.

……이런 이야기가 당신에게 도움이 될지는 잘 모르겠지만, 아무튼 나는 요

즘 노동운동가들이나 조합원들에게 상당히 관대해졌습니다. 공연히 선동을 일삼는 자들은 물론 예외지만 말입니다. 그 사람들이 하는 일을 이제는 대강 짐작할 수 있고 또 이해할 수도 있습니다. 그들로서는 그렇게 하는 도리밖엔 없을 것입니다. 그래서 전혀 갈피를 잡을 수 없으니, 아무래도 정신분석가를 찾아가 상담해야 할 것 같습니다.

또한 그의 가장 큰 걱정거리는 회사 중역들과 잘 어울리지 못한다는 것이었다. 이를테면 다른 사람들이 그의 제안을 부결했는데 나중에 그 제안이 정당하다는 사실이 밝혀지고 심지어 동료들도 그게 옳다고 여기고 있었을 경우 그는 당혹감을 느낀다는 것이다. 그럴 때 그는 마치 무대 정면으로 떠밀려나온 기분이라고 했다. 그리고 이사회가 있는 날에는 회의에 참석하기 전까지 도무지 음식을 먹을 수 없다고 하면서, 대기업의 중역보다 차라리 조그맣게라도 자기 사업을 하는 편이 나을지도 모르겠다고 말하는 것이었다. 오락으로는 골프를 치지만 별로 좋아하는 것 같지는 않았으며, 선량한 내부지향형 인간 또는 선량한 미국인 유형 그대로 일요일에 톱질이나 하며 무엇인가 만들고 고치는 일을 즐기고 있었다.

인터뷰에서 얻은 이 같은 자료들은 여러 가지로 해석할 수 있다. 여기서 필자가 한 해석이 반드시 옳다고 단언할 수는 없다. 그 회사 중역이 완전히 내부지향형이거나 또는 완전히 타인지향형이 아닌 탓으로 그처럼 불안해하고 있다고 단정하는 것은 분명 잘못일 것이다(노파심에 말해두지만, 완전한 타인지향형이나 완전한 내부지향형 인간이란 실제로는 존재하지 않는다). 문제는 이 근대적 실업가의 순응방식이 이중성을 띠고 있다는 사실보다도 그가 일에서나 사생활에서나 끊임없는 사회적 압력을 받으며 시달리고 있다는 사실이다. 인터뷰에 응한 이 실업가는 많은 사람이 느끼고 있으면서도 좀처럼 말로 표현하지 못하는 그런 긴장감을 상당히 능숙하게 표현해준 것이다.

수공업 기술에서 대중 조작 기술로
사회적 능력 및 기술적 능력에 대한 압력이 주어지면서, 위에 소개한 실업가의 경우 또 다른 문제가 생겼다. 그것은 미국에서 기업인 또는 전문직 종사자의 직업생활에 새로운 유형이 등장했다는 것이다.

다시 말해 어떤 훌륭한 기능을 가진 사람은 그 기능에서부터 점점 멀어질 수밖에 없게 되었다는 뜻이다. 구체적인 예를 살펴보자. 위에 소개한 실업가는 본디 공장 기술자로서 삶의 첫걸음을 뗐다. 그 기능 덕분에 부사장 자리에 올랐고 판매와 광고업에 종사하게 됐으며, 그 결과 다른 사람들과 자기 자신을 조종하는 조작 기술자로서 불안을 품게 된 것이다. 마찬가지로 우수한 신문 기자는 나중에 논설위원이나 편집국장이 되고, 우수한 의사는 병원장이 되며, 우수한 교수는 학장이나 재단 이사가 되며, 우수한 공장장은 회사 경영자가 된다. 이렇게 승진하는 사람들은 차츰 그들의 기술 및 동료들과 멀어지면서 그 대신 사람을 많이 접하게 된다. 그들은 물건이 아닌 사람을 상대로 일하게 되는 것이다.

실제로 사업을 한다는 것은 결국 사람을 상대하는 일이다. 그런데 기업체가 소규모였을 때 새로운 사장은 이전의 동료들 사이에 여전히 섞여 있었고, 그들과 관계를 끊은 채 새로운 무리에 섞이는 일은 없었다. 윌리엄 앨런 화이트의 《자서전(Autobiography)》을 보면 그는 평생토록 다른 모든 사원들과 똑같은 신문인으로 만족했다고 기록하고 있다. 마찬가지로 구세대 대학총장들 또한 어디까지나 학자로 자처하고 있었다. 구세대 회사 간부들도 다른 사원들과 똑같이 사무실에서도 모자를 쓰고 담배를 씹으면서 실무자들과 소탈하게 어울리려 했다. 그러나 오늘날 간부와 실무자 사이는 명확하게 구분되어 있다. 그들은 이제 직접 접촉하지 않는다. 승진해서 커다란 새 의자에 앉으려면—또는 그 지위에 오르려면—그에 맞는 성격적인 재조정을 거쳐야 한다. 즉 그는 새로운 퍼스낼리티주의를 배움과 동시에, 지금까지 지녀왔던 이른바 기능주의를 잊어버리든가 최소한 그것을 중시하지 않으려고 노력해야 한다.

그 점은 엔지니어로 생활하다가 판매담당 관리자로 승진하는 사람의 경우도 마찬가지이다.[1] 그 자신이 설사 관리직보다는 기술직을 더 좋아해도 아내는 승진 기회를 놓치지 말라고 말한다. 그의 회사 상사도 지금이야말로 절호의 기회라고 적극 권유한다. 평생 그렇게 기계만 만지고 있을 작정이냐는 것이다. 그

---

1) 산업계와 전문직에서의 경력 변화 분석에서 나를 지도한 시카고 대학의 에버렛 휴즈 교수로부터 이런 이야기를 들었다.

래서 그는 마지못해 수락한다. 그날 밤 그는 꿈을 꾼다. 손에 자를 들고 있는데도 그것을 어떻게 쓸지 몰라 고민하는 꿈이다. 식은땀을 흘리다가 꿈에서 깨어난다. 이 꿈은 매우 의미심장한데, 지금까지 하던 기술적인 일을 떠나 새로운 일을 해나갈 능력이 과연 자신에게 있을까 하는 그의 불안감이 이 꿈속에 상징적으로 잘 나타나 있기 때문이다.

전문직을 떠나 경영자가 된 사람은 자신의 일이 거의 자동적으로 이뤄진다는 느낌을 받기 십상이다. 밑에 있는 부하들이 열심히 일해주는 한 그는 그 위치에 안주할 수 있으니까 말이다.

그가 남겨놓고 온 과거의 동료들은 그를 질투한다. 그러나 전문적인 재능에 대해선 넌 이미 무능하다는 식으로 그를 바라본다. 승진을 한 이상 그는 이미 기술자로 행세할 자격을 잃었다는 것이다. 이를테면 그가 편집국장이나 논설위원이 되어 보통기자처럼 대통령 기자회견에 나가거나, 또는 대학의 학장이 되어 학회에 나간다거나, 아니면 회사의 판매담당 이사가 되어 제도판을 들여다본다거나 하는 일이 있어서는 안 된다는 이야기이다.

이렇듯 사람들에 대한 대중 조작 행위에 의존하여 살아가는 사회는, 과거 공업화 사회가 그 이전의 수공업 사회의 농민과 장인(匠人)에 대해 파괴적인 효과를 발휘했던 것과 마찬가지로 오늘날 수공업적 노동을 구사하는 전문직 종사자나 기업인에 대해 심한 파괴효과를 일으킨다. 다만 최근의 전문직 종사자는 승진을 해서 관리직으로 올라감으로써 변신해버리고, 과거의 장인들은 지위가 하락하여 노동자가 됨으로써 사라졌을 뿐이다. 이와 같은 사실은 두 시대의 역사적 상황의 큰 차이를 보여준다. 그러나 어느 경우에든지 사람들은 오랜 기간에 걸친 도제(徒弟)제도나 성격개조를 통해 개발한 기능을 기계 또는 조직 속에 투입함으로써 공업을 발전시켜 왔다.

그러나 이런 유형이 상당히 퍼지긴 했어도, 기업이나 전통적인 전문직 내부에는 내부지향형 인물들이 안주할 만한 자리들이 아직도 남아 있다. 이를테면 의료부문이나 법조계에는 자유경쟁 정신이 강하게 뿌리박혀 있다. 인사(人事) 문제에서는 의연히 객관적인 기준을 적용하려는 자세가 강하며, 그런 경향은 교육제도나 면허제도 속에서 더욱 강해진다. 그래서 병원이나 법률사무소 또는 대학에는 인사에 능한 타인지향형 사람뿐만 아니라 약품이나 문헌이나 관념 등을 잘 다루는 내부지향형 사람들이 파고들 여지가 아직 남아 있는 것이다. 그리고 집단과 함께 일하는 데 별로 관심이 없거나 관심을 가지려야 가질 수 없는 우직한 노력형 장인들도 지금껏 기업 내부에 남아 있다.

심지어 대기업에도 그런 여지가 전혀 없는 것은 아니다. 그런 곳에서도 몇몇 기술적인 문제—견고한 물질과 관련된 문제—는 해결되지 않았거나 또는 체계적인 해결방식이 아직 발견되지 않은 상태이기 때문이다. 게다가 정부기관 내부에도 강직한 내부지향형 인물이 필요한 자리가 많다. 가령 줏대 없이 남의 의견을 따르지 않고 단호하게 거부할 줄 아는 인물이 특히 필요한 자리가 있기 때문이다.

그런데 그와 동시에 타인지향적인 가치의 특징도 상당히 확산되고 있다. 경제의 일부 국면에서는 아직 기술적인 문제가 해결되지도 않았는데 타인지향적인 인간편성이 보편화되기까지 한 실정이다. 미국에서는 경제적 발달이 모든 분야에서 고르게 이루어진 것은 아니므로, 노동과 레저에 대한 타인지향적인 양식은 어디에나 적용될 수는 없다.

자유로운 거래에서 공정한 거래로

1914년 연방거래위원회가 불공정한 경쟁을 불법으로 규정한 지 얼마 안 되어 밝힌 바에 의하면, 단속대상으로 지목된 불공정거래란 이유 없이 상품가격을 인하하는 행위라는 것이었다. 여기에는 상품 사기나 상표 도용을 강하게 규탄하던 당시 풍조가 반영돼 있다. 그러나 이와 같은 태도는 뉴딜 시대에 이르러 대중과 정부의 공식 승인을 얻었으며, 다른 사람을 가격 인하자라고 부르는 것은 큰 모욕이 되기에 이르렀다. 게다가 '로빈슨–패트먼 법(Robinson-Patman Act)'이 통과되고 공정거래법이 제정되고부터는 자유거래와 공정거래란 말은 상대적인 것이 되고 말았다. 상품가격은 관청이나 협상에 의해 정해지게 되었고, 그것이 반(反)트러스트국(局)의 개입을 일으키게 되는 경우에는 '가격지도(價格指導)'에 의해 결정되었다. 지난날에는 인가제에 의해 이루어지던 가격 통제가 이제는 협상과 담판에 의해서 이루어지게 된 것이다.

가격지도라는 방식은 경제학자들의 눈으로 보자면 대부분 가격경쟁을 피하고 시장을 나누기 위한 조작 행위로 여겨진다. 그런데 가격지도에는 또 다른 측면이 있다. 즉 가격 결정이라는 부담스러운 일을 다른 사람들에게 넘겨씌우는 수단으로써의 측면도 가지고 있는 것이다. 이른바 가격지도를 행하는 사람들은 그 결정을 정부에게 요청한다. 왜냐하면 원가(原價)라는 이름의 정체 모를 도깨비불은 이미 분명한 지표(指標)가 아니기 때문이다. 아니, 원가라는 관념이 애초에 정말로 성립된 적이 있었는지조차 알 수 없다. 그런데 지도자를 따르고자 하는 태도는 그 밖에 임금이나 노동조건 문제를 다룰 때도 나타난다. 최고경영자는 재계의 지도자들과 보조를 맞춰 좋은 사람이라는 평판을 얻고자 한다. 그러므로 이 점을 잘 이용해서 노동조합은 상당한 이익을 얻게 되었다. 앞으로 살펴보겠지만, 타인지향적인 정치형태는 타인지향적인 경제활동과 비슷한 바가 많다. 두 경우 다 지도권은 애매하기 짝이 없는 상태에 있다.

정치에서나 사업에서나 타인지향적 지도자들은 자신의 행위에 지나친 부담을 주지 않을 만한 수준에서 자신의 지위를 안정시키려고 한다. 그리하여 그는 정책결정 과정에서 과도한 팽창이나 자유경쟁의 위험부담을 지기보다는 무사안일한 코스를 밟으려 한다. 물론 그러한 사업활동도 그저 수월하기만 한 것은 아니다. 타인지향적인 사람은 정치와는 달리 사업 부문에서는 자의적으로 무슨 일을 할 수 없기 때문이다. 자유로운 거래는 공정거래 사고방식의 확산에도 아직까지 매우 강력한 요인으로 남아 있다. 가격 결정권을 쥘 정도로 규모가 큰 기업이 차지하고 있는 자산의 비율을 기준으로 독점 수준을 따지려고 하는 사람들이 많은데, 그들은 대기업 부류에 속하지 않는 중소기업이 그 소규모 자산에 어울리지 않게 큰 힘을 가지고 있다는 사실을 자주 간과한다. 이를테면 고무라는 것은 독점사업이기는 하지만, 그렇다고 소비자가 1년 내내 고무를 필요로 하는 것은 아니다. 영화산업이 독점의 성격을 띤다고 하지만 그 대신 텔레비전산업은 그렇지 않다.

규모가 작고 부차적인 산업 분야에서, 현재보다도 내일의 독점기업이 될 수 있는 분야에서 선의의 경쟁이란 있을 수 없는 경우가 많다. 특히 기술 혁신은 큰 문제이다. 아무리 대화와 협상 능력이 발달해도, 기술 변화로 인해 어떤 산업 내부의 모든 분야 또는 모든 산업 자체가 하루아침에 붕괴될 가능성은 얼마든지 있다. 심지어 독점적인 대기업에도 아직까지 기술중심적인 분야와 인물들이 존재하고 있다. 기술 혁신에서 오는 압력을 완전히 제어하고 그것을 형식화할 수 있는 경영계획을 세우기란 어떤 회사에서나 거의 불가능한 일이다.

　그 자신의 성격과 처지로 인해 사업가는 원가를 별로 생각하지 않게 되었는데, 그 때문에 이제 그는 다시 자신의 기업을 이끌어나갈 새로운 동기를 찾아내야 한다. 그는 다른 사람들의 의견에 귀를 기울여 기업이 무엇을 지향해야 하는지 알아내야 한다. 그러다 보면 그는 이제 가격 인하자라는 평을 들을까 봐 두려워하는 대신 유행에 무감각하다는 평을 들을까 봐 두려워하게 된다. 결국 기업인은 타인지향형 사람들이 구시대적인 생활양식을 취하지 않으려고 애쓰듯이 낮은 목표를 추구하지 않으려고 전전긍긍하게 된다. 끊임없이 다른 사람의 눈치를 보며 소비 영역에 신경을 쓴다. 요컨대 그는 자신의 사업을 소비자 입장에서 관찰하게 되는 것이다.

　제1차 세계대전까지만 해도 대부분의 기업체는 조언자로서 세 종류의 전문 직종만을 갖추면 그만이었다. 법률담당, 재무담당, 기술담당이 그것이다. 이런 일들은 비교적 비인격적인 업무라 할 수 있다. 물론 변호사는 입법 당국자나 판사를 매수하는 일도 했지만 그런 서비스 또한 비인격적이었다. 또 사회적인 수요에 비해 전문가의 수는 적었으므로, 그들은 다음 두 종류의 관계 중 하나 또는 둘 모두를 사업가와 맺을 수 있었다. 한 가지는 과거 지방의 소규모 지역사회에서 흔히 볼 수 있었던 특정 집안과의 결합관계이다. 그런 현상은 오늘날 미국 남부 중소도시에서도 볼 수 있다. 또 한 가지는 실적 또는 낡은 의미에서의 '인품'을 대가로 받는 현금수수 관계이다.

　그런데 오늘날의 기업인은 기업 외부의 많은 서비스 중에서 어떤 것을 매입하는 게 좋을지 잘 모르고 있다. 예컨대 변호사를 구할지, 홍보요원을 구할지, 시장조사 전문가를 구할지, 경영 컨설턴트를 구할지 망설이는 것이다. 더구나 그런 서비스 업종 가운데서도 과연 누구를 선택할 것인가에 대한 확신도 없다. 가족관계나 그 사람의 인품 또는 실적을 기준으로 고르는 것은 더 이상 불가능하다. 그래서 그의 선택이란 매우 변덕스럽고 우연적인 것일 수밖에 없다. 경영자는 우연히 나눈 대화에 의존한다거나 〈비즈니스 위크(Business Week)〉 잡지에서 힌트를 얻는다거나 비밀 정보를 입수한다거나 단순한 행운 때문에 특정 서비스 전문가를 선택하게 되는 것이다.

이와 같은 변화과정은 많은 회사의 역사를 보면 잘 알 수 있다. 처음 회사를 세울 때는 조그마한 가족기업으로 출발하여 오로지 원가계산에만 매달리고 남들의 호의니 인간관계니 하는 문제는 '네 능력을 증명해보라'는 식으로만 처리하면서 사업을 운영하던 회사도, 2대째에 이르러서는 사업의 목적과 취지가 완전히 달라지는 경우가 있다. 먼저 〈포춘(Fortune)〉 같은 이름난 경제잡지가 책상 위에 펼쳐진다. 사업가는 동업조합에 가입을 하고, 돈을 벌기보다는 시대에 발맞추는 기업으로서의 겉치레를 하는 데 더 열을 올리기 일쑤이다. 게다가 고위 경영진 사이에 반(半)지식인들이 자꾸 늘어나 홍보담당 이사니, 사원 연수담당 이사니, 보안담당 이사니 하는 직책들이 생겨난다. 사보가 생겨나는가 하면 시장조사를 위한 상담요원이 초빙되고, 표준작업절차라는 것이 도입되기도 한다. 공장과 창고 건물이 훌륭해지고 사람들은 대체로 위신을 세우는 일에 급급하다. 지난날 절대적인 가치였던 금전상의 이익이라는 것도 다른 많은 위신의 상징 가운데 하나에 불과하며, 그런 온갖 상징들을 확보함으로써 더욱 위신이 서고 기업이 확대된다.

이와 같은 변화과정에는 구시대의 내부지향적 세대와 새로운 타인지향적 세대 사이의 갈등이 함께 나타난다. 구세대는 어렸을 적부터 공장이나 기술학교에서 뼈대가 굵었기 때문에 인간관계에 관한 한 거의 아는 바가 없다. 반면 젊은 세대는 새로운 인간관계의 사회윤리에 익숙해 있다. 그들은 돈 버는 일에도 관심이 있긴 하지만 한편으로 대학교 경제학부에서 배운 그대로 자신의 회사를 만들고 싶어 한다. 그 점은 많은 기업인들이 여러 공공단체의 후원자가 되는 데서 뚜렷이 알 수 있다. 이때 그들은 자신들이 새로운 지침에 따라 살고 있다는 것을 스스로 발견하고, 이들 공공단체를 조종하려고 한다. 이 점에서 그들은 정치가와 비슷하다. 그러나 동시에 그들은 일반대중이 실업가에게 품고 있는 기대치에 의해 조종된다.

이러한 변화가 언제 일어났는지 알아본다면, 헨리 포드의 죽음과 더불어 구시대는 막을 내렸다고 할 수 있다. 전통적인 경영방식의 마지막 보루였던 그의 회사는, 그가 죽은 뒤로 새로운 방식의 노무관리와 재무관리를 비롯해 여러 경영기술의 도입을 끝냈던 것이다.

'공정'이라는 말은 이를테면 기업에 동료집단적인 가치체계가 도입된 그동안의 사정을 반영하는 것이다. 동료집단은 이른바 페어플레이 가치관을 가지고 있다. 공정거래란 그런 가치관이 사업 분야에 도입되었을 때의 모습에 불과하다. 이 공정거래라는 것은, 자기가 당당한 입장에 서 있으면서도 부득이 다른 사람과의 타협에 응해야 함을 뜻한다. 더구나 이 협상에서 그는 회사에 이익을 가져와야 할 뿐 아니라 자신과 자기 회사에 대한 호감을 얻어 와야 한다. 때문에 현안 문제에 대해 아는 것이 적을수록 오히려 좋은 성과를 얻기 쉬운 것은 당연한 이치이다. 굳이 비유를 든다면 그는 마치 5센트를 주고 산 사과를 4센트에 팔고서도 "매상고 총액을 보면 되지 않소!" 대꾸하는 노점상이나 다름없다. 여기에 수공업적 기술의 숙련성이 대중 조작술보다 덜 중요하게 되는 한 예가 나타나 있다.

지금까지 말한 현상은 기업뿐만 아니라 노동조합이나 전문직이나 학계에도 해당되는 일이다. 오늘날 변호사가 높은 지위에 오르기 위해 꼭 자신이 관계하는 회사의 재정 상태를 충분히 알아둬야 할 필요는 없다. 여기저기서 협상만 잘하고 다녀도 그의 지위는 높아질 수 있는 것이다. 다른 사람들과 잘 사귀는 능력은 언제나 필요하다. 그리고 이 능력은 오로지 개인의 것일 뿐 결코 남에게서 넘겨받을 수 없다. 그러므로 사람과 잘 사귀는 능력을 가진 타인지향형 사람들에게는 좋은 출세 기회가 마련되어 있는 셈이다.

은행예금에서 필요경비로

폴 라자스펠드는 '은행예금에서 필요경비로'라는 말로 최근의 경제관 변화를 요약한 바 있다. 필요경비라는 말은 소비중심적인 오늘날의 동향과 밀접히 연관되어 있다. 그것은 마치 지난날 은행예금이란 말이 생산이념과 밀접히 연관되어 있었던 것과 같다. 필요경비 또는 교제비는 인간관계상 매우 중요한 요소가 되었다. 필요경비는 지난날 내부지향 단계에서의 노동과 오락을 엄격히 구별하던 장벽을 허무는 데 크게 기여했다.

타인지향형 인간은 사업에서도 소비생활에 임했을 때의 태도를 그대로 나타내며, 그 점은 자신의 회사를 고객의 입장에서 평가할 때뿐만 아니라 회의 중일 경우에도 그렇다. 사업도 반드시 재미있어야 한다. 제2차 세계대전 이후 인플레이션이 누그러지자 신문 경제면에는 '장사가 또다시 재미있어졌다'는 주제의 연설문들이 계속 실리기 시작했다.

내부지향형 기업가는 사업을 즐겨서는 안 되는 것처럼 인식하다시피 했다. 아니, 오히려 우울하고 심각해야 하는 것으로 알고 있었다. 그러나 타인지향적인 기업인은 모름지기 경영에 따르는 사교생활을 즐길 줄 알아야만 한다. 노동시간의 단축은 중산층보다도 노동자 계층의 일상생활에 더 큰 영향을 미쳤다. 경영층과 전문직 종사자들은 여전히 근무시간이 길다. 그리고 그들은 미국이 낳은 거대한 생산성을 가지고 그들의 근무시간을 단축하는 대신, 식사시간과 차 마시는 시간을 더 오래 갖고 모임을 갖는 등 여러 방식으로 사업과 쾌락을 한데 합하려는 것이다.

뿐만 아니라 그들은 근무시간의 상당 부분도 사교 속에서 흘려보낸다. 회사 문제에 관해 이야기를 나누거나(이른바 회의라는 것), 친선 방문을 하거나(이른바 시찰이라는 것), 세일즈맨과 담소를 하거나 비서들을 희롱하는 따위가 바로 그것이다. 사실 필요경비를 펑펑 써버리는 것은 사람들의 직업병을 매우 효과적으로 치료해주기도 한다. 전통적인 힘겨운 노동이나 가정의 무미건조함, 또는 그림자처럼 따라다니는 금욕주의, 적대적 협력자들에 대한 불만 등에도 불구하고 그래도 월급쟁이 생활을 잘 해나가야겠다고 마음먹은 사람들일수록 더욱 그렇다. 필자는 이 장 첫머리에 지멜의 훌륭한 수필을 인용한 바 있다. 그러나 지멜이라도 노동에서 이토록 멀어진 사교성을 참된 자유나 사교라고 생각지는 않을 것이다.

그런데 이처럼 새로운 유형의 직업생활에는 새로운 유형의 교육이 필요하다. 그것만이 유일한 요인은 아니겠지만, 요즘에 와서 일반교양의 중요성이 새삼 강조되고 기술학교나 대학 과정에 인문과목과 사회과목을 도입하는 풍조가 생긴 데에는 바로 그와 같은 요인이 작용한 것으로 볼 수 있다. 이러한 교육방침을 열렬히 지지하는 교육자들은 흔히 '전인교육(全人敎育)'이라는 것을 강조하면서 민주시민 교육의 필요성을 주장하고 편협한 전문기술 교육에만 쏠린 시책을 배격한다. 물론 그러한 교육은 중요하다. 필자도 사회과학 교육을 일반교양으로 가르치는 것에 자극받아 이 책을 쓰고 있다.

그런 교육을 받은 기술자나 기업인이 반드시 훌륭한 시민이나 훌륭한 인간이 된다는 보장은 없지만, 최소한 부드럽고 상냥한 사람이 되리라는 것은 분명하다. 그들은 인간관계에 대해 어느 정도 교육을 받았기 때문에 기술학교를 나온 시골뜨기보다 자신이 더 낫다는 사실을 입증할 수도 있을 것이다. 오늘날 미국에서 전문직 종사자나 기업인들이 성공하기 위해서는 그와 같은 인간관계에서의 세련성은 필수적으로 갖춰야 한다. 그것은 19세기 영국에서 정치가나 고위 관리로 출세하려면 반드시 고전에 밝아야 했던 것과 같은 이치이다.

그러나 필자는 경제구조 내부의 관료화된 부분에 대해서까지 인간관계의 중요성을 지나치게 강조할 생각은 없다. 아직까지도 경제 부문에는 여러 다양한 요인들이 뒤섞여 존재하고 있다. 가령 똑같은 통신판매회사라도 시어스 로벅 같은 회사는 타인지향형이 운영하는 반면 몽고메리 워드 같은 회사는 그렇지 않다. 또 똑같은 광업회사라도 애너콘다 주식회사는 광고에 관심이 많은 반면에 케네코트 주식회사는 그다지 관심이 없다.

그리고 유통 및 판매구조의 발달과 더불어 세일즈맨의 중요성도 점점 감소되는 경향이 있다. 자동판매기만 보아도 이 점은 뚜렷하다. 특수한 기술을 가지고 있는 전문가가 필요한 곳일수록 판매활동의 성격적 요소의 중요성은 낮아진다. 예컨대 기업의 노동력을 재편성하게 만들 만큼 특수한 기재를 판매하는 판매원일 경우가 그러하다. 다시 말해서 IBM의 세일즈맨은 물론 대인관계에 능숙하다면 좋기는 하겠지만, 그보다도 중요한 것은 계산기 배선 기술을 터득해야 한다는 점이고, 또 그보다 더 중요한 것은 기업 내부에 흘러다니는 온갖 정보를 잘 합리화할 기술을 터득하고 있어야 한다는 점이다. 때문에 IBM의 세일즈맨들은 비록 통신혁명에 앞장선 사람들이기는 하지만, 지난날 별로 복잡할 것도 없는 기계를 팔던 세일즈맨에 비해 훨씬 더 기술중심주의적인 자세를 갖춰야 한다.

지금까지 열거한 바와 같은 기업체는 기술적·전문적 지식을 갖춘 사람들이 필요하다. 따라서 그런 사람들은 굳이 필요경비를 들이거나 사람들과 친해지려 애쓰지 않아도 자기 기술만 가지고서 충분히 생활을 보장받을 수 있다.

2. 은하(銀河)

앞에서 필자는 내부지향형 인간의 야망을 상징하는 말로서 그 시대에 널리 쓰이던 표어, 즉 '별에게 소원을 빈다'는 속담을 소개했었다. 이런 내부지향형 인간은 지난날의 모델에 따라 사회화 훈련을 쌓는데, 흔히 자기가 지향하는 분야의 특출한 인물을 기준으로 삼고 그와 경쟁하며 살아가는 예가 많다.

그러나 그와는 대조적으로 타인지향형 인간은 자신의 생애를 개별적인 직업생활로서 바라보지는 않는다. 그는 특정한 동료집단이나 특정한 문화권에서 허락되는 제한범위를 뛰어넘어서까지 명성을 추구하지는 않는다. 그가 추구하는 바는 그런 것이 아니라 동료집단의 존경, 아니 그보다는 그들의 애정이다. 물론 그들의 애정이란 늘 애매하고 변덕스러운 것이기는 하지만, 그래도 그것을 얻으려고 애를 쓰는 것이다. 이러한 목적을 이루기 위해 그는 딱딱한 물질적 재료를 취급하지 않고 똑같은 목표를 추구하고 있는 많은 적대적 협력자들과 더불어 씨름을 한다. 그리고 그 사람들에게서 어떤 가치기준과 가치판단을 얻는다.

내부지향형 인간은 과거의 위대한 인물들과 자기 자신을 비교하고 별을 향해서 열심히 노력한다. 이에 반해 타인지향형 인간은 은하 속에 파묻혀서 살아간다. 여기서 은하란 물론 윤곽을 비교적 확실히 알고 있는 동시대인들이다. 이런 은하가 생겨난 이유는, 초기적 인구감퇴기에 고등교육을 받은 중산계급의 규모가 커졌기 때문이라고도 볼 수 있다.

오늘날 인생이란 불확실한 것이다. 그러므로 젊은 사람들은 장기적인 목표에 얽매이려 하지 않는다. 전쟁이나 불황, 군대생활 등이 그들 앞에 가로놓여 있기 때문에, 오늘날에는 제1차 세계대전 이전에 비해 장기적인 인생 계획을 미리 세우기가 훨씬 어려워진 것이다. 물론 이런 변화만으로 모든 걸 설명할 수는 없다. 미리부터 장기적인 인생 목표에 얽매이기를 꺼리는 사람은 장래의 불확실성을 들어 자신의 그와 같은 태도를 합리화하려 한다. 그러나 똑같은 불확실성을 안고 살아가는 많은 사람들 중에는 무지하거나 둔감하기 때문이든 또는 성격이 강인하기 때문이든 간에 큰 목표를 추구하여 앞으로 나아가려는 사람도 종종 있다. 뿐만 아니라 다른 요인들도 여기에 작용하고 있다. 예컨대 앞에서 이야기한 바와 같이 자신의 기술을 버리지 않는 한 출세할 수 없다는 사실도 한 요인으로 작용한다. 젊은이는 직업생활을 시작할 때부터 기술을 고수하느냐 버리느냐에 따라 출세가 결정된다는 것을 대강은 예상할 수 있다. 젊은이들의 직업생활 설계가 복잡한 양상을 띠게 된 것은 이런 여러 사정들 탓이다.

그런데 이 같은 변화에는 적극적인 측면도 있다. 내부지향 단계에서 많은 젊은이들이 확신에 차 의연히 인생항로를 결정할 수 있었던 이유는, 부모의 명령이나 부모의 직업 선택을 거의 무조건 받아들일 수 있었기 때문이다. 그러나 오늘날의 타인지향형 젊은이는 사회적 지위나 수입보다는 직종 그 자체를 탐하여 선택한다. 그리고 구세대의 권위주의적인 직업상의 등급 따위에는 만족하지 않는다. 현대 사회는 상당히 바쁘게 돌아가고 있으며 개인은 자신이 좀처럼 결심하지 못하고 있다는 데 불안감을 느낀다. 하지만 이런 조건이 얼마쯤 완화된다면, 타인지향적인 시대야말로 훨씬 개성적이고 만족스러운 직업선택의 가능성이 열려 있는 시대라고 할 수 있다.

오늘날 타인지향적인 젊은이들도 물론 성공이라는 관념을 가지고 있다. 다만 그것은 내부지향적 젊은이들의 관념과는 매우 다르다. 내부지향형 젊은이들은 여러 프런티어의 한쪽 가장자리로 나아가서 자기 개인의 고립된 영토를 확보하여 안심감을 얻었다. 그리고 거기에는 이따금 거창한 꿈 같은 것이 곁들여 있었다. 그가 만일 회사를 차렸다면, 그것은 그의 그림자의 확대판이라 할 수 있는 것이다. 그러나 오늘날에는 그와 반대로 사람이 회사의 그림자가 되었다. 내부지향적인 시대에는 장기적인 목표가 회사나 제도를 만들어냈다. 그런데 타인지향적인 개인들은 오로지 거대한 은하 속에서 한계적 특수화의 원리에 따라 지위 경쟁을 벌인다. 그들의 의지는 별로 드세지 않고 순하다. 그것을 관리하는 제도도 있다. 그리고 그런 형태로 거창한 꿈은 모습을 감추고 있는 것이다.

타인지향형 인간이 숱한 경쟁자들을 물리치고 오로지 혼자서만 빛을 발한다는 것은 바랄 수 없는 일일 뿐 아니라 위험한 일이기도 하다. 어쩌다가 더 열심히 일하는 방법으로 남들보다 한발 앞서갈 수는 있지만 그것은 어디까지나

하찮은 일이지 대단한 야심이 겉으로 드러난 건 아니다. 다만 그들은 완전히 협력적인 것도 아니어서, 직업생활에선 늘 특정 지위를 두고 세련된 방식으로 경쟁하고 있다. 일반적으로 통용되는 공정(公正) 관념에서 살짝 벗어난 행위에 대해서조차, 동료집단은 개인에게 이러이러하게 하라는 규범을 정해준다. 그리고 개인은 저마다 자기 안에 있는 공정하지 못한 경향을 타인에게 비추어 생각하게 마련이므로, 다른 사람들이 지금 무엇을 하고 있는지 늘 신경 써야만 한다. 그러므로 지난날에 비하면 어려움의 종류는 달라졌을망정 오늘날 은하 속에 산다는 것은 결코 쉬운 일이 아니다. 각양각색의 사람들을 조종하고 비위를 맞추어야만 하는 타인지향형 인간은 모든 사람을 고객으로 대해야 한다. 그리고 여기서는 고객이 옳다는 생각이 지배적이다. 더구나 그 과정에서 그는 에버렛 휴즈가 말한 바와 같이 어떤 사람이 다른 사람보다 더 옳다는 식으로 서열을 매겨 그들을 대해야 한다. 이처럼 여러 사람들을 각각 다른 방식으로 다룰 경우 개인의 역할도 다양해진다. 이는 결코 제도화되는 것도 명확하게 정의되는 것도 아니기 때문에, 타인지향형 인간은 온갖 역할에 치여 방향감각을 잃고서 자기가 누구이며 어디로 가는지조차 알지 못할 때가 많다.

현대의 기업들은 단일가격제도를 버리고 그 대신 비밀리에 책정하는 협정가격제도를 채택하고 있다. 그 가격은 고객의 능력과 '선의(善意)'에 따라 서로 다르다. 그와 마찬가지로 타인지향형 인간은 내부지향형 인간처럼 모두 똑같이 대우하는 대인관계를 버리고, 그 대신 비밀리에 상대의 서열을 구별하고 등급에 따라 다르게 대우하는 사교방식을 취하고 있다.

그러나 다른 사람들과 집단을 이루고 있음으로써 그는 어느 정도 사회적·경제적·정치적으로 보호를 받을 수 있다. 그리고 동료집단은 계층과 인종에 따라 이단자를 판정한다. 일단 이단자로 낙인찍힌 사람은 집단에서 배척을 당하든지 아니면 남부의 흑인들처럼 일방적으로 착취를 당한다. 정치적인 의도에서 몇몇 고객들이 나쁜 고객이라는 딱지가 붙은 채 조작될 수도 있다. 그러나 이런 제거작업을 통해서도 개인은 이 은하 속에서 확고한 자기 위치를 유지할 수 있으리라는 완전한 보장은 결코 얻을 수 없다. 동료집단의 배외적인 성격에서 집단 내부 사람들이 얼마쯤 안정감을 얻는다 한들, 그런 배외적 성격이 위와 같은 특권을 주지는 않기 때문이다.

7장
타인지향형 인생 (2)

밤의 교대 시간

그러나 민주주의 속에 살고 있는 사람들은 비록 고통에 가득 차 있으나 자기들을 불쌍한 존재라고 생각하지 않는다. 오히려 그 반대이다. 그 누구도 자신의 환경에 만족하는 사람은 없다. 만일 그들을 괴롭히고 있는 불안이 사라진다면 그들의 생활은 무미건조해질 것이다. 그리하여 민주국가 사람들은 귀족국가 사람들이 그들의 쾌락에 애착을 보이는 것 이상으로 훨씬 더 강렬하게 자기들의 고통을 소중히 생각하고 있다.

토크빌, 《미국의 민주주의》에서

토크빌이 미국 여행기를 발행한 뒤로 한 가지 변화가 일어났다. 쾌락의 영역 자체가 걱정의 대상이 된 것이다. 지난 시대에 생산과 토지 이용이라는 개척지의 수많은 육체적 고통은 이제 그 모양을 달리하여 새로운 소비의 개척지에 심리적인 것으로 남아 있다.

앞 장에서 이미 언급했듯이 노동자 정신은 사교적인 태도 또는 레저 영역에서 태어난 가치에 그 자리를 내주게 되었는데, 이와 마찬가지로 사적인 영역에도 다른 사람들이 같이 노는 동료로서 침범해오게 되었다. 아무튼 가장 먼저 주의할 것은 타인지향적인 경향의 출현과 더불어 지난 시대의 재산가 소비자나 도피성 소비자가 사라져가고 있다는 점이다.

재산이라는 것이 옛날의 안정성과 객관적인 확실성을 잃어감에 따라 부를 축적하려는 열망은 감소되었다. 그리고 노동과 쾌락이 서로 뒤섞이면서 도피 행위도 줄어들었다. 이런 새로운 경향의 극단적인 형태는 현재 상층 중산계급 사이에 음식물과 성적 경험을 추구하는 태도가 점점 더 늘고 있다는 사실에서 볼 수 있다.

1. 음식물과 성(性)의 상징적 의미 변화

곡물에서 샐러드로

내부지향형 사람들의 음식에 대한 취향에도 여러 유형이 있다. 음식물을 특별히 좋아하는 국민들과는 상당히 다르겠지만, 미국에서는 최근까지만 해도 청교도든 비(非)청교도든 남에게 보여줄 목적으로 식사하는 경향이 있었다. 이 경우 회식이나 외식의 메뉴는 비교적 표준화된 것이었다. 남에게 보여주기 위해서 필요한 것은 질 좋은 고기, 우아한 식탁, 그리고 실질적인 요리법 등이었다. 그런데 이런 일들은 모두 여성이 담당해야 했으며 대부분의 사람은 식사할 때 음식을 화제로 삼는 일을 삼갔다.

적당한 음식을 먹는다는 것은 그 사람의 사회적 지위를 증명하는 것이며, 또 그로 인해 다른 사람들에게서 존경을 받을 수도 있었다. 그리고 최근에는 그런 식사가 칼로리와 비타민 등 영양학적인 지식을 가지고 있다는 증거로도 여겨지게 되었다(그러나 남부에서는 이 형태가 별로 일반화되지 못했다. 그곳에서는 음식을 축제라도 즐기듯이 먹는 습관이 있어서 식사의 미학은 조잡한 게 그 전통이다). 보스턴 요리학교에서 낸 요리책 초판은 바로 그 같은 견실하고 보수적이고 영양 제일주의적인 냄새를 풍긴다.

그와 반대로 20세기 중반의 미국 사회에서 타인지향형 인간은 식사에 관한 자신의 취미를, 자신의 재산과 지위와 위장 크기와 칼로리 의식 등을 직접적은 아니지만 은연중에 자랑스럽게 내보이고 있다. 우리는 제4장에서 이미 아이가 학교에 들어가기 전부터 라디오를 통해 음식 취미에 대한 훈련을 받으며, 얼마나 열심히 그 훈련에 몰두하는지 알아보았다. 오늘날 상층 중산계급에 속하는 지식층 부모들은 오로지 몸에 좋다는 이유 하나만으로 자녀들에게 음식을 권하는 것을 주저한다. 그런 교육방식은 구순기 콤플렉스를 일으킨다는 것이다. 그 대신 그들은 라디오에 귀를 기울여 어떤 음식이 맛이 좋은지 배우려고 한다. 부모의 이런 태도는 자녀의 식습관에 대한 감정의 변형에 불과하다. 그것은 오늘날 부모들이 식기를 열심히 반짝반짝하게 닦는 감정과 비슷하다. 이런 까닭에 타인지향형 인간은 음식물에 관해 한계적 특수화를 시도할 뿐만 아니라 음식물에 대해 손님과 어떤 식으로 대화를 나눠야 할지에도 신경을 쓴다.

과거에는 소수의 미식가들이 음식에 대한 까다로운 감식을 취미로 삼는 일이 많았다. 그런 취미는 내부지향적인 인간들이 갖는 취미 중 하나였다. 그런데 오늘날에는 미식가의 수가 상당히 늘었으며 그보다 더 많은 사람들이 당연히 미식가가 되어야 하는 것처럼 생각하기에 이르렀다. 특히 초기적 인구감퇴기에 미국의 물질적인 풍요가 이런 경향을 고조시켰다. 그로 인해 대부분의 사람이 맛있는 음식을 먹을 수 있게 되었기 때문이다. 옛날에는 계절이나 지리적인 문제 때문에 부자들만 여러 음식을 쉽게 먹을 수 있었다. 그러나 유통망과 식품 보존 기술이 발달한 오늘날에는 모든 사람이 다양한 음식을 먹을 수 있게 되었다(참고로 유통망도 보존 기술도 모두 과도적 인구성장기의 유산이다). 따라서 소비자의 식품 선택은 이제 전통이나 맬서스의 법칙에 의하여 결정될 이유나 필요가 없어졌다.

그 결과 식사의 차림새와 내용이 적잖은 변화를 보였다. 멕시코풍 냄비와 구리 주전자가 새로 등장한 대신 19세기 중산계급에서 사용되던 하얀 식탁보와 고전적인 장식이 사라져갔다. 음식이나 음료수에 대해 이야기하는 것을 금하던 청교도적인 금기가 사라지고 그 대신 형식에 얽매이지 않는 자유로운 분위기가 식탁에 자리잡게 되었다. 더욱 중요한 것은, 음식 솜씨가 서툰 요리사나 하녀를 꾸짖는 대신, 가정주부 스스로 음식을 조리하고 그에 대한 책임을 지게 되었다는 점이다. 초기적 인구감퇴기에는 중산층 가정에서 하인들의 모습이 사라진다. 그렇지 않은 경우일지라도 요리사들은 더 이상 혼자서 메뉴를 결정하거나 식사 시중을 들지 않는다. 즉 주인 부부가 그런 일을 책임져야 하는 것이다.

그리고 이 시기에는 타인과의 경쟁의 하나로서 음식이나 장식의 취향을 과시하는 일에 온갖 사적인 장애요인이나 사회적 신분 또는 금욕주의 따위는 개입될 틈이 없게 된다. 오늘날에는 〈아버지 교육〉이라는 만화로 상징되는 시대와 달리 식사를 하는 개인이 콘비프와 양배추 요리가 좋은지 좋지 않은지 결정할 권한을 가지게 된 것이다. 이를테면 그는 외국 요리책을 뒤적거리거나, 요리 평론가 클레멘틴 패들포드의 이국적인 요리 강의에 귀를 기울인다. 이전 같으면 식단에 으레 등장하던 스테이크와 닭고기, 감자와 완두콩 등은 이제 공식석상에 나가야 먹을 수 있다. 가정에서도 되도록 일상적인 음식 대신 가정주부 자신의 별미를 내놓으려는 경향이 많아졌다. 이를테면 이탈리아 요리나 스웨덴 요리를 선호하는 것이다. 그리고 주방에는 여자뿐 아니라 남자도 자주 드나들게 되었다.

최근에 가장 인기를 끄는 책으로 《요리의 즐거움》이 손꼽히고, 기타 전문적인 요리책(민족 전통식을 소개하거나 전문적인 해설을 싣거나 식사 분위기 조성하는 법을 가르치는 책)들이 끊임없는 한계적 특수화 요구에 부응하기 위해 쏟아져 나왔다. 먼저 책 제목부터가 기묘하게 변하고 있다. 《보스턴 요리학교 교과서》라고 평범하게 붙여졌던 책 제목이 최근에는 《이리를 어떻게 요리할까》 또는 《쉬운 식사》같이 유머나 반어법이 섞인 묘한 말로 탈바꿈하고 있다. 이러한 책 제목의 변화도 요리에 대한 태도 변화를 반영하는 것이라 할 수 있다.

타인지향적인 인간은 과거 내부지향적인 인간을 이끌어주던 객관적인 성공 기준에 의지할 수 없다는 점은 이미 말한 바 있다. 바로 그렇기에 그는 자신이 당연히 지녀야 할 음식의 즐거움을 잃지나 않을까 전전긍긍하며 강박관념에 사로잡혀 있다. 오늘날 식사는 모름지기 '즐거워야만' 한다. 그리하여 단순히 '접시에서 입으로 음식을 나르는 주기적인 운동에만 만족할 수 없는 사람들'을 위해 《화롯가의 요리책(Fireside Cookbook)》 같은 것이 발행된다. 그런 책으로도 만족하지 못하는 사람들은, 노엘 카워드나 루시어스 비브 같은 유명한 사람들이 과연 어떤 맛있는 음식을 먹었는지 알기 위해 《우리 집 별미》 같은 책을 보게 된다.

프레드 맥머레이와 클로데트 콜베르는 '달걀과 나' 주스라고 이름 붙인 새로운 음료를 발명하고서 기뻐한다. 또 맥머레이는 좋아하는 달걀 요리를 소개한 저서에서 다음과 같이 말한다. "달걀 프라이 두 개가 접시 한가운데서 금빛으로 빛나며 나를 말끄러미 바라보고, 그 주위를 바삭바삭하게 구운 베이컨과 조그만 소시지가 둘러싸고 있는 정경처럼 즐거운 것은 세상에 둘도 없을 정도이다. 달걀이 즐거운 듯 토스트 위에 올라앉은 모습도 유쾌하다."

옛 프랑스 요리책을 번역한 것 중 가장 유명한 《마리 아줌마》라는 책도 놀라울 정도로 미사여구를 늘어놓고 있다. 《요리의 즐거움》이란 책도 굉장히 수다스러운데, 처음에는 저자가 딸에게 요리를 가르쳐주기 위해 썼지만 그녀가 생각하기에 이 글이 '다른 많은 딸들'에게도 재미있을 것 같아서 책으로 출판하게 되었다는 것이다(오늘날에는 어머니가 요리를 가르치는 일은 드물고, 딸들도 다른 사람들에게서 요리법을 배운다). 한마디로 타인지향형 사람은 음식물을 대할 때도 성(性)을 다루는 것처럼 자칫하면 놓칠지도 모르는 질적인 요소를 찾아 헤맨다. 요컨대 M. 울펜슈타인과 N. 라이츠가 말한 '재미의 도덕'에 대해 고민을 하고 있는 셈이다.[1]

하기야 문제를 이런 식으로 다루는 데에는 변동의 좋지 않은 면을 지나치게 과장한다는 느낌이 있다. 오늘날 미국인들은 정말로 식사를 즐기고 음식 이야기를 나누면서 즐거워한다. 미국인의 식사는 단조롭다는 악평은 이미 과거의 이야기다. 그리고 확실히 많은 사람이 굳이 타인지향형이 되지 않고서도 음식의 새로운 유행을 따르고 있다. 그것은 마치 회사의 인사담당 중역이 자기는 내부지향형이면서도 신입사원은 타인지향적인 사교성이길 기대하는 것과 마찬가지이다. 그러나 그렇다 할지라도 미국 사회에서 타인지향형을 구분해내기 위해 식단(食單)을 판단 자료로 이용한다면 어느 정도까지는 정확성을 기할 수 있을 것이다.

토스트 샐러드와 마늘, 집에서 만든 소스를 뿌린 캐서롤 요리, 〈고메(Gourmet)〉 같은 식도락 잡지, 포도주를 비롯한 갖가지 술 따위가 점차 뉴욕과 샌프란시스코를 중심으로 퍼져가고 있다. 사람들도 점심식사를 위해 두 시간씩이나 할애하며 음식과 술을 즐기고 있고, 보스턴 요리학교 교과서를 대신해 개성적인 요리법이 인기를 끌게 되었다. 그러한 새로운 물결에서 새로운 유형의 사회적 성격을 찾아볼 수 있지 않을까.

최근 러셀 라인즈는 〈고급·저급·중급〉이란 논문 속에서 위에 나열한 것과 비슷한 소비방식에 따라 미국 도시의 사회구조를 분류했다.[2] 그래서 토스트 샐러드는 고급의 상징으로 여겨지고 있으며 자동차·복식·풍채 또한 마찬가지이다. 오늘날의 이러한 현상은 지난날의 전통적인 기준과는 달리 새로운 기준

---

1) *Movies*(Glencoe, Illinois, Free Press, 1950).

2) *Harper's* 198(1949), 19.

으로 사람들의 신분등급이 매겨지는 사회의 등장 추세인 것이다. 로이드 워너 역시 비슷한 분석을 하고 있다. 그는 사회계급을 규정지을 때 재산이나 권력보다는 각자의 교제범위나 소비성향에 따르고 있다. 다만 이러한 관측자들의 사고방식은 사실 예외에 가깝다. 제11장에서 다시 언급하겠지만, 대부분의 미국인들은 아직도 사회계층을 재산과 직업과 직위에 따라 관찰하고 있으니까 말이다.

그러나 이런 낡은 사고방식의 껍질 아래에서 좀 더 모호한 구조가 떠오르려 하고 있다. 거기서는 여론 조정자의 역할이 점점 더 중요해지고, 고급·중급·저급이라는 문화의 질서가 기존의 재산 및 직업에 근거한 전통적인 질서와 힘겨루기를 하고 있는 것이다.

성(性), 최후의 프런티어

내부지향적인 시대에 성은 하나의 금기사항이었다. 특히 종교개혁과 반(反)종교개혁의 영향을 많이 받은 계층이나 지역일수록 그 점이 뚜렷했다. 그러나 이탈리아와 에스파냐 같은 곳에서 어느 정도의 성적 만족은 당연한 것으로 여겨졌고, 모든 사회의 하층계급 사이에서도 그런 만족은 허용되었다. 하지만 어떤 경우든 한편에서는 금기로, 또 한편에서는 전통으로 성을 매우 단순화하고 있었다고 볼 수 있다. 그들에게 성은 별로 중요하지 않았던 것이다.

경제적인 문제든 권력의 문제든 간에 단순한 생존이나 '무엇을 성취하는' 것만이 최고의 목적이었던 셈이다. 그리고 성이란 오직 '올바른' 시간과 장소 안에서만 부차적으로 즐기도록 정해져 있었다. 즉, 남자들은 밤이면 아내나 매춘부를 상대하고, 때때로 음담패설을 지껄이고 공상을 하는 정도에 그쳤다. 오직 상류층에 한해서만 근대적인 타인지향형의 선구자라 할 수 있는 사람들이 생산보다 정사(情事)를 중요시할 수 있었다. 이 점은 프랑스 같은 나라에서 강조되었고 이 경우 성적인 행위는 대낮에 공공연히 이뤄졌다. 이런 상류층 내부에서 성은 생산문제와도 완전히 분리돼 있었고, 아이를 낳는 일과도 분리돼 있었다.

이와 같은 분리현상이 상류층을 넘어서서 전사회적으로 확산됨에 따라 산아제한이 실시되는 가운데 공업화와 아울러 초기적 인구감퇴 현상이 나타나게 된다. 이 단계에 이르면 여가가 늘어날 뿐만 아니라 노동 자체도 재미가 줄어들고 그다지 긴박하지 않은 것으로 여겨진다. 공업화는 과도적 인구성장 시대에 비해 훨씬 빠르게 진행되고 있는데, 분업화와 관리가 널리 이뤄지면서 많은 직업은 공정이 단조로워진다. 투철한 근로정신은 갈수록 희박해지고 그 결과 유례없이 성 문제가 여가뿐 아니라 근무시간에까지 고개를 디밀게 된다. 그리하여 이제 성은 지난 세대의 유한계급뿐만 아니라 현대의 즐겁게 지내는 군중에게까지 소비상품으로 여겨지게 되었다.

흔히 자의식이 약한 타인지향형 인간은 많은 생활영역에 걸쳐 일종의 '무노동 숭배 경향'을 띠고 있다. 예컨대 그는 자신의 경제적 역할과 가정생활을 기계화하는 걸 즐긴다. 자동차 회사는 자동개폐 유리창과 자동변속기로 그들을 유혹한다. 이런 인간은 정치에 관심이 없다. 그러나 섹스만은 그렇게 할 도리가 없다.

섹스를 어떻게 즐길 것인가에 대해서는 불확정적인 요소가 많지만, 그것을 유희로 즐길 것인지 아닌지에 대해서는 의문의 여지가 적다. 비록 섹스에 권태를 느끼더라도 그 충동에 따르기는 해야 한다. 따라서 섹스는 완전한 무관심이라는 위험에서 인간을 보호해주는 방파제 구실을 한다. 그래서 타인지향형 인간은 섹스에 대단한 흥미를 느낀다. 섹스를 즐기는 가운데 자기가 살아 있다는 사실을 재확인하는 것이다. 반면에 내부지향형 인간은 워낙 자기 내부의 지침이 강할 뿐만 아니라 생산이라는 외면적인 요소를 상대하면서 살아가기 때문에, 그런 확인행위를 구태여 할 필요가 없다.

내부지향적인 재산가 소비자는 갈수록 줄어드는 물질적 재화의 취득을 추구할 수 있었지만 타인지향형 인간은 그러한 재화에 별로 매력을 느끼지 않는다. 제3장에서 이미 살펴보았듯이 타인지향형 인간은 아주 어릴 때부터 많은 소비품에 둘러싸여 살며 그것들을 소비하는 훈련을 받는다. 그는 가족과 더불어 여행도 가고 친구랑 캠핑도 간다. 그는 부자의 자동차가 한계적인 차이를 제외하고는 자기 차와 전혀 다를 바 없다고 생각한다. 부자의 차는 자신의 차보다 불과 몇 마력 더 큰 엔진을 가졌을 뿐인 것이다. 그리고 다음 해에 나올 자동차는 금년 차보다 좀 더 나을 거라는 사실도 잘 안다. 한 번도 나이트클럽을 가보지 않았지만 거기가 어떤 곳인지 알며, 또 매일 텔레비전을 본다. 내부지향형 인간은 이따금 물건 소유를 목표로 노력했고 그런 물건의 가치가 결코 사라질 리 없다고 생각했지만, 타인지향형 인간은 아무리 소비품을 좋아해도 그리 오랫동안 즐기지는 않는다. 그러나 섹스만은 예외이다.

그런데 매스미디어가 아무리 애를 써도 성의 소비는 결국 공공의 시선이 미치지 않는 곳에서 이루어진다. 타인지향형 인간의 경우 어떤 사람이 새 캐딜락을 갖게 되면 나 또한 그 소유의 의미를 즉시 이해하고 그 체험을 어느 정도 재현할 수 있다. 그러나 성 문제는 다르다. 누가 새 애인이 생기면 그것이 무엇을 의미하는지 나는 알 수가 없다. 지난날 캐딜락은 특권층의 차였지만 이제는 대중화되어 있다. 또한 섹스도 어느 정도 그렇게 되었다. 잘생기고 잘 차려입은 젊은이들이 대량생산되면서 미국식 섹스 경쟁이 시작되었다. 그러나 신비성이라는 측면에서 본다면 캐딜락과 섹스 파트너에는 큰 차이가 있다. 타인지향형 인간의 경우, 도덕적 수치감이나 금기의식은 이미 잊어버렸거나 밑바닥에 가라앉아 있고 무의식적인 어떤 순수함이 존재한다. 그래서 그는 자신의 선망을 제어하지 못한다. 물론 그는 야심 같은 것은 없기 때문에 돈 후안과 같은 탐욕적인 섹스 소비자가 세운 양적인 기록은 굳이 깨뜨리려 하지 않는다. 그러나 다른 사람들이 갖는 섹스의 질적 체험을 놓치려 하지는 않는다.

어떻게 보면 이와 같은 사태는 매우 역설적이다. 왜냐하면 요리책은 타인지향 시대에 와서 굉장히 인기를 끌게 되었으나 섹스에 대한 책은 그렇지 못하기 때문이다. 반 데 벨데의 것과 같은 지난날의 결혼 지침서는 황홀하게 그려진 일종의 애정생활 안내서로서 지금도 꽤 인기가 있다. 반면 고등학교의 성교육 지침서를 포함해 최근 발행된 새로운 지침서들은 지나치게 사실적인 묘사가 나열되어 있고 지극히 의학적이다. 이를테면 보스턴 요리학교 교과서 스타일인 것이다. 그래서 얼핏 보기에 오늘날 젊은이들은 성적인 문제를 마치 비타민 문제처럼 기계적으로 생각하는 듯 보인다. 하지만 성이라는 것은 결코 완전히 억압할 수 없는 영역이며 경쟁의 원리에 지배를 받는다. 그리고 사람들은 삶의 의미와 정서적인 감흥을 성의 영역에서 찾는다. 타인지향형 인간은 섹스를 전시효과의 수단으로 여기지 않고 자신의 매력을 검증하는 하나의 시험으로 본다. 그로써 그는 자신이 얼마나 인기 있는지 파악하고 생의 체험 및 사랑의 경험을 스스로 겪어보려 하는 것이다.

이런 변화의 원인 가운데 하나는 여성들이 돈 많은 소비자의 소비대상이라기보다 이제 동료집단의 구성원이 되어가고 있다는 데 있다. 지난날 내부지향적인 시대에는 여성해방이 별로 이루어지지 않았기 때문에, 정실부인이든 사회적 지위가 낮은 측실이든 간에 남자들을 상대로 성적 평등을 요구하지 못했다. 그러나 오늘날의 여성들은 기술 발달에 힘입어 가사노동에서 해방되고 사랑의 보조기구들을 소유하게 됨으로써 남성들과 어깨를 나란히 하여 섹스 프런티어의 활발한 개척자로 나서고 있다. 그녀들은 이제 섹스 소비자로서 많은 지식을 갖추고 있기 때문에 남성들의 고민은 늘어간다. 여성을 만족시키지 못할까봐 불안한 것이다. 그리고 이 같은 불안도 동료들에게서 평가받고 싶어 하는 남자들의 또 하나의 시험이라 할 수 있다.

　오늘날의 일반 여성들이 지난날 매춘부들이나 하던 식의 성적 반응을 보일 수 있다는 것 자체는, 남자들이 정부나 매춘부의 집에 들르지 않고서도 일상적으로 성행위의 미묘한 질적인 차이를—그 차이는 결코 확실히 드러날 수 없는 신비로운 것인데—맛볼 수 있게 되었음을 뜻한다. 과거의 양식대로라면 섹스를 뮤직홀 수준에서나 발자크의 소설 《기이한 이야기들》 수준에서 즐길 수 있었지만, 오늘날의 섹스란 지나친 심리적 부담을 주는 것으로 여겨지기 때문에 타인지향형 인간들로서는 그것을 단순한 재미로 취급할 수가 없다. 금욕주의의 한 변종으로서 섹스는 너무나 불안한 일이면서 너무나 신성한 환상으로 비치는 것이다.

　섹스에 대한 이와 같은 불안에 가득 찬 경쟁은, 지난 시절 사회적 진출 노력과 견주어볼 때 전혀 공통점이 없다. 확실히 여성들은 아직까지도 남성이 지배하는 분야에서 자신의 지위를 확보하기 위한 수단으로 성을 사용하고 있다. 그러나 그것은 어디까지나 독점 단계 이전의 자유경쟁적인 산업 분야에서 가능한 일이다. 최근까지만 해도 연예계와 영화산업은 대부분 신흥 부자들이 독점하다시피 해왔다. 그들은 19세기에 영국의 일부 제분업자들이 공장법이 제정되기 전까지 자신의 여공들을 정욕 해소의 대상으로 삼던 일을 떠올리게 해주는 바가 있다.[3] 워너, 해비거스트, 로엡의 공저인 《누가 교육을 받아야 하나?》를

---

3) G.M. Young, *Portrait of an Age*(London, Oxford University Press, 1936) p. 16, n. 1을 볼 것.

보면 지방의 비관료적인 학교에서 여교사들이 지위를 얻으려고 유력 인사들과 성관계를 맺는다는 내용이 있다.[4] 물론 이런 것은 예외적인 이야기이다. 타인 지향적인 시대에 성의 프런티어를 체험해보려는 욕구는 뚜렷한 동기를 지니지 않는 게 보통이다.

2. 대중문화 소비양식의 변화

집단 적응으로서 갖는 오락

제4장에서 우리는 내부지향적인 청소년이 어떤 교훈적인 소설이나 전기를 읽고 생산 프런티어의 다양한 역할을 익힘으로써 집을 떠나가게 된다는 이야 기를 했다. 그런데 그와는 반대로 타인지향적인 인간은 생활의 비경제적 부문 에서 살아가는 법을 가르쳐주는 문학을 접한다. 전통지향적인 생활방식이 모 두 사라진 탓에 1차집단에서 생활의 지침을 얻는 일이 불가능해진 오늘날에 이 훈련은 어느 정도 필요할 것이다. 사실 내부지향적인 시대의 변동이 심한 가 정에서조차 1차집단은 개인의 인생을 가르쳐줄 가능성을 지니고 있었던 것이 다. 그러나 요즘 아이들은 어릴 때부터 매스미디어라는 이름의 교사들에게서 생활지침을 얻고 자잘한 인간관계 기술을 배워나가야 한다.

먼저 우리는 스마일스나 앨저같이 어려운 환경을 이겨내고 목표를 이룬 인 물의 전기(傳記)에서 출발해 오늘날 '마음의 평화'를 주제로 삼은 온갖 책과 잡 지로 이어지는 일련의 역사를 매우 의미심장하다고 본다. 과거에 인쇄물은 검 소·노력을 통해 사회적·경제적 출세에 이를 수 있다고 직접적으로 가르쳤다. 그런데 20세기 초 미국에서는 오늘날 거의 잊혀버린 이른바 신사조운동(新思 潮運動)이 대두했다. 그 당시 휘트니 그리스월드가 말한 대로라면 그 운동은 '부자가 되는 방법을 연구하자'라는 표어를 내세우고 있었다.[5] 다시 말해 재산

---

4) W. Lloyd Warner, Robert J. Havighurst, and Martin Loeb, *Who Shall be Educated?*(New York, Harper, 1944) eg., p. 103.

5) "The American Cult of Success"(예일 대학 박사논문, 1933), *American Journal of Sociology*, XL(1934), 309~318에 요약.

이란 현실세계에서의 활동이 어떠하냐에 따라 얻는 것이라는 생각이 사라지고, 자기 조작기술에 따라 얻는 것이라는 일종의 경제적 자기암시주의(自己暗示主義) 같은 것이 나타난 셈이다. 다만 여기서도 재산 축적 자체는 변함없이 인생목표로 설정되어 있었다.

그러나 그 뒤로는 교훈적 문학작품들이 사회적·경제적 활동에 무관심해졌다. 데일 카네기는 1937년에 《인간관계론》이란 책을 펴냈다. 그는 그 속에서 사업 성공뿐 아니라 인기를 얻기 위해서도 자기 조종 기술을 터득해야 한다고 말하고 있다. 그가 다시 1948년에 《행복론》을 집필하게 된 동기도, 미국 사회가 불경기에서 벗어나 완전 고용을 회복하게 되었기 때문만은 아니다. 그 책에서 카네기는 자기 조종법을, 어떤 사회적인 성취를 위해서라기보다도 개인이 자신에게 주어진 운명과 사회적인 처지에 적응하기 위한 수단으로 제시하고 있다. 똑같은 경향이 최근 발행되는 수많은 잡지들 속에도 나타나고 있다. 이를테면 '생활 저널'이니 '당신의 성격'이니 또는 '당신의 인생'이니 하는 제목의 잡지들이 그것이다. 이런 잡지들은 입신출세의 길에 큰 변화가 일어났음을 분명히 드러내고 있으며, 또 전문가의 조언이 필요한 종류의 불안이 늘어나고 있다는 점도 보여준다.

1949년 4월 24일자 〈뉴욕 타임스〉 광고란에는 《마음의 평화를 얻는 법》과 《독신 시절을 행복하게 지내는 법》 같은 책의 광고가 실렸다. 광고에 따르면 후자는 인생에서 만나는 사람들(이성, 직장동료, 친구, 주정뱅이 따위)을 다루는 좋은 방법, 대화 요령이나 술 마시는 법 등등 요컨대 사람들이 부딪치는 온갖 문제를 다룬 책이라고 한다.

확실히 재산이나 권력이라는 외형적이고 불확실한 목적을 추구하던 지난날의 생활방식에 비해, 행복이나 마음의 평화라는 내면적 문제를 중시하는 새로운 생활태도는 어찌 보면 매우 긍정적인 면이 있다. 그러나 우리는 물론 자기 자신을 바꿔나가면서 다음과 같은 의문을 품어야 할 것이다. 나는 별 항의도 비판도 하지 않고 세상에 그저 적응할 뿐이지 않은가 하고.

그러나 필자는 이런 경향들의 가치평가를 할 생각은 없다. 다만 대중문화라는 것이 집단에의 적응 수단으로써 교훈적인 실용서나 서비스뿐만 아니라 픽션의 형식으로도 구사되고 있다는 사실을 지적해두려는 것이다. 남의 도움을 굳이 청하고 싶어 하지 않는 사람이나 자기 나름대로 삶을 가꾸려는 사람이 영화를 포함한 대중문화 매체에서 해답을 얻으려 하는 것은 결코 새로운 현상이 아니다. 20여 년 전 페인 재단의 후원으로 착수되었던 한 조사 보고에 의하면, 젊은 사람들이 모양을 내는 법과 옷 입는 법, 연애하는 법을 영화를 통해서 배운다는 사실이 실제로 입증된 바 있다.[6] 배움과 재미를 결합하는 경향은 여기서 뚜렷이 드러난다. 그런 경향은 특히 하층계급 아이들이, 갑자기 섹스의 세계를 접하게 될 때 두드러지게 나타난다. 그러나 오늘날의 대중문화 관중은 매우 세련되고, 전달되는 메시지는 좀 더 정교하고 복잡하다.

1948년에 필자가 〈레이디스 홈 저널(Ladies Home Journal)〉, 〈아메리칸(American)〉, 〈굿 하우스키핑(Good Housekeeping)〉, 〈마드모아젤(Mademoiselle)〉 등 대표적인 여성잡지 10월호를 조사한 결과에 의하면, 그 기사와 광고물 대부분이 다른 사람을 조종하기 위해 자기 자신을 어떻게 조종할 것인지 가르치는 내용들이었고, 그 목적은 애정과 같이 눈에 보이지 않는 걸 얻는 것임이 밝혀졌다. 특히 〈레이디스 홈 저널〉에 실린 W. 템플의 《윌리 케퍼의 반항(The Rebellion of Willy Kepper)》, 〈아메리칸〉에 실린 L. 슬로콤의 《오늘 밤 함께 외출합시다(Let's Go Out Tonight)》 같은 소설이 그 대표적인 사례였다.

직장에 대한 태도

《윌리 케퍼의 반항》이란 소설은 가정생활이나 여가생활이 아니라 직장생활을 소재로 했다는 점에서 특이하다. 이야기는 공장 직공에서 출발하여 제법 출세를 한 얌전한 페인트 세일즈맨 윌리를 주인공으로 하고 있다. 윌리는 회사의 한 예쁜 아가씨에게 마음이 끌리지만 어떻게 접근하면 좋을지 모른다. 그런데 사장의 아들이 회사에 들어와 윌리가 예전부터 바라던 자리에 재빨리 오르더니 그 아가씨하고도 친하게 지내는 게 아닌가. 본디 온순하던 윌리는 화가 난 나머지 사무실과 공장 안의 동료들에게 화풀이를 하게 된다. 이러한 성격 변화야말로 그의 반항이며, 곧 모든 사람이 그것을 알아채게 된다.

그러나 윌리는 평소에 워낙 좋은 사람으로 알려져 있었기 때문에 인심을 많

---

6) 이를테면 Herbert Blumer and Philip Hauser, *Movies, Deliquency and Crime*(New York, Macmillan, 1933), pp. 102 et seq를 볼 것.

이 얻어놓았다. 그래서 회사 사람들은 그를 멀리하기보다 그가 무엇 때문에 그러는지 알려고 노력한다. 윌리가 이렇게까지 변해버린 게 절대로 그의 잘못일리 없다는 것이다. 결국 사람들은 사장의 아들이 사건의 발단이었음을 알게 되고 그를 골탕먹이기로 작정한다. 그들은 페인트통에 발을 빠뜨리거나 한꺼번에 여러 곳에서 주문을 넣게 하여 사장의 아들을 혼란에 빠뜨린다. 거듭된 실패로 모든 업무가 엉망진창이 되자 그는 다른 사람의 환심을 사는 일이 사업에 얼마나 중요한지 점점 깨닫게 된다. 게다가 그가 거래에서 큰 잘못을 저질렀을 때 윌리가 그를 구해주었다. 이런 일이 계속되자 사장의 아들은 마침내 사람들의 호감을 얻기 위해 공장의 가장 밑바닥에서부터 다시 출발하기로 결심한다. 덕분에 윌리의 승진 기회도 생긴다. 이 소설의 결말에서 윌리는 사장의 아들에게, 그 아가씨의 마음을 끌기 위해 어떤 방법을 썼느냐고 묻는다. 그의 대답은 간단했다. 눈이 참 예쁘다고 칭찬해주라는 것이었다. 윌리는 그런 방법으로 데이트 약속을 받아내는 데 성공한다.

　이 이야기에는 몇 가지 명백한 의미가 깃들여 있음을 지적할 수 있다. 첫째로 이 이야기는 생산 부문을 무대로 하여 펼쳐지지만 거기서 중요한 것은 생산 그 자체가 아니라 오히려 제품 판매 문제이다. 그리고 판매 부문은 촘촘한 인간관계의 그물눈으로 이루어져 있다. 페인트를 파는 일은 서로가 '호의'를 가지고 있기에 가능한 것이다. 또 노동 실태도 그것을 구성하는 인간적인 요소 및 그 비경제적인 동기로써 설명되고 있다. 즉 제품인 페인트 자체에는 아무런 문제가 없고 사람만이 문제가 되고 있는 것이다. 그리고 또 한 가지 중요한 것은, 사장의 아들이 그 아가씨와 데이트를 할 수 있었던 것은 그의 재산이나 지위가 아니라 그의 말재주 덕분이었다는 사실이다. 여기서 언어는 소비재로 취급되고 있다. 그뿐 아니라 그 점에서 소비자는 동시에 생산자이기도 하다. 거기에는 어느 누구의 특허권이 있는 것도 아니고 독점권이 있는 것도 아니다. 끝으로 이 이야기에서는 동성끼리의 '적대적 협력자' 관계가 엿보인다. 윌리와 사장 아들의 관계가 그것이다. 일과 여자를 둘러싼 그들 간의 경쟁은 너무나 조용하게 이뤄지기 때문에, 그들은 오히려 일을 잘하고 여자와 친해지는 방법에 대해 의견을 교환하고 협력할 수도 있다. 어떤 의미에서 그들은 승리 그 자체보다 서로의 승인과 동의를 얻는 데 더 큰 관심이 있다. 결국 이야기 마지막에 윌리는 다시 부드러운 마음씨를 되찾고, 사장의 아들은 예전과 같은 오만함을 버렸다.

가정에 대한 태도

《오늘 밤 함께 외출합시다》는 대학을 나와 교외에서 생활하고 있는 젊은 가정주부의 소비 프런티어를 묘사한 소설이다. 그녀의 남편은 열심히 일하는 성실한 사람이다. 두 아들도 건강하다. 그녀는 모든 조건을 제대로 갖춰 별로 부족할 게 없는 처지이다. 다만 한 가지 아쉬운 점은, 남편이 좀 더 자기에게 신경을 써주지 않는다는 것이다. 그는 일 때문에 워낙 바쁘고 피곤했다. 그는 저녁에 귀가하자마자 신문만 들여다보다가 잠자리에 드는 단조로운 생활을 보내고 있다. 그래서 아내는 친구한테 전화를 걸어 하소연을 한다. 남편은 도무지 함께 외출할 줄을 모르며, 생활의 재미를 느낄 줄도 모른다는 것이다. 그녀는 남편이 대학시절 연애할 때 자기를 유혹하려고 얼마나 애를 썼으며, 그때가 얼마나 아름다웠는지 회고하며 속상해한다. 그러다가 문득 그녀는 모교를 찾아가 그 시절의 신비로운 마력이 어디에 숨어 있었는지 알아보기로 결심한다.

그녀는 모교에 가보았다. 그리고 그때의 연애가 지금 생각하는 것처럼 아무런 노력도 없이 가능했던 것은 아니었음을 깨닫는다. 그녀는 지난날 미래의 남편을 위해 온갖 수를 써서 파티를 마련하고, 남편을 유혹하여 자기에게 키스하도록 하고, 마침내는 청혼을 하도록 만들었음을 깨달은 것이다.

결국 자신이 결혼한 뒤부터 가정주부라는 이름 아래 게을리 살아왔다는 것을 알아차린 그녀는 남편에 대한 전폭적인 이해와 관용을 품은 채 집으로 돌아온다. 그리하여 새로운 열의를 가지고 남편 조종을 시도하기로 마음먹는다. 옷을 새로 맞춰 입고 유모를 구해 아이들을 맡겨버리는 등 온갖 방법 끝에 그녀는 남편과 함께 영화를 보러 가게 된다. 그리고 다시 친구에게 전화를 걸어 성공담을 들려준다는 이야기이다.

내부지향적인 시대에는 이와 비슷한 교훈적인 이야기가 많은 독자들을 움직여 원대한 목표를 향해 노력하거나 대업을 이루게 만들었다. 그러나 오늘날에는 이런 교훈 소설이 도피적이고 감상적인 이야기로 여겨진다. 그와 반대로 요즘 잡지에 실리는 리얼리즘 소설은 더 높이 올라서려는 것도 아니고 옆으로 도피하려는 것도 아니다.《오늘 밤 함께 외출합시다》를 보면 주인공은 사소한 자기기만을 통해, 현재의 결혼생활이 실패이며 좀 더 나은 선택이 있다는 생각을 부정하고 있다. 이런 소설을 읽는 독자는 꼭 거기서 자신의 이상이나 생활방식을 인정받는다고는 생각지 않는다. 그 대신 인생이나 자기 자신에게 스스로 지나친 요구를 지운다는 느낌도 거의 받지 않는다(참고로 말하자면 〈레이디스 홈 저널〉 같은 잡지가 '대중이 원하는 것을 대중에게 제공한다'는 방침 아래 편집되고 있는 것은 아니다). 그런데 필자가 여기서 예로 든 두 소설에는 공통적인 사고방식이 있다. 즉 갈등을 해결할 때 반드시 위험부담을 지거나 고생할 필요는 없으며, 오직 인간관계상의 상호 노력과 관용만이 필요하다는 것이다. 그리고 후자는 타인지향형 인간이 이미 지니고 있는 능력이다.

대중문화란 곧 '음모(陰謀)'라는 주장을 펴는 이론은 사실상 아주 오래된 것이며, 이른바 '빵과 곡예'라는 개념으로 잘 표현되어 있다. 〈빈민계층과 영화〉라는 논문에서 소스타인 베블런은 그 이론을 좀 더 세련된 형식으로 보여주고 있다. 현대 미국의 대중은 영화라는 황당무계한 오락을 즐김으로써 결국 지배층에 봉사하고 있다는 것이다. 그러나 현대 대중문화 속에 포함된 집단적 적응훈련과 사회훈련의 요소는 어느 특정 계층만을 위해 봉사하는 것은 아니다. 실제로 타인지향적 순응성의 압력은 지적 수준이 높은 사회계층에서 가장 두드러지게 나타난다. 그런 압력의 형태 몇 가지를 다음에 예를 들어 밝혀보겠다.

무거운 조화

미국 동해안의 어떤 진보적인 기숙학교 교장은 최근 학부모들에게 다음과 같은 편지를 보냈다.

본교 음악과에서는 모든 학생이 최대한 풍부한 음악 체험을 하도록 배려하고 있습니다.

우리는 음악이 인생에 없어서는 안 될 중요한 부분이라고 믿으며, 음악이 생활의 모든 분야에 영향을 미친다고 믿습니다. 함께 노래 부르고 연주하는 일은 상호 이해와 선의를 불러일으키며, 이런 조화야말로 요즘 세상에 절실히 필요하다고 생각합니다.

본교에서는 가능한 한 모든 학생들이 음악활동에 참여할 수 있도록 배려하고 있으며, 음악을 사랑하는 학생을 기르고자 노력하고 있습니다. 특히 우리는 학생들이 팀을 짜서 하는 연주와 오케스트라에 참여하기를 권장하고 있습니다.

이 편지는 음악에 대한 관심을 드러내고 있다. 여기서 교장이 음악이라는 것을 무엇보다도 사람들을 하나로 묶는 도구로 생각한다는 점은 주목할 만하다. 지난날 음악을 단순히 한 개인의 창조적인 세계로의 도피 수단으로 여기던 태도는, 오늘날 학교 당국이 보기에 너무나 이기적인 것이다.

비슷한 이야기가 하버드의 학창생활을 다룬 헬렌 호의 소설 《행복한 우리 소수(We Happy Few)》[7] 속에서도 나온다. 여기서 주인공 도로테아는 아주 이기적인 여자로 묘사되고 있다. 그녀는 전쟁 중에 사회적인 의무를 저버리고 연애에 빠지거나, 바흐나 모차르트의 피아노곡을 연주하는 따위의 한가로운 취미에 탐닉한다. 그런데 그녀는 그런 지적(知的) 속물근성을 떨쳐버리게 하는 여러 집단에 적응하는 체험 속으로 끌려들게 된다. 간호보조원이 된 그녀는 다른 동료들과 교제를 맺는다. 그들은 모두 좋은 사람들이지만 아둔한 편이다. 한편 그녀의 아들은 군대 훈련을 받고 있는데, 그 훈련 장소인 중서부를 여행하는 중 그녀는 비로소 미국을 '보게 된다.' 냄새나는 화장실에서, 플랫폼의 눈물겨운 이별 장면에서, 중서부의 순박한 인정미 속에서 그녀는 지금까지 몰랐던 미국의 모습을 접할 수 있었다. 그리고 이 중서부 마을 사람들과 사귀는 일은 또 다른 집단적 현실적응 체험이었다. 그들 또한 마음씨 좋고 아둔한 사람들이었다. 결국 도로테아가 다시금 동부로 돌아왔을 때, 그녀는 전보다 훨씬 슬픔을 아는 현명한 여인이 되어 있었다. 그녀의 자부심은 사라졌고, 대중가요와 대중소설이 담고 있는 민중의 애환과 민중의 세계를 예찬하는 여자가 되어 있었다.

---

7) 이 책이 다루고 있는 내용에 대해 나는 "The Ethics of We Happy Few", *University Observer*(1947), 19에서 상세히 논했다. 이하의 부분도 나는 이 논문에 준해서 쓰고 있다.

주인공 도로테아는 간호보조원으로서 고된 나날을 보내면서 틈틈이 바흐나 모차르트뿐만 아니라 슈만의 곡도 즐겨 연주하게 되었다. 작가는 그 모습을 이렇게 묘사하고 있다. "그녀의 미적인 취향도 인간적인 품성도 날이 갈수록 발전했다. 어쩌면 그녀는 전보다 조잡해졌는지도 모른다. 하지만 그녀는 전보다 훨씬 따뜻한 마음과 넓은 포용력을 지니게 되었다." 이는 아마도 위에서 설명한 인생 공부 과정을 상징하는 대목일 것이다.

이 인용문에는 구태여 설명을 붙일 필요가 없을 듯하다. 도로테아는 간호보조사로 일하며 복잡한 인간관계 속에서 위로도 밑으로도 도피할 수 없었다. 그녀가 도피할 곳은 위도 아래도 아닌 옆이었다. 다시 말해 그녀는 좀 더 따뜻한 집단적 현실적응 방식으로서의 취향을 익힐 수밖에 없는 것이다. 그리고 그녀가 만약 현대 미국 작곡가인 에델버트 네빈을 좋아하게 되었더라면 더욱 안성맞춤으로 여겨졌을 것이다.[8] 그런데 더욱 주목할 점이 있다. 도로테아가 간호보조사로서 직업상 이런 대인관계 기술을 익히는 것은 당연한 노릇이지만—아마 환자들을 상대하는 직업인만큼 그런 인간적인 따스함이 더더욱 필요했을 것이다—, 더 나아가 그녀가 여가 생활에서도 똑같은 태도를 보이게 되었다는 사실이다. 일할 때나 놀 때나 그녀의 역할은 변함이 없다. 여가와 노동은 서로 확장되어(슈만의 감각이 더 따뜻하다고 전제할 경우) 마침내 하나로 겹쳐지기에 이른 것이다. 이 둘의 주제는 다 같이 집단적인 현실 적응 행위인 셈이다. 그런데 필자는 여기서 차가움과 따뜻함을 대치시키면서 논의를 진행해나가려는 것은 결코 아니다. 그리고 타인지향형 인간이 자신과 다른 사람들 사이에서 따뜻함을 구하려 하는 순수한 마음을 무조건 나쁘다고만 말하는 것도 아니다. 지난날 내부지향적인 많은 미국인들이 보였던 정서적인 억압과 놀랍도록 차가운 태도에 비하면, 폭넓은 사교성을 보이며 민감하게 서로 공감하는 요즘 사람들의 모습은 하나의 진보라고도 할 수 있기 때문이다.

---

8) 마음의 따스함은 사람들의 동료집단 선택양식을 분석할 때 반드시 언급되는 바이다. 아주 흥미로운 일련의 실험에 의해서 솔로몬 애시는, 마음의 따스함과 차가움의 척도가 그 실험대상인 학생들의 퍼스낼리티를 제한하는 요소가 되고 있음을 밝혔다. 즉, 마음이 따스한 사람은 무조건 긍정적인 평가를 받으며, 마음이 차가운 사람은 아무리 훌륭하고 용감하다 해도 불신을 받는 것이다. Solomon E. Asch, "A Test for Personalilty", *Journal of Abnormal and Social Psychology* 41(1946), 258~290.

고독한 성공

앞서 우리는 만화나 삐삐호 이야기나 윌리 케퍼의 이야기를 통해, 외톨이 신세가 얼마나 위험하고 집단생활에 적응한다는 일이 얼마나 좋은 것인가를 오늘날 대중문화가 각별히 강조하고 있다는 사실에 대해 알아보았다.

로버트 워쇼는 〈비극적 영웅으로서의 갱〉이란 훌륭한 논문에서 바로 그와 같은 입장에서 본 현대 갱 영화를 분석하고 있다.[9] 그는 갱이 성공함으로써 자신의 파멸을 재촉한다는 점을 밝히고 있다. 왜냐하면 성공한 결과 그는 집단에서 분리되기 때문이다. 준법정신을 지키는 정상적인 사회뿐만 아니라 갱들의 사회에서도 떨어져나오게 되는 것이다. 따라서 성공의 절정에 다다른 순간이야말로 비참하고도 두렵기 짝이 없는 순간으로 변하고, 언젠가 그는 결국 그 꼭대기로부터 굴러떨어지고 만다.

이 이야기는 누구나 독자적인 목표 추구를 위해 일정한 궤도에서 벗어나서는 안 됨을 경고하는 것으로 볼 수 있다. 성공은 치명적인 요소를 안고 있다. 이런 영화에서 이른바 고독한 도피를 하는 영웅은 동정적으로 묘사되지 않는다. 그의 운명은 앞서 인용한 도로테아의 운명처럼 비참하고 고통에 가득 차 있을 뿐이다.

영화 〈육체와 영혼(Body and Soul)〉도 비슷한 도덕을 바탕으로 하고 있다. 주인공은 이스트사이드 출신의 젊은 유대인인데, 권투선수로 출세하는 동안 자기 주위의 집단을 모두 소외시키고 만다. 가족과 애인과 충실한 측근들, 그리고 그를 영웅으로 떠받들던 이스트사이드의 유대인들마저 멀리한다. 마침내 그는 막대한 돈을 받고 시합에 져줄 것에 동의한다. 그가 그런 식으로 돈을 번다면 주위의 모든 집단으로부터 결정적으로 소외되어버릴 터였다. 그러나 시합이 시작하기 직전에 그는 자신이 유대인들에게 히틀러에 저항하는 영웅으로 인식되고 있다는 말을 듣는다. 그런 기대를 저버릴 수가 없었던 그는 결국 자기 자신으로 돌아가 싸움에 이기고 빈털터리가 되어 다시금 가족과 애인과 유대인 등 1차집단과의 결합한다.

그런데 때로는 이러한 공식과는 동떨어진 영화나 소설이 나오기도 한다. 가

---

9) *Partisan Review*, XV(1948), 240.

령 아인 랜드가 쓴 《근원(The Fountainhead)》이란 소설이 바로 그런 예이다. 이 소설은 인기를 끌어 영화로도 나왔다. 주인공은 건축가로서, 투철한 주체의식을 가지고 탁월한 능력을 과시하여 집단에 순응하도록 강요하는 주위의 압력을 물리치고 동료들을 자기 편으로 끌어들인다. 그는 완벽한 성공을 손에 넣는다. 명성을 얻고, 경쟁자의 아내를 빼앗고, 그 경쟁자의 죽음을 곁에서 지켜만 본다. 그러나 그중에서도 특히 인상 깊은 것은, 집단적인 순응이나 집단적인 저항을 묘사하는 데 나타난 무의식적인 풍자성이다. 주인공을 둘러싼 인간집단은 관용성이라고는 전혀 없고 비열하며 취미도 없고 부패했다. 그리고 집단에 대한 주인공의 저항은 인간에 대한 어떠한 연관성이나 상호 의존성도 부인하는 잔인한 영웅을 높이 존경하는 형태로 나타나고 있다.

이러한 성인용 초인(超人)은 고독한 성공의 화신이라 할 수 있다. 그런데 이 화신은 높이 우러러 바라볼 상대이기는 하지만, 너무 꾸밈이 많은 희화적 존재이기 때문에 흉내 낼 수가 없다. 게다가 집단을 별로 개의치 않고 남들에게 구속되지 않는 주인공의 태도에 소설 독자들은 박수갈채를 보낼지도 모르지만, 그들 자신은 일상생활에서 별로 극적이지 않은 시시한 상황 속에 매몰되려 하는 경향을 지녔다는 사실을 깨닫지 못한다. 이런 의미에서 《근원》은 도피성을 띤다고 할 수밖에 없다.

도피여 안녕?

우리는 이러한 타인지향형의 예에서 내부지향형의 애매하지 않은 도피에 어울리는 도피를 거의 발견하지 못한다. 대중문화가 흔히 절망적일 만큼 집단에의 적응 훈련을 위하여 이용되고 있음을 우리는 보아온 것이다. 마찬가지로 대중문화가 소비자를 키우는 도구로서 사용되고 있다는 사실을 생각할 수 있을 것이다. 그것은 타인지향형 인간에게 또 하나의 중요한 문제이다(이는 여러 가지 뜻에서 집단에의 적응이라는 문제와 같은 문제일지도 모른다). 겉보기와는 달리 타인지향형 인간은 흔히 자기 자신으로부터 도망칠 수 없으며, 또 제멋대로인 다양한 행동으로 시간을 낭비할 수도 없다(물론 술로의 도피 같은 유형을 생각해본다면 결론은 어느 정도 달라질 테지만).

프로테스탄티즘에 영향을 받은 내부지향형 인간은 물론 시간을 낭비할 수 없다. 하층계급에서 올라서는 젊은이들은 내부지향형으로 변해가면서 술과 도박에 빠진 동료들과 거리를 둔다. 그리고 낭비와 나태 같은 악마를 자기 속에서 내몰고 일종의 정신적인 일기를 씀으로써 내부지향적인 성격을 형성해간다. 이와 같은 사람은 자기 발전에 도움이 된다는 확실한 증거가 없는 한 오락을 거부한다. 그는 평생토록 느긋하게 지낼 만한 시간은 아예 없으며, 오로지 긴장의 연속이다.

이에 비하면 타인지향형 사람들은 청교도적 유형은 아니다. 얼른 보기에도 낭비 같은 것에 별로 관심을 갖지 않는다. 몸가짐이나 옷차림 또는 도덕 같은 것에는 아주 무심할 정도이다. 그러나 그들 경우에도 레저를 즐기는 태도에는 청교도적 요소가 남아 있다. 휴가를 얻는다거나 주말을 좀 더 늘리고 싶을 때 그들은 말한다. "이렇게 할 수 있는 건 순전히 나 자신의 노력 덕분이다." 여기서 나 자신이란 마치 언젠가 다시 팔기 위해 잘 관리해야 할 자동차나 집과도 같은 것이다. 타인지향적인 인간은 뚜렷한 자의식을 가지고 있지 않다. 따라서 자아로부터 도피한다는 것은 불가능하다. 또한 그는 생산과 소비 사이에도 뚜렷한 구별을 짓지 못한다. 집단에의 적응과 개인적인 이해 사이에도, 일과 오락 사이에도 뚜렷한 경계선이 없다.

사정을 설명해주는 한 예로서 사람들이—특히 남자들이—더 이상 야회복을 꼬박꼬박 입지 않게 됐다는 사실을 들 수 있다. 또 직장에서 간편한 옷을 입는 사람이 늘었다. 이는 앞서 이야기한 무노동 숭배 경향의 한 발현으로 여겨진다. 물론 남자들은 만찬이나 파티에서 왜 연회복을 입지 않느냐는 질문이 귀찮아서 그런다고 대답할 것이다. 하지만 요즘 남자들이 연회복을 입지 않는 진정한 이유는 따로 있다. 자기들의 갖가지 역할을 구별해서 이용할 줄 모르기 때문이다. 역할을 제대로 나눠쓰지 못하기에 적당한 옷을 입지 못하는 것이다. 그리고 또 다른 이유도 있다. 잘난 척하는 것처럼 보이는 것이 두렵기 때문이다. 화려한 셔츠를 입는 것은 괜찮지만 빳빳하게 풀을 먹인 셔츠를 입는 일은 지나치게 멋부리는 행위라는 것이다. 이러한 이유로 스포츠 셔츠나 평상복을 입는다는 것은, 골프나 휴가 때뿐만 아니라 직장이나 저녁식사 자리에서도 그가 좋은 남자임을 보여주는 증거가 된다.

그런데 여성은 아직도 이브닝드레스를 입는다. 그것은 여성이 그와 같은 사회변화에 반응이 느림을 나타내는 것이라고 생각한다. 또한 여성은 남성보다도 과시하기 위한 소비라는 낡은 유형에 고집스럽게 매달려 있는지도 모른다. 그러나 사실 그녀들은 가사나 육아, 그리고 다과회 등을 남자들보다 더 잘 분간하고 있는 셈이다. 남자들이란 일할 때나 놀 때나 구별 없이 직장 이야기를 떠들어댄다. 그러나 여성들은 이러한 경우를 잘 분별하며 그런 분별을 즐긴다. 그리하여 그녀들은 그런 분별없는 사나이들을 그녀들의 영역 안으로 끌어들이려 하고 있다. 필자는 거리에서 아이나 가정에 대한 이야기를 나누고 있는 여성들이 보통—항상 그런 건 아니지만—남자들보다 훨씬 훌륭하고 흥미롭게, 어떤 리얼리즘을 가지고 대화를 이끌어나간다고 본다. 여성은 때에 따라서 역할을 분명하게 바꿔가며 일할 때도 쉴 때도 새로운 활력을 가질 수 있는 것이다.

현대의 인간들은 낮에는 사람들에게 둘러싸인 채 온갖 문제에 접촉하게 된다. 그런데 밤의 사적인 세계에서도 낮의 세계에서와 같은 동료—또는 그 대용품인 대중문화—들을 구하는 이유는 무엇일까? 아마도 어떤 의미에서는 갱영화로 상징되는 고독감의 공포 때문일 것이다. 아무튼 그것은 고통스러운 일이다. 사람들은 어떤 대중문화와 접촉함으로써 타인과의 접촉이나 성적인 사귐을 피할 수가 있다. 즉, 대중문화는 실생활의 '대용품'이 되어준다. 그러나 또 다른 면의 대중문화는 결코 단순한 시간낭비일 수 없다. 동료집단에서 사람들은 대중문화에 대해 어떤 평가를 내려야만 하는 것이다. 예컨대 타인지향적인 소녀가 친구들과 같이 영화를 보러 간다고 하자. 그녀는 영화를 보는 동안에는 구태여 친구와 이야기할 필요를 느끼지 않는다. 그러나 때때로 다음과 같은 문제에 직면한다. 곧 슬픈 장면에서 울어야 하나 말아야 하나 갈등하게 된다. 영화의 진행과 더불어 각 장면에 따라서 어떤 반응을 보여야 할지 고민하는 것이다. 관람을 마치고 극장을 나오는 관객들을 관찰해 보면 분명히 그들은 다음과 같은 문제에 부딪혀 있음을 알 수 있다. 즉 어떤 반응을 보여야 하는데, 그걸 어떻게 표현할 것인가 하는 문제이다.

이와는 반대로 혼자 책을 읽는 내부지향적인 인간은 타인이 자기를 쳐다보고 있다는 의식을 거의 갖지 않는다. 그는 책을 읽으며 자기가 원하는 대로 가면을 뒤집어쓰는 것이다. 어떤 일이 있어도 표정을 바꾸지 않고 밀실에서 포커게임을 즐기는 것은, 내부지향형 인간이 항상 일정한 사회적 거리감이나 고독에 익숙해져 있다는 것과 관계가 있다. 이와는 반대로 타인지향형 인간은 고독을 참지 못한다. 그 고독감에서 벗어나기 위해 그는 군중 속으로 뛰어든다. 그뿐 아니라 마치 거울을 들여다보는 것과 같은 방식으로 자기 자신에 관한 환상에 빠짐으로써 얼마쯤 고독을 잊는 방법도 알고 있다.

3. 두 가지 유형 비교

지금까지 우리는 두 유형을 비교하여 살펴보았다. 그런데 아무래도 타인지향형 쪽에 비교적 짠 점수를 준 듯싶다. 따라서 두 유형의 균형을 잡아줄 필요가 있을 것 같다. 그러나 우리가 타인지향적인 인간을 공정하게 바라본다는 것은 사실상 어려운 일이다. 타인지향형이라는 말 자체가 내부지향형이라는 말에 비교하면 얕고 천박한 느낌을 준다. 그러나 어느 유형일지라도 인생의 지침은 똑같이 외부에서 주어진다. 다만 내부지향형의 경우에는 그 지침이 유아기에 주어져서 마음속에 내면화되어 버린다는 점이 다를 뿐이다.

그런데 이런 언어상의 문제는 덮어두더라도 독자가 내부지향형을 바람직하다고 여기게 되는 이유는 몇 가지 더 있다. 현대의 야비한 비즈니스맨이나 웃음으로 손님을 기다리는 광고 제작자들을 가리켜 조작적 인간들이라고 한다면 지적인 사람들과 전문직에 종사하는 사람들은 너도나도 동조하며 박수갈채를 보낼 것이다. 게다가 이러한 비난을 받고 있는 비즈니스맨이나 광고 제작자들도 자기들이 얼마나 비참한 죄인인가 하는 것을 주제로 한 영화를 보러 다니는 것이다. 영화, 연속극, 기타 온갖 대중문화를 비웃는 것도 사람들에게는 통쾌한 일이다.

더구나 높은 사회적 지위에 있는 내부지향형 인간은, 앵글로색슨적인 전통을 이어나가고 또한 현재도 권력을 쥐고 있는 노인들에게 우리가 품는 존경심을 불러일으킨다. 또한 내부지향형 인간은 타인지향형 인간과는 전혀 다른 상황에 부딪치고 있기 때문에, 내부지향형 인간 쪽이 훨씬 엄격하고 의연하게 보인다. 우리는 앞에서 빅토리아 왕조의 매력에 대해 언급했다. 특히 개인적으로 내부지향형이 가지고 있는 한계에 신경을 쓰지 않는 사람들은 아무래도 내부지향적인 생활방식에 지지를 보내고 싶어 한다. 그리고 그러한 사람들이 내부지향 시대를 그리움과 동경의 시선으로 바라보는 것도 당연한 일이다.

나는 '타인'에게 신경을 쓰는 일 또는 인간관계를 중시하는 일을 나쁘다고 말하지는 않는다. 우리가 그런 문제에 신경 쓸 수 있게 된 것은 기술이 고도로 발달한 풍요한 사회가 다가왔기 때문이다. 근대산업의 인간조작이라는 문제에 반대하는 사람이 있다면 우리는 그에게 이렇게 반문하고 싶다. '산업혁명 초기의 가혹한 세계로 한 번 더 돌아가고 싶은가?'

필자의 가치관에 따르자면 설령 조작적인 설득이라 해도 대화를 통해 지배하는 방식이 힘에 의한 지배보다는 바람직하다. 실제로 '비굴하고 약한 태도' 운운하는 것은 결코 완고한 것을 좋다고 생각하기 때문은 아니다. 오히려 그 반대다. 타인지향형 인간이란 여러 의미로 자신에게 엄한 사람들이며, 또한 그들은 소비자 훈련을 받는 아이로서, 부모로서, 노동자로서, 또 레저를 즐기는 인간으로서 커다란 불안에 휩싸여 있는 것이다. 우리는 이 책에서 그러한 사실을 지적하고 싶었다.

그들은 집단에 잘 적응하는 방법을 배우기만 하면 매우 편안한 인생을 보낼 것이라는 환상을 가지면서도, 반면에 그것이 결코 쉽게 이룰 수 있는 일이 아님을 실감한다. 그들은 이러한 분열에 사로잡혀 있는 것이다. 더구나 이런 상황에서 많은 사람들은 그와는 정반대인 내부지향형의 의젓한 생활방식을 이상으로 내세우는데, 그렇게 되면 그들의 생활은 더욱 복잡해진다. 실제로 그들은 타인지향적이기 때문에 비타협적이며, 확신에 가득 찬 듯이 보이는 사람을 자기 목표로 받아들이는 일이 흔하다. 그들은 매우 동정적이며 예민한 감수성을 가지고 있다. 그리고 바로 그 때문에 파멸해버릴지도 모른다.

과거의 속물근성을 그대로 간직하고 있는 인간들에게 미국의 인사관리 방식이나 대중문화에 비난을 퍼붓고 말로 승리를 거두는 것은 쉽다. 이런 이유로 대인관계의 유연성에 대하여 여러모로 비판하는 것이 가능하다. 예컨대 급진적인 비판도 할 수 있고, 또 반동적인 비판도 할 수 있다. 그러나 필자가 위에서 한 이야기는 이것과는 다른 문맥으로 읽어주기를 바란다. 필자는 레저나 인간적인 공감, 물질적인 풍부함의 새로운 가능성을 부정하는 것이 아니라 오히려 그것을 받아들이는 새로운 사회에 관하여 전망을 펴보려고 했다. 대인관계의 유연성과 대중문화 적응을 위한 모색 등은 모두 이 같은 새로운 가능성에 대한 비통한 증언이다. 보이지 않는 손의 시대 가치는 빈곤과 깊이 관련되어 있었다. 보이지 않는 손의 원리가 풍요한 사회에 맞는지 어떤지는 다시 검토되어야 할 것이다.

타인지향 사회에 희망을 걸 수 있다면, 그것은 내부지향형이 아니고 자율성이다. 이 점에 대해서는 제3부에서 자세히 살펴보겠다.

제2부

정치

8장
정치형태로서의 세 가지 유형

무관심파, 도덕가, 내막 소식통

어떤 나라 국민들은 법이 부여한 정치적 특권을 행사하길 꺼린다. 그들은 그들의 시간이 너무나 소중해서 지역사회의 공익을 위해 쓰기는 아깝다고 생각하는 것 같다. 그러나 미국인의 경우 자기만의 세계에 틀어박히는 것은 자신의 절반을 빼앗긴 것과 마찬가지이다. 그것은 인생에 커다란 구멍이 뚫린 것과 같으며, 그들은 참기 어려운 비참함을 느끼게 될 것이다.

토크빌, 《미국의 민주주의》에서

'정치'라고 제목을 붙인 이 부분에서 필자는 제1부에서 제시한 성격 변화 이론을 미국의 정치에 적용해 보고자 한다. 그러나 먼저 정치에 대한 이런 접근이 포함하는 모든 문제와 그 한계에 대하여 밝혀야 하겠다. 여기서 설명하고자 하는 것을 요약해보면 다음과 같다. 즉, 내부지향형 성격은 도덕가 형태를 취하는 경향이 있으며, 타인지향형 성격은 정치적 형태로 봤을 때 '내막 소식통'이 되는 경향이 있다. 게다가 이 두 가지 형태는 정치적인 분위기가 비분강개파에서 관용파로 변해왔다는 것과도 관계가 있고, 또 정치 결정의 원리가 지배계급에 의하여 이루어지던 상태에서 수많은 한계적 압력단체의 힘으로 이루어지는 상태로 변해온 것과도 관계가 있다. 이러한 변화 가운데 몇 가지는 타인지향형 성격 발생을 촉진한 원인으로도 생각할 수 있다.

그러나 이 같은 설명에는 몇 가지 조건이 따른다. 거듭 말하지만, 필자가 여기서 이야기하는 미국인의 성격이란 일정한 사회계급과 지역으로 한정되어 있다. 현실의 인간은 각양각색이어서 도식과 같이 일률적으로 설명할 수 없다. 그들은 이론상의 도식보다 더 복잡하게 뒤섞여 있다. 이를테면 타인지향적인 사람이 정치에서는 내부지향적 색채를 강하게 나타낼 수도 있고, 생활은 형편없는 것 같은 사람이 의외로 정치에서는 생산적일 수도 있다. 정치에서 생산적이라는 것은, 도덕가나 내막 소식통 같은 형태보다 훨씬 뛰어난 것이다. 이 사람들에게는 정치가 가장 건전한 활동 영역일 수 있다. 또는 이러한 사람들은 다른 분야보다 정치에서 실수를 덜 하는 것일지도 모른다.

이상과 같이 특정한 정치적 행동을 심리학적인 배경 하나만으로 설명하거나 예측한다는 것은 불가능하다. 거기 존재하는 것이 단순히 성격적 문제만은 아니기 때문이다. 예를 들면 현대 정치에서는 주기적으로 위기감이 조성되고 있으며, 일반적으로 말해 정치 영역에서는 상상력이 풍부한 전망이 부족하다. 이러한 사정 때문에 사람들 사이에서는 새로운 정치적 유형이 생겨나기 어렵다고 생각할 수도 있다. 즉, 인간의 성격은 변할 수도 있지만 위와 같은 사정상 정치에 대한 새로운 동기는 생겨나기 어렵고, 정치가 무엇인가에 대해 새로운 사고방식을 지니기도 어렵다.

그런데 필자가 여기서 말하는 정치 연구는, 국가 또는 국가의 정치적 분석 수단인 집단이나 정당이나 사회계급에 대한 정치 연구와는 무관하다. 여기서 말하는 정치란 사람들이 정치에 관계하는 과정에 대한 것이며, 사람들 사이에서 형식화되어가는 정치적 감정에 대한 것이다. 그러나 국가를 축으로 하는 정치론과 필자가 생각하는 정치론을 뚜렷이 구별지을 수는 없다. 실제로 마키아벨리, 홉스, 토크빌, 그리고 마르크스로 이어지는 근대 정치학의 위대한 업적은 모두 이 두 영역에 관련된다.

필자가 성격의 정치적인 표현방법을 논하면서 굳이 인상주의적인 '형태'라는 말을 굳이 사용하는 이유는 바로 이 점에 있다.[1] 예컨대 정치라는 것을 역사가 만들어낸 발레 무대에 빗댄다면, 형태라는 것은 무대 위에서 무용수들이 어떤

---

1) 여기에 사용되고 있는 '형태'라는 용어는 라스웰이 그의 논문 "Style in the Language of Politics", Harold D. Lasswell, Nathan Leites, et. al., *Language of Politics*(New York, George W. Stewart, 1949), pp. 20~39에서 쓴 것과는 다른 뜻으로 쓰이고 있지만, 나는 이 논문에서 많은 도움을 얻었다. 공저자와 나는 정치를 성격과 연결시키려는 시도 중에 *Psychopathology and Politics*로 시작하는, 라스웰이 이 분야에서 남긴 수많은 역작에 힘입은 바 크다.

식으로 자기 역할을 표현해내는지, 그리고 관객들이 어떤 반응을 보이는지를 의미한다. 무용수가 언제 무대에 등장하는지, 또 무용수들이 어떤 방향으로 움직이는지 등은 여기서 말하는 형태와는 상관없다.

나중에 우리는 형태 문제를 논하는 과정에서 권력 문제를 살펴볼 것이다. 그런데 권력 문제를 다룰 때에는 성격구조와 정치구조의 관계를 나타내는 것으로서 '형태'라는 말은 그 의미가 상당히 약해진다. 다만 오늘날 많은 사람들은 정치 권력의 현실에서 벗어나, 사회적 행동을 심리적인 차원에서 해석하려고 한다. 이렇게 함으로써 현재의 정치적 신조로부터의 도전을 피하거나, 새로운 분석적인 절차를 통해 일단 정치에 대한 순응성을 회복하고자 하는 것이다.

정치 문제를 심리학적인 차원에서 논한다는 것은 일종의 도피라고 할 수 있을지 모른다. 그러나 우리는 성격 문제를 무시할 순 없으며, 또한 사람들이 심리적 욕구에 입각해서 권력이라는 것을 어떻게 해석하고 있는지를 무시할 수는 없다. 이런 문제를 무시한 논의는 순간적인 단순한 해석에만 도움을 줄 뿐이며, 그것조차 언제나 가능한 것은 아니다.

1. 무관심파

낡은 형태

성인 모두가 정책수립에 참여해야 한다는 견해는 최근에 생겨났다. 고로 정치적 무관심을 문제시하는 견해도 최근에 생겨난 것이라 하겠다. 따라서 고대 동양사회와 같이 극소수의 귀족과 고문단만이 정책결정에 참여하는 사회에서 그 이외의 사회 구성원을 정치에 무관심한 부류라 말할 수는 없다. 이러한 사회의 대다수 사람들은 무관심한 것이 아니라 다만 정치적으로 잠들어 있었다고 할 수 있다. 고대 그리스 도시국가에서도 정치적 무관심이라는 것은 시민들만의 문제였으며, 여성이나 외국인이나 노예들은 처음부터 정치에 참여할 수 없었다.

오늘날 미국의 전통지향형 사람들은 아주 소수인데, 그들은 이런 유형의 정치적 무관심파라 해도 좋다. 그들의 정치적 무관심은 중세 민중의 고전적 무관심과 같은 종류이다. 이런 부류의 사람들은 역사상 이따금 냉소주의를 보이거나 반역을 시도하면서도 엘리트가 군림하는 상태를 수긍해왔다. 그들은 정치적으로 자기 주장을 내세울 방법을 알지 못했으며, 또 그러한 정치적 관여가 어떤 의미를 갖는지도 알지 못했다. 그들은 정치적 수단이 될 특수한 능력도 없었고, 정치적 교육은 물론 조직적인 경험도 없었다.

현재 미국에서 이러한 전통지향적인 무관심파는 매우 적다. 내면적 또는 타인지향적인 가치에 전혀 영향을 받지 않는 보호지대는 미국에 거의 없다. 그러나 이민집단이나 농촌 흑인들 사이에는 아직 어느 정도 전통지향적인 낡은 유형의 무관심이 존재하고 있다. 서인도제도 출신으로 지금 뉴욕의 흑인 거주지역에서 세탁부로 일하고 있는 중년 부인과의 인터뷰가 바로 그런 예이다.[2] 그녀는 내부지향형 삶에 상당히 강한 영향을 받고 있으나, 정치적 태도는(신중한 대답의 범위 안에서는) 전통지향형의 전형적인 무관심 형태를 띠고 있다. 그녀와의 일문일답을 소개하겠다.

질문 당신은 스스로 정치에 관심이 깊다고 생각합니까? 또는 그다지 관심이 없다고 생각합니까? 아니면 전혀 관심이 없다고 생각합니까?

대답 글쎄요, 제 남편은 정치에 관심이 많습니다. 그이는 말이 많고 남들과 토론도 잘해요.

질문 당신은 세상일에 대해 스스로 판단하고 결정합니까? 예컨대 선거에서 당선되기를 바라는 사람이 있습니까?

대답 아니요. 다만 나는 가장 훌륭한 사람이 당선되리라 생각할 뿐이에요.

질문 그럼 누가 당선돼도 별다른 변화가 없다고 생각합니까?

대답 별로 변화가 없다고 생각합니다. 훌륭한 사람이 당선되겠지요. 당선되고 나면 정치가는 다 똑같지 않나요? 모두 같은 일을 하고, 공화당이 이기든 민주당이 이기든 아무런 변화가 없는 것 아닙니까?

질문 라디오에서 정치 뉴스를 듣고 분개한 일이 있습니까?

---

2) 이것은 1948년 Genevieve Knupfer 박사가 남부·카리브·이탈리아 등지로부터 할렘으로 이민해 온 사람들과 가진 인터뷰 중 하나이다. 이 인터뷰는 전부 생략되지 않은 채 발표되었다. Faces in the Crowd, pp. 98~119 참조.

대답 아니요. 별로 흥미가 없으니까 분개하지도 않죠.

질문 라디오를 듣다가 정치 이외의 일로 화가 치밀었던 적은 있습니까?

대답 없어요.

질문 라디오를 듣고 기뻤던 적은 있습니까?

대답 없어요.

질문 어떤 사람이 정치에 관심을 둔다고 생각합니까?

대답 글쎄요, 아마 돈 많은 사람들 아니겠어요? 가난한 사람도 정치에 관심을 둘 순 있지만, 가난한 사람한테는 기회가 별로 없으리라 생각해요.

질문 전쟁은 피할 수 있다고 생각합니까?

대답 아니요, 성서에는 로마 사람들이 잘 싸운다고 씌어 있습니다(이런 말을 한 것 같은데 나는 잘 알아듣지 못했다). 어느 시대에나 전쟁이 없는 세상은 없을 거예요. 성서에 그렇게 씌어 있으니까요(확신과 만족에 찬 대답이었다).

질문 불황에서 벗어나기 위해 어떤 대책을 세울 수 있겠습니까?

대답 어떻게든 되겠지만 역시 힘들 때도 있고 좋을 때도 있는 거겠죠. 조금이라도 잘되면 좋겠지만. 하여튼 어떻게든 되지 않겠어요?

질문 정부 사람들은 전쟁이 일어날지에 대해 일반인보다 더 잘 알고 있다고 생각합니까?

대답 하느님만이 알고 계실 뿐 인간은 아무것도 모르죠. 전쟁이 일어나지 않도록 바랄 뿐이에요.

질문 당신은 미국이 민주주의 국가라고 생각합니까?

대답 한마디만 말씀드리죠. 미국은 세계에서 가장 좋은 나라라고 생각합니다.

전통지향형 무관심파의 특징은 정치가 다른 사람들 일이라고 생각하는 태도이다. 이 인터뷰를 보더라도 그녀는 정치란 남편의 일이요, 부자의 일이요, 또한 아마도 백인들의 일이라고 생각하고 있다. 이와 같이 다른 누군가가 나대신 일한다는 사고방식은 아주 뿌리 깊고 완고하다. 그러므로 이러한 유형의 정치적 무관심파는 직접 정치에 참여하지 않으면서도 별다른 불안은 느끼지 않는다. 따라서 정치에 대하여 불만도 거의 없고 죄책감도 없다. 피셔 에임스의 말을 인용하면 정치적 책임은 '총명하고 선량한 부유층' 인간의 것이라기보다는 하느님의 것이며, 인간의 것은 아니다.

새로운 형태

전통지향적이며 사회적 지위도 낮고, 가난하며 정치적 교육도 받지 못한 무관심파는 실제로 극소수에 불과하다. 이런 사람들은 일단 무시해도 좋다. 그러나 이러한 낡은 무관심파보다도 더 중요한 것이 있다. 전통지향형은 아니고 이미 어떤 정치적 능력을 지니고 있으며, 조직적 재능이 있고 정치활동의 효능을 의식하고 있는 무관심파이다.

그런데 농촌과 도시 빈민지구에 살고 있는 이런 사람들로 하여금 정치 교육을 받거나 조직을 갖게 하려 해도, 그들의 생활조건이 정치적 동기와 기술 훈련을 방해한다. 여기서 기술이란 이를테면 전화를 쓰는 일처럼 매우 간단한 것이지만 그들은 그것마저도 할 수가 없다. 어떤 정치의식을 가지고 정치적으로 활동하는 중산계급 사람에게 그건 매우 당연한 일에 속하지만, 이런 빈민계급 사람들에게는 매우 어려운 일이다. 그러나 19세기 교육의 발달, 노동시간 단축, 노동조합과 그 밖의 모든 합법적 단체의 성립, 정치형태 및 그 절차에 대한 경험의 확대 등에 의하여, 빈민계급에 속하는 사람들도 정치에 대한 욕망까진 아닐망정 정치 능력을 꽤 지니게 되었다.

그러나 이러한 사람들은 보통 정치에 무관심하다. 이들의 무관심은 고전적인 무관심, 곧 전통지향형의 침묵의 무관심과는 상당한 차이가 있다. 그것은 정치에 대해 상당히 알고 있으면서도 정치 참여를 거부하고, 많은 정치적 정보를 입수하고 있으면서도 그것을 받아들이려 하지 않으며, 또 시민의 정치적 책임을 충분히 의식하고 있으면서도 그것을 회피하려는 무관심이다. 이러한 새로운 무관심파는 내부지향적 또는 타인지향적인 인간들 사이에 존재한다. 저마다 성격유형에 알맞은 정치형태가 있으나 거기에 잘 적응하지 못하는 사람들이 이런 종류의 무관심파가 된다고 생각해도 좋다. 이러한 새로운 유형의 무관심파는 성격적으로도 사회적으로도 한 가지 성격유형과 사회상황에서 다른 종류의 성격유형이나 사회상황으로 옮아가고 있는 인간들에게서 찾아볼 수 있다. 다시 말해 전통지향에서 멀어져 가면서도 아직 내부지향적 인간이고, 타인지향적인 생활방식으로 완전히 옮겨가지 않은 사람들도 새로운 유형의 무관심파에 속한다.

이상의 이론은 물론 사변적이다. 요즘 정치 상황을 본다면, 이와 똑같은 무관심파가 모든 사회계급과 성격유형 가운데 있다고 생각할 수밖에 없는 외적 조건이 얼마든지 있다. 예를 들면 현재 정치의 전망이 매우 낙관적이므로 특별히 무슨 행동을 할 필요가 없다는 이유에서 정치에 무관심한 개인도 있을 수 있다. 더구나 오늘날 미국인의 생활은 저소득층조차 만족할 만한 수준이므로 정치적 노력에 대한 사람들의 무관심은 오히려 하나의 진보라고 볼 수 있다는 견해도 성립될지 모른다. 이러한 관점에서 본다면 미국인은 다른 나라 국민보다 부유하며, 보다 많은 음식을 먹고, 전화 따위를 소유할 만한 여유가 있고, 또 여행을 할 만한 여유도 있다. 따라서 그들은 정치적으로 무관심할 수 있는 여유를 가졌다고 할 수도 있는 것이다. 이와 정반대의 견해도 성립될 수 있다. 즉, 현재 정치가 너무 혼란하므로 어떤 행동을 취해도 소용이 없고 절망적이라는 이유로 정치에 무관심해지는 사람도 있을 수 있다. 실제로 이런 생각을 가진 미국인도 많이 있다. 이러한 사정이 동기가 되어 정치적 행동을 취하는 걸 그만두거나 스스로 생각하기를 포기하는 것은 그 사람의 성격구조와 별 상관이 없다. 그러나 오랫동안 정치적인 자극에 뚜렷한 반응을 취하지 않는 습관이 생기면, 정치에 대한 완전한 감정 상실이 일어난다. 그것은 정치 영역뿐 아니라 생활의 다른 면에까지 영향을 미치고 결국 성격형성에도 관계하게 된다.

이 문제를 구체적으로 설명하기 위하여 버몬트의 작은 마을에서 한 인터뷰 결과를 소개하겠다. 이 인터뷰는 마틴 메이어슨과 마지 메이어슨이 한 것인데, 여기서 구세대는 극히 내부지향적이며 젊은 세대는 상당히 타인지향적으로 변했다는 사실을 발견할 수 있다. 이 마을의 구세대는 정치에 강한 책임감을 지니고 있다. 그들은 실제로 정치에 깊이 참여하지 않으면서도 정치와 자기가 어떤 형태로든 관련이 있다고 느낀다. 그리고 그들의 이 감각에는 종종 불평과 죄의식이 따른다. 이런 이유로 구세대는 자기들이 정치에 참가해야 한다고 말한다. 그들은 모든 세상사를 이야기할 때 1인칭 대명사, 즉 '나'를 사용한다. '나'는 이렇게 생각한다거나, '나'는 이렇게 하고 싶다거나, '나'는 이러이러한 일이 싫다든가 하는 어투로 말하는 것이다. 그들은 마치 정치적 사건에 대하여 판단을 내리는 것은 자기들이며, 재능과 정력에 한계는 있을망정 정치를 지도하는 것도 자기들이라는 식으로 말한다.

이와는 대조적으로 이 마을 젊은이들은 노인들보다 교육 수준도 높고 초보적인 정치상식도 가지고 있는데도 정치는 자기들과 전혀 상관없는 딴 세상 일이라고 생각하고 있다. 그들은 불평도 적고 죄의식도 희박하다. 이 불평과 죄의식이라는 것은 둘 다 세련되지 않은 형태로나마 사람들을 정치와 관련지어줄 수 있는 요소이다. 그런데 그런 감정이 젊은이들 내부에서 사라진 것이다. 대신 그들은 정부가 주는 건 무엇이든 받아들인다. 징병제도도 수긍하며, 매사에 완전히 수동적인 자세가 된다.[3] 구세대는 '나'라는 대명사를 사용했으나 젊은 세대는 정치를 논할 때 '나'라는 대명사를 거의 사용하지 않는다. 때로 '우리'라는 대명사를 사용하지만, 보통은 '그들'이라는 대명사를 사용한다. 그들은 부모들보다 훨씬 '사회화' 되어 있으며 협력적이기 때문에, 자기들의 외부에서 일어난 일에 대하여 개인적으로 반응하지는 않는다. 구세대는 무관심하다는 것을 바람직하지 않다고 여기지만, 젊은 세대는 그 단계를 이미 초월해버렸다. 분명히 이 무관심은 전통지향형 인간이 보이던 무관심과는 다르다. 아마 그것은 내부지향형에서 타인지향형으로 옮겨가는 과정에서 보이는 무관심이라고 하겠다.

그들의 정치적 형태와 성격 그 자체가 나이를 먹어감에 따라 변화하는지 안 하는지는 단언할 수 없다. 어쩌면 일생 동안 정치적 형태는 어떤 순환법칙에 따라서 움직일지도 모른다. 예컨대 젊을 때는 정치와 자기와의 관련을 생각하지만 나이가 듦에 따라 그런 관념을 점점 잊어간다는 식의 형태 변화는 충분히 있을 법하다. 그러나 필자의 생각으로는, 오늘날 수동적이며 매사를 체념한 새로운 무관심파들은 나이를 먹어도 그 정치적 태도에 별다른 변화가 없을 것 같다. 물론 전반적인 상황이 두드러지게 변한다면 사정은 달라지겠지만. 인생경험을 쌓아가며 그들은 어느 정도 능력을 갖게 될지도 모른다. 예컨대 정부의 농촌 사업에 참여한다든가 조합에서 정치활동에 참여할 경우에 그들은 얼마

---

3) 나는 그들이 의식적인 징병 반대론자가 되어 징병제도에 저항해야 한다고 말하는 것은 아니다. 그러려면 매우 희귀한 영웅주의와 광신이 필요하다. 내가 문제 삼는 것은 그들의 주관적 태도이지 표면화된 행위가 아니다. 그들은 비판하거나 경의를 표할 권리, 적어도 자신의 감정을 표현할 권리를 포기하고 있다.

쯤 정치적으로 눈뜨게 될 수도 있다. 그러나 그런 경우에도 그들의 욕구불만은 결코 저항받는 일이 없을 것이다. 정치가 그들의 욕구불만을 수용할 수 있도록 변화하고 있기 때문이다. 만약 지금까지 한 얘기가 옳다면, 사람은 단순히 살아가는 동안 정치에 무관심해지는 나이가 있다는 설명만으로는 불충분하다. 우리 눈앞에 있는 것은, 정치적 형태가 기나긴 역사 속에서 지금 변화하고 있다는 사실이 아닌가.

이상에서 언급한 무관심파는(그것이 낡은 형태든 새로운 형태든 간에) 현재 미국인 대부분에게 해당된다고 하겠다. 그러나 이 무관심파는 투표를 하지 않는 사람을 말하는 것은 결코 아니다. 무관심파도 정치적인 의무를 아주 조금이나마 수행한다. 돈을 벌기 위해서일 수도 있고, 피치 못할 압력을 받아서일 수도 있다. 더욱이 무관심파란 정치적 의견이 없는 사람들을 뜻하지도 않는다. 실제로 여러 여론조사가 옳다면, 회답을 거부하는 사람은 전체 인구의 10퍼센트에 불과하고 다른 10퍼센트는 '모르겠다'는 부류에 속한다. 말하자면 80퍼센트에 가까운 사람들은 어떤 형태로든 정치적 견해가 있는 것이다. 이러한 점으로 미루어 다음과 같이 말할 수 있을 것이다. 즉, 미국의 모든 지역과 모든 계층의 사람들은 자기 견해가 직접적으로 또 쉽게 정책에 영향을 주고 있다고 생각하며, 또한 어떤 견해를 가지려고 노력한다는 사실 자체가 자기가 정치적으로 건전하다는 증거라고 생각한다.

그러나 인터뷰나 여론조사 과정에서 보이는 태도를 살펴보면 위에서 내린 판단이 반드시 옳다고만은 할 수 없다. 이러한 정치적 견해는 자기의 직접적인 정치적 이해관계와도 관련이 없으며, 정치와 명확한 관계를 맺고 있는 것도 아니다. 그들이 정치를 다루는 방법은 동료집단 속에서 소비자 기호의 교환 방식과 비슷하다. 다만 다른 점은, 정치의 경우에는 각자의 취향이 실질적인 정치적 효과를 낳지는 못하며 또 정치적 행위로 발전하지도 않는다는 것이다. 이러한 무관심파에 속하는 사람들은 정치라는 상품을 사더라도 그들의 생활을 향상하는 데 도움이 안 된다고 생각하기 때문이다. 그들은 다른 사람에게 조종당하는 처지에 안주하면서 정치라는 커다란 게임을 구경꾼처럼 바라보는 경향을 가지고 있는 것이다.

이러한 새로운 형태의 무관심파는 어느 정도 교육을 받고 있으며 조직적인 재능도 가지고 있다. 또한 그들은 정치적 원칙에 도덕적으로 얽매이지도 않고 정치적 사건에 감정적으로 연관되지도 않는다. 그 때문에 오히려 정치행동 속에 쉽사리 말려들고, 근대의 기계화·전문화된 군대에도 말려드는 것이다. 이와는 반대로 낡은 형태의 전통지향적인 무관심파는 이러한 가능성이 전혀 없다. 그들은 기껏해야 발작적으로 얼마간 자발적인 행동을 할 수 있을 뿐이다. 그런데 새로운 형태의 무관심파는 자기들의 프라이버시에 집착하지 않는다. 만약 집착을 갖는다면 정치라는 것을 귀찮은 짐으로 받아들이겠지만, 그들에겐 그런 집착이 없을뿐더러 계급적인 이해에도 집착이 없다. 만약 계급적인 이해에 집착을 갖는다면 정치가 어떤 한계를 가진 것이라 생각할 수도 있겠지만, 그러한 집착도 없다. 이 새로운 형태의 무관심파는 버몬트의 청년들처럼 요컨대 사회화하고 수동적이며 또 협력적인 인간들이다. 그들의 충성심은 대부분 냉소주의에 호소하거나 또는 그것을 이용하는 운동에 의하여 쉽게 동원될 수 있는 종류의 것이다. 이와 같은 식으로 그들은 자기들과 정치적으로 조직된 집단과의 사이에 전혀 담을 쌓고 있지 않다. 그들의 기호와 감각도 관용적이다. 다만 한 가지 장애물은 바로 그들의 무관심이다.

이 무관심은 두 가지 방향으로 작용한다. 첫째, 무관심한 태도로 인해 그들은 열정을 기울일 능력과 순수한 정치적 참가 능력을 잃는다. 그런데 그뿐만이 아니다. 둘째로 그들은 정치에 대한 수많은 동화에 사로잡히지 않게 된다. 그런 이야기들이 과거에는 사람들을 정치적인 모험으로 이끌었다. 전통지향적인 사람들은 이따금 경험이 부족한 탓에 세상을 개탄하거나 때로는 열렬한 정치적 교조주의자가 되기도 했다. 그들은 어떤 형태로든 판단력을 갖고 싶어 했다. 그러나 미국의 새로운 무관심파는 정치에 대해 꽤 높고도 종종 매우 유효한 면역성을 가지고 있으며, 정치에 대한 냉소적인 공격 수단도 아울러 가지고 있다.

2. 도덕가

사람들은 때때로 나를 가리켜 이상주의자라고 한다. 좋다, 그것이야말로 내가 미국인이라는 증거이다. 미국은 세계에서 유일한 이상주의적 국가이다.

W. 윌슨

19세기 미국 정치에서 정치적인 내부지향형 인간의 형태는 도덕가라고 부를 만한 것이었다. 이미 살펴본 바와 같이 내부지향형 인간은 일에 열성적이며 일 말고는 생각지도 않는 사람들이다. 그는 일에서 사상을 얻었고 일에 대하여 놀라운 재능을 가지고 있었다. 그래서 그가 정치에 눈을 돌릴 때, 그에게는 정치 또한 하나의 일이었다. 그리고 정치적 판단을 내릴 때 기준이 되는 것은 곧 일이었다. 그는 정치적 문제에 부딪치면 그것을 일이라고 생각했으며, 감정적인 직접성과 소박함을 지닌 채 정치에 임했다. 그 문제가 어떤 의미를 지니고 있는지에 대해 자신의 지식을 늘어놓는 일은 그로서는 상상도 할 수 없었다(물론 내부지향형 인간 모두가 정치에 반응했다는 것은 아니다. 그리고 그 모두가 도덕가였던 것도 아니다).

어떤 도덕가는 계속 자신을 향상시키려는 성격적인 경향을 정치에 비춘다. 19세기가 끝날 즈음 농민구제운동에 참가한 것은 바로 이런 사람들이었다. 또 한 가지 예로서 '황금 십자가' 연설은 '국고(國庫)'를 가장 정열적으로 도덕화하려는 운동의 극치였다. 참고로 이 연설은 1896년 W.J. 브라이언이 금본위제(金本位制)에 반대하여 한 말이다. 그러나 미국이 국제연맹에 가입할 필요가 있는지 문제되었던 20세기 초에 이르자, 많은 사람들은 윌슨과 같은 인물을 단순한 도덕가라 여기게 되었다. 윌슨은 이상주의자로서 친구들을 사귈 수 없으며 또한 적이 있을 수도 없는 인간이라고 생각하기 시작했던 것이다. 윌슨 자신도 현실적·조작적인 문제에는 뚜렷한 자각이 없었던 것 같다.

한편 또 다른 종류의 도덕가도 있다. 그는 어떤 선한 일을 성취하려는 의욕보다 늘 일어나는 악을 막아내는 식으로 도덕적 능력을 발휘한다. 선을 돕기보다 악을 억압한다는 이 생각은 그 사람 자신의 개인적인 갈등에서 생겨난 것이다. 그에게 악이란 매우 명백한 것이었다. 이를테면 일에 몰두하지 않는 것은 나태라는 이름의 악이며, 기쁨을 즐겁게 받아들이는 태도는 방탕이라는 이름의 악이고, 또한 재산에 대하여 회의적인 태도를 보이는 것은 사회주의라는 이름의 악이라고 하듯이, 그런 종류의 도덕가에게 악은 명확히 정의를 내릴 수 있는 것이었다.

내부지향적인 인간은 정치에 참여할 때 정치적인 절차상의 느긋하고 완만한 것의 가치를 과소평가하는 경향이 있다. 그는 정치를 매우 복잡한 세계에서의 지성적인 방향 설정으로 생각하지 않으며, 또 일반적으로 정치를 인간적 이해 (利害)의 관점에서 관전해야 할 게임으로 보지도 않는다. 오히려 그에게 정치란 자기 자신에게 주어진 이해관계를 지키기 위한 것이다. 그 이해는 현실적인 것이든 이상적인 것이든 별로 문제가 되지 않는다. 그리고 그는 자기의 이해에 대하여 거의 모순을 느끼지 않는다. 이러한 성격적인 또는 정치적인 인간들을 우리는 이를테면 관세법안을 강력하게 통과시키려는 그룹이나 금주론자나 교도소 개혁론자들 속에서 찾아볼 수 있다. 이런 사람들과 앞에서 말한 전형적인 내부지향형 사람과의 차이는, 전형적인 내부지향형의 경우에는 다만 그 정치적 압력의 이면에 어떤 감정적 충동이 얽혀 있다는 점뿐이다.

제1장에서 성격적 갈등에 관해 논하면서 보았듯이 어떤 성격유형이 그 세력을 확장하고 있느냐 아니면 쇠퇴기에 접어들었느냐에 따라서 같은 성격이라도 상당한 기질 차이를 보인다. 그 때문에 우리는 도덕가를 편의상 두 종류로 나누어 생각할 필요가 있다. 첫째는 전성기의 도덕가이다. 19세기의 대표적인 사회계급 즉 중산계급이며, 대표적인 성격유형인 내부지향형에 속하는 사람들을 말한다. 둘째는 쇠퇴기의 도덕가이다. 첫째 것과 똑같은 사회계급 및 성격유형에 속하는 사람들이며, 20세기 중반 쇠퇴기에 살고 있는 사람들을 가리킨다. 이 두 종류의 도덕가에 대하여 이제부터 고찰해 보자.

전성기의 도덕가 형태

19세기 미국 정치는 내부지향의 개인적 이해와 내부지향의 도덕화 경향으로 파악할 수 있다. 현대인이 보기에 도덕화 경향과 개인적 이해는 정치에 대한 두 가지 모순된 접근으로 보인다. 이 두 가지를 아우르는 방법은 오로지 위선뿐인 듯싶다. 그러나 이 사고방식은 현대인이 정치를 생각할 때 단순성을 잊은 결과라고 하겠다. 19세기에 도덕화 경향과 개인적 이해는 함께 이뤄질 수 있었다. 오늘날에 비해 19세기에는 내부지향적 인간이 가지고 있던 뚜렷한 감정과 뚜렷한 이해 사이에 거의 아무런 모순도 없었기 때문이다. 아마 연방주의 신문이 그 고전적인 한 예일 것이다.

분명히 유권자 수가 늘어남에 따라 정치가들은 건국 당시의 정치가들처럼 모든 일에 솔직할 수 없게 되었다. 니콜라스 비들은 이런 사정을 서글픈 경험으로 기록했다. 그리고 그 결과 도덕 문제와 이해관계를 따로 나누거나, 또는 이해관계와 도덕 문제를 모호하고 선동적인 이데올로기 속에서 억지로 뒤섞어 놓는 경향이 생겨났다.

그러나 남북전쟁 이전의 미국에서는 경제적인 이해가 공공연히 정치 문제로 비화되곤 했다. 국가의 경제정책, 국내정비 문제, 조세 문제, 노예제도와 반(反)노예제도에 관련된 재산 이해 문제 등이 큰 문제로 대두되고, 동시에 도덕화 경향과 이해관계는 지역사회의 정치에 거리낌 없이 개입되어 선거권이라든가 보통교육 문제 및 노예제도에 대한 여러 문제를 둘러싸고 온갖 논쟁이 벌어졌다.

남북전쟁 이전의 노동조합이나 기계공연맹 등의 강령이나 프로그램 같은 것은 이런 19세기 정치에 연관되는 유형을 보여준다. 이러한 조직에 소속된 독학 노동자들은 정치적·법률적·경제적인 정의(正義) 문제에 정열적으로 관심을 가졌다. 그리고 임금이나 노동조건에는 간접적인 관심을 가진 데 불과했다. 이 노동자들은 긍지 높은 도덕가였다. 그들은 중산계급의 종교적·교육적 가치를 적극적으로 수용하려고 했다. 그들의 신문이나 모임을 보면 그들은 노동자의 입장에 서 있는 것이 아니었다. 물론 이러한 사고방식은 이제 노동 관계 신문이나 프로그램에서 완전히 자취를 감추었으며, 다만 구시대적인 사회주의자와 CIO의 옛 지도자들에게서 희미한 흔적을 발견할 수 있을 뿐이다. 그러나 그 대신에 등장한 것도 뚜렷한 노동자의 이해를 내세운 것은 결코 아니었다. 그것은 조합 지도자들이 이데올로기적으로 설정한 노동전선이며, 그것이 명목상의 노동조합원에 불과한 무관심한 대중에게 주어지고 있다.

일반적으로 말해 내부지향적 시대의 신문은 독자들을 향해 정치적 역할을 다하도록 호소했다. 신문은 독자들에게 모두가 정치적 역할을 지녔으며 저마다 그 역할을 완수함으로써 정치가 이뤄진다고 가르쳤다. 저널리즘은 개인주의적인 입장을 확고하게 이어갔으며, 신문은 인격화되기보다 개인적인 호소력을 가졌다. AP 통신사와 신문 전국판(全國版)이 생겨나고 또 신문의 계열화가 진행되기 이전의 미국 사회에서는 그런 일이 가능했다. 이러한 신문이 갖는 개인주의는 독자에게, 그의 개인적인 정치적 판단이 항상 그 자신에게 중요한 것이며 또 국가에도 중요한 것이라는 생각을 주입했다.

　민주주의나 윗사람에의 절대복종이나 특정 정치 문제에 대한 냉소적 태도는 있었을지 몰라도 정치 전반에 대한 냉소적 태도는 당시에 전혀 존재하지 않았다. 실제로 많은 사람들은 천국이 가까이 왔다고까지 느꼈다. 그때에 특정한 정치적 문제는 관습적으로 열성적인 사람들의 손에 의해 어떻게든 해결되는 것으로 여겨졌다. 즉 몇 사람의 전문가, 요컨대 우두머리와 몇몇 전문적인 관리 및 파트타임 또는 풀타임으로 일하는 아마추어 등등 정치가와 행정 담당자들만으로 어떻게든 문제가 해결될 수 있다고 생각했다.

　이러한 이유로 19세기 내부지향적 인간은 정치적 영역의 한계와 의미를 자명한 사실로 이해했다. 정치적 활동의 동기는 직업에 대한 동기와 마찬가지로 분명했다. 그리고 정치적으로 해야 할 일은 매우 많고, 또 그러한 일은 개인의 계급적 지위와 지역 또는 도덕성에 비춰볼 때 거의 의무라고 생각되었다. 그 때문에 적극적인 인간은 자신이 만족하는 정치적 역할을 담당할 수 있었다. 정치적 지위에 앉는다는 것은, 결국 개혁자다운 정열로 많은 문제를 해결했기 때문에 만족스러운 것이었다. 선거인 자격 확대, 의무교육 보급, 교도소나 보육원 개선, 공장법규 결정 같은 문제는 모두가 개혁자다운 정열로 해결할 수 있었다. 그렇지만 이들 하나하나를 살펴보면 그런 문제해결이 가능했던 것도 개혁자들의 목표가 비교적 제한된 것이었기 때문인지도 모른다.

　실제로 도덕가의 특징, 더 나아가 내부지향적 인간의 일반적 특징은, 그들이 자신과 정치적 영역과의 연관성이 아주 좁은 범위로 제한되어 있다는 점을 깨닫지 못하고 있었다는 것이다. 19세기 개혁운동은 보통 적과 자기편 모두가 엄청난 에너지를 들이며 이뤄졌다. 그렇지만 그러면서도 양쪽 모두 좀 더 넓고 좀 더 납득이 가며 좀 더 현실적인 정치의식을 기르지는 못했다. 목표가 노예 해방이든 철도 관련 입법이든 간에 목표만 이루면 도덕가의 정치적 사명은 그것으로 끝이 났다. 그럼 목표 달성에 실패하면 어떻게 되는가? 이를테면 19세기 여성운동은 성공하지 못했다. 이런 경우에 구성원들은 십자군의 포로와 같은 처지에 머물렀다. 그러나 그때도 사람들은 정치적인 문제란 어느 정도 자기 뜻대로 해결되는 법이라고 생각하고 있었다. 즉 입신출세를 위해 노력하고 인간성만 좋다면야 반드시 성공할 수 있다는 식으로 생각했던 것이다.

내부지향적 인간의 정치적 형태를 고찰할 때 한 가지 더 주의할 사항이 있다. 그들이 정치적 영역 안으로 가지고 들어간 이해가 어떤 것이냐 하는 점이다. 그가 정치에 참여한 것은 고도의 공동체생활을 해야 할 필요성을 느껴서가 아니다. 그는 자기 나름의 특수한 문제를 가지고 있었으므로 정치에 참여한 것이다. 그것은 자기 자신에 대한 책임이거나 또는 둘 다일 수도 있다. 그러나 일반적으로 말해 정치에는 몇몇 영역이 포함되어 있으나 개인은 자기가 속하는 계급적 지위, 계급적 희망 또는 계급적 대립과 같은 계급적 이해를 넓히기 위하여 정치를 이용했다. 정치는 오락이 아니며 심리적인 도피도 아니고, 그야말로 욕구를 만족시키는 분야라고 여겼기 때문에 사람들은 이러한 욕구로부터의 압력에 수동적으로 대응해서는 안 된다고 생각했다. 요컨대 정치는 인간의 하인이었다. 뒤집어 말하자면 정치는 개인적 프라이버시의 영역을 침범하지 않았으며 또 침범할 수도 없었다. 왜냐하면 개인은 자기의 확실한 이해와 정치가 서로 합치되거나 합치되지 않을 때 정치와 관계를 갖는 데 불과하기 때문이다. 생각건대 이러한 사실이 20세기에 비해 19세기 정치가 그 모습을 분명히 할 수 있었던 이유가 아닐까 한다. 실로 19세기 정치는 너무 분명했다고 해도 과언은 아니다.

그러나 세월이 흘러 시대가 바뀌자 지난 세기의 도덕가 형태는 더 이상 널리 쓰이지 않게 되었다. 오늘의 정치는 19세기 틀에 맞춰 넣을 수 없다. 요즘 정치는 매스미디어를 배경 삼아 잡음과 불만을 동반한 채 사람들의 프라이버시 속으로 침입해 들어왔다. 과거에 사람들은 개인적인 이해에서 지역적인 이해로, 지역적인 이해에서 국가적 이해로, 나아가 국가적 이해에서 국제적 이해로 쉽게 이해를 옮겨갈 수 있었다. 그러나 정치가 프라이버시 속으로 침입해 들어옴으로써 그러한 이해의 이행이 불가능해졌다. 그리고 오늘날에는 개인이 직접적으로 세계 정치의 복잡한 소용돌이 속에 던져져 자기의 이해가 도대체 어디에 있는지 분명히 알지 못한 채 방치되고 있다.

동시에 오늘날의 정치는 그 순수한 전문적 의미에서 더욱더 이해하기 곤란한 것이 되었다. 그 이유 가운데 한 가지는 정치가 과거에는 어느 정도 독립을 유지하고 있던 영역에, 이를테면 경제적인 영역에까지 침입하고 있기 때문이며, 다른 한 가지 이유는 정치적 결단의 시야가 넓어지고 또한 상호 의존적이 되었기 때문이다. 한 예로 근대에는 전쟁이 벌어지면 높은 세금이 징수된다. 이는 정부 지출이 많아지기 때문도, 소득 재분배를 위한 것도 아니다. 높은 세금을 징수함으로써 산업과 개인 소비자가 너무 많은 돈을 쓰지 않게끔 하기 위해서이며, 인플레이션을 방지하기 위해서이다. 더 나아가 사람들이 돈을 가지고 있으면, 동나기 쉬운 물건이나 서비스를 정부가 사들여야 하기 때문이다. 현대인은 이처럼 복잡하고도 기괴한 사정을 모르면 정치를 이해할 수 없다.

그러나 정치라는 것이 이렇게 이해하기 어려운 영역이 된 이유는 단순히 객관적으로 정치가 복잡해졌기 때문만은 아니다. 정치 면에서 어떤 일이 행해지고 있는가를 이해하는 데 필요한 판단력의 수준이 일반적으로 낮아졌다는 사정도 실제로 작용하고 있다. 의무교육은 보급되었으나 피고용자의 수가 증가함에 따라서, 농장이나 개인기업이나 상점을 경영하는 것과 같은 독립된 일을 위한 교육은 점점 줄어들었다. 물론 독자적인 사업을 하는 사업주의 수는 거의 줄어들지 않았다고도 할 수 있다. 그러나 그 사업의 성패를 좌우하는 결정적인 요인은 이미 사업주의 권한 밖에 존재한다. 즉 개인의 재능에 의하여 움직이는 원리가 사라져 가고 있는 것이다. 따라서 사람들은 자기 자신의 일과 재능을 기준으로 하여 정치가나 정부 지도자들의 일과 재능을 명확히 판단하는 능력을 이미 가질 수 없게 되었다.

쇠퇴기의 도덕가 유형

19세기 많은 도덕가들은 정치를 단순히 혼란한 윤리적인 한계를 가진 것으로 보았을 뿐 아니라 다소 병리학적인 태도로 대하고 있었다. 그들은 얼마간 편집성과 자폐성 경향을 가지고 있었던 것이다. 이런 사람들은 현대에도 아직 남아 있는 내부지향형의 선배들인데, 그들은 정치를 조종한다기보다는 자신의 공포감에 의해 스스로 조종당하게 되었다. 그들은 자기 내부에 있는 공포감을 정치에 비췄다. 끊임없이 행해지는 배외적(排外的)인 운동이나 가톨릭, '프리메이슨'과 같은 비밀결사에 대한 반대운동을 일으키고 있는 감정은 위에서 말한 상황 속에서 생겨난 것이다. 어떤 미국인들에게는 프리메이슨 같은 자발적인 결사와 사회적 또는 계급적 음모와의 차이점은 판단하기 어려운 성질의 것이다. 그래서 루스벨트의 제2기 선거 때 정치적인 보수주의자들 쪽에서 '만약 저 사나이가 대통령이 된다면 세상은 끝난다'는 식의 견해가 나타나기도 했다.

이런 음산한 불안은 그들의 성격에서 생겨난 선망과 당황의 산물이다. 전통 지향적인 무관심파의 경우에는 정치 세계와 그들 사이에 뚜렷한 경계선이 있었기 때문에, 그들은 정치에 절망을 느낄 이유도 없었고 정치로 말미암아 자기 생활이 위협받고 있다고 생각하지도 않았다. 그러나 내부지향적인 과격파는 일이 자기 뜻대로 되지 않으면 절망에 사로잡히거나 자기 자신이 어떤 외적인 것에 침범당했다고 느낀다.

제5장에서 이미 본 바와 같이 내부지향적인 인간은 자기 마음속에 내면화된 목표 달성에 실패하면 자신을 책망하는 경향이 있다. 그는 성공하는 동안에는 보이지 않는 손을 잊을 수 있다. 그러나 실패했을 때는 그 보이지 않는 손을 보이게 하여 격퇴하려고 한다. 그의 성격과 마찬가지로 정치적 태도 또한 실패했을 때는 완고하게 굳어진다.

그는 도회적인 요령 좋은 사람들이 자기보다 훨씬 훌륭한 정치적 재능을 가졌다고 생각한다. 그 때문에 그는 울분을 품는다. 그러나 과격파의 이런 평가는 잘못되었다. 그는 도시 사람들을 선망하고 질투하지만 이는 결국 과대평가다. 19세기 도시의 유력자나 변호사들의 성격을 살펴보면 농촌과 소도시의 인간들처럼 확실히 내부지향적이었다. 그러나 도시 사람들과 농촌 사람들 간의 의사소통, 또 여러 지역이나 계급 사이의 의사소통은 거의 폐쇄되어 있었다.

그 뒤로 도시와 지방의 교육 격차가 점차 좁혀지고, 라디오와 같은 매스미디어가 도시와 농촌 가릴 것 없이 많은 사람들을 흡수하게 되었기 때문에 성격 구조상의 격차 또한 좁혀졌다고 오늘날 사람들은 흔히 생각한다. 아마 미국의 어떤 지역에서는 이런 현상이 실제로 일어났을 것이다. 그러나 필자는 타인지향적인 도시 사람들과 내부지향적인 농민들 간의 단절은 점점 더 심해졌다고 생각한다. 이 단절을 메우기 위해 선의의 노력을 해봐도, 농민들의 선망과 불안감을 더욱 고조시킬 뿐이다.

선망과 자기가 엉뚱한 장소에 머물러 있다는 감정은 완고한 과격파 정치형태를 낳는다. 그리고 그것은 오직 농촌 사람들에게만 적용되는 데 그치지 않고 농촌에서 도시로 이주해온 명목상의 도시 사람들에게도 적용된다. 이런 인간들이 도시와 농촌을 불문하고 정치적 권력을 가지고 있는 이상, 미국인의 생활 속에 깃들인 타인지향적인 요소에 대한 그들의 불쾌한 감정은 다소 누그러들 것이다. 그들은 자기들만의 세계를 형성하고 그것을 자기들을 위하여 존재하는 것으로 이해할 수 있다. 그러나 이러한 이해의 길이 열린다 해도 완고한 과격파들은 절망적으로 화를 내거나, 또는 수동적인 욕구불만에 찬 저항을 시도할 것이다. 이 수동적인 저항에 대해서는 이미 제1장에서 아메리카 원주민에 대한 에릭슨의 연구를 인용하여 설명한 바 있다.

또 다른 종류의 도덕가도 있다. 그들은 '열광자(enthusiasts)'라고 할 수 있다. 그들은 정치적인 불만이 가득하여 후퇴하는 것이 아니라 희망에 차서 불가능해 보이는 일에 도전한다. 이 열광자라는 말의 의미변화는 그 자체가 정치적 형태의 역사를 상징한다. 크롬웰이나 장기의회 시대(1640~1660)의 열광자는 강한 정신력과 비전을 가진 사람들이었다. 퀘이커교도나 평등주의자들처럼 깊은 통찰력과 기개를 가진 사람들이 그에 해당한다.

그러나 18세기 영국에서 열광자라는 말은 종교적인 의미를 잃어버리기 시작했다. 이 말에 담긴 두려움과 존경의 의미는 점차 사라지고 오히려 조소와도 같은 의미가 덧붙여졌다. 같은 말의 의미변화는 '선행자(善行者)', '세계 개혁가', '개척자', '보이스카우트' 같은 말에서도 일어났다. 이제 이러한 말은 경멸이나 우호적인 거부 같은 뜻을 가지게 되었다. 그리고 정치 영역에서 선행을 쌓는다는 것은 순박하다는 것으로 이해할 수 있다.

열광자는 과격파 인간들과 비슷한 점이 있다. 열광자의 경우 정치적 정열이 정치적 이성보다도 우세하기 때문이다. 그러므로 열광자는 별 생각 없이 정치운동에 참여하기도 한다. 그러나 열광자와 과격파 사람들이 품은 감정의 성질은 분명 차이가 난다. 말하자면 과격파 사람들의 감정은 어둡고 암울한 데 비해서 열광자의 감정은 밝고 명랑하다.[4]

---

4) 이와 같은 분노와 증오는 스벤드 라눌프의 논문 *Moral Indignation and Middle Class Psychology* (Copenhagen, Levin&Monksgaard, 1938) 가운데 잘 설명되어 있다. 필자는 전체적으로 성격 쪽에

19세기에 이러한 열광자는 늘 지속적인 활동을 했다. 남들이 뭐라고 해도 그는 이렇게 말한다. "태만해서는 안 된다. 일은 항상 있게 마련이며, 꼭 해야 하는 정치적인 일이 기다리고 있다." 아마 지금도 그들은 변함없는 사고방식을 지녔을 것이다. 이러한 사고방식은 도대체 어디서 생겨났는가? 그것은 한편으로 사람은 어떤 형식으로든 정치와 관련을 맺어야 한다는 금욕적인 책임감에 근거하며, 또 한편으로는 행동의 가치를 높이 평가하는 미국적인 경향에 근거하고 있다. 미국에는 행동을 취함으로써 끝없이 진보할 수 있다는 생각이 존재하고 있으며, 그로 인해 실제로 19세기 내부지향적인 인간들은 쉬지 않고 행동했다.

전쟁과 기술의 변화, 내부지향형에서 타인지향형으로의 변화로 인해 도덕가 형태는 과격파든 열광자든 간에 점차 불명예스러운 것으로 변해갔다. 남북전쟁은 그전에 사람들이 수년간 정치 영역에서 느끼던 도덕적 분개의 복잡한 카타르시스였다. 자세한 사정을 살펴보자면, 지금까지 살아 있는 남북전쟁 종군 병사들은 그 전쟁이 옳았다는 신념을 품고 있다. 그런데 제1차 세계대전에 참전한 병사들을 보면, 그들에겐 아직도 전쟁의 상흔이 있으나 그 전쟁이 정당했다는 신념은 그리 투철하지 못하다. 나아가서 제2차 세계대전에 참전한 병사들은 정치적인 일에 거의 개입하고 있지 않으며, 도덕적으로 정당하다는 신념은 거의 없다. 제2차 세계대전에서 돌아온 병사들은 '누구에게도 화를 내지 않는' 사람들이다. 이렇게 생각할 때 남북전쟁 이래 오늘까지 나타나는 현상 중 정치적 의견 차이에 대한 정서의 감퇴와, 선거에서의 대규모 폭력의 감퇴가 문제된다. 그리고 본디 쉽게 도덕성을 띠게 되던 여러 문제에 대한 분개나 열광도 점차 사라지고 있다.

물론 과격파 형태도 아직은 뚜렷이 남아 있다. 가령 H.L. 멩켄은 1920년대 극단적인 도덕가 그룹에 대하여 예리한 경구를 남긴 바 있다. 시골 사람들, 미국 중서부 사람들, 작은 마을의 프로테스탄트, 남부의 보호무역론자, 시골의 정치광, 영세한 실업가들은 그때도 여전히 도덕가였다. 이러한 집단은 타인지향형이 확대됨에 따라 최근에 어느 정도까지 세계주의자가 되었으나 낡은 유형

중점을 두고 있으나, 여기서는 성격과는 다른 기질이 문제될 수밖에 없다. 이를테면 이것은 담즙질과 다혈질 사이에 존재하는 고풍스런 기질상의 구별이다.

은 결코 사라지지 않고 있다.

그런데 내부지향적인 성격은 도덕적인 정치형태에서 생겨난 것이었다. 그러나 오늘날에는 정치에 대한 정서의 상실이 타인지향적인 성격을 낳고 있다. 바꿔말해 정치라는 것은 그 자체가 인간의 생활에 영향을 주고 인간의 경험을 형성한다. 인간은 어떤 형식으로든 정치를 해석해야만 한다.

그런 의미에서 정치는 성격형성 요인의 하나라고 여겨질 수 있다. 우리가 이 책에서 기본적으로 전제하고 있는 도식은 인구곡선과 성격유형과의 관계이다. 그런데 이 도식은 각 나라의 역사적 경험이 다르기 때문에 각양각색의 모습을 나타낸다. 한 가지 예가 위에서 설명한 정치와 성격과의 복잡한 관계라고 하겠다. 예를 들어 미국도 영국도 이미 공업화·도시화 과정에 있고, 또 맬서스적인 도덕의 대용품으로서 산아제한이 일반화된 나라이다. 두 나라가 모두 초기적 인구감퇴기에 들어서 있는 것이다. 그러나 내전(內戰)을 예로 들어봐도, 이들 두 나라는 저마다 정치 발전의 다른 시점에서 온갖 역사적 위기와 맞닥뜨리고 있다. 빅토리아 시대 영국에서는 복음주의적인 부흥운동과 공업화 시대의 정치에 의해 낡은 정치적 형태가 붕괴했는데, 그 시대에 살고 있던 영국의 극작가 콩그리브가 만약 현대 미국의 전후(戰後) 관용의 시대를 직접 보았다면 역사의 반복에 놀랐을 것이다.

역사란 불확정하다. 따라서 도덕가 형태가 미국에서 완전히 사라져버리고 다시 되살아나는 일이 없을 것이라고 예측할 수는 없다. 실제로 만약 영향력 있는 인물이 도덕가가 된다면, 타인지향적인 인간은 바로 그가 타인지향적이라는 이유 때문에 스스로 도덕가가 될 수밖에 없을 것이다.

3. 내막 소식통

아테네인도 이방인들도 한결같이 새로운 것을 말하거나 듣는 일에만 시간을 소비했다.

성 바울

타인지향적인 유형이 늘어나자 정치 분야에서는 이른바 내막 소식통이라고 할 만한 형태가 나타났다. 그것은 생산 영역에서가 아니라 소비 영역에서 나타났다. 타인지향형이라는 것이 전혀 새로운 성격유형이 아닌 것과 마찬가지로 내막 소식통이라는 형태도 전혀 새로운 형태는 아니다. 거듭 말하지만 변화란 결국 정도의 문제이다.

그런데 타인지향형 인간은 실로 풍부한 사회적 기능을 가지고 있다. 그는 그 기능을 이용해 살아가고 그의 사회적 환경 속에서 자유로이 활동한다. 이 기능 가운데 몇 가지는 정치적 기능으로 쓸 수 있는데, 그중 하나가 감정적인 긴장을 계속 유지하는 능력이다. 타인과의 협력이 그의 생활양상인 이상 이 능력은 그에게 꼭 필요한 기능이다. 그는 이 기능으로 인해 어떠한 상황에서도 인간과 사물이 똑같이 중요하다는 의식을 불가피하게 가지고 있다. 그러나 내부지향형 인간은 이 의식이 결여되어 있었다.

내막 소식통에는 여러 종류가 있다. 첫 번째는 자신은 정치를 바꿀 능력이 없기 때문에 정치를 이해하면 그것으로 족하다고 생각하는 사람들이다. 이런 생각은 충분히 이해할 수 있다. 두 번째는 정계 사람들과 직접 접촉하면서 정치 문제를 생각하는 사람들이다. 즉, 내막 소식통은 때때로 정치 내부로 파고들어가 정치의 내막에 참여하거나 또는 그런 성격의 조직을 스스로 만들어낸다. 또 때로는 정계의 내막을 '아는' 것에만 그친다. 그리고 그것을 동료집단 속으로 가지고 들어와서 동료집단이 만족하면 그것으로 충분하다고 생각한다. 그러나 어떤 종류의 내막 소식통이건 그들에게는 공통점이 하나 있다. 그들이 '중요 문제'에 대해 남들이 어떤 행동을 하고 또 어떤 생각을 하고 있는지 정확히 알아낸다는 것이다.

정치적으로 볼 때 그는 지역적이라기보다 세계주의적이다. 만약 자기의 정치적인 관심의 방향을 좌우하는 다른 사람들을 바꿀 수 없다면, 그는 자기를 조종하여 타인을 바꾸는 것이 아니라 오히려 스스로 타인과 같이 되도록 노력한다. 그는 아무것도 모르는 방관자적 태도를 취할 수가 없는 것이다. 물론 모든 타인지향형 인간이 내막 소식통이라는 것은 아니다. 그러나 좀 더 세련된 모델이 없는 이상 대다수의 타인지향형 인간은 내막 소식통과 같은 존재가 되기를 원하고 있다.

내막 소식통은 학교나 매스미디어를 통해 얻는 수완을 가지고 있다. 정치적 색채가 짙은 환경 속에서, 예컨대 스포츠 같은 온갖 오락의 영역에서 성적을 알고 있어야 하는 것과 마찬가지로 그는 정치적인 성적도 알고 있어야 한다고 믿는다. 그의 이데올로기는 그런 종류의 것이다.

대다수의 내막 소식통은 정치에서 적극적인 역할을 담당하려고 하지 않는다. 반면에 적극적으로 참여하는 사람도 있다. 예컨대 직장에서 정치와 관련된 소식을 가십거리로 삼는 수많은 공직자나 정당 종사자들이 그러하다. 특히 신문의 정치담당 기자나 방송기자들은 적극적인 내막 소식통이라고 할 수 있다. 그들은 오랜 훈련을 통해 정치에 대한 정서적 반응을 완전히 잃어버리고 스스로 내막 소식통으로서의 목표를 달성한 것을 자랑스럽게 여기는 사람들이다. 그들은 특정 인간이나 문제, 사건에 마음을 쏟지 않는다.

한편 내막 정보를 제공하는 인간들, 특히 스탈린주의 성향이 있는 인간들은 어느 쪽인가 하면 정치적 과격파에 속하는 것 같다. 그들은 종종 자기들이 가지고 있는 내막 정보를 제공함으로써 미국의 정치적 타락에 도전하고 있다며 공공연히 떠들어댄다. 즉, 그들은 인종차별이나 경관의 폭력행위나 회사의 부정사건 같은 것을 적발하는 경향이 있다. 몇몇 그룹에서는 이런 정치적 입장을 엄정한 태도로 받아들인다. 이러한 그룹 내에서 집단에 대한 순응성은 관용이나 정치적 소비가 아니라 분개와 정치적 행동이라는 형태로 나타난다. 이는 언뜻 생각하기에 역설적으로 느껴질지도 모른다. 그러나 여기서 주의할 점이 하나 있다. 필자는 타인지향형이라고 말할 때 순응성의 유형 또는 타인에 대한 반응을 논했지, 이데올로기나 행동 면에서의 그 반응 내용은 아직까지 문제 삼지 않았다는 점이다. 보통 순응성의 메커니즘과 순응목표인 가치나 현실 사이에 모순은 존재하지 않는다. 다만 이는 경향이 그렇다는 것일 뿐이다. 위에서 인용한 예처럼 타인지향형을 궁극적으로 파고들면 그것이 도리어 내부지향적인 행동을 자극하는 경우도 적지 않다. 이 문제는 제15장에서 다시 살펴보기로 하자.

내막 소식의 대차대조표

전성기의 내부지향형 도덕가는 사회구조가 영원하고 보편적이라는 신념이 있었다. 사회구조가 어떻게 변하고 있는지 모르더라도 그는 그렇게 믿고 있었다. 보이지 않는 손의 개념은 그러한 사정을 상징한다. 이와는 반대로 내막 소식통들은 정치가 쉽게 변하는 것임을 알고 있다. 그러나 자기가 어떤 방법으로 그것을 바꿀 수 있는지는 거의 알지 못한다. 그가 알고 있는 내막 소식이라는 것은 엄밀하게 선택되고 분류된 것이어서 그로서는 전체를 이해할 수 없기 때문이다. 특히 그러한 소식이 비밀이나 극비의 성격을 띠고 있는 경우에는 더욱 매력적으로 보인다. 그는 자기가 올바른 인간이 되기를 바라고 있다. 정치 속에 끌려드는 것을 두려워하고 있으며, 희망적 사고(wishful thinking)에 구애되는 것에 죄의식을 느낀다(이 희망적 사고란 그의 입장에선 자기 판단 속에 인간적인 요소가 개입되는 것과 같은 의미이다). 이러한 이유로 내막 소식통은 자기 경험을 적극적으로 조절하기 위한 척도를 스스로 없애고 있다고 할 수 있다. 즉, 그는 자기가 살고 있는 시대의 정치적 생활 속에 스스로의 감수성을 동원하여 참가하려고 하지 않는다. 그는 정치를 지나치게 복잡하고 다루기 어려운 것이라고 느끼는 까닭에 정치 영역에 대해 정서적인 충성심이 없는데, 이러한 감정이 강해지는 것은 그가 스스로를 포기했기 때문이다.[5]

게다가 내막 소식통은 정치 영역의 소비자 동맹 비슷한 것 속에서 타인과 보조를 맞춰나가기 위해 정치 사항의 급격한 변화에 대응할 준비를 해야 한다.

---

5) 그로써 명백해진 바와 같이 이러한 관점은 이미 19세기 정치 문제 연구가들이 주장한 견해와 비슷해 보일지도 모른다. 그들은 인간이 제한적인 존재이고, 그 자신의 본성과 독자적인 발전 법칙에 따르는 사회의 유기성으로 인해 대규모 사회변화를 촉진하기에는 다소 무능력한 존재라고 보았다. 19세기 초 에드먼드 버크를 비롯해 프랑스 혁명의 보수적인 비판자들과 19세기 끝에 사회다원주의자들은 이러한 사상의 전체적인 흐름 가운데서 두 가지 요소를 대표하고 있다. 그러나 이러한 한계의식이 반드시 주관적인 무력감과 직결된 것이라고는 할 수 없다. 더욱이 적어도 사회다원주의자는, 그리고 아마 버크도 사회의 유기적인 발전과정에 대해 지나치게 낙관적인 견해를 취하고 있다. 세상이란 그대로 놓아두기만 하면—요컨대 개혁자가 손대지 않으면—되는 것이지 공연히 실망하거나 무력감에 빠질 필요가 없다는 것이다. 사람은 그저 그런 한계를 깨닫고 별로 심각하지 않은 변동에 가만히 몸을 맡기고 있기만 하면 족하다는 식이다. 그와 반대로 현대의 사회결정론은 우리의 문명이 쇠퇴해가고 있다는 가설을 형성하는 경향이 있다. 그것은 19세기에는 그 자신의 예언 따위 거의 믿지 않았던 브룩 애덤스 같은 일부 관찰자가 가지고 있었던 견해이다. 19세기 비관론자들도 20세기에 얼마나 무서운 공포정치가 등장할 것인지는 예상하지 못했다. 그런데 오늘날 사람들은 극도의 정치적 무력감에 사로잡혀 있으며, 그들의 사고는 그런 성격과 상황을 점점 강하게 반영하고 있다.

이 점에서 그는 앞에서 말한 협상가와 비슷하다. 그는 어떤 문제에 대한 자기의 법적인 권리를 잘 모르거니와 그렇다고 그것을 전적으로 포기하지도 않기 때문에, 선의를 내세워 도피하고 있다 하겠다.

내막 소식통은 도덕가의 능력, 즉 정치적 사건과 자신의 실제 이해관계를 연결짓는 능력을 잃었을 때는 아주 쉽게 자기 의견을 바꾼다. 예컨대 우리는 관직에 앉은 내막 소식통의 전형을 톨스토이의 소설 《안나 카레니나》의 스테판이나(제1장 참조) 《전쟁과 평화》의 빌리빈, 마찬가지로 톨스토이의 단편소설 《이반 일리치의 죽음》에 등장하는 이반 일리치 등에게서 찾아볼 수 있다. 그들은 19세기 러시아 궁정의 계급적인 미디어에 항상 자기의 행동요령을 맞추어 왔다. 그런데 그와 같은 인간상은 매우 현대적으로 보인다. 그 이유는 위에서 이야기한 내막 소식통의 특징에서 찾을 수 있을 것이다.

미국에서 견해를 재빨리 바꾸는 사람들은 주로 교육수준이 높은 사람들이다. 그리고 이런 사람들 속에 내막 소식통이 많다. 가령 하버드 대학 사회관계 학부에서 행한 러시아에 대한 태도 조사의 흥미로운 내용을 살펴보자. 이 조사에 의하면 러시아에 대한 미국 하층계급의 태도는 적대적이고 의심이 많은데, 이에 반해 중산계급 사람들은 큰 견해 변화를 보인다. 곧 중산계급은 전쟁 중 러시아를 미국 편으로 생각했고, 전후 한때는 우방국으로 여겼다. 그러나 그 뒤 러시아에 대한 태도는 폭력적인 적의로 가득했다. 그 밖에 고립주의와 전쟁에 대한 다른 여러 연구에서도 똑같은 결과가 나타났다. 중산계급이란 정치와는 떼려야 뗄 수 없는 관계에 있으며, 매스미디어가 전하는 정보에 쉽게 동요하는 사람들이다. 그래서 그들은 이러한 정치 문제에 대해 하층계급 사람들보다 훨씬 빨리 신호 변화를 알아챈다.

실제로 내막 소식통에게 정치라는 것은 집단에의 순응성을 위한 수단으로 사용되고 있다. 그는 세상에 통할 만한 의견을 가지고 있어야 하며, 또 정치에 참여하고 있다면 타인들이 받아들일 만한 방법을 취해야 한다.

상층계급이나 급진적 그룹 가운데서는 여전히 도덕적인 영향이 강하다. 그리고 문화 유형을 만들어가는 많은 사람들은 정치적 책임감이라는 이데올로기를 지니고 있다. 그들은 정치가 자기들에게 충분히 의미 있는 영역인 듯 생각하고 행동한다. 상층계급 대학생이나 젊은 전문직 종사자 또는 비즈니스맨도 정치라는 것을 골프나 그 밖에 널리 인정된 취미생활과 같은 것으로 생각하는 수가 있다. 그들에게 정치란 자기들에게 주어진 사회적 역할을 이행하는 것으로, 상당히 흥미로운 일이다. 더욱이 그들에게는 정치란 꽤 수지맞는 장사이며, 그 속에서 여러 재미있는 인물들과 친해질 수도 있다. 물론 내막 소식통적인 동기에서 정치에 개입한 사람들이 감정적으로 정치에 깊이 말려들게 되어 전혀 다른 이유로 정치 분야에 머무르는 수도 있다. 그러나 대체로 내막 소식통은 자기의 정치적 경험에 의해 자기 내부의 감정적인 빈곤을 정당화하게 마련이다. 그리고 자기가 알고 있는 내막 소식을 다른 사람에게 들려주면서 자신이 우월한 존재인 양 생각하고 있을 뿐이다.

그런데 지금까지 살펴본 대상은 주로 도시 상층 중산계급의 내막 소식통이었으나 그와는 대조적인 것이 소도시나 농촌에 존재하는 내막 소식통이다. 그들은 저마다 지역이나 주(州)의 관리 또는 정치가와 쉽게 접촉할 수 있다. 이런 작은 마을에서는 정치적인 영향력이 있는 사람들과 그렇지 않은 사람들 사이의 사회적 거리가 매우 좁다. 그리고 정치기구도 단순하다. 공동 전화 회선을 이용하면 모든 사람이 이야기를 들을 수 있는 것과 같은 상태는 그러한 사정을 상징적으로 보여준다. 보통 이 사람들은 지방 정치문제에 대해 상당히 과격한 반응을 보이지만, 그렇다고 늘 그런 것만도 아니다. 오늘날 소도시나 농촌 사람들은 흔히 타인지향형의 세계주의적 형태를 가지고 정치에 임한다. 그 점은 도시의 내막 소식통과 매우 비슷하다.[6]

사실상 내막 소식통과 무관심파 사이에 뚜렷한 구별을 짓기란 매우 어렵다. 이미 말했듯이 전통지향형과 타인지향형 사이에는 놀라운 유사점이 있는데, 내막 소식통과 무관심파의 비슷한 점도 바로 그 한 가지 형태이다. 전통지향형 인간과 타인지향형 인간은 모두 정치에 대하여 절망적인 감각을 가지고 있다. 내부지향형 도덕가는 의연하게 운명론을 배척하지만, 전통지향형 인간과 타인지향형 인간은 여러 운명론 속으로 도피해버린다. 그러나 이 두 정치적 태도 사이에는 중요한 차이가 있다. 무관심파와는 달리 내막 소식통은 동료집단에

---

6) Robert K. Merton, "Patterns of Influence : a Study of Interpersonal Influence and Communications Behavior in a Local Community", *Communications Research* 1948~1949, ed. Lazarsfeld and Stanton, pp. 180~219의 귀중한 연구와 비교할 것.

충실하다. 그리고 동료집단 안에서 정치는 중요한 소비재이며, 또한 자기의 소비에 대해 올바른 태도—다시 말해 감정을 물리친 태도—를 갖는다는 것이 중요하다. 새로운 형태의 무관심파는 정치와 자기 자신과 아무런 관련이 없다고 생각한다. 그러나 내막 소식통은 도덕가만큼이나 열성적인 동기를 가지고 정치와 깊은 관련을 맺고 있다.

　내막 소식통은 어떤 리얼리즘을 가지고 정치를 대한다. 앞에서 살펴본 바와 같이 도덕가에게는 사실주의적인 면이 부족하다. 불가피한 것을 초월한다는 사고방식은 내막 소식통에게 결코 생겨나지 않는다. 그는 구경꾼이며 조종자이다. 그는 사물의 한도라는 것을 잘 분별하고 있으며 크게 야망을 갖지 않는다. 타인지향형 인간은 본질적으로 정치적 재능에 속하는 것을, 도덕가들이 국한해서 생각하고 있던 순수한 정치 이외의 온갖 영역으로까지 가지고 들어간다. 이를테면 도시계획이나 노사관계 같은 영역에까지 정치적 재능을 도입하는 것이다.

　대부분의 도덕가들은 모든 사건들을 지나치게 단순히 처리했다. 이와 반대로 내막 소식통들 속에는 수많은 전문가들이 존재한다. 이 전문가들은 지난날 전성기의 당파적인 과격파나 열광자들보다도 훨씬 많은 지식을 쌓았다. 오늘날은 전문가가 아니더라도 많은 사람들이 습관처럼 익숙하게 국제정치 문제를 논의한다. 이러한 습관은 한 세대 전의 인종주의나 사해동포적인 이상주의 속에서조차 거의 존재하지 않았다고 해도 무방하다. 19세기 신문이 국제정사를 다루던 논조는 이를테면 '국가적 명예를 지켜라'와 같이 이른바 국지적인 성질의 것이었다. 예컨대 메이슨·슬라이델 사건이나 메인호(號) 사건에 이러한 슬로건이 쓰였다. 그러나 오늘의 매스미디어는 예외가 있다 하더라도 국제정치를 심리전쟁의 측면에서 다루고 있다. 그리고 온갖 사건들은 적이나 아군 중 하나를 선전하는 것으로 해석할 수 있다. 사람들은 흔히 어느 특정한 정책을 지지하도록 요구받는다. 이러한 지지가 있으면 일종의 자기 조작적인 평형작용에 의하여 여론에 영향을 줄 수 있다. 이러한 사고방식이 성립할 수 있는 것은, 타인지향적인 시대에 정치 영역에서 작용하는 심리적인 힘이라는 것이 놀랄 만큼 잘 이해되고 있기 때문이다.

　미국적인 생활양식에 대한 여러 논쟁에는 과거의 국가적 명예에 대한 논쟁의 잔존물이 남아 있을지도 모른다. 그러나 변화한 것은 말뿐만이 아니다. '국가적 명예'라는 말은 위선적일 수 있었다. 예컨대 그것은 타히티섬에 대한 미국의 침략을 정당화하는 것처럼 명백한 계급적 이익을 포함할 수도 있었기 때문이다. 또 '국가적 명예'라는 말은 19세기의 온갖 배외주의(排外主義)와도 쉽게 타협할 수 있었다. 게다가 이 말의 뜻이 얼마쯤 모호하더라도 국가적인 적(敵)으로 여겨지는 것은 특정대상으로 다뤄졌다. 그런데 이와는 반대로 '미국적인 생활양식'이라는 말은 훨씬 많은 심리적인 내용을 가지고 있다. 이 말은 국내 문제에 대해서 매우 명백한 내용을 가졌으나, 대외정책에 대해서는 극히 불분명한 형태로밖에 나타날 수 없다.

'국가적 명예'라는 말은 이따금 우리가 바라지도 않고 또 방위할 필요도 없는 도덕적인 교두보를 쌓아올린다. 그리고 그로 말미암아 미국의 외교정책은 결국 굴레를 쓴 꼴이 되고 만다. 이에 비해 '미국적인 생활양식'이라는 말은 외교정책에 대해 아무런 도덕적 방향 설정도 가지고 있지 않다. 외교정책은 다만 '현실정치'에 맡겨질 수밖에 없다. 그러나 그것은 오직 그렇게 보이는 데 불과하다. '국가적 명예'라는 말이 빅토리아적인 위선을 떠올리게 하는 것과 마찬가지로, '미국적인 생활양식'이라는 말은 타인지향형 인간이 얼른 보기에 편의적이라 보이는 수단을 이용하여 자기의 도덕률을 타인의 눈에도 또한 자기 자신의 눈에도 띄지 않도록 은폐하고 있다는 것을 떠올리게 하기 때문이다.

1947년 미시간 대학의 조사센터가 한 젊은 귀환병에게, 미국이 국제연합에 대하여 독자적인 길을 열어나갔다고 생각하는지 물었다. 그러자 그는 다음과 같이 대답했다.

좀 이상한 소리처럼 들리겠지만, 미국인은 해야 할 일을 지나치게 하고 있다는 생각이 듭니다. (그 이유를 묻는 질문에 대하여) 왜냐하면 외국인들에게서 미국이 다른 나라를 침략하려 한다는 말을 듣고 싶지 않기 때문입니다. 러시아는 세계를 손에 넣고 싶어 하지요. 그래서 러시아에 대한 많은 논쟁이 일어나고 있지 않습니까. 만약 외국 사람들이 미국이 세계를 침략하려 한다고 생각하게 된다면, 세계 어느 나라도 미국을 믿지 않겠지요. 그렇게 되면 우리가 하려는 전체적인 계획이 순조롭게 진행되지 않을 겁니다. 그리하여 미국이 하던 일에 실패했을 때, 신문은 미국이 졌느니 어떠니 하고 떠들어댈 것입니다. 그러나 나는 그게 오히려 좋은 현상이라고 생각합니다. 우리의 그런 모습을 본 외국 사람들은 미국도 다른 나라와 다를 바 없으며 마찬가지로 여러 문제를 안고 있다고 생각하게 될 테니까요. 그렇게 된다면 외국인들도 미국을 좀 더 동정적이며 우호적인 태도로 대해주지 않겠습니까.[7]

이 대답이 보여주는 심리적 이해는 참으로 큰 진보를 의미한다. 도덕가들은 보통 이렇게 세심한 사고방식을 가질 수 없었으며, 또 가지려고도 하지 않았다.

중요한 문제는 이 밖에도 많이 남아 있다. 예컨대 왜 타인지향적인 인간이 참가하고 있는 많은 동료집단에서 늘 정치가 논쟁의 대상이 되며, 왜 종교 같은 것은 논쟁의 대상이 되지 않는가가 그렇다. 현재 미국에서 놀라운 사실은 무관심파가 많다는 것이 아니다. 오히려 왜 무관심파가 이 이상 많아지지 않는지, 왜 사람들이 아직도 도덕가에 집착하거나 내막 소식통으로서 늘 정보를 구하고 있는지 하는 점이야말로 진정 놀라운 일이다. 이렇게 도덕가에 대한 집착과 내막 소식통에 대한 동경이 사람들 사이에 존재하는 이유 중 하나는, 언론이 사람들에게 너무나 복잡한 훈련을 가하고 있기 때문이라고 하겠다. 매스미디어는 내막 소식통이 될 만한 사람들에게 관용의 정신을 가르치고, 다른 한편으로는 도덕가가 될 듯한 사람들에게 분개의 교훈을 주는 교사 역할을 하고 있는 것이다.

---

7) 소책자 *Four Americans Discuss Aid to Europe*, Study No.18(nnn Arbor, Michigan, University of Michigan Survey Research Center, 1947), p. 13에서 발췌.

9장
정치적 설득

분개와 관용

오늘 시카고의 주얼 식품점 부사장이자 총지배인인 G.L. 클레멘츠 씨가 이 자리에서 말한 바에 의하면, '고객에게 복잡한 심리적 가치'를 제공할 수 있는 슈퍼마켓은 단순히 질 좋은 상품을 갖춰서 저렴한 가격으로 판매하는 슈퍼마켓보다 더욱 좋은 고객을 끌 수가 있다. ……고객을 끄는 '심리적 가치'를 어떻게 만드는가 하는 문제에 대해 클레멘츠 씨는 다음과 같이 생각한다고 말했다. 사업에서도 '우리가 친구를 좋아하는 것과 같은 조건'을 탐구할 필요가 있다고. 그에 의하면 이 조건은 예컨대 청결·현대적인 외관·관대함·친절·정직·인내·동정심·인품 등이다. 각 슈퍼마켓 경영자는 과연 자기의 점포가 그런 조건을 갖추고 있는지 스스로 반성해볼 필요가 있다고 그는 말했다.

클레멘츠 씨에 의하면 고객의 마음을 움직이는 심리적 힘을 이해하기 위해서는 우리가 먼저 '사람들은 과연 자기가 무엇을 원하는지 알고 있는가?' 물어볼 필요가 있다. 이 물음에 대한 답은 '아니요'이다. 사람들은 자기가 무엇을 원하는지 모른다고 클레멘츠 씨는 말했다. 그렇지만 그들이 자기의 취향은 잘 알고 있다고 덧붙였다.

제12회 슈퍼마켓 연맹 연차총회에 대한 기사
〈뉴욕 헤럴드 트리뷴〉지 1949년 5월 10일자에서

내부지향형 도덕가는 생산지향적인 자세로 정치에 임한다. 그러나 이와는 반대로 타인지향적인 내막 소식통은 소비자적 자세로 정치에 임한다. 여기서 정치는 소비자의 취향에 따라 평가된다. 정치가들도 어차피 인간이며, 위대해 보이면 그만큼 좋다는 것이다. 더구나 시장에서와 마찬가지로 정치 분야에서도 무엇이 행해졌는가 하는 문제와 동시에 어떤 일을 할 때의 태도와 분위기가 점점 중요시되고 있다. 이러한 사실은 타인지향적 인간이 내부지향적 인간보다도 수단을 더 중시하고 결과를 경시하게 된 사실과 대응하고 있다. 아마 커뮤니케이션의 매스미디어는 정치라는 무대 위에서 움직이는 타인지향적인 연기자와 그 관객을 연결하는 가장 중요한 채널일 것이다.

미디어는 연기자와 연극 전체에 대하여 비평을 내리고 직간접적으로 정치 영역에서 소비자가 쓰는 기술을 관객에게 가르친다. 직접적인 교육 미디어란 뚜렷이 정치적인 미디어를 말한다. 이를테면 〈스프링필드 리퍼블리컨(Springfield Republican)〉이나 〈뉴욕 트리뷴(New York Tribune)〉, 그 밖의 몇몇 낡은 유형의 신문이 그에 해당한다. 이러한 신문에서는 내부지향적인 도덕적 논설위원이 글을 쓰고 있다. 그러나 그보다 규모가 크고 영향력이 강한 것은 간접적인 교육을 하는 미디어라고 할 수 있겠다. 이 간접적 미디어 속에는 만화책에서부터 텔레비전에 이르는 현대의 모든 대중문화가 포함된다. 아마 미국 사회에서는 최상층과 최하층만 제외하고 나머지 온갖 사회계층에 속하는 사람들이 이런 미디어에 접하면서 여가생활을 보낼 것이다. 그리고 이러한 미디어의 놀랍도록 강한 영향력이 정치에 대한 타인지향적인 반응 형태를 낳은 것이다. 이 영향의 유형은 매우 복잡한데, 먼저 그 문제점을 세 가지로 일반화하여 요약해보자.

첫째, 대중문화는 본질적으로 소비를 가르치는 것이다. 따라서 대중문화는 타인지향적인 사람들로 하여금 정치를 소비대상으로 삼도록 한다. 즉, 정치니 정치정보니 정치적 태도니 하는 것을 소비상품으로 여기도록 가르치는 것이다. 요컨대 정치 및 정치정보 같은 것은 제품이며, 게임이며, 오락이며, 놀이이다. 이 경우 인간은 고객이자 구경꾼이며 자유로운 방관자이다.

둘째, 이런 미디어는 압력에 대해 극히 민감하기 때문에 관용의 성질을 지니고 있다. 게다가 그 의도가 도덕적인 경우에도 동료집단이라는 수용자 측의 분위기는 비분강개할 만한 정보를 좀 더 부드러운 태도로 수용하게 되어 있다. 수용자 측의 이러한 태도에서 다음과 같은 일이 일어난다. 즉 미디어의 내용이 아니라 오히려 미디어가 내용을 전하는 '성실성'에 중점을 두게 되는 것이다. 이같이 대중문화에서도 정치에서도 성실성에 초점을 맞추는 습관이 생기면 수용자 측은 관용이 지나친 나머지 대중문화 또는 정치의 불완전한 편의를 가볍게 넘겨버리게 된다.

셋째, 미국의 정치적 뉴스나 논설에는 내부지향적인 도덕화 경향이 여전히 남아 있다. 다만 그러한 경향은 타인지향적인 관용과 수동성에 호의적인 대중문화가 행하는 설득을 얼마쯤 완화할 수는 있어도 아예 중지시킬 힘은 없다.

1. 소비대상으로서의 정치

이 장 서두의 인용문에서도 분명히 드러나듯이 타인지향적인 인간이란 자기가 무엇을 좋아하는지는 열심히 따지지만, 자기가 원하는 바가 무엇인지 알아낼 능력은 없다. 이러한 경향은 다른 생활의 영역과 마찬가지로 정치 영역에도 적용된다. 이와는 대조적으로 내부지향형 인간은 정치와 기타 모든 생활 전반을 일과 동일시하기 때문에 자기가 원하는 바가 무엇인지 잘 파악하고 있었다. 그리고 자기가 무엇을 좋아하는가 하는 문제에는 비교적 무관심했다.

이 같은 사정을 잘 나타내는 한 가지 사례로서 시카고 근교 파크 포리스트에서 행해진 면접조사 결과를 소개하겠다. 파크 포리스트는 연방정부의 보조를 받은 아메리칸 커뮤니티 빌더스(American Community Builders)라는 사기업이 새로 개발한 주택지이다. 이곳 거주자들은 ACB에 집세를 치르고, ACB는 거주자들이 결성한 자치회 비슷한 단체와 협력하면서 그 재정적 권한을 쥐고 있다. 이곳 거주자들을 대상으로 ACB에 대한 여론을 면접조사한 것이다. 이 조사에서는 불평과 뒷공론까지 다 합쳐서 그들이 어떤 형태로 지방 정치에 참가하고 있는지 질문했다.

회답자 대다수는 자기들의 거주구역이나 주택 배치에 대하여 일반적인 불만을 말했다. 그런데 그중에서 특히 주목할 만한 사항이 한 가지 있었다. 바로 이런 불평이 종종 ACB의 'PR이 나쁘다'로 나타났다는 점이다. 말하자면 거주자의 요구나 감각에서 생긴 직접적인 비판은 자취를 감추고, 오히려 그들(ACB)은 미숙한 PR을 함으로써 거주자들로 하여금 비판적인 입장을 취하도록 한 데 대해 비난을 사고 있었던 것이다. 즉, 거주자들은 자신들의 직접적인 불만을 주장하는 것이 아니라, 자기들이 이곳을 좋아하도록 잘 조종되고 있지 않다고 불평하는 것이다. 거주자들이 실생활에서 가지고 있는 소망은 이차적인 문제이며, 무엇보다 중요한 것은 커다란 조직 속에서 필요한 재능에 대한 그들의 애착이다.[1]

이러한 수동적인 소비자들은 내막 소식통 형태를 버리고 새로운 형태의 무관심과 군중 속으로 섞여 들어간다. 그대로 방치하면 많은 사람들이 아마 내막 소식통에서 새로운 형태의 무관심파로 변할 것이다. 그러나 그들은 실제로 방치되어 있지 않다. 매스미디어가 그들을 향하여 정치라는 이름의 구경거리를 보라고 호소하는 구실을 하기 때문이다. 미디어는 무관심이라는 위험요소와 투쟁하기 위한 꽤 효과적인 치료법을 한 가지 가지고 있다. 즉, 사람들을 호릴 만한 매혹을 정치 영역에 도입하는 것이다. 섹스에서의 매혹이란 전통지향적인 사람의 연애나 비교적 비인간적인 가족관계를 대신하는 대용품이었다. 또 상품 포장이나 광고에 매혹을 더하는 것은 어떤 제품의 가격경쟁을 끝내는 데 충분히 효과적이었다. 그와 마찬가지로 정치에서의 매혹이란 지도자를 카리스마적 존재로—마치 상품 포장하듯이—만들거나, 매스미디어가 정치적 사건을 요란스럽게 떠들어대는 형태로 나타난다.

내부지향형 인간들은 자기의 이해(利害)라는 동기가 있었는데, 타인지향형 인간들 사이에서는 그 대용물로서 바로 정치의 매혹적 요소가 작용하고 있다. 일반적으로 말해 어떤 대상물에 매혹적인 요소가 있을 때, 그걸 보고 있는 사람이 기본적으로 무관심하기란 어렵다. 이 장 서두의 인용문에서 살펴봤듯이 소매상은 고객을 끌어들이기 위해 '고객에게 매력적으로 느껴질 심리적 가치를 준비한다'는 사고방식을 가지고 있다. 정치에서의 매혹적 요소라는 것도 이런 소매상의 사고방식과 별다를 바가 없다. 그리고 클레멘트 씨가 말한 것처럼, 그 가치는 '우리가 친구를 좋아하는 것과 같은 성질'을 띠고 있다. 다시 말해 '청결·현대적인 풍채·관대함·정중함·정직·인내·성실·동정심·인품' 같은 것들이다. 정치에서의 여러 활동도 바로 이런 성질을 가지고서 행해질 수 있다. 예컨대 1948년 대통령 선거에서 트루먼은 현대적인 풍채를 갖추지 못했다고 평가되었으며, 듀이는 성실과 동정과 인품이 부족한 것으로 보였다. 그런데 아이젠하

---

1) 파크 포리스트(Park Forest) 연구는 Herbert J. Gans의 업적이다("Political Participation and Apathy", unpublished Divisional Master's Paper, University of Chicago, 1950).

워는 이러한 모든 요소들을 두루 갖추고 있는 듯했다. 사람들은 대통령 후보로서 온갖 매력을 갖춘 인물을 원했다. 아이젠하워를 지지하는 정치운동에는 꽤 자발적인 요소가 있었는데, 이는 사람들이 필사적으로 매혹적인 요소를 찾고 있었기 때문이라고 할 수 있다. 1948년 대통령 선거에서 아이젠하워를 지지한 사람들은 결국 다음과 같은 생각을 했던 셈이다. '모든 것을 갖춘' 후보자는 당연히 국민들이 무엇을 필요로 하는지 잘 파악할 줄 아는 인물일 거라고.

아이젠하워의 경우에는 좋아할 만한 성질이 뚜렷했기 때문에 문제는 없었으나, 그렇지 않은 경우 사람들은 후보자가 갖고 있는 매력을 열심히 찾아내려고 한다. 물론 이러한 현상이 최근에 생겨난 것은 아니다. 그러나 필자가 생각하기에, 정치적으로 사람들을 매혹하는 이런 형태는 라디오의 탄생과 더불어 미국 사회에서 특히 두드러지게 나타난 듯싶다. 왜냐하면 프랭클린 루스벨트가 재치있게 라디오를 사용한 데 대해서는 미국의 완고한 정치가들도 일단 굴복하지 않을 수 없었기 때문이다. 게다가 당연한 이야기지만 유권자층이 확대됨에 따라 입후보자의 공약이나 시대에 뒤떨어진 선거 방법보다 매혹적인 요소가 더욱 중요한 것이 되었다. 그러나 현재까지는 다만 그러한 경향이 있다는 것뿐이다. 나는 현대인들이 자기들의 욕구를 무시한 채 오로지 좋고 싫음에만 의존해서 투표한다고 말하고 싶지는 않다. 선거에는 타인지향형 성격뿐 아니라 경제적인 동향이나 인종적인 전통, 온갖 정치조직 등등의 요소가 얽혀 있는 것이다.

2. 관용 교사로서의 미디어

커뮤니케이션의 매스미디어가 관용적인 태도를 내세우고, 정치를 포함한 모든 현상을 관대하게 경험하고 또 바라보게 된 데에는 여러 이유가 있다.

이 같은 경향을 낳은 가장 큰 이유는 커뮤니케이션의 수용자가 확대되었기 때문이다. 영화에 비하면 신문은 그렇지도 않지만, 매스미디어는 공격으로부터 자신을 방어하려는 온갖 집단의 압력을 받는다. 그리고 이 같은 압력은 대규모 미디어의 경영이나 유통 등의 구조 속에 섞여 내재화되어 버렸다.

특히 대규모 미디어는 대도시에서 편집되고 제작된다. 그곳에서는 타인지향적인 관용에 대한 압력이 매우 강하다. 그리고 지방의 소규모 신문이나 방송국에 비하면 광고주나 지방 유지에게 받는 압력이 비교적 적고, 또한 대도시 미디어 쪽이 훨씬 용감하다. 그러나 많은 독자를 가진 대도시 미디어는 그 내용의 잡다함에 대한 공격을 받게 될지도 모른다. 19세기 초 신문 편집자들은 명예훼손으로 고소를 당하면서도 그로써 발행 부수를 늘리겠다는 일종의 도박을 할 수 있었다. 그러나 20세기 편집자들은 발행 부수 증가가 보장된다 하더라도 그런 도박은 할 수 없다. 오히려 일반적인 근대기업이 그러하듯 신문 경영자도 제품에 대한 수요곡선의 변동이 비교적 크지 않기를 원하고 있다. 그는 발행 부수가 급격히 줄어드는 것도 급격히 늘어나는 것도 원치 않는다. 발행 부수에 대해서는 광고주와 사전 협의가 되어 있고 또한 용지 공급도 계획되어 있으며, 더구나 판매망에 대해서도 신문협회와 미리 계약을 맺었기 때문이다.

더욱이 여러 중소 도시가 신문을 갖게 되면 독점적인 신문 경영자는 유력한 지방단체를 공격해도 별로 얻는 바가 없다. 그는 오히려 미국 신문협회나 방송협회의 규제법 같은 것에 의거해 공정거래할 것을 선택한다. 공격이나 착상으로 승부하는 자유거래의 위험을 피하는 것이다. 그러한 이유로 다른 조건이 대등한 이상, 미디어의 규모가 크면 클수록 그것은 타인지향적인 관용의 분위기 속에서 제작되고 소비되며, 또한 과격파에 흥미를 불러일으키는 부분은 한층 축소된다. 실제로 소비 교사로서 미디어가 취하는 주요 전략은 평범한 취미와 유형 속에 변화와 다양함, 그리고 비연속성 같은 것을 도입하는 것이다. 그 때문에 미디어는 취미에 대한 관용이라는 특색을 지닐 수밖에 없다. 인간의 마음이란 수시로 변하게 마련이므로 특정한 취향만 지나치게 강조해서는 안 된다. 그러나 미디어 혹은 관용에 대하여 이것이 가장 기본적인 요인이라는 것을 그다지 깊이 의식하고 있지 않은 것 같다.

그런데 과거의 몇몇 신문이나 라디오 경영자들은 야심만만하며 관대하지 않은 인물들로서, 내용을 무엇보다도 중요시했다. 그들은 편집자들에게 거친 접근 방식을 취하도록 했다. 그 결과 이러한 신문이나 방송은 정치적 뉴스 대신에 정서적 흥분과 무관심 탈피를 시도하는 무관심파 사람들 또는 사회 부적응자들을 독자와 청중으로 끌어들였다. 허스트, 맥코믹, 개닛, 양키 방송망의 셰

퍼드 등 이러한 구시대적인 미디어 경영자들은 신문이나 라디오를 통해 돈이나 대중의 승인을 얻고자 한 것이 아니라 권력을 얻고 싶어 했다. 그러나 이러한 미디어의 경우에도 수용자 측이 반드시 정치적 과격파는 아니며, 새로운 형태의 무관심파였다. 독자들은 잠재적인 내막 소식통들이며, 그들은 허스트 계(界) 신문인 〈시카고 트리뷴(Chicago Tribune)〉과 특히 〈뉴욕 데일리 뉴스(New York Daily News)〉 같은 신문에 실린 폭로기사에 끌렸다. 이러한 신문이 독자들에게 전혀 거짓 없는 내막 정보를 전하는 것으로 비쳤기 때문이다. 독자들 입장에서 경건한 태도라는 것은 교회나 학교나 인쇄물 등과 같은 체면 차리는 형식적 문화에 속하는 것이었다. 그래서 독자들은 이와 대조적으로 여겨지는 궤변적인 것, 잔혹한 것, 비합법적인 것, 신비한 것 등을 거의 아무런 의심도 없이 진실한 것으로 받아들이고, 그러한 기사를 공개하는 편집자를 성실한 인간으로 생각했다.

관용과 성실 숭배

성실이란 말이 의미하는 바가 무엇인지 깊이 고찰함으로써 우리는 대중문화가 그 수용자들에게 관용을 가르치는 방법도 이해하게 된다. 이 장 서두의 인용문에 의하면 성실이란 소매상이 충실한 고객을 잡기 위한 자질 가운데 한 가지였다는 점에 유의하자.[2]

대중가요에 대한 태도를 조사할 때 우리는 다음과 같은 답변을 자주 들었다. "나는 다이나 쇼어가 좋아요. 그녀는 무척 성실해요." "이 음반은 아주 성실하게 만들어졌어요." "프랭크 시나트라가 성실하다는 사실은 그의 노래를 들어보면 알아요." 대중은 자기들이 좋아하는 소비의 영웅들과의 관계를 인격화하고

---

2) 시카고 대학의 어떤 대학원생이 모피 소매상의 관심이 기술적인 문제로부터 점차 판매 및 접객으로 옮겨가는 과정을 연구했다. 그런데 그는 성실성이라는 말이 경쟁에서 자신을 지키는 방법을 설명한 한 남자의 경우와 같은 의미로 사용되고 있음을 깨달았다. "당신들은 손님들과 대화를 나눌 수 있어야 한다. 손님들이 오면 여기저기로 안내해줄 수 있어야 한다. 당신들이 성실하기만 하면 손님들은 이야기를 건네올 것이다." 이 경우 성공은 단순히 금전적인 문제가 아니라 '대인관계 추구'와 '더 좋은 계급'을 상대한다는 입장에서 정의되고 있다. Louis Kriesberg, "The Relationship of Business Practices and Business Values among Chicago's Retail Furrier" (Master's thesis, Department of Sociology, University of Chicago, 1949)

싶어 하며, 그들이 성실성을 바람직하게 여기는 것은 그만큼 일상생활에서 자기 자신이나 타인에게 거의 신뢰감을 품고 있지 않기 때문임에 분명하다. 그러나 그들이 가수나 연주가들의 어떤 점을 성실하다고 느끼는지는 확실하지 않다.[3] 대중이 성실하다고 평가하는 요소 중 한 가지는 아마 이 음악가들이 다른 사람들은 할 수도 없고 하려고도 하지 않는 감정 표현의 자유를 가지고 있다는 점일지도 모른다. 또 성실이란 공격적이지도 않고 냉소적이지도 않은 오로지 무방비한 연주 형태를 뜻하는지도 모른다. 이는 어떤 부류의 정치가들이 일문일답에 대답하거나 기자회견에서 이야기할 때의 연기 기술과 비슷하다. 연기자는 자기 자신을 수용자와 수용자의 감정에 내맡겨버린다. 그런 까닭에 연기자들 입장에서 볼 때 성실함은 수용자들로 하여금 그들에 대한 관용의 마음을 일으키게 하는 요소가 된다. 즉, 스스로를 활짝 열고서 우정에 가득 찬 기쁨의 손을 내밀고 있는 인간을 지나치게 비판적으로 대하는 것은 부당하다는 것이다.

그러나 대중이 성실을 중요시하는 것은 이 정도로 그치지 않는다. 그것은 판단 기준이 연기 내용과 그 연기의 미적인 가치에서 연기자의 인품으로 바뀌었음을 의미한다. 연기자가 성실한가 그렇지 못한가 판단의 기준이 되는 것은 그가 관객을 대하는 태도이다. 여기서는 연기자의 능력, 이를테면 열정이나 숙련된 기교 따위는 문제가 안 된다.

수용자 측은 스스로 연기할 능력이 없다고 믿고, 한편으로는 내심 자기 자신이 성실하다고 믿는다. 이 두 가지 신념 중 전자를 경시하고 후자를 중시함에 따라 관객들은 어느 정도까지 연기자들을 두둔할 수 있고 또 청취자 참가 프로그램에서 술렁거리는 관객들에게도 친근감을 느낀다. 또한 연기자의 감정적인 발산, 예컨대 성실 따위를 중시함으로써 관객들은 연기 그 자체에 대하여 감정적 반응을 보이지 않아도 된다. 10대들의 표현을 빌리면 청중은 '자기를 향하여 노래 부르는' 스타를 좋아한다. 그러나 청중은 스타에게 그다지 깊이 빠져들지 않는다. 그들은 이른바 소비자 동맹의 구성원이며 그 사실을 잊어서는

---

3) 나는 이러한 인터뷰를 분석하면서 Howard C. Becker로부터 많은 도움을 받았다. Kate Smith War Bond Drive ; Robert K. Merton, *Mass Permission*(New York, Harper, 1941)에 있는, 청중의 반응에 적용되는 성실성에 대한 예리한 논구에서 많은 것을 얻었던 것이다.

안 된다. 이와 같이 성실하다는 것을 객관적인 지출로 생각하거나 또는 적어도 그것을 동료집단에서의 화젯거리로 삼음으로써, 관객은 한편으로 동료집단의 일원이라는 안도감을 갖고 또 한편으로 어느 정도 정서적인 해방감을 가질 수 있다. 말하자면 그들은 여성의 도덕적 자질을 문제 삼지 않은 채 여자와 팔짱을 낄 수 있는 것이다. 이런 의미에서는 성실한 예술가라는 말과 열성적인 예술가라는 말이 서로 통한다.

이와 비슷한 감정의 시장으로서 정치를 살펴보면, 오늘날 대다수의 미국 정치 후보자들은 대중예술가들과 같은 종류의 매력을 가지고 있다. 이들에 대해서도 재능과 성실 중 어느 한쪽을 선택해야 한다면 관객들은 대부분 성실을 택할 것이 분명하다. 지도자가 열심히 일하기만 하면 그 지도자가 다소 부족하고 자격이 없어 보이더라도 사람들은 관용을 베푼다.[4]

성실과 냉소주의

타인지향적인 내막 소식통은 단순한 냉소주의자가 아니다. 냉소주의는 내부지향형 인간과도 타인지향형 인간과도 모순 없이 함께 성립할 수 있는 습성들 가운데 하나이다. 물론 이 두 성격유형에서 그것은 제각기 다른 방식으로 나타난다. 내부지향적인 냉소주의자는 자기 목표를 향해 부단히 전진하는 기회주의자이거나 또는 잠재적 기회주의자이다. 아니면 그들은 실제로는 정직한 행동을 하면서도 충족되지 못한 이상주의자일지 모른다. 이미 말한 것처럼 내부지향적인 도덕가들은 타인에게 도덕적인 삶을 강요하는 성질이 있었으나, 그와 마찬가지로 이상주의적인 냉소주의자일 경우에는 그 목표가 정당하든 그렇지 못하든 간에 목표 달성을 위해서 남들을 이용할 수 있는 인간들이다. 그러나 타인지향적인 인간은 대체로 냉소적인 듯이 보이지만, 일반적으로 그들은 남들에게 지나치게 많이 의존하고 있다. 따라서 그들은 완전히 냉소적인 태도로 남들을 대할 수 없다. 그들은 성실성, 즉 정서적인 관련을 가질 수 있는 퍼스낼리티를 추구하는 것이다. 그래서 예를 들면 아이젠하워 같은 대통령 후보자에게 성실성을 요구하는 것은, 냉소주의 및 무관심으로부터 적극성 및 열정으로

---

4) 물론 이것은 모두 그와 같은 태도의 좋은 실례가 많이 나타났던 1952년의 선거 이전에 쓰인 것이다.

도피하고 싶다는 그들의 욕구가 겉으로 드러난 것이라고 해석할 수 있다. 다시 말해 그것은 정치 참가라는 억압받던 성질을 회복했다는 구실도 된다.

그런데 타인지향적인 인간이 냉소적으로 보이는 것은 흔히 자기가 속해 있는 동료집단의 규범을 관용으로써 받아들일 준비가 되어 있음을 뜻한다. 그러나 규범을 이렇듯 쉽게 받아들이는 것은 자기 자신에 대한 냉소주의를 낳는 것이지, 자기가 의존하고 있는 남들에 대한 냉소주의를 낳는 것은 아니다. 실제로 타인지향적인 인간은 자신에게 냉소주의적인 경향을 가지고 있기 때문에, 자기가 무엇을 싫어하고 좋아하는지 잘 분별하지만 자기가 무엇을 바라는지는 잘 모른다.

내부지향적인 인간의 정치적 시각이 어떠한지 살펴보면, 그들은 사람들에게는 매우 냉소적일 수 있으나 제도나 헌법이나 정치 자체의 가치에 대해서는 대체로 냉소적이지 않다. 그러나 이와 반대로 타인지향적인 인간은 인간 자체에 대해서는 오히려 감상적이면서도 법률적·정치적 제도와 정치라는 이름의 커다란 게임에 대해서는 매우 냉소적인 경우가 많다. 이와 같은 정치관과 정치적 퍼스낼리티 속에 성실을 구한다는 일이 섞여들면 상황이 매우 곤란해진다. 성실을 중요시한다는 것은, 선악이라는 추상적 관념에 사로잡히기를 거부하는 것과 같다. 그리고 지도자가 가지고 있는 감정적인 색채가 결정적으로 중요하다는 결론이 된다. 그러나 이러한 사고방식으로 실제 상황에 부딪쳐보아도 전혀 종잡을 수 없는 문제가 많다.

첫째로 지도자가 가지고 있는 온정이나 성실 따위는 반드시 중요한 것이 아니다. 그것은 상황에 좌우된다. 정치구조와 유권자구조는 둘 다 강력하므로, 성실하지 못한 후보자가 정치 속에 부당한 요소를 개입시키기란 불가능하다. 타인지향적인 인간은 모든 일을 인간 중심으로 생각하기 때문에 이런 종류의 이른바 물질의 제도적 경도(硬度)를 잊어버리기 쉽다. 도덕가들은 법률의 지배를 공상하지만, 이와는 반대로 내막 소식통들은 법률이 아닌 인간의 지배를 지나치게 공상적으로 생각한다.

둘째로 성실이라는 말을 사용하는 수용자 측은 이 말을 사용함으로써 재능을 판정하는 어려움에서 관용의 분위기 속으로 도피하고 있다는 것을 스스로 깨닫고는 있지만, 실제 사태는 훨씬 복잡하다. 성실을 이같이 지나치게 중시하여 결국 그것이 위선이 되고 마는 것이다.

타인지향형 인간이 온정과 성실을 강조하는 것은 다만 그들의 심리적 욕구에 따른 것이며, 정치적 욕구에 따른 것은 아니다. 지도력에 대해서 말하자면, 타인과 견해를 달리하는 능력은 때때로 보다 중요한 요소일 수 있다. 더욱이 스스로를 성실한 인간이라 생각하고 있는 사람은 자기 자신도 타인도 동시에 기만하고 있는 것이 아닐까? 이와는 반대로 자기가 성실하지 않다는 것을 깨닫고 있는 인간이야말로 자기 스스로를 감시하고 남들에게 감시받을 수 있다.[5]

3. 미디어는 정치에서부터 도피하는가?

할리우드 영화 촬영소는 흑인 문제에 대한 새로운 국면에 맞닥뜨렸다. 그리고 영화 배급업자들은 매우 어려운 문제에 부딪쳤다. 바로 남부 지방 사람들이 인종차별의 편견에 반대하는 영화를 어떻게 받아들일 것인가 하는 문제였다. 영화 〈용감한 사람의 집(Home of the Brave)〉은 뉴욕에서 이미 9주 동안 상영했고 남부 도시 댈러스와 휴스턴에서도 개봉했다. 댈러스의 흑인 엘리베이터 보이는 이 영화에 대해 이렇게 말했다. "이 영화를 본 사람들 중 99퍼센트는 이 영화를 교육적이라고 평가하고 있어요. 나머지 1퍼센트도 좋은 영화라고 말하고 있습니다."

〈타임〉 1949년 7월 18일자

일반적으로 매스미디어 비평가들은 미디어가 정치적 무관심을 조장한다고 생각하는 듯하다. 그들은 미디어가 사람들로 하여금 정치 및 그 밖의 생활의 현실적인 면에서부터 도피하게 만드는 역할을 하고 있다고 말한다. 또 그것은 그레셤의 법칙과 같은 것으로, 미디어가 정치라는 양화(良貨)를 구축하고 대중

---

5) 링컨이 전쟁 중 장군들과 가졌던 관계에서는 성실과 기량을 평가할 때 내부지향형 인간이 취하는 태도의 전형이 엿보인다. 그랜트 장군의 음주사건 때 그는 이런 인물이 좋은지 나쁜지, 또는 그의 입장에서 좋은지 나쁜지 하는 문제가 아니라, 그가 임무를 잘 해낼 수 있을지를 궁금해했다.

오락이라는 악화(惡貨)를 사회에 만연하도록 한다고 말한다. 워싱턴처럼 위대한 정치가가 할리우드 및 브로드웨이 때문에 설 자리를 잃고 말았다는 비판도 나온다.

그러나 이 같은 비판에도 실제 미디어는, 특히 신문은 정치에 대하여 놀랄 만큼 내부지향적 태도를 고수하고 있는 듯이 보인다. 사실 신문은 독자가 요구하는 것 이상으로 정치에 많은 관심을 쏟고 있다. 대중지(大衆紙) 제1면의 표제와 사진조차 만화인 경우는 거의 없다. 물론 대중지 제1면은 섹스와 범죄 또는 정치적 폭로 기사로 메워지고, 중요한 정치 문제가 실리는 예는 드물다. 그러나 과격파인 허스트의 신문은 제1면에 각선미를 드러낸 여자 사진 대신 편집장의 논설을 싣는 것을 방침으로 했다. 지방 라디오 방송국은 하루 종일 음악이나 잡담만 들려주는 것 같지만, 실은 그들의 자존심을 지키려는 의도에서 매시간 뉴스를 방송하고 그로써 연방방송위원회(聯邦放送委員會)도 만족하고 있다. 그러나 청취자들은 이 정시(定時) 뉴스를 상업광고와 같은 차원에서 이해하며, 뉴스가 방송되고 있어도 별로 신경 쓰지 않는다. 마찬가지로 뉴스 영화도 대부분 정계 인물의 근황이나 정치적 사건으로 시작하며, 패션쇼나 오락에 대한 뉴스는 나중에 나온다. 따라서 매스컴의 미디어는 대부분 엄밀한 시장조사에 의해서 지시되는 것 이상으로 많은 정치적 뉴스를 제공하고 있다. 사실 미디어는 정치가를 별로 훌륭한 인물이라고 생각지 않는다. 일반적인 획일화된 흐름에 보조를 맞추는 것이 보통이지만, 위와 같은 방법으로 일단 청취자에게 정치가 중요하다는 원칙을 정해줌으로써 미디어는 정치의 위신을 지키는 역할을 하고 있다. 미디어 속에서 정치에 위신이 부여되고 있다는 것은 타인지향형 인간에게 특히 중요하다. 왜냐하면 타인지향형 인간은 매스미디어에서부터 자기의 생활설계나 일반적인 가치의 질서 등을 배우려고 하기 때문이다. 그들은 매스미디어와 접함으로써, 타인들도 이런 미디어와 마찬가지로 정치를 중요시하고 있다고 믿는다. 자기는 그렇지 않더라도 다른 사람들은 정치적으로 깨어 있을 거라고 믿는 것이다. 타인지향형 사람들의 이러한 생각을 뒷받침해주는 것은 신문에 보도되는 온갖 여론조사 등이다. 탐방기자의 사진이 함께 실리는 기사는 별도로 하고, 이러한 여론조사는 공적인 문제를 다루고 있는 것이 대부분이다. 일상생활이나 스포츠에 대한 여론조사는 거의 없다. 이렇게 볼 때 미디어는 대중의 정치적 관심을 둔화시킨다고 볼 수 없다. 정확히 말하면 정치적 무관심을 변형시키는 역할을 하고 있다 하겠다.

각종 직업에 종사하는 사람들은 보통 자기가 정치에 관심이 없다는 것을 부끄럽게 생각하며, 특히 남자들이 더욱 그러하다. 사람들은 자기들이 정치를 비롯하여 미디어가 중요하다고 가르쳐주는 여러 문제에 대해 무관심하며 슬슬 지겨움을 느낀다는 것을 알고 있다. 그러나 남들은 그렇지 않을 거라고 믿는다. 이른바 타인들만의 집합체라고 말할 수 있는 도시생활에서 '정치 불신자'는 자기와 같은 인간이 매우 많다는 것을 매스미디어를 통해 알게 된다. 그러나 매스미디어는 정치에 우선권을 주고 있는 커뮤니케이션 채널이기도 하다.[6]

이러한 상황이 생겨난 원인은 아마 매스미디어 분야에서 일하고 있는 사람들이 옳은 일 또는 자기들보다 높은 지위에 있는 사람들이 옳다고 말하는 일을 실천하고자 하는 의욕에 불타 있기 때문일 것이다. 출판업자는 비록 타산이 맞지 않더라도 좋은 책을 출판하고자 하는 욕구를 갖게 마련이다. 그와 마찬가지로 신문기자나 방송업자는 선의를 여러 각도로 합리화하면서도 자기들을 '최대공약수' 수준 이상으로 끌어올리고 싶은 생각을 가지고 있다. 그런 경우 그들은 대중을 상대로 돈을 버느니 하는 문제에는 별로 신경을 쓰지 않는다. 그래서 예컨대 오락용 영화만을 제작하고 있는 영화 제작자는, 〈용감한 사람의 집〉이나 그 밖의 문제작을 만든 제작자에게 다소 열등감을 느낀다.

실제로 매스컴 산업에 종사하고 있는 사람들은 정치를 다룰 때 도덕적인 형태를 취하지만 사실은 전형적인 타인지향형 인간들이다. 그들의 직업을 보장하는 것은 그들이 지닌 초고감도(超高感度) 레이더이다. 그런데 이 레이더는 기회가 있을 때마다 자기들의 상대편인 수용자 측의 상태를 수신하는 것이 아니라 자기들을 둘러싸고 있거나 자기들보다 우위에 있는 지식층의 상태를 수신하려고 한다. 그리고 이 지식층은 대개 대중문화를 경멸한다.

모든 종류의 오락에는 늘 어떤 위계질서가 존재한다. 과거에는 이 위계질서가 적어도 어느 정도 예술성의 높이를 기준으로 하고 있었던 것 같다. 그러나

---

6) 미디어의 신분수여적(status conferral) 역할에 관해서는 Paul Lazarsfeld and Robert K. Merton, "Mass Communication, Popular Taste and Organized Social Action", *The Communication of Ideas*, ed. Lyman Bryson, p. 95를 참조.

이와 반대로 오늘날 존재하는 위계질서는 테마 중심적이며 그것을 처리하는 방법과는 별로 관계가 없는 듯하다. 수용자 측은 어린이용 만화에서부터 성인용 뉴스 해설에 이르는 갖가지 화제와 취미의 서열 속에서 언제나 수직 상승해야만 한다고 생각한다. 고로 미디어 제작자들도 항상 사회적인 상승감각과 도덕적인 상승감각을 가지고 있다. 그들은 단순한 오락거리를 제공하는 것만으로는 만족할 수가 없다. 그래서 미디어는 화제 측면에서 교육적이고 사회에 기여할 만한 요소를 더하려고 노력한다.

값비싼 잡지가 싸구려 잡지보다 좀 더 수준이 높다는 논리와 같은 이유에서, 정치를 논하는 것은 섹스를 논하는 것보다 좀 더 차원이 높은 것으로 여겨진다. 스포츠 기자는 정치 문제를 논하는 논설위원이 되고 싶어 한다. 오락 프로를 담당하는 방송인은 정치적인 언변을 늘어놓고 싶어 하며, 나아가서는 진지하게 정치론을 펴고자 한다. 대부분의 신문 경영자들은 '진정한' 비즈니스맨으로서 사업을 시작하지만 나중에는 정치적 도덕가로 변해버리고 만다. 마치 하루아침에 재산가가 된 사람이 상류사회에서 자선사업을 행하도록 '교육받게 되는 것'처럼, 매스미디어 산업에 새로 참여한 사람들은 '저급'한 상업적 동기를 버리고 좀 더 위신이 서는 동기를 갖도록 교육받는다. 이를테면 〈라이프〉나 〈룩〉이나 그와 비슷한 종류의 화보 잡지에서는 점차 사진 수가 줄어들고 있다. 그나마 실리는 사진도 여자 사진에서 예술 사진으로 점점 성향이 바뀌고 있다. 더구나 일요판 신문도 자극적인 기사 대신 '진지한' 읽을거리 및 정치적 설교를 싣게 되었다. 사진도 실리고는 있지만 그것은 사회문제를 거드는 도구일 뿐이다.

이렇듯 매스미디어는 지극히 복잡하고 불분명한 영향을 미치고 있는데, 그중 한 가지가 미국에서 정치 위신을 높이는 일이다. 정치 영역에서 매스미디어는 오히려 낡은 도덕적 정치형태의 편에 서는 듯한 효과가 있다. 이런 경향은 영화나 라디오보다 인쇄물에서 더욱 두드러지게 나타난다. 인쇄물이라고 한마디로 통틀어 말하지만, 그중에서도 어떤 종류의 잡지나 신문에서 특히 강하게 나타난다. 이와 같이 미디어는 좋은 의도를 가지고 미국인의 정치적 태도에 큰 영향을 주고 있으나, 그것은 굳이 따진다면 타인지향적인 관용을 북돋우는 것이지 내부지향형 과격파를 보존하는 것은 아니다. 매스미디어는 소비자로서의 재능을 중요시한다. 그것은 타인지향적인 인간을 고무하고, 또한 타인지향적인 인간들에게 쉽게 받아들여지는 성질의 것이다. 그리고 이러한 종류의 누적효과가 생겨나는데, 여기서 가장 기본적인 것은 다음과 같다. 즉, 내부지향형 인간과 그들의 이해문제는 미디어의 모든 영역에서 동시에 추방되고 있다는 사실이다. 오직 한 가지 예외가 있다면 바로 정치뿐이다.

4. 분노의 저수지

정치 영역을 제외하면 오늘날 매스미디어는 과격파에 거의 주목하지 않는다. 미디어가 다루는 도덕적인 문제는 점점 더 복잡한 형식을 나타내고 있으며, 제7장에서 살펴보았듯이 거기서 문제는 주로 인간관계상의 문제였다. 더욱이 내부지향적 단계에 머물고 있는 많은 독자들에게 미디어의 속도는 지나치게 빠르고 또한 조작적이다. 이를테면 예능 분야의 도덕이나 풍속에 대한 기사는 내부지향적인 인간에게 아무 소용도 없다. 연재만화에서는 의미를 알 수 없는 특수한 은어가 등장한다. 또 A급 문제 영화의 골자가 없는 애매성도 내부지향형 인간은 전혀 알 수가 없다.

과격파의 구시대적인 시각으로 볼 때 오늘날 서부극 같은 것도 사디즘과 섹스와 사회문제를 단순히 목가적인 무대 위에 펼치고 있는 것으로 보인다. 과거 서부극에서 주인공은 말(馬)이었으며, 거기서 도덕적인 문제는 실로 단순하기 짝이 없는 것이었다. 그러나 그런 서부극은 이미 자취를 감추었다. 연속극은 아마 상층 중산계급에게는 도덕적 기분에 휩싸여 눈물지을 수 있는 한 가지 수단일 것이다. 그러나 그들은 성격유형의 특징 때문에 복잡하게 얽힌 섬세한 감정을 단순화하고 싶어 한다. 그래서 그들은 직업적 또는 반직업적인 인간의 도움을 받지 않고서는 그러한 세세한 점을 이해하지 못한다. 전형적인 완고한 과격파는—특히 남자들은—그러한 일에 전혀 흥미가 없다.

대중문화 영역에 일어난 변화가 다른 미디어에서도 일어나고 있다는 사실에 주의하면서 다음 예를 들어보려 한다. 몇 년 전에 〈과학적인 미국인(Scientific American)〉지가 새로운 형태로 바뀌었다. 이제까지 이 잡지는 과학을 선호하는 내부지향형 독자들이 즐겨 읽었다. 그러나 새로운 형태로 바뀐 뒤로 이 잡지는 호화판 정기간행물이 되어 사회과학과 철학도 포함한 과학의 소비자들에게 지혜와 궤변을 파는 것이 되었다. 어느 오랜 독자가 불평했듯이, 이 잡지는 더 이상 일터에서 기름투성이가 되어가며 일하는 사람들이 취미 삼아 읽는 잡지가 아니었다. 사실상 이 잡지에 남아 있는 취미를 위한 유일한 페이지는 천문학에 대한 것이다.

출판 분야에서도 같은 현상이 일어나고 있다. 예를 들어 스트리트 앤 스미스 출판사는 옛날엔 앨저의 작품처럼 도덕적인 책을 내던 회사였다. 그런데 1948년이 되자 그때까지 발행해오던 싸구려 잡지를 하나만 남기고 전부 폐간해버렸다. 폐간된 잡지들 중에는 〈탐정 이야기〉, 〈서부극 이야기〉 같은 것도 있었다. 그리고 이런 싸구려 잡지를 폐간하고서 세 가지 호화판 잡지, 즉 〈마드모아젤(Mademoiselle)〉, 〈매혹(Charm)〉, 〈마드모아젤의 생활(Mademoiselle's Living)〉에 전력을 집중하기 시작했다. 이런 사태에 대하여 완고한 도덕가는 그저 방관자 태도를 취할 뿐이다.

그러나 도덕가에게 자기가 읽을 만한 매스미디어가 없다는 것은 그다지 문제가 되지 않는다. 정말 문제가 되는 것은 그가 살고 있는 세계가 이미 내부지향적인 사회, 즉 보이지 않는 손에 의하여 움직이고 있는 사회가 아니라는 것이다. 그의 인생 체험은 때로 절망적이다. 그는 자기가 살아가는 장소와 시대가 합당치 못하다는 불만에 사로잡힌다. 그의 성격도, 직업도 보상을 받을 수가 없다. 이러한 상황에서 그는 자기의 성격과 일이 받아들여지지 않는 데 대하여 반항하게 된다. 그리하여 세상 전체를 적대적으로 바라보게 된다. 그는 자신이 성공하지 못한다는 사실보다 세상 사람들이 자기를 알아주지 않는다는 사실에 참을 수 없는 울분을 느끼기 때문이다. 그리하여 그는 미국을 내부지향적인 시대로 되돌려서 자기가 살아가기 좋은 나라로 바꾸려고 필사적인 노력을 기울인다. 다시 말해 그는 과격한 분노가 기동력이 되는 정치운동에도 참가할 각오를 굳히게 된다. 자기를 받아들여주지 않는 세상, 자기를 부적격한 인간이라고 평가하는 세상은 그에게 아무런 가치도 없다. 그래서 그는 온갖 이데올로기로 스스로를 정당화하면서 파괴적인 태도를 고수한다.

그런데 매스미디어는 거의 모든 영역에서 이 같은 과격파의 요구에 응하지 못하지만, 정치 영역에서만은 충분히 응해줄 수 있다. 그 이유 가운데 하나는 앞서 살펴본 바와 같다. 미디어를 이끄는 지도자들 가운데 상당수는 그 자신의 위신이나 다른 이유 때문에 정치에 대해서 내막 소식통의 태도가 아닌 도덕가의 태도를 취하기 때문이다. 또 다른 이유도 우리는 이미 고찰했다. 미디어가 단순한 정보로 과격파 사람들을 끌어들여 독자로 삼고 있는 것이다. 오늘날 독자들은 보통 새로운 형태의 무관심파에 속하므로 정치적 흥분에 그다지 반응하지 않지만, 개중에는 과격파도 조금 있다. 그들은 다른 기사야 어찌 됐든 논설이나 뉴스 해설과 자신의 생각이 일치하는 데에 큰 기쁨을 느낀다.

언뜻 보기에 신문 경영자나 해설이나 논평 등은 타인지향형 독자에게 아무런 영향을 주지 않는 것처럼 보인다. 그러나 사실은 그렇지 않다. 이런 기사를 쓰는 사람 대부분은 타인지향형의 변두리에 위치한 인간에 불과하지만, 그래도 그들 대부분은 자기 자신의 것으로 도덕가 형태를 선택하고 있다. 게다가 지극히 관용적인 타인지향형일지라도 이따금 과격파가 가지고 있는 분노의 감정에 매력을 느끼기도 한다. 그것은 그 분노의 감정이 그의 성격과 일치하기 때문이 아니다. 오히려 전혀 이질적인 것이기 때문에 마음이 끌리는 것이다. 이를테면 권투와 같은 상업적 스포츠를 볼 때 그는 격렬한 싸움을 즐긴다. 그 싸움이 관중을 즐겁게 하기 위한 상술로 꾸며진 것임을 분명히 알면서도 즐기는 것이다. 그리고 그러한 격렬함은 생활의 다른 영역에서는 이미 사라지고 없다. 그 결과 정치 영역에서의 공격성과 분노는 모든 유형에 공통된 것이라고도 할 수 있다. 즉 과격파도, 내막 소식통도, 무관심파도 모두 같은 태도를 보인다. 그래서 군중은 입을 모아 트루먼 대통령에게 "해리! 빨리 말해 봐!" 소리쳤던 것이다. 미국인은 그 계급과 성격에 상관없이 권투와 로데오를 좋아한다. 그들은 관용적인 경향으로 나아가고 있으나, 한편으로 정치 토론하는 것을 미국 전통의 일부라고 믿는 습관은 아직도 뿌리 깊이 남아 있다.

이러한 사실을 종합해보면 우리는 한 가지 중요한 문제를 알게 된다. 선거의 과정은 그 성질상 과격파에게 후보로 나설 수 있는 가능성을 주고 있다는 사실이다. 미국의 선거운동에서는 도덕가 전통의 잔존과 매혹적인 요소를 찾으려는 새로운 경향이 서로 경쟁을 벌이고 있다. 정당 지도부도 한편으로는 정치의 매혹적 요소에 주의를 기울이면서 다른 한편으로는 과거 경험에 비추어 과격파의 정치적인 힘의 크기를 분명히 의식하고 있다. 과격파 사람들은 관공서에 가서 이런저런 토론을 벌이곤 한다. 그래서 타인지향적인 사람들도 도덕적인 내부지향적 정치가에게 표를 던지기도 한다. 이러한 정치가들은 정치에 대해 좀 더 익숙하고 좀 더 극적이며, 언뜻 보아 좀 더 적절한 태도를 지닌 것처럼 비치기 때문이다.

과격파 사람들은 정치의 위대한 전통 일부를 습득하고 있다. 즉, 그들은 정부에게 어떻게 통치하라기보다는 더 철저하게 통치하라고 요구하는 것이다. 금주법 같은 것이 그 좋은 예이다. 게다가 토크빌이 미국으로 왔을 때 코네티컷주에서는 헤브라이 법이 아직도 남아 있었다. 그러나 현실적으로 그 법에 따라 엄중한 처벌을 할 수는 없었다. 이러한 전통을 계승하면서 오늘의 과격파들은 도시적인 궤변과 관용을 상징하는 온갖 문화운동, 이를테면 문학·영화·대학교육·도서관 등에 대하여 '법률을 제정하자'는 태도로 나온다. 그러나 이러한 문화 통제의 움직임에 반대하는 것은 관용적인 타인지향형 인간이 아니다. 이에 저항하는 것은 관용을 도덕적 원칙으로 하는 내부지향형 인간들이다. 이러한 내부지향형 인간은 성격상 관용적인 게 아니라 도덕적 원칙으로서 관용 정신을 가지고 있는 것이다. 미국에서 인권 옹호에 가장 열성적인 사람들이 바로 이런 사람들이다. 그들은 정치상의 인간관계 따위는 잘 모른다. 그러나 그들은 관용의 원칙을 고수하고 확고한 신념을 바탕으로 행동하는 사람들이다.

그와 대조적으로 관용적인 내막 소식통은 관용적이지 못한 것에 대해서 객관적으로 냉담할 뿐이다. 그들은 사람들이 어떤 사건에 의혹을 느끼고 있는지 또는 저항을 느끼고 있는지를 잘 알고 있다. 즉, 그는 언제나 타인에게 관심을 갖고 있는 것이다. 그러나 자기 자신의 원칙이나 요구에는 전혀 관심을 나타내지 않는다. 내막 소식통의 능력이란 이런 것으로, 바로 이 점이 그의 약점이다.

사실 타인지향형 인간은 과격파의 정치적 공격에 대해 내부조작으로써 스스로를 방위하는 역도덕가적(逆道德家的)인 방어수단은 취하지 않는다. 그들은 개인적인 전투정신을 앞세워 스스로를 위험에 처하게 하지는 않는다. 그 대신 자기들을 대표하는 집단이나 조직을 통하여 압력을 가한다. 그들은 내부조작이나 커뮤니케이션을 다루는 데 매우 뛰어난 재능을 발휘하기 때문에 종종 과격파 인간들이 추구하는 일에 제동을 걸 수 있다.

당연한 이야기지만 그들은 매스미디어 속에 안주할 수 있다. 이미 말한 것처럼 대부분의 매스미디어는 도덕가가 지배하고 있는 듯 보이지만, 모든 매스미디어가 다 그렇다고는 말할 수 없다. 유능한 지방 검사는 피고 측 변호인과 상의하여 피고가 작은 범죄를 시인하도록 함으로써 배심원들의 흥분을 가라앉히는 방법을 알고 있다. 그와 마찬가지로 내막 소식통은 흔히 국가 또는 지방 정치에서 조금 양보함으로써 과격파 인간들을 솜씨 좋게 떨쳐버리는 기술을 알고 있다. 내막 소식통은 정치 영역에서 자기 자신을 위해 세계를 개조하고자 하는 기대를 품지 않으므로 그렇게 양보할 수가 있다. 실제로 과격파 인간은 정치에 너무 많은 것을 요구하는 데 반해 관용적인 내막 소식통은 별다른 요구를 하지 않는다.

도덕가나 내막 소식통이나 그 대부분은 교육수준이 높은 사회계층이다. 그러나 사회 전체 인구에 비한다면 그들의 수는 아주 적다. 그런데 내막 소식통은 무관심파 사람들과 심리적으로 나눠 가질 만한 것이 거의 없다. 그가 지닌 지식의 성질상 그는 정치에 대한 인간의 무력함을 느끼고, 또한 정치에서 벗어나는 게 불가능하다고도 생각한다.

무관심파 사람들을 일깨우는 데는 과격파 사람들 쪽이 훨씬 가능성이 크다. 과격파는 더 그럴듯한 쇼를 연출할 뿐만 아니라 무관심파가 가진 불만을 이용하기도 한다. 그런 불만은 정치 영역에서 이른바 반정치적인 설교에 의해 제기되는 경우도 종종 있다. 과격파 사람들이 어떤 정치상의 약속을 할 때는 증오에 가득 차 있으며, 그런 약속은 전통지향형에 안주하고 있는 까닭에 무관심한 것이 아니라 재능과 애정을 갖고 있지 않기 때문에 무관심한 사람들의 마음을 움직인다. 초기 나치스 당원을 끌어들인 것도 바로 이런 힘이었으며, 또 드골파 인간을 모은 것도 바로 그것이었다. 그리고 그 밖의 많은 나라에서 스스로를 정치와 당파와 여론보다 한층 높은 위치에 두려는 여러 집단이 생겨났다. 이러한 집단은 전통적인 당파주의와 사회에서 정치적으로 분명하게 드러난 요소를 공격하며 정치로부터의 자유를 요구한다. 즉, 정견이나 원칙, 의회라는 것에서부터의 자유를 요구하는 것이다.

미국 정당의 구조와 정치적 여론의 양상에 대한 이러한 태도는 결코 드물지 않다. 따라서 과격파 사람들이 무관심파 사람들과 연합하는 일이 있다면 과격파의 힘은 강대해질 것이다. 대내적으로 말하면 과격파는 하층계급에 많이 남아 있는 국가주의와 배타주의를 동원할 수가 있다. 그리고 대외적으로는 자기들과 완전히 대립되는 과격파와도 타협함으로써 과격파 대동단결을 꾀할 수 있다. 그리고 이에 일차적으로 흥분한 무관심파 사람들이 연합하면 관용파 사람들 앞에는 일종의 기정사실이 나타나게 된다. 그리고 이 관용적인 내막 소식통은 내부지향의 원칙에 따라서 관용적인 사람들보다 기정사실을 받아들이는 데 더 익숙해져 있으므로, 결코 거기에 저항하지 않는다.

관용파 사람들은 어차피 그 형태와 분위기로 정치를 조작할 수 있겠지만, 경우에 따라서는 그전에 과격파의 공격이 폭발적으로 행해져서 관용파의 주의(主義)와 성격은 숨통이 끊어져버릴지도 모른다.

5. 책임은 꿈속에서 시작된다

얼마쯤 모험적이기는 하지만 필자는 다음과 같이 결론을 내보려고 한다. 만약 미디어가 '전면적으로 경원'하는 방향으로 순수한 도피를 행하고 수용자 측이 그 도피를 허용한다면, 미국인들은 오히려 심리적으로 강해지고 또 정치적 상상력과 참여의식에 좀 더 눈을 뜨지 않을까 하는 것이다.

우리가 현재 방식대로 미디어를 계속 비판한다면 미디어는 더욱더 정치적인 위신을 높여갈 것이 분명하다. 그리고 이 경우에 우리의 생활이 현재 그러하듯 미디어가 제공하는 정치는 더욱 실질적인 내용을 잃어갈 게 분명하다. 그런데 잘 생각해보면 바로 이렇게 내용이 부족하기 때문에 우리는 정치를 현실과 떨어진 공상적인 각도에서 바라보게 되는 것이다. 왜냐하면 예컨대 영국 상원(上院)이 여론의 영향을 거의 받지 않는 것과 마찬가지로 정치적 결단의 계기를 만드는 미디어의 직접적인 영향은 매우 미미해지기 때문이다.

강경파 신문은 이런 상황에 직접 접하기를 거부한다. 그리고 미국의 생활 내부에서 생겨나고 있는 새로운 정서의 흐름을 찾아내려 하지 않고, 미디어의 하원(下院)이라 할 수 있는 라디오와 텔레비전과 영화와 대중잡지에 정치적 논쟁의 의사록 풀이와 비슷한 것을 제공하려고 애쓴다. 그런데 정치는 신문 경영자들이 꾸며대거나 또 독자들이 생각하고 있는 것만큼 현실적이지 못하다. 따라서 정치적인 욕구의 소비는 극히 보편적인 의미에서 도피가 되어버린다. 미디어를 기반으로 한 위신에 의해 일단 정당화될 수는 있을망정 그것은 사실상 도피이다.

그러므로 이른바 대중예술이나 대중문화의 근원에서는 본디 정치적인 상상력이 끝없이 흘러나와야 할 터인데도 그것이 거짓 위신에 대한 배려와 빗나간 죄의식과 윤리적인 충동 등에 의해 부분적으로 막혀버렸다고 말할 수 있을 것이다. 그리고 이 댐을 만들고 있는 것은 미디어를 조절하고 있는 사람들이며, 미디어에 의해 어떤 문화적인 안도감을 얻으려는 사람들이다.

미디어가 좋은 정보든 나쁜 정보든 간에 가공하지 않은 상태로 직접 사람들에게 전달한다고 해도 미디어 경영자와 비평가가 생각하는 것만큼 대단한 영향을 미치는 것은 아닌 듯싶다. 미디어 경영자나 비평가도 이 사실을 염두에 두고 그 관심의 방향을 바꾸는 편이 좋지 않을까. 이런 사람들은 미디어가 공급하는 정보 또는 공급한다고 믿는 정보에 관심을 갖는다기보다는 오히려 미디어 자체에 주의를 기울일 자유를 가지고 있다. 그리고 그러한 자유의 범위는 그들이 생각하는 것 이상으로 드넓다.

이를테면 영화의 주제인 인종적 관용에 주의를 집중하고 있는 영화 제작자와 비평가는 실제로 그 영화의 예술형식에 대해 문제점을 제기할 수 있다. 또 선거인들을 계몽하는 데만 관심을 갖는 논설위원이나 사회과학자들은 그들이 쓰고 있는 영어 그 자체를 문제 삼을 수도 있다. 자기가 받고 있는 많은 보수와 스폰서에 대한 신중함 때문에 비즈니스 세계에 반대하는 농담을 하는 방송인도 있는데, 그들은 라디오와 텔레비전 같은 미디어 자체가 지닌 미적(美的)인 의미를 별로 탐구하려고 하지 않는 것은 아닐까.

이러한 다양한 방법으로 라디오나 영화, 소설 같은 미디어 분야에서 일하는 사람들은 신문에서 그러듯이 마찬가지로 정치에 위신을 부여하고 예술, 특히 미디어 그 자체의 대중예술을 부정하는 경향이 있다. 그들의 개인적인 인생의 관점에서 본다면 여기에는 어떤 파토스(pathos)가 있다. 이러한 사고방식을 취하면 그들은 자기 자신의 직업을 경멸하지 않을 수 없게 되기 때문이다. 그리고 바로 이 사실 속에 미국 정치의 아이러니가 있다. 이유인즉 예술적으로 일류인 영화나 신문, 방송을 제작하고 있는 나라라면—그 내용이 어떤지는 덮어두고, 또 실제로 내용은 부차적인 문제이지만—문화적으로도 정치적으로도 훨씬 더 실질적인 행복한 나라가 될 수 있다고 필자는 생각하기 때문이다. 뛰어난 매스 미디어 예술가는 책임 있는 비도피주의적인 뉴스 해설가와 마찬가지로 중요한 인물이다. 다만 유감스럽게도 그런 사람은 극소수에 불과하다.

10장
권력의 이미지

미국의 부유한 사람들은 일반 민중에게서 소외되지 않으려고 노력하고 있다. 오히려 그들은 하층계급 사람들과 자유롭게 소통한다. 그들은 민중의 소리에 귀 기울이고, 민중의 편에 선다. 민주주의 속에서 가진 자는 빈곤한 자의 편이 되어야 하고, 그들을 대하면서 자선이 아닌 온정을 베풀어야 한다. 이러한 마음가짐을 그들은 터득하고 있다.

토크빌,《미국의 민주주의》에서

지난 50년 동안 미국에서는 권력구조 변화가 일어났다. 지배계급이 윗자리에 있는 단순한 위계질서가 무너지고 권력은 여기저기에 흩어져 있는 '거부권 행사 그룹'에게로 옮겨졌다. 이 변화를 불러일으킨 이유는 복잡하며, 그 영향 또한 복잡하다. 앞에서 살펴본 도덕에서 관용으로의 정치적 분위기 변화도 그 한 가지 현상이라 하겠다. 매우 명쾌한 권력구조는 내부지향형 인간의 뚜렷한 목표를 세우는 데 공헌했다. 그리고 이와는 반대로 현재의 혼란스러운 권력구조는 타인지향형 인간의 소비자적 방향 설정을 제시하는 데 공헌하고 있다.

1. 지도자와 피지도자

미국 역사상 뚜렷한 지배계급이 존재한 시대는 두 번이었다. 18세기 끝에서 19세기 초에 걸쳐 나타난 대지주와 중상주의적인 상업자본가가 대표하는 연방주의자의 지도력은 그 자체가 지배계급이었다. 그러나 이와 같은 권력은 때때로 토론의 쟁점이 되었으며 이윽고 붕괴되고 말았다. 게다가 북부와 중부의 여러 주에서는 독립 자작농민과 수공업자들이 이따금 이 권력을 뒤엎곤 했다. 이들 농민과 수공업자들은 정치에 관여할 시간도 재능도 없었으므로 평소에는 자신들의 '대표자'에게 정치를 위임하고 있었다. 그러나 정치적인 사건에 대해서는 계속 거부권을 행사했으며, 또 잭슨 대통령 시대에 그러했듯이 때로는 더 적극적인 행동도 취했다. 그러나 남북전쟁이 막을 내린 뒤로 농민들과 수공업자는 정치적인 사건에 대해 논쟁할 능력을 잃었다. 그리고 공업의 지도적 세력가들이 새로이 지배계급으로 등장했다. 이 산업자본가들이 세력을 얻었던 시대에 미국에서 권력의 이미지와 현실은 오늘날 우리가 생각하는 것 이상으로 일치하고 있었다.

공업의 지도자와 소비의 지도자

이런 시각에서 본다면 1896년 대통령 선거는 하나의 역사적인 전환점이 되었다고 볼 수 있다. 그것은 과두정치(寡頭政治)의 정점이었다. 정치적 형태에 따라 살펴보자면 그때는 브라이언과 매킨리 두 입후보자와 그들을 각각 지지하는 두 무리의 도덕가들이 있었다. 또한 도덕적인 의미에서 이해관계를 충분히 알지는 못해도 자기 자신의 이해에 대해서는 뚜렷한 의식을 가진 여러 그룹이 존재하고 있었다. 이들 역시 대통령 선거에 내부지향적인 방법으로 응했다. '황금 숭배'에 대한 증오 때문에 브라이언을 지지한 브룩 애덤스 같은 인물은 오히려 예외적인 존재였다. 애덤스는 이들 두 입후보자의 불확실한 입장을 어떤 형태로든 의식하고 있었던 것이다.

확실한 승리의 영광에 싸여 있었던 지도자들, 즉 매킨리, 해너, 모건 등은 그들의 불확실한 점을 의식하지 못하고 있었다. 그런데 그들이 선거에서 승리했다는 것은 우리에게 그다지 중요한 일이 아니다. 우리가 주목해야 할 것은 정치에서 그들이 보인 기풍이다. 그들의 기풍은 의식적인 지도자의 그것으로서, 그들은 계급적인 이해를 의식적으로 고려하고 있었다. 이렇듯 자아의식이 강한 지도력은 먼저 말한 바와 같이 정치를 일과 깊이 관련지어 생각하는 사람들에게서 지지를 받았다. 그들에게 일의 세계란 위대한 세계였다. 그리고 정치는 그 일의 세계를 좌우하는 연장선상에 놓인 것으로 보았다. 물론 은행가와 농민을 비교해보면, 정치는 무엇을 해야 하며 무엇을 해서는 안 되는가 하는 그들의 관념은 꽤 차이가 있을 것이다. 그러나 생활에서 생산의 측면이 가장 중요하다는 점에 대해서는 은행가나 농민 모두 견해를 같이할 것이다.

물론 정치세계가 내부지향형 인간에게 오락을 제공하지 못했다는 것은 아니다. 격식에 얽매이지 않는 논쟁을 하거나 맥주를 마시거나 모닥불을 피워놓고 허심탄회하게 이야기를 나눌 기회는 종종 있었으며, 또 일과 충실한 생활의 존엄 때문에 때로는 앞서 설명한 '아래로의' 도피를 시도할 수도 있었다. 그러나 그 시대 지도자들과 오늘날 지도자들 사이에 존재하는 큰 차이는, 과거의 지도자들은 어떠한 일을 하기 위해 정치에 참여했다는 사실이다. 그들은 미국이 보유하고 있는 온갖 가능성을 개발하는 데 노력을 기울였다. 민중이 그들에게 호의적인 반응을 보이든 보이지 않든 상관하지 않았다. 록펠러가 상표에 연연하지 않고 오직 실력과 저렴한 가격으로 석유를 판매한 것과 같이, 19세기 끝에 정치적 지도자들은 자기에게 가장 비싼 값을 매겨주는 고객에게 자기가 소유하고 있는 물건, 즉 득표수나 결재 따위를 팔아넘겼다. 거기에서 무엇보다 중요한 것은 돈과 도덕이었다. 인간의 '호의' 같은 것은 흥정의 대상이 되지 않았다.

토크빌이 미국을 방문했을 때나 그 뒤에도 나타난 적이 없던 명확한 정치적·사회적 상황이 1896년을 정점으로 하여 이러한 내부지향적인 동기에 의해 이루어졌다. 그러나 매킨리는 암살되었다. 동시에 명확한 계급적 지배시대는 막을 내렸다. 폭로기사와 혹독한 정치적 풍자만화—모두 명확한 정치적 지배가 행해지는 곳에서 태어나는 예술인데—는 그래도 계속 살아남았고, 물론 오늘날에도 여전히 남아 있다. 그러나 마치 과거의 종교가 천국과 지옥에 대한 뚜렷한 이미지를 가지고 또 선과 악에 대해서도 명백한 판단 기준이 있었던 것처럼, 과거의 정치도 뚜렷한 계급구조와 거기서 도출되는 분명하고도 쉽게 도덕화되는 판단 기준이 있었다. 또한 굳이 덧붙이자면 이런 판단 기준이 확실하게 존재할 수 있었던 것은, 지도자와 피지도자 모두 생활 속에서 일의 영역이 가장 중요하다는 점에 의견 일치를 보았기 때문이다. 이처럼 목표가 뚜렷한 이상 지도자들이 해야 할 일은 인간을 지도하는 것이고, 피지도자들이 할 일은 지도자를 따르는 것이었다. 그들의 정치적 협력은 공업과 농업에서의 협력과 마찬가지로 서로의 이해를 바탕으로 한 것이었다. 그것은 직접적으로 도덕화된 경우도 있었고 그렇지 않은 경우도 있었다. 그러나 서로 좋아하는지 싫어하는

지는 전혀 문제가 되지 않았다.

지금까지 필자가 말한 것은 19세기 끝무렵 정치적 상황의 '이상형(理想型)'이다. 그것은 과거와 현재를 비교해보기 위한 편의적인 수단일 뿐이다. 현실적으로 말한다면 이와 같은 변화는 항상 중요시 생각하는 곳의 변화이며, 또한 어디까지나 정도의 문제이다. 그러므로 만일 독자가 과거의 정치세계에는 정서적인 분위기가 전혀 없었고, 지도자와 피지도자 사이에 카리스마와 매혹적인 요소가 전혀 없었다고 해석한다면 곤란하다. 사실상 지도자와 피지도자와의 관계는 순전히 객관적인 도덕과 서로의 이해가 충분히 이루어진 경제적 이해(利害)를 바탕으로 성립된 것은 아니었다. 오히려 베블런이 말했듯이 공업의 지도자들은 흔히 사람들에게 존경할 만한 위인으로 여겨졌다. 베블런의 표현을 빌리자면 지도자들은 '모든 사람에게 위대한 정신적 안정'을 주는 존재였다.

지배계급의 이론을 현재 미국에 적용해보면 이 같은 과거의 잔재가 아직 어느 정도 남아 있다. 그러나 산업계 지도자들은 사업에도 정치에도 더 이상 관여하지 않으며, 또한 '정신적 안정'을 주는 역할을 충실히 행하지 않고 있다. 물론 아직도 과거의 잔재가 곳곳에 남아 있기는 하다. 예컨대 경기가 좋은 남서부의 텍사스에서는 글렌 매카시 같은 인물이 나왔고, 캘리포니아주에서는 A.P. 지아니니 같은 정글 속 사자를 떠올리게 하는 낡은 유형의 인물이 나타났다. 지아니니에 대해 좀 더 설명하면, 그는 새로운 비즈니스 방법을 배울 수 없는 가정에서 태어난 상징적인 인물이다. 그러나 이러한 인물들조차, 과거에 베블런을 사로잡았던 초기 공업 지도자들의 특징을 지니진 않았다. 실제로 베블런은 밀턴이 악마에 매혹된 것과 마찬가지로 초기 산업의 지도자들에게 매혹되어 있었다. 같은 과거형 대자본가로서 헨리 카이저와 같은 인물도 현존하고 있다. 그러나 그들은 옛날 지도자와는 달리 늘 여론에 신경 쓰고, 그 결과 당연히 정부의 태도에도 신경쓴다. 이러한 까닭에 그들은 자기들의 퍼스낼리티를 이용하도록 허용한다. 록펠러 1세는 독일의 고전적 상업자본가인 푸거를 닮은 검소한 사람이었으나, 오늘의 산업자본가는 그들과 조금도 닮은 구석이 없다.

제1차 세계대전 이전부터 그런 경향이 조금씩 보였으나 오늘날의 산업계 지도자들은 바로 '기쁨의 손'에 의한 경제가 허락하는 범위 내에서, 그리고 그 가능성의 범위 내에서 존재할 것을 허용받고 있는 데 불과하다. 그들은 어쩌면 정치에 참여할지도 모른다. 그러나 그들이 정치에 관여하는 것은 일종의 스포츠와 같은 것이며, 부유한 자가 그저 의무로서 행하는 일일 뿐이다. 그중에는 자기 사업을 넓히기 위해서 부득이 정치에 관여하는 경우도 있다. 이와 같은 이유로 오늘의 자본가들은 설사 정치 지도자가 된다 해도, 자신의 정치적 신념을 가지고 정치를 분명하고 도덕적인 것으로 만드는 정치가는 될 수 없다. 이 사실은 그들 자신도 시인하고, 또 민중도 그렇게 생각하고 있다. 초대 모건과 그 동지들은, 브라이언을 사퇴시키고 1907년의 불황을 타개하는 것이 자기들의 사명이라고 믿었다. 그러나 누구도 그 일을 실행에 옮기지 않았다.

일반인들 눈앞에는 낡은 산업자본가 대신 완전히 새로운 유형의 인간이 등장했다. 바로 산업의 지도자가 아닌 소비와 레저의 지도자였다. 매스미디어의 내용 분석에 의하면 독자들이 비즈니스와 정치 지도자들에게 원하는 정보의 성질은 역사적으로 변화하고 있다.[1] 과거 독자들은 일에 성실한 위인들의 입신출세담을 읽었지만, 오늘날에는 입신출세를 그저 기정사실로 생각하거나 타고난 '운'에 의해 결정되는 것으로 여기고 있다. 독자들은 이런 위인들이 즐겨 입는 옷이나 좋아하는 음식, 여성관 또는 어떤 놀이를 즐기고 있는지에 관심을 보인다. 이러한 프런티어에 대한 한 독자는 영웅들과 경쟁할 수가 있다. 한편 미국 대통령이나 대기업 사장과 같은 직업 분야에서 그들이 맡는 역할은 독자들로서는 상상조차 할 수 없는 것이다.

더욱이 잡지에 등장하는 영웅의 전기를 보면 그 주인공이 비즈니스 세계의 지도자에서 소비 세계의 지도자로 바뀌고 있음을 알 수 있다. 이제는 배우나 예술가, 예능인들의 전기도 비교적 많다. 그와는 반대로 실업가와 정치가, 기술자의 전기는 줄어들고 있다. 이러한 잉여물자의 소비자들은 베블런이 말한 것처럼 그들이 지닌 소비 능력으로 타인에게 '정신적 안정'을 줄 수 있다. 이러한 소비의 영웅들이 매력적인 이유는 그들에게 사무를 집행할 능력이 부족하기

---

1) Leo Lowenthal의 뛰어난 논문 "Biographies in Popular Magazines", *Radio Research*, 1942~1943, ed. Lazarsfeld and Stanton(New York, Duell, Sloan & Pearce, 1944), p. 507을 볼 것. Lowenthal 박사는 '생산의 영웅'으로부터 '소비의 영웅'에의 추이와, 미국생활의 커다란 사회적 변화를 관련지어 고찰했다.

때문이다. 그리고 이미 보았듯이 그들은 경우에 따라 객관적인 예술적 기준보다도 전인격적인 '성실'에 근거해서 충분히 자기 역할을 해나갈 수 있다.

이와 같은 소비의 왕들은 물론 지도자는 아니다. 그들은 어떤 운동을 지도하는 인간이 아니라 운동을 빛내기 위해 고용된 인물일 뿐이다. 그러나 실제로 어떤 면에서는 정치적 지도자들도 이러한 소비의 왕과 공통점이 있다.

우리는 미국의 한 지도자—명실상부한 지도자—를 그 예로 들 수 있다. 바로 프랭클린 D. 루스벨트이다. 그에게는 예술가나 연예인들과 똑같은 수많은 특징이 있었다. 우리는 흔히 그가 위대한 힘을 가졌다고 생각한다. 그러나 그가 미국을 제2차 세계대전에 휘말리게 한 방법은 매킨리나 윌슨이 취한 방법과는 매우 달랐다. 매킨리는 에스파냐가 무조건 항복하리라는 것을 이미 알고 있으면서도 혼자 서재 안을 서성거리며 에스파냐에 대한 선전포고 결의안을 의회에 제출할지 말지 계속 고민했다. 제1차 세계대전을 앞둔 윌슨의 태도도 그러했다. 그러나 루스벨트는 자기가 할 수 있는 일은 지극히 좁은 범위 내에 한정되어 있다고 생각했다. 그리고 오히려 적이 먼저 선전포고 결의를 하도록 마지막 순간까지 주저하고 있었던 것이다.

전쟁 중 루스벨트의 행동을 처칠의 행동과 비교해보면 중대한 차이를 발견할 수 있다. 처칠이 영국을 지도한 방법은, 옛날식 분명한 지도자와 그를 추종하는 민중과의 관계에 따른 방법이었다. 또한 처칠은 놀라운 매력을 가지고 있었음에도 도덕적 지도자로서 행동했다. 선거인들은 그를 따라 전쟁에 참가할 결심을 굳히고 있었다. 영국 국민들은 처칠을 소비자적인 태도로 본 게 아니라 오히려 일에 대한 열성적인 태도로 직시했던 것이다. 그러나 이와는 반대로 루스벨트는 전쟁 전에도 전쟁 중에도 관용적인 유력한 설득자로서 행동했다. 어떤 의미로는 설득자라기보다 모든 것을 허용하는 인간이며 일종의 연기자였다고도 말할 수 있다. 그는 늘 여론에 깊이 귀 기울였으며 또 그에 따랐다. 한마디로 말하면 처칠은 그가 지닌 과격파 요소를 이용했고, 루스벨트는 자신의 매력을 이용했다고 할 수 있다.

제2차 세계대전 당시 영국군과 미국군의 상태도 사실상 많은 차이가 있었다. 그러나 그 차이가 반드시 이러한 지도 분위기의 방법 차이 때문에 생긴 것은 아니다. 여기서 중요한 것은 전쟁 중의 일이 아니고 오히려 과거 반세기 동인에 두 나라의 정치적 유형이 겪은 변화에 따른 차이이다. 1890년대 미국은 정치적·도덕적으로 지도될 수 있었다. 그러나 그 뒤 온갖 거부권 행사 그룹 사이에 권력이 분산되는 모습을 보였다. 이 거부권 행사 그룹은 수가 매우 많고 성질도 다양했기 때문에 도덕적 방법으로 지도될 수 없었다. 이러한 그룹이 저마다 추구하고 있는 것은 실로 여러 종류였으므로 도덕적으로 해결하기란 불가능했다. 또 각 그룹이 추구하고 있는 것은 극히 막연해서 돈으로도 해결할 수 없었다. 이런 관계로 미국에서 정치적 지도세력이라고 불리는 것은 루스벨트가 대표적으로 보여주듯이, 온갖 그룹을 연합시켜 조종하는 관용의 능력으로써 비로소 성립되고 있는 것이다.

이 말은 이전 시대에 정치 지도자였던 사람들이 지금은 타인지향적인 직업에 익숙해지기 위해 모든 종류의 타인들, 이를테면 선거인이나 신문기자 등 영향력이 큰 압력단체 내부의 벗과 적들에게 늘 신경을 써서 그들에게서 피드백을 받을 수 있도록 훈련을 받는 데 열성을 가져야 한다는 이야기이다. 머지않은 과거만 하더라도 몇몇 신문기자를 매수하여 자기에게 유리한 기사를 쓰도록 하는 것은 정치가에게 손쉬운 일이었다. 그러나 오늘날 일어나고 있는 커뮤니케이션 혁명 아래에서 그런 방법은 소용이 없다. 오늘날 지도자는 모든 종류의 타인들에게 관심을 기울이고 있어야만 한다. 동시에 과거에는 단순한 피지도자였던 인간들이 이제는 진정(陳情)이나 선전 같은 기술을 익히기에 이르렀다.

19세기에서 20세기 초까지의 정치 지도자들을 돌이켜 살펴보면, 거기에는 자기 측근들을 무시하고 단호히 의지를 관철한 수많은 정치가들이 있다. 예컨대 글래드스턴이 그러했고 클리블랜드가 그러했다. 또 로버트 필과 국회의원으로서의 존 스튜어트 밀, 우드로 윌슨이나 윈스턴 처칠도 이에 해당한다. 오늘날만 하더라도 구시대적인 이러한 방법을 채택하는 내부지향적 유형의 지도자들이 여전히 존재하고 있다. 예컨대 영국에서는 크립스, 미국에서는 스팀슨 및 로버트 패터슨이 그러하다.

물론 시대를 막론하고 정치적 인물들은 자기를 추종하는 사람들에게 의존하는 바가 컸다. 기회주의나 조작적 방법이 반드시 20세기의 새로운 발명품은 아니다. 그러나 내부지향형 지도자는 자기의 생각과 타인의 생각 사이에 가로놓인 차이점을 스스로 깨닫고 있는 인물이었다. 예컨대 그가 자기 방침을 바꿨더라도 그건 그의 의지에 따른 것이었다. 더구나 그는 야심에 불타고 있었으므로 당장의 인기보다는 후세에 이름을 남기는 쪽을 택했다. 그는 모든 사람에게 사랑받는 것은 바라지도 않았으며, 자기를 이해해주는 사람들에게서 사랑받으면 그것으로 충분했다.

존 스튜어트 밀의 자서전에는 다음과 같은 이야기가 있다.

> 나는 〈의회 개혁에 대한 의견서〉라는 팸플릿에서 이렇게 썼다. "우리나라 노동자 계급은 다른 나라 노동자들과는 달리 거짓말하는 것을 수치로 알고 있다. 그러나 일반적으로 봤을 때 아직도 그들은 거짓말쟁이이다." 그런데 반대파 한 사람이 이 부분만을 포스터로 인쇄하여 어떤 노동자 집회 석상에서 나에게 건넸다. 그리고 그런 글을 실제로 썼으며 또 인쇄도 했느냐고 질문했다. 이에 나는 주저 없이 대답했다. "그렇소." 이 한마디가 떨어지자마자 청중은 열렬한 박수로 나를 환영했다.

이러한 일화와 대조적인 것은 어떤 지체 높은 미국인 명사들의 태도이다. 그들은 청중의 기분을 상하게 할 만한 말은 절대 하지 않으며, 다른 사람에게 이야기할 때는 미리 초고를 준비한다. 그들의 이야기는 여러 사람들을 모두 기쁘게 해주기 위해 치밀하게 작성되어 있다. 그렇게 함으로써 그들은 후원회 등에 모인 청중의 기분을 달랠 수가 있는 것이다.

그런데 지난날 산업의 왕은 동시에 소비의 왕이기도 했다. 다만 그 경우에도 기준은 자기 스스로 결정했다. 그는 더 나아가 정치의 왕이기도 했다. 그러나 이를 대신하여 나타난 새로운 종류의 소비왕들은 활동 범위가 소비에만 엄밀히 국한되어 있다. 물론 소비 영역 자체는 대단히 커졌으나, 소비의 왕들은 그 범위에서 벗어날 수가 없다. 이를테면 오늘날 레저세계에서 제아무리 인기가 높은 사람이라도 지도자가 되기 위한 역량과 상황을 전혀 갖추지 못하고 있다. 만일 요즘 영화배우가 영화나 그 밖의 다른 방법으로 어떤 정치적 발언을 하고자 한다면 그에게 온갖 압력이 가해질 것이다. 영화 제작자라도 그 압력에는 견딜 수 없다. 즉 천주교, 감리교, 장의사 조합, 국무성, 미국 남부 사람들, 유대인들, 의사들 등등 모든 종류의 집단이 매스미디어에 압력을 가할 것이다. 발언할 능력이 전혀 없는 소수파 집단은, 이들로부터 경건하고 예의바르다는 이유로 보호받는다. 이런 상황에서 영화 제작자는 이들 거부권 행사 집단을 일일이 찾아다니며 의견을 조정하는 중개인 역할을 떠맡아야 한다. 그 상황은 실제로 너무나 복잡하고, 따라서 그가 확고한 도덕적 입장을 유지하기란 도저히 불가능하다. 그리하여 영화 제작자가 할 수 있는 일이란 마치 루스벨트가 비밀리에 인사이동을 한 것처럼 고작해야 영화 속에 도덕적·정치적인 메시지를 슬쩍 집어넣는 것뿐이다. 그러나 이러한 메시지나 인사 문제는 《이상한 나라의 앨리스》에 나오는 크리켓 경기와 별다를 것이 없다.

2. 권력의 소유자는 누구인가?

거부권 행사 집단

정치에서 이면공작의 성질변화는 매킨리 시대의 미국과 오늘날 미국의 정치상황의 차이를 살펴보는 데 중요한 실마리가 된다. 자본가로 이뤄져 있던 지배계급은 오류를 범하면서도 상대적으로 쉽게 자기들의 이해문제에 대해 결정을 내리고, 신문기자나 변호사나 입법 당국에 어떤 작용을 가할지 결단할 수 있었다. 거기서 이면공작은 뚜렷한 지도력과 특권, 그리고 자본가적 지배계급의 지상명령에 봉사하는 것이다.

그러나 오늘날에는 그러한 종류의 지도력은 사라지고 그 대신 매우 다양한 그룹이 등장했다. 그 그룹은 저마다 자기의 요구를 위하여 투쟁하며, 그 집단의 이익에 반하는 일을 중지시킬 만한 힘과 더불어 매우 국한된 범위 내에서나마 어떤 일을 일으킬 힘을 가지고 있다. 실업가 집단, 영화 검열을 요구하는 여러 집단, 농민 집단, 노동조합, 직종에 따른 집단, 인종적인 그룹과 각 지역의 이해를 대표하는 그룹 등과 같은 다양한 종류의 집단은 자기들에게 공격이 가해졌을 경우 그것을 중화할 만한 능력을 가지고 있다. 우리는 이 점을 이미 여러 가지 예를 들어 확인했다. 이러한 집단의 수적인 증가와, 그것들이 저마다 옹호하려는 현실적·관념적인 온갖 이해관계의 증가를 고려해보면 과거에 있었던 이면공작은 결정적으로 변화했다고 말할 수 있다. 그뿐 아니라 집단을 조직하는 방법 및 집단이 서로를 상대하는 방법, 또한 그들이 미조직의 인간들인 민중을 상대하는 방법도 모두 변했다.

그런데 이러한 거부권 행사 집단은 지도자 집단이 아니며, 또 피지도자 집단도 아니다. 오늘의 미국에서 국가 규모의 지도자가 될 수 있는 인물이란 이러한 거부권 행사 집단을 회유할 수 있는 사람을 말한다. 또한 오늘의 미국에서 피지도자는 미조직의, 때로는 조직이 해체된 불행한 사람들, 그리고 자기들 스스로 그룹을 조직할 수 없는 사람들에 한정되어 있다.

물론 이러한 거부권 행사 집단 사이에서도 관료적인 기구 속에서 행해지는 것과 같은 자유 경쟁이 펼쳐지고 있다. 이러한 거부권 행사 집단 사이의 경쟁은 독점주의적이다. 그리고 거기에서는 공정과 원만한 대인관계에 의해 대략 어느 정도 성공할 수 있는가가 결정된다. 하지만 그런 규칙이 있음에도 당연히 가격전쟁이 일어날 수 있다. 이를테면 노동조합과 유대인 그룹에 대한 법률론 같은 것이 그 예이다. 이러한 이해의 충돌은 대화로 해결할 수도 있으며 세력권의 한계 설정으로 해결할 수도 있다. 또 경우에 따라서는 상부조직을 만들어서 분열되어 있던 인간들을 새로이 통합하는 방법이 취해질 수도 있다.

이런 모든 대규모의 독점적 집단은 그것을 전체로서 생각한다면, 아직 집단으로 결성되지 않은 여러 이해를 가진 사람들과 심한 경쟁관계에 놓이게 된다. 그 관계는 마치 공정거래 경제가 자유거래 경제에 대항하고 있는 것과 비슷하다. 조직을 갖지 않은 분산된 피지도자들은 집단주의적인 인간들 틈에서 한결같이 자기를 지키는 길을 구하고 있는 것이다.[2]

이러한 유형의 거부권 행사 집단은 저마다 공격적인 활동을 할 수 있다. 그러나 그 활동 범위는 엄격히 제한되어 있다. 정치 영역은 온갖 집단에 의해 이

---

2) 독점적 경쟁이 정치와 산업 어느 쪽에서나 경쟁이라는 점을 확실히 해둬야겠다. 사람들은 조직 안팎에서 자기의 경쟁자를 강하게 의식하고 있다. 그들은 경쟁자가 누구인지 알고 있으나, 독점적 경쟁의 본성상 상대를 완전히 관심 밖에 두기는 좀처럼 어렵다. 우리는 이제까지 공정한 거래와 관용에 대해 이야기해왔지만, 그렇다고 당사자에게는 경쟁적 태세에 있다는 느낌이 강하게 작용한다는 사실을 대충 넘겨서는 곤란하다. 실로 그들은 많은 타인지향적인 사람들과 같은 문제, 겉에 드러나는 친절하고 인격적인 성실한 행위와 그들의 직업상의 가혹하고 때로는 거의 광적인 질투를 어떻게 결합시킬 것인가 하는 문제에 맞닥뜨린다.

미 나누어져 있으며, 또한 각 세력권의 배후에 있는 어떤 종류의 대중적 기대치도 이미 정해져 있기 때문이다. 이들 집단의 내부와 이들 집단이 빚어낸 상황 속에서 정치적 분위기는 타인지향적인 관용의 성질을 띠게 될 경향이 강하다. 거부권은 실력을 갖추고 있기 때문에, 도덕가가 아무리 노력해도 정치생활과 개인생활과의 관계 또는 정치와 경제와의 관계를 크게 바꾸기란 매우 곤란하다. 이와 같이 거부권 행사 집단에 의해 조성된 모호한 권력구조 내에서는 지배자와 피지배자를 구별하기란 어려운 일이며, 또 누구를 지지하고 누구에게 반대할 것인가, 누가 동지이고 누가 적인지 구별하는 것도 어려운 일이다. 그리고 바로 이러한 유형이 있기 때문에 인간끼리의 개인적인 관련을 해명해 줄 수 있는 내막 소식통이 큰 힘을 지니게 되며, 또 그로 말미암아 악한 인간을 몰아내고 선한 인간을 배치하려는 열성파와 과격파들은 불우한 처지에 놓이게 되는 것이다. 그런데 이러한 사태에서 생겨나는 것이 새로운 형태의 무관심파로 기우는 경향일 것이다. 그들은 그 자신을 포함한 모든 인간의 문제는 전문가의 손에 맡겨져 있다고 느낄 것이며, 또 그렇게 교육받고 있다. 따라서 그들은 아마추어도 정치에 가담할 수 있으나, 너무 깊숙이 파고들거나 뚜렷한 의식을 가져서는 안 된다고 생각하게 된다.

거부권 행사 집단은 본질적으로 자기방어적 집단이지 지도력을 가진 집단은 아니다. 그들은 '힘을 가졌다' 할지라도 그것은 필연적으로 서로의 관용에서 생겨난 힘이다. 이러한 그룹은 서로를 점점 닮게 하면서 정치적 행동양식을 취해간다. 또한 대외적으로는 홍보에 노력하고 내부적으로는 분위기 조화를 이루는 데 노력한다. 전혀 목표가 다른 조직, 예를 들면 청년사회주의동맹이나 4H 클럽의 경우에도 회원을 끌어들이기 위해서는 이와 비슷한 심리적 방법이 사용되는 경향이 있다.

그러나 거부권 행사 집단이 구성원의 성격구조에서 형성되어왔다고 생각해서는 안 된다. 이미 살펴본 바와 같이 기업에서는 극단적인 내부지향형 인간과 극단적인 타인지향형 인간이 저마다 안전지대를 확보하고 있으며, 그 중간에 위치하는 다양한 인간들도 같이 일하고 있다. 마찬가지로 거부권 집단 속에도 여러 정치적 형태를 지닌 사람들의 복잡한 공존관계가 존재하고 있다. 예를 들어 하나의 진정 단체 속에도 도덕가와 내막 소식통이 함께 있는 것이다. 그들은 협력적으로 일하면서도 때로는 충돌을 일으키기도 한다. 그러나 집단의 주류를 이루는 사람은 새로운 형태의 정치적 무관심파이며, 그들은 필요에 따라서 분별력과 조직 경험을 살려 사태를 수습한다.

그러나 현실은 이처럼 복잡하지만, 거부권 행사 집단이란 비록 명확히 도덕적 관심을 옹호하기 위하여 조직된 것이라 하더라도 대체로 타인지향적인 정치형태를 수용할 수밖에 없도록 되어가는 게 아닐까. 이유인즉 국가 전체의 정치상황에 그런 경향이 두드러지게 나타나 있기 때문이다. 유권자 수가 적은 지역에서는 거부권 행사 집단의 수도 적고, 따라서 그 집단 중 어느 하나가 주도권을 잡는 것은 얼마든지 있을 수 있는 일이다. 그러므로 지방 정치에서는 관용파보다는 과격파가 더 많다는 결론을 얻을 수 있다. 〈시카고 트리뷴(Chicago Tribune)〉지와 같이 전투적인 신문조차도 시카고 주변에서 발행되고 있는 군소 지방지에 비하면 관용적이다.

이 문제를 다른 각도에서 바라볼 수도 있다. 오늘의 미국과 같은 모호한 권력 상황 아래에서는 대부분의 집단이 억압당하지 않고 상당히 자유롭게 행동할 수가 있다. 미국 사회에서는 행동의 자유를 광범위하게 허용하고 있으며, 예컨대 여러 종류의 정권 교체가 있었음에도 상당수의 폭력조직이 늘 안주할 장소를 얻었다. 하기야 갱단은 홍보를 전혀 모르기 때문에, 그런 의미에서 비즈니스맨으로는 부적격자라고 할 수 있다.

노동운동 지도자들 가운데 몇몇은 자기들의 힘이 미국 경제를 좌우할 만큼 강하다는 것을 알고 있다. 그러나 놀라운 것은, 노동자 측의 요구가 대부분 지극히 온건하다는 사실이다. 이는 그들이 자기의 힘을 믿지 못하기 때문이 아니라, 오히려 심리적인 자제심을 지녔기 때문이다. 이런 이유로 기존의 거부권 집단 연합체에 소속되어 있지 않더라도 공격적인 그룹은 강제로 법안을 입법기관에 통과시킬 수 있다. 필자가 아는 한 예컨대 사회보장법 원안이 국회를 통과한 것은, 비록 소수이긴 하지만 열성을 가진 그룹이 그것을 강력하게 추진했기 때문이다. 그때 조직적인 노동조합과 같은 대규모 거부권 행사 집단은 그쪽에 적극적으로 가담하지도 않았으며 또한 반대도 하지 않았다.

똑같은 이유로 많은 정치적 상황에서 가장 강력한 거부권 행사 집단은, 역시 같은 거부권 행사적인 인물로 이루어진 집단이다. 특히 그것이 하나의 개인인 경우에는 더욱 강하다. 이 사정은 다음 사례로써 적절히 설명할 수 있을 것이다. 여기 한 농민이 있다고 가정하자. 그는 농민을 대표하는 압력단체와 협상을 할 수 있으며, 협상한 뒤에도 많은 일을 요구할 수 있다. 농민을 대표하는 원외단(院外團)은 이를테면 노동조합 같은 다른 거부권 행사 집단의 눈치를 봐야 하지만 농민 개인은 아무런 거리낌 없이 요구를 내세울 수 있다. 이런 관계로 원외단들은 서로 납득할 만한 교섭을 해야만 한다. 거기서는 내부적인 홍보 문제가 협상을 위한 것이 된다.

외교관은 어떤 일을 하고자 할 때 외무장관에게, 상원의원 누구누구가 이것을 어떻게 받아들일지 고려해보라고 말하는데, 원외단이 쓰는 전술도 이와 비슷하다. 압력단체의 지도자들이 아무리 타인지향적이라 하더라도 그 집단의 구성원으로 하여금 홍보적인 방법을 취하게 하기란 불가능하기 때문이다. 노동조합이 가진 대부분의 권력은 이와 비슷하다. 조합이 한 협상에 불만을 품는 구성원을 조합은 조종할 수 없으며, 그러한 불만분자는 조합에서 탈퇴하거나 조합의 일에 비협조적인 자세를 보일 것이기 때문이다.

이와 대조적으로 구성원 대부분이 타인지향적인 인간으로 이루어져 있는 거부권 행사 집단은 상당히 무력하다. 스웰 에이버리 같은 과격파 생존자를 제외하면 일반적으로 대기업은 정부 앞에서 무력하다. 대기업 간부들 자신이 타인지향적인 인간들이며, 또 일단 위에서 명령이 전달되면 설령 못마땅하더라도 공장장은 새로운 정책에 따라 일을 바꾸게 되기 때문이다. 그것은 그들이 일하고 있는 중앙집권적인 조직의 성질로 보아 피할 수 없는 일이다. 노동자들은 사소한 문제에 대해서는 경영자들에 대항하여 태업을 할 수 있으나 큰 문제, 이를테면 임금체계나 세금계산과 같은 문제에 대해서는 태업을 할 수가 없다.

이러한 대기업의 실례와 대조적인 것이 미국의 가톨릭교회이다. 가톨릭교회는 강력한 거부권 행사 집단으로서 힘을 가지고 있다. 한편으로는 상당한 중앙집권적인 지배조직─사람들은 이 조직의 힘이 매우 강하다고 인식하고 있다─을 가지고 있으며, 다른 한편으로는 고도의 분권적(分權的) 성직자 배치를 하고 있다(그런 의미에서 가톨릭 성직자는 실업계의 사무국 직원과 같은 역할을 맡고 있는 셈이다). 게다가 가톨릭교회 구성원에는 온갖 인종, 온갖 사회계층, 온갖 정치적 입장의 인간들이 포함되어 있다. 이 같은 구조 속에서는 실로 유연한 타협이 성립될 수 있다.

위에서 언급한 여러 조건이 있지만, 일반적으로 거부권 행사 집단은 과거의 모습을 지니고 있으면서도 점점 그 형체가 희미해져 가고 있다. 그것은 지난날의 지도자들과 피지도자들과의 중간에 위치한 완충지대와 같은 것이라고 말할 수 있다. 그리고 이러한 구세대형 지도자와 피지도자가 쇠퇴해가고 대신 타인지향적인 인간들이 완충장치 역할을 하고 있기 때문에, 많은 도덕가들은 현재의 미국 정치생활을 아주 공허하다고 느끼는 것이다.

이러한 거부권 행사 집단이 빚어내는 정치정세 및 그러한 집단이 정치의 지도력에 요구하는 바에 의해 타인지향적인 관용적 분위기가 조성되고, 그와 함께 내부지향적인 과격파들은 부득이 뒤로 물러설 수밖에 없게 되는 것이다.

지배계급은 남아 있는가?

사정이 이런데도 사람들은 아직도 미국에 결정적인 지배계급이 존재하는 것처럼 생각하고 또 행동한다. 전후 미국의 실업가들은 노동조합 지도자와 정치가가 미국을 움직인다고 생각했고, 노동조합과 급진파는 '월스트리트(Wall Street)' 또는 '60개 명문(名門)'이 미국을 움직인다고 생각했다. 그런데 월스트리트 사람들은 어떤가 하면, 그들은 자본 형성의 잣대로서의 권위를 잃어버렸기 때문에 이제 막대한 감가상각 예비금과 사내유보금을 보유하고 있는 중서부 산업자본가들이야말로 미국을 움직이고 있다고 생각한다. 그렇게 생각하는 것도 무리는 아니다. 뉴딜은 산업자본보다도 금융자본에 더 큰 타격을 주었기 때문이다. 예컨대 '증권거래소법'이나 '특수회사법' 등이 그 증거이다. 뿐만 아니라 뉴딜은 사업세(事業稅)에 대해서는 그것으로 주주와 금융시장을 대체시키고 산업자본을 옹호하는 정책을 썼다. 그리하여 월스트리트의 금융자본은 스스로의 무력을 체험한 것이다.

그런데 월스트리트가 진정한 실력자로 여기고 있는 중서부의 산업자본가들은 분명히 월스트리트 사람들보다 실력은 있지만, 이미 말한 바와 같이 그들은 스스로를 수익자를 위한 위탁 관리자일 뿐이라고 생각한다. 물론 노동조합과 급진파의 입장에서 보면, 이런 산업자본가들은 전시(戰時) 생산국(生産局)을 동원하여 제각기 돈벌이를 한 사업가들이라고 하겠다. 그러나 전시 생산국의 일을 위탁받은 경험으로 인해 산업자본은 정부에게 먹이를 받아먹고 길들여졌다고 보는 견해도 있다. 정부의 일을 위탁받았다는 이유로 산업자본가들은 자기들의 회사를 타인의 눈으로 보게 된 것이다.

실업계의 권력과 실업계 내부에서 행해지고 있는 거래에 대한 정밀한 연구자료는 없으나, 과거 2, 30년 사이에 기업의 행동이 변했다는 것은 직감적으로 알 수 있다. 비즈니스 분야에서 일어나고 있는 일을 잘 기록한 〈포춘〉지를 살펴보면, 제1차 세계대전 이전의 실업가들이 하던 거래―동업자 간의 거래, 노동조합과의 거래, 정부와의 거래 등―의 기준은 이제 거의 사라져버렸음을 깨닫게 된다. 게다가 〈포춘〉 자체의 과거 20년의 역사를 돌이켜보면, 비즈니스에 대한 관심은 점점 사라지고 그 대신 지난날에는 부차적인 관심사였던 국제관계나 사회과학, 기타 근대 실업가에게 필요한 교양 기사가 크게 늘어났음을 알수 있다. 이는 아마 독자층의 관심사 변화를 반영한 것이라 생각해도 좋을 것이다.

물론 행동이 변함에 따라 성격도 똑같이 변했는지는 알 수 없다. 또한 누군가가 말하는 것처럼 오늘날의 '비즈니스맨'은 좀 더 복잡하고 좀 더 '관리자' 같은 방법을 택하게 되었는지도 의문스럽다. 조지프 M. 골드센과 릴리언 로의 공저인 《경영자와 조합》에 다음과 같은 내용이 있다. 즉 오늘의 판매담당 경영자는 부하들에게서 인정받는 것으로 심리적인 안정을 유지하고 있다. 그는 부하들과 따뜻한 대인관계를 유지하기 위해 대폭적으로 양보할 용의가 있다. 그리고 그런 따뜻한 인간관계를 형성하는 데 노동조합에 대한 그의 혐오감이 장애물이 되고 있는 것이다.[3] 이와는 반대로 자동차 부품 제조회사 경영자는 여전히 기술중심주의 태도를 보이며, 인간관계에 그다지 비중을 두지 않는다. 이러한 회사 경영자들은 노동자에게 양보하는 것을 그리 반기지 않는다. 일의 교섭에서도 정서적 분위기 같은 것은 별로 문제 삼고 있지 않다. 이와 같은 태도는 자동차 산업 전반에 걸쳐 그대로 남아 있다. 피터 드러커는 《기업의 개념(Concept of the Corporation)》에서 제너럴 모터스를 예로 들어, 이 회사 경영자들이

---

3) "Manager Meets Union : a Case Study of Personal Immaturity", *Human Factors in Management*, ed. S.D. Hoslett(Parkville, Missouri, Park College Press, 1946), p. 77.

회사를 크고 행복한 가정처럼 만들기를 열렬히 바란다고 했다. 그러나 1946년 제너럴 모터스와 자동차 노동조합이 벌인 노사협상 의사록을 보니, 그것은 이상적인 심포지엄이라기보다는 투계장을 떠올리게 하는 살벌한 것이었다.

실제로 오늘날 권력이라는 것은 어느 정도 인간관계상의 기대와 태도 위에 성립되고 있다. 만일 실업가가 자기는 무력하며 주로 타인에게 의존하고 있다고 느낀다면, 그가 사실상 어떠한 물질적 실력을 지녔더라도 현실에서는 한층 더 무력하며 타인에게 더욱 의존하게 된다. 비즈니스 세계와 법률 분야에서의 나 자신의 경험에 비춰볼 때, 대기업의 비즈니스맨은 큰소리는 치지만 한편으로 타인의 적의 앞에서는 힘없이 굴복하는 사람이기도 하다. 그들은 탁자를 주먹으로 탕탕 치며 허세를 부리지만 사실은 타인에게 지도력을 구하려고 한다. 그리고 자기가 소속된 동료집단과 보조를 맞추기 위해서 상상을 초월하는 행동도 마다하지 않는다.

아마 스웰 에이버리 같은 과격한 기업가를 보는 시선에 따라서 낡은 유형의 인간을 가려낼 수 있을 것 같다. 에이버리를 존경한다는 비즈니스맨은 대체로 나이 든 소수파이다. 그들은 에이버리를 모방하려 하지는 않지만 그와 같은 인물이야말로 참다운 비즈니스맨이라고 믿고 있다. 그런데 이와 반대로 젊은 비즈니스맨들은 대부분 에이버리의 고압적인 태도에 놀라고, 또한 기쁨의 손을 물리치는 그의 태도에 충격을 받는다.

비즈니스맨은 타인에게서 호감을 얻으려는 강한 욕구를 가지고 있다. 그래서 다음과 같은 아이러니도 생겨난다.

즉, 여기에 비즈니스 세계를 공격하는 책을 펴낸 대학교수가 있다고 가정해 보자. 그 책은 팔리지 않을지도 모른다. 그러나 그가 그 책을 썼다는 이유로 기업체는 그 교수가 가르친 학생들을 홍보원으로 채용하거나 업계 사무국에 근무하게 하거나 그들에게 시장조사 일을 맡기면서 교수의 호감을 사려고 한다.

과거 비즈니스에 반대하는 도덕가들은 비즈니스의 손발을 꺾어버리는 법률안을 의회에 상정하여 통과시키겠다고 떠들면서 비즈니스맨들을 위협했다. 그리고 이러한 협박을 방지하는 '사건 중개인'이 비즈니스에 존재했다. 그러나 지금은 비즈니스나 업계를 운영하는 지식계급은 타인으로부터 뇌물을 받으려는 생각을 전혀 하지 않는다. 이러한 지적 인간이 존재한다는 사실로 인해, 그들을 위협하는 사람들은 반대로 어떤 두려움을 느끼게 된다. 그리고 좀처럼 거부권 행사 그룹을 뚜렷하게 조직하지 않는다. 이미 이러한 그룹을 설득할 만한 거대한 구조가 형성되어 있기 때문에, 거부권 그룹이 실제로 존재하는지 또는 실제로 힘을 가졌는지를 확인하기란 사실상 불가능한 일이다.

여기서 언급한 흥미로운 가설은 제13장에서 다시 살펴보겠지만, 현대의 비즈니스맨에게 무한히 많은 짐을 지워놓고 끝없이 기쁨의 손을 내밀 것을 요구하고 있다. 미국에서 권력의 소유자는 누구인가 하는 이데올로기는 주로 이 가설을 지지하느냐 거부하느냐에 따라서 변한다 해도 과언이 아니다. 필자는 이 장의 서두에서 토크빌의 글을 인용하고, 부유한 미국 사람들의 기회주의적인 기쁨의 손에 대한 사고방식을 이야기했다. 위에서 살펴본 이야기는 토크빌이 본 상황과는 상당한 거리가 있다. 아마 토크빌이 미국에 왔을 무렵에는 단순히 실험적 상황이었던 것이 지금에는 성격화하여 그 자신 속 깊이 녹아들어 있다고 하겠다.

그런데 타인이 보기에 명백한 권력을 지니고도 그것을 이용하는 데 실패하고 있는 것은 비단 비즈니스맨뿐만은 아니다. 육군 장교들도 자기들의 지도력을 시험해보는 일에는 지극히 소심한 편이다. 물론 육군은 전쟁 중 외부의 비판에 대해서는 비교적 동요하지 않았다. 그러나 육군 장군들은 흔히 국회의원들이 반대할 만한 일은 하지 않는다는 원칙을 지켰다. 의원들을 무시해도 상관없는 경우 또한 그런 태도를 굳게 지켰다. 필자가 본 바로는 비즈니스맨과 거래할 때나 노동조합 지도자들과 거래할 경우에도 육군 장교들은 매우 친절한 태도를 보인다. 그리고 그런 태도는 사관학교 출신 현역 장교와 예비역 장교 모두의 공통된 특징이다. 물론 거기에도 예외는 있었다. 그러나 군대가 어떤 거부권 행사 집단을 달래려고 타협하는 경우가 많았던 것이다. 그리고 그들 말로는 이러한 타협이 전후의 홍보를 위해서 필요하다거나, 또는 군대의 사기를 위해서 중요하다는 것이다. 또 흔히 그들은 자기들의 힘을 의식하지 못하기 때문에 타협할 수밖에 없었다.

물론 군대의 이런 겸손한 태도를 설명할 때 미국의 문관우위(文官優位) 전통도 무시할 수 없다. 그리고 실제로 군대가 이와 같은 자기억제를 하는 것은 미국을 위해 매우 바람직한 일이다. 필자가 여기서 군대를 비교대상으로 삼은 이유는, 그것이 좋다거나 나쁘다는 것을 논의하기 위해서가 아니며, 다만 적절한 실례를 들어 성격변화와 사회구조변화를 설명하고 싶었기 때문일 따름이다.

위에서 언급한 여러 사정을 종합해 볼 때 다음과 같은 의문이 생긴다. 그렇다면 실력자는 과연 누구인가? 이 문제에 대해서 사람들이 흔히 대강 보아 넘기는 사실이 있다. 즉, 일을 시작하거나 매듭짓는 경우에는 지도력이 필요하겠지만, 일이 진행 중일 때는 지도력이 거의 필요 없다는 사실이다. 요컨대 일은 자칫 혼란에 빠질 수도 있지만 그래도 계속 진행될 것이다. 공장이나 군대나 그 밖의 어떤 거대한 조직이든 그에 대해 깊이 연구해보면, 지도력이 부족한데도 분위기가 매우 좋으며 일도 제대로 진행되는 묘한 경우가 있다. 아마 이렇게 일이 계속 진행되는 것은 우리 속에 아직 내부지향적인 요소가 남아 있기 때문일지도 모른다. 특히 하층계급에서는 그럴 것이다. 아무튼 일이 진행되고 있더라도 반드시 거기에 어떤 책임자가 있는 것은 아니다.

다른 집단보다 월등하게 큰 권력을 쥐고 있는 거부권 행사 집단은 물론 실제로 존재하고 있으며, 또 타인보다 더 많은 권력을 가진 개인도 존재한다. 그러나 그런 인간들은 과연 누구인가? 오늘날 우리는 이 문제를 근본적으로 다시 생각해봐야 할 것이다. 누가 사회의 지배자인가 하는 문제에 대해서는 마르크스·모스카·미헬스·파레토·베버·베블런·버넘과 같은 사람들이 이미 답을 제시했다. 우리는 이러한 학자들의 사색에서 많은 것을 배울 수 있다. 그러나 지금은 그들의 해답만으로는 불충분하다.

더욱이 미국에서는 이와 같은 여러 학설의 정의(여기에는 이 책의 저자들도 포함된다)를 완전히 뒤집는 현상도 일어나고 있다. 그 한 가지 예가 캘리포니아 거부권 행사 집단의 우두머리로 통하는 아티 새미시가 행사하는 막대한 정치적·경제적 권력이다. 새미시는 새로운 유형의 원외단이다. 그는 하나의 이해관계를 대표할 뿐 아니라 수많은 이해를 대표한다. 그러한 이해는 종종 대립하기도 한다. 그는 트럭 운수조합의 이해를 대표하고 지압요법 의사들의 이해를 대표하는 등, 실로 다양한 사람들의 대변자이다. 그는 또 거부권 행사 집단을 서로 대립시켜서 자신의 권력을 강화하는 방법을 알고 있다. 그는 기존 거부권 행사 집단이 타인지향적임을 잘 알고 있어서 차례로 온갖 그룹을 자기 지휘 아래에 소속시킬 수 있었다. 캘리포니아주의 기존 정당은 거의 세력이 없기 때문에, 특정 거부권 행사 집단에 동조할지 반대할지 결단을 내리는 일이 정당조직을 통해서는 불가능하다. 그래서 캘리포니아주 공무원들은 새미시에게 선거 지원을 요청하게 된다. 또는 적어도 자기에게 반대하지 말아 달라고 새미시에게 부탁한다. 새미시는 엄청난 수의 유권자와 많은 기금을 손에 쥐고 있기 때문에 관리들은 그에게 굽실거린다. 뿐만 아니라 그는 '민주적'인 일반투표 방식으로 직접 민중에게 접근하는 기술을 터득하고 있다.[4]

캐리 맥윌리엄스의 관찰에 따르면, 새미시의 권력에 바탕이 되는 것은 두 가지이다. 첫째는 캘리포니아주의 매우 특수한 선거 절차이며, 둘째는 캘리포니아주에는 결정적인 영향력을 행사하는 산업이나 산업 연합체, 또는 노동조합이나 인종적 집단이 존재하지 않는다는 사실이다. 캘리포니아주의 이런 상황은 예컨대 몬태나주와는 아주 다르다. 몬태나주에서는 구리 생산이 결정적으로 중요하며, 그곳에서는 애너콘다 광업회사 편이든 그렇지 않으면 노동조합 편이든 어느 한쪽을 지지해야만 한다. 또 캘리포니아주는 버지니아주와도 매우 다르다. 버지니아주에서는 주(州)의 헌법 자체가, V.O. 케이가 《남부의 정치학(Southern Politics)》에서 논한 바와 같이 예로부터 재판소 관계자들의 조종을 환영하고 있다.

이와 같이 미국에서는 지방에 따라 사정이 다르며, 또 사회적·경제적인 요인도 여러 형태로 개입되고 있다. 따라서 미국이라는 나라 전체에 대한 계급과 권력의 문제는 오직 추측에 의해서밖에 논의할 수 없다. 그러나 굳이 말하면, 미국이라는 나라는 전체로 볼 때 캘리포니아 유형에 속하는 것 같다. 다만 그곳에는 거부권을 행사하는 우두머리가 없다는 것이 다를 뿐이다. 몬태나주, 버지니아주의 경우는 오히려 특수하다고 필자는 생각한다. 나라 전체를 고려하

---

4) 이 점은 대단히 아이러니하며 동시에 극히 전형적인 문제인데, 새미시는 하나의 권력을 열렬히 원했다. 그것은 사교계 추종자들이 말하는 것과 같은 사회적 권력이었다. 그는 가난한 집에서 태어났기 때문에 실업가나 정치가로 대성해서 그들을 압도할 수도 있었으나, 아주 배타적인 집단으로 파고드는 것은 불가능했다. 그는 그 나름대로 쉽게 협박하고 조종할 수 있는 사교계 우두머리들을 바보취급하고 있었으나, 어린시절에 겪은 고통이나 그때 가졌던 권력의 이미지에서 완전히 벗어나지 못했다. 그리하여 거기서 배척되는 것을 매우 싫어했다. 이 점에서 그는 다른 잘 알려진 독재자들과 같다. Carey McWilliams, "Guy Who Gets Things Done", *Nation* CLXIX(1949), 31~33 : Lester Velie, "Secret Boss of California", *Collier's* CXXIV(August 13, 20, 1949), 11~13, 12~13.

면 그곳에는 수많은 거부권 행사 집단이 있으며, 그 집단의 권력은 막강하다. 따라서 아티 새미시나 지난 시대의 휴이 롱이 한정된 지역에서 지녔던 것과 같은 권력을 국가 차원에서 개인이나 소수 집단이 갖는다는 것은 거의 불가능한 일이다.

오히려 국가적 수준에서 권력 문제를 생각할 때는, 그것은 몇 가지 문제에 달려 있다고 생각해야 할 것이다. 특정한 하나의 문제에는 두셋 정도의 거부권 행사 집단이 관여하고 있다. 그리고 이 경우에는 이러한 집단 사이를 뛰어다니는 공식 또는 비공식의 중개인이 바로 실력자이다. 그러나 그들은 그 문제에 한해서만 실력자일 뿐이다. 문제가 커져서 전체가 그에 관련될 경우에는 특정 개인이나 집단이 지도력을 장악한다 해도 그것은 그다지 효과가 없다. 왜냐하면 저마다 완고한 거부권 행사 집단을 설득하기란 어려운 일이기 때문이다. 정당이라면 여론조사 결과 인기를 잃을 수도 있고, 사회계급이라면 다른 계급에 권력을 양도하게 될 수도 있다. 그러나 거부권 행사 집단이라는 것은 언제나 '그곳에 있다'고 하겠다.

그런데 지금까지의 미국 역사를 돌이켜보면 미국에서는 특정 집단 또는 계급—그들이 바로 지배계급과 지배집단이겠지만—이 다른 계급이나 집단을 지배한다는 방식이 존재하는 게 아닌가 하는 의문을 품게 된다. 결국 장기적인 안목으로 볼 때는 재력을 갖춘 사람이야말로 가장 강한 자가 아닐까? 그런 생각에도 일리는 있다. 과거에는 확실히 그랬다. 하지만 장래를 생각하자면 그러한 사고방식에 얼마쯤 문제가 있다. 앞으로 미국에서 권력을 갖는 사람은 다양한 사람들일 것이라는 게 필자의 견해이다. 그중에는 중소기업과 의회를 조종하는 전문직 사람들, 예를 들면 부동산업자나 변호사, 자동차 세일즈맨, 토목 건축업자, 그리고 방위문제 및 어느 정도는 외교정책까지 조절하는 군인들도 포함된다. 뿐만 아니라 대기업 경영자 및 그들의 고문 변호사, 설비투자와 기술적 변화의 영향을 결정하는 재무위원회, 각종 상담역, 노동 생산성과 노동자의 표를 좌우하는 노동조합 지도자들도 저마다 권력을 가질 것이다. 더 나아가 남부 정치와 큰 이해관계를 갖는 남부 백인들, 외교정책과 직업과 민족적 종교와 문화적 조직을 좌우하는 힘을 가진 폴란드인, 이탈리아인, 유대인, 아일랜드인. 아이들을 사회화하고 어른들을 기쁘게 하고 또 훈련시키며 노인들을 즐겁게 하고 또 괴롭히는 저널리스트들, 이야기 제작자들. 정부의 각종 부서와 위원회를 조절하는 과거 내부지향 시대의 대표자로서 현대 미국인의 기억을 조절하는 농민들—목축업자, 옥수수 재배업자, 낙농업자, 목화 재배업자 등 여러 사람들. 미국의 방향을 조절하는 러시아와 기타 외국의 모든 잡다한 힘이 앞으로 미국을 움직이는 힘이다. 하나하나 예를 들자면 끝이 없으니 이 정도로 해두자. 요컨대 내 생각으로는, 미국의 권력은 상황에 따라 변하기 쉬운 성질의 것이다. 하이젠베르크의 학설에 의하면 분자(分子)의 위치와 그 속도를 동시에 측정하는 일이 불가능한 것처럼, 앞으로 미국의 권력이 어디로 옮겨 갈 것인지 예측하는 일도 매우 어렵다.

그런데 사람들은 오늘날 권력의 이러한 불확정성과 모호성을 두려워한다. 자기에게는 권력이 없다고 느끼고 또한 자기가 임의로 권력자로 인정한 인간에게 위축된 지식계급은, 마땅히 존재해야 할 권력구조가 사라져버렸다는 상황에 직면하기보다 오히려 위축된 상태로도 분명한 권력구조가 있는 상황 속에 살기를 희망할 것이 틀림없다. 대부분의 사람들은 앞이 캄캄한 동굴 속에서 편안히 누워 있기보다 차라리 자기들의 세계에 어떤 의미를 부여하면서 괴로워하는 쪽을 선택하게 마련이다.

여기서 제8장 이하에서 이야기한 내용을 요약해보자. 내부지향적인 인간은 정치에 관여하는 한 자기가 가진 도덕관이나 자신의 뚜렷한 이해관계, 또는 이 둘 모두에 의하여 정치 분야와 결합된다. 그리고 그와 그의 의견은 매우 밀접하게 관련돼 있으며 부수적인 것이 아니다. 그의 의견은 어떤 정치에서의 원칙을 지키기 위한 수단이다. 그들은 예컨대 제임스 조이스의《젊은 예술가의 초상(Portrait of the Artist as a Young Man)》도입부에 있는 정치적 토론으로 상징되는 바와 같이 매우 열정적이고 인격적일지도 모른다. 또는 그들의 의견은 이를테면 보스턴 출신인 자신의 입장이나 어떤 계급적 입장을 지키기 위한 수단으로써 비인격적인 성질을 띠고 있을지도 모른다. 그러나 어느 쪽이든 개인의 의견은 어떤 의미를 가지며, 또한 자기들이 살고 있는 객관적인 세계와 직접적인 연관을 가지고 있다.

이와는 반대로 타인지향형 인간이 정치적일 경우에 그는 거부권 행사 집단의 한 사람으로서 정치와 관계를 갖는다. 그는 자기의 이해관계를 자기가 속하는 집단에 위탁한 다음, 필요에 따라서 투표하거나 어떤 압력을 가하는 데 참가하기도 한다. 이와 같은 압력 전술에 의하여 그의 의견은 정치 수준에서 명백해지는 듯이 보인다. 그러나 실제로 그는 그의 의견과 자기 자신 사이에 거리를 두게 된다. '독립된 유권자'는 내부지향적인 시대에도 한낱 사랑스러운 허구일 수 있었으나, 타인지향형 인간은 이미 이 같은 원칙에 따라 활동하지는 않는다. 자기의 정치적 의견은 자기의 정치적 기능과 관계가 없다는 것이 그의 생각이다. 이러한 이유로 그의 의견은 동료집단 속에서 그날그날의 정치적 뉴스의 소비자로서 그가 맡은 역할의 사회적인 창구와 같다. 그는 자기와 다른 의견에 대해서 관용적이다. 그러나 그가 관용적인 것은 성격 탓만이 아니라, 의견이 '단순한' 의견일 뿐이기 때문이다. 그에게 정치적 의견은 흥미롭고 재미있는 것이다. 그러나 자기 자신의 정치적 역할이나 정치적 행동과는 전면적으로나 부분적으로나 전혀 관련을 갖지 않는다. 더욱이 거부권 행사 집단으로 구성되어 있는 정치적 세계는 도무지 예측이 불가능하며, 그곳에서의 의견은 별로 의미가 없어 보이기 때문에 의견은 '단순한' 의견에 그치고 마는 것이다.

내부지향적인 정치적 도덕가는 자기가 모든 면에 적용하고자 하는 판단 기준을 때로는 완고할 만큼 굳게 지켜왔다. 그런데 타인지향적인 내막 소식통은 충분히 검토되고 잘 조직된 감정적 격조에서 생겨나는 확신을 바탕으로 한 특정한 판단 기준을 가질 수가 없다. 어쩌면 타인지향형 인간의 경우에는 감정이 억압되어 은폐되고 있는지도 모른다. 그러므로 프로이트의 사고방식을 채택한다면 이 억압된 것이 언젠가는 겉으로 드러나리라고 예측할 수도 있다. 그러나 사회적 습관의 힘이란 강력한 것이므로, 내부지향형 인간에게는 지극히 자연스러운 열성과 도덕적 분개가 철저히 억압되는 상황에서 타인지향형 인간은 영원히 열성이니 분개니 하는 반응 능력을 가질 수 없게 되는 것이 아닐까. 실제로 타인지향형 인간은 타인지향인 체 꾸미고 있는 내부지향형 인간에서 비롯될 수도 있다. 그런데 이처럼 꾸미고 있는 사이에 그는 진짜가 되어버린다. 그가 쓰고 있는 가면은 이윽고 그의 생활방식의 현실 그 자체가 되고야 마는 것이다.

11장
미국인과 콰키우틀족

도덕가들은 현대의 가장 큰 악덕은 자만이라고 늘 주장한다. 어떤 의미에서는 옳은 말이다. 사실상 모든 사람은 이웃보다 자기 자신을 더 우월하다고 생각하고 자기보다 나은 사람을 따르려 하지 않기 때문이다. 그러나 어찌 보면 이것은 전적으로 잘못된 생각이다. 예속이나 평등을 싫어하는 사람은 자기 자신의 의견을 경시하고, 스스로를 저속한 쾌락을 추구하는 쓸모없는 인간이라고 생각하기 때문이다. 그는 실제로 시시한 욕망에 사로잡혀 있으므로 숭고한 일을 할 생각은 꿈에도 하지 않는다.

그러므로 나는 겸허하게 살라고 현대인을 설득하지 않는다. 오히려 현대인에게 자기 자신 및 인간에 대하여 보다 확고한 신념을 가지라고 말하고 싶다. '겸허'라는 것은 그들에게는 어울리지 않는다. 생각건대 그들에게 필요한 것은 자만이다.

토크빌, 《미국의 민주주의》에서

우리는 지금까지 여러 장에 걸쳐 현대 미국의 권력 이미지에 대해 생각해왔다. 그러나 그것은 지배계급을 규명하려는 보편적인 이론(예컨대 바넘의 경영자나 밀스의 노동조합 지도자 등)과는 꽤 거리가 있다. 미국인들은 스스로를 권력에 홀린 인간이나 돈벌이에 넋이 빠진 인간, 자신을 남에게 과시하기를 즐기는 인간이라고 생각하고 있다. 또 외국인들도 미국인을 그런 이미지로 보고 있다. 그 이미지는 여기서 지금까지 서술해온 온순하고 협력적인 인간이라는 이미지와는 아주 거리가 멀다.

필자가 다음에 인용하려는 사례에 비추어 말하자면, 미국인들은 자기들이 평화를 사랑하고 협력적인 푸에블로 인디언을 닮았다기보다는 경쟁심이 강한 콰키우틀족의 인디언과 닮았다고 생각하는 것 같다. 아마 이런 권력 및 퍼스낼리티의 이미지를 좀 더 깊이 연구해보면 정치적 사실과 정치적 이데올로기 사이의 어긋남을 좀 더 뚜렷이 알게 되지 않을까.

루스 베네딕트의 저서 《문화의 유형(Patterns of Culture)》에는 미개사회 세 곳에 대하여 생생하고 자세한 기록이 실려 있다. 그녀가 택한 미개사회는 미국 남서부 푸에블로 인디언(주니족)과 태평양제도의 도부족 그리고 미국 북서해안의 콰키우틀 인디언들이다.[1]

푸에블로 인디언 사회는 평화적이고 공동적인 사회이다. 그곳에서는 아무도 우월한 인간이 되기를 원치 않으며, 다만 좋은 사람이 되기를 원할 따름이다. 그들에게는 성적 관계로 인한 질투나 폭력은 거의 없다. 또 부정(不貞)에 대한 처벌도 가혹하지 않다. 심지어 푸에블로족은 사람이 죽어도 별로 감정의 동요를 드러내지 않는다. 요컨대 감정의 억제가 이루어지고 있는 것이다. 경제적 계층은 상당히 분화되어 있으나 경제적 권력을 과시하는 일은 별로 없으며 정치적 권력 과시는 더더욱 아주 드물다. 그리고 가족과 부족 전체에 대한 공동정신이 왕성하다.

이와는 대조적인 것이 도부족이다. 도부족 사람들은 서로에게 마술을 걸거나 도둑질을 하거나 심한 욕설을 퍼붓는다. 그들 중 결혼한 남녀는 서로 상대의 친척에게 시달리며, 부정행위는 엄한 벌을 받는다. 도부족은 여러 섬과 교역하며 경제생활을 한다. 그들은 재산 소유권에 대한 집착이 강하고 절도·마술행위·분쟁 등을 통해서 이득을 얻으려고 한다.

베네딕트 여사가 문제 삼은 세 번째 사회, 즉 콰키우틀족의 사회도 매우 경쟁적이다. 그러나 이 사회에서의 경쟁은 기본적으로 자기 과시를 위한 소비의 경쟁이다. 그 전형적인 예가 '포틀래치'라는 축하연이다. 콰키우틀족의 추장들은 서로 자기 부족을 초대해놓고 이 사회에서 부(富)의 상징인 모포와 동판(銅版) 등을 아낌없이 불태운다. 경쟁심이 절정에 이르면 자기의 부를 끝까지 지키기 위한 수단으로 집이나 카누를 불살라버린다. 실제로 콰키우틀족 사회는 베블런이 말하던 '과시적 소비'의 캐리커처라고 할 수 있다. 콰키우틀족 추장들이

---

1) *Patterns of Culture*(Boston, Houghton Mifflin, 1934 : reprinted New York, Pelican Books, 1946).

행하는 포틀래치는 그야말로 모든 사람에게 좀 더 큰 정신적 안정을 주고자 그 사회의 잉여생산물을 없애버리고 소비하기 위한 '적절한 통로'로 생각할 수 있다. 베블런은 사실 이 북서해안 인디언의 잔치를 잘 알고 있었던 것이다.

그런데 필자는 이 책을 읽은 학생들에게, 이러한 세 가지 문화 중에서 고도로 분화한 미국 사회와 가장 닮은 데가 어디냐고 질문한 적이 있다. 그러자 대부분의 학생들이 콰키우틀족이라고 대답했다. 학생들은 미국 사회에서 비즈니스 경쟁이나 섹스와 신분 차이에 대한 질투, 권력욕 등을 강조했다. 그들의 견해에 따르면, 미국인은 재산과 지위를 남에게 과시하기 좋아하는 개인주의자들이라는 것이었다.

정치적인 면에서 다소 급진적인 소수의 학생들은 미국인과 도부족이 닮았다고 했다. 그들은 미국 비즈니스 세계의 가혹함을 강조하며, 가족관계 속에서의 질투와 엄격함을 지적했다. 그리고 미국 정치는 국내에서든 국제에서든 홉스가 표현한 인간의 자연적 상태 그대로 매우 공격적이라고 생각하고 있었다.

그러나 미국 문화와 푸에블로의 주니족이나 호피족 문화가 닮았다고 대답한 학생은 한 명도 없었다. 무언가 닮은 점이 있었으면 하고 기대하는 학생은 많았으나, 그들은 주니족과 미국인이 전혀 다르다고 생각하고 있었다.

그런데 이러한 답변을 한 학생들의 문화를 자세히 조사해보니, 거기에는 도부족이나 콰키우틀족을 닮은 요소는 거의 없었다. 부잣집에 태어난 학생들은 가능한 한 남의 눈에 띄지 않기 위해 노력하고 있다. 오늘날에는 1920년대식 과시를 즐기는 학생은 찾아보기 힘들다. 그들은 일부러 낡은 양복을 입고 있다. 극히 드문 예외를 제외하면 학생들은 부자라는 소리를 듣기 싫어한다. 현대 자본가들은 이미 "서민들 주제에!"라고 고함치지 않는다. 그와 마찬가지로 현대 부모들은 "저는 자식을 훌륭하게 키우고 있습니다. 우리 애가 부자가 됐으면 좋겠어요."라고 말하지 않는다.[2]

또한 학생들 사이에서 콰키우틀 같은 생활양식이 사라진 것은 그저 과시적인 소비가 사라졌기 때문만은 아니다. 요즘에는 선천적인 것이든 훈련으로 깨친 것이든 자기의 재능을 과시하는 일도 억제되고 있다. 어떤 대학 수영선수는

---

2) 이 의견은 Oliver Wendell Holmes, Jr. 판사의 "The Soldier's Faith", 1895, reprinted in *Speeches* (Boston, Little, Brown, 1934), p. 56에서 인용.

나에게 다음과 같이 말했다. "저는 제 경쟁상대가 마음에 들지 않아요. 저에게는 정말 안 좋은 구석이 있어요. A군은 동료들과 잘 협력하는데, 저도 A군처럼 되고 싶어요. A군은 경쟁에서 승패를 별로 의식하지 않거든요."

생각건대 학생문화에 나타나는 미국과 그들이 졸업한 뒤 진출하는 미국 사회의 이미지 사이에는 큰 차이가 있는 것 같다. 그들이 미국의 현실사회에 대해 가지고 있는 이미지는 주로 미국문학 속에 보존되어 있는 미국의 전설에 근거를 두고 있다. 대부분의 미국 소설가나 평론가들은 여전히 미국을 다른 나라에 비하면 콰키우틀 추장과 같은 물질주의적 나라라고 믿고 있다. 아마 황금으로 빛나는 시대였던 과거의 미국에 대한 한 이러한 생각은 옳다고 할 수 있을 것이다. 그러나 헨리 제임스는 이미 '물질주의' 문제가 미국과 유럽에서는 실로 애매한 것임을 알아채고 있었다.

유럽과 같은 오래된 문화 속에서 물질주의는, 신분질서와 전통지향형 시대에서 계승된 수많은 가치로 은폐되어 있었다. 그리고 유럽의 대중은 최근까지도 미국형 소비를 하기에 충분한 돈과 여가가 없었다. 그러나 돈과 여가를 갖게 되자 그들은 미국보다도 더 깊이 물질주의에 빠져들었다. 그럼에도 유럽인들은 미국인들을 향해, 당신들은 물질주의적이라고 주장한다. 19세기 미국인들은 자기들을 벼락부자라고 생각하고 있었기 때문에 유럽인들의 그런 말을 긍정적인 태도로 받아들였다. 그리고 그런 풍조는 오늘날까지도 계속되고 있다.

그런데 상황이 완전히 뒤바뀌었다. 정확히 말하면 지금은 미국 이외의 전세계 국가들이 벼락부자가 되려는 시대이다. 또한 다른 나라 사람들은 지금 공업사회가 만들어낸 온갖 기계들에 몰두하고 있다. 그와 반대로 오늘의 미국인들 대다수는 이미 소비자 상품의 프런티어에 별다른 감동을 느끼지 않고 돌아서고 있다.[3]

이렇게 말하면 미국인을 콰키우틀족과 비교한 학생들은 다음과 같은 의문을 제기할 것이다. "미국의 광고를 보세요. 미국 광고문화 속에는 물건 소비에 대한 놀라운 정서적 호소가 담겨 있지 않습니까?" 그러나 내가 학생들에게 자

---

3) Mary McCarthy의 탁월한 논문 "America the Beautiful", *Commentary*, IV(1947), 201은 이 책과 똑같은 태도를 취하고 있다.

네들은 광고를 믿느냐고 반문하면, 그들은 얼굴을 찌푸리며 광고 따위는 믿지 않는다고 대답한다. 또다시 자네들이 알고 있는 범위에서 광고를 믿는 사람이 있느냐고 물으면, 적어도 중산층에 대한 한 학생들은 그 실례를 들지 못한다 (만약 광고가 미래에 자그만 희망을 걸고 있는 하층계급 사람들에게 막강한 영향력을 행사하고 있다면 혁명이 일어날 게 틀림없다). 이렇게 말해도 학생들은 좀처럼 이해하지 못하고 어쨌든 광고는 반드시 누군가에게 영향을 줄 거라고 말한다. 그러나 필자가 보기에 광고라는 것은 대체적으로 어릿광대짓 같은 사기이다. 그것은 미국의 이미지를 만들어내기는 하지만, 누구 하나 그 이미지를 진정으로 받아들이지는 않는다. 이는 광고 제작자들이 더 잘 알고 있다.

이미 말했듯이 매스미디어는, 다른 사람들은 정치에 깊은 관심을 갖고 있다는 식으로 사람들을 설득한다. 그와 마찬가지로 광고도 당신 이외의 모든 사람이 새로운 냉장고와 자동차, 양복 등을 매우 탐내고 있다는 식으로 사람들을 설득하려는 것에 불과하다. 그래도 사람들은 타인들이 자기 자신처럼 무관심하다고는 절대 믿지 않는다. 따라서 정치의 경우 정치적 무관심은 오히려 사람들을 수비적인 입장으로 만든다. 그리고 광고의 경우에는 광고에 대한 무관심으로 일종의 우월감을 느낀다. 사실 과거 20년간 미국의 광고를 돌이켜보면, 적어도 광고 제작자들은 소비자들이 정서적 열의를 점점 잃어가고 있음을 암암리에 인정하게 된 듯싶다. 과거의 자동차나 냉장고 광고는 새로운 물건을 갖게 되어 기뻐하는 부부의 모습을 삽화로 사용했지만, 오늘의 광고는 새 차 옆에서 즐거워하는 아이들 모습을 삽화로 사용한다. 아이들은 자기 집에 있는 자동차와 똑같은 차가 광고에 실려 있는 것을 보고 기뻐하는 것뿐이다. 더욱이 오늘날 많은 광고 속에서는 물건을 갖는다는 것 자체가 오히려 뒤로 물러나 있다. 또 물건을 갖는다는 것은 추상화되거나 초현실적인 형태로 처리되고 있다. 물건을 갖는다는 것은 이미 열광적인 일도 아니며 놀라운 일도 아니다. 그리고 광고 자체가 사실보다도 복잡하고 중요한 일이 되어버렸다.

물론 미국에는 타인지향적인 소비자의 궤변과 정서적 반응의 억제라는 시대적 추세에 영향을 받지 않는 구시대적인 소비의 열정가들도 아직 많이 남아 있다. 그 예로 영화 〈세 부인〉에 등장하는 지방 소도시의 한 아일랜드계 어머니를 들 수 있다. 이 어머니는 철로변에 있는 초라한 집에 살고 있는데, 그녀의 가장 큰 자랑거리는 아직 할부금도 다 갚지 않은 근사한 신형 냉장고이다.

오늘날 미국 중산계급은 그 물질주의를 '좋은 취미'라는 포장지로 감싸고 있을 뿐 기본적인 욕구는 옛날과 거의 다를 바 없지 않느냐는 의문이 생길지도 모른다. 그러나 타인지향형 인간은 타인들에게 관심을 쏟는 사람들이며, 바로 그 이유 때문에 많은 내부지향형 인간들이 그랬듯이 물질주의에 물들 수 없다. 순수한 내부지향적인 물질주의, 즉 물건을 정말 갖고 싶어 하는 물질주의는 네덜란드 중산계급이나 프랑스 농민들에게서 찾아볼 수 있을 것이다. 이러한 곳에는 내부지향적인 생활방식이 아직 남아 있다.

미국인들이 이 사정을 잘 모르는 것은 바로 그들이 타인지향적이기 때문이다. 광고 제작자도, 소설가도, 지식계급도 '자기 이외의' 미국인은 물질주의자라고 믿고 있는 것이다. 그리고 그들은 자기 자신의 실질적인 감정은 겉으로 표현하지 않고 있다. 실제로 타인지향적인 인간이 처해 있는 상황은 역설적이다. 거기에서 사람들은 타인들, 적어도 자기 동료집단에서 제외된 타인들에 대해 크게 잘못된 판단을 계속해서 내리고 있는 것이다. 그뿐 아니라 그들은 자기와 가까운 사람들이 무엇을 생각하는지에 대해서도 자주 잘못된 판단을 내린다.

오늘의 미국 비즈니스맨들은 마치 자기들이 미국에서 콰키우틀족 추장 같은 행위를 할 수 있다는 환상을 갖는다. 그들은 글을 쓰거나 연설을 할 기회가 생기면 자유기업에 대한 소신을 털어놓고, 격렬한 경쟁을 찬양하거나 모험을 찬미한다. 그러나 이런 비즈니스맨은 마치 제1차 세계대전에 참전했던 사람들이 옛날이야기를 하듯이 빛나는 과거의 추억을 즐기고 있는 데 지나지 않는다. 학생들을 비롯한 미국의 대중은 비즈니스맨의 이러한 면과 접촉하게 된다. 그리고 미국의 비즈니스맨은 그런 것이라고 믿어버린다. 하지만 비즈니스맨들이 실제로 하고 있는 일은 입으로 말하는 것과는 전혀 다르다. 아마 비즈니스맨들은 자기 자신의 주장과 행동양식에 의해 희생되고 있는지도 모른다. 그 점에서 그들은 콰키우틀족과 조금 비슷한 면이 있다고 하겠다.

한편 미국인이 도부족과 닮았다고 대답한 소수의 학생들도 그들 학창생활 가운데 도부족과의 공통점을 찾아볼 수 없다. 굳이 비슷한 점이 있다면 연애나 시험에서 조금 속임수를 쓴다는 정도이다. 오히려 그들은 '자본주의체제'는 악랄한 인간이 들끓는 정글과 같다고 단정 짓고 있을 뿐이다. 그리고 마크 트웨인, 잭 런던, 프랭크 노리스 시대의 미국과 오늘날 미국 사이에는 별다른 변화가 없다고 생각하고 있다. 그들은 미국이 폭력과 갱의 나라이며, 또한 크고 작은 온갖 여우들이 서로 속고 속이는 곳이라고 생각한다. 그러나 오늘의 미국에서 큰돈을 벌 수 있는 사람은 중고자동차 판매원이나 용광로 수리공과 같은 소규모 비즈니스맨 정도이다. 그들은 카누를 타고 이웃 섬으로 교역을 하러 가는 도부족처럼 매우 악랄한 수단으로 돈벌이를 하지만, 그 수는 극히 제한되어 있다.

그러나 사회과학 문헌을 바탕으로 미국에서의 권력의 이미지를 연구해보면 이들 학생들의 사고를 뒷받침하는 논의가 여러 곳에서 펼쳐지고 있음을 발견할 수 있다. 이를테면 베네딕트의 《문화의 유형》에서도 미국 문화가 여기저기서 언급되는데, 이는 미국인이 도부족과 닮았다고 생각하는 학생들을 지지하는 내용이다. 또한 로버트 린드의 《무엇을 위한 지식인가》[4] 가운데 '미국 문화의 유형'이라는 대목도 이런 학생들 의견을 뒷받침해주고 있다. 린드는 엄격함과 따뜻함이 얽혀 있는 비즈니스 세계의 모순된 형태를 시인하면서도, 비즈니스라는 것은 극히 개인주의적이며 또 정치적으로는 무자비하다는 점을 강조하고 있다. 그는 이 책 곳곳에서 도시의 모 가문 어르신들이 대표적으로 보여주는 놀라운 야심과 과시적인 소비를 역설하고 있다. 그러나 아이러니하게도 린드의 이 책을 비롯해서 비즈니스에 대한 사회학적 비판 문헌은 대부분, 기업의 합리적 행동의 표본을 만들기에 고심하고 있는 신고전학파 경제학자들의 생각과 대응하고 있다. 그들은 다소 음침하게 고의든 또는 우연이든 비즈니스맨을 경제인이라고 표현하고 있는 것이다.

이러한 비즈니스맨의 이미지는 많은 사립대학 학생들이 비즈니스맨이 되기를 꺼리는 이유 중 하나가 되고 있다. 그리고 대학생 수가 점점 늘어감에 따라 이와 같은 기피현상은 더욱 커지고 있다. 재능이 있는 학생은 좀 더 고급스러운 직업을 구하려고 생각하며, 와튼 스쿨 학생이나 하버드 대학 비즈니스 스쿨 학생들조차 미국 기업을 경멸하고 있다. 학생들에게 비즈니스 세계라는 것은 도

---

4) Robert S. Lynd, *Knowledge for What?*(Princeton University Press, 1939), pp. 54~113.

덕적으로 의심스러울 뿐만 아니라 시시하고 만족할 수 없는 분야이다.

학생들은 자기 인생설계에서 순전히 도덕적인 문제에 맞닥뜨린다. 곧 어떻게 충실한 삶을 유지하며 자기 능력을 발휘할 것인가 하는 문제이다. 그러나 이 문제는 별로 근거가 없고 지나치게 극적이다. 학생들은 자기 영혼을 팔아 비즈니스 분야에서 큰돈을 벌 것인가, 아니면 자기 영혼을 살리면서 공무원이나 교사가 되어 수수한 생활을 보낼 것인가 하는 꽉 막힌 생각에 사로잡히는 것이다. 오늘의 비즈니스, 특히 대기업이 사실은 지적인 문제와 기회를 품고 있다는 생각, 그리고 오늘의 비즈니스에서는 이미 도부족과 같은 악독한 방법이나 콰키우틀족과 같은 경쟁이 다른 직업에 비해 즉시 해소되고 있다는 생각은 비즈니스맨 아버지를 둔 학생들 사이에조차 존재하지 않는 듯하다.

이러한 이유로 학생들의 비즈니스에 대한 이미지와 미국 생활 전체에 대한 이미지는 어떤 자기확인 효과를 가지고 있다. 재능 있는 학생이 비즈니스 세계를 기피하기 때문에 비즈니스 세계는 부득이 재능이 떨어지는 인물을 채용하게 되는데, 이러한 이류 인물들은 비즈니스 세계가 준비해놓은 모처럼의 기회를 잘 이용할 수 없고 또 젊은이들의 모범적 존재도 될 수 없다. 뿐만 아니라 남들이 그에게 적의를 품고 또 타산적인 사람이라는 생각을 가지므로, 결국 그 자신도 적의와 타산적인 성질을 갖게 된다.

분명 비즈니스 분야든 다른 분야든 고약하고 비열한 미국인은 많이 있다. 남부 뜨내기들과 북부 폭력단 그리고 불량소년과 같은 두려운 미국인도 많다. 미국이란 나라 안에는 도부족과 같은 방식으로 움직이는 몇몇 문화양식의 외딴 섬들이 존재하며, 또 19세기 콰키우틀족과 같은 요소도 곳곳에 남아 있다. 그러나 이러한 사람들은 권력구조를 가지고 있지 않으며, 또 파시즘이나 그 밖의 음모도 없다.

미국인이 콰키우틀족이나 도부족과 다르다고 하여 주니족이나 호피족과 같다는 의미는 아니다. 어느 경우든 미국 문화와 미개사회 문화를 비교한다는 것은 극히 포괄적인 판단이다. 필자의 성격유형학 견해에서 본다면 이들 세 미개부족은 인구의 잠재적 고도성장 단계에 속하며, 그런 점에서 어느 정도 전통지향적인 유형에 속한다. 필자는 그저 예를 들어 설명하고 있을 뿐이며, 아주 논리 정연한 서술을 하고 있는 것은 아니다. 루스 베네딕트는 별로 중요하게 생각하지 않는 모양이지만, 정확하게 말하면 푸에블로 인디언은 보기보다 부드럽거나 다정한 인간들이 아니다. 그들은 어느 정도까지 적대적 협력자이며, 억압된 적의와 선망을 많이 품고 있다. 이는 그들의 꿈속이나 또는 악의에 찬 쑥덕공론에서 드러난다. 그러나 이같이 생각하면 푸에블로족은 그야말로 미국 중산계급과 비슷하다는 결론이 나온다. 미국인의 타인지향적인 협력성도 완전히 너그럽지는 못하며 억압된 적대적 요소를 지녔기 때문이다.

푸에블로 인디언의 생활 속에 있는 정서적인 색채는 이를테면 "자네는 스스로를 위대한 인간이라고 생각하는군"과 같은 말로 경멸을 나타내는 미국의 동료집단을 떠올리게 한다. 콰키우틀족은 살인하거나 방화하거나 자살하는 정열을 가지고 있음을 자랑으로 삼지만, 이와는 반대로 푸에블로 인디언에게는 모든 폭력적인 정열이 없다.

루스 베네딕트는 다음과 같이 말했다.

좋은 사람이란 유쾌한 말솜씨와 공손한 태도와 관대한 마음의 소유자이다. ……그는 말수가 많고 항상 남에게 안정을 주는 사람이며, 일터에서나 의식 석상에서도 타인들과 쉽게 협력할 수 있는 사람이다. 그에게는 불손한 태도나 격정 같은 것이 없다.

루스 베네딕트의 이 글은 내가 청년들을 상대로 했던 인터뷰 결과를 생각나게 한다. 미국 청년들에게 자기 장점이 무엇인지 물어보면 그들은 좀처럼 대답하지 않는다. 그저 남들과 잘 어울리는 능력이라는 대답이 간혹 나올 뿐이다. 반대로 단점이 무엇인지 물으면 대부분의 젊은이들은 화를 잘 내는 것이라고 말한다. 그러나 늘 그렇게 화를 잘 내는가 물어보면 사실상 별로 신경질적인 사람은 아님을 알 수 있다. 곧 신경질적인 성격 때문에 어떤 문제가 있었는지 물으면 그들은 그런 증거를 거의 제시하지 못했다.

이 같은 청년들의 태도가 꼭 적절한 예는 아니지만, 이러한 대답의 의미는 중요하다. 필자가 받은 인상을 말하면, 화를 잘 낸다는 것은 '기쁨의 손'이 지배하는 사회에서 최대의 악덕인 것 같다. 그것은 인간의 협력적인 태도에 대한 내면적인 위협으로 여겨지고 있다. 더욱이 동료집단은 분노의 감정과 신경질적인 태도에 대해서도 냉정하다. 사람은 신경질적인 태도를 미소로 받아들일 수 있어야 하며, 그렇지 못할 경우에는 화내는 성질보다 더 고약한 것, 즉 유머 감각의 결여라는 특징을 갖게 된다. 결코 뒤에서 남을 비난하는 일이 없어야 하는 것이다.

예컨대 내부지향형 인간도 종교적 신념에서 그의 신경질적인 성격에 대해 우려하는 경우가 있다. 그러나 그는 양심에 의해 자기를 억제했고, 또 그에게는 일종의 반동 형성 성격이 있기 때문에 말하자면 화산과 같은 정서가 그의 내부에 여전히 강하게 남아 있었다. 그리고 그것은 때로 정치적 분노로 폭발했다. 그런데 이와는 달리 타인지향형 인간은 거의 강제적인 대인관계의 원만함과 관대한 분위기 속에서 아무런 상처도 없이 자기 감정을 온전히 꼭꼭 싸매는 것이다.

오늘날 많은 청년들이 가지고 있는 성생활의 이상(理想)은 주니족의 그것과 비슷하다. 그들은 섹스 문제를 인간관계상의 정서를 벗어난 것으로서, 질투심을 배제한 채 생각해야 한다고 본다. 젊은이들에게 '너무 깊이 들어가지 말라'는 격언은 시대와 더불어 그 뜻이 변해왔다. 과거에 이 격언은 여자를 임신시키지 말라, 법률에 저촉되는 행위는 삼가라, 신문에 실리지 않도록 조심하라 등을 의미했다. 그러나 이제는 동료집단의 동지애를 분열시키지 않도록 개인적인 감정을 조절하라는 의미를 갖게 되었다.

그런데 푸에블로 인디언에게 가장 큰 문제는 인간관계상의 문제가 아니라 날씨 문제였다. 푸에블로족의 종교 의식은 주로 기우제였다. 그들은 자기들의 불안을 진정시키기 위하여 일정한 의식을 행했다. 미국 젊은이들은 개인적 또는 부족적인 성공을 비는 그런 의식을 행하지 않는다. 그러나 미국 젊은이들도 생활의 여러 면에서 일종의 의식과 같은 것을 만들어내는 경향이 있다. 예를 들어 학교에 다니는 일, 통근하는 일, 노는 일, 내막 소식통이나 과격파로서 정치에 참여하는 일, 기타 온갖 개인적 강제가 일종의 의식을 낳는다. 이와 같은 의식은 개인적인 것이든 공공의 것이든 보통 필요한 것으로 여겨지고 있다. 그러나 이런 의식은 그 자체가 확실한 것은 아니며, 또 그 결과도 비가 내린다는 식의 분명한 형태를 띠지 않는다. 그 때문에 미국 젊은이들은 푸에블로 인디언처럼 그들의 의식에서 위안을 얻지는 못한다.

그런데 필자가 지금까지 논술 대상으로 삼아온 젊은이들은 겨우 사춘기 시절의 동료집단에서 탈피하는 중이다. 그들은 아직 미국인의 생활 가운데 어른으로서의 생활양식 속 자기 위치를 얻지 못하고 있다. 그들은 미국 문화를 콰키우틀족 문화와 비슷하다고 생각하지만, 그러한 관념과 그들이 이제부터 익히게 될 호피족 같은 현실과의 격차는 어떤 결과를 낳을 것인가. 과연 그들은 사회적·정치적 행동으로 미국 사회를 새롭게 바꾸고 미국을 관용적인 타인지향형 인간들의 나라로 만들까. 또는 어떻게 해서든 콰키우틀족과 같은 방식의 선입감을 현실화하려 할까. 아니면 자기들도 미국인이며 결코 특별한 인간은 아니라고 생각함으로써 자기들이 지닌 권력의 이미지나 미국 전반에 대한 이미지를 바꾸게 될까.

이런 갖가지 반응 하나하나는 앞으로 충분히 일어날 수 있다. 그리고 그 밖에도 몇 가지 가능성이 있다. 그러나 이데올로기 변화와 성격 변화를 형성해가고 있는 또 다른 요인이 있다. 바로 학생들이 자기들 내부에 경쟁심과 선망이 억압되고 있음을 의식하고 있다는 사실이다. 따라서 자기가 타인에게 하려고 마음먹지도 않는 일을 타인은 자기에게 하지 않겠는가라고 생각한다. 그들이 미국 사회가 콰키우틀족 또는 도부족 사회와 닮았다고 생각하는 것은 그들이 가진 미국에 대한 이데올로기 때문만은 아니다. 이는 한편으로 그들 내부에 있는 협력성과 적대감이 아직 완전히 조절되어 있지 않기 때문이다. 타인지향적인 관용에 대한 의문 가운데 하나는 이러한 사정을 염두에 둠으로써 쉽게 해결할 수 있다. 그 의문이란, 만일 타인지향형 인간이 관용적인 인간이라면 어째서 자신의 탈선을 그토록 두려워하는가 하는 것이다. 그는 타인들의 관용에 기댈 수 없는가? 결국 그는 자기 자신의 관용에 확신을 갖지 못하고 있는 것이다. 그리고 자기의 신경질적인 성격이 언제 폭발할지 모른다는 불안에 싸여 있는 것이다. 그는 자신에 대하여 불안을 안고 있기 때문에 겉으로는 온화해 보이지만 내심 타인을 두려워하고 있다. 그 타인이 한없이 선량하게 보이는데도 말이다.

여기서 만일 루스 베네딕트가 제시한 세 문화 중 어느 하나를 택해야 한다고 가정하면 현대 학생들은 아마도 푸에블로 문화 속에서 사는 쪽을 선택할 것이다. 그러나 이 선택 자체는 그다지 중요한 문제가 아니다. 중요한 것은 학생 자신들이 실제로 이미 그와 같은 문화 속에 살고 있음을 깨닫지 못하고 있다는 사실이다. 그들은 위대한 사업을 해내기보다는 차라리 사회보장 같은 것을 원한다. 그들은 유명해지는 것도 원치 않으며, 그보다는 남에게 인정을 받으려 한다. 그들은 자신의 재능을 발휘하다가 오히려 난처한 지경에 빠지지나 않을까 걱정한다. 이는 내부지향형 젊은이들이 자기 재능을 최대한 발휘하면서 그 이상의 것까지 원하는 것과 대조를 이룬다.

과거의 젊은이들이 그랬던 것처럼 오늘날 어떤 젊은이들은 '스무 살이 되도록 아직 아무 일도 이루지 못했다'고 고민할지도 모른다. 그러나 이 점에 대해서도 과거와 지금은 아주 다르다. 내부지향형 중산계급 젊은이는 스무 살이 되면 성년으로서 사회에 적응하는 것을 배운다. 그리하여 어린 시절부터의 꿈을 버리고 겸손한 어른의 생활태도를 받아들여야 한다. 그런데 이와는 대조적으로 타인지향형 젊은이는 처음부터 그러한 꿈이 없다. 그는 인생에 눈을 뜨면서부터 집단에 순응하는 것을 계속 배워왔기 때문에, 사춘기에 이르러 자기 가정과 자기 동시대인의 세계 중 어느 쪽을 택할 것인가라는 문제에 직면하지 않으며, 또 자기의 꿈과 현실세계 중 어느 쪽을 택할 것인가라는 문제에도 직면하지 않는다.

더욱이 현실세계에 적응하는 훈련은 집단에 의해 아주 어린 시절부터 행해지기 때문에, 적응은 행동면에서의 순응성이 아닌 성격면에서의 순응성 문제가 된다. '나는 세계에 불을 붙이고 싶지 않아요'라는 유행가는 오늘날 젊은이들을 전형적으로 표현하는 말이라 하겠다. 반대로 콰키우틀족 문화는 세계에 불을 붙이려는 문화인 것이다. 타인지향적인 인간은 영광보다 애정을 택한다. 토크빌이 본 바와 같이, 또는 예견한 바와 같이 그는 꿈에도 본 적 없는 원대한 사업에 자기를 맡기려 하지 않고 오히려 작은 희망을 갖는 것으로 만족한다.

학생들이나 젊은이들이 자기 인생에 대해 느끼는 감정과, 미국을 누가 움직이고 있는가 하는 현대적 관념은 서로 관계가 있다. 지금까지 살펴봤듯이 학생들은 스스로를 무력한 사람으로 생각하고 자기를 인정해주는 동료집단 속에서 의식을 행하며 겨우 안심하고 있다. 그들은 동료집단에 깊이 빠져들지 않음으로써 어느 정도 정서적인 독립성을 지키려고 하지만, 그것은 그 자체가 동료집단에게서 위임 통치를 받는 셈이다. 그러나 그들은 자신의 무력감을 어떻게 해명할 것인가? 자기들에게 부족한 것을 다른 누군가는 가지고 있을 것이며, 자기들이 무력한 것은 다른 누군가가 권력을 쥐고 있다는 증거라고 그들은 생각한다. 그들은 여전히 미국을 콰키우틀족과 비슷한 나라라고 생각하고 있다. 그러나 그것은 그들 속에 콰키우틀족의 성격과 같은 요소가 억압된 채 남아 있기 때문만은 아니다. 그보다도 중요한 원인은 그들이 아주 협력적인 인간이 되도록 강제되고 있기 때문이다. 그들은 어디엔가 위대한 인간이 있어서 자기들을 이렇게 행동하게끔 만들고 있다고 생각한다. 사실 그들 자신의 성격을 통해서 사회가 움직이고 있다는 것을 미처 의식하지 못하는 것이다.

이미 살펴본 바와 같이 미국 사회에서 콰키우틀족 추장과 비교될 만한 지도자들은 권력을 잃었다. 그러나 피지도자들 또한 권력을 갖지 못하고 있다. 미개사회 사람들은 적의 피를 마시거나 그 머리를 베어버림으로써 더 큰 힘을 얻을 수 있다고 믿는다. 그러나 타인지향형 인간은 그 무엇인가를 구하려는 생각조차 하지 않는다. 그들은 자기 동료들이 약한 까닭에 따라서 약화되어갈 뿐이다.

제3부
자율성

12장
적응과 자율성

인간의 생활을 완전하고 아름답게 하기 위해 인간이 창조한 것 가운데 가장 중요한 것은 바로 인간 자신이다. 집을 짓거나, 농작물을 가꾸거나, 전쟁을 하거나, 소송을 걸거나, 교회를 세우거나 기도하는 등의 온갖 인간 행위를 기계—인간 모습을 한 자동기계—한테 시킬 수 있다 하더라도, 오늘날 문명사회에 살고 있는 인간—자연의 놀라운 창조물—은 자동인형이 되어서는 안 된다. 인간의 본성이란 모델에 따라 조립되는 기계가 아니며, 또한 명령대로만 움직이는 기계도 아니다. 인간이란 내적인 힘이 뻗치는 여러 방향에 따라 스스로 성장하고 발전해 나가도록 요구받는 나무와도 같다.

J.S. 밀, 《자유론》에서

앞에서 이야기한 것처럼 만일 지도자들이 권력을 잃었다면 왜 피지도자들이 대신 권력을 쟁취하지 못하는 것일까. 타인지향적인 성격과 그 상황은 왜 권력을 빼앗는 방향으로 나아가지 못하는 것일까. 상황에서 그 이유를 살펴보면, 거부권 행사 집단의 독점적 경쟁 유형이 존재하고 있어서 개인의 권력 확대를 막기 때문이다. 한편 성격상으로 보면 타인지향형 인간은 요컨대 권력을 원하지 않는다. 오히려 그는 권력을 피하고 멀리한다고 할 수 있다. 만일 그가 내막 소식통이라면 권력의 배치상황에 대하여 자기 나름대로 공식을 만들어낸다. 그리고 모든 사실을 그 공식에 끼워 맞추려고 시도한다. 어떤 의미에서 그는 대통령이 되기보다는 올바른 인간이 되고자 한다. 그는 지식을 원하고 또 타인에게 인정받기를 원한다. 더구나 상류층의 경우에는 일종의 한계적 특수화가 필요하다. 그런 까닭에 언뜻 보면 그는 권력을 구하고 있거나 또는 권력을 갖고 있는 듯이 행동한다. 그러나 내막 소식통은 내부지향형 성격에서 멀면 멀수록 야심은 적어지고 타인을 이용하려고도 하지 않으며, 제국주의적인 면도 사라진다. 그는 콰키우틀족이나 도부족 같은 어떤 타인이 사람을 이용하고 있다고 생각한다. 그는 그런 권력자의 이미지에 비추어서 자기 자신을 일개 조작자이며 자기 조작자라고 생각한다.

만일 타인지향형 인간이 권력을 추구하지 않는다면 그가 원하는 것은 무엇일까? 그는 적어도 적응을 원한다. 즉, 그는 마땅히 지녀야 할 성격 및 그에 따르는 내면적 경험과 외면적 부속물을 가지려고 한다. 이와 같은 적응에 실패할 경우 그는 무규제적(anomic) 상태에 빠지게 된다(이 '무규제적'이라는 용어에 대해서는 다음에 정의를 내릴 것이다). 그러나 적응을 잘했을 경우 타인지향형 인간은 자율적이 되고자 한다.

그가 자율적으로 변화하는 계기는 피할 수 없는 현실적·객관적인 순응성에의 압력과 콰키우틀적인 미국의 온갖 제도로부터 생겨나는 것이 아니며, 미국의 타인지향적 성격 자체에서 비롯되는 의식주의적(儀式主義的) 압력 간의 불일치에서 생겨나는 것이다. 바꾸어 말하면 필자는 현재의 사회구조에 의해 조성된 사회적 성격, 즉 타인지향적 성격은, 그 사회의 요구에 따라 형성된 사회구조의 완전한 모사품이라고 생각하지 않는다.

1. 적응형, 무규제형, 자율형

우리 앞에는 커다란 문제가 하나 놓여 있다. 한 사회에서 영향력을 지닌 많은 사람들이 어떻게 하여 그 사회가 요구하는 것보다 더 월등한 성격구조를 가지게 되었는가 하는 문제이다. 그 이유 중 한 가지는 과거의 제도적인 필연성이 이데올로기와 성격 속에 아직 살아 있다는 역사적인 사실에서 찾을 수 있으며, 이 경우 성격형성에 어떤 미묘한 메커니즘이 작용해 왔는지는 이미 제1부에서 살펴본 바와 같다. 그리고 똑같은 이유로 사회적 성격과 성인의 사회적 역할 사이의 불일치는 사회변화를 가져오는 가장 중요한 요인 중 하나가 된다. 성격구조는 일정한 사회구조가 조성된 다음에야 비로소 형성된다고 생각하는 것은 지나치게 단순한 사고이다. 왜냐하면 사회변화 속에 존재하는 요소들은 다른 여러 요소의 형식과 기능 변화를 일으키기 때문이다. 그런데 미국과 같은 거대한 사회 속에서는 상당한 불일치가 인정된다. 따라서 그곳에 살고 있는 개인은 온갖 조화의 방법 가운데 한 가지를 선택할 수 있다.

미국 상류계급에서 개인이 느끼는 압력은, 보통 서로 보조를 맞춰 살아가는 데 필요하다고 여기는 것에 대한 공통된 해석방법에 그 원인을 둔다. 그러나 한 집단의 몇몇 사람이 이런 해석을 포기할 때는 다른 사람들도 그들을 따라 새로운 생활방식을 선택하게 된다. 이때 선구자들은 자기의 일과 상황을 희생할 필요가 없게 된다. 이러한 경우에는 상황에 대한 해석의 변화에 따라서 성격도 변하게 마련이다.

그러면 이 소수의 선구자는 어디서 생겨나는 것인가. 우리가 유의할 점은, 사회적 성격이라는 관념은 모든 성격을 포괄하는 관념이 아니라는 것이다. 물론 타인으로서는 인간의 잠재적인 가능성을 알지 못하고 또한 자기 자신도 깨닫지 못할 경우가 있으므로 인간의 능력을 무엇이라고 확실히 결정짓기는 어렵지만, 현실의 인간은 사회가 요구하는 것보다 더한 일을 성취할 능력을 갖추고 있는 것이다.

물론 사회화 과정에서 개성을 한껏 발휘하게 하거나 억압하거나 또는 아주 파괴해버리는 사회적 성격의 발생을 사회가 어느 정도 허용하는가는 각 사회구조에 따라 다르다. 극단적인 예로서 도부나 아로아 같은 미개사회를 생각해보자. 이 사회 구성원들의 개성은 유아기부터 제도화된 관습에 억눌려 파괴되고 있다. 그것은 그 문화가 만들어낸 정서적 분위기가 문화 측면에서 그들을 압박하여 그에 순응하도록 제도적으로 규제되고 있기 때문이다. 그런 상태에서 개인이 그것을 뛰어넘어 어떤 일을 하기란 거의 불가능하다. 예를 들면 아로아족을 상대로 행한 로르샤흐 테스트에 의하면, 이 미개부족 사회에서는 개인들 간의 많은 성격학적인 공통성을 찾을 수 있었다. 또 카디너가 명명한 기본적 퍼스낼리티형 또는 문화적 규범을 탈피한 인간은 아주 드물었다.

이러한 사회는 자칫하면 무관심과 빈곤 때문에 멸망할 수 있다. 특히 백인과의 접촉 탓에 사회 붕괴 속도가 더욱 빨라질지도 모른다. 그러나 이 부족에 자율적인 인간들이 속해 있어 내부적으로 그 사회에 변혁을 일으키지 않으리라고는 아무도 단언할 수 없다. 사회적 성격과 엄밀한 사회적 제도의 틈바구니에서 개인과 그 잠재적 가능성은 열매 맺을 기회를 거의 얻지 못한다. 그러나 그와 같은 사회에서도 이탈자는 존재하게 마련이다. 루스 베네딕트가 지적했듯이 이탈자가 없는 문화는 세상 어디에도 존재하지 않는다. 그런데 이런 이탈의 범위가 인구곡선의 단계와 관련이 있는지 없는지를 살펴보기에 앞서 우리는 '이탈'의 의미를 정확히 알아둘 필요가 있다.

이 책에서 지금까지 다뤄온 사람들은 대부분 '적응형'에 속한다. 그들은 전형적인 전통지향형, 내부지향형, 타인지향형 인간들인데, 인구곡선의 특정 단계에 있는 사회 또는 사회계급의 요구에 응하는 성격구조를 가지고 있다. 그들은 바로 그 문화를 위해 태어난 사람처럼 보이고, 또 실제로도 그러하다. 성격론적으로 말하면 이미 살펴본 바와 마찬가지로 적응한다는 것 자체가 경우에 따라서는 정상적인 사람이 되라는 무서운 강제성을 포함할 수도 있으나, 그들은 막상 적응할 때 그렇게 힘들지 않아도 된다는 특징을 가지고 있다. 한마디로 말해 적응형 인간이란 거의 완전하게 그들의 사회 및 그들이 예속된 사회계급을 반영하는 인간들을 말한다.

어느 사회에서든 적응형 인간들의 성격적 유형에 순응하지 않는 인간은 무규제형이거나 자율형이다. 여기서 무규제형은 뒤르켐이 창안한 무규제(anomie)라는 용어에서 나온 말이다. 그것은 무질서와 무통제를 뜻하는데, 필자가 말하는 무규제형은 뒤르켐이 생각한 것보다 더 확대된 의미로 사용되고 있다. 즉 부적응형과 동의어로 쓰이는 것이다. 그러나 필자는 소극적인 면을 포함하고 있는 이 부적응이라는 용어를 가능한 한 쓰지 않으려고 한다. 왜냐하면 적응형 인간보다도 오히려 부적응 또는 무규제형 인간에게 높은 가치를 줘야 마땅할 문화들도 있다고 생각하기 때문이다. '자율형'은 전체적으로 보아 그 사회의 행동면 규범에 순응하는 능력이 있으면서 그에 순응할지 말지 자유롭게 선택하는 인간을 뜻한다. 무규제형은 사회적 행동면의 규범에 순응하는 능력이 없는 사람이다.

그런데 적응 문제를 고찰할 때 어떤 인간이 적응성이 있느냐 없느냐는 그가 행동면에서 사회적 규범에 순응하는가 여부만으로는 단정할 수 없으며, 그의 성격구조가 사회적 규범에 순응하는가 그렇지 않은가 하는 점이 판단 기준이 된다. 그 시대와 장소에 적합한 성격을 가진 인간은 비록 잘못을 저지르거나 그에 대한 기대를 배반하는 행위를 하여도 역시 '적응형'인 것만은 분명하다. 물론 이러한 잘못을 저지름으로써 성격상에 부적응 현상이 일어날지도 모르지만, 그럼에도 그는 적응형이라 하지 않을 수 없다(이와 같은 이치로, 예컨대 한 문화가 다른 문화나 물질적 환경 등에 대해 비합리적인 행동을 취하더라도 그 문화는 지속될 수 있다). 뒤집어 말하면 행동면에서의 비순응성은 반드시 성격구조상의 비순응성을 의미하는 것은 아니기 때문에, 행동면에서의 순응성을 얻기 위해 개인은 많은 노력을 해야 한다. 그리고 그 결과 성격상의 신경증이라든가 무규제 현상이 생기는 것이다. 무규제형 인간은 자신이나 그가 속해 있는 사회, 아니면 둘 모두에 대해 태업을 선언하는 경향이 있다.[1]

따라서 여기서 말하는 '적응'은 단순히 사회심리적으로 아주 적합한 적응성을 의미하는 것이며, 어떤 가치평가를 포함하는 것은 아니다. 행동과 성격이 적절한 것인가 아닌가를 밝히기 위해서는 개인을 연구하는 것만으로 부족하다. 그것을 규명하기 위해서는, 다양한 방법으로 기어를 넣었다 뺐다 하여 미끄러지거나 역회전을 함으로써 행동을 제도적인 형식에 묶어두고 있는 이른바 복잡한 톱니바퀴 장치 같은 것을 고려해야만 한다. 여기서 자율적이라고 정의되는 인간은 겉으로는 순응하고 있을지도 모르고, 또는 그렇지 않을지도 모른다. 그러나 아무튼 그는 별다른 희생을 치르지 않고서도 선택할 수 있는 인간이다. 그는 자기가 소속된 문화가 적절하다고 인정해주는 것에 대응해갈 수 있을 뿐 아니라, 적응형 인간이 지니고 있는 규범을 얼마쯤 초월한 적절성의 기준에도 대응해갈 수 있다(물론 그 초월은 어느 정도까지 문화적으로 결정된 제한적인 것이다).

이상에서 제시한 세 가지 보편적 유형인 적응형과 무규제형과 자율형은 이미 우리가 사용해온 세 가지 역사적 유형, 즉 전통지향형, 내부지향형, 타인지향형과 마찬가지로 막스 베버가 말하는 '이상형'에 속한다. 요컨대 그것은 분석적 작업을 위해 필요한 이론상의 구성물일 뿐이다. 실제 인간들은 어느 정도 이러한 유형의 여러 요소가 뒤섞인 성격유형을 지니고 있다. 다시 말하면 이런 용어로 완전히 구별되는 유형적 인간은 이 세상에 존재하지 않는다.

---

1) Robert K. Merton, "Social Structure and Anomie", in *Social Theory and Social Structure*(Glencoe, Illinois, Free Press, 1949)를 볼 것.

극단적인 예를 들면 미치광이라 할지라도 생활의 모든 영역에서 무규제형이라고는 말할 수 없다. 또 자율적 인간이더라도 완전히 자율적인 인간은 존재하지 않는다. 그의 성격은 문화적인 요구에 얼마간 비합리적으로 결부됨으로써 존재하고 있기 때문이다. 다만 우리는 이러한 여러 적합 양식 중에서 무엇이 가장 핵심적이냐에 따라 개인을 특징지을 수는 있다. 이와 같은 방법으로 개인을 연구하는 것은 기술적(記述的)인 목적에도 또한 비교적인 목적에도 꽤 도움이 될 것이다. 또한 우리는 이 세 가지 적합 양식 중 무엇이 비교적 많이 나타나는가, 그리고 무엇이 사회구조 속에서 상대적으로 중요한가를 규명함으로써 그 사회를 특징짓는 것이다.

내부지향형과 타인지향형 인간을 만들어내려는 시도에서 그 부산물로 생겨난 무규제형 인간에 대해서는 지금까지 여러 차례 논의를 해왔다. 전통지향적인 사회일지라도 소수의 무규제형 인간은 존재했다. 그들은 그 사회가 보통 이탈자들을 위해 만들어놓은 역할에 신체적 또는 심리적으로 순응하지 못하거나, 그런 역할에 만족할 수 없는 사람들이다. 이런 종류의 인간들은 이를테면 혈연관계를 이용해서 어떻게든 살아가려고 한다. 그러나 사회가 크든 작든 언제나 꽉 짜인 사회의 그물코에서 밀려나오는 사람은 있게 마련이다.

이렇듯 선천적 또는 우연적인 무규제형 성격이 있는 한편, 급속히 변화하는 복잡한 사회에서는 과거에는 그에 적응할 능력이 있었으나 새로운 성격유형이 등장함으로 인해 쫓겨난 사람들이 또 다른 종류의 무규제형으로 존재한다. 이를테면 전통지향형의 가족적 시대에 성장한 인간들은 그 뒤에 등장한 내부지향적인 사회에서는 자기가 잘 적응하지 못함을 깨닫게 될 것이다. 그리고 타인지향적인 사회가 형성됨에 따라 내부지향형 인간도 전통지향형 인간도 점차 무규제형이 되어가는 것이다. 우리는 앞에서 이와 같은 무규제적인 성격유형이 미국 사회에서 정치적으로 어떻게 나타났는지 이야기했다. 그들의 정치적 무관심은 그들이 현대 도시문화의 사회적 요구에 대응할 수 없다는 사실에 호소함으로써 어떤 거부권의 목적에 동원될 수도 있다.

그러나 무규제형 인간은 다만 성격상 이미 구시대의 유물이 되어버린 신호를 따르도록 훈련받은 사람들만 가리키는 것은 아니다. 앞서 지적한 바와 같이 과잉 적응을 하는 인간, 즉 자기 내부와 외부에서 전해지는 신호에 지나치게 귀를 기울이는 인간 또한 무규제형이다. 우리는 내부지향적 사회에서 지나치게 엄격한 성격을 가진 어린이와 어른의 존재에 대해 살펴본 적이 있다. 그들은 너무 엄격한 초자아에 의해 자기 자신을 조절하고 있기 때문에 동료들의 당연한 자기만족이나 도피조차도 인정하지 않는 인물이었다. 타인지향적 시대에 대해서도 같은 말을 할 수 있다. 타인지향형 인간들 가운데 몇몇은 잠시도 그들의 레이더를 멈출 수가 없다. 즉 지나친 순응성을 보이는 것이다. 그들은 적응형의 캐리커처라고도 볼 수 있다. 그들은 너무 열심인 탓에 오히려 적응할 수가 없는 것이다.

예컨대 이미 보았듯이 타인지향형 인간은 관용적인 정치적·개인적 형태를 얻고자 노력을 기울이고, 그 결과 감정이나 신경질적인 성격이나 변덕을 최대한 억제하려고 한다. 그렇지만 그러한 억제가 극단에 이르면 그들의 감정생활은 완전히 죽은 것이나 다름없어지고, 그것은 이른바 임상적 징후로까지 나타나게 된다. 정신분석학자인 랠프 그린슨은 제2차 세계대전 중 정신적으로 무감동한 사람으로 변하여 병원에 들어온 병사들을 관찰하고 다음과 같이 기록했다.

이 무감동한 환자들의 가장 놀라운 특징은, 겉으로 보아도 알 수 있을 만큼 감정과 욕구를 잃었다는 점이다. 언뜻 보기에 그들은 매우 우울해 보인다. 그러나 잘 살펴보면 그들에게 정서가 전혀 없음을 알 수 있다. 그들은 심리적 및 운동신경적 반응이 느리다. 그들의 표정은 공허하고 가면을 쓰고 있는 듯하다. 병원에서 이 환자들의 행동은 양호하다. 그들은 병원 규칙을 충실히 지킨다. 그들은 좀처럼 불평하지 않으며 무엇을 요구하지도 않는다. 그들은 자신의 고통을 남에게 전달하고픈 충동을 느끼지 않고 자기의 상태에 대해서 무심하다.[2]

생각건대 현대문화라는 병원에서도 이와 비슷한 징후가 나타나고 있는 게 아닐까. 물론 이곳 환자의 징후는 그렇게 갑작스럽지도 않고 심하지도 않다. 그

---

2) "The Psychology of Apathy", *Psychoanalytic Quarterly* X(1949), 290 : Nathan Leites, "Trends in Affectlessness", *American Image*, Vol. IV(April, 1947)을 볼 것.

러나 현대문화에는 지나치게 순순하고 지나치게 통찰력이 부족한 인간들이 꽤 많이 존재하는 것 같다. 내부지향 시대 사회에서 무규제형의 특징을 히스테리 또는 무법자적인 성격이라고 한다면, 현대사회에서 무규제형 인간의 특징은 바로 감정을 잃은 공허한 표정일 것이다.

이 모든 점을 종합해서 말하면 미국 사회에는 무규제형 인간—무법자적인 인간을 비롯해서 반항정신은 물론 삶에 대한 의욕조차 잃어버린 '긴장병적인' 인간까지 포함해—이 상당수 존재한다. 이 무규제형의 퍼스낼리티 유형이나 사회계급, 또는 걸리기 쉬운 병의 종류에 대해서는 거의 알려져 있지 않다. 의학이 아주 최근까지 인간 외부에서 침투하는 병원균과 싸우는 일에만 열중하고 병 없이 튼튼한 몸을 유지하는 내적인 비밀을 별로 이해하려 하지 않았던 것처럼, 사회과학이나 정신분석학은 아주 최근까지도 무규제적인 증상을 이해하고 그 치료법을 연구하는 데만 몰두했던 것이다. 그러나 사실 어떤 사람이 왜 무규제적이 되었는가를 설명하는 일은 아주 간단하다. 왜냐하면 그 사람의 생활 속 비극과 뒤틀림은 마치 세균처럼 뚜렷하게 포착할 수 있으며, 어떤 개인적인 불행도 그 '원인'을 파악할 수 있기 때문이다.

그런데 내가 자율형이라 부르는 인간들에 대해서는 별로 알려져 있지 않다. 특정한 시기와 특정한 각도에서 자기가 속해 있는 문화를 초월할 수 있는 그런 인간은 존재할 리가 없다고 생각하는 사람도 많을 것이다. 사실 미국 사회에서 자율형 인간은 그 가족적 배경이나 계급적 또는 지역적인 조건으로 보아도 다른 유형의 사람들과 크게 다른 특징이 있지는 않다. 실제로 자율형, 적응형, 무규제형은 한 집안 형제자매와 같다고 할 수 있다. 또는 같은 직장동료나 같은 마을에 살고 있는 주민들과 같다고도 할 수 있다. 예컨대 어떤 사람이 자율형이 되는 데 실패했을 때 우리는 그를 가로막은 장해 요인이 무엇이었는지 쉽게 이해할 수가 있다. 그러나 다른 사람들이 실패한 조건 아래서 누군가가 성공했다면 그 사실을 어떻게 설명해야 할지 필자는 잘 모르겠다. 그리하여 때로는 그 이유를 그 사람의 신체적 요인, 또는 옛사람들이 천부의 소질이라고 일컬은 발생론적인 요인으로 설명하고픈 유혹에 빠지기도 한다. 확실히 병원 침대에 나란히 누워 있는 생후 1주일 된 갓난아기를 자세히 보면, 아직 문화라는 것에 전혀 접촉한 적이 없는 단계에서도 그 어린아이들의 반응과 활력에 놀라운 다양성이 있다는 것을 깨달을 수 있다. 그러나 이 책에서는 문화와 성격에 관해 논하고 있으므로 이런 문제는 다른 적임자에게 맡기기로 하겠다.

그런데 자율성에 이르는 길을 결정짓는 중요한 것은, 필자가 인구곡선과 연관시켜서 언급해온 사회적 변화와 깊은 관련이 있는 듯하다. 부정적인 입장에서 말하면 잠재적 고도성장 사회에서는 한 인간이 자기에게 많은 역할이 준비되어 있고, 또한 과거의 역사와 그 시대의 타인들이 지닌 여러 역할 가운데 자기가 마음대로 선택할 수 있다는 의식을 갖는다는 것은 매우 어려운 일이며 거의 불가능에 가깝다. 철학자 G.H. 미드가 이야기한 것처럼 타인의 역할을 자기가 취한다는 것은, 사람으로 하여금 타인과 자기 사이에 존재하는 현실적인 차이와 잠재적인 유사성을 의식하게 하는 것이다. 이런 이유로 만일 다른 문화와 접촉하는 일이 있어도, 그 접촉이 전통지향적인 생활양식에서 생겼을 경우에는 문화 접촉만으로 사람들의 생활양식이 변화하지 않는다. 인구곡선상의 잠재적 고동성장 단계, 전통지향형 사회, 그리고 개인에게 역할 교환 능력—즉 자기 자신의 역할을 바꿀 수 있다고 생각하는 능력—이 없다는 사실, 이 세 가지는 서로 관련되어 있는 것이다.

레바논 농민들은 몇 세기에 걸쳐 아랍 기마민족에게 시달려 왔다. 그러나 침략을 받고 약탈을 당해도 농민들은 다시금 토지를 경작했다. 그리고 또다시 약탈당하기를 반복했다. 비옥한 토지가 사막같이 변해버려 농민도 유목민도 그곳에서 큰 수확을 기대할 수 없게 될 때까지 이 과정은 반복되었다. 농민들은 자기들 또한 기마민족이 될 수 있으리라고는 꿈에도 생각해본 적이 없었으며, 반대로 약탈자들도 자기들이 농경민족이 될 수 있으리라고는 전혀 생각하지 않았다. 이러한 일은 인류사뿐만 아니라 동물들의 생활 속에서도 똑같이 일어난다. 초식동물은 항상 풀만 뜯어 먹는다. 그리고 늘 육식동물에게 잡아먹힌다. 그런데 육식동물은 초식동물이 없어지더라도 풀은 먹을 수 없다. 이와 마찬가지로 전통지향적인 사회에서는 자기의 성격이나 역할을 바꾸는 일이 가능하다는 생각은 거의 존재하지 않는다.

초식동물과 육식동물과의 공존적인 생태학은 거의 고정되어버렸다. 그러나 인간의 경우에는 예컨대 아랍인이 농경민족이 된다는 것은 충분히 있을 수 있는 일이다. 이런 전통지향적인 사회는 자기에게 필요하지 않은 일을 계속할 수도 있다. 그러나 내부지향적인 유형의 등장과 함께 개인으로서의 인간은 각기 개인적인 운명을 짊어지고 있으며 반드시 자기에게 주어진 생태학적인 양식에 따라서 살 필요가 없다는 의식이 생겨난다면, 개인사에서도 사회사에서도 새로운 급격한 변화가 일어나게 된다. 그 단계에 이르면 인간은 자기 자신을 좁은 동물적 범위 안에서만 보게 되지 않고, 경험으로 느끼는 온갖 가능성의 넓은 범위 속에서 생각하게 된다. 아마 이것이야말로 한 종족으로서의 인류의 일체 감이라고 하는 항상 새로운 발견의 가장 중요한 의미일 것이다. 온갖 인간의 경험은 이해가 가능해지는 것이다.

그러므로 자기 자신을 농민이라고 생각할 수 있게 된 아랍인은 그 기질과 그 밖의 여러 이유로 실제로는 급격하게 변화하지 못하더라도 이미 아랍인과 농민과의 관계에 대해 새로운 견해를 갖게 되었다고 할 수 있다. 어쩌면 아랍인은 그 관계를 무력 약탈이 아닌 거래에 의해 형성해가고자 하는 새로운 사고방식을 갖게 될지도 모른다. 그렇게 해서 아랍인은 변하게 된다. 그리고 그 변화에 따라 농민에게도 변화가 온다. 농민과 유목민과의 관계는 동물적인 단순한 것에서 좀 더 세련된 것으로 변화해 간다.

일반적으로 기술이 진보하면 할수록 많은 사람들은 자기를 자기 이외의 인간으로 상상할 수 있게 된다. 첫째로 기술은 분업을 촉진한다. 그것은 결국 경험과 사회적 성격의 좀 더 다양한 변화 가능성을 열어가는 것이다. 둘째로 기술 진보는 변화에 대해 사색할 수 있는 여가를 제공한다. 그 사색은 인간이 자연에 자신을 적응시켜나가는 가장 중요한 능력이기도 하다. 그런 사색을 할 여가는 이제 소수 지배계급의 것이 아니라 많은 사람들에게 확대되는 것이다. 셋째로 기술과 여가가 결부됨으로써 사람들은 온갖 과거의 역사에서부터 문제 해결 방법을 터득할 수 있게 된다. 즉 좀 더 많은 물건이나 좀 더 다양한 경험 뿐만 아니라 실로 다양한 개인적·사회적 모델이 늘어나 사람들은 그에 접촉할 수 있게 되는 것이다.

이와 같은 영향이 얼마나 강력해졌는지는 르네상스라는 역사적 사건에 잘 나타나 있다. 당시 사람들은 과거 시대의 풍부한 이미지를 가짐으로써 좀 더 넓게 열린 미래를 향해 삶을 펼쳐나가고자 시도했다. 풍요로워지고 자기의식을 갖게 된 이탈리아인들은 고대 그리스를 모방하게 되었다. 그리고 북부 유럽인들, 이를테면 엘리자베스 시대 영국인은 이탈리아를 모방하려고 노력했다. 내부지향형이 중심적인 성격유형으로 등장한 것은 바로 이 시대에 형성된 새로운 여러 가능성에 의해서였다. 이 새로운 내부지향형 인간은 이러한 여러 가능성 및 그 가능성에 대해 자기가 설정한 능력의 한계를 자기 성격 속에 확립했던 것이다. 전통지향형 민중 사이에서 많은 활동적인 인간이 등장했다. 앞의 예를 다시 인용하면, 농경민으로서 머물지 않고 자기 자신도 기마민족이 될 수 있다고 믿는 사람들이 등장하게 될 것이다. 그리고 더 새로운 기술과 대양 저편의 신대륙은 그들에게 필요한 물리적·지적인 변화를 위한 발판이 되었다. 또 한편으로는 훨씬 적은 농업인구로 운영될 수 있는 사회가 이루어져 갔다. 그 뒤 과도적 인구성장 단계를 맞이한 각 나라에서는 토지이용률을 높이고자 노력했으며, 농민들은 자기 자식들이 오늘날과 같은 공업문명을 이룩해내는 데 기여하게끔 했다. 그 결과 출생률도 줄어들었다. 이러한 과정 속에서 농민의 자녀들은 농민 말고 다른 무엇이 되는 방법을 터득해야만 했다.

현대는 그에 못지않을 만큼 새로운 전환기이다. 초기적 인구감퇴 단계를 맞이한 모든 국가 사람들은 이제 자기 자신의 새로운 존재와 새로운 가능성을 찾고 있는 중이다. 그러나 지금까지의 역사에 이러한 사태는 없었다. 우리가 역사에서 배울 것은 많지 않다. 역사가 우리에게 가르쳐주는 것은 빗나간 교훈에 불과할 수도 있다. 내부지향형 인간은 자이로스코프적인 생활방식이 허용하는 범위에서만 선택할 수 있었다. 그러나 타인지향형 인간은 유년기에 내면화될 수 있는 것 이상으로 매우 폭넓은 범위의 신호에 반응할 수가 있다. 그렇지만 기술이 더욱 진보하여 프런티어가 생산 부문에서 소비 부문으로 변화해감에 따라 거기에 나타나는 새로운 가능성은 과거의 변화만큼 극적인 것은 아니다. 즉 전통지향형에서 내부지향형으로 변화해 가는 과정에서는 하나의 계급이 다른 계급을 대체하거나, 공장이나 군대에서 적과 동지가 한데 섞여서 서로를 이용하는 등 극적인 장면이 연출되었으나, 지금 일어나고 있는 새로운 변화에서는 그런 장면을 발견할 수 없다. 이러한 오래된 권력의 이미지에 따라 일을 도모하려는 사람들, 즉 공산주의자들은 현재 세계 정치에서 가장 반동적이며 가장 위험한 세력이 되고 있다.

초기적 인구감퇴 단계에 다다른 풍부한 사회에서는 중산계급의 팽창으로 말미암아 계급투쟁의 성질이 많이 변한다. 그곳에서는 수입으로 보나 레저로 보나 또는 가치로 보나, 인구의 과반수나 그 이상이 중산계급에 속한다. 따라서 그곳에서 개인을 향하여 열려 있는 새로운 가능성이란 새로운 계급이 될 가능성이 아니라 중산계급 내부에서 생활양식과 성격을 바꿔갈 가능성을 뜻한다. 이러한 조건 아래에서 자율성은 이미 계급의 문제가 아니다. 내부지향적인 시대에는 인간의 성격은 일을 위하여, 또 일을 통해 형성된 것이며, 여기서는 한 개인이 생산수단을 가지고 있느냐 없느냐가 중대한 문제였다. 그러나 오늘날에는 물건을 소유하고 있다는 심리적인 이익의 중요성이 크게 줄어들고 있다. 거기에서 성격은 점점 레저를 위하여, 그리고 레저에 의해 형성되고 있다. 그뿐 아니라 레저도 소비 수단도 점점 대중화되고 있는 것이다. 이러한 이유로 오늘의 사회에서는 적응형도 자율형도 무규제형도 모두 이 폭넓은 중산계급에서 생긴 것이라 생각하지 않으면 안 된다. 이러한 세 유형의 차이란 저마다 인간들이 교육이나 소비자 훈련이라는, 일반적으로 말해서 인간관계 등에 반응하는 방법 및 그들에 대한 취급방법에서 나타나고 있을 뿐이다.

아직 말하지 않았지만 자율형과 직업은 아마 서로 관련이 있을 것이다. 오늘날과 같은 소비사회에서조차 일이라는 것이 성격형성과 전혀 관련이 없다고는 말할 수 없다. 그리고 직업적 지위는 레저 영역에서의 지위에 영향을 미친다. 잠재적 자율형 인간은 특정 직업을 선택하는 것이다. 또 한편 여러 직업 집단에서 쌓는 일상적인 경험은 그 구성원의 성격을 이루는 요인으로서 작용하고 있다. 그러나 일반적으로 말해 초기적 인구감퇴 단계의 사회에서 그 사회 내부를 갈라놓는 원리는 더 이상 중노동을 하는 사람들과 금리생활을 하는 사람들과의 차이는 아니다. 또한 빈곤과 풍요, 장수와 단명 같은 상반된 원리라고도 할 수 없다. 그런데 이러한 이분법은 과도적 인구성장 시대의 사상가, 이를테면 찰스 킹슬리, 벨러미, 마르크스, 베블런과 같은 사람들에게는 근본개념이었다.

오늘날 미국 사회 인구의 3분의 2는 '지나치게 많은 특권을 받은' 사람들이다. 그리고 나머지 3분의 1은 비특권적 사람들이다. 이 3분의 2를 점유하는 인간들의 성격형성 요인은 단순한 경제적 필요나 생산수단에 대한 그들의 관계에 있는 것이 아니다. 그들의 성격형성 요인은 좀 더 미묘한 상황 차이에 있으며, 또 그들은 그와 같은 갖가지 상황에 유의하도록 허용된다.

2. 내부지향 단계에서의 자율성

자율적인 인간은 어떤 문화적 상황에서든 다른 사람들과 같은 방식으로 살고 있다. 그러나 그들은 같은 상황에서도 단순한 적응형 인간과는 달리 자기의 성격과 위치에 따른 여력을 충분히 활용할 수 있다. 그러므로 자율형 인간을 자율적인 타인지향형 인간이나 무규제적인 타인지향형 인간이라고 표현하는 것은 적당하지 않다. 정확히는 타인지향에 의존하는 시대와 집단 속에서 생겨난 자율적 인간, 아니면 타인지향적이거나 내부지향적인 유형, 또는 이들의 결합과의 갈등으로 인해 무규제형이 된 무규제적 인간 등으로 표현하는 편이 옳을 것이다.

내부지향적인 사회에서 자율적인 인간은 그 사회의 적응형 인간과 마찬가지로 뚜렷하게 내면화된 목표가 있으며, 변천하는 세계에 의연하게 대처해나갈 수 있는 훈련을 쌓고 있다. 그러나 적응형 인간은 자이로스코프에 의하여 자기 목표를 향해 매진하고는 있으나, 그 자이로스코프의 속도나 방향을 스스로 조종할 수가 없고 또 그러한 자이로스코프가 자기 안에 존재한다는 사실조차 깨닫지 못하고 있다. 반면에 자율적인 동시대인은 자기 스스로 목표를 선택하고 자이로스코프의 속도를 직접 조절할 수 있다. 자율적인 인간에게는 그의 목표 및 그 목표를 향하여 매진하는 원동력이 모두 합리적이며, 권위주의적이지도 않고 강제적이지도 않다. 그런데 적응형 인간에게는 목표와 그 목표를 향한 원동력이 모두 주어진 것에 불과하다. 그러나 물샐틈없는 전제주의적 또는 신권적(神權的)인 통제력이 인간의 행동에 가해지고 있는 한 노동의 영역에서나 놀이의 영역에서나 '자기 자신을 선택하는 일'은 무척 곤란하다. 물론 행동의 감시가 제아무리 엄격하더라도 사상이 자유로운 한 자율적 인간에게는 크게 문제 되지 않는다. 그리고 분명한 사상 통제 실시는 최근의 전체주의에서 시작되었을 뿐이다. 그런데 현실적인 문제를 보자면, 스스로의 성격적 자율성을 발전시키고 그것을 확인하려는 사람들은 행동면에서 어떤 자유를 필요로 한다. 소수의 예외적 영웅들은 그것이 가능하지만, 대부분은 극단적인 전제주의라는 조건 아래에서 '자기 자신을 선택하는 일'이 거의 불가능하다. 그 점에서 필자는 사르트르의 주장이 옳지 않다고 본다.

자율적인 인간을 결코 영웅과 동일시할 수는 없다. 영웅은 자율형일 수도 있고 그렇지 않을 수도 있다. 자율형 인간에 대해 정의하면 그들이 행동면에서 이탈이라는 위험을 범할 능력이 있는가 없는가, 또는 그러한 위험을 범할 생각이 있는가 없는가 하는 것과는 상관없이 성격적으로 자유로울 수 있는 인간이다. 갈릴레이의 경우는 이 두 가지 면에 대해서 좋은 참고가 된다. 갈릴레이는 자신의 일을 완성하기 위해서는 어떤 형태의 자유가 필요했다. 이를테면 천문학 책자나 실험도구 따위를 바꾸는 자유, 관측 결과를 기록하는 자유 등이 그것이다. 그러나 그는 영웅적인 방법은 택하지 않았다. 오늘의 러시아나 그 위성국에서는 이러한 선택이 허용되지 않는다. 비밀경찰의 삼엄한 감시 아래에서는 순교자가 될 것인가, 아니면 비밀을 지킬 것인가 따위의 선택 자체가 불가능하기 때문이다.

르네상스 이후 4세기 동안 온갖 신권적인 정치와 왕정 같은 권위주의적인 통제가 계속 나타났다가 사라져갔다. 그러나 그 통제는 아무리 강하더라도 오늘의 러시아에서처럼 강력하지는 못했다. 게다가 르네상스 이후 4세기 동안 많은 사람의 경제생활은 단순한 생존 이상의 것이 되었다. 그리고 거기에는 자율성에의 기회가 준비되어 있었다. 더욱이 전제주의 시대 초기에도 자율성이 생길 가능성은 남아 있었다. 전제군주라는 것은 보통 비능률적이며 부패했고 시야가 좁았기 때문이다. 현대의 전체주의 또한 생각보다 훨씬 비능률적이며 부패되었는데, 그 목표에는 제한이 없기 때문에 자율성을 상대로 전면적인 싸움을 벌이려 한다. 실제로 현대의 그러한 싸움이 궁극적으로 어느 정도나 효과가 있는지는 전혀 알 수 없다. 자율적인 인간은 사회적·정치적 권위를 수용할 적에는 늘 조건부의 태도를 취한다. 그는 행위면에서는 타인들과 협력할 수 있으나, 동시에 개인적인 판단의 권리는 늘 보류하고 있다. 전체주의 사회에서 이런 권리는 전혀 인정되지 않고 있다. 러시아 사회는 예술작품이나 과학이론이 무의식중에 프라이버시나 지각(知覺)의 독립의 싹을 틔우는 것을 애초부터 방지하고자 '편향적'이라는 명목 아래 엄격한 감시를 펼치고 있다.

　다행히 근대 민주주의에서 자율성의 적은 이렇게 전체적이고 냉혹한 것은 아니다. 그러나 에리히 프롬이 그의 저서 《자유에서의 도피(Escape from Freedom)》에서 지적했듯이 근대 민주주의의 부정형인 익명의 권위는 사람들이 생각하는 만큼 자율성을 보장하지는 않는다. 그 이유 중 가장 중요한 한 가지는, 타인지향적인 인간은 미묘하고 특히 구속적인 인간관계상의 기대에는 쉽게 반응하도록 훈련되어 있어도 권위에는 그렇게 민감하게 반응하도록 훈련되어 있지 않다는 사실이다. 실제로 내부지향 시대에 자율성을 이루는 일은 오늘날에 자율성을 이루는 일보다 쉬운 듯하다. 그러나 내부지향적인 양식 속에서의 자율성을 이룬다는 것은 이미 대부분의 사람들에게 불가능한 일이다. 왜 그런지 이해하기 위해서는 내부지향 시대에 있었던 자율성에 대한 매우 강력한 방파제 또는 방어장치에 대해 잠시 고찰해봐야 할 것이다. 오늘날에는 그 강력한 방어력을 잃었다고 할 수 있지만, 그런 역할을 한 방파제 또는 방어장치는 다음과 같다. 즉, 프로테스탄트 국가에 존재하던 양심에 대한 어떤 태도, 그 이외의 장소에서도 존재하던 일과 재산과 직업을 지키려는 힘, 더 나아가 프런티어에의 도피라는 즐거운 가능성들이 모두 그 속에 포함된다.

　첫째로 프로테스탄트 사회 또는 세속화된 프로테스탄트 사회에서의 적응형 내부지향적 인간은 타인들을 염두에 두고서 행동하는 것이 아니라 자기 자신의 내면적인 자이로스코프 또는 양심에 따라서 행동하도록 기대된다. 그러한 사회는 행위에 따라 사람들을 어느 정도 처벌하는 일은 있어도 개인의 프라이버시는 보장해준다. 남들이 어떤지 알고 싶어 하는 관심이나 심리적 능력이 그 사회에는 부족하기 때문이다. 그런 사회 인간들은 버뮤다에서 벌어지는 요트 경주의 요트들과도 같아서 순풍에 돛을 달고 목적지에 다다르는 것만이 문제이며, 옆에서 달리는 다른 요트에는 전혀 관심이 없다.

　둘째로 내부지향 사회에는 프런티어가 엄연히 존재하고 있으며, 사람들은 그곳으로 피난할 권리를 갖고 있었다. 여권이 생겨나기 전에는 지구상 어느 곳이든 자유롭게 돌아다니는 일이 가능했으므로 폭군에게서 달아날 수도 있었고, 또 그로 인해 타인에게서 빼앗을 수 없는 개인의 권리라는 관념은 현실성을 지니고 있었다.[3] 예를 들어 로저 윌리엄스는 조국에서 도망쳤고, 볼테르는 유럽을 두루 돌아다녔다. 카를 마르크스는 대영박물관에서 안식처를 찾게 되었고, 카를 슈르츠는 미국으로 도피했다. 이러한 광경은 과거부터 계속 펼쳐져 왔다.

셋째로 내부지향 시대의 자율적인 인간은 일 자체로 스스로를 지키는 것이 가능했다. 그 사회에서는 적응형 인간도 오직 일을 중심으로 행동했다. 청교도 나라에서 사람들이 일에서 기쁨을 찾았는지 그렇지 않은지 확실하게 말할 수는 없지만, 일을 어떤 목적을 위한 수단으로 삼는 것만이 아니라 일 자체를 목적으로 삼는 방식은 허용되어 있었다. 물질의 견고함은 적응형 인간을 매혹했는데 이는 자율형 인간에게도 매혹적이었다. 그리고 그들은 흔히 다른 것은 잊어버리고 일에만 몰두했다. 다음에 인용하는 클로드 베르나르의 《실험적 의학》(1865년 발행)의 한 대목은 위에 언급한 사실을 명백히 시사해준다.

결국 우리는 유행을 좇는 사람들의 민감한 외침에 따라 움직여도 안 되고, 또 과학적 관념과는 무관한 사람들의 반대에 귀를 기울여도 안 된다. 물론 모든 생각은 존중되어야 마땅하며, 나는 다른 사람의 감정을 상하지 않도록 각별히 신중을 기할 것이다. 이러한 점은 분명하며, 그래서 나는 나의 길을 가려고 한다. 생리학자는 유행과는 무관한 인간이다. 그는 과학자이며, 자기가 추구하는 과학적 관념에 온 힘을 다하고 있다. 그에게는 동물의 울음소리도 들리지 않는다. 흐르는 피도 보이지 않는다. 보이는 것은 오로지 자기의 관념뿐이다. 그리고 그가 알 수 있는 것은, 자기가 해명하려는 문제를 그 속에 포함하는 유기체뿐이다. 이와 똑같은 이유로 외과의는 환자의 침통한 울음소리나 흐느낌에 흔들려서는 안 된다. 왜냐하면 그가 구하고 있는 것은 과학적 관념뿐이며, 또한 자기가 행하는 수술의 목적뿐이기 때문이다. 과거의 경험에 비춰볼 때 우리는 생태해부(生態解剖)에 관한 논의는 모두가 헛되고 불합리한 것이었다고 생각한다. 그러나 이처럼 인간이 여러 생각을 가졌다는 사실로 미루어 본다면 인간이란 서로 의견을 일치시키기 어려운 존재인 것이다. 모든 사람을 만족시

---

3) 현재는 자취를 감춘 이 자유에 관하여 보다 충분한 연구를 위해 필자의 논문 "Legislative Restrictions on Foreign Enlistment and Travel", *Columbia Law Review*, XL(1940), 793~835를 참조.

킬 수 없는 이상 과학자는 자기를 이해해주는 과학자의 의견에만 귀를 기울일 필요가 있다. 그리고 자신의 행위의 규칙을 오직 자기 양심에 따라 만들어내야 한다.[4]

클로드 베르나르와 같은 사람은 동료 과학자들로부터 한 인간으로서 인정받기를 바라지 않았다. 그는 다른 과학자들에게서 자기가 하고 있는 객관적인 일의 정당성을 인정받으면 그것으로 족했다. 그는 타인지향적 그룹에서 생기는 자율적 인간을 구하고 있었지, 단순히 인간관계상의 따뜻한 반응을 바라지는 않았다.

넷째로 자율성을 얻고자 노력하던 사람들에게는 재산과 자기가 소속된 계급이 실질적인 방어장치로서 작용했다. 백만장자의 과시적인 엄청난 소비도 그 한 가지 현상이며, 은둔생활을 보낸 벤담의 오만한 태도도 그렇다. 또한 맨체스터의 훌륭한 마술가(馬術家)이며 공장주인 프리드리히 엥겔스의 생활도 그 현상 가운데 하나이다. 사람들은 그들의 일과 재산에 의해 스스로를 지켜나갔을 뿐더러, 지위가 높든 낮든 개개인의 사회적 입장에 의해 자기를 지켜나갈 수도 있었다. 만일 자기의 직업적 역할을 훌륭히 수행한다면 여가 시간에는 무슨 일이든 자유롭게 할 수 있었다.

찰스 램은 말단 관리였으나 시간이 날 때마다 틈틈이 저작활동에 힘썼다. 나다니엘 호손을 비롯한 19세기 많은 미국 작가들은 자기 자신과 별로 관계없는 일에 종사하면서 틈틈이 글을 썼다. 오늘의 작가들은 이와 대조적이다. 그들은 명목상의 직업을 가진 채 과거의 작가들보다 훨씬 많은 보수를 받고 있는데, 일하는 동안이나 일을 떠나서나 자기를 이용해야 한다는 의식은 갖고 있지

---

4) Claude Bernard, *An Introduction to the Study of Experimental Medicine*, trans. Henry C. Greene(New York, Macmillan, 1927), pp. 102~103. 이와 유사한 태도를 보인 프로이트는 페르디난트 라살레의 매우 비슷한 한 구절을 인용해 우리에게 보여주었는데, 이는 프로이트가 즐겨 인용하는 글이었다.

"이미 설명했듯이 나와 마찬가지로 자기 인생을 과학과 노동자(Die Wissenschaft und Die Arbeiter)라는 모토에 바친 인물이라면 예컨대 일이 진행됨에 따라 어려움에 부딪치더라도, 마치 과학실험에 한창 몰두하는 도중에 증류기가 깨졌을 때 화학자가 느끼는 것과 같은 기분을 느낄 것이다. 그는 유리조각에 베인 상처를 얼른 꿰매고서 소동이 가라앉는 즉시 냉정하게 그 작업과 관찰을 다시 시작할 터이다." Freud, *Wit and Its Relations to the Unconscious*, trans. Brill(New York, Moffat, Yard, 1916), p. 115.

않다. 직업의 위계질서 속에서 일단 어떤 지위를 차지하면 그것은 그 사람에게 어느 정도 안도감을 준다. 그러나 자율적인 인간에게 지위를 갖는다는 것은 충분한 활동범위를 얻는 것으로서, 개인은 그 재산과 장소가 허용하는 일정한 범위 안에서 자유롭게 행동할 수 있었다. 그리고 그것은 타인의 적개심을 불러일으키지 않았으며, 개인의 감정과 운명을 훼손하지도 않았다.

그러나 이상에 논술한 여러 방어장치는 흔히 자율성을 지키기보다는 오히려 자율성을 방해하는 장애물로서 작용했다. 사회계급, 사유재산, 직업의 위계질서 등으로 조직되어 있는 사회는 이를테면 가족·재산·종교·정치 권력 같은 온갖 무기로써 자율성에 저항한다. 이와 같은 부르주아적 사회조직에 대항한 정치적·종교적 개혁가나 예술가나 장인들의 불평과 항의는 오늘날 많이 사라졌지만 과거 사회에서는 존재했고, 또 충분히 설득력 있는 것이었다. 그렇지만 우리는 이러한 장애물이 흔히 개인의 방어장치로서 조직되었다는 데 유의해야 한다. 이런 장애물이 힘과 재능에 의해 전복되면 거기에선 금리생활자와 같은 사람들의 자기만족이 생겨나는 동시에 자율성이 확립되는 자유도 생겨나는 것이다.

지난 몇 세기에 걸쳐 쓰인 전기나 회고록을 읽으면서 우리는 다양한 개인이 가부장적인 가족의 전제적인 장벽에 둘러싸인 채 자율성을 얻고자 노력한 발자취를 재구성하여 생각할 수 있다. 내부지향적인 부르주아 계급에서 가정은 국가보다 훨씬 강력한 결정권 행사기구로서 작용하고 있었다. 여기서 가정이란 앞으로 그 계급에 소속될 인간들과 미래에 그 계급의 하인이 될 아이들의 사회적 성격을 훈련하기 위한 장소였던 것이다. 그러나 이미 살펴봤듯이 인쇄물은 부모나 교사, 그 밖의 기성세대의 권위에 홀로 도전하는 아이들에게 도움을 주었다(하기야 책을 읽음으로써 오히려 아이들이 엉뚱한 방향으로 나아가거나 더 많은 압력을 받는 일도 있었겠지만). 책이라는 것은 말하자면 동정적인 교사나 친척과 같이 가정 안에서의 권위를 파괴하는 수단이었다.

이웃 아이들도 사춘기가 되기 전부터 상당히 큰 도움을 준다. 특히 사춘기에 이른 젊은이들이 점차 제도적인 형식을 갖추게 됨으로써 이와 같은 동료집단은 가정의 장벽을 허물어버리는 데 크게 도움을 줄 수 있다. 실제로 자율성을 구하는 젊은이들에게 사춘기라는 것은 위험한 기회를 품은 시대라고도 볼 수 있다. 물론 적응형 아이들도 언젠가 집을 떠나야만 한다. 그들은 사회에 던져져도 부모의 권위를 대신할 만한 다른 권위를 열심히 찾게 된다. 그러한 권위가 존재함으로써 그들은 비로소 자기 속에 내면화한 부모에게서 받는 신호가 올바른지 어떤지 늘 확인할 수 있는 것이다. 이와는 달리 자율형이 되려는 젊은이들은 부모에게서 떠나감과 동시에 내면화했던 것이든 외면적인 것이든 이미 권위에서 멀어진 것이다. 이 같은 과정은 존 스튜어트 밀의 강렬한 인생을 보면 곧 알 수 있다. 그는 아버지와 잘 지낼 수 있을 때 아버지에게서 달아났다. 이와 반대되는 예로는 프란츠 카프카를 들 수 있다. 카프카는 결코 아버지 곁을 떠나지 않았다.

일단 사회에 나가면, 자율성을 찾기 위해 노력하는 인간은 여러 장애에 직접 부딪치게 된다. 만일 그에게 재산이 없다면 재산이 문제가 될 것이고, 그가 사회적인 위계질서에 따라 올라서거나 그에 반대하고자 한다면 위계질서가 문제가 될 것이며, 종교가 자기의 의사표현을 통제한다는 모순을 깨닫는다면 종교가 문제가 될 것이다. 특히 프로테스탄트가 득세하는 사회에서는 개인이 매우 신중하게 자기 행동을 통제하더라도 그는 에라스뮈스나 갈릴레이가 누렸던 것과 같은 자유는 결코 보장받지 못한다. 결과적으로 지나치게 앞선 인간과 뒤처진 인간 사이에 자율형 인간의 등장을 허용하는 작은 공간이 존재하고 있었던 것이다. 이러한 장애물을 방어장치로 바꾸려는 투쟁은 흔히 무척 곤란한 작업이었다. 이런 이유 때문에 마르크스나 발자크, 니체, 멜빌, E.A. 로빈슨과 그 밖에 내부지향 시대의 뛰어난 많은 인물들은 평생토록 깊은 상처를 입었다. 그러나 예외적인 사람도 있다. 전통 있는 버몬트에서 태어난 존 듀이가 그 독특한 예이며, 유형은 다르지만 버트런드 러셀도 그에 해당한다. 러셀은 재력이 풍부했기 때문에 개인적·지적인 충돌과 모험이 있어도 내면적인 갈등을 느끼지 않고 살아갈 수 있었다.

3. 타인지향 사회에서의 자율성

법률가나 입법가는 '참조에 의한 결합'이라고 부르는 기술을 가지고 있다. 즉 그들은 어떤 법조문이나 문서 등을 통째로 인용하지 않고 참조할 수 있다. 필자는 이런 방법을 흉내 내어 개성에 관해 논술한 밀의 여러 저서들, 즉《자서전(Autobiography)》,《자유론(On Liberty)》,《사회적 자유에 관하여(On Social Freedom)》에 실린 논문들과《여성의 예속(The Subjection of Women)》등에서 관련이 있는 부분만을 찾아내어 참조의 결합을 시도하고자 한다. 이러한 저서의 내용을 살펴보면, 자유의 낡은 장애물이 사라지고 민주주의 속에서 한층 복잡하고 새로운 장애물인 여론이 탄생했을 때 자율적인 개인이 직면하게 되는 문제가 놀랍도록 잘 나타나 있다. 실제로 사르트르, 보부아르, 프롬, 오르테가, 러셀 등과 같은 현대 사상가들도 같은 주제를 다루고 있는데, 그들의 철학적 고찰은 표현은 다를망정 몇몇 요점에서 밀의 견해와 놀랄 만큼 비슷하다.

밀은 이렇게 말했다. "현대에 타인에게 동조하지 않는 것, 관습 앞에 무릎꿇지 않는 것은 그 자체가 하나의 헌신이다." 그러나 그가 주의를 기울였던 대상은 헌신이 아니라 그것을 행하는 개인이었다. 그는 이 글을 쓴 뒤에 더욱 강력해진 두 가지 경향을 간파했다. 즉 사람들이 이미 교회나 국가의 존엄이나 명목뿐인 지도자들이나 인쇄물 등에서 신호를 받지 않게 되었으며, 오히려 동료들끼리 신호를 주고받고 있음을 깨닫고 고찰했다. 여기서 동료들이란 우리가 쓰는 말로 표현하면 동료집단이나 매스미디어를 의미한다. 더구나 그는 이 같은 사태가 단순히 공적인 영역에서뿐만 아니라 개인적인 영역에서도 일어나고 있음을 밝혔다. 즉, 향락을 추구하는 생활양식 전체를 통해 이와 같은 변화가 일어나고 있다고 말한다. 그리고 이 점을 포착한 사람은 극히 드물다.

밀이나 토크빌의 시대와 현대의 다른 점이 무엇이냐고 묻는다면 이렇게 대답할 수 있다. 그런 사상가는 의식적인 기회주의로 인해 타인이 자기를 어떻게 생각하는가 하는 공포 때문에 이러한 특성 변화가 생겼다고 믿은 것에 반하여 오늘날 사람들은 성격구조 자체의 자동적인 결과로써 그런 특성을 가지고 있을뿐이라고. 현대인들은 평생토록 외부에서 신호를 받는 일이 이미 성격의 일부가 되어 있다. 바꿔 말하면 밀이 살던 시대의 문제와 오늘날의 문제의 차이는, 오늘날 인간이 관습 앞에 무릎 꿇기를 거부할 경우 그는 자기 자신을 향하여 '내가 과연 이 일을 진정으로 원하고 있는 것일까, 다만 이러이러한 이유 때문에 그것을 원하는 것이 아닐까'라는 식의 말을 한다는 것뿐이다.

어쩌면 이 비교는 역사적 변화를 지나치게 과장하고 있는지도 모른다. 자율적 인간은 언제나 타인에게 질문하는 사람들이기 때문이다. 그러나 내부지향 시대의 자율적인 인간을 둘러싸고 있던 상황 속에서 사람들은 심미적인 많은 사건을 당연한 것으로 받아들이고 있었다. 이와 대조적으로 타인지향 시대의 자율적인 인간을 둘러싸고 있는 환경 속에서 사람들은 타인들이 어떤 질문을 할지 예측하여 스스로에게 체계적인 질문을 한다. 더욱 중요한 사실은, 오늘의 서구 민주주의에서 사회적·경제적인 상층부에 속하는 사람들—단 최상층 사람들은 예외인데, 그들은 가장 심한 타인지향적 사람들이다—사이에서 자율성을 구하는 이들이 받고 있는 압력은, 이제는 지난 시대 사람들이 받던 전형적인 압력인 가족이나 권위처럼 눈에 보이는 확실한 장애물이 아니라는 점이다.

　자율성을 얻고자 계속 고군분투하고 있는 예외적인 인간을 제외하면 전혀 문제될 것이 없는 듯한 이 사회계급의, 언뜻 보기에 안이하고 수동적인 생활 속에서 누가 자율적 인간인지 경험적으로 규명하기란 어려운 일이다. 그런데 그 이유는 위에서 살펴본 바와 관계가 있다. 자율적인 인간은 내부지향적인 환경 속에서라면 누가 자기의 적인지 비교적 쉽게 알 수 있었다. 그러나 타인지향적인 사회에서는 적이 누구인지 쉽게 알지 못한다. 동정적인 관용과 베일에 가려진 냉혹성, 원시적인 감정에 대한 몰이해 등, 이런 특징을 가진 내막 소식통은 과연 적일까? 개방적이며 쾌락을 추구하고 모든 것을 이해하며 또 모든 것을 용서하는 친구들은 과연 자기의 적일까? 그래서 오늘의 자율적인 인간은 이 최상층의 타인지향형과 동화되지 않도록 항상 자신을 따로 떼어놓아야 한다. 그러나 이러한 사람들이 요구하는 것은 매우 합리적이며 또한 보편적인 일로 여겨지기 때문에 그들에게서 자기를 떼어놓는 데는 많은 어려움이 따른다.

　이렇게 된 이유 중 하나는, 내부지향 시대의 자율적 인간인 선구자들의 큰 희생에 의해 우리 사회에 형성된 날카로운 감수성의 수익자가 오늘날의 자율적인 인간이라는 데 있다. 내부지향 사회에서의 자율적인 인간은 속물적인 규범을 거부하고 흔히 취미나 기호를 중요시했다. 경험에 대한 감각적인 개방성이라든가 개개인의 뉘앙스에 대한 의식 같은 점에서 본다면, 19세기 낭만파 시인들이나 예술가들은 놀랄 만큼 '근대적'이었다. 그들이 세련된 주지적 방법으로 그 작품에 주입한 것은 모두가 그들의 유산으로서 오늘날 우리의 정서적인 어휘 속에 자리를 차지하고 있다. 그뿐 아니라 이런 선구자들은 자기들의 적이 누구인지 확고한 통찰력을 가지고 있었다. 그들의 적은 바로 스스로가 무엇을 원하는지 잘 판단하여 그에 동조하기를 요구하는 적응형 중산계급이었다. 이 적응형 인간에게 인생이란 단순한 것이지 함축성 있는 것은 아니었다. 19세기에 자율적인 인간의 적은 이와 같은 사람들이었다. 이런 낡은 적응형 인간은 오늘날에도 여전히 존재하고 있다. 그러나 이들은 교육수준이 높은 대도시 사람들 사이에서는 이미 열등한 위치로 전락해가고 있다. 따라서 그들에게 반대한다는 것은 현재로서 자율적이라고 할 수 없게 되었다.

필자가 보기에 자율성이란 어느 정도까지는 항상 일정한 사회의 순응성 양식과 관련이 있다. 그것은 결코 이거 아니면 저거라는 식으로 뚜렷이 구분할 성질의 것은 아니다. 그러나 때로는 그 결과가 극적일 수도 있다. 또는 이런 순응성 양식과의 눈에 띄지 않는 다툼을 포함하고 있다. 근대 공업사회는 많은 사람들을 무규제 상태에 빠뜨리거나 타인에게 무력하게 순응하는 유형의 인간을 탄생시키기도 했다. 그러나 한편으로는 이 새로운 역사적 발전에 의하여 지금까지 상상조차 못했던 자율성에의 가능성도 열리게 되었다. 현대사회를 좀 더 깊이 이해하면 할수록 우리 눈앞에는 자기가 선택할 수 있는 참으로 다양한 길이 열려 있음을 알게 된다. 또한 필자는 우리 스스로 더욱 많은 선택의 길을 만들어가는 일도 가능하다고 생각한다. 그것은 자율성이 생길 가능성이 좀 더 많아진다는 뜻이다.

그러나 이런 일은 증명하거나 예를 들기보다 그냥 믿는 편이 더 나을 것이다. 따라서 필자는 여기에서 증명도 예시도 하지 않겠다. 그보다 여기에서는 오늘의 인간들이 자율성을 이룰 수 있는 몇 가지 영역을 지적하고, 거기에 따르는 수많은 곤란한 문제점을 시사하는 데 그치겠다.

보헤미안

이미 지적한 바와 같이 내부지향 시대의 집단 속에서 이탈적인 개인은 지리적으로나 정신적으로나 보헤미안이 됨으로써 도피할 수 있었고, 그러면서 여전히 '개인'으로 남아 있을 수 있었다. 오늘날에는 사실상 집단 전체가 보헤미안이다. 그러나 그 집단을 이루는 개개인은 반드시 자유롭지만은 않다. 사태는 오히려 그 반대로, 그들은 집단에서 나오는 신호에 열심히 자기를 맞추고 있다. 그리고 그 집단은 그들을 에워싸고 있는 부류가 콰키우틀족 추장들이라는 환상에 빠져 무조건 그것을 공격하고, 인생의 의미를 발견하려고 한다. 즉, 오늘날 젊은이들은 거부권 행사 그룹의 보호 아래 온갖 인간과 장소를 포함한 도시생활 속에서 동료집단을 발견해낼 수가 있다. 그리고 자기 삶의 원칙을 탐구할 때 별다른 노력도 없이 그런 동료집단에 순응할 수 있다.

이러한 이유로 오늘의 비순응주의자들은 밀의 시대에는 상상조차 할 수 없었던 위치에 놓여 있다. 그는 이를테면 영화배우처럼 얼마쯤 정상에서 벗어난 인간이며, 자기에게 부여된 역할을 받아들이는 인간이어야 한다. 그뿐 아니라 그는 기쁨에 찬 친구들의 기대를 배반해서도 안 된다. 자율성을 가지려는 그의 노력 자체가 타인에 의해 지시되고 있는 것처럼 보이기 때문에, 그는 자신이 자율성을 위해 노력한다는 것이 곧 스스로 타인지향형의 연기를 하는 결과가 될지도 모른다는 인식을 갖지 않을 수 없다.

섹스

섹스 영역에서 자율성이란 무엇인가? 한 인간이 행한 섹스의 행적을 예사로운 일로 받아들이는 '세련'된 동료집단의, 언뜻 보기에 자연스러운 듯한 요구에 저항할 것인가, 아니면 그런 '진보적'인 태도를 받아들일 것인가? 개인은 과연 어떤 태도를 취해야 하는가? 상냥하고 얌전한 여성들에게 둘러싸여 있던 선조들의 태도를 취할 것인가, 아니면 〈킨제이 보고서〉를 내세워 '자유'와 '경험' 운운하는 사람들을 따를 것인가? 요즘 여성들은 상대 남성을 좀 더 잘 알게 되었다. 이런 조건 아래서는 '주도권'을 잡아야 할 것인가, 만약 주도권을 잡는다면 언제쯤 할 것인가? 이 같은 문제가 걱정거리가 된다. 그리고 여성들은 과거보다 더 곤란한 처지에 놓인다. 게다가 섹스의 프런티어를 개척하는 사람들은 강인하면서도 한편으로는 겸손해야 한다는 문제를 안고 있다.

그들은 일하고 있는 동안에도 섹스의 프런티어에서 도피할 기회를 거의 갖지 못한다. 왜냐하면 사람들은 흔히 직업이라는 테두리 안에서도 남녀 상관없이, 자기의 재능과 성적인 생활은 서로 인과관계가 있다고 생각하기 때문이다.

많은 중산층 여성들은 일종의 역행적 방향을 취하여, 얼핏 보기에 보다 안전한 낡은 유형을 몸에 익히려고 헛된 노력을 기울이는 듯하다.

관용

관용을 베푸는 인간과 받아들이는 인간과의 차이가 매우 클 경우에는 관용이 그다지 문제가 되지 않는다. 단순한 호의를 베풀거나 이따금씩 기부를 하고 있으면 그것으로 충분하다. 그러나 노예가 자유인이 되고 프롤레타리아가 긍지를 가진 노동자가 된 오늘날에는 옛날과 같은 관용은 이미 통용되지 않으며, 대신 그보다 훨씬 복잡하고 적절한 태도가 필요하다. 여기서도 자율성을 갖고자 하는 개인은 목표를 설정하기가 어렵다.

예컨대 흑인이 나쁜 짓을 했을 경우, 흑인은 지금까지 박해를 받아 왔으니까 아무리 나쁜 짓을 했더라도 용서해주자고 말하는 일이 자주 있다. 이러한 사고방식은 인종적 편견을 뒤집어놓은 것과 같은 위험한 생각이다. 관용을 베푸는 백인 쪽이나 관용을 받는 흑인 쪽이나 도덕적인 문제는 상당히 모호해지고 있다. 이유인즉 백인이나 흑인 모두 다 같이 자율성을 구하고자 노력하고 있는 한 개인으로서 접촉하는 것이 아니라, 베푸는 인종과 받아들이는 인종의 구성원으로서 서로 접촉하는 듯이 여겨지고 있기 때문이다. 오늘날 관용적인 분위기 속에서 어느 쪽이 정당한지 의문을 품기 위해서는 고도의 자의식이 필요하다.

이 고조된 자의식이야말로 다른 무엇보다도 타인지향 시대에 자율적인 인간의 증거가 될 것이다. 내부지향형 인간은 전통지향형 인간보다 높은 자의식을 지녔으며, 타인지향형 인간은 내부지향형 인간보다 높은 자의식을 지니고 있다. 그래서 자의식이 강한 환경에서 성장한 자율적인 인간은 적응형 인간과 자기를 구별하기 위해 좀 더 큰 자의식을 필요로 하게 된다. 자기의 감정을 부정하거나 가면을 쓰는 등의 단순한 방법으로는 자율성이 보장되지 않는다. 그가 자율적이기 위해서는 자신의 실감과 잠재적인 능력, 그리고 자신의 한계를 바르게 파악하는 노력에 성공해야 한다. 이는 결코 양적(量的)인 문제가 아니다. 그것은 자의식 자체의 문제를 스스로 깨닫고 있다는 것이며, 또한 고도의 추상

작업을 이루었다는 것이기도 하다.

　우리 모두가 잘 알다시피 이것은 아주 어려운 일이다. 예컨대 고도의 추상작업을 이루었다고 해도 많은 사람들이 그것을 자율적인 생활의 틀에 끼워 넣을 수 없어서 오히려 무규제형이 되고 만다. 그러나 자신이 생활하고 있는 문화를 바꾸거나 새로 해석하지 않고 결국 자신을 왜곡해버리는 적응형 인간들의 자의식 없는 불안—사회적으로는 지지를 받지만—에 비한다면, 위와 같은 과정을 거쳐 무규제형에 몸을 맡겨버린 편이 오히려 낫다고 말할 수 있다.

　오늘날 중심이 되고 있는 성격적 투쟁은 타인지향형과 내부지향형의 투쟁이다. 전통지향형은 이미 뒷전으로 물러나 점점 모습을 감추고 있다. 우리는 타인지향형에 거의 강박적으로 집착하고 있는 적응형 인간과 그런 환경을 자율성으로 극복하려는 사람들과의 새로운 양극분해(兩極分解)를 생각해보았다. 그러나 이러한 자율성을 원하는 인간들과, 스스로 자율적일 수 없거나 또는 타인이 자율적으로 되는 것을 그리 좋아하지 않는 적응형 인간들 사이의 투쟁은 그리 격렬하지 않으리라는 것이 필자의 생각이다. 타인지향형 인간은 감수성이 풍부하고 행동변화가 빠르다는 특징이 있기 때문이며, 또한 오늘날 미국의 제도 아래에서는 새로운 성격을 탐구할 기회가 많이 주어지기 때문이기도 하다. 이런 사정을 볼 때 적어도 필자는 타인지향적인 상황에서 자율성이 유기적으로 발전하리라는 가능성을 느끼게 된다. 사실상 미국 사회가 준비하고 있는 기회라는 것은 생각보다 그 범위가 훨씬 넓다. 다음 몇 장(章)에서 필자는 그것을 설명하고자 한다.

13장
그릇된 인격화

노동에서 자율성의 장애

인간만이 인간의 적이 될 수 있다. 인간의 행위와 생활의 의미를 빼앗을 수 있는 것은 오직 그 자신뿐이다. 왜냐하면 그 의미의 존재를 확인하고 실제의 사실로서 자유를 인식하는 일이 가능한 건 오직 그 자신뿐이기 때문이다. 나의 자유가 그 자체로 충실하기 위해서는 열린 미래 속에서 모습을 드러내야만 한다. 나의 미래를 열어주는 사람은 내가 아닌 타인들이다. 나의 미래를 규정하는 것은 내일의 세계를 준비하는 사람들이다. 그러나 내가 이 건설적인 운동에 참여하지 않고, 내가 가진 자질을 무의미하게 낭비하고, 이미 인간이 성취한 일이나 이제부터 성취하려는 일의 수준 이하에 머물러 있는 한 나는 미래로부터 단절되어버린다. 그곳에서 나는 다만 일개 '사물'에 불과한 존재이다.

시몬 드 보부아르,《애매성의 윤리학》에서

1. 노동의 문화적 정의

타인지향형 인간은 감정을 자기 내부에 쌓아두고 있다. 그 축적된 감정은 자율성을 증대시키는 에너지가 될 수 있다. 그러나 앞에서 타인지향형 인간의 노동과 오락과 정치에 관해 살펴보면서 알 수 있었듯이, 이러한 정서적 에너지의 축적은 내부지향형 인간의 그것보다 훨씬 유연하기는 하지만 언제나 그가 속해 있는 사회조직에 흡수되어버리고 있다. 특히 오늘의 문화 안에서 노동과 오락이 지닌 의미를 생각하고 나아가 이 둘의 관계를 생각하면, 타인지향형 인간이 지니고 있는 이런 정서적 에너지의 축적은 모조리 고갈되고 말 형편이다.

앞서 보았듯이 현대사회에서 남들과 잘 사귀는 사람들이 하는 일은 '오락' 요소를 포함하고 있으며, 또 그 반대로 오락의 영역 안에는 집단 적응적인 '일'이 침입하고 있다. 그러므로 우리는 이와 같이 문화적으로 규정된 일과 오락의 의미를 어느 정도 받아들여야 할 것이다. 우리는 계급과 성, 인종 그리고 직업적·사회적 역할에 대한 문화적 규정을 받아들이도록 강요당하고 있는 것과 마찬가지로 오락과 노동에 대한 문화적 규정을 받아들이도록 강요당하고 있는 것이다. 이런 규정들은 문화를 통해, 또는 우리가 경험하는 사회화 과정을 통해 우리에게 강제적으로 주어진다. 그것은 매우 적당한 시기에 주어질 수도 있고 시대착오적으로 주어질 수도 있다. 그러나 어느 쪽이든 우리는 그 힘에서부터 도피할 수 없다. 그 결과 우리의 활력과 기본적인 인간성은 향상될 수도 파괴당할 수도 있다.

노동이란 아주 큰 권위가 있는데 심지어 그것은 인간과 매우 동떨어진 것으로 여겨지고 있다. 요컨대 그것은 인간이 선천적으로 몸에 지니고 있는 나태에서 생겨난 혼란과 무질서 속에서 유용한 사회적 생산물을 만들어내는 행위, 즉 숙련된 침몰선 인양 작업과 같다. 인간은 과도적 인구성장 단계에서 놀랄 만한 능력으로 자연을 정복했다. 그 시대에 일한다는 것은 다만 경제적 필요에 의한 것일 뿐이라는 생각이 거의 자명한 사실로 받아들여졌다. 이러한 생각은 맬서스에서 섬너와 프로이트에 이르는 많은 사상가들의 저서 속에 반영되어 있다. 현대에는 사람들이 인간과 노동의 성질을 좀 더 깊이 깨닫게 되었으나, 여전히 노동이나 생산성 같은 것은 인간 본성에 가해진 훈련의 결과라는 심리적 전제를 그대로 수용하고 있다. 사실 나태로 보이는 것이 어쩌면 인간이 강요당한 노동 및 노동에 대한 강제적인 정의(定義) 방식에 대한 반동일 수도 있으며 언젠가는 노동 자체를 그런 시각으로 보게 될지도 모르지만, 현재 우리는 좀처럼 그런 각도에서 노동을 살펴보려 하지 않는다.

노동은 오락보다 중요한 것으로 여겨지고 있다. 그래서 사람들은 노동의 표본으로서 오락과는 가장 거리가 먼 종류의 노동, 즉 눈에 뚜렷이 보이는 육체적 노동이나 물리적으로 생산성이 높은 일을 가장 진지하게 생각하는 습관을 가지게 되었다. 제3차산업의 직업, 그중에서도 특히 유통에 해당하는 직업에 사람들이 그다지 가치를 부여하지 않는 이유 중 한 가지는 이러한 역사적 사실에 기인한다.

가정주부의 노동도 우리가 말하는 노동 속에 포함되어 있다. 가정주부는 일종의 사회적 노동의 결과물을 만들어내고 있는데, 그 일은 시급 1달러라는 식으로 정해진 보수를 받는 것이 아니며 국세 조사에도 나타나지 않는다. 더구나 일반적으로 주부의 노동은 노동이 아니라고 여겨진다. 이러한 까닭에 주부의 노동은 제대로 인정받지 못할 뿐 아니라, 그 일의 양이 어느 정도인지 계산도 되지 않고 있다. 이렇듯 주부의 일은 노동으로서 인정되지 않고 있기 때문에 주부는 하루 일을 마치고 피로에 지쳐 있을 때에도 자기의 존재 의미를 느끼기가 어렵다. 이러한 굴욕감 때문에 그들은 상처를 입게 된다.

그런데 이와 대조를 이루는 경우가 이를테면 디트로이트의 자동차 공장 직원들이다. 그들은 1일 생산목표를 불과 세 시간 만에 끝내버리고 남은 시간에는 공장 안을 배회하며 빈둥거린다. 그런데도 그들은 이 빈둥거리는 시간까지 합쳐 하루에 8시간씩 일한다고 생각하고 있으며 그들의 아내까지도 그렇게 인식하고 있고, 국세 조사 속에서도 분명히 8시간 노동을 인정받고 있는 것이다.

노동에 대한 이와 같은 문화적 규정을 전제로 볼 때, 그것은 경제 전체의 건전성을 위해서도 또 생활에서의 자율성의 기회를 위해서도 어딘가 불합리하게 느껴진다. 우리는 경제면에서 위세가 강한 부분에 지나치게 비중을 둔 탓으로 오락에 가까운 노동에 의한 경제활동의 중요성을 상대적으로 가볍게 보는 경향이 강하다. 예를 들면 산림보호운동이 한창이던 시절에는 산불 방지작업이 레크리에이션 지역 개발사업보다 중요하다고 생각했다. 또 견고한 공회당을 짓는 일은 정부가 사업의 일환으로서 극장을 짓는 일보다 경제적으로 더 중요하다고 생각했다.

오늘의 미국 사회에서 소비는 목표가 아니라 수단으로 해석된다. 즉, 우리가 소비를 하는 것은 완전 고용을 이루기 위해서이다. 그런데 우리는 이 완전 고용을 생각할 때 현재의 여가와 소비의 훈련 및 교육시설을 통해 가능한 레크리에이션 자원을 계속 증대시키는 일은 거의 고려하고 있지 않으며, 여전히 물건만 계속 생산함으로써 이 완전 고용의 길을 모색하려고 한다. 한편 내구소비재(耐久消費財)나 준내구소비재 시장이 확대되고 있는 것을 생각해본다면—그것은 케인스식 승수공식(乘數公式)에 맞지 않는 새로운 기계, 이를테면 텔레비전 등을 포함하는 것인데 이로 인해 상황은 매우 달라졌다—우리는 아직 구시대적인 경제적 습성이나 사고방식에 좌우되고 있다고 할 것이다. 이러한 구시대적 사고방식에 집착하는 한, 거기에는 두렵고도 위험한 정치적인 처리방법이 하나 남아 있다. 지나치게 팽창한 제1차산업과 제2차산업을 유지하기 위한 전쟁경제가 바로 그것이다.

실제로 창조적인 일에 적극적으로 참여하려는 인간 욕구에 근거한 생산적 지향성을 지닌 사람들에게, 자율성을 구하려는 싸움은 더욱 급하게 필요한 일이 되었다.[1]

왜냐하면 우리가 살고 있는 현대사회에서 물질 생산의 기술적 문제 해결은 거의 끝이 보이기 때문이다. 내부지향 시대의 여러 제도와 성격은 인간에게 노동을 선택하도록 허락하지 않고 다만 맬서스적 필요의 원리에 입각하여 노동을 받아들이도록 했다. 그런데 이와는 반대로 타인지향 시대의 여러 제도와 성격은 노동의 영역을 새로이 규정하여 재구성하기 위한 꽤 신축성 있는 가능성을 인간에게 제공하고 있다. 객관적으로 볼 때 오늘날 노동시간은 단축되었다. 주관적으로 볼 때 이는 인간이 과거와 같이 노동에 깊은 주의를 기울이지 않아도 무방하며, 동시에 노동 이외의 분야에 관심을 쏟을 수 있게 되었음을 의미한다. 그러나 타인지향형 인간은 이러한 혁명을 일으키려 하지 않으며, 오히려 노동 영역에서 모든 종류의 인격화와 대인관계의 유연성 같은 자기 능력을 발휘하려고 한다. 그리고 여전히 엄청난 에너지와 노력을 노동에 투입하고 있기 때문에 그들은 노동의 중요성을 계속 느끼게 된다.

2. 매력 추구, 집단 매몰, 중요 인물

여기서 이 장과 다음 장에서 다루게 될 두 가지 개념에 대해 잠시 생각해 보자. 하나는 필자가 '그릇된 인격화'라고 부르는 것이며 다른 하나는 '강요된 고

---

1) 생산적 지향성(productive orientation)이라는 말은 에리히 프롬의 *Man for Himself* 에서 사랑을 통해 인간과 관계하고 또 일반적으로 창조적 활동을 통해 물체 및 세계와 관계하는 성격유형을 표현하기 위해 쓰인 말인데, 필자는 그의 이론을 자유롭게 이용하여 자율성에 대해 설명했다.

립화'이다. 이 그릇된 인격화에 대해서는 앞에서도 말한 바 있다. 그것은 열성적이며 노력 가득한 기쁨의 손이라는 개념이다. 생각건대 그릇된 인격화는 노동 분야에서 자율성을 확보하는 데 장애물이 되는 것 같다. 타인지향형 인간의 감정적 에너지를 흡수해버리는 것은 현재도 남아 있는 생산을 위한 기술적 문제 같은 게 아니다. 그것은 바로 그릇된 인격화이다. 다음으로 강요된 고립화는, 뒤에서 살펴보겠지만 오락 분야에서 자율성을 확보하는 데 장애가 되는 것 중 하나이다. 고립화는 인간을 우정과 레저의 기회에서 단절시키는 경제적·인종적·계층적·가족적 온갖 제한 전반을 가리키는 말이다. 노동의 영역에서 어느 정도 그릇된 인격화에 고통받고 있는 사람은 동시에 오락의 영역에서도 강요된 고립화 때문에 고통받고 있다.

사회의 진보와 개인의 발달 사이에는 변증법적인 관계가 있다. 만일 이러한 자율성의 장애가 극복된다면 우리는 이 변증법적 관계를 통해 타인들을 좀 더 깊이 의식할 수 있게 될 것이다. 인간의 자유란 시대 변천과 더불어 항상 새롭게 획득되므로 축적되는 것이 매우 적다. 그러나 비록 우리가 장애물이 제거되었을 때 자율성이 어떤 형태를 취할지 또 무엇을 필요로 할지 거의 모를지라도, 좀 더 생산적으로 사용될 수 있는 에너지를 소모시키고 있는, 자율성의 장애가 되는 주된 문제들을 지적해두는 것도 무의미한 일은 아닐 것이다.

사무노동자의 인격―매력을 향해서

내부지향형 경영자는 자기 비서에게 절대로 마음을 주지 않는다. 반대로 비서는 경영자를 자기와는 다른 사회계급, 그리고 때로는 이질적인 인종 집단에 속하는 존재로 여기므로 자기 상사를 개인으로서 이해하려 하는 일은 거의 없다. 그들은 보이지 않는 손에 의해 결합되어 있고, 일에 모든 노력을 기울인다. 그들은 때때로 자애심에 넘치고 감수성이 전혀 없는 온정주의로 자신들 사이에 가로놓인 골을 메울 수도 있으나, 서로에게 크게 관심을 두지는 않는다.

이와는 대조적으로 타인지향형 경영자 또한 사무직에 종사하는 부하들을 지배하며 좋든 싫든 부하들과의 관계를 인격화하지 않으면 안 된다. 경영자는 인격화에 매우 높은 가치를 부여하는 노동자들로 구성된 조직체의 일부분이기 때문이다. 이것은 설사 고의성이 없더라도 강제적인 것이므로 그릇된 인격화의 일종이다. 여기에는 적대적 협력의 원리도 포함되는데, 그것은 바로 이 적대적 협력의 원리처럼 사무직 노동자와 그 상급자들에 대하여 조작과 자기조작을 명령하는 것이다.

이 같은 변화는 시카고에서 발행되는 두 가지 신문이 여성의 사무노동에 대해 취하는 태도를 비교해보면 쉽게 알 수 있다. 하나는 〈트리뷴〉지로서 구시대적인 노동의식의 가치를 지지하고 있으며, 또 하나는 〈선타임스(Sun Times)〉지로서 암암리에 인격화라는 새로운 가치를 지지하고 있다. 〈트리뷴〉지는 '화이트 칼라 걸'이라는 고정 연재란을 두고 있는데, 거기서 강조되는 것은 능률과 충성의 미덕이다. 이 신문의 논조를 보면, 독자인 여사무원들은 자기와는 거리가 있는 경영자에게 따뜻한 반응을 원하지만 그 이상의 것은 기대하지 않는다. 이러한 기사는 구시대적인 내부지향 회사 경영방침을 받아들이는 독자들에게서 환영받을 것이 분명하다. 독자들은 경영자가 당당한 경영자로서 존재하는 한 혹여 그가 얼마쯤 인격화한다고 해도 전혀 문제 삼지 않는다.

〈선타임스〉지는 여사무원 중에서도 조금 더 진보적인 사람들이 읽고 있다. 그런데 여기서 주의할 점은, 이 신문은 여사무원을 '커리어 걸'이라 일컫고 있다는 사실이다. 이 커리어 걸이라는 말은 직장에서의 관계만을 취급하는 지면뿐만 아니라 다른 여러 지면에서도 언급된다. 신문은 직장생활이나 매력 있는 여성이 자기 힘으로 얻은 성공 등을 중점적으로 다룬다. 또한 직장 인간관계의 심리학에 대한 기사도 실린다. 이러한 기사들에 반영되고 있는 것은 인사관리의 경제이다. 여기서는 남성이든 여성이든 상관없이 경영자들은 거의 의무적으로 타인지향형으로 여기고, 여사무원들은 단순한 '조력자'가 아닌 실로 매력이 넘치는 퍼스낼리티로서 여기는 데 관심을 가진다.

〈선타임스〉는 〈트리뷴〉보다 레저에서 보는 사교와 직장에서 보는 사교 형태를 좀 더 밀접하게 관련지어 생각하고 있다. 거기에서는 경영자는 항상 자기를 인격화하고 있으며, 인격화 기술을 터득하고 있다는 생각이 엿보인다. 따라서 커리어 걸이 안고 있는 문제—본질적으로 유일한 문제—는 경영자에게 반응을 보이며 또한 경영자로 하여금 반응하게 하는 형태를 만들어가는 일이다. 이와 반대로 〈트리뷴〉은 이른바 '분위기 조성'에 별로 흥미를 보이지 않는다. 이 신문에서는 매력적인 요소 같은 것과는 전혀 무관한 속기나 타이핑 등의 숙련된 기술이 더 중시되며 존경받고 있다.

정치적 무관심이 있는 곳에서는 매력적 요소가 환영을 받으리라는 점을 앞에서 이미 말한 바 있다. 그와 마찬가지로 노동에 대한 무관심이 지배적인 곳에서도 매력적 요소가 환영을 받는다. 그것은 노동 자체와는 그다지 관련이 없으며, 누구를 상대로 일하는가가 문제이다. 커리어 걸의 일 중에서 가장 인기 없는 것은 공동작업장에서의 일이다. 공동작업장에서 매력적 요소는 거의 효력을 나타내지 못한다. 또 그녀들 사이에서는 경영자가 여성인 직장도 인기가 없다. 그곳에서는 매력적 요소를 겉으로 나타내는 일이 금지되기 때문이다. 실제로 커리어 걸들은 자기의 정서적 에너지를 직장에 쏟아붓기를 원하고 있으며, 그 에너지를 오락에서 소비하기 위해 간직해두려 하지 않는다. 이러한 이유로 그녀들에게는 일과 오락 모두 그 자체로서는 중요한 의미를 갖지 못한다고 할 수 있다.

그러므로 커리어 걸들은 일 이외의 생활에서 만족스럽지 못한 점을 직장에서 구하려고 한다. 그 결과 경영자는 끝없이 인격화하여 그녀들을 만족시켜야 하는 처지에 빠진다. 또 거기서는 강요된 고립화도 생겨난다. 커리어 걸이란 도시생활을 하고는 있어도 교육적으로나 경제적으로나, 또한 자기가 살고 있는 공간적으로나 거의 가진 것이 없다. 그녀들은 여러 친구들과 어울리거나 레크리에이션을 즐기는 일이 별로 없다. 매력을 구하는 그녀들은 노동시간 속에서 매력을 찾으려고 한다. 그녀들은 경영자나 사무실 내의 정서적 상부구조 속에서 해방감을 구하고 직장 안에 매력을 섞어 넣는다. 경영자 자신 역시 이러한 그릇된 능력을 가지고 있기 때문에, 이런 일련의 인격화를 시작한 것은 타인지향형 경영자라고 생각할 수도 있다. 그런데 그는 오직 채권을 파는 은행가로서, 비전을 파는 정치가로서, 또는 계획을 세우는 입안자로서 자기를 인격화해야 할 뿐만 아니라 커리어 걸들에게 둘러싸인 경영주 또는 고객으로서도 자기를 인격화해야 한다. 이는 그에게 그다지 유쾌한 일은 아닐 것이다.

게다가 이러한 새로운 감수성은 낮은 지위에 있는 사람들에게는 아주 성가신 존재이다. 그들은 매우 어색하고 불편한 노동 장소에서 가면을 쓰게 되며, 그릇된 인격화에서부터 좀처럼 빠져나오지 못한다. 그러나 어떤 내부지향형 인간에게는 가능한 일이었다. 그들은 타인들을 인간으로 생각하지 않았으며, 설사 인간으로 생각하더라도 고도로 분화된 복잡한 존재로 생각할 수 없었기 때문이다. 그에 반해 타인지향형 경영자와 전문직 종사자, 정신노동자는 노동세계에서의 부득이한 교우관계와, 일에서 벗어난 장소에서의 순수한 우정의 자발적인 표현을 확실히 구별하지 못하고 있다.

계층 간의 대화—공장의 경우

다소 희화적으로 보일지 모르지만 정신노동자들은 타인지향적인 상층 중산계급의 형태를 모방한다. 그런데 공장노동자는 시골 출신들이다. 그들은 기쁨의 손이라는 원리가 지배하는 곳에 투입된다. 그곳은 그들이 지금까지 전혀 알지 못했던 다른 세계이다. 따라서 경영자들은 여기서 곤란한 문제에 부딪치게 된다. 즉, 그들은 대규모로 조직된 공장노동자들이 기쁨의 손을 받아들이도록 훈련을 시켜야 한다. 그는 자기 일에 투입할 수 있는 에너지를 바로 이 분야에 무한정 쏟아붓는다. 이미 보았듯이 그는 노동자들을 계속 경영자 측으로 끌어들인다. 이를테면 훈련주임이나 상담역, 그 밖의 사기를 북돋아주는 여러 역할을 그들에게 맡긴다. 더 나아가 이들 노동자 및 자기가 취한 조치의 효과를 시험하기 위해 사기 조사에 몰두하기도 한다. 그런데 공장노동자들은 경영자를 학생시절의 선생들로 여기고 파업과 태업을 하면서, 선생의 선의에서 비롯된 계급적 편향이 섞인 노력에 대항해 왔다. 그러므로 그들은 공장에 들어와서도 인사과가 내미는 기쁨의 손을 마주 잡으려 하지 않는다.

경영자들은 사기가 높으면 마땅히 생산성도 높아지리라 믿고 있지만, 실제로는 정반대이다. 안락하고 기분 좋은 상황에서는 사기는 높아도 생산성은 낮다는 등식이 성립될 수도 있다. 노동자들이 일치단결이라는 감각을 지니고 서로 잘 이해하는 동안에는 그것은 '높은 사기'로 불린다. 이 경우 작업능률이 낮아지고, 동료들은 자기 혼자 처신을 잘하려는 노동자에게 조직적인 벌을 가한다.

그러나 최고경영자나 인사과 사람들이 노동자를 향하여, 실제로 일하는 것은 당신들이며 당신들이 하는 일은 중요하고 빛나는 일이라고 호소하는 것에 만족하지 못하는 경영자들도 얼마든지 있다. 그들은 대부분 공장의 경영이나 생산계획, 관리 등에 의해 노동자들에게 더 큰 몫을 나눠주는 계획을 실시하려고 진심으로 생각하고 있다. 이 계획으로 공장 안에 감정적인 활력이나 경쟁의식을 도입하려는 것이다. 이러한 계획은 흔히 성공도 하고, 그 덕분에 생산성이 높아지기도 한다.

그러나 보통 경영자에게는 경영자, 노동자, 작업 절차 사이에 존재하는 감정의 조화가 큰 문제지만, 노동자와 작업 과정에는 아무런 문제가 되지 않는다. 그 이유 중 하나는, 이미 살펴본 것처럼 타인지향적인 경영자는 적대감이나 경쟁을 좋아하지 않기 때문이다. 또 하나는 마찬가지로 이미 살펴보았듯이 적대감과 경쟁을 없애려면 그가 그만큼 분주하게 움직여야 하기 때문이다. 그러나 더 중요한 이유는, 현재 미국의 이데올로기로 본다면 동료 노동자들 사이에 적의와 무관심이 존재할 때 그것은 반드시 생산에 영향을 끼친다고 보기 때문이다. 그래서 조화를 이룬다는 것은 협조적이며 의의 있는 일에서 생겨나는 부산물이라기보다 오히려 꼭 필요한 전제조건으로 여겨지는 것이다. 어떤 경우에는 이러한 일의 영향이 더더욱 작업능률을 저하시킨다. 왜냐하면 사람들이 분위기의 조화를 기대하고 있으므로, 그러한 조화가 실제로 존재한다고 거듭 설득되어야 할 필요가 있기 때문이다.

그러나 생산 현장을 단조롭게 방치해두거나 감독자가 수수방관을 해도 좋다는 것은 아니다. 그곳에서는 많은 일이 이루어질 수 있고 또 필요하기도 하다. 예컨대 사기 진작을 담당하고 있는 전문가가 노동자들로 하여금 이 일 저 일을 바꿔가며 하도록 하고 또 팀을 재편성하는 경우에는, 그 작업장에서 큰 성과를 거둘 수도 있다. 그러나 경영자가 공장의 조직을 바꾸는 데 애를 쓰고 그것을 중요시하는 것은 오로지 경영자들의 심리적인 필요에 근거를 두고 있다.

그런데 노동자 중에는 대립되는 두 집단이 있다. 첫째는 통합이 잘 이루어진 노동자들의 '작업 동료' 집단이며, 다른 하나는 '고립파'이다. 이 고립파는 생산활동에 종사하면서도 공장노동자의 감정적 조화 속에 녹아들기를 거부한 채 대규모 집단 속에 안이하게 매몰되어 있는 사람들을 말한다. 이 두 집단은 다 같이 노동과 오락을 혼합하려는 공장 측의 노력에 대항하여 자기들의 정서적인 자유를 계속 획득하려고 한다. 고립파 인간들은 정서적 계획과 공장의 집단적인 충동에 휩쓸리지 않으려고 노력한다. 집단매몰형 사람들은 자기가 경영자에게 착취당한다고 생각할 때 그에게 반항할 뿐이다.

이러한 저항을 염두에 둔다면, 공장노동자가 사무노동자와 같이 상급자를 모방하여 그에게 인격화를 요구하는 압력을 가하기까지는 상당한 시간이 필요할 것 같다. 그러나 많은 중산계급 사람들이 노동자계급에 선망의 감정을 품는 이유는 바로 이런 점에 있는 듯싶다. 공장노동자들은 사무노동자들보다도 훨씬 공공연하게 공격적인 태도를 취할 자유가 있다. 뿐만 아니라 공장노동자들은 작업 속에 함부로 말려드는 것을 거부한다. 따라서 그들은 자기의 여력을 오락 분야에 쓸 수 있다. 물론 공장노동자의 일은 단조롭고 피로가 따르게 마련이지만, 이런 점에서 사무노동자들이 공장노동자들을 선망하는 것은 아닐까.

중요 인물

경영자가 비서의 인격화에 대응하거나 공장 분위기를 조성하는 일 때문에 분주한 것만은 아니다. 그는 그럴 만한 책임을 지고 있는 인물이기 때문에 분주한 것이다. 경영자는 직장에서 없어서는 안 될 중요 인물이다. 미국 학교, 교회, 정치에는 겉보기에 정말 위대한 인물은 아주 드물다는 생각이 보편화되어 있는데, 경영자는 그런 생각에 집착하고 있다. 경영자는 자기가 그처럼 드문 훌륭한 인간은 아니라는 자신감의 상실과 싸우지 않으면 안 된다. 그는 자기가 중요 인물이라고 믿고 싶어 한다. 왜냐하면 오늘날 사회에서는 '잉여 인간'으로 취급받는 것을 두려워하는 경향이 매우 강하기 때문이다.

그는 현대사회를 움직여 나가는 데 실은 여러 생산 분야에서의 노동은 그다지 필요하지 않으며, 그룹 활동은 더욱 필요하지 않다는 사실을 직시하려 하지 않는다.[2] 바로 이 점 때문에 이러한 타인지향형 인간은 자기가 꼭 필요한 중요 인물이라고 느낄 수 있는 것이다. 그릇된 인격화의 본질상 이와 같은 기만

---

2) Hans Sachs, *Freud, Master and Friend*(Cambridge, Massachusetts, Harvard University Press, 1945), PP. 46~47. 작스는 이 책에서 프로이트가 곧잘 하던 이야기 중 한 가지를 전하고 있는데, 이 이야기는 인간구조와 마찬가지로 사회구조에도 관계가 있는 듯하다. "여러 해 전 한 의학교수가 죽으면서 자기 몸을 해부해달라고 유언했다. 시체 해부는 한 유명한 병리해부학자가 맡았는데, 그때 나는 조수로서 일을 거들었다. 해부학자가 내게 말을 건넸다. '이것 봐, 이 동맥들은 밧줄처럼 딱딱하고 두껍구먼. 이래 가지고는 살 수 없었겠지.' 나는 그에게 다음과 같이 대꾸했다. '그렇겠지요. 그러나 이분이 어제까지 이 혈관들을 가지고 살아 계셨던 것도 사실이지 않습니까.'"

은 가능하다. 물론 노동과 오락에 대한 문화적 규정은, 노동이 꼭 필요하다는 관념을 만드는 근본 요소이다. 예컨대 대가를 받는 노동이 인간 노력의 이상적 표현이라고 생각하는 사고방식이 바로 그것이다. 이리하여 노동의 필요성은 확정된다. 그리고 이 꼭 필요한 인물들은 아내와 자식들에게서 동정이나, 레저를 즐길 수 없다는 변명과 같은 부차적인 소득을 얻을 수 있다.

3. 과도한 인격화 사회

이렇게 생각해보면 자율성을 가질 가능성 중 하나는 노동을 비인격화하여 거기에 되도록 정서성(情緖性)을 주입하지 않는 일이다. 다음에 문제되는 것은 문화가 노동 속에 요구하는 것을 인격화할지, 만일 해야 한다면 어느 정도로 인격화할지 사람들이 스스로 결정하는 일이다. 그러나 제도적 변화가 일어날 경우에는 늘 심리적인 장애물이 존재하게 마련이다. 타인지향형 인간의 성격은 그 시대의 여러 제도에 의해서 형성된다. 그리고 성인이 되고 나면 그는 스스로 자기의 성격이라고 여기는 것을 제도가 이용해야 한다고 생각한다. 따라서 만일 그의 기대대로 사회제도가 그를 이용해주지 않는다면 그는 정서적인 공허감을 느낀다.

퍼시벌과 폴 굿맨의 공동저서 《코뮤니타스(Communitas)》는 노동과 오락에 대해서 쓴 현대의 가장 상상력이 풍부한 저작물 가운데 하나이다.[3] 이 책에서 제기하고 있는 문제가 바로 위에 언급한 것과 같은 성질의 문제이다. 이 책의 저자들은 어떤 유토피아를 그리고 있다. 그곳에서는 가장 적은 노력만으로도 생활을 유지해갈 수 있다. 그러나 사람들은 실로 놀라운 새로운 문제, 즉 어떻게 하루를 보낼 것인가 하는 문제에 직면한다.

별안간 미국인들은 자기들이 물질적 필요와 사회적 압력에서부터 해방되어 있음을 깨닫는다. 그런데 그들은 이러한 것들이 존재했기에 지금까지 습관적

---

3) *Communitas : Means of Livelihood and Ways of Life*(Chicago, University of Chicago Press, 1947), P. 120.

으로 만족을 추구하며 열심히 살아갈 수 있었다. 더 나아가 미국인들은 문득 상업적 오락이 단조롭고 시시하다는 것을 깨닫게 될지도 모른다. 그렇게 되었을 때 그들은 자기 내부에 아무것도 남아 있지 않음을 알고는 몹시 충격을 받을 것이다.

진보적인 학교에서는 선생들이 학생들에게 자기가 좋아하는 과목을 공부하도록 하는 방법을 채택하고 있으나, 학생은 다음과 같은 질문을 제기하지 않을 수 없을 것이다. "선생님, 오늘도 우리는 하고 싶은 공부를 해야 합니까?" 오늘날 미국인의 상태가 바로 이와 같다고 말할 수 있지 않을까?

일의 요구를 감소시키는 데에는 두 가지 방법이 있는 것 같다. 첫 번째는 자동화(自動化)이다. 이 방법을 선택하면 우리는 생산 과정을 전면적으로 머릿속에 배제할 수 있다. 두 번째는 생산과 유통에서 인간이 지닌 비인격성의 가능성을 활용하는 것이다. 그러나 많은 사람들이 이 두 가지 발전 방향에 대해 강한 거부감을 나타낸다. 인간이 단순한 기계 감독자가 되는 것은 노동이 아니라고 생각하는 사람도 있다. 물론 기계 감독자가 된다는 것은 상당히 무료한 일이기는 하지만, 곰곰이 생각해보면 실제로 이보다 덜 무료한 일은 세상에 없다. 필자의 생각에 우리는 완전히 자동화된 공장이라는 것을 예상할 수 있는 시대에 살고 있다. 그것을 방해하는 것은 능력 부족이 아니라 오히려 노동이 없어지면 사람들은 아무것도 할 일이 없지 않는가 하는, 어떤 면에서는 매우 당연한 경영자 측의 공포감인 것이다.

드 만과 메이요 및 그 밖의 경영학자와 심리학자들은 현대 공업사회에 기쁨과 의미를 도입하자고 말하는데, 위와 같은 오류가 바로 그런 제안의 특징이다. 이들 학자는 노동조합주의자(syndicalists)나 협동조합주의자들과 마찬가지로 전통지향 사회나 초기 내부지향 사회의 노동에서 특징적이었던 인간관계를 그대로 보존하려고 한다. 그들은 빗나간 참여라는 그릇된 판단 아래 공장노동자의 세계도 사무노동자의 세계도 다 같이 인격화하고, 정서화하고, 도덕화하려고 한다. 최소한 그들은 미국 문명을 '비인격적'인 사회로 생각하며 그 점을 안타까워하고 있다. 그렇지만 적어도 미국에 대한 한 이 생각은 잘못되었다. 장기적인 안목으로 볼 때는 결국 근대공업의 비인격성에 저항하기보다 오히려 보조를 맞춰나가는 편이 의미 있는 일이라고 필자는 생각한다. 그리고 노동 분야에서 자동화를 추진하는 편이 현명할 것이다. 그러나 그것은 일 자체를 목적으로 해서는 안 되며, 다만 기쁨과 소비를 위한 것이라야 한다.

앞서 지적한 것처럼 많은 사무노동자의 경우 그들에게 허용된 유일한 인격화 방법은 그릇된 인격화이다. 그리고 많은 공장노동자의 경우에는 집단 매몰이 유일한 인격화 방법이다. 그러나 노동이 이런 의미를 지니게 되었는데도 여전히 현실적이고 중요하고 강력한 것으로 여겨지고 있다. 이 같은 매력이 노동이라는 말에 포함되어 있기 때문에 전쟁 중에는 중산계급과 하층 중산계급의 많은 여성들이 공장에서 일하려고 했던 것이다. 그녀들에게 주어진 노동조건은 열악하기 짝이 없었고, 교통수단도 제대로 정비되어 있지 않았으며, 남편들도 물론 반대했다. 그래도 그녀들은 일하고 싶어 했다. 극단적으로 고립된 가정생활을 보내던 주부들은 가정에서 벗어나 가장 단조로워 보이는 작업을 하는데 의욕을 불태우고 일에 자신을 몰입시키려 한 것이다. 그러므로 자동화를 추진할 경우 한때 기술적 실업자가 생기는 문제뿐만 아니라 또 다른 문제도 생기게 된다. 즉, 우리가 내부지향 시대에서부터 계승해 온 가족이나 빈곤이나 위계질서 같은 장애물 때문에 여전히 고통받는 지나치게 고립화된 이런 사람들을 어떻게 처리할 것인가 하는 문제이다. 하지만 우리는 이러한 주부들의 도피처로서 공장보다 더 좋은 곳을 생각해낼 수 있지 않을까. 가난한 사람을 감옥으로 보내거나 정신병원으로 보내는 것보다는 사회보장을 제도화하고 의료시설을 개선하는 편이 더 바람직하다. 같은 이치로 주부들에게도 공장에 가는 것보다 더 나은 해결책이 있을 것이다.

자동판매기 대(對) 기쁨의 손

오늘날 우리에게 주어진 사회적·경제적 조건 아래서 생각할 때 인격화가 어디까지 필요하고 또 어디부터 불필요한지 판단하기란 불가능하다. 게다가 필자는 생산적인 노력과 분주한 노동을 어떻게 구별해야 할지 알 수 없다. 이를테면 제3차산업의 자동화는 기계와 대결하면서 육체노동을 하고 있는 흑인 세탁부와 다리미질을 하는 사람의 저임금, 기계 발달, 소비자가 상품과 곁들여서 요구하는 인격화, 제3차산업의 노동자 자체가 필요로 하는 인격화, 그러한 인격화를 소비자가 요구할지 어떨지 등등 온갖 문제와 얽혀 있지만, 그것들이 어느 정도로 어떻게 관련되어 있는지 필자로서는 알 수 없는 것이다.

그뿐 아니라 소비자가 요구하는 개인적 서비스 문제는 서비스가 지나치게 친절할 필요는 없다는 생산자 측의 견해와 분명히 모순되는데, 그것들이 과연 어느 정도 모순되는지 판단하기도 어렵다. 이 점에서는 소매업자들이 더한층 곤란한 문제에 맞닥뜨린 셈이다. 미국에서는 타인지향적 사회의 등장과 더불어 소비재 및 사치품 시장이 확대됐는데, 판매원의 일은 20세기 초에 비해 훨씬 어려워졌다. 예컨대 20세기 초에 뉴욕 5번가(街) 고급 쇼핑가의 여성 판매원들은 한정된 소수의 제품을 한정된 고객에게 느긋이 판매해도 되었다. 그때는 물건을 사고파는 속도도 비교적 느렸다. 그리고 쇼핑도 하나의 소일거리였다. 고객들은 별로 서두르지 않았으며, 그들이 속한 사회계급도 어느 정도 한정되어 있었다. 물건을 살 때에도 까다롭지 않고 시원스러웠다. 그러므로 판매원들도 극히 제한된 고객에게 서비스를 하면 그것으로 충분했다. 그들은 손님 한 사람 한 사람의 취향을 알고 있었으므로 필요하면 조언자 역할도 할 수 있었다. 그러나 오늘날 유통에서의 인격화를 전형적으로 보여주고 있는 백화점 판매원들은 과거와는 전혀 다른 상황에 놓여 있다. 그들은 취향도 잘 모르는 엄청난 수의 성급한 손님을 상대하지 않으면 안 된다. 그들은 애매하고도 특수한 손님들의 잇단 요구에 분주히 응답해야 한다.

이러한 현상으로 볼 때 현재 공업사회의 비애 대부분은 우리가 레저에 걸맞는 제3차산업의 급속한 확대를 요구한다는 사실에서 생겨나는 듯싶다. 그리고 제3차산업이야말로 한편으로는 백화점처럼 심한 육체노동을 필요로 하고, 다른 한편으로는 엄격한 정서적 요구를 필요로 한다는 두 가지 어려운 문제를 동시에 안고 있는 산업인 것이다. 이 중 어느 부분을 자동화할 것인가 하는 문제는 경제학자들의 입장에선 대부분 투자 및 재투자의 문제와 노동력 전환의 문제라고 보고 있다. 그러나 이를테면 국가 예산을 책정할 경우, 사실은 그로 인해 어느 정도 그릇된 인격화가 생기고 있는가 또는 사라지고 있는가의 예측이 포함되어야 하지 않을까.

오늘날 우리에게 절실히 필요한 것은 새로운 유형의 기술자이며, 그가 담당해야 할 일은 그릇된 인격화에서 생겨나는 심리적인 장애를 없애는 일이다. 안

전기사가 신체와 생명의 위험을 없애는 것처럼 우리는 심리적인 면에서 그런 일을 할 인물을 필요로 하게 되었다. 예컨대 이 새로운 유형의 기술자는 가솔린 펌프를 자동화하거나 오늘날 가장 진보된 기관차와 마찬가지로 주유소 전체를 거의 완전하게 자동화하는 것을 생각할 수도 있다. 공장이나 사무실에 자동화를 도입함으로써 불필요해진 인력을 다른 분야에 배치하는 일을 충분히 고려하면서, 노동조건과 장소 배치 속에서 정서적인 강제력을 발휘하는 요소를 배제하는 방법이 신중히 검토되어야 한다.

일상적인 상황에서 특정한 일이 요구하는 그릇된 인격화의 양을 측정하고, 그런 그릇된 인격화에 한계선을 그을 수 있는 색인을 작성해보면 어떨까. 그것은 상상력과 창조력만 있으면 가능한 일이다. 이런 관점에서 볼 때 현대 미국에서 사무실 안의 개인실이 점차 사라지고 그 대신 탁 트인 넓은 작업실에서 모든 사람들이 '민주적'으로 일하는 추세가 늘어가는 것은 매우 흥미로운 현상이다. 이러한 조건에서는 모든 사람이 이중의 요청에 응답해야만 한다고 필자는 생각한다. 즉 한편으로는 사교적이어야 하며, 또 한편으로는 일을 해야 하는 것이다. 이는 학교나 대학에서 볼 수 있는 현상이다. 거기서는 지나치게 일에 몰두하면 비난을 받고, 많은 사람들에 둘러싸인 환경에서 자기 일을 못하면 불안을 느끼게 된다. 그런데 이와 정반대인 사람도 있다. 혼자서 일하는 것에 불안을 느끼는 사람은 친구들과 어울려 일하는 편이 나을 것이다.

언제나 판매원이 고객과 접촉해야 하는 유통산업에서는 판매부마다 개별 사무실이 있는 것만으로 일이 해결되지 않는다. 이때 유일한 해결책은 더욱 자동화를 추진하는 것이다. 벨러미는 이미 그 가능성을 알고 그의 저서 《돌이켜 보면》에서 예견한 바가 있다. 거기서 그는 '사람 손을 거치지 않고 주문하여 상품을 손에 넣는 소비자'라는 이미지를 밝히고 있다. 이는 오늘날 우리가 통신판매회사의 지방출장소에서 물건을 주문하는 방법과 매우 비슷하다. 만약 대부분의 판매가 자동화된다면 소비자나 판매부 및 그 담당 직원들도 굳이 열심히 돌아다니지 않아도 되며, 또한 정서적인 고통을 당하지 않아도 된다. 슈퍼마켓, 자동판매기, 통신판매회사 등의 업체들은 다채롭고 가지런한 진열과 광고로 소비자의 구미를 당기고 있지만, 자동화의 새로운 기술적 발명에 의해 유통구조 내부에는 커다란 간격이 생겨났다. 그리고 그 간격 때문에 자율성이 성장하는 것이다.

남들은 힘들고 불쾌한 노동을 하고 있는데 자기는 비교적 안락한 생활을 누리고 있다는 데에 우리는 어떤 죄의식을 느낀다. 생각건대 오늘날 타인지향형 사회에서는 이 죄의식이 꽤 광범위하게 퍼져 있는 것 같다. 그런데 벨러미는 이 점에 대해서도 죄의식을 감소시키는 방법을 시사하고 있다. 그 죄의식은 자율성의 폭을 넓힌다기보다 오히려 깊이를 더한다. 이 문제 해결을 위해 벨러미는 나름대로 계획을 세웠다. 즉 모든 청년에게 3년 동안 '산업 역군'으로 일하도록 요구하라는 것이다. 그러면 국가 전체 산업조직의 능률이 높아지고, 젊은이들은 경험을 쌓으므로 직업 선택에 도움을 얻을 수 있다는 것이다. 국토보전운동은 미국인들에게 이와 비슷한 기회를 주었다. 그러나 그것은 다른 여러 구호운동과 마찬가지로 사람들에게 그저 '안도감'을 주는 데 그쳤고, 부유한 계층은 참여하지 않았다.

우리가 생산성에 대한 새로운 정의를 갖게 되기까지는 아직 시간이 걸리겠지만, 먼저 벨러미가 제안한 계획과 국토보전운동 같은 것을 결부시켜서 거기에 청년들이 참가하도록 해두면 그들이 성인이 된 뒤에는 '비생산적'인 일로 인한 죄의식에서 벗어날 수 있을 것이다. 활력에 넘치고 강한 이상주의를 가지고 있는 청년기에 어렵고 힘든 일을 경험해둔다면 그들은 한평생 안이한 생활을 할 자격이 있다는 긍지를 갖게 될 것이다. 종군자(從軍者) 장학금 제도라는 법률에 따라 군대에 다녀온 많은 청년들이 대학에서 공부하거나 활동하고 있지만, 그들은 힘든 일에 종사했다는 긍지가 있기 때문에 장학금을 받고도 죄의식을 느끼지 않는다.

지금까지 필자가 제안하는 사회적인 해결 방법에 대하여 이야기해보았다. 그러나 우리는 그 방법이 실현되기까지 그저 손놓고 기다릴 필요는 없다. 자율성을 원하는 사람은 '일'로서 통용되고 있는 것의 모든 문화적인 규정을 부정해도 상관없다. 말하자면 그것은 끝없는 상호연쇄 속에 엄청난 정서적 에너지를 주입해야 한다는 문화의 요구에 대한 파업이라고 할 수 있다. 그렇지만 그건 일 자체에 대한 파업은 아니다.

소로는 일류 측량기사였으며, 장인정신이 깃든 직업을 선택했다. 그가 이 직업을 택한 이유는, 일주일에 하루만 일하면 생활을 유지할 수 있을 만큼 보수가 많았기 때문이다. 윌리엄 카를로스 윌리엄스는 뉴저지주에서 매우 평판이 좋은 의사였다. 그런데 그는 의사로서보다 미국독립선언문을 작성한 사람으로 더 잘 알려져 있다. 찰스 아이브스는 매상고가 5억 달러에 달하는 보험회사의 사장으로 일했다. 그러나 그는 매우 독특한 작곡가로서 더 유명하다. 아이브스는 자기가 받는 보수에 아무런 죄의식이 없었으며, 또한 보헤미안이 아닌 '정상적'인 미국인의 생활을 해왔다.

그러나 대부분의 사람들은 위에서 말한 여러 사람이나 찰스 램, 호손 같은 19세기 인물들이 취한 삶의 방식을 선택하려고는 하지 않는다. 사람들은 보통 자기가 받는 보수로써 자기 직업을 정당화하기를 좋아하지 않으며, 특히 노동시간이 짧고 급료가 많은 경우에는 더욱 그렇다. 그 대신 그들은 이미 살펴본 바와 같이 그릇된 인격화나 분위기 조성, 없어서는 안 된다는 관념, 그 밖의 온갖 의식(儀式)이나 절차를 통해, 높은 생산성이 낳은 커다란 공백을 메우려고 한다. 그러나 사람들이 자기 성격이나 재능을 바탕으로 정서적·창조적 에너지를 투입하려는 현실적인 '일'에는 대부분 그에 상응하는 보수가 따르지 않는다.

14장
강요된 고립화

오락에서 자율성의 장애 1

어린 시절 나는 상상 속에서 내 운명을 다른 사람의 운명과 바꿨으면 하고 열심히 바랐다. 그러나 어린 마음에도 자기보다 행복한 사람을 질투하지는 않았던 듯싶다. 아마도 나는 적극적인 정열도 정신도 없었던 것 같다. 나에게 질투라는 것은 자신이 할 수 없는 일을 다른 사람이 하고 있다는 감정을 뜻한다. 만일 그렇다면 선망이라는 것은 타인들의 존재 그 자체라는 말이나 다름없다. 달리 표현하면 그것은 다른 사람들이 자기보다 풍부한 의식을 가졌다는 믿음이다. 그 믿음은 너무나 자의적이다.

헨리 제임스, 《소년과 타인들》에서

미국에서 레저는 광범위하고 매우 빠르게 분배되므로, 미국인에게 아주 새로운 역사적 문제를 제기하고 있다. 그리고 내부지향형 사람들은 자율성에 대한 제도적·성격적 장애물을 없애는 것은 노동의 영역보다 오히려 오락의 영역에서 더욱 쉽다고 생각하고 있다. 오늘날 오락의 의미는 생활 안에서 단순히 일하는 시간 또는 감정을 뺀 그 나머지를 뜻하는 것은 아니다. 오락은 이미 그 자체가 생활에서의 기술 숙달과 능력을 개발하는 영역으로 점점 변해가고 있다. 노동의 영역에서는 자율적으로 되고자 하는 사람들이 그의 사회적 성격의 요구 때문에 그 자신의 개인적 성격을 끌어낼 만한 여유가 마련돼 있음이 분명하다.

한편으로는 노동에 우선권을 부여하는 문화적 규정이 있기 때문에 우리는 오락의 세계에 대해서 거의 아는 바가 없다. 지금까지 이루어진 많은 연구는 주로 생산자의 사회적 성격에 대한 것이었다. 소비자에 대한 연구가 주목을 끌게 된 건 아주 최근의 일이다. 우리는 오락의 세계에서 인간이 어떤 존재인지 아직 충분히 알지 못한다. 다만 오락의 세계에 대한 연구에서는 다음과 같은 사항이 문제가 될 것이다. 즉 오락이라는 것은 본디 프라이버시의 영역에 속하며 체계가 없는데, 이것을 공공연히 체계적으로 거론한다는 것은 일종의 방해가 아닐까. 어쩌면 레저와 오락의 영역에 대해 전혀 연구를 하지 않는 편이 오히려 그것을 지켜주는 길이 아닐까.

필자는 인간이 어떤 방법으로 즐겨야 하는지, 또는 자율성을 원하는 인간의 놀이가 어떤 것이어야 하는지 등을 거론하고 싶지 않으며, 또 그것은 내 능력 밖의 일이다. 다만 여기서 언급하고 싶은 문제는 오락 영역 전반에 걸친 자유의 구속에 대한 것뿐이다.

1. 사교성의 부정

앞 장에서 우리는 현대 미국 사회에 나타나고 있는 그릇된 인격화 형태를 띤 사교성 과잉 현상에 대해 이야기했다. 그런데 타인지향형 인간에게 사교성이 부족하다는 것은 사교성 과잉보다 훨씬 심각한 문제이다. 자기를 지도하고 인정해주는 '타인들'이 존재한다는 사실이야말로 그의 순응성과 자기합리화를 위한 가장 중요한 요소이다. 그의 성격 자체가 사교성을 간절히 원하고 있는 것이다. 그에게서 사교성을 없애버리면 그는 자율형 인간이 될 수 없으며, 결국 무규제형이 될 뿐이다. 알코올중독이나 약물중독 환자에게서 갑자기 술이나 약물을 빼앗아버린다면 큰일이 날 것이다. 마찬가지로 타인지향형 인간들에게서 갑자기 사교성을 빼앗는 것은 불가능한 일이다. 만일 타인지향형 인간이 자율성을 원한다면 그는 그것을 혼자 힘으로 이루지 못한다. 그는 언제나 친구가 필요하다.

타인지향형 인간이 사회화되는 동료집단은 똑같은 나이, 피부색, 계급 등과 같이 뚜렷하고 겉으로 보기에 분명한 특징을 갖춘 사람들로 이뤄진다. 그러나 이 집단의 동료들은 이를테면 기질이나 관심사, 저마다 가지고 있는 환상 같은 개인적인 부분에서는 공통성이 없다. 적응형 인간은 자기와 같이 자라난 이 타인들, 그리고 자기와 더불어 협력과 관용과 부드러움을 익혀온 이 동료들과 같은 인간이 되려고 한다. 이러한 과정에서 그는 자기의 성격 가운데 '사회적'이 아닌 부분, 즉 타인지향적이 아닌 부분을 모두 잃어버린다. 그리하여 자기 이웃의 동료집단, 직업상의 동료, 같은 사회계급에 속하는 인간들 사이에 머물러 있는 이상 그는 자신에 대한 자기의 이미지와 타인에 대한 이미지 사이에 아무런 차이도 느끼지 못한다. 설사 느꼈다고 하더라도 그것은 애매한 불안감을 줄 뿐이다. 이와 반대로 그가 만일 자기 내부에 잠재된 것을 기꺼이 표현하고 이용하며, 그것을 평가하거나 적어도 처벌하지 않는 사람들과 접촉할 수 있게 된다면, 그는 좀 더 큰 자율성을 향해 나아갈 수 있을 것이다.

그러나 이런 방향으로 나아가기 위해서는 새로운 친구들과 새로운 동료집단, 또는 적어도 예전 집단과는 얼마쯤 다른 동료집단을 찾아낼 만한 심리적·제도적 능력이 필요하다. 그러나 현대 도시인의 경우 친구를 선택하는 자유가 사교성 문제를 해결하는 가장 좋은 방법이라고는 딱 잘라 말할 수 없다. 현대생활을 거론하는 비평가들은 아마 이와는 전혀 반대되는 것을 생각할 것이다. 즉, 오늘날 인간은 자유가 너무 적은 것이 아니라 도리어 자유가 너무 많다는 식으로 비평하고 있다. 이런 비평가들 일부는 종교적인 사람들이다. 또 어떤 종류의 인간들은 도시에는 무규제형 인간이 넘친다고 생각한다.

그런데 그들에게는 한 가지 곤란한 문제가 있다. 바로 미국인이 몇 년마다 한 번씩 이사를 하고 있다는 사실이다. 이처럼 사람들이 거주지를 옮기는 데 대해 비평가들은 좋게 생각하지 않는다. 실은 거주지 이동이 자유로운 이동식 가옥을 좀 더 장려해야 할 텐데, 오히려 그들은 인간에게 가장 좋은 것은 혈연관계 등에 크게 의존하는 작은 공동체 속에서 친분을 유지하는 것이라고 한다. 이를테면 그들은 남부의 흑인이 거주하는 농촌이나 캐나다 퀘벡주의 촌락 같은 벽지의 작은 마을이야말로 이상적인 공동체라고 생각하는 것이다. 그런데 이런 사고방식에는 우스꽝스러운 면이 있다. 이러한 발언을 하는 비평가들 자신은 국경을 초월하여 많은 사람들과 친분을 맺고 있다. 도부족에게는 자기가 가지고 있는 감자를 마술 주문으로 숨겨두는 습관이 있는데, 대중을 한 장소에 못 박아두고자 하는 이런 평론가들은 도부족을 닮은 것이 아닐까?

우리는 이런 평론가들을 신전통주의자(新傳統主義者)라고 불러도 좋을 것이다. 그들은 현대사회가 제공하는 온갖 특권을 당연하다는 듯이 스스로 받아들이면서 타인들에게는 그런 특권을 주지 않으려 하는 것 같다. 그들은 오늘은 프랑스 요리, 내일은 이탈리아 요리 하는 식으로 여러 나라 요리를 먹거나 동서고금의 책들을 읽거나 세계 여러 나라에 친구를 두기도 한다. 그들은 아프리카 원시예술과 르네상스 시대의 이탈리아 조각을 감상하고 4개 국어를 능통하게 구사한다. 그리고 이러한 모든 것을 자기의 단점이라고 생각하지 않고 오히려 장점이라고 여긴다. 더 나아가 궤변적인 타인지향 인간들이 공포와 초조와 유행과 권태로 말미암아 자기들이 전혀 경험할 수 없었던 과거 시대에 향수를 느끼고 있다는 것은 우스운 일이다. 마크 트웨인의 소설 《아서 왕궁의 코네티컷 양키(A Connecticut Yankee in King Arthur's Court)》는 이러한 우스꽝스러움을 의식적으로 다루고 있다. 마크 트웨인은 신랄한 인물이었으나, 동시에 구세계로 되돌아가고 싶다는 건전한 감상을 가지고 있었다.

　　그러나 이와 같은 비판적인 소리가 있기는 하지만 미국인의 사교성, 즉 '우정의 시장'은 미국의 상품 시장과 마찬가지로 여러 의미에서 세계에서 가장 자유로우며 또한 가장 거대하다. 부모들은 자식들의 친구 교제에 관하여 특정 계급과 인종의 큰 틀 속에서만 감시할 수 있을 뿐인데도 불구하고 여전히 그러한 감시에 열중하고 있다. 그러나 청년기에 이른 미국 젊은이들은 자동차 덕분에 부모의 감독 아래에 놓인 사교생활에서 해방된다. 나아가 성인이 되면 더 많은 다양한 친구를 찾아 사귀게 된다. 왜냐하면 교통수단이 완비되고 언어도 통일되고 물질적인 여유도 누릴 수 있게 됨에 따라 그들은 휴가를 얻거나 파티를 열거나 여행을 떠날 수 있기 때문이다.

　　그러나 우정의 시장에는 경제적·정치적·문화적인 갖가지 '관세'가 있다. 첫째 미국에서 소득 분배는 불공평하므로 개인이 소비하는 상품과 레저와 오락 등은 제한적일 수밖에 없다. 가령 뭉뚱그려서 농민과 노동자라고는 해도 그들 중 어떤 부류는 분명한 노동협약과 임금협정 아래에서 일하고 있지만 또 다른 부류는 이러한 상황에서 제외되어 있다. 이러한 노동자와 농민들은 4H클럽 문화나 UAW(미국 자동차 노동조합) 문화와 같은 조직된 노동자와 농민의 문화로부터도 제외된다. 곧 한 가지 문화의 사회계층을 두고 보더라도 거기에는 취미·사교성·오락 등에 온갖 색다른 변종이 존재한다. 이렇게 사람들을 제외하는 것과 그로 인한 고립화는 배제당한 쪽과, 그들을 배제한 사람들 모두에게 복잡한 결과를 가져온다. 특히 타인지향형 인간은 자기가 제외된 자들을 만들었다는 데 대한 죄의식으로 자율성의 과정이 왜곡되어 버린다. 타인을 제외된 자로 만듦으로써 친구 선택의 폭이 좁아지며, 또 자기 자신의 잠재적인 재능을 발휘할 가능성을 감소시키게 되기 때문이다.

이와 반대되는 경우도 있다. 관용이라는 이름 아래 관세의 장벽을 허물고 자유로운 교제 범위를 만들어 나가려고 노력하는 경우가 많다. 그러나 그와 같은 행위는 문화적인 측면에서 볼 때는 여전히 좋지 않은 것으로 생각되며, 그 결과 사교성은 미묘하게도 역설적으로 일정한 한계를 갖지 않을 수 없게 된다. 즉 관용적인 동료집단과 더불어 살고 있는 타인지향형 인간은 자기의 의지에 따라 여러 사회계층으로까지 교제 범위를 확대하는 일이 허용되지 않는다. 만약 그가 교제 범위를 확대하고자 해도 그것은 단 하나의 벽을 허물어 버리는 것만으로는 이루어지지 않는다. 이를테면 보통 백인과 흑인의 교제는 피부색의 차이만으로 구별되고 있지만, 백인이 흑인과 실제로 교제할 때는 단순히 피부색만이 아니라 경제적인 계급 차이도 문제가 되기 때문이다.

개인은 자기가 지금까지 지니고 있던 습관적인 도덕으로부터 자기를 단절시키고 새로운 평등주의적인 가치에 따라 살아가려고 결심할 때 이러한 문제와 직면하게 된다. 이런 입장에 처하면 그는 익숙한 우정의 시장에서 관세의 장벽을 억지로 허물어뜨리는 일이 갑자기 두려워지고, 서둘러 옛날에 가지고 있던 습관으로 기꺼이 돌아갈 수밖에 없게 된다.

2. 사교성과 여성의 고립화

여성의 교육수준이 높아지고 어느 정도 해방이 이루어짐에 따라 다수파인 남성은 다른 소수파를 대하는 것과 같은 애매한 상황에 놓이게 되었다. 이제 남성은 과거 시대에서처럼 엄격한 예의나 형식적인 절차로는 여성들에게서 보호될 수 없다. 그뿐 아니라 이미 말한 것처럼 오늘날 여성은 지난 시대 여성들로서는 상상조차 할 수 없었던 성적인 요구를 하며 또 성적인 매력을 발휘하게 되었다. 그리고 그와 같은 이유로 그녀들은 남성과 마찬가지로 타인으로부터 이해와 우정을 구하게 되었다. 그러나 남성은 동성끼리의 사회에서 적대적 협력자로서 살아가는 것만도 힘에 부친다. 그래서 예로부터 요구받고 있기는 하지만 여성과 협력하고 우정을 맺는 것을 반드시 환영하지는 않는다. 내부지향형 남성은 자기의 정부(情婦)에게 아내는 자기를 이해해 주지 않는다고 불만을 터뜨렸으나, 이와 대조적으로 타인지향형 남성은 여성들이 자기를 너무 잘 이해한다고 불만을 늘어놓는다.

이와 같이 새로이 해방된 여성이 출현하면서 일종의 불안이 생겨났다. 최근에 이러한 불안은 여성을 다시 과거의 전통적인 방식으로 가정에다가 편안하게 가둬 두려는 움직임으로 나타나고 있다. 남녀를 불문하고 현대의 많은 사람들은 이른바 가족의 붕괴라는 문제에 직면하고 있다. 그래서 그들은 인구곡선상 꽤 앞선 시기에 있었던 사회의 가족구조를 돌아보며 그것을 그리워한다. 그렇지만 현대사회에서 이혼율이 증가했다는 것은 결코 가정이 붕괴했다는 증거는 아니다. 오히려 요령을 터득한 중산계급의 어떤 사람들은 사교성과 레저를 결혼을 위한 조건으로 받아들이고 있다. 결혼을 위한 배우자 간의 이러한 요구의 수준은 매우 높다. 게다가 마거릿 미드 여사에 의하면, 이러한 요구에는 반드시 부부가 서로 같은 속도로 성숙하고 발전하는 것이 바람직하다는 기대도 포함되어 있다.[1]

과거 사회에서는 섹스 프런티어에서 방탕한 행위를 하는 것은 귀족이나 부랑자 같은 사회계급 사람들로 한정되어 있었다. 그러나 레저가 발달한 현대사회에서는 모든 인간이, 남성뿐만 아니라 여성도 이 섹스 프런티어에 참가하고 있다. 이혼율 증가는 명확히 그 결과라고 할 수 있을 것이다. 섹스 프런티어를 폐지하려는 시도는 과거에는 죄의식을 높이기 위해서 필요했는지도 모른다. 그러나 현대의 신전통주의자들이 아무리 현대에 그것을 적용하려고 노력해도 헛수고일 것이다. 레저 정신이 왕성한 현대인들이 섹스뿐 아니라 다른 영역에

---

1) Margaret Mead, *Male and Female*(New York, William Morrow, 1949) : 그리고 Talcott Parsons의 논문 "Age and Sex in the Social Structure of the United States", *American Sociological Review*, Ⅶ(1942), 604~616, *Personality in Nature, Society, and Culture*, ed. Kluckhohn and Murray에 재록된 관찰 내용을 참조.

서도 친구를 사귀려는 욕구는 대단히 강하며, 그로부터 파생되는 문제에 대해서 이러한 신전통주의자들의 노력은 상대가 안 될 만큼 미약하기 때문이다. 현재 우리에게 필요한 일은, 이혼이 자유롭게 이루어지는 레저 사회 속에 남아 있는 가능성에 꼭 들어맞는 새로운 결혼의 표본을 만들어 내는 것이 아닐까. 오늘날 여성들은 전통적인 여성들에 비해 고립화의 정도가 한층 낮아졌기 때문에 모든 사람들에게 결혼이라는 것은 그 어느 때보다도 더 많은 가능성을 가지고 있다 하겠다.

그러나 여성이 노동이나 오락의 영역에서 남성과 똑같이 보조를 맞추어 평등하게 사귀어 나갈 수 있게 되기까지는 아직 많은 시간이 필요할 것 같다. 오늘날 노동할 때나 오락할 때나 남녀가 섞여 있는 것이 좋다고 생각하거나, 모든 일을 여성과 더불어 처리해 나가는 것이 쉽고 또 자연스럽다고 생각하는 남성들은 과거 고립화의 잔재와 싸우지 않으면 안 된다. 우선 남성들은 남성들만의 교제에서 벗어날 수가 없다. 그리고 사실 남자들만의 이런 교제는 남녀평등이라는 새로운 윤리에서 남성이 벗어나 도망칠 수 있는 후퇴 장소를 마련하고 있다. 아이들은 아주 어릴 때부터 남녀를 구별하는 방법을 배우게 되어 있다. 따라서 6~10세가 되면 이미 남자아이는 남자로서 뚜렷이 여자아이와 구별되게 된다. 그래서 성인 남성들은 여성으로부터의 압력을 느끼지 않아도 되는 상황을 인공적으로 만들어 두려고 하며, 또는 여성과 어느 정도 융화할 수 있는가 하는 남성들끼리의 판단에서 도망칠 수 있는 상황을 만들어 두려고 한다. 이렇게 볼 때 여성해방이라는 것은 남성이나 여성 모두에게 여러 한계와 압력과 죄의식을 경험하도록 했다고 할 수 있다.

그러므로 타인지향형이 지배적인 사회계층에서 여성의 고립화가 상당히 진행되고 있다는 것은 별로 놀랍지 않은 일이다. 그녀들은 흔히 강제적으로 놀이에 능숙한 사람이며 또 훌륭한 소비자여야 한다고 간주된다. 그러나 그녀들은 오락 영역에서 자신이 지닌 재능 문제를 아직 해결하지 못한 상태이다. 예를 들어 앞에서 소개한 소설 《오늘 밤 함께 외출합시다》의 주인공인 주부는 남녀를 포함한 모든 우정의 시장에서 격리된 채 홀로 교외의 주택에 갇혀 있다. 그녀가 교제하는 사람은 남편을 통해 만나는 사교적인 상대에 한정되어 있다. 농촌 주부들은 말할 것도 없고, 수많은 교외 생활자들의 경우 사태는 더욱 심각하다. 남편은 한 대뿐인 차를 타고 출근해 버리고, 홀로 남겨진 주부는 가정에 갇힌 죄수나 다를 바 없는 존재가 된다. 그녀 주변에 있는 것은 어린아이들과 전화와 라디오, 텔레비전뿐이다. 이 같은 여성은 물리적·경제적 조건이 향상되었다고 해도 여전히 심리적인 죄수이다. 이런 여성은 만사에 흥미를 잃고 둔감해진다. 이런 주부의 고립화는 교제범위를 제한하고, 또 그것은 모든 사람에게 죄의식을 느끼게 한다.

앞에서 이야기한 것처럼 전쟁 중에는 많은 여성들이 고립 상태에서 해방되었다. 여성들은 공장에서 일하거나 그 밖의 전쟁 목적을 위한 일에 종사하는 것을 좋아했다. 그곳에서 그들은 사교성을 넓힐 수 있었다. 이미 가정이 안정되고 수입 문제가 기본적으로 그다지 중요하지 않은 경우에도 직업을 갖고 있는 여성들은 자신의 독립의 길을 발견한 셈이다. 이러한 생활방식은 19세기 중산층 여성에게서는 전혀 찾아볼 수 없었다. 이 같은 독립이 기반으로 작용하여 오락의 세계에 새로운 자율성이 싹트게 되는 것은 아닐까.

대개 여성의 노동이라는 것은 단조로운 절차의 반복이겠지만, 그래도 여성의 독립은 그만큼 의미를 가지고 있다. 물론 중간이나 상층 중산계급 여성들은 오락을 위한 시간을 가지고 있다. 이 여성들은 가령 브리지 게임이나 원예 등으로 시간을 보내기 위한 갖가지 모임에 참가할 수 있다. 그것은 아주 손쉬운 일이다. 그러나 문제는, 과거에는 아마추어로서 활동하는 일이 허용되었던 분야에서 그들이 밀려나고 있다는 사실이다. 예를 들면 그들은 이제 더 이상 자선가로서는 받아들여지지 않는다. 사회복지 전문가라는 직업이 있는 오늘날에는 자선사업에 경험이 없는 여성이 나선다면 강력한 저항을 받게 되며 또 환영받지도 못하는 것이다. 그뿐 아니라 아마추어 입장에서는 이미 그런 사람들을 구제할 수 없게 되었던 것이다. 진심으로 누군가를 도와주고 싶다면 아마추어는 예컨대 간호보조원처럼 전문가를 뒷바라지하는 형태로 일에 참가할 수밖에 없다. 이 경우, 그들이 맡는 일은 아주 보잘것없다. 더 나아가 이제 그들은 쾌락의 분야에서도 남을 도울 수 없게 된다. 그것은 여러 사회복지 시설이 해결할 일이며, 레크리에이션 영역에서도 이미 전문가가 등장하고 있기 때문이다. 물론 여성유권자협회나 YMCA의 지방단체 등에서는 각종 프로그램을 계획하여 각 지역의 요구에 맞추는 일도 가능할 것이다. 그러나 그 경우에도 그들은 지금까지 전례가 없는 계획을 세우는 일은 거의 없다. 단지 정부가 지시를 내렸을 때에만 그런 계획을 세울 따름이다.

따라서 몇몇 중대한 예외는 있지만 대체로 여성은 그 여가 에너지를 일에 쏟으려고 한다. 그러나 그녀들 앞에는 거부권 행사 집단이 나타나서 꼭 일하고 싶다면 '계통에 따라' 참가해야 한다고 주장한다. 그 결과 여성들은 그 부문의 계통을 관장하고 있는 사람들의 노예로 일하거나, 아니면 단지 기부금만을 내는 사람이 되는 수밖에 없다. 더구나 기부금을 내는 것 자체도 현재는 상당히 직업화되어 있다. 그리고 기부금을 내는 것만으로 여성은 '참여자'가 될 수 있는 것이다. 이 같은 상황에 여성은 두 가지로 대응할 수 있다. 하나는 그 여성들이 당초에 가지고 있었던 무관심으로 돌아가는 일이며, 다른 하나는 여성 노동자들과 마찬가지로 일을 통해서만—물론 문화적으로 규정된 일이다—해방될 수 있다는 생각을 갖는 일이다. 따라서 여성은 오락의 영역에서 자율성을 추구하는 것이 아니라 남성을 돕는다는 방식으로 자율성을 추구한다. 즉, 온갖 가사노동 이외에 남성이 일로 인하여 쌓인 불안을 해소하는 데 도움을 주고자 하는 것이다.

3. 사교성의 집합

이와 같이 미국의 동료집단 사이에서는 우정의 시장에 대해 문화적으로 규정된 세세한 약속사항이 많기 때문에, 한 개인이 자신의 자율성 개발을 도와줄 만한 친구를 찾아내기란 쉽지 않다. 필자는 여기서 한 가지 다른 예를 소개하겠다. 그것은 미국 문화에 아직 완전히 동화되지 않은 인종적 집단 속에 존재하는, 스스로 고립화하려는 경향에 대한 것이다. 여기서 우리는 한 가지 역설적인 현상을 보게 된다. 그것은 문화적 다원주의라는 훌륭한 사고방식의 의미가 변화하여 생긴 것이다.

과거 시대에는 이민 수용소처럼 가차없이 모든 것을 미국화(美國化)하려는 압력이 존재하고 있었다. 그러나 오늘날에는 그런 현상은 사라졌다. 현재는 이를테면 멕시코인이나 푸에르토리코인처럼 아주 가난한 이민자들만이 그와 같은 미국화 압력을 받고 있을 뿐이다. 하층계급의 흑인이나 이탈리아인, 유대인, 슬라브족 등은 미국의 중산계급적인 규범에 다소 독자적인 보조로 접근하는 것이 허용되고 있다. 문화적 다원주의의 입장에서 보면 그들은 이미 미국인이 가지고 있는 노동과 쾌락에 대한 관념의 집합을 반드시 수용하도록 강제당하고 있지 않다. 그와 반대로 이러한 인종적 집단은 각자의 '민족적 유산'을 특색 있게 계속 유지함으로써 미국 문화에 다양성을 부여하고 있는 것으로 여겨지기 시작했다. 그러나 음식에 대한 논의에서 살펴본 것처럼 여기서 말하는 유산은 백인들이 약간의 변화를 바랄 때 이용되고 있을 뿐이다.[2] 그것까지는 좋지만, 동시에 중산계급에 속하는 흑인이나 이탈리아인, 슬라브족은 전혀 미국 문화에 동화하지 않고 있다. 그들은 제각기 다른 민족으로서 그대로 존재한다. 그들은 저마다 민족의식을 고수하며 온갖 장벽을 마련하여, 앵글로색슨을 중심으로 하는 백인들과 사회적으로 완전히 접촉을 끊고 있다. 그뿐 아니라 각 인종적 집단 속에서 거부권 행사 집단의 지도자들은 각 인종적 집단들의 자급자족적인 결합을 환영한다. 이러한 외부적 힘에 의해 인종적 집단은 고립된다. 따라서 특정 인종의 집단은 저마다 독자적인 자발적 사교성의 틀을 깨뜨릴 수 없으며, 거기서는 레저를 이용하는 방법에 대해서도 그 인종 집단의 규범을 지키지 않으면 안 된다. 이것도 역시 문화적 다원주의라고 불린다. 그러나 깊이

---

2) 말할 필요도 없이 음식물은, 미국적인 오락의 형식이 프로테스탄트 이후(유대인과 가톨릭교도)와 이전(흑인)의 이민에 의해 크게 변화했던 상황을 보여 주는 하나의 상징적 실례일 뿐이다.

　　예컨대 1880년대부터 1920년대에 이르기까지 다수의 백인 프로테스탄트는 충분히 숙련된 노동의 분야에서뿐 아니라 항상 의심스러운 능력에 의존할 수밖에 없는 오락의 분야에서도 지배력을 유지하기 위해 갈수록 힘들어지는 투쟁을 계속해 왔다. 이리하여 다수파는 노동 분야에서 참정권을 박탈당한 인종이 제공하는 온갖 새로운 소비의 가능성, 즉 이탈리아 음식에서부터 유대인 희극이나 흑인의 찰스턴 춤에 이르기까지 많은 것들을 모조리 거부했다. 금주법은 이런 투쟁의 최후이자 최대의 결전장이었다. 그 악영향은 시실리 출신의 갱단 탓으로 돌려졌다. 지금은 미술이나 오락 방면에서 유대인이나 흑인이 쉽게 두각을 나타내고 심지어 차별에서 벗어날 수도 있는데, 이런 사실로 보아 사회 그 자체가 소비의 가치를 더 크게 도입하는 시대가 온다면 그들은 어엿한 지도적 존재로 성장하게 될 것이 분명하다. 그러므로 다수파를 해방하는 것은 다른 인종이라고 할 수 있다.

　　이민들이나 이민 문화에 친숙한 사람들이 사라져 버릴 때, 미국의 오락 및 레저는 공인되지는 않았으나 관습적으로 존재했던 자극과 생기가 결여된 탓에 한층 더 문제를 겪게 될 것이다.

생각해 보면 그것은 한 개인을 어떤 문화의 틀 속에 가두어 두고 그 밖으로는 한 발짝도 내딛지 못하게 하는 것이 아닌가.

이러한 이유로 이를테면 북부 대도시에 살고 있는 하층계급 흑인은 가난하거나 인종차별을 당하고 있음에도 그 문제를 개선하기 위한 사회운동에 참가하지 않는다. 그러나 상층 중산계급 흑인은 애초에 미국 사회에서 흑인이란 과연 어떤 존재인가 하는 인종 문제에 대한 지도자들의 의견에 복종함으로써 때로 전투적인 행위를 취한다. 특히 그들은 노동 분야보다 오히려 레저 영역에서 백인들에게 통제되고 있다는 사실을 그냥 묵과하지 못한다. 이러한 흑인들은 백인들과 접촉할 때 위험을 겪는다. 왜냐하면 한편에서는 새로이 해방된 가난한 백인들이 압력을 가해 오고, 또 다른 한편에서는 흑인 해방운동 지도자들이 압력을 가해 오기 때문이다. 백인과 흑인이 가까워지는 것은 엉클 톰 같은 의미를 지닌다고 지도자들은 해석하고 있는 것이다.

다른 여가를 추구하는 경우에도 이러한 인종적 문제가 개입되기 때문에 문제를 겪는다. 흑인 중산계급의 어떤 그룹에서는 재즈를 좋아하는 것이 금지되고 있다. 백인은 흑인을 재즈의 창시자로서만 인정할 뿐이라고 그들은 생각하기 때문이다. 그러나 다른 흑인들은 재즈와 재키 로빈슨을 자랑스러워하도록 강요당하고 있는데, 그것은 유대인들이 이스라엘과 아인슈타인을 그들의 긍지로 내세우는 것과 같다. 또 다른 중산계급 흑인들은 수박을 비롯한 흑인의 전통적인 음식을 먹지 않는다. 그리고 로체스터, 아모스, 앤디 등과 같은 대중문화 속에 표현된 흑인의 이미지에 반대한다. 유대인의 경우에도 사정은 마찬가지이다. 하층계급 유대인들은, 과연 유대인답다는 것은 무엇인가 하는 이른바 형이상학적인 고찰로 인해 크게 고통당하지 않아도 되지만, 미국 생활에 꽤 동화된 유대인들은 여가를 이용하거나 친구를 선택할 때 유대인다워야 한다는 가르침에 복종해야 한다. 이러한 인종적인 집단 내부에서의 사교성은, 미국 사회의 다수파인 백인으로부터의 압력과 각 인종적 집단 내부에서의 문화적인 감시로 인해 일정한 한계를 가질 수밖에 없다. 요컨대 사람들은 미국 사회에서 자기가 처한 조건에 따라 오락과 사교성을 죄의식 또는 불안에 사로잡혀 떨면서 소비하고 있는 것이다. 그리고 모든 인간이 각자 놓인 조건은 이른바 미신과 같은 것이지만, 개인은 그것을 전면적으로 받아들일 수도 거절할 수도 없다.

15장
능력의 문제

오락에서 자율성의 장애 2

노동이 분배됨과 동시에 사람들은 저마다 벗어날 수 없는 특정한 독자적 활동 분야를 갖게 된다. 사냥꾼이든 어부든 양치기든 비판적인 비평가든, 생계를 유지해 나가려면 각자의 직업에 머무를 수밖에 없다. 그러나 공산주의 사회에서는 개인의 활동 분야는 한정되어 있지 않다. 개인은 자기가 좋아하는 분야에서 활동하는 일이 가능하다. 그리고 거기서는 개인이 그날그날 다른 일을 할 수 있게끔 사회적 규제가 가해진다. 개인이 아침에는 짐승을 쫓고 오후에는 고기를 낚고 저녁식사 뒤에는 비평활동을 할 수 있는 것이다. 공산주의 사회에서는 이러한 자유가 존재하며, 한 사람이 한 가지 일에 얽매여 있을 필요가 없다.

카를 마르크스, 《아마추어에 관하여》에서

저는 류트, 피리, 하프, 오르간, 백파이프, 소고를 모두 연주할 수 있습니다. 나이프를 던져서 손에 상처를 입지 않고 받아 낼 수도 있습니다. 어떤 나리에게도 이야기를 해 드릴 수 있고, 어떤 부인에게도 사랑을 속삭여 드릴 수가 있습니다. 탁자나 의자 마술도 원하신다면 보여 드리고, 공중제비도 물구나무서기도 보여 드릴 수가 있습니다.

중세 연예인의 직업 이야기에서

1. 오락의 중요성

고립화를 오락의 장애물로 간주하는 사고방식은 여가가 신분적 성질을 띠던 전 시대의 유물이라고 생각할 수 있다. 실제로 산업혁명 이후의 사회에서는 여성이나 아이들, 하층계급 사람들은 레저 활동을 거의 금지당했다. 여기서는 부와 교통과 교육이 위대한 해방자 역할을 수행했다. 그런데 레저에 대한 장애물 가운데 어떤 요소는 내부지향 시대의 청교도적인 사고방식을 그대로 계승하고 있는 듯싶다. 청교도적인 사고방식은 사람들이 모여서 즐기는 일, 이를테면 스포츠나 연극이나 축제와 같이 역사적으로 지금까지 이어져 온 것을 전면적으로 파괴하고 전복시켰다. 전통적인 명절뿐만 아니라, 미국 독립기념일인 7월 4일과 할로윈데이 같은 새로 제정된 명절도, 청교도적인 금욕주의로부터 비판받진 않았다고 하더라도 청교도적인 합리주의로부터 비판을 받아야만 했다. 그리고 아이들은 이러한 명절에 참여할 수 없었다.

이러한 미국 명절에는 대부분의 어른들이 즐기고 놀며 선물을 주고받는 것이 관례이다. 그러나 우리는 그것을 기쁘게 받아들일 만한 재치도 없으며, 그렇다고 부정할 만한 용기도 없다. 우리는 미국 명절이 유통경제의 계산된 조치라는 것을 알고 있다. 그리고 어머니날 같은 새로운 명절이 어느 사이에 우리 생활 속에 파고들어 돈을 쓰도록 강요하고 있다. 1년은 52주인데 그보다 더 많은 '무슨 주간' 같은 상업적인 행사가 항상 벌어지고 있다. 그러나 이러한 상황에서 청교도주의는 구두쇠 영감처럼 군다. 그것은 노동과 유통에 중점을 둘 뿐만 아니라 우리에게 주어진 휴일조차도 다시 빼앗아 가고 있다. 이런 청교도주의가 미국에 남긴 상처는 엄청나게 크다. 필라델피아처럼 청교도주의가 강한 동해안 도시뿐만 아니라 미국 전체에서, 예컨대 일요일이 어떤 의미를 지니는지 생각해 보라. 그러면 그 상처를 금세 깨달을 수 있다.

내부지향 시대에 오락 분야에 가해진 타격이 회복되려면 많은 시간이 걸릴 것이다. 그런데 설상가상으로 타인지향 사회도 새로운 위험을 불러일으키고 있다. 타인지향형 인간은 다른 영역에서와 같이 오락의 영역에서도 억압을 받고 있지는 않다. 그러나 동시에 내부지향형 인간이 가졌던 방어장치도 가지지 못하고 있다. 그는 오락 집단의 분위기에 대한 책임감에 얽매여 있기 때문에 평범한 객관적인 놀이방식에 의존하는 것이 편하다고 생각하기도 하고, 또 사실상 그런 방법으로 오락의 세계에 접근하고 있다. 흔히들 미국의 도시인들은 어떤 정해진 방식도 갖고 있지 않다고 생각하지만 이는 큰 잘못이다. 우리는 각종 술을 마시며 갖가지 트럼프 게임이나 실내 오락, 또는 여러 가지 스포츠 등을 즐기고 있다. 그리고 이런 모든 오락에 대하여 매우 쉬운 것부터 어려운 것까지 모든 수준을 갖추고 있다. 오락을 자기가 원하는 대로 자유롭게 행하는 법도 알고, 또 품위 있게 격식을 따르는 법도 안다.

즉, 현대 미국인의 놀이는 다양하다. 그러나 모든 사람이 모든 사람에 대하여 책임의식을 갖는다는 생각, 다시 말해 서로가 다 같이 참가하여 동료들과 같은 분위기에 싸인다는 생각은 오히려 자발적인 사교성을 이루려는 노력에 장애물이 되고 있다. 이러한 집단주의는 특히 노동 분야에서도 오로지 인격화를 위해 노력하고 있는 타인지향형 인간이 오락에서 필요로 하는 프라이버시를 허용하지 않는 것으로 생각된다(하기야 대부분의 사람들은 오락에서 프라이버시가 필요하다는 것을 스스로 깨닫지 못하고 있는 듯싶지만). 그는 집단을 기쁘게 하지 못하면 죄의식을 느낀다. 따라서 그는 자기가 두려워하는 고립 상태와 자기가 때때로 필요로 하는 프라이버시를 분명히 구별하여 생각할 필요가 있다.

앞서 보았듯이 아이들은 아주 어릴 때부터 자기가 접촉하고 있는 어른과 동료들에게 숨기는 일이 있어서는 안 된다고 교육받고 있다. 동시에 레저를 이용하는 방법도 비밀로 해서는 안 된다. 이것은 타인지향형 사람들의 입장에서는 당연한 일이다. 왜냐하면 타인지향형 사람들은 무엇을 하고 즐길 것인가에 앞서 무엇을 할 때의 분위기를 중요시하며, 자기의 본능이나 금지를 손상당하는 것보다는 타인들의 의식에서 자기가 제외되는 것을 더욱 두려워하고, 숨기지 않는 한 어떤 잘못된 행위에 대해서도 관대하기 때문이다. 그래서 그들은 아이들에게 자율성을 심어 주기 위해 다음과 같은 방법을 사용할 것이다. 즉, 세상에는 진심으로 타인들과 가까워지고 싶어 하는 경우가 있는가 하면 동시에 권위의 강요에 의하여 어쩔 수 없이 가까워지는 경우도 있다. 이 두 가지 중 하나를 선택할 권리가 그들에게 있음을 일깨워 주는 것이다. 말하자면, 여가를 자율적으로 이용하려는 개인은 한편으로는 개인적인 활력에 넘치고 상상력이 풍부한 오락과, 다른 한편으로는 오로지 타인과의 교제를 위한 일종의 의식과 같은 오락을 잘 분별해서 행동해야 하는 것이다. 그리하여 그는 지난 시대부터 우리가 계승해 온 고립화와 현재 새로이 획득하고 있는 인격화와의 투쟁으로 말미암아 상당한 어려움을 겪게 된다.

이상 살펴본 것은 극히 일반적인 고찰이다. 그런데 특수 조건으로서 한 가지 더 덧붙여 둘 것이 있다. 그것은 1920년대 후반의 대공황이 노동과 오락의 영역에 미친 영향을 우리가 아직도 받고 있다는 점이다. 이 공황으로 인하여 노동의 의미는 새로 정의되지 않았다. 오히려 대공황 이후에 노동은 귀중하면서 동시에 문제성을 내포한 것—문제성이 있기 때문에 귀중한지도 모르지만—으로 인식되기에 이르렀다. 현재 우리가 추구하는 경제 목표가 불완전 고용이나 여가에 있는 것이 아니며, 완전 고용에 집착하고 있다는 것은 매우 중요한 사실이다. 공황 시절에 일자리를 잃은 사람들에게 주어진 오락의 기회가 얼마나 빈약했는가를 알게 된다 해도 그다지 놀랄 것은 없다. 그때 레저라는 것은 노동의 요구를 충족시킨 다음에야 비로소 얻을 수 있는 하찮은 것이라는 생각이 지배적이었다. 비록 그 뒤에 경제 상태가 호전되었다 해도 이 도덕적 장애를 제거할 수는 없었다. 그것은 아직 노동할 능력이 있는데도 강제로 퇴직 권고를 받고 또한 퇴직연금을 받는 노인들이 만족할 수 없는 것과 마찬가지이다. 이유인즉 직장을 가지고 있어야만 비로소 사회적으로 인간다운 인간이 될 수 있다는 관념이 그들에게 내재하고 있기 때문이다. 스스로 생산활동에 참여하고 있는 인간마저 아주 좁은 의미의 일의 목표를 향하여 일하고 있다는 것을 타인에게 보여 주지 않으면 정서적으로 불쾌한 감정을 맛보게 된다. 요컨대 젊은이, 실업자, 정년퇴직자, 가정주부 등은 일을 하지 않는데, 바로 그렇기에 그들은 오락에 대해 무의식적인 불안을 느끼고 있는 것이다. 오늘의 문화 속에서 오락을 즐길 권리는 노동하는 자에게만 주어지게끔 되어 있기 때문이다.

공업기술이 발달함에 따라 우리는 어느 정도 노동으로부터 해방되었다. 그런데 그와 동시에 오락 영역에서의 유례없는 전문화가 진행되고 있다. 그리고 유흥을 직업으로 하는 사람들 사이에서도 앞에서 살펴본 바와 같은 노동에 대한 애매한 영향이 생겨나고 있다. 필자는 이 장 서두에서 무슨 일이라도 다

할 수 있다고 자만하는 중세 연예인의 말을 인용했다. 이 연예인이 가지고 있는 재능은 나름대로 그럴듯하다. 그러나 이와 같은 만능 재주꾼은 오늘날에는 영화사에도 텔레비전 방송국에도 들어갈 수 없을 것이다. 또한 곡예단에 들어가기에도 능력이 모자란다. 오늘의 연예인들은 전에는 볼 수 없었을 만큼 직업적인 전문가이다. 아마추어 연예인들은 결코 전문가의 적수가 되지 못하며 아예 겨룰 수조차 없다. 아마추어 연기자가 아무리 노력하더라도 셰익스피어의 햄릿을 연기할 사람은 로렌스 올리비에이다. 물론 햄릿을 연기하는 데 어떤 뚜렷한 규칙이나 방법이 있는 것은 아니다. 그러나 올리비에는 그 나름대로 이미 완벽한 것이다. 제1부에서 살펴본 것처럼 내부지향형 인간은 '아래로 향하는 도피'를 할 때만 오락 능력을 가지고 있으면 그것으로 충분했다. 그러나 타인지향형 인간은 어디를 돌아보아도 미디어에 둘러싸인 채 무수한 오락의 묘기에 맞닥뜨리고 또 그로부터 압력을 받는다. 이러한 이유로 오늘날에는 노동의 영역에서 지속적인 능력을 발휘하기 어려운 것과 마찬가지로 오락 능력을 계속 유지하기도 극히 어려운 것 같다. 소득수준이 향상하고 산업구조 자체가 변화함으로써 레저가 한층 공평하게 분배되고 죄의식이 한층 감소되었다고 하더라도, 그로 인해 지금까지 역사적으로 망각된 사람들이 올바른 오락 방법을 배우게 되는 것은 아니며, 오히려 반대로 쾌락은 더욱더 전문화될 것이다. 이렇게 생각할 때 노동에 의한 자율성의 길도 험난하지만, 오락의 세계를 통한 자율성에의 길도 험난하기 짝이 없다고 말하지 않을 수 없다. 우리는 노동과 오락이라는 두 영역에서 똑같이 '소외'된 셈이다.

그러나 이와 같은 많은 곤란이 있음에도 불구하고, 타인지향형 인간의 오락 속에는 삶들이 쉽게 깨닫지 못하는 여러 가지 재능 개발의 기회가 잠재해 있는 듯하다. 이를테면 장인 기질과 같이 옛날부터 존재해 온 재능을 개발할 수도 있고, 새로운 유형으로서는 소비자 기질과 같은 재능도 개발이 가능한 것이다. 타인지향형 동료집단의 오락과 더불어 노동의 산물로서 생겨나는 취미의 교환 행위도 레저를 위한 훈련기구로 생각할 수 있을지 모른다. 실제로 오락의 영역 속에는 생각보다 훨씬 많은 재능 개발 기회가 잠재하고 있다. 또한 그 기회는 생각보다 훨씬 적극적이고 자주적이며 본격적인 것일지도 모른다.

2. 능력의 여러 형식

소비자 기질-전문 연구 과정

매스미디어는 사람들에게 소비하는 방법을 가르쳐 주는 교사이다. 그러므로 전체적인 소비 동향을 파악하고자 한다면 매스미디어 문제부터 시작하는 것이 옳다. 생각건대 최근의 영화 속에는 재미있는 징후가 하나 존재하는 듯하다. 즉, 최근의 영화는 남성들이 여가 및 가정에서 새로운 생활양식을 만들어 나간다는 내용을 주제로 하고 있다. 그 남성들은 동료집단에서 해방됨으로써 소비자로서의 자기 능력을 키우고 자율성에 이르는 길을 개척해 나갈 수 있다고 생각하고 있다.

〈세 부인〉, 〈누구나 그 일을 한다〉라는 두 영화는 모두 폴 더글러스가 주인공이다. 그는 체격이 건장한 사나이로서 하층 중산계급에서 상층 중산계급으로 단번에 부상하기를 꿈꾸는 인물이다. 이러한 벼락출세 관념은 미국의 경제적·사회적 생활 속에서 많은 사람들에게 호소력을 가지고 있다. 이 벼락출세 과정에서 그는 지금까지 자기가 소속되었던 동료집단과, 이제 그가 들어가려는 새로운 동료집단 사이의 틈에 끼게 된다. 이러한 상태에 놓여 있는 한 그는 불안정하고 충동이 너무 강하다. 그러므로 거기서는 자율성에 이르는 길은 열리지 않는다. 더글러스는 처음에는 전형적 내부지향형인 거칠고 감수성이 빈약한 사람으로 표현된다. 그러나 영화 마지막 부분에서는 자신의 복잡한 감정 속에서 새로운 것을 발견하게 된다. 즉 〈누구나 그 일을 한다〉에서 그의 아내는 성악가가 되기를 바라지만, 놀랄 만큼 아름다운 목소리를 가지고 있는 사람은 바로 더글러스 자신임을 발견한다. 주인공이 노래를 부르는 재능을 발견했다는 것은 매우 의미 있는 사실이다. 여기서는 남자들이 신분이나 직업 등을 상징하는 문화를 터득한다는 예술적인 감수성을, 더 이상 아내에게 맡겨 두지만은 않는다는 사실이 부각되고 있기 때문이다. 이제 남자들은 자기 자신의 재능을 개발하는 데 열중하고 있다. 과거에는 새로 부자가 된 사람은 자기 주변의 새로운 신사적인 동료집단의 규범에 직면함으로써 희극적인 딜레마를 낳았으며, 제임스 M. 케인 같은 작가는 이러한 상황을 통찰하고 있었다. 그러나 그런 정세도 지금은 변하고 있는 것이 아닐까.

이처럼 동료집단으로부터 자유로워짐으로써 재능을 개발하는 것을 주제로 삼은 다른 한 가지 희극도 최근에 나타났다. 즉, 독학으로 학문을 배우고 행동이 다소 비정상적이면서도 자율성을 갖고 있는, 이를테면 만능 재주꾼 유형의 인물이 호의적으로 표현되고 있는 것이다. 가령 〈벨베디어 씨〉 시리즈가 그 좋은 예이다. 이 영화의 주인공인 클리프턴 웹은 어느 정도 가면을 쓴 지성인이며, 사회적으로도 다소 이탈한 사람이다. 그러나 그는 관심만 있다면 어떤 분야에서든 전문가가 되는 능력을 가지고 있다. 하지만 그가 이런 온갖 일에 재능을 발휘할 수 있는 것은 사회가 고도의 개인주의를 인정하고 있을 때에 한정된다. 그리고 그는 놀라운 재능을 가지고 있다는 바로 그 사실에 의해서 감탄할 만한 개인적인 유형을 만들어 낼 수가 있는 것이다.

이 영화가 전하고자 하는 메시지는 어떤 면에서는 폴 더글러스가 주연한 영화와는 전혀 다른 성질을 띤다. 더글러스가 주연한 영화의 경우 흔히 상층 중산계급에서는 고도의 표현력이 일종의 매력적인 부가 요소로 나오는데, 벨베디어 영화는 그 점에서 일치하지 않는다. 그러나 다른 관점에서 보면 이 두 가지 유형의 영화는 거의 비슷하다. 이 두 영화에는 많은 교훈적인 메시지가 담겨 있지만, 특히 동료집단의 힘은 극복할 수 있다는 것을 관객에게 호소하고 있다. 이 두 영화에서는 개인이 동료집단의 요구를 훨씬 뛰어넘는 노동과 레저에 대한 능력을 바탕으로 자기의 퍼스낼리티와 감수성을 개발하고 또 세련되게 갈고닦을 권리가 있음을 주제로 삼고 있는 것이다.

우수한 매스미디어를 생산하는 예술가—물론 연출가와 작가 등등 이러한 예술가들을 창조해 내고 있는 숨은 후원자들을 포함해서—는 확실히 사람들이 자율성을 추구하는 방향으로 나아가도록 격려하는 역할을 하고 있다. 연예인들은 미디어 안에서든 밖에서든, 항상 타성적인 동료집단에 압력을 가하고 그로부터 개인이 벗어날 수 있는 새로운 방법을 시사하고 있다. 그런데 미국의 영화 평론가들은 이 사실을 간과하고 있다. 영화 평론가들은 할리우드 영화의 질을 따지기에 열중한 나머지 영화가 관객들에게 실로 다양한 생활양식과 레저 유형의 가능성을 시사하고 있다는 사실을 소홀히 하고 있는 것이다.

필자는 험프리 보가트의 매우 차가운 태도나 캐서린 헵번의 당당하고 열정적인 태도를 동경하는 팬들도, 이 스타를 모방하는 과정에서 그들의 좁은 동료집단으로부터 자신을 해방할 수 있을 것이라고 생각한다. 뿐만 아니라 W.C. 필즈의 야성적이고 어리석을 만큼 의심이 강한 태도는 관객에게 다음과 같은 것을 시사하는지도 모른다. 즉, 미국 사회에서 부드러운 애교와 우호적인 태도는 절대적으로 가치가 있는 것이겠지만, 사람들은 그에 대하여 일말의 의혹을 느낀다. 필즈는 그런 의혹을 고조하는 역할을 하는 셈이다. 아무튼 영화는 전혀 예기치 못한 방법으로 사람들을 해방하는 역할을 맡고 있는 것 같다. 우수한 영화 평론은 영화를 공격하고, 또한 학교나 가정에서 배우지 못한 경건한 것을 영화가 사람들에게 가르쳐 주어야 한다고 말하는 거부권 행사 집단도 영화를 계속 감시하고 있다. 영화는 이런 압력에 대항해 자기를 지켜야 하는 것이다.

그런데 이 학교나 가정에서 가르치지 않는 덕목 중 하나가 '활동'이다. 오늘날 영화에 대한 부정적 견해는 미국 대중문화 전체에 대한 부정적인 평가를 상징하는 것이라고 생각할 수 있다. 대중문화를 공격하는 비평가들은 개인주의적이며, 개인적인 참여를 요구하는 활동 분야를 지지하는 듯하다. 이를테면 그것은 장인(匠人) 기질 같은 것이다.

장인 기질의 가능성

〈훌륭한 크라이턴〉이 재능과 계급을 풍자한 작품이었다면 앞에 인용한 〈벨베디어 씨〉 시리즈는 재능과 장인 기질에 대한 훌륭한 풍자작품이다. 현대사회에서 장인들은 흔히 보편적인 틀에서 벗어난 인간으로 간주되고 있다. 장인들은 으레 자기의 공예나 취미에 광적으로 몰두하기 때문이다. 벨베디어 씨는 장인으로서 갖가지 숙련된 기술을 가지고 있는데, 그런 기술을 써서 자신의 특이한 면을 사람들에게 자랑하고 또 기뻐하고 있다. 그런 의미에서 벨베디어 씨의 생활방식은 미국 사회에서 공예 기술이나 취미에 대한 재능이 저하되고 있지 않은가 하는 질문에 해답을 제시하고 있다고 하겠다. 분명히 오늘날 많은 사람들은 레저를 가지고 있으며, 자기가 지금까지 종사한 일이 없는 장인적인 분야에서 여가를 활용하도록 권유받고 있다. 우리가 아는 한 웨스턴 일렉트릭 회사의 호손 공장에서 일하는 종업원들 중에는 수많은 열성적인 원예 애호가가 있다. 그들은 해마다 꽤 큰 규모의 취미 전람회를 열고 있으며, 공장 측도 아마추어 사진 촬영이나 목공예 또는 모형제작 등 온갖 취미활동을 장려하고 있다. 그리고 그 공장에서는 이런 취미 모임 이외에도 직장 스포츠, 음악, 연극 등의 그룹도 활동하고 있다.

그런데 어쩌면 과거 사회에서는 개인적으로 행해졌던 취미활동이 지금은 기업 차원의 적극적이고 매우 잘 알려진 프로그램의 일부로 편입되어 버린 것일 수도 있다. 이 문제에 대해서 우리는 아직 아는 바가 거의 없다. 런드버그, 코마로프스키, 맥키너니의 공저인 《레저—도시 근교 연구(Leisure : a Suburban Study)》가 그 문제에 대한 실마리가 될지도 모르겠지만, 현대 미국에서 장인적인 레저 이용법이 새로운 의미를 지니게 되었는지 여부는 아직 알 수 없는 형편이다.

장인적인 레저 이용법은 내부지향형 인간의 생활방식과 양립할 수 있을 듯하다. 내부지향형 인간은 견고한 물질에 주의를 기울이고, 동료집단 안에서의 취미 교환 같은 복잡한 형식에 그다지 관심이 없으며 또 그 속으로 녹아들어 갈 수도 없기 때문이다. 더구나 내부지향형 인간의 취미생활은 대체로 일의 연장이었다. 곧 일에 대한 정열이 취미생활에서도 나타나고, 또 취미생활을 통해 얻는 기술적인 숙련이 그대로 일의 가치 향상과 직결되어 있었다. 그 결과 그들은 이를테면 의욕 넘치는 발명가가 되기도 했다. 오늘날에도 숙련된 노동자들이 자택 작업실에서 나온 아이디어를 그대로 직장에서 제안하는 일은 적지 않다. 그러나 현대사회의 특징은, 아마도 공예 기술을 숙련하는 목적이 자족적으로 변했다는 것이리라. 집에서 순전히 취미로 즐기는 목공이 바로 그런 예이다.

오늘과 같이 진보한 경제 상태에서 장인적인 취미가 중요시되기 시작한 것은 참으로 극적인 일이다. 그것은 대량생산에 반발하는 사람들의 욕구를 충족시키는 동시에 그 자체로서 특수한 문제를 가지고 있다. 장인은 보수적이다. 여기서 전개하는 이론상으로는 그것은 오락 그 자체의 보수주의가 된다. 그런데 이 장인적인 가치를 위협하는 요소가 한 가지 있다. 즉, 미숙련공도 전문가처럼 능력 발휘를 하도록 도와주는 동력공구 등이 계속 등장하고 있다는 사실이다. 물론 숙련된 고도의 기술을 갈망하는 참된 아마추어 장인들은 이러한 동력공구 같은 것이 없더라도 훌륭하게 일을 처리한다. 그러나 이러한 기계를 사면 더 능률적으로 일할 수 있다는 것을 알고도 그 유혹을 물리치기란 매우 어려운 일이다.

오늘날 동력공구를 사용하는 공예 취미의 애매함을 나타내는 예로서 자동차 취미, 특히 핫 로더(hot rodder)라는 자동차광을 들 수 있다.[1] 자동차 취미라는 것은 기술이나 디자인의 기준이 매우 다양한 분야이기 때문에 생초보부터 반직업적(半職業的)인 자동차 경주 선수들에 이르는 온갖 사람들이 자동차 취미를 가질 수 있다. 그러나 이러한 사람들은 고도의 아마추어 작업이 많은 미국의 전통에 따라 생활하고 있다. 젊은이들은 자기가 직접 제작한 자동차로 넓은 평야에서 질주하는 능력과 창조력을 가지고 있다. 그리고 그들의 이러한 수제 자동차는 디트로이트에서 제작되는 대량생산 자동차와 끊임없이 경쟁을 하고 있다. 이러한 자동차 취미를 즐기는 사람들 사이에서는 미국의 자동차에 대한 적극적 또는 비판적인 태도를 엿볼 수 있다. 여기에 한 가지 놀라운 사실이 있다. 그것은 미국 최대의 상업적 제품인 자동차가 아마추어적인 자동차 취미를 자극하고 도발해 왔다는 역설적인 사실이다. 대량생산은 아마추어를 추방하기는커녕 오히려 반대되는 현상을 초래하고 있다. 더욱이 스스로 궁리해서 자동차를 개조해 나가는 사람들은 그로써 사회로부터 어떤 배당금을 얻으려는 마음은 추호도 없다. 그들은 자기가 모은 얼마 안 되는 순전히 돈으로 자기 자신을 위해 행동하고 있는 것이다. 그들은 이렇게 최소한의 예산으로 계속 작업한다. 바로 그렇기에 거기서 고도의 재능과 기쁨의 분위기가 생겨나는 것이다.

그러나 이런 취미도 지금은 점차로 직업화되고 표준화되어 가고 있다. 이러한 자동차 취미를 가진 사람들이 증가함에 따라 그들의 욕구를 충족시키기 위해서 〈핫 로드(The Hot Rod)〉라는 잡지가 창간됐는데, 이 잡지에 의하면 아마추어에게 자동차 부품과 공구 따위를 공급하는 사업은 이제 엄청난 매상고를 올리고 있다. 이를테면 1948년에는 약 800만 달러가 그런 일에 소비되었다고 한다. 한편 이제 디트로이트의 자동차 회사는 아마추어 자동차 제작자들의 작업장이 이미 부품을 엉성하게 조립한 차를 만드는 곳이 아니라 훌륭한 동력공장으로 변해 가고 있음을 확인할 수밖에 없게 되었다.

지금까지 우리는 핫 로더가 급속히 성장하는 사정을 알아보았는데, 이와 같

---

1) Eugene Balsley, "The Hot-Rod Culture"를 볼 것. *American Quarterly*, II(1950), 353.

은 일은 다른 여러 영역의 아마추어적 재능에 대해서도 일어나고 있다. 그것은 단순히 공예나 취미 영역에 국한된 것은 아니다. 다음에 살펴보겠지만 재즈 같은 취미의 교환과 비평 분야에서도 이와 같은 현상이 일어나고 있다. 장인적인 기능을 통하여 자율성을 구하는 인간은 항상 자기가 속한 동료집단 이외의 모든 집단과 시장에 감시의 눈을 돌리고 있어야 한다. 그렇게 해야 자기의 길을 개척할 수 있는 것이다. 그러나 바꾸어 말하면 자기가 하고 있는 일을 타인에게 양보하고 싶어 하지 않는 그들의 태도는 극히 곤란한 문제를 동반하게 된다. 왜냐하면 자기의 세계에 타인이 침입하는 것을 방지하려면, 중세 장인들의 '비법'처럼 자기만이 아는 특수한 용어를 가지고 있어야 하기 때문이다. 이러한 이유에서 어느 정도 자발적으로 시작한 일이 결국은 한계적 특수화로 끝나 버리는 경우도 있을 것이다. 그리고 그것은 단순한 기술적 관심으로만 겨우 명맥을 유지하게 될지도 모른다. 장인 기질이 가지고 있는 역설, 또는 다른 온갖 오락이 가지고 있는 역설은 다음과 같은 점에 있다. 곧 풍부한 공상력의 목표를 달성하기 위해서는 그것은 모름지기 현실적인 것이어야만 한다는 사실이다. 게다가 장인적인 방식이 현실적인 재능을 발휘했을 때, 그 사람은 동시에 자기의 재능을 써서 사업이나 조직 등을 만들어 가는 경향이 있다.

매일 남들과 잘 사귀는 것이 일과인 사교적인 사람들은 때때로 참다운 장인 기질로 일관함으로써 자기의 유년 시절과 자기 안에 내재하는 내부지향적인 부분을 발견할 수 있다. 가령 하루 종일 인격화에 빠져 일하고 있는 광고 제작자 같은 사람들은 주말에는 바닷가로 가서 조용함을 즐기거나 요트 경주에 참가하는 등 장인적인 기질을 추구한다. 이 요트 경주는 특히 보이지 않는 손이 유도하는 대로 어떤 목표를 향하여 가는 내부지향형 사람들의 사고방식과 완전히 일치하는 것이기도 하다. 그렇지만 이와 같이 오락의 세계에서 살아가는 사람들이 과연 재능을 구하여 그런 장인적 활동에 자신을 맡기고 있는지 매우 의심스러우며, 자율성을 구하여 그렇게 하는지는 더욱 의심스럽다.

장인 기질의 한계를 파악하는 것은 중요한 일이다. 그렇게 함으로써 우리는 장인 기질을 실제 이상으로 과대평가하고픈 유혹에 빠지지 않을 수 있기 때문이다. 장인 기질의 유혹은 과거 유럽이나 미국의 취미 형태를 현대의 레저 속에 도입하려는 경우에 더욱 강하다. 사실 물질적인 풍요 속에서 안락하게 살면서 저속한 대중문화를 호흡하며 술과 코카콜라에 취해 있는 미국인에게, 그렇게 살면 안 된다고 경고하는 경향이 요즘 상당히 강해지고 있다. 이러한 경고에 의하면, 외견상 안일하게 보이는 레저에는 사실 많은 문제점이 있으며 또 장인 기질은 안일하게 보이지 않는다. 상층계급에 속하는 타인지향형 인간은 소비보다 장인 기질을 지지한다고 하겠지만 이러한 타인지향형 인간은 내부지향 시대의 성격과 사회 상황에서 생겨난 레저의 형태를 자신에게 적용하지 못한다. 따라서 그 과정 자체가 희화적인 양상을 띠게 된다. 이런 복고주의 경향은 정력적인 수공예 취미의 경우에 특히 명백하다. 이러한 종류의 인간을 여기서는 민속예술가라고 부르기로 한다. 민속예술가는 종종 타인지향형 도시 거주자 또는 교외 거주자이다. 그는 내부지향적인 자세를 추구하여 자신의 레크리에이션과 소비자 기호에 대해서 '예술가인 척하거나 장인인 척하는' 것이다. 그는 지역을 불문하고 그저 토착적인 것을 좋아한다. 그는 가능한 한 매스미디어를 멀리하려고 한다. 그는 영국제 자전거를 타고 번쩍번쩍한 미국제 자동차를 비난하기도 한다. 라디오를 듣지 않는 것을 자랑으로 삼고, 무엇보다도 텔레비전을 두려워한다.

민속예술가의 인기가 상승하고 있는 것은 현대인들이 의미 있는 창조적인 레저를 구하고 있다는 증거이며, 또한 장인 기질의 부활을 바란다는 증거이기도 하다. 민속예술가는 현재 있는 것보다 더 좋은 무엇을 원하고 있다. 그러나 그것이 어디에 있는지 그로서는 알지 못한다. 그는 현대 미국을 혐오하는 까닭에 미래에 대한 유토피아적인 가능성을 부정하고, 오락의 모델을 헛되이 유럽이나 과거의 미국에서 찾으려고 애쓴다. 내부지향형 성격과 이데올로기를 여전히 지니고 있는 많은 사람들과 마찬가지로 민속예술가들도 역시 지금 미국인을 엄습하고 있는 오락의 위험성에 공포감을 갖고 있다.

이러한 공포감을 갖고 있다는 점에서 민속예술가와 현대의 많은 평론가들은 공통점을 갖고 있다. 현대의 평론가들은 바로 자율성 회복이라는 것을 문제삼고 있으나, 그들은 그것을 오락의 영역에서 발견하리라는 희망은 전혀 갖고 있지 않다. 이러한 평론가들은 엄격한 공예나 운동 기술 단련에서조차 자율성의 계기를 찾아내려고 하지 않는다. 이런 평론가에 비해 민속예술가들은 오히려 나은 존재인 듯싶다. 그들은 집단의 결속과 개인적인 성격을 강화하는 유일한 실천적 방법은 일에 몰두하는 것이라고 생각한다. 그리고 그로 말미암아 사회적 또는 개인적인 파국을 초래해도 괜찮다고 생각하고 있는 것 같다. 인간이 자질을 꽃피우는 것은 극단적 상황이나 프런티어적인 상황에서만 가능하다는 것이 평론가들의 견해이다. 따라서 레저의 경제 속에서 자율적인 인생을 설계하고자 하는 필자의 제안을, 그들은 사람들을 심리적인 붕괴로 유도하거나 아니면 사회적 위험을 초래하는 것으로 받아들일 것이다. '인간의 유연성'은 사실상 성격론적인 커다란 진보임에도 불구하고 그들은 그것을 증오하고, 인위적으로 '물질의 견고함'을 보존해 두려고 한다. 그리고 그것이 극단적인 경우에는 전쟁의 형태를 취하게 된다.[2]

물론 파국에 직면함으로써 자기가 지금까지 의식하지 못했던 잠재적 가능성—즉 자율성을 향해서 발전할 수 있는 가능성—을 깨닫는 일도 있다는 것은 부정할 수 없다. 중병에 걸린 환자는 그러한 상태에서 사색과 결단을 위한 시간을 발견할 수도 있을 것이다. 라이오넬 트릴링의 소설 《여행의 중간(The Middle of the Journey)》에서 주인공 라스켈은 중환자였지만 이윽고 건강을 회복하게 된다. 톨스토이의 단편소설 《이반 일리치의 죽음》에 나오는 주인공인 러시아 관료 역시 중환자였다. 이 주인공은 죽음에 직면하여 비로소 자기 자신과 자기의 헛된 생애를 깨달을 수 있었다. 제2차 대전의 경험 속에서도 단순한 개인보다도 한 집단 또는 공동체 전체가 적당한 고통을 당함으로써 이익을 얻은 사례가 많이 있다.

한 가지 예는 로버트 K. 머튼, 패트리샤 S. 웨스트, 마리 조더가 공동 연구한, 전시 중 뉴저지주 전시 노동자의 공동주택 연구에서 찾아볼 수 있다. 이 전시 노동자들은 공동설비도, 배수시설도, 상점도 없는 늪지대 위에 엉성하게 지은

---

2) 그동안의 전쟁 경험을 통해서, 생산 및 전쟁에는 그런 가혹한 요법은 실질적으로 거의 필요가 없다는 점이 밝혀진 모양이다. 타인지향적인 성격이나 정치적인 무관심이 곧 육체적인 인내성 부족을 나타내는 것은 아니라는 점이 밝혀졌다. 코카콜라나 라디오 방송이나 본국에서의 격려 등을 이용하여, 병사들이 미국에 있을 때와 같은 기분을 느끼게끔 해 주는 여러 조치가 취해졌다. 그런 '안락함'은 전력(戰力)을 떨어뜨리지 않았다. 미국인은 조종되기 쉬우므로 계급제도보다도 집단의 사기를 바탕으로 군대가 조직될 수 있었다. 조종되기 쉬운 성질, 기계에 익숙하다는 점, 숱한 교제 수단, 높은 교육수준 덕분에 그들은 단기간에 놀라울 정도로 다종다양한 작업과 임무에 배치될 수 있었다.

주택에서 살고 있었다. 그들은 이 열악한 환경에 반발하여 즉흥적으로 정력을 쏟아 온갖 장애물과 싸워서 절도 있고 분위기도 좋은 쾌적한 공동체를 만들어 냈다. 그러나 이러한 노력의 결과는 어찌 보면 허무한 것이었다. 그들이 생존상의 주요 문제를 해결했을 때, 이제 그 공동주택은 별로 흥미를 가질 만한 곳은 못 되었던 것이다. 사람들이 힘들여 세운 협동조합 상점도 결국은 폐쇄되고 말았다.

그러나 이러한 사례를 깊이 생각해 보면, 근대사회에서는 긴급사태가 발생하면 사람들은 사회적인 여러 형식을 만들어 내기 위하여 정력을 기울인다는 것을 알 수 있다. 내부지향형이 쇠퇴함에 따라 사람들은 정력을 쏟을 때 사회적 상황에 비추어서 자기의 행위를 정당화하려고 애쓴다. 그러나 그 정당화의 근거는 그들 자신의 내부에서 나오지 않는다. 미국을 방문하는 유럽인이나 아시아인들은 미국인들이 나태를 즐기는 습관을 배워야 한다고 비평한다. 이 방문객들은 미국에 있는 청교도적인 이상주의와 그 부산물이라고 할 수 있는 이른바 물질주의를 비평한다. 그러나 외국인들의 이러한 조언은 그리 큰 도움은 되지 않을 것 같다. 왜냐하면 미국인이 자율성을 추구할 경우 우리는 미국의 역사 및 성격과 조화를 이루면서 그 작업을 진행해 가야 하기 때문이다. 그리고 그러한 발전을 낳는 일과 그에 따른 기쁨은 우리에게 부과된 임무이다.

우리에게 현재 필요한 것은 공업과 정치조직을 채찍질하기 위한 청교도적인 요구가 아니라 오히려 개인의 성격 발전을 위해 그것을 재해석하는 일이다. 우리는 모든 개개인의 인생이 긴급사태임을 확실히 인식해야만 한다. 인생은 단한 번뿐이다. 그리고 그 인생을 성격 면에서 '구제한다는 것'은 그 자체가 중요한 일이며, 이를 위해선 지속적인 노력을 해야 한다. 그렇게 하면 우리는 전쟁을 일으키거나 그것에 참가할 필요도 없게 될 것이다. 왜냐하면 우리 일상생활은 그 자체만으로도 충분히 많은 문제를 안고 있으므로 사람들은 그에 맞서 싸워야 하며, 또 우리가 개인의 생존의 질과 의미에 관해 느끼는 불안은 외부의 자극과 요구로 말미암아 흐려질 만큼 미약한 것은 아니기 때문이다.

취미 영역에서의 새로운 비평

장인 기질은 개인이나 집단의 레저에서 어떤 역할을 하든 결국 자율성을 추구하는 사람들의 레저 문제를 완전히 해결하지는 못한다. 내부지향형 인간은 장인 기질에 의존하여 스스로 위안을 얻을 수 있었지만, 자율성을 추구하는 타인지향형 인간은 자기와 동료집단을 연결짓고 있는 취미 교환이라는 행위의 과정을 거쳐야 한다. 동료집단과의 이러한 교제에 성공함으로써 그는 비로소 자기 자신의 취미의 기준을 평가하고 또 발전시킬 수 있으며, 나아가 사회 전체에 대한 취미 형성 방식을 비판할 수 있게 된다.

우리는 이미 이러한 과정의 부정적 측면에 대해 이야기했다. 타인지향형 인간은 취미에서 잘못된 점은 근본적으로 자기 자신의 허점에서 생겨난 것이라고 생각한다. 적어도 그가 자신의 가장 중요한 부분으로 여기고 있는 내부적 레이더가 고장 나서 그런 잘못이 생겨났다고 믿어 버리는 것이다. 그래서 취미 교환은 종종 우울하고 절망적인 행위가 된다.

그러나 여기서는 이 취미 교환이라는 행위의 적극적인 측면을 생각해 보기로 하자. 즉, 취미 교환이라는 것은 현대 미국의 성인교육 중에서 아마도 가장 계획적인 놀라운 실험장일 것이다. 미국에서 가장 진보된 부문의 취미는 전례 없이 빠른 속도로 〈라이프〉지 등을 통해 확산되어 간다. 그리고 이러한 취미는 과거 사회에서는 거의 취미와 인연이 없었던 하층계급으로까지 파급된다. 지금은 하층계급 사람들도 사사로운 예술품에 대해서야 어떻든 간에, 온갖 현대 건축과 근대적 가구(家具)와 근대 예술품을 감상하고 비판할 수 있게 되었다.[3]

우리가 지금까지 이야기해 온 타인지향적인 과정이 이러한 전개에서 중추적인 역할을 다하고 있다. 그리고 그와 동시에 취미에 관해 참되고 충분히 만족스러운 재능도 성장해 가고 있다고 필자는 확신한다. 예컨대 불과 20년 전에 제작된 영화도 오늘의 관객에게는 실로 고색창연한 것으로 보인다. 그 이유를 살펴보면 영화 제작 기법이 최근 20년 동안에 달라졌기 때문이기도 하지만, 더 중요한 이유는 인간의 동기와 행동에 관해 영화 제작자나 관객이 모두 놀랄 만큼 날카로운 사고방식을 갖게 되었기 때문이다.

많은 대중예술 비평가들은 취미의 내용이 뚜렷하게 향상되었다는 사실을

---

3) 과거 CIO의 직원이었던 찰스 리버모어는 최근 디트로이트 자동차 회사의 노동자들이 지나치게 조잡한 그랜드래피즈 가구에 대해 즉시 비난을 퍼부은 사실을 주목했다. 그들 중 대다수는 과거 여러 해 동안 모던 디자인을 바라고 있었다.

간과하고 있다. 뿐만 아니라 그들은 미국의 많은 영화, 대중소설, 잡지가 매우 우수하다는 사실도 간과하고 있으며, 또한 얼핏 보기에 수동적이며 상상력이 빈약한 관객처럼 보이는 아마추어 취미 교환자들의 비평이 실제로는 얼마나 정열적이고 이해의 폭이 넓은지도 알지 못하고 있다.

　이 점에서 아주 흥미로운 한 가지 예는 재즈에 대한 비평이다. 물론 와일더 홉슨이나 파나시에 같은 전문 비평가의 얘기는 아니다. 여기서 말하고자 하는 것은 재즈에 대한 아마추어 젊은이들의 비평이다. 그들은 미국 곳곳에서 재즈에 열광하고 세세한 비평을 하고 있다. 그들의 비평은 앞에서 논술한 '성실성' 또는 '훌륭하다' 같은 애매한 표현과는 아주 다른, 고도로 다듬어진 비판이다. 이 젊은이들은 재즈를 전혀 새로운 예술 형식으로 간주한다. 그것은 종래의 전문가나 학교 또는 표면적인 문화에서는 예술로 인정되지 않았던 것이다. 이와 같은 예술 감상 방법은 영화나 만화에도 역시 적용될 수 있다. 대중음악 제조 산업은 스스로 그 제품을 팔려고 노력을 기울이고 있으나, 이 젊은이들은 그 노력에 때로는 맹렬히 저항하여 성공을 거두기도 한다. 그들은 이를테면 유명한 독주가의 연주보다는 악단을 선택하거나 즉흥곡을 선택하고, 매끄러운 편곡에 반발하는 등 스스로 선택을 한다. 이 선택은 그들의 '표준'에 따른 것인데 일반적 '표준화'와는 상호 대립하는 성질의 것이다. 핫 로더의 경우와 같이 그들도 역시 자기 자신의 언어와 문화를 만들어 내고 새로운 기술을 발전시킨다. 그리고 실로 핫 로더의 경우와 마찬가지로 재즈 애호가의 취미 교환이라는, 말하자면 언어적인 장인 기질도 역시 고립화한 동료집단 속에서는 유지될 수가 없다. 재즈는 상당히 오래전부터 거의 자족적인 미적 기준에 바탕을 둔 애호가 집단을 거느리게 되었다.

　필자가 보기에 대중문화를 받아들이는 소비자들의 취미 교환은 비평 능력을 향상시키는 바탕이 되기도 한다. 그러나 대중문화비평가들은 대체로 재즈, 연속극, 영화, 텔레비전을 마치 내부지향형 사람들이 매음굴이나 저속한 풍자극을 볼 때 느끼는 것과 같은 두려움을 갖고 바라보는 듯싶다. 대중문화에 대한 이러한 비평은 대량생산에 대한 비평과 본질적으로 일치한다. 확실히 대량생산 초기 단계에서 생산된 제품은 뛰어난 수공예품을 추방하고 또 모든 취미의 질을 저하시켰다. 그러나 현대에는 생산시설이 매우 다양하게 발달되었기 때문에 수공업 시대보다 훨씬 우수하고 풍부한 종류의 제품을 생산할 수 있게 되었다. 그것은 고급 매스프로덕션(mass production)이라 일컬어질 만한 것이다. 그러나 비평가들은 이러한 변화를 좀처럼 인정하려 하지 않는다.

이와 똑같은 현상이 매스미디어에 대한 비평에서도 존재한다. 매스미디어는 초기 단계에서는 낡은 가치를 파괴하는 일이 자주 있었다. 그리고 오늘의 매스미디어는 역사상 처음으로 일류 소설, 수기, 회화, 음악, 영화 등을 사람들에게 분배할 수 있게 되었고, 소비 대중은 놀라울 정도의 개성에 입각하여 그것들을 자기 것으로 받아들일 수 있게 되었다.

이러한 사실로 미루어 볼 때, 필자는 취미 교환이 그 자체를 초월하여 전혀 다른 성질을 띠게 될 가능성이 있다고 생각한다. 그리고 타인지향형 인간의 자율성 발전은 바로 여기서 출발하게 될 것이다.

3. 여가 상담원

사람들이 소비 영역에서 온갖 새로운 기회에 안심하고 접근하려면 안내인이나 이정표 같은 것이 필요하다. 현대 미국 도시의 특수화한 사회가 필요로 하는 것은 '여가 상담원'이다.

여가 상담원이라는 용어는 자칫 임상적인 말로 생각되기 쉽다. 그리고 사람들은 이 말을 듣고 가령 여행 안내인, 호텔 사람들, 관광지 관리인, 스포츠 교사와 코치, 예술 지도교사, 댄스 교사와 같은 부류를 연상할지도 모른다. 사실 이런 직업은 현재 미국에서 빠르게 성장하고 있는 새로운 직업들이다. 그리고 이것과 전혀 다른 업무에서 일종의 부산물로서 생겨난 오락과 여가 영역에서의 조언자들도 많이 있다. 실내장식가를 예로 든다면, 그것은 얼핏 보기에는 관광목장 안내원과는 전혀 다른 종류의 직업이다. 말할 나위도 없이 실내장식가에게 일을 의뢰하는 사람들은 한눈에 들어오는 장식성 있는 적절한 디자인을 요구할 것이다. 그러나 실내장식가의 역할은 그것만이 아니다. 보다 기본적인 가정 내부를 재구성하는 것이 그의 역할이다. 그 재구성에 따라서 레저 생활은 보다 쾌적하고 보다 '다채로운' 것이 된다. 장식이라는 것은 눈에 뚜렷이 보이지만, 한편 이와 같이 눈에 보이지 않는 흥정이 그 안에 숨겨져 있다.

이와 같은 기능은 상층 중산계급의 주택을 설계하는 건축가의 경우에 더욱 분명하게 드러난다. 실내장식가와 마찬가지로 건축가들도 의뢰인으로부터 남의 눈에 아름다워 보이도록 지어 달라는 요구를 받는다. 그러나 한 세대 전까지만 해도 건축가는 단순히 '멋진 주택'을 지어 달라는 의뢰를 받았을 뿐이다. 그들은 주택의 기능적인 내부 장식 문제에 대해서 건축주로부터 상담을 받으리라고는 꿈에도 생각지 못했다. 그런데 오늘날 건축가는 주택의 내부 및 외부 전체를 설계할 때 의뢰인의 의견에 따르는 동시에 거꾸로 의뢰인을 좌지우지할 수도 있다. 이러한 건축가와 그의 사고방식을 통하여 한 세대 전에는 존재하지 않았던 온갖 취미와 경향과 사회적 설계(이를테면 언제든지 양식을 변경할 수 있는 거실) 같은 레저의 생태학이 모습을 나타내고 있다. 건축가와 도시계획가들은 온갖 전문가에 의하여 나뉘어 잡다한 분포 상태로 있는 여가 기회를 종합하고 정리하는 역할을 맡고 있는 것이다.

여가상담원의 또 한 가지 형태는 미국에서 레저의 습관으로 되어 있는 휴가 문제를 중심으로 존재한다. 이 휴가는 그 자신이 자기의 동료집단 이외의 사람들과 접촉하는 기회를 만드는 것이며, 또한 자기와 전혀 다른 생활 경험을 가진 사람들과 가까워지는 기회를 내포하고 있다. 그것은 초기적 인구감퇴기에 있는 사람들이 과도적 인구성장기에 있는 시장(市場) 속으로 던져지는 경우와 같으며, 다소 극적인 면이 있다. 물론 미국인은 소득수준이 매우 높기 때문에, 대다수의 미국인은 휴가를 사람을 붙잡는 기회로 이용하기보다는 동물을 사냥하는 데 소비한다. 그리고 더욱 많은 미국인들은 내부지향 시대의 잔존물인 집 손질과 정원 가꾸기 등으로 휴가를 보낸다. 그러나 미국에서 휴가는 점차로 여유와 재력을 가진 사람들이 어떤 배울 만한 재능을 가진 사람들과 사귀기 위한 시간과 장소를 마련하는 것으로 변하고 있다. 예를 들면 승마나 수영, 미술, 댄스 등이 그런 사람들의 관심 분야이다. 거기에는 전문적인 교사가 있어서 각 기술을 가르쳐 준다. 그러나 이런 여가상담원은 대개 상품이나 서비스를 판매하는 것이 목적이며, 사람들이 진심으로 원하는 바를 개발해 주려고 협조하는 것은 아니다. 다만 예외가 있다면 바다에서 조타술(操舵術)을 지도하는 사람이나 수영강사 정도일 것이다.

앞으로 2, 30년 사이에 더 다양한 종류의 여가상담원이 크게 증가하리라는 것은 쉽게 예상할 수 있는 일이다. 그러나 타인지향형 인간이 여가 상담원과 의논하여 오락 기술을 지도받는 것은 곧 의타심이 강한 타인지향적 성격을 그대로 간직하도록 하는 결과가 될 뿐이지, 개인을 자율성으로 인도하는 길은 될 수 없지 않느냐는 의문이 남는다. 계획적으로 오락을 하려는 노력은 오히려 그의 내부에 잠재해 있는 자발성과 프라이버시를 박탈해 버리지 않을까? 그것은 충분히 있을 수 있는 일이다. 그것을 막는 방법은 오직 이러한 여가상담원이 가능한 한 가치 있고, 언제나 요구에 응할 수 있는 인물이 되도록 노력을 경주하는 것뿐이다. 타인지향형의 인간이 자율성을 얻기 위해서는 쾌락이 매우 중요하다. 여가상담원은 이 사실을 그들에게 인식시킴으로써 타인지향형 인간을 보다 상상력이 풍부한 오락의 세계로 유도할 수 있는 것이다.

4. 어린이 시장의 자유화

지금까지 우리는 성인이 오락의 세계에서 재능을 개발하기 위해서는 과연 어떤 일이 가능한가를 논의해 보았다. 그 과정에서 어린이들의 오락의 현실과 가능성은 거의 무시되었다. 그러나 말할 것도 없이 어린 시절의 경험이야말로 성인이 된 뒤의 오락 재능 개발을 가능하게 하는 가장 중요한 요인이다. 그러나 나는 여기서 그러한 문제를 세세히 살펴볼 생각은 없으며, 다만 다소 공상적인 표본을 제출해 보려고 한다.

이미 제3장에서 이야기한 것처럼 오늘날 어린이들의 오락은 흔히 자율성을 억압하는 경향을 띤다. 그것을 해결하기 위해 어떤 일이 가능한가를 생각하는 데 이 공상적인 표본이 어떤 자극이 된다면 다행한 일이다. 생각건대 필자가 다음에 제안하려는 것은, 어린이 시장을 노려서 상품을 만들고 광고를 제작하는 사람들에게 흥미롭게 느껴질 것이다. 필자는 이러한 업자들이 돈을 모금해서 어린이들을 위한 소비자 경제의 표본이 될 만한 실험장을 만들어 보면 어떨까 생각한다.

예를 들어 어린이들에게 상점을 하나 제공하여 거기서 자유롭게 물건을 구입하도록 하는 것이다. 마치 만국박람회와 같은 그 상점에는 모든 온갖 종류의 사치품, 즉 진귀한 음식물이나 악기 등이 진열되어 있다. 아이들은 거기서 자유롭게 물건을 살 수 있다. 이 판매 장소에 시장조사원을 배치하고 아이들이 물건을 선택할 때 상담을 해 주되, 위엄을 부리지 않고 특정 상품을 사라고 강요하지도 않는다. 그는 엄밀한 의미에서 조언자 위치에 머물러야 한다. 이러한 '실험상점'을 만들면 거기서는 동료집단의 취미나 이성(理性)이나 경제적 문제로부터 완전히 자유로워졌을 때 어린이들의 취미 세계에 과연 어떤 일이 일어나는가를 분명히 파악할 수 있을 것이다. 이러한 상황과 직면했을 때 어린이들은 자신의 마음과 물건의 가치를 비판하고 그것을 재구성하는 기회를 얻게 된다.

이 '공짜 만물상' 안에 별실을 만들고 아이들로 하여금 마음 내키는 대로 별실에 들어가 책을 읽거나, 음악을 듣거나, 사탕을 먹거나, 만화를 보는 등 모든 프라이버시를 유지하도록 하자.[4] 이렇듯 자유로운 소비자로서 자신을 표현할 수 있는 상황에 놓였을 때 아이들이 인종적·계급적 또는 동료집단적인 제한으로부터 해방될 수 있는지 여부를 조사해 보는 것은 매우 흥미로운 일이다. 이러한 경험을 갖는 아이들은, 오늘날 대부분의 어른들보다 더 상상력이 풍부한 비판을 레저 경제에 가하게 되지 않을까.

이와 비슷한 '풍요로운 경제'의 표본을 다른 형태로 구상해 볼 수도 있다. 실험적으로 아이들과 집단과 미디어의 압력으로부터 고립화된 사람들을 해방하기 위한 모든 노력을 기울여 보는 것이다. 실제로 필자는 여러 해 동안 시장조사야말로 미국 경제를 민주적으로 조절하는 희망에 찬 방법이라고 생각해 왔다. 시장조사란 상품이나 이미 조성된 문화적인 규정을 사람들에게 팔기 위한 것도 아니며, 또한 한계적 특수화를 사람들에게 부여하기 위한 것도 아니다. 시장조사는 사람들이 단순히 무엇을 구하고 있는가를 알아내는 방법이라기보다

---

4) 오늘날 이러한 상점과 가장 공통점을 지닌 것은 아마도 동네 도서관 사서가 아닐까 싶다. 그는 학교나 가정의 권위와 직접 관계되어 있지 않으며 실제로 아이들에게 무엇을 강요하기보다는 협조하는 데 관심이 있다. 또 그 자신이 전형적인 내부지향형 환경에서 자랐기 때문에 아이들과 개인적인 관계를 맺으려고 하지 않는다. 이런 이유로 그는 아이들이 자유롭게 책을 접하는 데 도움이 되고 있다.

도 오히려 자유로운 상상력의 세계에서 사람들이 무엇을 구할 것인가를 발견하는 방법이다.[5] 실물과 실험적인 표본이 없는 한 인간이란 쉽사리 상상의 세계로 뛰어들 수가 없는 것이다.

---

5) 매스미디어나 대량생산에 의해 제조된 상품을 시종일관 중요시한다고 해서 필자가 전통적인 예술의 중요성을 암암리에 부정하고 있다고 오해해서는 곤란하다. 오히려 필자의 노력은 대체로 수준 높은 문화와 대중문화 사이에 존재한다고 여겨지는 간격을 메우려는 의도에서 후진되어 왔다. 수준 높은 문화와 통속문화와의 관계는, 공포와 속물근성과 반지성주의(反知性主義)가 흔히 양자 사이의 자유로운 운동을 가로막는 작용을 하고 있음에도 불구하고 그 장래가 매우 낙관적이라고 필자는 생각한다.

16장
자율성과 유토피아

시간과 사건과 개인적인 마음의 움직임은 외면적인 변화의 조짐도 없이 때때로 어떤 의견을 뒤집어엎거나 파괴한다. 그 의견은 공공연하게 공격을 받은 적도 없고 그것을 파괴하려는 음모가 있었던 것도 아니지만 추종자들은 하나하나 그로부터 떠나 버린다. 그리고 날마다 지지자는 줄어들고 결국 소수의 사람만이 남기에 이른다. 하지만 그래도 그 의견은 살아남아 있다. 그 의견에 대한 적대자는 침묵을 지키거나 오로지 은밀하게 단결을 굳히고 있기 때문에, 살아남은 소수자들은 커다란 혁명이 이미 일어나고 있다는 것을 깨닫지 못한다. 이런 불확실한 상황에서 그들은 어떠한 대책도 세울 수가 없다. 그들은 서로의 표정을 살피면서 침묵을 지킨다. 대다수의 인간들은 이미 과거에 믿던 것을 포기했으나, 그들은 여전히 믿고 있다. 그럼에도 이 공허한 여론이라는 괴물의 힘 때문에 개혁자들은 불안에 떨고 사람들로부터 경원당한다.

토크빌, 《미국의 민주주의》에서

제12장부터 제15장에 이르기까지 필자는 자율적인 사회적 성격이 발전할 수 있는 방법을 모색하면서 중산계급의 노동과 오락의 세계에 대한 몇 가지 견해를 밝혀 왔다. 그런데 필자는 아무래도 궤도에서 상당히 벗어난 것 같다. 그릇된 인격화나 강제적인 고립화 같은 장애물을 제거하는 것만 생각해도 이것은 어려운 일이다. 설령 이와 같은 장애물이 제거되었더라도 인간이 무엇으로써 자율성을 얻을 수 있는가, 또는 자기를 자율적으로 만들기 위하여 어떤 방법을 고안해 낼 수 있는가를 확인한다는 것은 더욱 어려운 일이다. 결국 우리가 제시한 몇 가지 방법도 사실은 매우 불확실하다. 그리고 이 책을 끝맺으면서 우

리가 말하고자 하는 바는 오직 한 가지다. 곧 우리가 목표로 내세운 '자율성'이라는 모호한 말의 의미를 더욱 명확히 하기 위해서는 지금까지 인류가 생각해 온 상상적인 유토피아적 사고방식을 새로이 검토해 볼 필요가 있다는 것이다.

이 책을 쓰기 시작할 때 우리는 인구성장의 광범위하고 맹목적인 움직임을 논하고 나아가 경제적·기술적 변화에 관하여 토론을 전개했다. 이와 같은 커다란 움직임에 내포되어 있는 거대한 힘에 대항하는 것으로서 유토피아적 사고방식 따위를 문제시하는 것은 매우 우스꽝스러워 보일지도 모른다. 사실상 주어진 사회적·경제적 조건 아래에서는, 그 속에서 발생하고 그에 대처해 나갈 수 있는 관념은 아주 제한되어 있다는 것을 필자는 부정할 수 없다. 게다가 인간의 성격은 뜻대로 다루기가 어려우며 스스로 재생산되는 것이다. 그리고 성격은 어떤 관념을 수용하는 방향을 결정해 버리는 능력만을 가지고 있을 뿐이다. 이렇듯 사회구조와 성격구조 속에는 수많은 장애들이 존재하고 있으므로 그것을 바꾸기란 어렵다고 하겠으나, 그래도 필자는 관념이 결정적으로 역사를 바꿀 수 있다고 믿는다.

마르크스는 관념이라는 것은 그리 중요하지 않다는 입장을 취했으며 그 이전 시대 사회주의자들의 유토피아적인 사고를 부정했지만, 마르크스가 가지고 있던 관념 그 자체는 매우 커다란 영향을 남겼다. 말하자면 관념의 힘이 역사에서 얼마만큼 강한 힘을 발휘하는지 입증한 셈이다. 잘 알고 있는 바와 같이 마르크스는 단지 노동자계급을 물리적으로 해방하는 일만을 생각하고 있었던 것은 아니다. 프로파간디스트(Propagandist)로서 마르크스는 노동자계급이 살아갈 이데올로기적·제도적인 환경을 조성하는 일에도 몰두했다.

오늘 우리는 마르크스가 '유토피아적'이라고 하여 배척한 환경에 관하여 의식적으로 재검토할 필요가 있을 것이다. 그리고 이 유토피아적인 사고방식은 마르크스가 가장 역점을 둔 인간의 환경에 대한 기계적 또는 수동적인 접근과 대립된다. 그런데 우리는 지금 자각의 시대에 살고 있기 때문에, 여기서 유토피아적인 사고방식을 취한다는 것은 설령 그 목표와 수단이 합리적일지라도 단순한 도피주의가 되어 버릴 우려가 크다. 그러므로 유토피아와 같은 큰 문제를 생각하기보다는 좀 더 우리 일상과 가까운 소소한 일부터 처리하는 편이 훨씬 쉬울 것이다.

우리는 '가난한 자들의 놀라운 무욕(無慾)'이라는 현상을 알고 있다. 그러나 부유한 사람들도 역시 이 책에서 소개한 것처럼 훌륭한 사회를 건설하고 싶은 욕망을 억압하고 있다. 말하자면 부유한 자도 가난한 자도 모두 동료집단 속에 안주해 버린 채, 개인적으로든 사회적으로든 추구할 목표를 갖지 않게 된 것이다. 정치적 내막 소식통은 목표 달성에 전념하고 있는 듯이 보이지만 그것은 어디까지나 상식적 범위 내의 일에 불과하며, 좀처럼 그 벽을 깨뜨리지는 않는다. 그러나 현실적으로 말하면 동적인 정치의 문맥 속에서는 정치 분야의 사람들이 가지고 있는 겸손한 상식적 목표나 '건설적인 비평' 같은 것도 좀처럼 실현되기가 어려운 것이다. 때로는 지금 주어져 있는 현상을 유지하는 일이 당장의 희망인 것처럼도 보인다. 법학자나 경제학자나 정치학자는 이러한 상태를 유지하기 위해서는 아주 약간의 변화가 필요하다는 것만을 시사할 뿐이다. 그러나 이러한 희망조차 실은 거의 절망적이며, 현상 유지라는 것은 목표 중에서도 가장 헛된 목표이다.

미국인들은 현재 경제적으로 풍요를 누리고 있다. 그렇지만 그들이 스스로가 '순응 과잉'이라는 사실을 과연 의식할 수 있을 것인가. 현재 미국인이 지키고 있는 행동상의 약속은 사회적으로 주어진 절대적인 명령이 아니라 거짓된 사회의 이미지로부터 생겨난 것이다. 그리고 그것을 믿는 사람들은 일종의 '부차적 이익'을 받고 있는 데 지나지 않는다. 그러나 미국인은 과연 이러한 사실을 깨닫게 될 것인가. 성격구조라는 것은 사회구조보다도 훨씬 완강하기 때문에 미국인이 그처럼 자각하게 될 가능성은 희박하다. 지금까지도 많은 사상가들이 자유 세계의 여명을 꿈꾸어 왔으며 원칙적으로 그것은 가능한 일이지만, 대다수의 민중은 그러한 가능성에 눈을 돌리려고 하지 않았다. 그러나 어떤 사람들의 경우에는 사태가 그렇게 절망적인 것만은 아니다.

가령 도시계획 전문가들은 많은 가능성을 던져 주고 있다. 오늘날 도시생활에 존재하는 여러 가지 불합리 및 그 불합리가 안고 있는 일상의 문화적 규정들을 개혁하는 가장 중요한 전문가 집단이 될 가능성을 그들은 가지고 있다. 그들은 자신들이 가진 풍부한 상상력과 갖가지 기술을 발휘함으로써 미국의 자유주의적인 진보적 정치의 전통을 어느 정도 지켜 줄 것이다(사실 이런 정치의 전통은 미국 정치에서 점차 사라져 가고 있는 형편이다). 우리는 도시계획가들의 뛰어난 작업 속에서 좁은 의미의 근로정신을 뛰어넘는 인간생활을 위한 사고방식이 물리적으로 표현되고 있음을 알 수 있다. 도시란 그들의 작업장인 동시에 레저와 애정이 충만한 장소라고 생각하는 그들은 그것을 실제로 만들어 가고 있다. 그러나 아직 현실적으로는 각 지방의 거부권 행사 그룹은 도시계획가들에게 큰 압력을 가하고 있다. 그리고 도시계획 전문가라는 것은 도로 건설업자와 비슷한, 실무적이고 완고한 인간이라고밖에 생각하지 않는다.

그러나 필자의 생각으로는, 오늘의 미국 사람들은 표면상 나타나는 것보다 훨씬 다양한 시각에서 레저를 바라보는 것 같다. 그와 같이 유토피아적인 정치적 사고방식도 역시 사회 표면에 드러나지 않고 감추어져 있으며, 항상 변화하고 온갖 가면을 쓰면서 존재를 유지해 가는 듯하다. 현재 정치 분야의 인간들 사이에서는 정치적 호기심과 관심이 사라져 가고 있다. 신문이나 그 밖의 사회생활에 책임을 져야 할 인간들은 가능한 한 위기를 외면하려고 한다. 반면에 민중들은 어쩌면 자기들의 사생활 속에 남아 있는 것 가운데서 새로운 비판적이고 창조적인 기준을 만들어 내려 하고 있는지도 모른다. 만약 이러한 민중이 사회의 체면을 억지로 강요당하는 이른바 굴레를 쓴 듯한 상태에서 벗어나게 된다면, 언젠가 사람들은 반드시 단순히 잡화나 책 같은 상품을 사는 일뿐만 아니라 이웃이나 사회나 생활방식처럼 보다 큰 문제에 관심을 갖게 될 것이 분명하다.

타인지향형 인간은 만약 자신이 얼마나 불필요한 일을 하고 있는가, 그리고 자신의 생각이나 생활 그 자체가 타인들의 그것과 마찬가지로 얼마나 흥미로운 것인가를 알아차리게 된다면, 그들은 더 이상 군중 속의 고독을 동료집단에 의지하여 애써 누그러뜨리지 않아도 될 것이다. 개개의 인간은 저마다 그 내부에 무한한 가능성을 가지고 있다. 그러한 상태가 되었을 때 인간은 자신의 실제 감정과 포부 등에 보다 많은 관심을 갖게 될 것이다.

이러한 가능성은 현실로 나타나기에는 아직 먼 것처럼 느껴질지도 모른다. 아마 실제로도 그럴 것이다. 그러나 현재 미국에서 일어나고 있는 많은 변화는 사실 충분히 알려지지 않고 있다. 우리는 자기가 알고자 하는 일을 알아낼 방법을 모른다. 특히 성격이나 정치적 형태나 레저 이용법 등과 같은 눈에 보이지 않는 것에 대해서는 아직 많은 것을 모르고 있다. 미국은 단지 거대하고 경제적으로 풍요로운 사회일 뿐만 아니라 신비에 싸인 나라이다. 미국은 다양한 관심과 유머 또는 해학을 그 안에 간직하고 있는 사회이다. 그것은 어떤 의미에서는 중국 사회와도 닮았다. 이와 같은 이유에서 우리는 지금까지 이 책에서 극히 개괄적으로 문제를 제기한 데 불과하다. 우리 자신의 성격이나 우리가 살고 있는 장소 및 우리 자신이 가지고 있는 착각 때문에 우리의 생각에는 한계가 있을 수밖에 없다.

그러므로 필자가 이 책에서 언급해 온 많은 내용에 대해서는 나 자신도 다소 모호한 느낌을 갖고 있다. 그렇지만 한 가지 확실하게 말할 수 있는 것은, 곧 자연의 혜택과 인간의 능력에는 무한한 가능성이 있으며, 인간의 능력은 인간 개개인의 경험을 자기 힘으로 평가할 수 있는 것만을 소유하고 있다는 점이다. 따라서 인간은 반드시 적응형이 될 필요도 없고 또 적응에 실패하지 않아도 상관없으며, 굳이 무규제형이 되지 않아도 좋다.

인간은 태어날 때부터 자유롭고 평등한 존재라는 사고방식은 어떤 의미에서는 정당하지만, 또 다른 의미에서는 오해를 불러일으킬 수도 있다. 사실상 인간은 제각기 다른 존재로서 창조되었다. 그런데 서로 똑같아지기 위해서 사회적 자유와 개인적인 자율성을 상실하고 있는 것이다.

21세기 사회 인간상황을 제시한 현대의 고전 '고독한 군중'

인간은 대중 속에서 존재하고 있을 때, 사실은 이미 그 자신으로부터 떠난 것이다. 대중은 어떤 면에서 말한다면 녹여내는 역할을 한다고 할 수 있다. 말하자면 내가 그것이 아닌 무엇인가를 내 속에서 찾고 있는 것이다. 또 다른 한 면에서 본다면, 대중은 단독자를 고립시켜서 아톰(원자)으로 만들어 버려 현존하려고 하는 열망을 단념하게 한다. 대중이라고 하는 것은 실존이 없는 현존재인 것이며 신앙이 없는 미신이기도 하다.

K. 야스퍼스, 《현대의 정신적 상황》에서

데이비드 리스먼이 내이선 글레이저, 류얼 데니와 함께 저술한 《고독한 군중 *The Lonely Crowd*》은 부제가 말하고 있듯이 〈변하고 있는 미국의 성격연구〉인 만큼 현대 미국인의 성격과 미국의 사회의식을 밝히려 하고 있다. 이 책 제목은 현대 산업사회에서 개인의 소외를 나타내는 대표적인 말이 되었다. 초판은 1950년에 나왔는데, 1961년 예일대학 페이퍼백 중 하나로서 새로 서문이 추가된 보급판이 출판되었다. 여기서 사용된 원서가 바로 이 책이다.

현대의 고전이 된 이 책에 대해서는 지금까지 많은 논의가 거듭되어 왔다. 20세기 미국 사회학자가 남긴 업적 가운데 이만큼 논쟁을 불러일으킨 것도 드물다. 실제로 이 책의 평가에 대한 비평집까지 나왔다. 이를테면 1961년에 출간된 M. 립셋과 L. 로웬살의 《문화와 사회 성격 *Culture and Social Character*》이 그런 책이다.

그뿐 아니라 내용이 매우 학문적임에도 이 책은 논픽션 베스트셀러가 되었다. 1950년 초판이 나왔을 때 7만 부가 매진되었고, 1954년 보급판이 나오자 순식간에 50만 부가 모두 다 팔려 동이 났다. 《고독한 군중》은 학계에서뿐만 아니라 일반 독자들 사이에서도 놀라운 반향을 일으킨 것이다.

《고독한 군중》은 어째서 문제작인가. 옮긴이는 여기서 이에 답할 생각은 없다. 그 답은 독자들이 본문과 서문에서 저마다 발견해야 할 것이기 때문이다. 그러나 옮긴이의 입장에서 몇 가지 걱정되는 부분이 있다. 그래서 독자의 이해를 돕고자 두 가지 사실만 보충해 보겠다.

데이비드 리스먼(1909~2002)

역사적 배경

먼저, 독자는 이 책이 태어난 미국 사회학의 역사적 배경을 알아야 한다. 1940년대 사회학은 문화인류학과 사회심리학이라는 이웃한 두 분야와의 협력을 바탕으로 새로운 문제 영역에 도전하기 시작했다. 그것은 바로 '문화와 퍼스낼리티'였다. 클룩혼, 카디너, 에릭슨, 베네딕트, 미드 등의 이름은 미국 사회학에 다소 관심이 있는 사람이라면 누구나 기억할 것이다. 그들이 공통으로 연구한 대상은 퍼스낼리티의 형성요인인 '문화'(=생활방식 문제)였다. '문화와 퍼스낼리티' 연구로 인해 이윽고 문화인류학자들 가운데 전위적인 학파—편의상 컬럼비아학파라고 부르자—사람들은 현대문화 연구에 관심을 가지게 되었다. 예로부터 인류학자들은 주로 미개사회를 연구해 왔다. 그러나 이 전위학파는 고도의 문명사회를 인류학적으로 연구한다는 새로운 영역에 눈을 돌린 것이다. 베네딕트의 《국화와 칼》이나 프롬의 《자유로부터의 도피》가 대표적인 예인데, 그와 더불어 고러의 《영국인의 특성 탐구 *Exploring English Character*》와 미드의 《만일에 대비해서 *And keep your powder dry*》 등도 이러한 새로운 연구의 성과이다.

이 연구에서 중심적인 개념은 '사회적 성격'(또는 국민성)이었다. 학자들은 대개 프로이트 방식으로 이 개념에 접근했으며 지나친 일반화 경향을 나타내기도 했다. 그러나 그들의 연구는, 우리가 상식적·직관적으로 가지고 있는 '사회적 성격(국민성)' 개념을 분석적으로 고찰하려고 한 커다란 지적 실험으로서 높이 평가받을 만하다.

그런데 이 학파의 연구에는 몇 가지 결점이 있었다. 우선 프로이트적 경향이 그중 하나이며, 또 흔히 '역사'를 무시하고 오히려 역사를 뛰어넘은 '문화'에 지나치게 매달린다는 점이다. 베네딕트의 《국화와 칼》에서도 그런 결점이 드러난다. 이를테면 '수치의 문화'와 '죄의 문화'라는 이분법을 주로 유아기 훈련과 관련된 유형학으로 전개하는 한, '역사'는 무시될 수밖에 없었던 것이다.

《고독한 군중》은 바로 《국화와 칼》이 도달했던 곳을 출발점 삼아 대담한 역사 단계 이론을 펼친다. 리스먼은 '수치'와 '죄'도 단계적으로 다루었다(제1장과 제2장 참조). 더구나 그는 미국에서 '사회적 성격'이 겪은 역사적 변화를 주제로 삼으면서 보편화에 대한 관심을 시종일관 잃지 않았다. 옮긴이는 1940년대 국민성 논의의 정점으로서 이 《고독한 군중》을 평가하는 바이다.

그런데 여기서 옮긴이는 독자들에게 한 가지 부탁을 하고 싶다. 이 책을 다른 세상 이야기로서 읽어 주길 바라며, 본문 내용이 우리나라에도 들어맞는지의 여부는 신경 쓰지 말라는 것이다. 이에는 몇 가지 이유가 있는데, 첫째로 옮긴이는 미국 사회와 미국인에 대해 지금도 거의 아는 게 없다고 느끼고 있으며, 미국 연구는 이제 막 시작되었을 뿐이라고 생각하기 때문이다. 미국 생활의 다양성을 잘 모르는 독자들(많은 미국인도 이에 포함된다)은 이 책에 쓰인 내용이야말로 미국의 현실이라고 믿을지도 모른다. 그러나 옮긴이가 여기서 다루고 있는 내용은 미국의 특정 계층, 특정 집단에 대한 몇 가지 가설에 지나지 않는다.

생각건대 미국이라는 나라의 복잡성은 그리 쉽게 파악할 수 없다. 예를 들어 저 무시무시한 케네디 대통령 암살사건이 있고 나서 미국인들은 자주 '텍사스인'을 화제로 삼았다. 그러나 텍사스 자체는 거대한 지방이다. 텍사스 동부는 댈러스나 휴스턴 같은 대도시와 전통적인 남부식 목화 재배로 알려진 지역이고, 텍사스 서부는 지리적으로 좀 더 황량한 지역이다. 토지 소유 형식이나 프런티어 전통은 같은 텍사스 안에서도 저마다 다르다.

1831년 토크빌이 미국을 방문했을 때 미국 인구는 1천 3백만 정도였다. 그즈음 미국은 동해안 일부와 뉴올리언스의 상공업 지대를 제외하면 전체적으로 농업국 형태를 띠었다. 그러나 그 뒤부터 남북전쟁이 일어나기까지 미국에는 이민 물결이 밀려들어왔다. 이민자들은 종류도 다양했다. 그중에는 영어를 쓰

면서 영국을 미워하는 사람들, 곧 아일
랜드계 가톨릭 교도도 있었고, 유럽 각
지에서 서로 다른 배경을 지니고서 건너
온 온갖 사람들도 있었다. 이윽고 아시
아에서도, 남미에서도, 프랑스령 캐나다
에서도 새로운 이민자들이 미국으로 몰
려왔다.

《**고독한 군중**》(초판발행, 1950) **표지**
리스먼과 류얼 데니, 내이선 글로이저 공저.

　미국에 비하면 한국은 인종적으로 매
우 단일한 나라다. 서울이라는 인구밀집
형 대도시에는 정부기관, 기업, 대학이
집중해 있고 그곳에 존재하는 대중매체
는 대단히 빠른 속도로 온 나라에 정보
를 퍼뜨린다. 이런 상황은 미국과는 매
우 다르다. 미국은 미국인이 생각하는
것 이상으로 분산적인 나라다. 그런데도
미국인은 미국 사회를 단순화해서 살펴보려 하고 있다. 《고독한 군중》을 번역
하면서 옮긴이는 미국이란 나라를 일반화하는 일이 얼마나 어려운지 깨달았으
나, 그러면서도 어느 정도 단순화를 시도하지 않을 수 없었다.

　게다가 《고독한 군중》은 전체적으로나 부분적으로나 미국 사회과학자들 및
비평가들 사이에서 커다란 논란거리가 된 책이다. 그러므로 우리 독자들은 이
책을 부디 미국에 대한 하나의 이론으로서만 생각해 주길 바란다. 또한 옮긴
이는 한국 지식인들이 이 책을, 미국을 옹호하거나 비판하는 책으로 받아들이
지 않았으면 한다. 옮긴이의 의도는 친미니 반미니 하는 단순한 것이 아니다.
그런 판단은 관심이 없다. 《고독한 군중》이 쓰인 1950년 이전의 미국이 좋았다
느니 나빴다느니 하는 가치판단 문제를 떠나서 독자들이 이 책을 읽어 주길
바란다. 우리나라에는 미국 사회과학 서적들이 시중에 많이 번역되어 나와 있
듯이, 이 책 《고독한 군중》도 그런 숱한 책들 중 하나로서 독자들이 읽어 주길
바란다.

도덕적 가치평가

두 번째로, 독자에게 지적해 둘 사항은, 이 책에서 사용되고 있는 세 가지 성격유형에 대한 도덕적 가치평가이다.

가치평가에 앞서 리스먼이 분류한 인류의 역사적 사회성격을 간략히 살펴보면, 세 가지로 분류됨을 알 수 있다. 첫째는 전통지향형 또는 전통에 방향지어진 형태로, 여기서는 그 방향의 기준이 전통을 따르는 데서 찾아볼 수 있다. 두 번째는 내부지향형 또는 내부에 따라 방향지어진 형태인데, 서구사회에서는 르네상스와 종교개혁의 결과로 이루어진 사회적 성격을 가리킨다. 세 번째 유형은 타인지향형이라는 것인데, 극히 최근에 미국 대도시의 상류 중산층에 나타난 것이다. 이들 세 가지 유형은 인구증가와 관계가 있는데, 저마다 누체적 단계·급증단계·감퇴단계와 대응한다. 고독한 군중은 바로 이러한 현대 고도산업화에 따르는 대중사회에 있어서의 특유한 성격유형이다. 현대인은 다른 사람들이 무엇을 생각하고 좋아하는지에 늘 관심을 가지고 있으며 그들로부터 격리되지 않으려고 노력한다.

여기서 리스먼이 초점을 맞추고 있는 것이 세 번째 유형이다. 이들이 구성하는 자기상실의 수렁에 빠진 타인지향형 사회는 정치적 무관심을 부추기고, 민주체제의 위기를 가져온다는 것이다.

앞에서 거듭 강조했듯이 옮긴이는 각 성격유형에 대해 아무런 가치판단도 내리려 하지 않았다. 그러나 많은 독자들은 내부지향형이 타인지향형보다 좋다는 식으로 해석했다. 이른바 19세기 찬가를 부른 셈이다. 실제로 내막 소식통을 예로 들면서 타인지향형을 개탄하는 사람들도 많았다. 하지만 그런 개탄은 결국 리스먼이 말한 '과격파'의 한 모습이 아닐까.

물론 노먼 메일러가 적절하게 평가했듯이 리스먼의 이 책은 '사회과학의 탈을 쓴 문학'이며, 독자들이 여기서 일종의 가치평가를 발견한 것도 어쩌면 당연한 일이다. 그리고 그런 독서 방식에는 긍정적인 면도 있다. 그러나 가치평가를 할 때에는 긍정적인 면도 부정적인 면도 공평하게 보아 주었으면 한다. 타인지향형의 유연성은 앞으로 다가올 세상에서 바람직한 덕목이 될 수 있으며, 반대로 내부지향형의 한 표현형태인 독선적인 철저한 개인주의는 부정적인 가치를 지니고 있다. 독자들은 각 성격유형이 지닌 가치의 이중성을 생각해 봐야 할 것이다.

그런데 세상 많은 학자들과 비평가들은 요즘 사람들을 '타인지향적'이라고 비판하는 모양이다. 미국에서도 타인지향적이라는 말은 비판적으로 쓰이고 있다. 미국 청년이 스스로를 일컬어 타인지향적이라고 말할 때는, 그 자신이 확신이 부족하며 의존적이고 상황에 쉽게 휘둘린다는 뜻이다. 그러나 그 말이 그런 뜻으로 쓰이는 것을 들을 때마다 이렇게 말하고 싶어진다. 여러분은 스스로 악덕이라고 생각하는 부분을 오히려 축복으로 여겨야 하지 않을까. 타인지향적이고 상황에 잘 적응한다는 것은, 광신적이고 배타적이며 남을 전혀 배려하지 않는 태도를 여러분이 이미 극복했다는 증거가 아닐까. 물론 광신주의와 지나친 유연성 사이에 경계선을 긋기란 어렵다. 하지만 유연성 그 자체는 악덕이 아니다. 옮긴이는 독자들이 호기심을 가지고 호의적으로 《고독한 군중》을 읽어주길 바란다. 그리고 더 나아가서 앞으로 다가올 세상에 대해 진지하게 생각해 주길 바란다.

마지막으로, 옮긴이는 세계의 사회학자들과 인류학자들이 미국에 가서 미국의 제도와 미국인이라는 종족을 연구해 주었으면 한다. 그렇다고 미국을 본받아서 세상을 발전시키라는 뜻은 아니다. 다만 대규모 현대 산업사회를 이해하기 위해서는 국제적인 협력이 필요하기 때문이다. 미국인은 한국은 물론이고 세계 여러 나라 학자들과 협력하기를 바라고 있다. 실제로 많은 한국인이 미국에 대해 글을 쓰고 있다. 미국 여행기도 시중에 잔뜩 나와 있다. 하지만 한국인이 국제적인 무대에서 심도 있게 미국을 연구한 적은 아직 없다. 한국인 학자의 미국 연구가 지금보다 본격적으로 이루어지려면 한국 사회과학자들이 좀 더 자신을 가지고 영어를 잘 배우고 또 인류학적 전통을 확립해야 할 테지만, 어쨌든 옮긴이로선 그들이 미국의 인종 문제며 가족 문제, 대학교육에서의 시험제도, 노동조합 등 여러 분야에서 객관적으로 미국을 관찰하고 연구해 주었으면 한다.

한국사회는 미국과는 분명히 다른 형태로 다른 상황에서 근대화를 이루었다. 두 나라 사이에 필요한 것은, 서로가 가지고 있는 것을 받아들이거나 거부하거나 하는 일이 아니다. 옮긴이의 생각에 이들 두 나라의 교류는 곧 지구촌 전체를 비교문화적으로 이해하는 한 과정이다. 이런 관점에서 볼 때 한국과 미국은 비로소 서로 이익을 얻을 수 있을 것이다.

우리 인류의 적은 바로—그 태도가 비굴하든 오만하든 간에—모든 민족주의다. 《고독한 군중》이 미국만이 아닌 세계 다른 나라 사람들에게도 지적으로 조금이나마 이바지할 수 있기를 바란다.

끝으로, 이 책은 말 그대로 미국연구 서적이다. 영어로 된 본문 가운데 어떤 것들은 우리말로 그대로 옮기기 어렵거나, 굳이 직역할 필요가 없었다. 옮긴이는 그런 부분은 임의로 의역을 했다. 다만 원문의 사상은 되도록 충실히 옮기고자 노력했다. 그리고 참고로 주석에 인용된 문헌 이름은 원어 그대로 남겨두었다.

데이비드 리스먼에 대하여

데이비드 리스먼은 1909년 9월 22일 펜실베이니아주 필라델피아에서 태어났다. 하버드대학교에서 문학과 법학을 공부한 뒤 1935년부터 1년간 미국의 대법원 판사 루이스 D. 브랜다이스의 서기로 일했다. 1937~41년까지는 버펄로 뉴욕주립대학교에서 법학을 강의하기도 했다.

그 뒤 리스먼은 1942년, 뉴욕시 부검사가 되어 1년간 근무하고 1943~46년까지는 스페리자이로스코프회사의 중역이 되어 회사를 이끌었다. 이어서 1946~58년까지는 시카고대학교에서 사회학 교수를 지냈으며, 이후 1980년 은퇴할 때까지 하버드대학교에서 강의했다. 그는 사회학 및 사회과학 분야에 매우 박식했고, 미국 여론연구소의 사회연구회·인류학회·적용 인류학회 등의 회원으로 그 밖에 여러 사회단체에서 활동했다.

이런 그의 경력과 생활에서 맨 처음 나온 저작이 바로 《고독한 군중》이다. 이 책을 통해 리스먼은 현대 미국 사회에 대하여 날카로운 비판을 시도했으며 현대 대중사회에서의 미국인의 사회적 성격을 외부지향형(타인지향형)이라 이름짓고, 겉보기만의 사회성의 그늘에 불안과 고독감을 지니고 있는 성격유형을 '고독한 군중'으로 파악했다. 이 책은 21세기의 새로운 사회 모습을 생각하는 우리에게 하나의 출발점이 되어 주며, 명확하고 날카로운 시점을 제공한다.

그는 새로운 방법으로 사회학·문화인류학·사회심리학에 문제를 설정하고, 또 자료의 선택에서는 학문적 성과로부터 대중문화의 하찮은 것까지 중요시했다. 그러나 역사적 시야가 부족하여 방법상의 결함이 있다고 지적되기도 한다. 그것은 그가 관심을 가진 정신분석학과 문화인류학의 사고법의 영향으로 추정된다. 특히 이는《고독한 군중》의 평가가 둘로 나뉘는 이유이기도 하다.

리스먼은 미국의 경제학자이자 사회학자인 T.B. 베블런을 높이 평가했는데, 그래서인지 그의 발상도 베블런에 가깝다. 베블런은 자본주의 연구를 그 제도적 기반의 분석을 통하여 행했는데, 리스먼도 그의 개인주의론·현대사회론·교육론·여가론·대중문화론 등 여러 분야에 걸친 발언을 미국자본주의 사회성격론의 연장선상에서 논했다고 할 수 있다.

그는 저술을 통해 대중사회의 현실을 선구적으로 분석하고 미국 사회에 대한 날카로운 비판과 전망을 제기해 왔다. 그 밖의 주요 저서에는《고독한 군중》에서 제기된 문제에 관한 인터뷰 기사로 구성된《군중의 얼굴 *Faces in the Crowd*》(1952)과 그 가운데 일부를 정선해서 냉전의 사회학적 효과에 관하여 특별히 논의한 글이 담긴《무엇을 위한 풍요인가 외 *Abundance for What? and Other Essays*》(1964),《개인주의의 재검토 *Individualism Reconsidered*》(1954),《아카데미의 혁명 *Academic Revolution*》(1968) 등이 있다.

리스먼은 2002년 5월 10일 아흔두 살의 나이로 세상을 떠났다.

류근일

서울대학교 정치학과 입학, 서울대대학원 정치학 석사·박사. 케임브리지대학 에딘버러 펠
로우십으로 영국 유학. 중앙일보·조선일보 논설위원을 거쳐 조선일보 주필 역임. 한일역
사공동연구 운영대표 역임. 조선일보에 〈류근일칼럼〉 25년간 집필. 관훈언론상·임승준자
유언론상(논설논평 분야)·삼성언론상(논평비평상) 수상. 지은책《지성과 반지성》《권위주
의체제제하의 민주화운동연구》《소귀들은 들을지어다》평전《이성의 한국인 김규식》 등이
있다.

세계사상전집045
David Riesman
THE LONELY CROWD
고독한 군중
데이비드 리스먼 지음/류근일 옮김
동서문화사창업60주년특별출판
1판 1쇄 발행/1977. 8. 10
2판 1쇄 발행/2011. 1. 10
3판 1쇄 발행/2016. 9. 9
3판 3쇄 발행/2024. 4. 1
발행인 고윤주
발행처 동서문화사
창업 1956. 12. 12. 등록 16-3799
서울 중구 마른내로 144 동서빌딩 3층
☎ 546-0331~2 Fax. 545-0331
www.dongsuhbook.com
잘못된 책은 구입하신 곳에서 바꾸어드립니다.
＊
사업자등록번호 211-87-75330
ISBN 978-89-497-1453-0 04080
ISBN 978-89-497-1408-0 (세트)